中国乡镇企业年鉴

（1995）

中国乡镇企业年鉴编辑委员会　编

中　国　农　业　出　版　社

中国乡镇企业年鉴编辑委员会

中国乡镇企业徽标释义

《徽标》由地球、火炬、英文字母CTE三部分组成。《徽标》以地球为基石，意在乡镇企业植根于大地；火炬，融光而成炬，意在乡镇企业从无到有，从小到大，星星之火，燎原华夏。CTE是乡镇企业英文字缩写，意在乡镇企业已迈出国门，奔向世界。

整个版面以乡土色为主，金黄色衬底，鲜明相间，给人以庄重而清晰的感觉，象征着热烈而充满活力，体现乡镇企业潜能无穷。

《徽标》体现的主题思想是：

萌牙神农　根生大地　星星之火

燎原华夏　融光成炬　射向全球

◀2　在全国乡镇企业表彰会上，国务院副总理姜春云向全国十大功勋企业家之一史来贺颁奖

刘凤羽摄

▼3　全国乡镇企业东西合作工作会议1994年4月在京召开　刘凤羽摄

◀4 山东省高密市天达药业有限公司外景
刘凤羽摄

▼5 天津大邱庄津海集团百业工业园 王 斌摄

▲6　江苏张家港市沙洲纺织印染公司　　　　乔仲林摄

▲7　江苏芙蓉电子实业总公司软件装配车间　乔仲林摄

▲8　山东骆驼巷酿造有限公司　刘佩

▼9　湖北幸福集团公司制衣厂　乔仲林

▲10　江苏振华集团

乔仲林摄

▼11　江苏金达莱集团

乔仲林摄

▼12　有“新疆第一村”美称的鲁木齐县二大乡八家户村与台商合资兴建的八家户铝型材有限公司

王　斌摄

▲13　浙江万事利工贸集团公司　　乔仲林摄

▼14　天津津海集团公司的旗阵。排列顺序随每个下属公司月产值，利润的不同而高低不同，通过旗阵排列，每个分公司的经营状况便一目了然。

王　斌摄

▼15　内蒙古包头市河东乡亿元村——解放村北方贸易商行门楼外景

包力革供稿

编辑说明

一、《中国乡镇企业年鉴》是一部综合反映中国乡镇企业发展进程和成就的资料性工具书，每年出版一卷。

二、本书的文章主要是由业务主管部门和专业研究人员撰写的。统计资料由农业部乡镇企业局和各省、自治区、直辖市、计划单列市、部分省会城市乡镇企业局提供，并经审核。

三、本书选自有关报刊的文章，编委会按统一体例进行了删节。

四、各省、自治区、直辖市按行政区划顺序排列；计划单列市按其所在地区的行政区划顺序排列。

五、各类资料数据均未包括台湾省。

栏　目

目　录

发展综述

各地概况

文献法规

统计资料

经营管理

质量管理

深化改革

科技教育

外经外贸

劳动卫生安全环保

东西合作

专题文章

先进县市

明星乡镇

优秀企业

企 业 家

大 事 记 ……429

附 录

发展综述

1994年乡镇企业发展概况

农业部乡镇企业局

1994年，全国乡镇企业在党中央、国务院的正确领导下，遵循“抓住机遇、深化改革、扩大开放、促进发展、保持稳定”的方针，在正确处理好改革、发展和稳定关系的基础上，坚持抓科技，重管理，再造效益优势；抓市场，促生产，再造速度优势；抓改革，增活力，再造机制优势；抓开放，借外力，再造外向优势；抓调整，育骨干，再造结构优势。乡镇企业经受住外经外贸、财税、金融等经济体制改革所产生的某些负面影响，保持改革、发展和提高的良好势头。

发展特点

1994年，全国乡镇企业总数2 495万个，其中乡办企业42.49万个，比上年增长4.53%；村办企业121.61万个，比上年增长9.34%；联户、个体企业1 702.91万个，比上年下降21.49%。说明乡镇企业外延发展得到一定的控制。

1994年，全国乡镇企业年末职工人数12 017万人，比上年增长0.46%；其中乡办企业职工2 960.72万人，比上年增长12.93%；村办企业职工2 937.90万人，比上年减少3.87%；联户、个体企业职工5 431万人，比上年下降10.76%。

速度与效益同步增长，产销基本平衡。1994年，全国乡镇企业实现总产值42 588亿元，比上年增长46.75%；其中乡村集体企业实现总产值28 866.28亿元，比上年增长41.76%；乡办企业完成总产值15 041亿元，比上年增长39.43%；村办企业完成总产值13 825.28亿元，比上年增长44.4%。

1994年，全国乡镇企业实现营业收入39 274亿元，比上年增长48.58%；其中乡村企业营业收入25 089.04亿元，比上年增长56.58%，增幅比上年回落21.73个百分点。乡村企业营业收入，山东省仍居全国之首，达4 586.22亿元，比上年增长88.07%；山东、江苏、浙江、四川四个省的乡村企业营业收入占全国乡村企业营业收入的52.31%

1994年，全国乡镇企业实现利润总额2 573亿元，比上年增长30.94%；其中乡村企业利润总额1 352.41亿元，比上年增长38.54%；乡办企业利润总额585亿元，比上年增长31.32%；村办企业利润总额767.41亿元，比上年增长44.59%。安徽、江西、湖北、北京的乡村集体企业利润总额比上年翻番，贵州、云南分别比上年下降8.28个百分点和28.88个百分点。按同口径计算，1994年乡村企业可比利润总额可达1 514.14亿元，比上年增长55.1%。

1994年，乡村企业的产销率达92.57%，比上年的92.55%略有提高；其中乡办企业的产销率为92.47%；村办企业的产销率为92.67%。各地按照“增畅、限平、停滞”的要求决策经营方向，即：根据市场需要组织生产，增加旺销产品，限制平销产品，压缩滞销产品，停止生产积压产品，千方百计实现商品价值，提高产销率。

有效投入增加，资本收益率提高。1994年，全国乡镇企业为发展生产进行技术改造，改善生产条件，采取多方位、多渠道筹措资金。全年资金投入总量为6 595亿元，比上年增长141%。乡村企业资金投入总量为3 961.28亿元，其中增加固定资产的资金1 651.64亿元，增加配套流动资产的资金2 091亿元，增加其他资产的资金218.64亿元，资金投向结构基本合理；在资金来源中，自有资金增量1 621.80亿元，借入资金1 164.80亿元，其他负债资金1 174.68亿元。这说明全国乡镇企业在利用举债筹资方面能力提高，反映企业在优化资金来源结构方面得到改善。1994年全国乡镇企业资金自给率36.02%，比上年提高1.75个百分点。

1994年，全国乡镇企业资产利税率为19.89%；其中乡村企业资产利税率为14.79%，比上年下降6.24个百分点；乡办企业资产利税率为11.71%，比上年提高0.38个百分点；村办企业资产利税率为19.36%，比上年提高1.26个百分点。安徽省乡村企业资产利税率为23.45%，比上年提高6.1个百分点。企业压缩资金占用的潜力很大。

企业偿债能力增强，资金周转加快。1994年，全国乡村企业资产负债率为63.98%，比上年下降1.75个百分点；其中乡办企业为68.84%，比上年下降1.69个百分点；村办企业为56.77%，比上年下降1.43个百分点。反映企业偿债能力提高，财务支撑能力增强。

1994年，全国乡镇企业应收帐款周转一次需31天，比上年加快4天；存款周转一次需58天，比上年加快3天；企业营运资金周转一次需89天，比上年加快7天。反映企业注意货款回笼和清理“三角债”力度加大，亦反映企业材料合理储备，产品促销工作取得明显效果。

上缴国家税金增加，企业社会贡献加大。1994年，全国乡镇企业上缴国家税金1 592亿元，比上年增长50.33%。乡村企业上缴国家税金1 079亿元，比上年增长50.69%；其中流转税873.21亿元，比上年增长52.78%；所得税205.79亿元，比上年增长42.41%。乡村企业职工人均上缴国家税金1 891元，比上年增长54.62%。

1994年，全国乡镇企业支付职工工资3 002.49亿元，比上年增长28.07%；其中乡村企业支付职工工资1 605.54亿元，比上年增长38.96%。1994年职工人均工资收入2 892元，比上年增长27.50%。1994年，全国乡村企业承担各种基金、上交利润342.96亿元，比上年增长53.66%；人均负担601元，比上年增长88.4%。

以上说明乡镇企业在保证国家财政收入稳定增长，国民经济快速发展，以及有效转移农村剩余劳动力，发展农村经济，加快农民向小康生活的转变等方面都显示着积极作用。

职工素质有所改善，全员劳动生产率提高。1994年，全国乡镇企业拥有278万人的专业技术队伍，其中中级职称以上的56.68万人。乡镇企业职工接受大专以上教育的15.77万人；接受中等专业教育的445万人；通过业务技术培训的受训人员445万人。到1994年底，全国乡镇企业大专以上文化程度的职工达68.19万人，比上年增长27.94%。职工队伍素质的提高，推进企业的技术进步，保证产品档次和产品质量的提高。1994年全国乡镇企业优质产品稳定率保持在95%以上，产品质量抽查合格率首次超过全国平均水平，累计有68个产品获国家金、银奖，3 342个产品获部优称号，50个产品在国际上获奖。

1994年，全国乡镇企业全员劳动生产率达6 970元；其中乡村企业全员劳动生产率为50 583元，比上年增长23.94%，相对节约劳动力1 366.44万人。

股份合作制企业发展迅速，产权制度不断创新。1994年，全国乡镇企业突出抓改革，再造企业机制优势，取得较好效果。全国乡镇企业有20.41万个股份合作制企业，比上年增长53.1%。股份合作制企业吸收资本金1 077亿元；拥有固定资产1 125亿元；企业职工804万人；全年完成总产值4 885亿元；实现利润428亿元。股份合作制的推行，对提高企业获利能力，明晰产权，增强企业活力，以及企业实行民主监督、群众监督、社会监督和发挥职工主人翁精神都有重要意义。

对外开放力度加大，出口创汇能力增强。1994年，全国乡镇“三资”企业2.94万个，比上年新增0.82万个；1994年利用外资53.68亿美元，累计利用外资156.85亿美元；境外办企业886个，投资总额达25.64亿美元。

1994年，全国乡镇企业出口产品交货值3 216亿元，比上年增长46.6%，占全国出口总量的1/3左右。

1994年全国乡镇企业抓发展“三资”企业，抓出口产品生产，使出口产品总产值达到历史最好水平。不少企业瞄准国际市场，重视产品款式，狠抓产品质量，认真履约。同时，把发展外向型经济作为乡镇企业第二次腾飞的突破口，引进外资，引进国外先进设备、先进技术和先进管理模式，促进乡镇企业发展。

主要工作

1994年，我国乡镇企业经受外部环境趋紧，自身困难较多，市场竞争激烈的严峻考验。由于党中央、国务院对发展乡镇企业的重大决策没有改变，大政策没变，特别是各级地方政府高度重视，各级主管部门卓有成效的工作，以及乡镇企业广大职工的努力，乡镇企业仍然呈现出改革、发展和提高的良好势头。1994年主要抓以下方面的工作：

引导和推进企业深化改革。在调查研究、征求地方和有关方面意见的基础上，农业部乡镇企业局出台《乡镇企业产权制度改革意见》、《关于乡镇企业建立现代企业制度的意见》、《乡镇企业资产评估办法》、《乡镇企业资产评估机构管理办法》、《乡镇企业组建全国性企业集团试行办法》等。这些文件对指导乡镇企业深化改革起到重要作用。

引导企业发展走上以提高经济效益为中心的轨道。转变和统一乡镇企业系统的思想观念，坚持速度与效益、数量与质量、发展与提高的统一；初步改变以产值论英雄的评价考核办法，建立评价考核乡镇企业经济效益的八项指标体系；开展评选、表彰全国1 000家最佳经济效益乡镇企业活动，严格按企业经济效益综合指数排序，整个评选活动做到客观、公正、准确、真实；深化乡镇企业财务统计制度改革，规范和加强财务决算和统计报表工作。

加强质量工作。以农业部名义召开全国乡镇企业质量工作会议，使乡镇企业系统统一认识，明确方向，坚定信心，推动地方质量工作。同时，通过各种有效形式，强化质量意识，建立和落实各级质量责任制。起草、修改《关于加强乡镇企业质量工作的决定》。在全国乡镇企业中开展争创"中国乡镇企业名牌产品"活动。继续抓企业质量管理达标，全年有2 000个企业获部级达标证书。

启动东西合作示范工程。经过一年多的努力，乡镇企业东西合作示范工程在比较困难的情况下开始起步，开端良好。此项工作受到党中央、国务院及农业部领导的高度重视，被列入1994年农村工作重点。国务院领导多次主持协调这项工作。在全国建立第一批66个乡镇企业东西合作示范区，向农业银行推荐第一批98个东西合作示范项目。"工程"的实施调动了东西部各地政府和乡镇企业的积极性，许多省份和企业开发地区间的互助合作，一些地方政府为推动示范区的开发制定优惠政策。

强化企业管理工作。召开乡镇企业管理工作会议、管理科学座谈会，明确管理工作的思路、任务、措施和手段，总结交流各地的经验。重点抓乡村集体企业基础管理和专业管理，加强企业管理制度建设。抓企业划型工作，共有77个企业申报认证国家大型工业企业，累计达到121个(不含经过其他系统申报进入国家大型企业行列的)。加强乡镇企业安全管理工作，制定安全、卫生、防火等有关规定，形成安全管理网络。1994年四季度基本没有发生特大事故。加强乡镇企业环境管理工作，出台《乡镇企业环境保护条例》，乡镇企业利用世界银行贷款进行环保技术改造的有关前期准备工作全部完成。

推进科技进步。增加科技投入，1994年乡镇企业投入总量中，约有60%用于新产品、新技术、新工艺开发和技术改造。为把乡镇企业技术改造纳入国家技术改造"九五"规划做准备，起草《关于加快乡镇企业技术改造管理有关问题的报告》。农业部乡镇企业局设立中国乡镇企业科技奖，作为主管部门对乡镇企业科技进步的最高专项奖励，共有105项成果获"中国乡镇企业科技奖"。

进行结构和布局调整。调查研究新形势下发展乡镇企业外向型经济的新思路，做好乡镇企业进出口经营权申报、审批和管理工作，全年新批100个，累计达到250个。适当放宽中西部地区自营进出口权审批条件，1994年中西部地区有20个企业取得进出口经营权，其中西部地区4个，结束了西部地区没有进出口经营权企业的局面。引导乡镇企业小区向高水平发展，在全国开展乡镇企业示范区命名活动，农业部出台《全国乡镇企业示范区命名暂行办法》，全国已建和在建的小区近4万个。

加强政策法规制定和储备工作。1994年，制定乡镇企业产权制度改革、现代企业制度、质量、安全、环境保护、资产评估、企业家管理等政策性文件和部门法规，其中大部分已发布实施。《乡镇企业法》做了大量协调、修改工作。同时，加强对党的十一届三中全会以来有关乡镇企业的法律、法规和政策落实情况的检查。

加强乡镇企业舆论宣传工作。利用电视、广播、报刊等新闻媒体宣传乡镇企业。拍摄反映乡镇企业的《必由之路》、《大路朝天》电视系列报道；农业部乡镇企业局、中国乡镇企业报社共同组织"异军突起15年系列宣传活动"；《农民日报》、《工商时报》、《工人日报》、《消费时报》、《中国信息报》等开辟"乡镇企业专版"；全国乡镇企业表彰会议，各报刊纷纷发表社论、评论文章、消息、特写等，形成比较强大的宣传声势。

加强机构建设。各地抓住国家机构改革的机遇，强化各级乡镇企业主管部门的建设。一些省乡镇企业局由二级局升为一级局，截止1994年底，一级局发展到25个，广东省乡镇企业局转成广东省农业厅乡镇企业办公室。农业部乡镇企业司改为乡镇企业局。

困难和问题

随着国家市场经济体制的建立和逐步完善，国家宏观经济调控措施出台，企业竞争日趋激烈。在这种形势下，一些乡镇企业暴露出产权模糊、技术装备落后、管理粗放等问题，制约着企业的快速发展。

国家宏观调控力度加大，资金紧缺状况仍未缓和。企业普遍面临着资金紧缺，营运资金严重不足，以致影响正常生产经营业务；企业要扩充业务规模或转产经营，因得不到必要的资金补充而一筹莫展。1994年不少企业由于资金紧缺矛盾突出，流动资金严重不足，企业现有生产能力不能正常发挥，有的被迫关停。1994年关停乡镇企业39 257个，迫使48.35万名职工回乡务农，减少产值110亿元；有4.43万个技改项目无法上马或形成"半拉子"工程。"三角债"的困扰没有得到改善，到1994年末各种应收款项达3 812.91亿元，比上年增长32%，其中应收帐款余额达2 316.45亿元，比上年增长28.55%；预付及其他收款项比上年增加409.77亿元。这说明1994年增加的流动资产中有44.2%的资金被其他单位拖欠和无偿占用。由于存量资金沉淀，表现为存货积压和债权规模扩大，导致前者是商品价值实现遇到困难，后者是"三角债"的日益膨胀，使企业之间相互拖欠加重。这里既有投资缺口过大的因素，也有企业经营者故意拖欠所致。要解开"三角债"链，国家应健全法制，用法律手段保护企业权益；通过实行强制手段，进行清偿；对那些资不抵债的企业通过行政监督手段，实行破产清理，以确保企业存量资金盘活和进入正常经济秩序。

增本减利因素增加，亏损面扩大。1994年，全国乡村企业受到国家宏观调控力度加大，信贷规模压缩，材料、能源的涨价，贷款利率提高，职工工资费用上升等方面因素的影响，虽通过自身加强管理、控制消耗、点滴节约等方面的工作，但企业仍无法全部自行消化，使乡村企业成本费用利润率由上年的7.13%，下降为5.91%，成本费用投入的获利能力下降1.22个百分点。

1994年，全国乡村企业亏损数为7.68万个，比上年增长31.96%；亏损面由上年的3.84%，提高到4.68%；亏损额达91.19亿元，比上年增长97.55%，是乡镇企业史上亏损严重的一年。部分企业存在管理不善、浪费损失严重现象；有极少数企业领导班子不力，凝聚力差，内耗严重等问题。应通过对亏损企业分析排队，有条件扭亏的，要督促限期扭亏；领导班子软弱无能的，要适当调整撤换；对扭亏无望或无法扭亏的企业，应通过破产、兼并、变卖等方式解决，这方面的工作不少地区取得一定的成效。

对策措施

深化改革，再造机制优势。完善激励和约束机制，建立乡镇企业经济效益指标考核体系，把乡镇企业的发展转移到以提高经济增长的质量和效益为中心的轨道上来。以产权制度改革为核心，推动企业改革向纵深发展；通过改革，逐步建立适应社会主义市场经济要求和产权清晰、权责明确、政企分开、管理科学的现代企业制度，发挥、完善、发展和创新企业经营机制；推进企业间的联合和集团化，做好企业兼并、租赁、拍卖、社会保险等配套改革。开展工业小区、小城镇建立示范活动。

增加投入，增强企业发展后劲。资金严重短缺是乡镇企业发展的最大障碍。乡镇企业在国民经济中占有很大比重，但国家投入很少。1993年，全国乡镇企业贷款仅占全国银行贷款总额的6.5%。1994年国家安排信贷资金规模只有168亿元，仅占国家全部信贷规模的2.24%。中西部地区乡镇企业专项贷款有规模无资金，落实很困难。要完成"九五"计划制定的目标，乡镇企业每年投入须保持在3 000亿元以上，中西部地区的乡镇企业专项贷款应每年递增20亿元，并确保规模和资金同时到位。

加快立法步伐，促进乡镇企业健康发展。在乡镇企业发展过程中，有些地区还存在着执行政策随意性大、国家政策难以落实、随意摊派、无偿平调企业资产等问题。部分乡镇企业本身也存在着机制退化、产权不清、技术落后、管理粗放等问题。国家应尽快制定出台"乡镇企业法"，规范企业行为。

加强技术改造，提高企业整体素质。引进先进技术、工艺、设备，加以消化、吸收、创新，武装现有重点骨干企业，扩大高新技术在生产领域的应用，开发高、精、尖、新产品，增加产品的技术含量和附加值。国家每年投入上1 000亿的技术改造资金，但没有乡镇企业的份额。应把乡镇企业技术改造纳入国家计划，每年应占全国技术改造信贷资金投放量的20%以上。乡镇企业技术改造要在面上推开，每年用于技术改造的资金应不少于乡镇企业全部投资量的20%；同时建立激励机制，开展中国乡镇企业科技进步奖的评选活动，表彰有突出贡献的科技和管理人员。

拓宽思路，大力发展外向型经济。抓好有进出口经营权企业的管理工作，把更多的企业引向国际市场。东部地区应把外向型经济作为乡镇企业第二次腾飞的突破口，中西部地区要大力吸引外资，开发利用资源，促进经济振兴。继续实施外贸、外经、外资一齐上，按照国际市场要求和国际惯例组织生产和经营，提高产品质量和档次。做好乡镇企业出口经营权的申报和乡镇企业"贸工农"基地招标工作。

区别情况，分类指导。东部地区主要是在提高中发展，要充分利用已有的基础，上规模、上档次、上水平，以外向型经济为龙头，发展高新技术产业。中西部地区主要在发展中提高，要充分利用资源和劳动力的优势，坚持"多业并举"、"多轮驱动"和"多轨运行"，在发展中提高企业素质和市场竞争能力。规模较大、实力较强、效益较好的企业，要向现代企业制度过渡，开拓高新技术产业，通过科技进步和现代化管理，提高产品的技术含量和附加值；基础好、潜力大的企业，通过加强内部管理和技术改造，降低物耗，提高劳动生产率，提高产品质量，开发新产品，增加企业效益；"微、小、亏"企业要寻求外力支持，依托龙头骨干企业带动，当好配角，实现生产要素的优化配置。

加强机构和队伍建设，促进乡镇企业发展。各级乡镇企业主管部门要树立"对上当好参谋，对下做好服务，对外做好协调，对内抓好建设"的观点，履行"规划、指导、管理、监督、协调、服务"的职能，想大事、议大事、抓大事。要以解决问题为归宿点，开展调查研究；以服务为出发点，抓好作风建设；以凝聚合力为立足点，做好协调指导；以提高效率为根本点，做好各项措施的落实。各地要贯彻国务院关于乡镇企业主管部门"只能加强，不能削弱"的精神，加强机构队伍建设，保证乡镇企业保持快速、健康的发展。

乡镇企业个数、职工人数发展情况

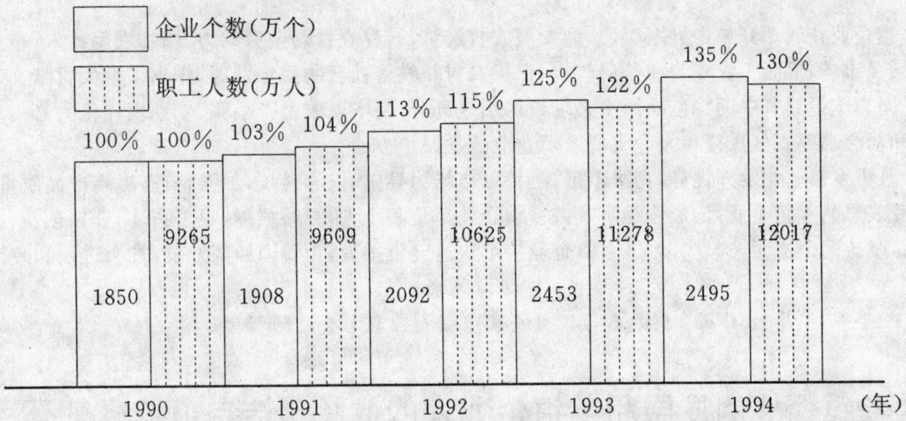

乡镇企业利税总额、总收入、总产值增长情况

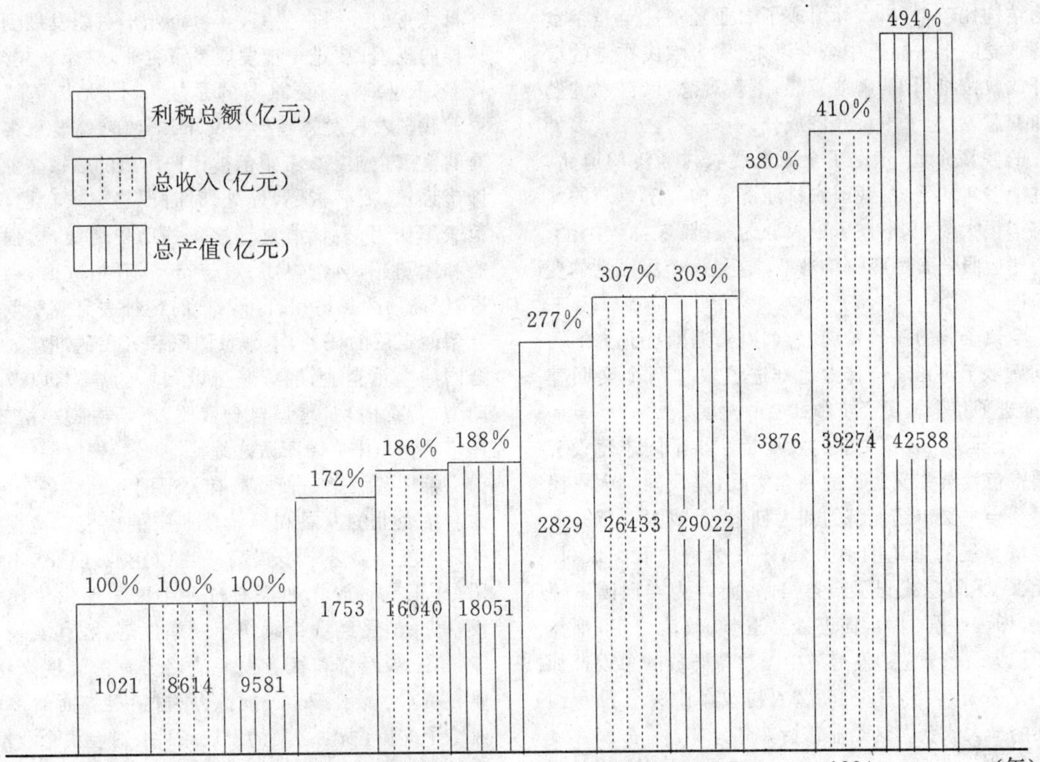

坚持两个文明一起抓 促进乡镇企业持续快速健康发展

李 鹏

我国乡镇企业在改革开放中异军突起，为发展农村经济，转移农村剩余劳动力，增加农民收入，增加社会有效供给，繁荣城乡市场，巩固工农联盟和基层政权，保持农村和整个社会的稳定发展，作出了重大贡献。发展乡镇企业是邓小平同志建设具有中国特色社会主义理论的组成部分，是实现农民奔小康、农业现代化的必由之路。各级党委、政府和社会都要高度重视和大力支持乡镇企业的发展。

我衷心希望乡镇企业发挥优势，克服不足，坚持以市场为导向，依靠科技，加强管理，提高产品质量，提高经济效益。希望受表彰的乡镇企业家、最佳经济效益乡镇企业单位和个人，戒骄戒躁，艰苦奋斗，开拓创新，继续发挥模范带头作用，坚持两个文明一起抓，促进乡镇企业持续快速健康发展，为我国经济发展、社会进步和政治稳定作出新的贡献。

（摘自 1994 年 11 月 13 日国务院总理李鹏给全国乡镇企业表彰会议的贺信）

为乡镇企业的发展和乡镇企业家的成长创造良好的外部环境

姜 春 云

乡镇企业是改革开放的产物。过去，我国农村经济的结构比较单一，实际上成了农业经济甚至是粮食经济。党的十一届三中全会以来，广大农民在党的改革开放政策指引下，解放思想，更新观念，以自己的勤劳和智慧，办起了多种经济成分、多种经营方式、多种产业的乡镇企业，走上了全面发展农村经济的道路。经过十多年的努力，我国农村经济结构过于单一的状况有了很大改变，形成了以农业为基础，农林牧副渔、工商建运服全面发展的新格局。这是一个历史性的变化和进步。

乡镇企业的蓬勃发展，为解决长期困扰我们的一些问题找到了出路，有力地推进了农村两个文明建设，推进了整个国民经济和社会的发展。

实践证明，乡镇企业的发展是邓小平同志建设有中国特色社会主义理论的伟大实践，是我国广大农民发展社会主义市场经济的伟大创举，是我国改革开放和经济发展的重要推动力量，不仅为解决我国农村、农业、农民问题找到了一条出路，而且为实现国家工业化，增强综合国力，促进社会进步、政治稳定，都作出了重大贡献。它的发展被中国改革开放的总设计师邓小平赞誉为“异军突起”、“农村改革中完全没有预料到的最大收获”，这是非常恰如其分的。

乡镇企业的发展成就，有乡镇企业家的很大功劳。乡镇企业的兴起造就了一大批乡镇企业家，乡镇企业家的成长又推动了乡镇企业的发展。没有一批又一批优秀的乡镇企业家，乡镇企业不可能发展到今天这样的规模。要进一步发展乡镇企业，缺什么？当然缺资金、技术等，但更重要的是缺人才，尤其是缺企业家。我国农村发展社会主义市场经济，需要更多的优秀的乡镇企业家。希望已被评选出来的乡镇企业家们谦虚谨慎，戒骄戒躁，处处、时时严格要求自己，起模范表率作用；要认清自己担负的历史使命，增强责任心和紧迫感，再接再厉，艰苦奋斗，开拓进取，乘胜前进，以高昂的热情和百折不挠的精神去完成所承担的光荣而艰巨的任务，不辜负国家和人民的期望。希望全国的乡镇企业，继续坚持以市场为导向，以改革为动力，苦练内功，增强自身素质，不断提高经济效益，在市场竞争中立于不败之地。

希望各级党委、政府、有关部门和社会各个方面，为乡镇企业的发展和乡镇企业家的成长创造良好的外部环境。要进一步提高对乡镇企业地位作用的认识，真正把它放在加快农村奔小康和现代化建设步伐，确保国民经济持续快速健康发展，胜利实现第二步、第三步经济和社会发展战略目标的高度来看待。要在资金、技术、人才、能源、原材料等方面对乡镇企业给予支持，提供必要的发展条件。对乡镇企业家，他们的贡献不仅在于他们本身创造的财富和价值，更重要的是他们起了示范、带头和桥梁作用。我们各级党政领导同志，应当在政治上关心他们，在业务上指导他们，在法律上保护他们，使他们能够在邓小平同志建设有中国特色社会主义理论和党的基本路线的指引下，卓有成效地搞好生产经营，把乡镇企业办得更好。

发展乡镇企业是党中央、国务院根据我国国情作出的一项重大战略决策。让我们在以江泽民同志为核心的党中央的正确领导下，以极大的决心、气魄和扎实的工作，把这项伟大的事业不断推向前进，创造更加辉煌的成绩，为我国政治稳定、经济发展、民族团结、社会进步作出新的更大贡献。

（摘自1994年11月14日在全国乡镇企业表彰会议上的讲话）

发展乡镇企业要注意把握好几点

陈 俊 生

目前，我国正处于新旧体制交替时期，改革正向全方位推进，形势的变化给乡镇企业带来的既有机遇，也有挑战。广大乡镇企业和企业家们，既要看到过去的发展和成绩，也要看到面临的竞争和困难，要扎扎实实地作出更大的努力，促进乡镇企业在提高经济效益的前提下，加快发展和提高。当前，发展乡镇企业要注意把握好以下几点：

第一，对不同地区的乡镇企业，要区别对待，分类指导。经济比较发达地区的乡镇企业，要进一步上规模、上档次、上水平；乡镇企业起步比较晚的地区，要树立后来者居上的信心和勇气，按照国家的产业政策，结合本地的实际情况，积极而又稳妥地选择项目，迎头赶上。东中西部地区之间要以互惠互利为基础，优势互补，加快合作步伐，以提高全国乡镇企业整体发展水平。

第二，要把提高效益放在首要位置。发展是硬道理，有条件可能达到的速度，一定要积极争取。但是，必须以有效益为前提，始终注意速度和效益的统一。

第三，深化改革，发挥优势。乡镇企业具有组织形式和经营机制灵活等优势，这些优势不能丢。同时，要积极探索新的企业组织形式和经营方式，逐步建立现代企业制度，进一步增强企业活力。

第四，加强管理，提高素质。乡镇企业要大力推进技术进步，在加快老企业技术改造、设备更新的同时，积极开拓高新技术产业，开发新产品，提高产品的科技含量。要改善经营管理，扎扎实实地做好企业管理的各项基础工作。有了一个灵活的经营机制，再加上一套先进的科学管理方法，乡镇企业就会如虎添翼，就会有更强的竞争能力。

第五，有条件的乡镇企业要进一步发展出口创汇。这不仅是对国家的一个重要贡献，同时也有利于调整企业的产品结构，提高乡镇企业产品质量和竞争能力。

第六，合理布局，适当集中。这样不仅有利于乡镇企业自身的发展，而且有利于以乡镇企业为依托，建设一批布局合理、具有地方特色的新型小城镇。

第七，坚持以工补农、以工建农。这是我国乡镇企业的一大特点，也是发展农村经济的一条成功经验。要继续坚持这个方针，通过乡镇企业的发展和积累，增加对农业的投入，加强农业综合开发和基础设施建设，巩固农业基础地位。

第八，乡镇企业在促进物质文明建设的同时，要为促进精神文明建设作出更大贡献。要注意全面培养人才。对职工来说，要通过扎实有效地工作，造就一支有理想、有道德、有文化、有纪律的职工队伍；对经营者来说，要始终注意提高自己的素质特别是政治素质，始终保持谦虚谨慎的作风、艰苦奋斗廉洁奉公的作风、密切联系群众的作风；对企业的经营思想来说，要始终把提高质量放在第一位，多创优质名牌产品，坚决反对假冒伪劣和粗制滥造；对环境保护来说，不要再建那些污染严重的企业，已有的有污染的企业，要通过治理，坚决消灭污染源；对企业用地来说，一定要十分注意节约耕地，不能占用良田；对企业的民主管理和维护职工的合法权益来说，在试点的基础上，条件成熟的企业要积极组建工会；对企业的党组织来说，一定要按照十四届四中全会的精神，加强党的建设，充分发挥企业基层党组织的战斗堡垒作用。

大力发展乡镇企业，是建设有中国特色社会主义的重要组成部分。各级政府在搞活国有大中型企业的同时，要采取积极的方针和措施，创造良好的外部环境，促进乡镇企业不断完善、发展、壮大和提高。

（摘自1994年11月14日在全国乡镇企业表彰会议上的讲话）

发扬成绩 开拓进取 推动我国乡镇企业再上新台阶

刘 江

15 年乡镇企业发展业绩辉煌，乡镇企业家作出了历史性巨大贡献

十一届三中全会以后，在党的一系列改革开放方针政策指引下，我国广大农民勇敢地冲破传统生产经营领域的束缚，以自己的勤劳和智慧，创造性地、有声有色地登上了发展农村二、三产业的经济舞台，乡镇企业迅速崛起，令世人瞩目。它不仅为解决我国农民、农业、农村问题找到了一条出路，而且为实现国家工业化，增强我国综合国力，促进社会进步、政治稳定，作出了卓越的贡献。

15 年乡镇企业的发展，为农村、农业、农民作出了巨大贡献。1993 年，乡镇企业实现总产值 29 022 亿元，是 1978 年的 58 倍，占农村社会总产值的 71%，成为农村经济发展和社会进步的主体力量，成为农民致富奔小康的重要出路；15 年共吸纳农村剩余劳动力 8 400万人，平均每年吸纳 560 万人；用于补农建农资金达 800 多亿元，相当于同期国家对农业投入的80%；加快了社会主义新农村的建设步伐，成为巩固农村基层政权和社会稳定的坚实经济基础；乡镇企业的改革，与农村小城镇建设互为依托、相互促进，大大缩小了城乡差别、工农差别，成为农村城市化建设的主力军；乡镇企业的发展促进了农民的知识化、专业化，造就了一支具有较高素质的从事二、三产业的劳动大军，涌现出一支数量庞大、具有较高素质的乡镇企业家队伍。乡镇企业的发展逐步把现代工业文明注入农村，成为农村物质文明建设和精神文明建设的巨大推动力量。

15 年乡镇企业的发展，为增强我国综合国力，实现国家工业化作出了积极的贡献。1993 年乡镇企业总产值占全国社会总产值的比重由 1978 年的 7%上升为 36%；出口商品交货值占全国出口商品收购总值的比重由 1985 年 4%上升为 45%；这期间累计上缴国家税金 4 059 亿元。15 年全国社会总产值净增量的 30%、国家财政收入净增量的 16%来自乡镇企业。乡镇企业已经成为国民经济的重要支柱和最有活力的经济增长点。1993 年工业总产值占全国工业总产值的比重由 1978 年的 9%上升到 44%，逐步改变我国农村搞农业、城市搞工业的二元经济格局，走出了一条城市工业化与农村工业相互结合、互为市场、相互促进、比翼齐飞的具有中国特色的国家工业化道路。

15 年乡镇企业的发展，为丰富具有中国特色的社会主义理论，推动社会主义市场经济体制的建立提供了实践经验。我国是一个农业大国，基本国情是人口多，耕地少，资源有限，80%人口分布在农村。在这样的国情下，发展农村社会生产力，富裕农民，实现农业现代化和国家工业化，不可能照搬外国的经验，走别人的老路。在我国农村实行家庭联产承包责任制之后，广大农民继续探索，冲破传统观念和传统经营的方式的束缚，利用农村剩余劳动力和自然资源，主要依靠自身的资金积累，就地发展乡镇企业，拓宽生产经营领域，优化了农村产业结构；根据农村生产力水平不平衡的状况，冲破传统所有制分配方式的束缚，坚持公有制和按劳分配为主体、其他经济成分和分配方式为补充的原则；冲破传统计划经济体制的束缚，以市场为导向，企业生产什么，怎样生产，生产多少都听命于市场需求，利用市场机制，进行资源和生产要素的配置，根据市场竞争的要求，改革和完善企业的运行机制，不断创造和拓宽市场领域，解放和发展了农村生产力，成为我国社会主义市场经济的先导力量。

乡镇企业创造如此辉煌的业绩，离不开各级党政领导的高度重视和正确领导，离不开有关部门和社会各界的热情关心和支持，离不开广大农民尤其是亿万乡镇企业干部职工的艰苦努力。这其中，乡镇企业家作出了特殊的历史性巨大的贡献。乡镇企业不断发展、壮大的过程，就是一批又一批乡镇企业家不断涌现、成长、成熟的过程。

乡镇企业家是在党的改革开放政策环境下，我国农村社会主义市场经济发展的产物，是农村先进生产力的杰出代表，是乡镇企业改革和发展的排头兵。

——他们坚持坚定正确的政治方向，坚定不移地贯彻执行党的基本路线，坚持以经济建设为中心，坚持四项基本原则，坚持改革开放，模范地贯彻执行党和国家的法律、法规和政策，带领广大农民走共同富裕的道路。

——他们胸怀远大的理想和目标，勇于开拓，不断创新。发展社会主义市场经济是一项前无古人的伟大事业，乡镇企业家始终站在市场经济大潮的前列，敢于向贫困和落后挑战，不断向书本和实践学习，比较好地掌握了社会主义市场经济基本理论和现代企业管理知识，并在实践中不断创新和发展。

——他们善于发现、培养和启用人才，充分发挥各类人才在推进企业技术进步和完善企业经营管理中的作用。乡镇企业家最懂得人才的重要性，因此，他们求贤若渴，不拘一格招揽人才，培养人才，在企业中形成了强有力的管理、财务、技术、供销等人才队伍。

——他们勇于改革，不断完善企业经营机制。乡镇企业家是企业改革的积极探索者，从企业承包经营责任制到企业内部劳动、工资、人事、分配、购销制度改革，从企业产权制度改革和股份合作制、股份制、公司制的试点到推动企业间的联合和集团化，都进行了积极地大胆地探索和实践，从而初步建立起适应市场经济发展的企业运行机制，为建立现代企业制度奠定了基础。

——他们注重思想政治工作，加强企业文化建设。乡镇企业家们深深懂得调动企业全体员工的积极性、主动性、能动性和创造性是企业兴旺发达的根本。他们从企业实际出发，开展多种形式、生动活泼的思想政治工作和企业文化建设，不断更新全体员工的思想观念，提高政治、技术、文化素质，培养健康向上的企业群体精神，增强了企业的向心力和凝聚力，为企业发展提供了精神支柱、智力支持和思想保证。

回顾乡镇企业所走过的历程和取得巨大成功的基本经验，企业家的历史作用是至关重要的，这方面还可以总结很多，其中重要的有两条，一是始终坚持以提高经济效益为中心，不断地提高企业的技术、管理水平和自身整体素质，努力走出一条具有乡镇企业特色的既有一定发展速度又有较高经济效益的发展路子。二是充分发挥以市场为导向的经营机制，从市场中来，到市场中去，千方百计捕捉市场信息，不断开拓市场，充分发挥供销人员的作用，加强供销队伍的建设，努力搞活企业经营，提高乡镇企业市场适应能力和竞争能力。这是过去15年乡镇企业发展的一些最重要的成功经验。所以，1994年全国乡镇企业表彰会，不但表彰了1 000名全国乡镇企业家，同时表彰了1 000家全国最佳经济效益乡镇企业和全国乡镇企业先进供销集体和优秀供销人员。

大力提高自身素质，为完成乡镇企业肩负的历史使命而努力奋斗

我国改革开放和现代化建设正进入一个新的历史时期，形势对乡镇企业提出了新的更高的要求，时代赋予乡镇企业的历史使命将更加光荣而艰巨。按照1993年9月国务院全国乡镇企业工作会议提出的工作指导思想和奋斗目标，乡镇企业要通过不断深化改革，调整优化结构，推进科技进步，强化企业管理，增强企业素质，在注重经济效益的前提下，加快发展，加快提高，力争到2000年再上一个新台阶，成为国民经济的半壁江山。乡镇企业要实现中央提出的奋斗目标，完成肩负的历史使命，必须坚持以提高经济效益为中心，坚持走一条既有一定速度又有较高效益的发展路子。为此，需要全国各级乡镇企业主管部门、乡镇企业家以及包括乡镇企业供销人员、管理人员在内的全体干部职工共同作出不懈的努力。

这里，重点向全国的乡镇企业厂长（经理）们提出几点要求和希望：

*努力提高自身的政治素质。*我们现在的改革开放和现代化建设，都要朝着一个目标努力，就是建设有中国特色的社会主义。企业家一定要坚持正确的政治方向，不但要有经济头脑，而且要有政治头脑，要不断提高自身的政治素质。这是企业家能否健康成长的关键所在，也是企业健康发展的需要。乡镇企业家应当不断提高贯彻党的基本路线的自觉性，要更多地学习一些马克思主义的基本原理、基本立场和方法，学习《邓小平文选》，学习一点哲学和政治经济学，学习党的各项方针、政策和法律知识，当前特别是要认真学习党的十四大和十四届三中全会、四中全会的重要文件，并把这些文件精神贯彻到企业发展的实践中去，这样我们才能在纷纭复杂的环境中，真正把握好自己并领导好企业。

*适应市场经济新形势，不断更新知识和观念，提高领导决策水平。*应该说，乡镇企业厂长（经理）是农村较有文化的一部分，但也应该看到，一些厂长（经理）的知识结构和运用现代管理知识的能力与企业发展需要还存在着不适应的问题。企业的竞争归根结底是人才的竞争。常常讲企业积攒后劲，那么企业家的后劲在哪里呢？就在于用现代科学知识武装自己。作为企业家，应当既是企业管理的专才，同时又是具有多种知识的通才。要达此要求，没有什么捷径可走，唯有在实践中不断地学习。这种学习，既包括书本知识，也包括实践经验的总结和积累。要努力学习和掌握社会主义市场经济的基本理论、现代化企业管理知识，包括生产技术管理，人、财、物管理，全面质量管理，目标管理，价值工程，市场预测知识等。要虚心学习国有企业、“三资”企业、国外企业先进的管理经验和先进的科学技术，使乡镇企业的灵活机制与先进的管理、先进的技术结合起来。同时，还要学习领导科学和领导艺术，研究思想政治工作，包括学一点心理学、行为科学和用人之道，提高决策能力、组织指挥能力和协调能力。

*发扬勇于改革、开拓创新的精神。*乡镇企业的诞生和发展是改革开放的产物。没有改革创新，也就没有乡

镇企业家事业上的成功。这是过去15年的成功经验，也是开拓未来的必经之途。因循守旧、固步自封不是乡镇企业家的风格，只有立志改革、勇于开拓才是乡镇企业家的本色。当前乡镇企业仍然面临严峻的困难和挑战，尤其需要保持和发扬改革创新精神。我们现在讲改革创新精神，应当认真按照党的十四大和十四届三中全会确定的方针，自觉地深化企业内部改革，不断完善经营机制，探索新的企业组织形式和经营方式，逐步建立适应社会主义市场经济和社会化大生产要求的现代企业制度。

*保持勤俭节约、艰苦奋斗的优良传统。*艰苦创业是我们党的优良传统，是我们战胜困难的法宝之一。纵观中外企业家的成长史，包括乡镇企业家，都有一部艰苦奋斗的创业史。现在企业发展起来了，但今后发展中还会遇到许多困难和问题，企业家们绝不可追逐名利、贪图享受摆阔气，而要继续发扬勤俭节约、艰苦奋斗的优良传统，这样才能增强凝聚力，调动企业内部全体成员的积极性，同舟共济，用集体的智慧和力量去战胜困难，争取新的胜利。

*谦虚谨慎，戒骄戒躁。*乡镇企业家们在过去工作中作出了突出的贡献，受到了尊敬和表彰。然而成绩和荣誉只能说明过去，不能代表将来，绝不可在荣誉面前沾沾自喜。企业家的成长与个人努力、奋斗是分不开的，同时是党的政策的哺育，是各级党政领导、社会各界关怀与支持以及广大乡镇企业职工努力拼搏的结果。因此，荣誉应当首先归功于党，归功于所在的集体，归功于那些曾经给予支持帮助的各界朋友以及为企业、集体默默作出奉献的所有人们。“满招损，谦受益”，希望乡镇企业家正确对待自己，正确对待荣誉。如果放松了思想上的警戒，就可能走向自己的反面。

*先富不忘帮后富，走共同富裕的道路。*企业家所在的企业和所在的村富了，还要想着周围和全国经济欠发达的地区的农民，努力帮助他们走上致富之路。我们的国家幅员广大，各地区情况不同，经济发展不平衡是必然的，但是差距越来越大，这也不行。坚持共同富裕是我们的根本原则和目标，党和政府正在采取各种措施，包括实施乡镇企业东西合作工程，以扶持落后地区经济和乡镇企业的发展，希望企业家也应为此作出积极的努力。现在有许多乡镇企业家已经这样做了，希望有更多的乡镇企业家投入进来。企业家们应该有为社会、为国家、为人民作出更大贡献的崇高追求和宽阔的胸怀。

我们的企业是社会主义的企业，要注意遵纪守法，照章纳税，依法经营，认真搞好安全生产和环境保护工作，切实提高产品质量和服务质量，自觉树立全局观念，努力加强企业的精神文明建设。要注意保持乡镇企业家的荣誉，维护乡镇企业的声誉。

企业家在过去的工作中作出了突出的贡献，受到了尊敬和表彰，希望谦虚谨慎，戒骄戒躁，高标准，严要求，百尺竿头，更进一步。同时希望各级领导、乡镇企业主管部门和有关方面大力支持和热情关心乡镇企业家的健康成长，从政治上关心爱护和严格要求他们，从法律和制度上保护他们，从舆论宣传上支持他们，从经营管理和科学技术上指导他们，从工作学习和生活上关心他们，为他们的健康成长创造有利的条件，为更多的乡镇企业家脱颖而出创造良好的环境和气候。

（摘自1994年11月13日在全国乡镇企业表彰会议上的讲话）

深化改革　明确方向
不断提高乡镇企业整体素质

万　宝　瑞

根据中央经济工作会议精神，结合乡镇企业的实际，全国乡镇企业工作的指导思想是“三增加”和“三提高”，即坚持以市场为导向，以改革为动力，努力增加社会有效供给，增加就业机会，增加农民收入，依靠科学技术进步，提高整体素质，提高产品质量，提高经济效益，促进乡镇企业高效、持续、快速、健康发展。

*正确处理好改革与发展的关系。*改革是动力，发展是目的。随着我国社会主义市场经济体制的建立和逐步完善，国家宏观经济环境已发生重大变化，与国有大企业相比，乡镇企业原来的优惠政策基本不复存在，经营机制优势也相对减弱，各种经济成分、经营形式的企业竞争越来越激烈，乡镇企业进一步发展面临的形势更加严峻。此外，乡镇企业还存在着自身的弱点：如一些企业存在经验式的企业管理方式，缺乏民主监督；一些乡村集体企业产权模糊，政企不分；一些企业技术落后，管理水平低。这些问题成为乡镇企业进一步发展的主要制约因素。为此，必须进一步深化企业改革，以产权制度改革为核心，不断总结股份合作制和股份制的经验。东部地区要加快建立现代企业制度。中西部地区要创造条件逐步建立现代企业制度。总之，要以改革

促发展，促提高。

正确处理发展速度与经济效益的关系。国民经济和农村经济的发展，要求乡镇企业必须有一定的发展速度。发展速度要以提高质量和经济效益为前提。乡镇企业应在上规模、上水平，提高质量和效益的基础上有个大发展。东部地区要在提高中发展，中西部地区应在发展中提高。只要有市场、有效益、注重产品质量，发展速度就应尽力加快。

正确处理东部与中西部地区乡镇企业的发展关系。到本世纪末要实现小康目标，必须使全国90%的农户进入小康的最低线。然而东部与中西部地区农民的人均收入差距正在扩大，由1989年的1.66：1.55：1，扩大到1993年的1.85：1.22：1。根本原因是东西部地区乡镇企业发展存在较大差距。为此，要继续加快中西部地区乡镇企业的发展，认真组织实施"东西合作工程"，实现东中西部地区乡镇企业的优势互补。以东带西，以西促东，从而实现全国乡镇企业的大发展、大提高。逐步缩小东西部差距，促进全国人民实现共同富裕，这是加快国民经济和社会发展的一项战略任务。

东部地区乡镇企业要把发展重点放在提高企业整体素质上，加快结构调整，提高产品质量，上规模、上档次、上水平，向效益型、外向型转变；中西部地区乡镇企业要因地制宜，充分发挥资源优势，重点发展农产品加工、采矿、建材、小水电等资源性产业，特别是应面向两个市场，努力发展以乡镇企业为主体的农产品加工业，走贸工农、产供销一体化的路子，推动农业产业化的发展。我国目前居民食物消费支出中，农产品加工食品的消费支出仅占42%，而发达国家一般在80%以上。根据《90年代中国食物结构改革与发展纲要》的要求，食品要适应小康水平供给需求，农产品加工食品至少要由80年代末的30%，提高到2000年的50%左右，这为我国农产品加工业发展提供了广阔的市场。国外的实践证明，农业利润的70%—80%来自深加工和流通领域。到本世纪末，实现小康单靠农业以百分之几的递增速度是不可能实现的。只有大力发展农村二、三产业，尤其是农副产品深加工业，以此带动第一产业发展，农民小康才有可能实现。

正确处理发展与依靠技术进步的关系。乡镇企业的发展必须要有一定的投入做保证，在国家宏观经济调控政策的允许之内，应该继续保持一定的投入水平，保证乡镇企业有一个较高的增长速度，支撑和促进农村经济、国民经济的发展。但现阶段的投入更应注重引进先进的生产技术设备，加快技术改造步伐，提高乡镇企业经营管理水平，提高劳动者素质和人才占有率。依照国家产业政策，调整结构。依靠科学技术进步，走内涵扩大再生产的路子。使乡镇企业向"四高企业"(即高科技、高质量、高效率、高效益)的方向发展。

正确处理好发展与质量、环保、安全生产的关系。发展乡镇企业要注意经济效益、社会效益和生态效益的统一。各地各企业都要不断增强质量、安全、环保意识。发展乡镇企业，不能只抓生产，片面追求发展速度，忽视产品质量、生产安全和环境保护。要十分注重提高产品质量和服务质量，严禁生产假冒伪劣产品；要重点抓好采矿业和烟花爆竹等生产安全工作；要控制污染物排放，特别是做好小化肥、小皮革、小造纸、小化工的污染治理工作。

乡镇企业改革和发展要有新思路

齐 景 发

建立、完善激励和约束机制，真正把乡镇企业发展引导到以提高经济增长的质量和效益为中心的轨道上来。农业部建立了乡镇企业经济效益指标考核体系，根据财政部公布的评价指标体系进行修改后，作为评价和考核各级乡镇企业行政主管部门、乡镇企业工作实绩的依据。乡镇企业要把以经济效益指标逐级分解落实到车间、班组和人头，并与个人物质利益紧密挂钩，使效益观念深入人心，变为扎实有效的实际行动。

以产权制度为核心，推动乡镇企业改革继续向纵深发展，再造乡镇企业机制优势。乡镇企业要通过改革，逐步建立起适应社会主义市场经济要求的产权清晰、权责明确、政企分开、管理科学的现代企业制度，要发挥、完善、发展和创新企业经营机制。主要形式和内容是：要按照中央的方针，积极发展股份合作制和股份制；推进企业间的联合和集团化；继续做好企业兼并、租赁、拍卖、社会保险等配套改革；集中连片发展建设工业小区。在改革中要把握三条原则：尊重企业和群众的首创精神；多做少说，讲求实效；总结经验，逐步规范。各地要按照已颁发的《乡镇企业产权制度改革意见》、《乡镇企业资产评估管理办法》等，结合本地实际，大力推进乡镇企业产权制度改革。在全国选择100家企业进行建立现代企业制度试点；开展乡镇企业组建全国性企业集团试点和小区、小城镇建设示范活动。

强化管理，主攻科技，着力提高企业整体素质。在管理上，要指导企业严格按照七项基础工作的要求，自找差距，对号达标。在此基础上强化企业专项管理，重点抓好质量、财务、现场、安全、环保等项管理工作，在骨干企业中积极推行现代化企业管理。开展全国乡镇企业安全生产综合治理活动。在科技进步上，要引进先进技术、工艺、设备，加以消化、吸收、创新，武装现有重点骨干企业，扩大高新技术在生产领域的应用，开发高、精、尖、新产品，增加产品的技术含量和附加值。争取将乡镇企业技术改造列入国家计划；逐步建立健全人才培训网络；建立激励机制，继续开展中国乡镇企业科技进步奖的评选活动，表彰有突出贡献的科技和管理人员。

实施名牌战略，真正树立“质量第一”的观念。开展争创名牌活动的目的是引导、促使企业狠抓产品质量，把质量工作摆上突出位置，逐级建立严格的质量工作责任制，严格实行质量否决权，建立起有奖有罚的激励和约束机制。对乡镇企业名牌产品，各地都要大张旗鼓地开展宣传，树立乡镇企业的新形象。

把实施《乡镇企业东西合作示范工程》作为一场硬仗来打，争取有突破性进展。进一步协调“工程”的有关扶持政策，召开全国乡镇企业东西合作工作会议；积极准备“工程”示范小区和示范项目并组织实施；组织200个省、部级以上科技成果应用于示范区；确定20对双边合作对口市县；为示范区培训1 000名乡镇企业厂长（经理）。东部地区要把传统产业逐步向中西部地区转移，与中西部地区搞联营和结对子，办实体，搞开发，支援中西部地区乡镇企业的发展。中西部地区应制定优惠政策，搞好投资环境，主动与东部地区合作。各省份内部也应实行发达地区支援不发达地区。开展东西合作，应该有大动作、大轰动、大效应。

抓好有进出口经营权企业的管理，把更多企业引向国际市场。东部地区应把外向型经济作为乡镇企业第二次腾飞突破口，中西部地区要大力吸引外资，开发利用资源，促进经济振兴。继续实行外贸、外经、外资一齐上，按照国际市场要求和国际惯例组织生产和经营，不断提高产品质量和档次。研究大力发展外向型经济的措施，表彰在发展外向型经济中作出突出贡献的单位和个人，开展乡镇企业产品展销、经贸洽谈活动。抓好乡镇企业进出口经营权的申报和乡镇企业“贸工农”基地招标工作。

着眼大局和长远，在优化结构和布局上狠下功夫。在产业结构上，要根据《90年代国家产业政策纲要》、当地优势和市场情况，确定调整的方向和任务，使其既符合国家产业政策，又能充分发挥当地优势。在产品结构上，始终注意增加名优产品、最终产品和中高档产品。在企业布局上，要以乡镇企业小区和小城镇为依托，制定有力的扶持政策，引导和推动乡镇企业集中连片发展，努力提高企业集聚效应。

始终坚持两手抓、两手都要硬，加强乡镇企业系统的机构和队伍建设。各级乡镇企业主管部门要树立“对上当好参谋，对下搞好服务，对外做好协调，对内抓好建设”这一基本观点，认真履行党和国家赋予的“规划、指导、管理、监督、协调、服务”的职能，想大事，议大事，抓大事，强化宏观意识，从繁琐的事务、会议中摆脱出来，集中精力提高工作效率。要抓重点，带全面；抓基础，促提高；抓落实，见成效。要建设一个好班子，树立一个好作风，带出一支好队伍。要千方百计增强实力，强化调控手段、服务手段和协调手段。各地要贯彻国务院关于乡镇企业主管部门“只能加强，不能削弱”的精神，加强机构队伍建设。适应指导和服务的需要，进一步增强整个乡镇企业系统的凝聚力。要加强对乡镇企业家的培养、教育和管理，重点是提高思想素质和政治素质。对全国乡镇企业思想政治工作和企业文化工作现状进行调研，提出新时期进一步加强乡镇企业思想政治工作的意见。按照党的十四届四中全会精神，各级乡镇企业行政主管部门要把加强乡镇企业党的基层组织建设提到重要日程，提出具体意见，切实抓出成效。

区别情况，分类指导，走出各具特色的发展路子。东部地区主要是在提高中发展，以外向型经济为带动力量，发展高新技术产业，大幅度提高经济效益。中西部地区主要是在发展在提高，要充分利用资源、劳动力的优势，坚持“多业并举”、“多轮驱动”和“多轨运行”。在有市场、有效益、讲求质量的前提下，发展速度能多快就多快，在发展中逐步提高企业素质和市场竞争能力。在新形势下，各类企业应根据自身情况，抓住机遇，寻求新的发展和提高。规模较大、实力较强、效益较好的企业要积极向现代企业制度过渡，开拓高新技术产业，主要通过科技进步和现代化管理，提高产品的技术含量和附加值，以获取高额利润；基础较好、潜力较大的企业，主要是通过加强内部管理和技术改造，降低物质消耗，提高劳动生产率，提高产品质量，开发新产品，增加企业效益；“微、小、亏”企业应积极寻求外力支持，依托龙头骨干企业带动，实现生产要素的重新优化组合。总之，只要从各自的实际出发，抓住机遇，发挥优势，就一定能够走出自已的成功之路。

各地概况

北京市
天津市
河北省
内蒙古自治区
辽宁省
黑龙江省
上海市
江苏省
浙江省
安徽省
福建省
江西省
山东省
河南省
湖北省
湖南省
广西壮族自治区
海南省
四川省
贵州省
云南省
陕西省
甘肃省
新疆维吾尔自治区
大连市
宁波市
厦门市
青岛市
重庆市
石家庄市
沈阳市
长春市
哈尔滨市
南京市
杭州市
福州市
南昌市
济南市
郑州市
武汉市
广州市
成都市
西安市

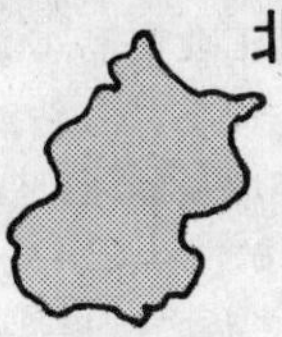

北京市

【基本情况】 1994年,北京市乡镇企业总收入完成751亿元,比上年增长55%;总产值822亿元,比上年增长51%,其中工业产值677亿元,比上年增长57%;利润总额64亿元,比上年增长40%;出口产品交货值68亿元,比上年增长60%。全年新办"三资"企业920个,协议总金额9.4亿美元,协议利用外资3.8亿美元。

【"双上工程"】 北京市乡镇企业实施"双上工程"两年来,一批高、新、大项目,如东亚铝材、汉川机床、杨镇楔横轧、博华通迅电缆等先后投产,成为乡镇企业新的增长点。到1994年,有亿元企业46个,比上年增加28个;5 000万元至1亿元的企业62个,比上年增加24个;亿元村106个,比上年增加66个;5亿元乡镇52个,比上年增加26个,其中过10亿元的15个,首次出现过20亿元的乡镇4个。

【自营出口】 至1994年底,北京市乡镇企业自营出口企业发展到126个,自营出口创汇额19亿元,比上年增长29%,占全市乡镇企业出口产品交货值的比重由上年的21%提高到28%。通县华翔企日集团靠自营出口,全年创汇1 750万美元,比上年增加270万美元。

【企业改革】 1994年,北京市乡镇企业中有1 113个企业推进股份合作制试点,股本金总额9.4亿元,其中吸收个人股、社会法人股2.58亿元。对254个"小、微、亏"企业实行租赁,对66个效益差的企业进行拍卖。

【法制建设】 1994年1月14日,北京市十届人大八次会议通过《北京市乡村集体企业承包经营条例》,这是北京市第一部有关乡镇企业的地方性法规,在全国也属首例。它标志着乡镇企业承包经营走上法制化轨道。该法规实施一年来,企业资产保值增值得到重视,增幅在10%—20%;89.8%签订合同的企业,留利水平在40%以上;风险抵押金制度由原来的3个县区扩大到8个县区,实行风险抵押金制度的企业占签订承包经营合同企业总数的30.7%。

【企业装备】 1994年,北京市乡镇企业列入全市"采用先进技术设备项目计划"的重大项目125项,总投资达15.6亿元,其中购置境外设备项目73项。共选择投资大、技术水平高的16项引进国外先进技术设备项目,作为龙头项目,首次试行招标。到年底,有通县华美装璜企业集团装璜印刷厂、顺义城关服装厂和怀柔东晓印刷厂三个项目开标,签约价共计182.3万美元,比外商原报价低100.4万美元。

【新产品开发】 1994年,北京市乡镇企业开发新产品465项,新增产值35.04亿元,新增利税5.15亿元。其中填补市以上空白的有130项,69项达到国内先进水平或填补国内空白。全市乡镇企业机电、轻工、纺织、医药、食品、建材等重点行业的40种重点产品的质量稳定提高率为96%。"绅士"衬衫被评为全国十大名牌衬衫;探戈牌羽绒制品被评为全国和北京市羽绒制品名牌;有5项产品列入北京市技术监督局向市场推荐的好产品;有8项产品被评为农业部名牌。

【职工教育】 以提高乡镇企业职工素质为核心的"1515"工程进入全面实施,1994年度有682名大专生和2 954名中专生毕业,在校大专生和中专生分别为1 934人和

北京通县城关镇中艺印刷厂

7 866人，是上年的 1.8 倍和 1.3 倍。有 800 人新取得中级职称，累计达 4 891 人；1 968 人取得初级职称，累计达 21 594 人。全年共有 17.1 万人次参加岗位培训。

【"外引内联"】 作为"科技驱动"的具体措施之一，1994 年北京市乡镇企业建立不同形式的科技联合体 121 个；引进人才 2 958 人，其中高级工程师 307 人；引进和共同开发新产品 153 项，大多数是技术含量高、附加值高的产品。

【调查研究】 针对 1994 年初国家金融、外贸、税收、投资四大经济体制改革措施的出台，北京市乡镇企业局组织人员开展一系列调查研究，先后完成《新税制对乡镇企业的影响及对策》、《京郊乡镇企业资金状况调查》、《外贸体制改革对乡镇企业的影响》以及《郊区乡镇企业发展的主旋律》等调查报告。这些调研成果成为市领导及有关部门宏观指导全市乡镇企业发展的重要依据。

（王志军）

天津市

【基本情况】 1994 年，天津市有乡镇企业 48 178 个；从业人员 101.9 万人；实现总产值 766 亿元，比上年增长 40.14%；完成营业收入 549 亿元，比上年增长 30.83%；实现利税总额 71.02 亿元，比上年增长 31.81%。

在全部乡镇企业中，乡办企业有 1 841 个，从业人员 19.2 万人，实现总产值 141.62 亿元；村办企业7 581个，从业人员 50 万人，实现总产值 400.75 亿元；乡村联营企业654个，从业人员 9.53 万人，实现总产值 61.04 亿元；"三资"企业 316 个，从业人员 4.2 万人，实现总产值59.34亿元；农民联户企业 5 311个，从业人员 6.05 万人，实现总产值 36.62 亿元；农村个体企业 30 895个，从业人员 10.49 万人，实现总产值 51.13 亿元。

乡村联工业企业共 10 073 个，职工总数 79.98 万人，实现工业产值 652.6 亿元，轻、重工业产值分别占 50.13%和 49.87%。有 17 个工业行业产值超过 10 亿元，其中过 40 亿元的有：黑色金属冶炼及压延加工业 85.24 亿元，金属制品业 73.7 亿元，交通运输设备制造业 50.74 亿元，化学原料及化学制品制造业 50.7 亿元，纺织业 49.33 亿元，服装及其他纤维制品制造业 45.32 亿元。

乡村联工业产品销售率 91.63%，工业资金利税率 20.67%，工业增加值率 14.62%，工业成本费用利润率 11.91%，销售收入利税率13.44%，流动资金周转次数2.31次。乡村联工业经济效益综合指数 131.15%。

全市 12 个区县中有 6 个区县乡镇企业总产值超过 50 亿元，其中 3 个区县突破 100 亿元，最高的静海县达 144.52 亿元。

【外向型经济】 1994 年，天津市生产出口产品的乡镇企业 1 264 个，比上年增加 190 个；从业人员 23.28万人，比上年增加 4.2 万人；实现出口产品产值 110.68 亿元，比上年增长 46.99%；实现出口产品交货值 91.82 亿元，比上年增长 44.96%，其中直接出口 73.55 亿元，间接出口 18.26 亿元。在出口的 12 个大类产品中，有 6 类产品交货值超过 5 亿元：服装 26.3 亿元，比上年增长 70.78%；以地毯为主的工艺品 22.3 亿元，比上年增长 1.4 倍；轻工业产品 14.1 亿元，比上年增长 63.57%；纺织品 8.3 亿元，比上年增长93.47%；化工产品 6.6 亿元；矿产品5.6亿元。有 11 个区县出口产品产值超过亿元，其中 8 个区县在 5 亿元之上，最高的武清县完成34.8亿元。

【资金投入】 1994 年，天津市乡镇企业全年施工项目 2 706 项，其中当年新开项目 2 520 项，当年投产项目 2 301 项。全年完成投资额 30.97 亿元，其中新建项目完成 15.48 亿元，扩建项目完成 8.55 亿元，技改项目完成 6.28 亿元。全市乡镇工业企业新增固定资产 26.36 亿元。有 9 个区县固定资产投入超过亿元，其中 4 个区县超过 3 亿元，最高的武清县为 6.66 亿元。

【技术改造和新产品开发】 1994 年，天津市乡镇企业技术改造重点项目立项数 893 个，投入固定资产 12.39 亿元，新增产值 26.1 亿元，新增利润 2.77 亿元。全年投产的重点新产品 185 个，新增产值 15.73 亿元，新增利税 1.65 亿元。有 11 项新产品达到国际水平，30 项新产品填补国内空白。有 10 个项目列入 1994 年度国家级重点新产品试产计划，18 个项目列入国家级"星火计划"，33 个项目列入市级"星火计划"。

【企业改革】 1994 年，天津市乡镇企业新组建股份合作制企业 1 465 个，共筹集股金 8.04 亿元，其中吸引企业外资金 3.36 亿元。全市股份合作制企业累计达 2 146 个，占乡村集体企业总数的 20%以上。1994 年组建市级企业集团 23 个，累计达 61 个，有 4 个企业集团进入全国 1 000 家经济效益最佳乡镇企业前 10 名。对 692 个“微、小、亏”企业试行租赁、拍卖，兼并。继续推行厂长任期目标责任制和风险抵押承包制。

【人才培养】 1994 年初，天津市政府批转以培养乡镇企业急需人才为主要内容、为期 5 年的“51510”工程。1994 年这项工作全方位展开。乡镇企业系统大规模开展职工岗位培训活动，有 10 200 多名班组长，9 200多名技术工人，22 500 多名特殊工种职工，11 200 多名专业技术人员，2 300 多名供销业务人员接受培训，培训总人数达 5.55 万人。落实1 000名中专委培生，组织电视中专生源 3 200 名。以教育系统为主，招收大专生 3 700 多人，中专生1.61万人。在会计、审计、经济、统计、工程等 5 个系列中评聘专业职称，有 65 人获得高级职称，2 644人获得中级职称，4 726人获初级职称。

（张晓建）

河北省

【基本情况】 1994 年，河北省乡镇企业 178.4 万个，比上年增加 18.7 万个，其中乡村集体企业 7.5 万个，比上年减少 4 896 个。从业人员 794.6 万人，比上年增加 51.3 万人，其中乡村集体企业 275 万人，比上年增加 2 451 人。全省乡镇企业实现总产值（1990 不变价）2 553.7亿元，比上年增长 48.9%，其中乡村集体企业产值 1 035.3 亿元，比上年增长 31.4%。乡镇工业产值（1990 不变价）1 823.1 亿元，比上年增长 46.3%，其中乡村集体工业企业产值 863.5 亿元，比上年增长 30.4%。全省乡镇企业实现营业收入 2 338.5亿元，比上年增长 44.5%。实缴国家税金 43.73 亿元，比上年增长29.44%。实现增加值 614.9 亿元，占全省国内生产总值的 28.9%。

1994 年，乡镇企业总产值中农业企业产值增长 71.83%，工业产值增长 46.30%，建筑业产值增长 43.97%，交通运输业产值增长 55.11%，批发零售餐饮业产值增长66.09%。全省乡村集体企业完成固定资产投资 140.60 亿元，基本保持上年投资水平。乡村企业新开工项目 13 941 个，其中新建 8 658个。乡镇企业出口产品交货值完成 85.6 亿元，比上年增长 59.7%。全省乡镇企业营业收入 10 亿元以上的县（市）80 个；营业收入 5 亿元以上的乡（镇）40 个；营业收入 1 亿元以上的村 93 个；营业收入1 000万元以上的企业 1 156 个，5 000 万元以上的企业 98 个，亿元以上企业 30 个。

【宏观管理】 1994 年初，河北省政府在邯郸市召开全省乡镇企业工作会议，提出乡镇企业的发展目标和措施，要求各级政府把发展乡镇企业作为加速农村经济发展的主要措施来抓。省委连续召开两次小康县工作汇报会议，省委书记程维高、省长叶连松等一再强调发展乡镇企业在实现小康目标中的重要作用。省长叶连松、主管副省长顾二熊为乡镇企业现场办公，研究解决发展中的问题。各地按照省委、省政府的要求，把发展乡镇企业同奔小康紧紧地拧在一起。各市地县普遍建立发展乡镇企业工作领导小组，党委或政府一把手任组长，并明确专（主）抓乡镇企业的副职。各地注重制定和完善加快乡镇企业发展的政策法规，优化乡镇企业发展环境。1994 年，省修订和重新制定乡镇企业政策指导性文件 5 件，市地 14 件，县市 250 件。

1994 年，全省各市地都建立县（市）级领导抓乡镇企业的激励机制。上半年各地都兑现上年度的奖惩。唐山、沧州、石家庄、邢台、秦皇岛市的 77 个县市兑现奖金。衡水地区对没有升级的单位进行严肃的惩罚。

【企业改革】 1994 年，河北省各级把以推行股份制和股份合作制为重点的企业产权制度改革，作为加快乡镇企业发展的重要战略措施，加大行政推行力度，加快改革步伐。1994 年 5 月，省委、省政府发出《关于大力发展农村股份合作制的决定》。各地根据实际情况，开展“微、小、亏”企业拍卖、租赁、兼并试点和推广工作。全省乡村集体企业中实行股份制和股份合作制的企业达19 959个，占乡村集体企业总数的 24.9%。

【外向型经济】 1994 年，河北省进一步加大对外开放的力度，各地拓宽渠道，开展招商引资活动，推动乡镇企业外向型经济的发展。1994 年，全省乡镇“三资”企业达 817 个，其中当年建成投产 171 个。同时，各地注重对内开放，扩大与沿海和京、津地区的经济技术联合协作，促进乡镇企业的发展。

【资金投入】 1994 年，河北省乡村企业完成固定资产投入140.06亿元，其中银行贷款占 29.7%，引进资金占 11.99%，企业自有资金占 46.21%，吸收社会闲散资金占 10%。各地普遍采取四种方法：一是闲钱借用。通过农村合作基金会吸收民间闲散资金。二是户钱合用。通过发展股份合作制企业吸纳股金。三是他钱我用。通过横向经济联合,发展"三资"企业,引进资金。四是死钱活用。回收启动沉淀贷款,缓解乡镇企业资金困难。

【"三沿"战略】 1994年,河北省实施"重点突破,梯次推进"战略,加速"三沿"(沿海,沿京、津、省会,沿京秦、京深、京大公路及铁路干线)县(市)乡镇企业的发展。为促进"三沿"县乡镇企业率先发展,进而带动全省,省组成"三沿"县考核小组,对"三沿"县乡镇企业进行重点考核,使"三沿"县党政领导进一步增强发展的紧迫感,加快乡镇企业发展步伐。

【骨干企业和工业小区建设】 1994年,河北省政府组织开展"百强企业"和"星级企业"创建活动,推动骨干企业的发展。至1994年,全省乡镇企业集团达143个,其中国家级2个,省级17个,市级30个。各地依托本地优势,合理布局,统一规划,集中连片发展乡镇工业小区。1994年,全省工业小区达522个,区内有企业56 769个,固定资产104.8亿元,占全省的13.2%。

【企业管理】 1994年,河北省乡镇企业注重调整产业、产品结构。一是在新上项目中,把重点放在高科技、高附加值项目上。二是加快现有企业的技术改造,全省投入技改资金63亿元,完成技改项目7 745个。三是大力开发新产品,全省共开发市级以上新产品1 030种。四是发展农副产品深加工企业,全省新上农副产品深加工企业892个,组建以工业企业为龙头的联合体631个。

为加强乡镇企业管理,省政府发出《关于在全省乡镇企业中开展"学明星、创一流"活动的通知》,明确乡镇企业管理标准,开展星级企业活动。同时,省乡镇企业局会同工商和技术监督部门开展产品质量监督检查、打击假冒伪劣等项工作;会同公安部门加强乡镇企业安全管理,召开全省乡镇企业安全管理工作会议,发出《关于清理整顿烟花爆竹企业的通知》和《河北省乡镇企业消防治理整顿方案》,组织人员对乡镇企业进行安全检查;会同环保部门发出《河北省乡镇企业环境保护办法》,控制有污染的项目上马,对有污染的现有企业限期治理。

(王源民　赵庆国)

内蒙古自治区

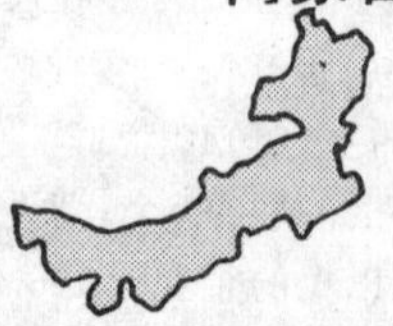

【基本情况】 1994年,内蒙古自治区乡镇企业发展到52万个,比上年增长22%,其中乡村两级集体企业17 815个,比上年增长11%;职工人数172.9万人,比上年增长18.9%,其中乡村集体企业职工人数47.6万人,乡镇企业职工人数占全区农牧业劳动力总数的29%;全区乡镇企业固定资产原值83亿元,固定资产净值71.7亿元,分别比上年增长33.3%和37.3%;职工工资总额41.5亿元,比上年增长46.5%;完成总产值(现价)329亿元,比上年增长61%,其中乡村集体企业总产值110.97亿元,比上年增长37.9%;实现工业总产值157.8亿元,比上年增长64.7%;营业收入388.7亿元,比上年增长68.6%;上缴国家税金12.8亿元,可供分配利润31.5亿元,分别比上年增长62.8%和63.1%;全员劳动生产率1.9万元,比上年增长36%;乡镇企业为全区农牧民提供人均纯收入282元,比上年增加89元。乡村集体企业利润中用于农村文化、教育、卫生、福利及小集镇建设和支农资金达9 289万元。

全区乡镇企业总产值超亿元的旗县由上年的53个增加到66个,其中,超10亿元的旗县由上年的4个增加到8个;超亿元的乡镇由上年的39个增加到76个;超亿元的村由上年的7个增加到15个;超500万元的企业350多个,超亿元企业3个。乡镇企业主要产品产量:原煤2 585万吨,比上年增长12%;砖86亿块,比上年增长13%;加工粮食592万吨,生产配合饲料57万吨,分别比上年增长20%和16%。

【企业改革】 1994年,内蒙古自治区乡村集体企业30%左右实行股份合作制。正在建设186个乡镇企业小区,其中国家确定的5个,自治区级10个,各盟市旗县级171个。赤峰市平庄镇、包头市郊区、锡林郭勒盟罕乌拉苏木集中联片开发乡镇企业小区。企业集团组建速度加快,标准提高。通辽市飓力恒实业总公司1994年总产值突破亿元大关,显示了规模经济效益。

【资金投入】 1994年,内蒙古乡镇企业投入资金39.1亿元,比上年增长18%,其中国家投资1亿元,银行、信用社贷款14.8亿元,引进资金5.3亿元,自筹资金16.4亿元,其他资金1.6亿元。1994年施工项目3 196个,其中新建项目1 771个;当年新开工项目3 064

赤峰市元宝山区第一羊毛衫厂

个，其中当年建成投产项目 2 675 个。开发填补自治区级以上空白的项目 99 个。

【宏观管理】 1994 年，内蒙古自治区党委、政府把发展乡镇企业作为振兴内蒙古经济的一件大事来抓，从自治区到盟市旗县和乡镇苏木形成党政一把手亲自抓，分管领导专门抓乡镇企业的领导格局。6 月份自治区常委会专题听取乡镇企业工作汇报并做重要指示；8 月份，自治区政府召开常务会议研究乡镇企业；12 月，自治区党委书记刘明祖视察乌兰察布盟、呼和浩特市、锡林郭勒盟、赤峰市和哲里木盟乡镇企业；自治区发展乡镇企业协调领导小组召开四次会议研究发展规划、优惠政策，理顺投资渠道。在全区开展“创亿元乡镇、1 000 万元村、500 万元企业”竞赛活动。组织部分盟市和厅局赴浙江省考察乡镇企业，招商引资，推动乡镇企业发展。

全区各行各业支持乡镇企业发展。自治区经委、工商、人事、税务等部门制定扶持乡镇企业政策；新闻单位广泛宣传乡镇企业；自治区财政厅在增加贴息贷款的同时，拿出6 900万元周转金用于发展乡镇企业，扶持乡镇企业的银行贷款余额增加到 22 亿元；扶贫贷款的 60%用于乡镇企业。

各级乡镇企业主管部门抓大事，办实事，加强对乡镇企业的指导管理和协调服务。制定乡镇企业发展规划，举办乡镇企业人才交流大会，组织到乡镇企业发达省份参观考察，引进人才、项目、技术，1994 年全区引进资金 9 亿元。

（包力革）

辽宁省

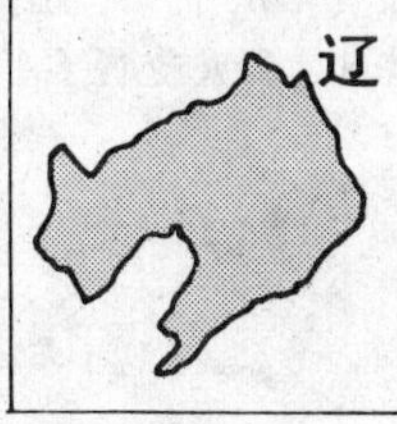

【基本情况】 1994 年，辽宁省乡镇企业 64.5 万个，比上年减少 13.8 万个，其中乡村企业 63 678 个，比上年增加 1558 个；从业人员 426.2 万人，比上年减少 7.8 万人，其中乡村两级企业 257.3 万人，比上年增加 4.4 万人；实现总产值2 464.3 亿元，比上年增长 66.4%，其中乡村两级企业 1 629 亿元，比上年增长 66.4%；实现工业总产值（1990 年不变价）1 560亿元，比上年增长 44.2%，其中乡村两级企业 1 099 亿元，比上年增长 53.1%；利润总额 170.4 亿元，比上年增长 28.3%，其中乡村两级企业 93.7 亿元，比上年增长 42%；上缴国家税金 107.8 亿元，比上年增长 42.2%，其中乡村两级企业 72 亿元，比上年增长 42.9%；职工工资总额 116.2 亿元，比上年增长 17.7%。总产值超亿元、利税超 1 000万元的企业 50 个，比上年增加 15 个。

【宏观管理】 1994 年，辽宁省委、省政府明确提出县、乡两级党委、政府抓经济工作的重点就是乡镇企业。通过召开全省加快发展乡镇企业工作会议，各级党委、政府重视发展乡镇企业形成共识。辽西、辽东、辽北地区乡镇企业加快发展，朝阳、盘锦、阜新、抚顺四市乡镇企业总产值分别比上年增长 113.7%、 109.9%、 109.9%和 102.0%。

【产业结构调整】 1994 年，辽宁省乡镇企业第三产业营业收入 655.7 亿元，比上年增长 69.2%，占乡镇企业营业收入总数的比重由上年的 31%上升到 34%，其中商饮业和旅游业所占比重分别由上年的 19.6%和 1%上升为 21%和3.1%。一、二、三产业比重由上年的 2.0∶66.8∶31.2 调整为 2.4∶63.6∶34。

【外向型经济】 1994 年，辽宁省乡镇企业实现出口产品交货值 128 亿元，比上年增长 57.1%。出口企业1 918个，从业人员 26 万人，分别比上年增加 129 个和 4.5 万人。出口产品交货值超 500 万元的企业 532 个，比上年增加 156 个，其交货值达101.3亿元。出口产品结构发生变化，一直为主导出口产品的食品、矿产品、土产品所占比重分别由上年的28%、13.5%和6.3%下降为22.7%、11.9%和3.5%，服装、轻工、工艺品和化工产品所占比重分别由上年的15.9%、7.9%、2.1%和1.1%上升为17.2%、11.3%、2.4%和1.8%。全省乡镇企业700多种出口产品中，服装、集装箱、皮革、重烧镁、滑石、豆粕等7个产品年创汇额均超过1 000万美元。

全省乡镇"三资"企业共780个，1994年新增350个；外商累计投资85 131万美元，其中1994年投资29 145万美元，比上年增长20%。1994年新建"三资"企业平均利用外资由上年的37万元上升为83.3万元，"三资"企业向高技术产业转移。

（王 珑）

【基本情况】 1994年，黑龙江省乡镇企业发展到65.1万个，其中乡村集体企业3.45万个；资产总额达61.3亿元；从业人员210.6万人，比上年增加6万人；完成总产值600亿元，比上年增长66.4%，其中乡村工业产值304.7亿元，比上年增长60.5%；实现营业收入591.6亿元，比上年增长71.5%；纯利润31.7亿元，比上年增长25.1%；上缴税金15.2亿元，比上年增长43.6%，其中乡村集体企业税金6.5亿元，比上年增长29.3%。

全省社会总产值新增部分的48.1%、农村社会总产值新增部分的70.9%均来自乡镇企业的增长；乡镇工业拉动全省工业增长5.5个百分点。全省乡村企业用于支农、补农、建农和公益事业支出3亿多元。

全省乡镇企业总产值超10亿元的县市23个，占全省县市总数的31.9%；全省超亿元的乡镇184个；超1 000万元的村347个，其中超亿元的15；超1 000万元的企业264个，其中超亿元的3个。组建省级企业集团7个，市级企业集团87个。

【宏观管理】 1994年，黑龙江省省委、省政府出台《关于开辟我省经济发展"第二战场"的决定》，把乡镇企业作为"第二战场"主力军，战略地位突出，给全省乡镇企业工作以新的推动。多数地区乡镇企业工作由一般号召转为真抓实干，不少县、乡领导亲自抓项目、筹资金、搞联合，为乡镇企业发展疏通渠道，解决难题。全省各级领导带队搞"南联"上万人次，签订合同189个，项目总投资4.86亿元。社会各部门选派8 000多人支援乡镇企业，有3 000多个国有企业参加"城带乡、大带小、挂网联"活动，与786个乡镇结成帮扶对子，帮助企业新上项目2 604个。

【资金投入】 1994年，黑龙江省乡村集体企业采取上争下集、内联外引、股份合作等渠道共筹措资金42亿元，比上年增长40%，其中企业自筹15亿元，农民入股和引进资金14.8亿元，银行贷款11亿元，财政扶持1.2亿元。

【项目开发】 黑龙江乡镇企业通过项目库建设，帮助企业与大学、科研等单位建立协作关系，拓宽项目来源，提高项目质量。1994年，全省乡村集体企业新上项目5 677个，其中100万元产值以上的1 253个，500万元产值以上的246个，1 000万元产值以上的149个，亿元产值以上的10个。涌现出双太电子公司、正大实业有限公司、新马士电子有限公司等一批规模较大、科技含量较高的骨干企业。

全省乡镇企业开发新产品1 026项，其中40%以上填补国内和省内空白。累计推广新技术、新工艺500余项，推广面比较大的50余项。

黑龙江兰西亚麻纺织工业联合公司织布车间

【人才培养】 1994年，黑龙江省乡镇企业引进技术人才6 722人，其中具有高、中级技术职称的2 619人。培训技术人员和管理人员12.2万人次，其中培训领导干部和厂长(经理)1万多人次；接受中专以上学历教育的4 722人。

【企业改革】 1994年，黑龙江省实行股份合作制的乡村集体企业达1万多个，其中有限责任公司和股份有限公司138个。有5 000多个乡村企业实行租赁、兼并、转让、拍卖、破产等改革。乡镇企业租赁、兼并国有企业40多个。

【外向型经济】 1994年，黑龙江省乡镇企业出口创汇企业237个，完成出口产品交货值6.1亿元，比上年增长66%；引进外资合同金额8.1亿元，比上年增长2.2倍。牡丹江市乡镇企业1994年与外商鉴定合资、合作、独资办企业合同36份，合同利用外资1.9亿元；新建“三资”企业24个，境外办企业12个；出口产品10多种，交货值达8 421万元，出口创汇322万美元，边境贸易签约额达3.73亿元瑞士法郎，实现交货额3 267万瑞士法郎；劳务输出3 702人次，劳务收入2 358万元。

(王锡恒)

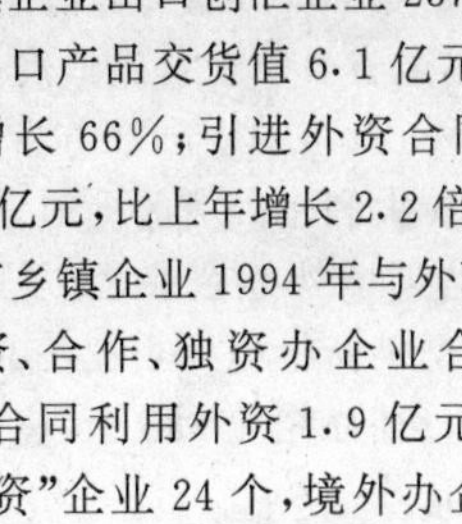

【基本情况】 1994年，上海市乡镇工业企业15 046个，比上年增加24个；从业人员139.3万人，比上年减少3.45万人；完成工业总产值1 045.84亿元，比上年增长43.8%，占全市工业总产值的比重达31.3%，比上年增加5.5个百分点；实现销售产值(现价)1 036.99亿元，比上年增长43.6%，产销率为95.7%；实现利润54.32亿元，比上年增长16.7%；缴纳国家税金42.06亿元，比上年增长30.6%。

【骨干企业培植】 1994年，上海市乡镇工业围绕全市新兴支柱产业和优先发展的重点产业，进行配套生产。乡镇工业为桑塔纳轿车国产化零部件的配套生产占7%。对全年新增1亿元产值以上的25个“龙头”企业，进行跟踪分析和重点扶持，促进其发展壮大。1994年，产值5 000万元、利润500万元以上的重点骨干企业达180个，比上年增加20个。各县区以重点骨干企业为龙头，组建企业集团，至1994年底有市级企业集团12个，县级企业集团42个。

【科技进步】 1994年，上海市乡镇工业通过技改投入和新产品开发，培育一批新的生长点。乡镇工业系统全年技术改造和技术引进项目300多项，总投资25亿元，其中列入市经委重点技术改造项目的有100项。新产品开发450项，其中列入市计委、市科委试产鉴定计划的95项，新增产值7亿元。

【外向型经济】 1994年，上海市乡镇工业完成出口产品交货值246.05亿元，比上年增长66.%，占全市出口产品交货值的42.7%；其中直接出口90.54亿元，间接出口52.54亿元，中外合资企业出口值102.97亿元，分别比上年增长31.2%、49.1%和138.5%。1994年新批自营出口企业9个，出口创汇1 524万美元。1994年新批“三资”企业1 476个，协议吸收外资24.4亿美元；全市乡镇“三资”企业累计达4 800多个，协议吸收外资52亿美元，分别占全市“三资”企业总数的50%和协议吸收外资总数的22%。

【企业改革】 至1994年底，上海市乡镇工业股份合作制企业累计2 665个，股本金总额46.41亿元，其中集体股21.59亿元，法人股6.43亿元，职工股18.39亿元。有1 010个企业经上海市城乡产权交易所推出上市转让，总资产56.6亿元；其中在上海市推出企业733个，总资产26.2亿元，外省市联网推出企业277个，总资产30.4亿元；1994年成交企业229个，成交总额5.7亿元。有300多个“微、小、亏”企业，开展资产有偿转让、“集有民营”、租赁经营等形式的改革。15个企业进行现代企业制度试点，其中有1个企业列入市级第一批95个的试点行列。

(王叙元　赵宝林)

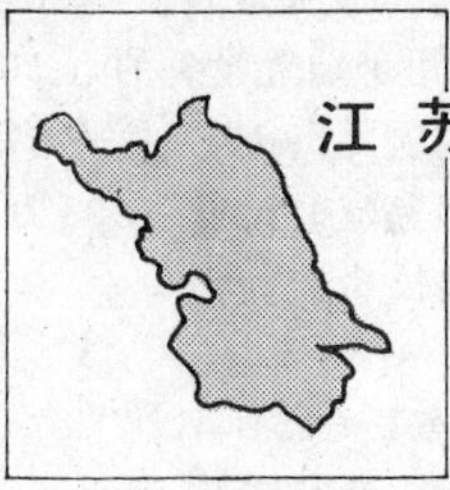

【基本情况】 经过前两年超高速增长以后，在宏观调控力度加大的情况下，1994年江苏省乡镇企业一度出现增长速度回落过大、效益严重滑坡和投入明显减少的趋势。针对这种情况，全省各地坚持深化改革，扩大开放，调整结构，加强管理，很快抑制住下滑的势头，从5月起生产逐月上升。1994年全省乡镇企业实现产值6 551.97亿元，比上年增长39.34%,其中乡镇工业产值6 142亿元,比上年增长40.43%。乡镇工业在全省工业总产值中的比重上升到66.72%,第一次实现"三分天下有其二"。苏州、无锡、常州三市乡镇工业在当地工业中的比重已是"四分天下有其三",无锡市占80.64%,苏州市占76.41%,常州市占72.20%。在加快发展的过程中,全省乡镇企业狠抓产品质量、强化内部管理、积极化解增本减利因素,降低生产成本,减少费用开支,提高经济效益和营运质量。1994年全省乡村工业企业实现营业收入4 283.11亿元,比上年增长40.65%;实现利润123.69亿元,比上年增长22.34%;上缴流转税金及附加139.66亿元,比上年增长45.75%。全省乡村工业年末资产总额2 642.8亿元,比上年增长32.77%;净资产921.37亿元,比上年增长34.27%。全省乡村工业全员劳动生产率9.41万元,比上年增长42.79%;人均利税4 388元,比上年增长23.98%。1994年全省乡村工业完成投资额376亿元,其中用于购置设备的近50%;全年施工项目29 447个,平均每个施工项目完成的投资额128万元,比上年增长8.47%。

【企业改革】 1994年,江苏省乡镇企业在试点的基础上,加快产权制度改革步伐。4月份,省委、省政府在镇江丹阳市召开全省乡镇企业工作会议,会上明确提出乡镇企业必须加快产权制度改革,保持和发挥市场机制的先导作用,盘活存量,扩大增量,提高资产的营运效益。并制定"从实际出发、分类指导、多种形式、因地制宜、自愿选择"的实施方针。全省各地坚持以股份合作制为重点,以明晰产权、优化结构、完善机制、增强活力为目标,加大产权制度改革的力度,使全省乡镇企业产权制度改革取得突破性进展。至1994年底,全省乡村企业中实行产权制度改革的企业累计47 100个,由上年占乡村企业总数的14%增加到42.1%,并且形成"五个一批"的基本格局。主要是:改制一批,即改建和新建股份合作制企业20 762个,股本金总额达191亿元,其中新增股份合作制企业14 100个,股本金149亿元。转让一批,即实行租赁、拍卖、兼并的企业17 900个,租赁、转让资产30亿元,实收租金和转让费20亿元。嫁接一批,即中外合资合作企业和内资联营企业8 000个。组合一批,即组建省市两级企业集团594个,核心层企业资产179亿元,其中省级企业集团192个,核心企业总资产80.27亿元。升级一批,即改组或新建规范化公司制企业571个,其中有限责任公司527个、股份有限公司34个,股本金18.58亿元。

【外向型经济】 1994年,江苏省乡镇企业全方位扩大对外开放,大力发展出口产品生产,提高出口产品的质量和档次,开拓国际市场,扩大自营出口,发展对外贸易,外贸出口成为全省乡镇企业的主要增长点。1994年,全省乡村企业中有出口企业8 642个,比上年增加856个,占乡村企业数的7.73%,其中出口产品交货值超1 000万元的企业有1 200个,超亿元的企业有60个。全省乡镇企业出口产品交货值1 057.2亿元,比上年增长68.58%,相当于全省乡村两级独立核算企业营业收入的27.62%,其中自营出口值202亿元,比上年增长近两倍。利用外资方面,全省乡镇企业坚持以"大"为主,立足于"高、大、新",主动与国际大财团、大商社、大公司联合,改善投资环境,提高"三资"企业资金到位率、开业率、创汇率和利税率,使利用外资的水平和质量明显提高,出现外商出资比例增大、出口创汇能力增强和大项目增多的势头。1994年,全省乡镇企业新增"三资"企业2 261个,合同利用外资25.87亿美元,平均每个项目利用外资114.4万美元,比上年增长20.42%。外商出资比例由上年的40%提高到60%,在苏南地区外商投资比例约80%。至1994年底,全省乡镇企业中累计批准"三资"企业12 721个,合同利用外资51.4亿美元,其中历年累计开业"三资"企业7 131个,实际利用外资39.25亿美元。1994年,全省乡镇"三资"企业出口产品交货值421.5亿元,占全省乡镇企业出口产品交货值的40%。1994年,江苏省乡镇企业在扩大利用外资的同时,还走出国门,到境外办企业,发展跨国经营。全年新批境外企业159个,累计在境外办企业332个,境外投资3亿元。

【苏北乡镇企业】 近年来,苏北地区加强对乡镇企业的领导,尤其在淮北地区,实行乡镇企业县、乡党政一把手负责制。苏北各地在巩固发展集体企业的同时,大力发展个体私营企业;利用本地农副产品、矿产品资源丰富的优势,大搞农产品、矿产品加工业。与此同时,全省乡镇企业加强南北挂钩合作,加大对苏北地区帮扶力度,促进苏北地区乡镇企业加快发展。1994年,苏北地区乡镇企业发展速度平均增幅比苏南地区高20个百分点,其中徐州高30个百分点,连云港市乡镇企业实现了一年翻一番。1994年,南京、南通、镇江、杨州四市乡村工业产值1 389亿元,占全省乡村工业总产值24.58%,比上年增加1.37个百分点;徐州、淮阴、盐城、连云港四市乡村工业产值482亿元，占全省乡村工业产值8.53%，比上年增加1.35个百分点。苏北地区乡镇企业在全省乡镇企业中比重下降的趋势已被扭转。

【规模企业建设】 1994年，江苏省乡镇企业继续采取倾斜政策，培植规模企业，从资金、技术、能源、原材料等方面扶持有发展前途的企业；同时采取联营或组建企业集团等形式，促进规模经济的形成，使一批规模企业脱颖而出。1994年，全省乡村工业产值超100亿元的县(市、区)11个，其产值3 295亿元，超过全省总数的一半，最高的无锡县达592亿元。全省乡镇企业营业收入5亿元以上的乡镇234个，实现的营业收入占全省的10%。营业收入上亿元的村228个，最高的江阴市华西村营业收入12.8亿元。1994年，江苏省对最佳经济效益乡镇企业排序，全省排出销售收入3 000万元、利税300万元以上的企业1 000个，销售收入平均8 000万元，其中超亿元的250个；平均资产余额3 500万元，其中超亿元的40个。这些规模企业的经济效益指标高出全省平均水平的一倍以上，实现的利税和提供的建农补农、农村教育、小城镇建设资金，占全省总数的一半。

（张从军）

浙江省

【基本情况】 1994年，浙江省乡镇企业实现工业产值4 496亿元，比上年增长76.15%，占全省工业产值的72.9%；实现销售收入4 185亿元，比上年增长75.15%。

1994年，浙江省农民联户和个体私营企业发展加快。个体私营经济成为全省乡镇企业发展新的主要增长点。1994年，全省农民联户和个体私营企业实现工业产值1 940亿元，比上年增长146.4%，占全省乡镇工业产值的43%。宁波、嘉兴、湖州、舟山等四市的增长幅度在200%以上。

【企业改革】 根据浙江省委、省政府的统一部署，全省乡镇企业狠抓以推行股份合作制为重点的产权制度改革。在具体实施过程中，各地以股份合作制为突破口，从实际出发，按照自愿原则，在转制的对象以及股权的设置上有新突破。一些地方将大中型企业推上转制轨道，股权设置基本取消产权模糊的“企业股”，职工特别是经营者的持股比重提高。据对萧山、余杭、诸暨、上虞、慈溪、余姚、鄞县、海宁、桐乡、温岭、湖州等11个县(市)的调查，到1994年10月底，有11 500个乡镇集体企业实行各种形式的产权制度改革，占乡镇集体企业总数的44%。1994年，全省村以上集体转制企业2.4万个。同时，通过拍卖、租赁、兼并，改造一批“微小、亏”企业。

【抓重点 上规模】 为增强乡镇企业的竞争力，全省各地抓重点带一般，加强对重点县(市)、重点乡镇、重点骨干企业的指导和服务。省乡镇企业局重点抓上年乡镇企业产值超65亿元的13个县(市)，建立“十三强”局长联席会制度。各地采取举措，建立健全激励机制。绍兴市、台州市表彰奖励一批产值超亿元、利税超1 000万元的乡镇和龙头企业。有的市县对重点乡镇

杭州市拱墅区上塘镇东兴村兴办的“海外海宾馆”

和重点骨干企业实行倾斜政策，立项优先、信贷优先。萧山市对108家骨干企业重点扶持，从鼓励企业加快科技进步、加强企业积累、深化企业改革等八个方面制定优惠政策，引导企业走联合之路，向集团化进军。杭州市开展创建“亿元工程”活动，以骨干企业为龙头，以名优特新产品为纽带，合理配置资源，组建一批企业集团，增强企业在市场经济中的竞争力。到1994年底，全省有省级企业集团85个，其中65个是1994年批的。经省政府批准的省级重点骨干企业789个。

【技术改造】 1994年，浙江省乡镇企业以技术改造为导向，除投入较大资金外，还注重把握好资金投向，围绕调整产品结构，提高产品档次、质量，提高市场竞争力下功夫，把有限的资金用在刀刃上。其特点：一是投入的总量和项目的规模比上年提高，全省投入200亿元。湖州市技改项目305项，完成投入9.18亿元，比上年增长58.2%。截止1994年11月，经省乡

镇企业局报批的44个项目，投资总额10.84亿元，可新增产值35亿元，创利税4.4亿元。二是技改的档次以及资金到位率提高。嘉兴市技改资金到位率91.6%；绍兴县1994年投入20亿元，资金到位率近90%。浙江宏业制衣有限公司1994年投入技改资金1 200万元，用于扩大生产，改善工艺设备，1—11月，实现出口产品交货值1 500万美元，产值达1.2亿元，实现利润800万元。三是注重投入与技术改造结合，从国外引进先进的设备和先进的管理经验。绍兴县的齐贤、杨汛桥、夏履等乡镇淘汰一批老纺织设备，引进喷水、喷气织机1 600台。诸暨、义乌两市的许多个体私营企业从国外引进先进的袜机设备，更新款式，提高质量。

【外向型经济】 1994年，各地把发展外向型经济作为实现乡镇企业第二次飞跃的突破口，实施发展外向型经济战略。全年完成出口商品交货值482亿元，比上年增长67.89%。全省有57个乡镇企业获得自营出口权，有100多个企业到境外办实业。1994年全省乡镇企业合资成功率、外资到位率、外资投入比例以及技术含量、规模等比上年均有提高。

【乡镇工业小区建设】 为引导乡镇企业上档次、上规模，形成产业群体，取得聚集效益，1994年各地加快乡镇工业小区的建设，从而发挥了区域经济的优势。在乡镇工业小区的建设上，坚持投资一项，兴建一项，滚动开发，逐步扩大。义乌市根据小商品市场繁荣发达的特点，为加快集镇城市化和招商转工创造条件，按照"中心启动，沿线拓展"的开发战略，规划开发建设的一部分乡镇工业小区，投资2.4亿元，为投资者创造良好的投资环境；已有127个企业进入小区，还有799个企业正申请进入，全年创产值13.6亿元。台州市黄岩区1994年在104国道边投资4亿元，兴建浙东南规模最大的"中国日用品商城"，吸引了大量客商，由此带动乡镇企业进一步发展。浙江省乡镇工业小区建设的实践和经验，得到农业部的肯定，1994年5月，农业部在绍兴柯桥镇召开现场经验交流会。经农业部批准，绍兴柯桥镇、东阳横店镇、义乌大陈镇等3个乡镇被确定为全国第一批综合开发试验小区。

（陆 刚）

安徽省

【基本情况】 1994年，安徽省乡镇企业有职工715.63万人，占全省农村总劳力的27.8%；实现营业收入1 878.7亿元，比上年增长72.1%；完成乡镇工业产值1368.9亿元，占全省工业总产值的68.7%；全省乡及乡以上工业完成总产值1239.2亿元，其中乡（镇）办工业完成425.5亿元；实现乡村工业产值754.3亿元，比上年增长88.2%；乡村工业销售额684.2亿元，比上年增长96.1%；实现利税159.1亿元，比上年增长71.7%；税金28.1亿元，其中当地入库税金18.9亿元。全省有40个县市乡镇企业营业收入过20亿元，其中过50亿元的5个，最高的合肥市郊区为102.4亿元；有621个乡镇、66个村、17个企业营业收入超亿元。

【企业改革】 1994年，安徽省乡镇企业实行以股份合作制为中心内容的产权制度改革，全省股份合作企业达46 960个，其中乡村集体企业实行改制的14 500多个，占乡村集体企业的21%。宿州市乡村改制企业达60%。对微利亏、损企业试行拍卖。企业组织结构逐步向混合式、高级化发展，以资产为纽带的趋向规范化、制度化的企业集团出现，全省产值5 000万元以上的企业集团有26个。

【资金投入】 1994年，安徽省乡镇企业施工项目总数17 563个，其中技改占44%，固定资产投资100万元以上项目2 547个。乡村集体企业固定资产投资完成107.1亿元，其中贷款27.7亿元，自筹资金49.9亿元，引进资金13.1亿元。

【外向型经济】 1994年，安徽省乡镇企业完成出口产品交货值42亿元，比上年增长103.1%。乡镇"三资"企业发展到304个，比上年增长105.4%。宁国密封件厂与美国亚洲战略投资公司合资项目，总投资2.5亿元，其中外资投入第一批投资1 120万美元，一次到位，是安徽省乡镇企业中最大的合资项目。

【科技教育】 1994年，安徽省乡镇企业的发展朝着依靠科技进步和提高劳动者素质的方向入轨。通过调整产品和行业结构，出现一批高科技含量、高附加值、高效益的产品，机电、化工和其他新兴行业比重上升。全省累计培训职工210万人次，乡村两级职工教育面达84.5%以上；累计引进人才65 680人；有5万多人获得中级以上技术职称。截止1994年，共开发新产品3 000多个，其中填补省内空白的170个；获国优、部优、省优产品190个，系统优产品797个，获科技成果奖 268 项。

【宏观管理】 安徽省委、省政府一直把发展乡镇企业作为振兴安徽省经济的突破口来抓，坚持在因地制宜、讲究质量、注重环保、提高效益前提下，能发展什么就发展什么，能发展多快就发展多快的方针，指导乡镇企业的发展。1994 年，省政府发出有关解决乡镇企业资金、人才问题的文件，省委发出《关于加快发展村办企业的决定》，各地县出台一些有利于乡镇企业发展的措施。各级党政一把手亲自抓乡镇企业，几大班子成员带头抓点包扶企业，省地县层层下派干部专抓乡镇企业。综合部门、金融部门、行业部门、科研单位、大专院校等参于扶持乡镇企业活动。安徽省电视台、《安徽日报》等广泛宣传乡镇企业。各级党校、行政干部管理学校开办乡镇企业专题讲座。

采取激励机制，表彰奖励对发展乡镇企业作出突出贡献的先进集体和个人。省委、省政府表彰一批县委书记和县长，表彰一批全省乡镇企业家、系统劳动模范、明星企业、优秀厂长、最佳经济效益企业、供销先进集体、优秀供销员、个体私营大户等。

（时思玉）

福建省

【基本情况】 1994 年，福建省乡镇企业总产值（1990 年不变价）1 735.4亿元，比上年增长 64.3%，其中工业产值 1196.9 亿元，比上年增长 62.49%。乡镇企业总产值超 10 亿元的县市 43 个，超 5 亿元的乡镇 70 个，超 1 亿元的村133个，超 1 000 万元的企业 1 067 个，分别比上年增加 12 个、30 个、57 个、361 个。出口产品交货值312.88亿元，比上年增长 71.37%；新签“三资”企业合同 809 项，其中外商投资 12.4 亿美元，实际利用外资 8.7 亿美元；乡镇“三资”企业共 3 348 个，其中投产开业的有 2 339 个。

【宏观管理】 1994 年，福建省把发展乡镇企业作为振兴当地经济的重要措施来抓，地、县、乡镇都成立协调机构，党政第一把手亲自抓，建立层层目标责任制；通过开展“乡镇企业年”等活动，扩大宣传。惠安县把围绕提高经济效益为中心的全面指标，层层分解落实下去，并规定各级党政负责人作为第一责任人，组织工商、银行、税务、土地、城建、外经、环保等部门为乡镇企业提供服务。该县 1994 年争取非信贷资金 2 亿元，信贷资金 1 亿元，财政部门拿出 500 万元投放乡镇企业，缓解资金紧缺矛盾，促进乡镇企业全面发展。1994 年，惠安县乡镇企业总产值达 46.3 亿元，比上年增长 101.8%。

【企业改革】 1994 年，福建省乡镇企业以建立现代企业制度为目标，以股份制为核心内容，推进企业深化改革。对原有乡村企业实行股份合作制或股份制改造，对新办企业按新制要求建立。全省实行股份合作制或股份制的企业 10 多万个。龙岩地区乡村集体企业改制率达 95%以上；福州市建立 28 个股份有限 责任公司；三明市和南平市拍卖、租赁和兼并小型企业分别为 800 个和 556 个。1994 年，全省改制企业共吸纳资金 62.74 亿元。

【工业小区建设】 1994 年，福建省各地在村镇整体规划情况下，因地制宜发展乡镇工业小区。全省以村镇为单位或相邻村镇联合，建立占地 50 亩以上的乡镇工业小区1 100 个，近 3 万个乡镇企业进区落户。进区企业很快形成规模生产，乡镇工业小区成为乡镇企业新的增长点。福安市 1992 年在坂中乡建立福安市电机电器工业小区，区内形成铸造、压铸、冲压、塑料配件相互配套，信息、技术、管理相互交流网络，企业的素质优化，新产品开发能力增强；小区投产第一年产值达 2 亿多元，20 多种产品填补省内、国内空白。泉州市规划和建设的乡镇工业小区 400 多个，占地近 3 万亩，6 000多个企业进入小区，约占全市乡镇企业总数的十分之一，小区内的工业产值约占全市乡镇工业产值的四分之一。

【科技进步】 1994 年，福建省乡镇企业以抓技改、上管理为中心内容，实施创新创优、树名牌战略。全省约 70%的乡村集体企业开展七项基础管理和五项专项管理建设，有 1 000 多个企业达到基础管理一级水平，其中 550 个企业被评为省级先进乡镇企业，100 个企业被评为“百颗星企业”。全省年产值 500 万元以上的企业大部分取得农业部质量管理达标证书。

1994 年，全省乡镇企业实施重点技改项目 3 307 个，投入技改资金 30.37 亿元，分别比上年增长 18%和 31%。企业资本和技术有机构成提高，开发新产品和争优创名牌的能力增强。1994 年，全省乡镇企业重点开发的新产品 247 个，有 50 个工业产品列入省级新产品开发计划。泉州市经市政府确认的名牌产品 65 项，被国内外评为优质产品的 200 多个；富贵鸟、劳克士牌等三个企业生产的旅游鞋被评为"中国十大鞋王",福建恒安集团被评为中国名星企业。

【外向型经济】 1994年,福建省乡镇企业举办外经、外贸培训班20多期,培训人员1 000多人次。各地利用华侨,港、澳、台胞回乡探亲机会,举办文化节等活动组织恳谈会,组织参观考察,宣传政策,引导投资;组团参加福建省政府每年一度的"1.18"厦门国际经贸洽谈会和"9.8"香港国际招商洽谈会;组织乡镇企业家走出国门,寻找合资合作伙伴,考察了解国际市场行情,研究产品出口对策。全省有6个乡镇企业获得自营进出口权。

(宋学铿)

江西省信丰县小江水泥厂

江西省

【基本情况】 1994年,是江西省乡镇企业发展史上增长速度最快的一年。全省乡镇企业总产值突破1 000亿大关,达1 265.8亿元,比上年增长115.9%,其中乡镇工业产值827.4亿元,比上年增长114.7%;企业个数116.9万个,比上年增长11.1%;企业职工人数404.1万人,比上年增长19%。

实现销售收入782.6亿元,比上年增长134.8%;乡村工业产品产销率96.2%,比上年提高3.4个百分点;利税总额107.9亿元,比上年增长122%,其中乡村两级完成42.2亿元,比上年增长102.8%。乡村企业亏损面2.28%,亏损金额7033万元,分别比上年下降5.2%和12.4%;每万元工业产值能耗1.27吨标煤,比上年下降20%。

1994年,乡镇企业总产值占全省农村社会总产值的82.6%,乡镇工业产值占全省工业总产值的59.6%,分别比上年增加18个和15.9个百分点;上缴国家税金32.4亿元,比上年增长108.4%;发放职工工资102.2亿元,比上年增长69.1%,仅此一项,按农业人口计算,就为全省农民提供人均收入330.4元,比上年净增134.4元。主要产品产量中,原煤3 066万吨,比上年增长30.7%;水泥204万吨,增长41.2%;发电量10.12亿度,增长14%;釉面砖1 854平方米,增长50.5%;烟花爆竹659万箱,增长23.2%;中小农具5 451万件,增长3.2%;机制纸及纸板11.8万吨,增长75.1%。

1994年全省落实固定资产投入68.7亿元,比上年增长60%,其中乡村集体企业完成48.3亿元,比上年增长55.7%。

【企业改革】 江西省乡镇企业在以明晰产权为核心的改革中,以对老企业进行股份合作制改造为重点,创造了公有私营、共有私营和私有私营等多种形式。1994年,全省新办股份合作制乡镇企业2.25万个,完成老企业股份合作制改造3.03万个,新增股金33.8亿元。同时,拍卖、租赁和风险抵押承包收到明显成效。宜春地区抽调几千人帮助企业进行股份合作制改造,使全区的老企业改造面达80%以上。石城县对70个乡办企业进行产权制度改革后,企业产值、利税和职工收入均成倍增长。

【科技进步】 江西省各地乡镇企业以培养、引进人才为突破口,以加大技改投入为重点,采取走出去,请进来,购买专利,引进新技术、新设备、新工艺,开展与大专院校、科研院所的横向联合等手段,加快技术改造,开发新产品,推进企业技术进步。1994年,全省乡镇企业培训专业技术人员3.23万人次,引进人才1 000多人,开发新产品243个,定向招收大中专生1 012名,第一批定向大中专毕业生310名已分赴乡镇企业工作。

【产业结构】 1994年,江西省乡镇企业三大产业中,第一产业比上年增长96.7%,占总产值的比重为1.1%,与上年基本持平;第二产业居主导地位,比上年增长111.1%,

占总产值的比重为75.2%；第三产业特别是房地产开发、客货运输、技术服务等新兴行业发展迅速，比上年增长133.7%，占总产值的比重由上年的21.9%上升到23.7%。轻工业偏轻，重工业偏重的格局进一步改善，轻工业产值比上年增长93.4%，快于重工业产值的增长。轻重工业产值之比为50.5:49.5。在轻工业中，以农副产品为原料的加工业产值比重达56%。

【外向型经济】 1994年，江西省乡镇企业有"三资"企业550个，当年新增204个，累计引进外资2.84亿美元，实际到位资金1.46亿美元，其中1994年到位9 614.2万美元，比上年增长15.3%；完成出口产品交货值18.84亿元，比上年增长61.5%；创汇2.23亿美元，占全省外贸出口总额的21.3%。出口产品交货值增长幅度较大的：化工产品增长225.2%；轻工产品增长143.8%；畜产品增长257.6%；纺织品增长75.4%；服装增长168.5%。全省乡镇企业出口产品交货值超过100万元的企业有289个，比上年增加69个。

【规模经济】 江西省乡镇企业从1993年开始组织实施"3135"工程，以培植一批重点县、乡、村和企业为目的，引导企业向"大、高、外、联"发展，有效地促进了乡镇企业发展。1994年，全省乡镇企业总产值超10亿元以上的县（市、区）由上年的13个增加到47个；超亿元乡镇由94个增至367个；超1 000万元村由297个增至1 288个；超100万元企业由4 472个增至7 159个，超500万元企业由625个增至1 412个，超1 000万元企业由236个增至544个，超5 000万元企业由8个增至18个，超亿元企业由3个增至6个。同时，规模较大的企业集团由上年的36个增至72个。

（李文美）

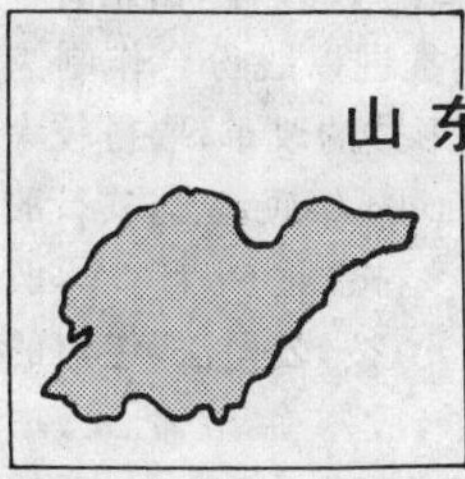

【基本情况】 1994年，山东省乡村工业完成销售产值3 735亿元，比上年增长56.4%；完成工业增加值1 411亿元，比上年增长63%；实现利润总额220亿元，比上年增长67.4%；产销率95%，比上年提高2.8个百分点；资金利税率23%，比上年提高2.08个百分点；资金周转由上年的3.1次提高到3.66次；全员劳动生产率22 271元，比上年增加9 500元。有153个企业被评为全国最佳经济效益乡镇企业。

【规模经济】 1994年，山东省乡镇企业把上规模，上档次、上质量、上水平作为加快发展的关键措施，实施"龙头带动"战略，发展企业集团，提高规模效益。截止1994年底，全省累计组建省级企业集团157个，其中1994年新建79个；新批国家级企业集团4个；新批国家大型企业9个，中型企业72个。1994年，全省乡村工业企业平均拥有固定资产原值76万元，比上年增加26万元。提前一年完成1992年起实施的"21521"工程规划目标。

【技术改造】 1994年，山东省乡镇企业把搞活存量资产，发挥现有企业潜力作为基本出发点，向技改要速度、要效益、要后劲。在资金紧缺的情况下，1994年乡村工业技术改造投入仍达120亿元，约占全部固定资产投资的50%，比上年提高10个百分点。在技改项目上，坚持高起点，新上技改项目不仅规模比较大，而且技术含量比较高，许多项目达到国际先进水平。1994年，全省乡镇企业完成技改项目10 508个，投资规模在1 000万元以上的319个，其中过亿元的8个；开发新产品3 200个，其中填补省以上空白的290个，总投资25亿元，新增产值200亿元，新增利税28亿元。经省科委批准的高新技术生长点86处，占全省总数的58%；高新技

山东淄博轧钢厂高频异型焊管生产线

术企业66个，占全省总数的39.5%。烟台市过1 000万元的技改项目77个；丛林集团技改投资1.4亿元，引进美国球墨铸铁生产线一条，产品填补国内空白。文登通讯电缆集团公司一次投入5 000万元，引进五条具有国际先进水平的日本电缆生产线，提高了产品档次和市场竞争力。

【外向型经济】 按照山东省委、省政府“外向带动”战略的部署和要求，各地把发展外向型经济作为乡镇企业再上新台阶的突破口，调整优化出口产品结构，扩大对外贸易总量。1994年，全省乡村工业完成出口产品交货值376亿元，比上年增长82.8%；全年新批“三资”企业1 386个，合同利用外资12.6亿美元。虽然总量比上年有所下降，但大项目、高技术含量项目、产品外销率高的项目、独资企业明显增多。青岛市1994年出口产品交货值67亿元，占全省的17.7%；新批“三资”企业250个，合同利用外资3.4亿美元，分别占全省的18%和27%，继续走在全省前列。

【东西部地区交流与合作】 按照国务院“东西合作工程”和山东省委、省政府《关于加快欠发达地区经济发展的意见》的部署和要求，各地普遍重视和加强东西部地区之间的交流与合作。东部不少市县冲破地域经济的束缚，异地投资办厂，把地区自身的资金、技术、人才和信息优势与西部地区的资源优势有机地结合，促进东西部地区之间乡镇企业共同发展。西部地区把发展乡镇企业作为振兴农村经济的战略重点，在领导、政策、项目、人才、资金投入等方面向乡镇企业倾斜，集中力量新上一批起点较高、规模较大、辐射带动力较强的龙头骨干项目，同时发展个体私营经济，发展速度明显加快，发展水平提高。

【企业改革】 1994年，山东省乡镇企业继续推进以股份合作制为重点的多种形式的改革，取得较大进展。截止1994年底，全省实行股份合作制的乡村企业59 758个，股本金347亿元；按《公司法》组建的公司1 811个，股本金87亿元；拍卖“微、小、亏”企业2 746个，租赁企业8 472个。各地加强对改革的指导，注重调查研究，对改革中的问题及时提出改进意见和建议。同时，各地还坚持边发展、边完善、边规范的方针，对产权界定、股权设置、股益分配等作明确规定和要求，提高了改制质量，保证改革的健康发展。

（宋秋玲）

河南省

【基本情况】 1994年，河南省乡镇企业营业收入完成3 106亿元，比上年增长48.5%，增幅比上年提高16.1个百分点；其中工业销售收入1 901亿元，比上年增长52.8%，增幅比上年提高22.1个百分点；上缴税金38.1亿元，比上年增长23.7%；完成出口产品交货值45亿元，比上年增长49%，增幅比上年提高30.9个百分点；乡镇企业总产值占农村社会总产值的75.8%，占全省社会总产值的53.4%；乡镇企业的工业产值、出口产品交货值、上缴税金分别占全省总量的51.8%、33%和25.1%；固定资产原值达528.1亿元，比上年增加114.5亿元。从业人员1 200万人，占全省农村劳动总数的32.8%，安置农业富余劳动力50%以上；全省农民人均乡镇企业工资收入329元，占农民人均纯收入的36.2%。

【扶持欠发达地区乡镇企业发展】 1994年，河南省乡镇企业把加快经济欠发达地区发展作为全年工作重点。省政府5月12日在鹿邑县召开全省乡镇企业欠发达县工作会议，贯彻落实年初全省乡镇企业工作会议精神，研究乡镇企业欠发达地区如何加快发展的问题；河南省委、省政府提出关于加快欠发达地区乡镇企业发展的若干意见：把加快乡镇企业发展作为欠发达地区经济工作的战略重点；加快人才引进和培养；用足用好资金，加大乡镇企业的投入；大力发展个体私营经济；发展股份合作制企业；发展家庭手工业的庭院经济；加快发展第二、三产业；积极发展外向型经济；加强基础设施建设；组织劳动力输出；对贫困县乡镇企业发展实行目标考核。

【外向型经济】 河南省政府1994年7月下旬在南召县召开全省乡镇企业外向型经济工作会议，研究在全省乡镇企业系统如何加快发展外经外贸的对策和措施；会上南阳地区和南召、项城两县市及洛阳市环球实业总公司等4个企业介绍经验；命名安阳市光华制药厂等22个出口创汇基地。全省有10个工业小区被列为全国乡镇企业东西合作示范区中。1994年，河南省乡镇企业局抽出人力物力，扶持40个贸工农出口商品生产基地。有10个县与江苏省的10个县结为“经济合作友好县”，签定合同94个，达成意向性协议112个。有11个企业出国办厂，在境外设立外经贸窗口60多个。

【科技进步】 1994年，河南省选定155个乡镇企业作为“科技新星工程”示范企业。成立以省乡镇企业局为总站的科技信息网络，制订信息工作实施细则，以《电传信息快讯》为传递信息的主要工具。组织省内60多个科研单位和大专院校及省直各工业厅局为信息源，定时向企业发布信息、洽谈项目等。到1994年底，有近300名专家被吸收到乡镇企业的咨询团内，为乡镇企业提出建议1 500多项，提供科技信息2 420多条，解决技术难题562项，向企业推荐科技人才2 580多人，为企业提供新产品、新技术、新工艺1 050项，被采用的145项。

全年培训乡镇企业技术人员15 000人，其中厂长(经理)1 500人；吸收大专毕业生1 500人；全省乡镇企业荣获部级科技进步奖15项，省级科技进步奖和“星火”奖43项，省级优秀新产品奖45项。

【企业改革】 1994年，新密、汝州、镇平、沈丘、长垣等县市，以发展股份合作经济为突破口，加快乡镇企业发展步伐，增强集体企业活力。如新密市乡镇企业1994年营业收入比上年增长55%，其中股份合作经济的增长速度达62.4%。1994年全省对2万多个乡村集体企业实施股份合作制改造，引导1万多个合作、个体企业走股份合作制轨道；对1 000多个小型、微利、亏损企业实行兼并、租赁和拍卖。到1994年底，全省乡镇企业股份合作制企业累计达13万个，完成产值400亿元。

【骨干队伍建设】 1994年，河南省乡镇企业中，一大批骨干队伍扩展规模，支柱产业得到培植。20个强县、50个强乡、100个强村、200个强企业的产值，占全省乡镇企业总产值的70%。强县中排第一的巩义市，1994年引进资金42亿多元，引进中级以上技术管理人员1 000多名，加快当地资源的开发和利用，营业收入达99.4亿元，实现产值118.9亿元，其中工业产值完成96.3亿元。新乡县小冀镇，封头产量占全国总产量的70%以上，1994年完成营业收入86 179万元；该县翟坡乡的氧化铁系列颜料产量居全国第一，硝化棉产量全国第二，1994年营业收入88 574万元，实现利税10 770万元。新乡县七里营的刘庄村兴办的刘庄药厂，引进高新技术，其肌苷产量居全国第一，青霉素钾盐产量居全国第二。长葛市黄河实业集团公司与省技术经济研究所联合，开发金刚石磨具系列产品；与日本金刚石株式会社、郑州三磨研究所联合，引进世界一流技术和设备，使主导产品的主要技术指标达到国际先进水平，被国家确定为100个企业技术开发中心之一；1994年营业收入完成1.8亿元，利税3 000万元。周口市通信电缆厂从全国聘请85名专业技术人才，用国产设备生产出具有国际先进水平的全塑市话电缆，经济效益列周口地区地区村办企业之首；与美国一家公司合资，在国内首家生产光缆制造设备。

(张洪祥)

湖北省

【基本情况】 1994年，湖北省乡镇企业149.25万个，从业人数600.33万人，分别比上年增长8.3%和15.4%；固定资产原值316.01亿元，比上年增长50.9%；总产值(1990年不变价)1 656.12亿元比上年增长64.5%，其中工业产值1 019.02亿元，比上年增长67%，占全省工业产值的44.42%；总产值中各层次比重为：乡办37.03%，村办29.25%，联户4.99%，个体28.72%；各业比重为：农业企业3.42%，工业61.53%，建筑业13%，交通运输业6.84%，批发零售业15.21%。营业收入1 527.49亿元，利税总额139.49亿元，分别比上年增长64.3%和78.4%。

【资金投入】 1994年，湖北省乡镇企业采取多种融资方式，加大投入，全年新增资金82.63亿元，其中风险抵押金2.75亿元，乡村企业吸纳股金9.82亿元，引进、自筹资金23.23亿元，银行贷款26.59亿元。投入力度的加大，使一大批新建、续建项目陆续投产发挥效益。全省乡村企业固定资产投资施工11 769个项目中，有10187个项目投产，完成投资65.34亿元，其中设备购置30.15亿元。在投入方向上，注重向高、精、尖、大项目倾斜，做到办一个，成一个。

【表彰活动】 1994年，湖北省委、省政府拨出57.5万元，对荣获1993年度发展乡镇企业十强县市、十强乡镇、十强村、十强企业和百名优秀企业家进行表彰奖励，并决定继续在全省开展争创发展乡镇企业“十强百家”活动，对获前三名的先进单位发给金、银、铜流动奖杯；省委、省政府对发展乡镇企业达标、整体实力较强的四个县市，实行领导强配，经济单列；对各有关部门扶持乡镇企业的情况进行

老河口市天马制衣公司

检查、验收、评比，政策落实得好，扶持措施得力的给予表彰奖励。

【企业改革】 1994年，湖北省乡镇企业推行以股份合作制为重点，包括资产承包、租赁经营、公有民营、兼并、联合、改组、拍卖等形式的产权制度改革，全省已实行股份合作制的企业3.2万家，股金总额44亿多元。10月下旬在武穴市召开产权制度改革及股份合作制试点工作经验交流会，总结推广经验，分析现状，商讨对策，制定目标和措施。

【外向型经济】 1994年，湖北省乡镇企业出口创汇企业670个，完成出口产品交货值47.42亿元，比上年增长95.7%；乡镇“三资”企业494个；1994年有6个企业获进出口自营权；落实贸工农基地7个，贷款700万元，贴息35万元。还有企业到国外办厂和组建跨国公司。

【企业管理】 ①生产管理。主要抓现场管理，抓计划落实，抓市场销售。②质量管理。宣传贯彻《质量法》，建设质检队伍，培训质检人员，推行国际质量体系认证，对重点行业、企业、产品进行质量检查。1994年3月中旬，全国乡镇企业质量工作座谈会在湖北省召开，促进了全省质量工作的加强。③财务管理。继续开展财务“四统一”和达标活动，评出全省30个最大规模、最佳经济效益乡镇企业，其中4个进入全国最佳经济效益乡镇企业行列。1994年4月底召开全省乡镇企业财务工作暨“双先”表彰会，交流财务管理经验，研究探讨国家财税体制改革后如何加强乡镇企业的财务管理及新财会制度的贯彻实施。先后两次对新税制实施后的情况进行专题调查。④安全管理。对事故多发地区、多发行业进行安全大检查，及时消除事故隐患，查处安全事故。对全省乡镇企业烟花爆竹行业进行清理整顿，举办安全生产培训班。全省乡镇企业重大事故大幅度下降。⑤加强企业内部审计。主要抓组织机构建立，全省各级乡镇企业管理部门及重点企业建立内审机构1 000多个，配备内审人员近2 000人，初步形成乡镇企业内部审计网络。

【规模经济】 1994年初，湖北省乡镇企业提出要重点抓好一批亿元企业，一批企业集团，一批工业小区，一批农副产品加工龙头的“四个一批”建设，促进企业上规模、上档次、上水平。5月上旬在潜江市召开创建亿元企业(企业集团)暨工业小区建设现场经验交流会，选择110个骨干企业作为“跨世纪亿元工程”重点，确定19个省级工业小区，选报5个工业小区作为国家东西合作工业小区。

1994年，湖北省乡镇企业营业收入过50亿元的县市由上年的1个发展到9个，最高的仙桃市达93.27亿元；亿元乡镇558个，过10亿元的乡镇由上年的1个发展到14个，最高的武汉市洪山区和平乡达18.03亿元；过亿元的村81个，最高的潜江市张金镇幸福村为5.26亿元；亿元企业23个，最高的湖北幸福集团公司为4.79亿元。全省乡镇企业有企业集团56个，农副产品加工龙头企业24个。还涌现一批名优拳头产品，如普拉索衬衫被评为中国十大名牌衬衫之一；金星钢砂丸被评为国家银质奖后扩大规模，产量占全国同类产品60%；武穴市花桥镇成为全国最大的木螺钉生产基地；洪湖市成为全国最大的化工填料基地之一；武穴市生产的喹乙醇产品年产量世界第一。

【科技教育】 湖北省乡镇企业完成技改项目1 479项，并着力抓了500项新产品的开发和研制。省乡镇企业局与省经委、教委、科委联合发文，动员“三大一科”有计划、分片、分行业对口与乡镇企业开展横向经济技术联合，推动乡镇企业科技进步。

乡村企业职工中，有6万多人参加学历教育，其中大专以上的8 156人，中专25 452人，技校26 926。各级管理部门普遍开展新财会制度培训、股份合作制知识培训、工人技术等级培训等，乡村企业职工参加培训的人员达25.38

万人。在乡村企业275.58万职工中，大专以上文化程度的23 377人，中专82 632人，高中、初中218.2万人。全省为1 200多名具有中级以上专业职称人员及其家属解决了“农转非”。10月下旬，在襄樊市召开全省乡镇企业科教工作会议，以进一步推动乡镇企业提高人员素质、提高产品质量、提高设备档次，引导企业依靠走科技求发展的路子。

【管理部门自身建设】 湖北省乡镇企业在抓发展、提高的同时，注重管理部门的自身建设。一是稳定乡镇企业管理机构，保留了11个体制改革试点县市的管理机构，有的增加行政事业费用和人员编制，稳定各级乡镇企业管理部门的人心。二是省乡镇企业局继续开展对地市州乡镇企业局的工作目标考核，对考核的先进单位予以表彰，调动了各级乡镇企业主管部门的积极性。三是各级管理部门围绕转变思想观念、转变工作方法、转变工作内容、转变工作作风的指导思想，在企业改革、调研、生产调度、企业管理、建立项目库、协调、服务、为企业排忧解难等方面做了大量工作。四是为建设一支与乡镇企业快速发展相适应的干部职工队伍，不断增强服务功能，11月下旬在黄冈地区召开加强自身建设经验交流会，推广黄冈地区加强自身建设，抓好直属企业生产经营的经验。

（葛天平）

【基本情况】 1994年，湖南省乡镇企业发展到178.8万个，比上年增长15.4%。从业人员683.3万人，比上年增长15.1%。完成总产值（1990年不变价）1274.7亿元，比上年增长54.3%，其中乡村集体企业完成656.4亿元，比上年增长42.5%，联户个体企业完成618.3亿元，比上年增长69.1%；从行业结构看，工业总产值775.5亿元，比上年增长52.7%，占全省工业总产值的40.3%；建筑业210.1亿元；商饮业135.9亿元；交通运输业96.9亿元；农业企业56.2亿元。实现利润总额106.4亿元，比上年增长56.7%。上缴国家税金62.6亿元，比上年增长116.6%。

1994年，乡镇企业总产值过10亿元的县市58个，比上年增加21个，其中30亿元以上的县市15个，最高的长沙县为70.7亿元；总产值过亿元的乡镇362个，比上年增加159个，其中5亿元以上的乡镇8个，最高的醴陵市渌江乡为7.1亿元；总产值过亿元的村11个，比上的增加8个，最高的长沙市郊区岳麓山乡观沙岭村为2.4亿元；总产值过亿元的企业7个，比上年增加3个，最高的长沙县果园汽车改装厂为2.9亿元；总产值过亿元的集团公司9个，最高的湖南太平集团公司为2.3亿元。

【外向型经济】 1994年，湖南省乡镇企业出口产品交货值为35.8亿元，比上年增长67.3%。出口产品中，工艺品、轻工产品、矿产品、化工产品、服装、食品等六类产品占主导地位，累计交货值27.3亿元。乡镇企业出口创汇主要集中在湘中、湘北地区，其中长沙市出口产品交货值达73亿元。全省出口产品交货值在500万元以上的企业有183个，其中2 000万元以上的有22个，最高的长沙县服装总厂为7 196万元。

【资金投入】 1994年，湖南省乡村集体企业建设项目16 715个，比上年增加4 705个；完成投资66亿元，比上年增长26%，其中乡办企业投资43.3亿元，比上年增长14.2%，村办企业投资22.7亿元，比上年增长56.6%。银行贷款占投资总额的34.7%，自筹资金占41.2%。新上项目以工业项目为主，全省新扩改工业项目12 734个，完成投资54亿元。

【宏观管理】 1994年，湖南省各级党政领导把乡镇企业作为第一个新的经济增长点来抓。常德市委、市政府主要领导坚守乡镇企业主战场，为乡镇企业解决困难，全市乡镇企业通过增加投入，经济效益有较大提高。1994年，常德市完成乡镇企业总产值170亿元，比上年增长64%；实现利税18.4亿元，比上年增长97%；新增固定资产12亿元。衡阳市把发展外向型经济作为突破口，招商引资，1994年新办“三资”企业30个，总投资1.75亿元，其中利用外资1.012亿元。湘西“老、少、边”区县党政领导为发展乡镇企业外出寻找信息、洽谈项目、引进人才、落实资金，解决发展中的问题，推动乡镇企业发展。

许多地方农民发展乡镇企业的积极性高涨，主动捕捉信息，寻找项目、引进技术、筹措资金，入股、参股集体企业。全省乡镇企业固定资产投入中，约有三分之二是农民提供的资金。零陵地区在沿海“打工”的8 500多名农民，在当地政府的引导和支持下，回乡办起1 600多个个体私营和联户企业，投资6 500万元，1994年新增产值2.5亿元。

【工业小区建设】 全省各地一批以集镇、工矿区、交通要道为集结点的乡镇工业小区逐步形成。祁阳县黎家坪工业小区1994年新上项目31个，工业企业发展到198个，其中年产值100万元以上的企业有26个，1 000万元以上的企业5个。临澧县统一布局，建成一条南北长60千米的“乡镇工业长廊”，集结800多个乡镇企业，其创造的产值占全县乡镇企业总产值的80%以上。

（刘文珠　孙学群）

广西壮族自治区

【基本情况】 1994年，广西壮族自治区乡镇企业从业人员447.6万人，占全区农村劳动力总数的23.1%，当年新转移农村剩余劳动力81.2万人；营业收入1 472亿元，比上年增长100%；总产值1 254亿元，比上年增长91%，其中工业产值557亿元，比上年增长70%；工业销售收入622.4亿元，相当于独立核算内国有工业销售收入的1.25倍；上缴国家税金33.16亿元，比上年增长84%，占全区财政收入的30%；实现利税额116.77亿元，比上年增长74%；出口产品交货值21.8亿元，比上年增长113%。全区农民人均纯收入33%来自乡镇企业。

【企业改革】 1994年，广西乡镇企业产权制度改革试点以股份合作制为主要形式，各地做到以点带面，点面结合，整体推进。全区抽调驻点人员2 221人对原有乡村集体企业进行股份合作制改造，试点238个，完成121个，规范化验收合格115个。全区股份合作制乡镇企业共有14 254个，股金24.76亿元。

【个体私营经济】 1994年，广西个体私营经济仍是乡镇企业的主要增长因素，个体、合作企业营业收入占全区乡镇企业营业收入的77.6%；全区乡镇企业营业收入净增737亿元，其中来自合作、个体企业的占597亿元。

【企业管理】 广西乡镇企业在不放松传统产业和为城市工业进行加工配套的同时，发展高新技术产业和中高档产品。到1994年底，全区乡镇企业获得部优质产品奖26个，自治区优质产品奖111个，自治区新产品百花奖68个，乡镇企业技术进步对总产值增长的贡献为25%。全区有20个企业被评为全国最佳经济效益乡镇企业，占西部地区的58%。

【科技进步】 1994年初，广西举办首届以乡镇企业为主的“科技活动周”，签订项目合同316个，成交额2.1亿元，其中引进资金2 100万元，产品销售额5 858万元。南方儿童食品厂等17个企业被评为广西优秀科技型企业。区人民政府组织有关部门实施以推广应用新科技为主题的“十百千万星火工程”，把企业的发展转到以经济效益为中心的轨道。1994年，全区乡镇企业建设项目4 778个，固定资产投资完成47.8亿元，比上年增长70.33%。各地逐步建立项目库，抓好在建项目的竣工和新企业的正常生产，全区70%以上新增产值是通过新上项目实现的。

【骨干队伍建设】 1994年，全区乡镇企业总收入超10亿元的县由上年的22个增加到38个，其营业收入达1 245亿元，占全区营业收入的84.5%；亿元乡镇由上年的241个增加到409个，其营业收入966

合浦县廉州镇塑编厂塑编车间

亿元；超亿元村由上年的37个增加到117个；超亿元企业由9个增加到24个，南丹县龙泉矿冶总厂工业产值超过3亿元。广西黑五类食品集团公司成为全区乡镇企业中首家国家大型二级企业。

【资金投人】 1994年，广西乡镇企业新增固定资产110亿元，比上年增加76%；全年投入资金150亿元，其中银行贷款占30%左右。各地通过银行增加信贷规模，年末长短期借款金额达113.5亿元，比上年增加113.13%。

【宏观管理】 1994年初，广西表彰和奖励全区发展乡镇企业“速度奖”93个单位，“总量奖”221个单位，“人均奖”35个单位，“图强奖”20个单位，发展乡镇企业先进单位67个，支持乡镇企业发展先进单位133个，先进乡镇企业100个，自治区乡镇企业家50人，自治区优秀乡镇企业家18人。

广西乡镇企业围绕1994年总产值突破1000亿元的目标，层层分解，落实目标责任制。为保证目标的实现，各地把发展乡镇企业作为重要工作，层层领导班子成员设立分管乡镇企业的专职，并对其进行培训。

【抗洪救灾工作】 1994年，广西发生特大洪涝灾害，全区有67个县市乡镇企业受灾，特别是沿江县市损失惨重。受灾乡镇企业103 744个，直接经济损失261 866万元，其中乡村集体企业8 232个，损失100 545万元，个体、合作企业95 094个，损失148 387万元。

灾情发生后，各级政府组织群众抗灾，把乡镇企业损失减到最低程度。没有受灾的乡镇企业和企业家纷纷支援灾区。南丹龙泉矿冶总厂捐款近500万元，是华南地区捐款最多企业。各地没受灾的企业抓紧生产，弥补灾区损失，保持全区乡镇企业加速发展。

（江新成）

海南省

【基本情况】 1994年，海南省乡镇企业12.33万个，从业人员41.37万人，分别比上年增加0.56万个和6.17万人；实现总产值（1990年不变价）81.31亿元，其中工业产值36.01亿元，分别比上年增长64.3%和74%；完成营业收入87.55亿元；上缴国家税金3.45亿元，实现利润7.98亿元，分别比上年增长66.4%和86%。

总产值中，农业企业占4.4%；工业占44.2%，建筑业占16.8%；交通运输业占13%，商饮业占21.6%。乡镇企业总产值超亿元的市县14个，其中超10亿元的有3个；超亿元的乡镇25个，比上年增加17个；产值超2 000万元的管区有26个。

【“外引内联”】 海南省乡镇企业根据起步晚但资源丰富的实际情况，继续坚持“以外引内联求发展”的方针，在巩固上年外引内联成果基础上，抓住1994年海南招商年有利时机，采取上下左右、分散集中、省内省外相结合办法，发挥省、市（县）、乡（镇）、管区、企业各方面的积极性，开展多种多样的招商洽谈活动。除了组织参加省级的椰子节和海交会的招商外，儋州、三亚、通什、文昌等地也在本市县举办区域性乡镇企业招商会。省、市、县还分别组团分期分批到省外、国外考察项目、寻找伙伴、洽谈合作。一些市县和企业还到北京、上海等地的科技部门和军工企业引进高尖精项目，合作领域跨上新高度，取得比以往更好的成果。全省乡镇企业1994年完成外引内联项目337个，其中“三资”企业64个，内联企业273个，合同投资总额43亿元。建成投产的有207个，实际到位资金13.47亿元，其中境外资金6.1亿元。

【第三产业】 按照海南省委、省政府关于“以旅游业为龙头大力发展第三产业”的部署，海南省乡镇企业突出抓好旅游业、交通运输业、商业、饮食服务业，在巩固和完善原有的崖州古城等19个旅游点的同时，又新发展琼中红毛五指山观光点、定安民族旅游观光农业等11个旅游点，既具有自己特点，又形成规模，1994年接待游客200万人次。全省各地都有运输个体户、运输专业村、运输公司，拥有各种机动车辆45 877台，客运货运兼备。近海一些乡镇还建海上运输队，临高县美夏乡海上运输队有10艘货船，总吨位1 200吨。许多乡镇、管区利用土地征地补偿款，或到民间集资，或与省外客商联营，办农贸市场、商场、宾馆和食店。1994年，全省乡镇企业第三产业产值28.07亿元，占总产值的34.6%。

【扶持后进市县发展】 海南省9个民族市县，乡镇企业发展一直很缓慢，除三亚市、陵水县和东方县外，其他6市县的乡镇企业产值都未达亿元。为加快这些市县和其他后进县乡镇企业发展，海南省乡镇企业局一方面把民族地区的东方、乐东、昌江、通什、琼中等市县和屯昌县、定安县定为局机关处室挂钩联系点，实行包干负责帮助发展；一方面组织这些市县的乡镇、企业领导外出考察，寻找合作伙伴，利用山区土地资源、矿产资源、旅游资源、土特产品等开展广泛合作；另一方面加强宣传民族地区的资源优势和政策优势，争取各方面的合作和支持。经过一年的努力，取得明显效果。琼中黎族苗族自治县的民委、民政、财政、水电、扶贫办、老区办、农业综合开发办和农业银行共拨出资金和贷款 454 万元扶持发展。使该县乡镇企业有资金配套，1994 年增设 5 个旅游点，14 个新项目上马投产，5 个老企业得到更新改造，全年完成总产值7 810万元，其中工业产值3 670万元，分别比上年增长 106%和 104%。东方黎族自治县乡镇企业产值达 2.8 亿元，也比上年增长 105%。原发展缓慢的屯昌县，经过发挥资源优势，大搞合作经营，一年里新办起外引内联企业 25 个，到位资金6 674万元，是上年外引内联企业投入资金总量的 16 倍，全年乡镇企业产值 1.55 亿元，比上年增长 119%。

【抓办集体企业　壮大集体经济】海南省农村经济中集体部分占有量很少，乡镇、管区、村(居委会)很少办集体企业，大部分是空白点。根据省委、省政府要求，1994 年海南省把发展集体企业作为乡镇企业工作的突破口，利用征地款和土地入股办法，举办乡镇、管区、村(居委会)集体的各种产业，取得较好效果。琼海市加积办事处 14 管区和下属居委会通过办集体企业，1994 年全办事处企业产值猛增到 4.14 亿元，比上年增长 200%；琼山市府城镇城东管区，投入 600 万元开发南渡江河沙资源，拥有 36 艘河沙开采船，年收入 800 万元。1994 年，全省乡镇企业乡村两级集体企业新增产值 6.6 亿元，比上年增长 42%。

【专业村建设】 在海南省开展“一村一品”活动，建设专业村，是推进乡镇企业发展的重要手段，是克服资金技术不足，尽快发展农村经济，最受农民欢迎的一种发展经济的形式。1994 年初，琼山市龙塘镇办服装加工专业村的经验，在由汪啸风副省长主持召开的有分管工业、乡镇企业的市县长参加的现场会上推广。11 月 8 日陈苏厚副省长考察琼山市龙桥镇龙鸿管区，肯定和推广该管区大办铁器、五金、农具专业村的经验。至 1994 年底，全省有农具、家具、五金、化工、藤竹品编织、槟榔加工、食品加工、交通运输、工程建筑、建材、商业贸易等专业村 66 个。澄迈县永发镇博岸村，户户办起建材业，共办砖瓦灶 42 个，年创产值 587.43 万元，年人均纯收入 3 703 元。。万宁县大茂镇看天塘村，75%农户搞竹器生产和废品收购，两项年产值 1 365 万元，占该村社会总产值 80%，年人均收入 4 500 万元。

【资金投入】 一是利用本地资源和政策优势，开展外引内联，发展横向经济联合，从省外、国外引进资金。二是群众集资办企业。如海口市城西乡坡前村，全村 1 600 人，每人投资 2 000 元，共筹集 320 万元办企业。1994 年全省农民集资投入办企业的资金达 1.5 亿元。三是用征地赔偿款办企业。海口市城西乡坡博村用 1 000 万元征地款办起坡博农贸市场，解决 400 多个劳力就业。琼海市泮水乡用征地款5 000 万元办商业街。1994 年，全省用于办企业的征地款 2 亿多元。四是争取金融、财政、扶贫等有关部门扶持资金发展乡镇企业。主要是抓好中央扶持中西部地区乡镇企业低息贷款 9 800 万元指标的落实，组织项目评估论证。通过考察评估，省农业银行批准发贷款 10 149 万元，其中固定资产贷款5 356万元，流动资金4 793万元。

【人才培训】 为加深市县、乡镇领导对发展乡镇企业的认识，提高其素质，1994 年海南省继续举办两期“海南省乡镇党委书记暨市县分管领导企业工作培训班”，近 200 名尚未参加培训的乡镇书记、市县分管领导参加培训。1994 年还举办三期项目论证学习班，四期财会、统计学习班。各市县举办企业管理和技术人员的专项培训班，有 2 万多人接受培训。一些企业还与省内外科研单位开展技术协作和交流，使管理力量、技术力量得到加强，管理水平和技术水平提高。

【表彰活动】 按照海南省委、省政府要求，在全省开展乡镇企业先进单位和个人评比活动。1994 年评出 1993 年度发展乡镇企业先进市县 8 个、先进乡镇 40 个、先进企业 33 个、先进工作者 67 名，26 人获“海南省乡镇企业家”称号。冼笃信被评为“全国优秀乡镇企业家”，符昌海等 6 人被评为“全国乡镇企业家”。

（刘滨寄）

四 川 省

【基本情况】 1994 年，四川省乡镇企业个数 262.48 万个，比上年增长 8.28%，其中乡办企业 5.44 万

个,村办企业10.58万个。职工总数1 172.52万人,比上年增加138.93万人,其中乡村企业477.26万人,新增39.89万人。完成总产值(1990不变价)3 648.75亿元,比上年增长89.72%,占全省工农业总产值的69.11%;其中乡村企业1647.12亿元,比上年增长61.43%。营业收入3 235.17亿元,比上年增长81.18%,其中乡村企业1236.37亿元,比上年增长54.20%。利润135.92亿元,比上年增长69.94%,其中乡村企业36.28亿元,比上年增长21.01%。税金95.95亿元,比上年增长72.26%,其中乡村企业48.86亿元,比上年增长51.93%。乡镇企业完成工业产值2 004.71亿元,比上年增长74.56%,占全省工业总产值的48.77%,其中乡村工业1 092.64亿元,比上年增长55.27%。

乡镇企业生产的一些主要产品占全省同类产品的比重:原煤占62.95%,水泥占41.62%,布匹占29.59%,丝织品占46.15%、,白酒占49.08%,钢材占27.26%。

营业收入(不含8人以下企业数据)过10亿元的县市39个,其中过50亿元的4个,最高的双流县为78.17亿元;过5亿元的乡镇33个,其中过10亿元的10个,最高的双流县东升镇达39.85亿元;过亿元的村52个,其中过2亿元的12个,最高的双流县东升镇涧槽村和新津县五津镇古家村为3.5亿元;过1 000万元的企业1 384个,其中过5 000万元的115个,过亿元的34个,过5亿元的8个,最高的双流高频焊管厂达16.95亿元。

【外向型经济】 至1994年底,四川省乡镇企业有"三资"企业284个,其中合资、合作企业258个,客商累计投资额22 452万美元;出口创汇企业987个,职工17.31万人,出口产品交货值30.27亿元,分别比上年增长3.8%,32.6%,78.3%。出口产品交货值100万元以上的企业344个,比上年增长51.5%,其交货值达28.8亿元,其中交货值500万元以上的企业156个,其交货值达21.93亿元。

【企业改革】 1994年,四川省政府出台《关于乡镇企业推行股份合作制的试行意见的通知》,促进股份合作制向规范化方向发展。全省改建、新建乡村股份合作制企业3 723个,职工总数23.89万人;资本金合计25.13亿元,其中国家资本金1.28亿元,乡村集体资本金9.54亿元,外商资本金0.63亿元,法人资本金6.68亿元,个人资本金6.81亿元。股份合作制企业拥有固定资产原值96.01亿元,营业收入73.02亿元,实现利税4.8亿元。

【宏观管理】 1994年初,四川省委、省政府主持召开全省乡镇企业表彰大会,激励全省乡镇企业的发展。各地通过贯彻表彰会的精神,总结经验,制订规划,落实措施,促进本地区乡镇企业的发展。1994年省级扶持乡镇企业的周转金增加到4 050万元。省政府拨出"农转非"和转干的专项指标,奖励乡镇企业的有功人员和科技、管理骨干。省乡镇企业局组织人员调查国家税制等改革措施的贯彻落实情况,召开研究会、工作会,指导各项改革的深入。

四川省委、省政府的"两线两翼"战略对全省乡镇企业发展起到推动作用。针对丘陵地区乡镇企业的难点,着重抓20个重点县,在威远县召开丘陵地区乡镇企业发展现场会,制订《关于进一步加快全省丘陵地区乡镇企业发展的意见》;选送丘陵地区县长、乡镇企业局长到江苏省无锡市培训,找差距,学经验。为三峡库区淹没搬迁企业作规划论证,编制移民迁建规划项目108个,总投资11亿多元。在"两条线"上,抓提高,促进乡镇企业上规模、上档次、上水平。1994年双流等七个县乡镇企业总产值超100亿元。

【科技教育】 1994年,四川省委、省政府实施"三个一万"工程,即动员1万名科技人员和1万名管理人员到乡镇企业工作,乡镇企业系统自己培训1万名业务骨干。各地通过落实这一措施,提高乡镇企业的科技和管理水平。1994年,全省乡镇企业系统实际培训业务骨干2万多人。参加大中专和技校学历教育的职工5.45万人,其中大专1.23万人,中专及技校4.12万人,分别比年增长35%和27.6%。短期培训职工数31.09万人。

全年完成新产品开发计划257项,列入全省重点推广技术12项,列入国家级重点新产品试产计划7项。完成科研成果203项,当年新增产值9.8亿元,新增利税1.6亿元。获农业部科技进步三等奖1项;中国乡镇企业科技奖二、三等各2项;四川省优秀新产品奖一等1项,二等12项,三等33项;四川省乡镇企业系统科技进步奖198项。

【资金投入】 1994年,四川省乡村两级企业固定资产投入完成120.63亿元,比上年增长14.2%。其中银行贷款34.83亿元,比上年增长15.1%;自有资金54.41亿元,比上年增长24.93%;引进资金18.58亿元,比上年增长11.39%。完成投资500万元以上的项目共288个,其中1 000万元以上的项目97个,5 000万元以上的5个。1994

年全省乡镇企业新增固定资产97.3亿元，年末固定资产拥有量467.6亿元，比上年增长50.6%。

（梁粤懿　张　弛）

贵阳瓶盖厂生产线

贵州省

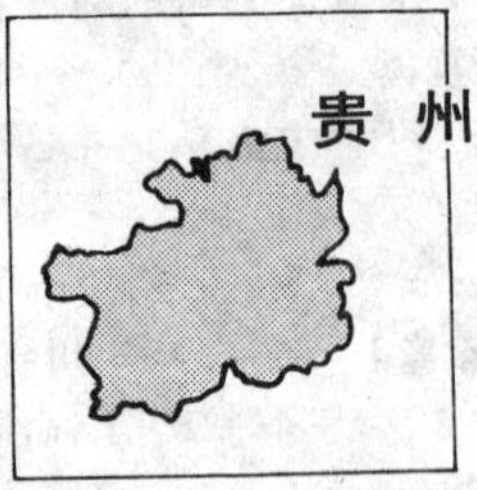

【基本情况】 1994年，贵州省乡镇企业发展到56.75万个，比上年增长14.48%；乡镇股份合作制企业发展到4 000多个。从业人员169.3万人，比上年增长22.69%。固定资产原值达60亿元，比上年增长42%。实现营业收入193.3亿元，比上年增长48%。完成总产值179.3亿元，比上年增长45.8%，占全省社会总产值的36%；其中工业产值113亿元，比上年增长41.1%。实现纯利润16.54亿元，比上年增长43%。实缴税金6.92亿元，比上年增长40%，相当于全省财政收入净增量的37.4%。职工工资总额35.18亿元，比上年增长43%。全省农民人均纯收入中，来自乡镇企业部分的占22.6%。

乡镇企业产品占全省同类产品总产量50%—80%的有：原煤、焦炭、铝锌、铁矿石、磷矿、重晶石、铝矾土、砖瓦、竹木制中小农具等。

【宏观管理】 1994年，贵州省委、省政府在省七次党代会、省八届人大二次会议、农村工作会议和全省乡镇企业工作会议上分别指出，要把发展乡镇企业作为振兴农村经济、兴黔富民的一个战略重点来抓，把乡镇企业视为综合解决农业和农村问题的关键环节，提出大发展、大提高的方针。省委常委多次研究乡镇企业发展思路，解决具体问题。省人大颁发《贵州省乡镇企业条例》，推进乡镇企业的法制建设。各级党委、政府把乡镇企业提到重要的议事日程，许多县委书记、县长亲自跑项目，筹集资金，调兵遣将，为乡镇企业排忧解难。各级科委、科协帮助乡镇企业推进技术进步。各地鼓励个体、私营企业发展，并为其提供产前、产中、产后服务。

【项目开发】 1994年，贵州省乡镇企业利用中、东部地区资金向西部地区转移的有利时机，创造条件，引进省内外资金、技术和人才，进行项目开发。全年乡镇企业共投入资金11.6亿元，其中引进和自筹资金9.1亿元。各地重视项目的筛选、论证、审核等基础工作，提高新上项目的质量。贵州省乡镇企业局和部分地、州、市、县乡镇企业局建立项目库，提高项目的可选性和科技含量。1994年，贵州省乡镇企业投资责任有限公司成立，遵义、安顺、贵阳、黔南、黔西南、六盘水等县市均在筹建乡镇企业投资公司，缓解乡镇企业资金紧缺的矛盾。

【企业管理】 1994年，贵州省乡镇企业从财务、质量、环保、安全等方面入手，强化企业内部管理。一些县市对重点骨干企业的生产进行调度，与企业一起分析生产经营情况，查找问题症结，共同研究解决问题的办法。各级乡镇企业主管部门派人深入企业调查研究，为企业出点子，搞协调，解决实际问题。通过加强内部管理、开展TQC活动等工作，使一些停产、半停产企业恢复生产。各地对以乡镇煤矿为主的安全生产工作，坚持依法管理，贯彻执行《矿山安全法》；坚持安全检查制度化，把事故消灭在萌芽状态；取缔无证煤窑，制止乱挖滥采；开展煤矿安全知识培训。

（陈　良）

云南省

【基本情况】 1994年，云南乡镇企业营业收入和总产值双双突破300

亿元大关，分别达385.7亿元和321.4亿元，比上年增长71.2%和67.3%；工业总产值(1990年不变价)147.9亿元，比上年增长51.1%；农业企业、工业、建筑业、交通运输业和商饮业总产值分别比上年增长96.1%、59.1%、58.5%、87.7%和95.5%。直属、乡办、村办、合作和个体企业总产值分别比上年增长34.3%、46.3%、75.7%、69.6%和100%。实现利税总额41.7亿元，比上年增长56.4%，其中利润总额25.1亿元，实缴税金16.1亿元，分别比上年增长41.7和70.1%。全年新吸纳农村剩余劳力40.6万人，比上年增长20.4%。

【企业改革】 1994年，云南省乡镇企业以推行股份合作制为重点的产权制度改革由点到面向纵深推进。省乡镇企业局组织12个工作组长时间深入各地，帮助推行股份合作制。全省实行股份合作制的企业474个，吸纳股金3.51亿元。拍卖、租赁、承包小型、微利集体企业，推行与大中型企业、科研院所的联合，发展个体、私营企业，调整所有制结构和产业结构等方面的改革同步进行。

通过改革，探索边疆民族地区、贫困地区推行股份合作制的经验，拓宽"三结合一体化"的路子。勐腊县改制4个加工企业，职工入股面85%，高的达100%，而且由于广泛吸收原料产地的农民入股，解决了原料产地和加工企业因价格带来的矛盾。勐腊农工商联合公司划出12%的产权给科研单位，调动科研单位帮助发展乡镇企业的积极性。弥勒县竹园镇股份合作制、拍卖、兼并、承包四管齐下，创造"四制并举"的改革经验，使全镇乡镇企业得到大发展。

【"甲级队"建设】 1994年，云南省乡镇企业通过实施"因地制宜，分类指导，梯次发展，重点突破"的工作方法，抓重点乡镇、重点产业、重点企业的培植。各地涌现一批发展典型，组成各自的"甲级队"。与上年相比，亿元乡镇由41个增加到76个，亿元村由8个增加到31个，亿元企业由3个增加到9个。出现一批综合性企业集团。"甲级队"的总收入、总产值、利税等经济指标均占全省乡镇企业的40%以上。

【宏观管理】 1994年，云南省省委、省政府强化对乡镇企业的领导。省委书记普朝柱、省长和志强等领导多次主持会议，听取乡镇企业情况汇报，研究解决发展中的问题。11月，省委、省政府召开全省乡镇企业工作会议，总结乡镇企业发展经验，调整、确定新的发展目标，制定政策和措施。各级党委、政府把发展乡镇企业列入重要议事日程，大多数县、乡把党政一把手列为乡镇企业发展的第一责任人，并配备乡镇企业专管副职；调配得力干部，充实、加强乡镇企业主管部门的力量；层层建立发展目标责任制，强化激励机制。

【产业结构调整】 1994年，云南省乡镇企业加大产业结构和产品结构调整力度，重点培植"人无我有，人有我优"的以资源为依托、市场容量大的优势产业，特别注重培植建筑建材、矿产冶金、农副产品加工、第三产业和为"两烟"、"机、光、电、仪"等全省优势产业配套的产业。建筑建材业、农副产品加工业和第三产业总产值分别比上年增长61.4%、66.1%和96.1%。

在产品结构调整上，根据市场需要和当地的优势资源，发展名特优产品。荣获省优、部优称号的产品累计86个，荣获省级以上金奖的产品累计达200多个。1994年有44个乡镇企业的44种主导产品首批荣获"云南省省级名牌产品称号"，其中建材业14个，冶金业8个，化工业4个，轻工业11个，纺织业3个，食品业4个。

【资金投入】 1994年，云南省乡镇企业通过财政扶持、信贷支持、外引内联等多渠道筹资，加大对乡镇企业的投入。如通过农民合作基金会、股份合作吸收社会闲散资金，利用优势资源和良好区位引进外资，采取补偿贸易、租赁设备等方式筹资，通过横向经济联合引资。全年仅引进资金就达3.7亿元。一些边疆民族贫困地区，通过乡镇企业发展与"七七"扶贫攻坚计划实施、农业综合开发、金沙流域综合开发紧密结合，解决投资问题。临沧地区列入滇西南综合开发的乡镇企业项目14项，投资额420万元。沧源县从2 160万元扶贫资金中，用于乡镇企业项目的达1 814万元。省、地、县、乡四级财政加大扶持力度，安排财政贴息金、周转金，一些地县设立乡镇企业发展基金。各地培植企业的自我积累、自我投资能力，全年自有资金投资额7.7亿元。

1994年，全省乡镇企业投资总额达30.9亿元，累计固定资产原值152.2亿元，比上年分别增长29%和57.9%。当年投产项目1 756个，其中村办922个，乡办722个，新上一批产品有市场，资源有保障，经济社会效益好的项目。

（和开道）

陕西省

【基本情况】 1994年,陕西省乡镇企业个数达80.64万个,比上年增加3.71万个;企业职工340.21万人,比上年增长4.83%;营业收入546.98亿元,比上年增长48.70%;完成总产值552.22亿元,比上年增长48.37%,占农业生产总值的68.52%,其中工业总产值343.68亿元,比上年增长47.58%,占全省工业产值的39.44%;实现利税59.37亿元,比上年增长40.35%;其中税金19.11亿元,利润额40.26亿元,分别比上增长43.34%和26.19%;固定资产原值134.94亿元,比上年增长27.5%;工业产品销售率达90.41%。

全省乡镇企业营业收入过亿元的县77个,比上年增加9个,其中过10亿元的县17个,过20亿元的县5个;过亿元的乡镇92个,比上年增加33个,其中过5亿元的乡镇7个;过3 000万元的村118个,比上年增加66个;过100万元的企业2 987个,其中过1 000万元的企业187个。

【资金投入】 1994年,陕西省乡镇企业资金投入40多亿元,比上年增长33%。全省乡镇企业总资产增加43.03亿元,比上年增长22%。完成固定资产投资28.88亿元,其中乡村企业投资18.84亿元,是多年来投入最多的一年。全年新上项目和技术改造项目5 900个,已建成投产的有4 607个,总投资23亿元,新增产值66亿元。

【外向型经济】 截止1994年底,陕西省乡镇企业中共有"三资"企业154个,共引进外资1.6亿美元,其中1994年引进外资3 065万美元。全省乡镇企业出口创汇企业有248个,出口产品交货值达5.23亿元,比上年增长25.01%。出口产品交货值在300万元以上的企业48个,出口产品交货值3.61亿元,西安达尔曼实业有限公司出口产品交货值6 697万元,居全省乡镇企业之首。

【"甲级队"建设】 陕西省选出乡镇企业整体实力较强、管理水平较高、主导产业和产品已形成规模的县、乡、村和企业102个单位,作为省级"甲级队"建设单位,统称"51222"工程。省政府为此制定相应的扶持措施、验收标准和奖励办法,并拨出1 200万元扶持资金。截止1994年底,"甲级队"中乡镇企业总产值或营业收入过20亿元的县6个,最高的西安市未央区达40亿元;过3亿元的乡镇26个,最高的西安市未央区三桥镇达8.10亿元;有18个村和9个企业分别突破亿元。"甲级队"的26个县完成产值372.20亿元,占全省乡镇企业总产值的67.40%。1994年全省乡镇企业固定资产投资中,70%—80%是"甲级队"投入的;投资在500万元以上的项目170个。

【企业改革】 1994年5月,陕西省政府发出《关于在乡镇企业中积极推行股份合作制的通知》,总结推广华县生活锅炉厂、富平县建筑陶瓷工艺厂、武功县神果奶粉厂等一批试点企业的经验。一些地、县相继成立组织领导机构和办事机构,培训业务骨干。1994年,全省乡镇企业股份合作制或股份制企业达1 879个,其中乡村集体企业899个,总产值13.36亿元,占乡村集体企业总产值的5.52%,拥有固定资产原值4.85亿元。资本金达6.26亿元,其中乡村集体资本金2.36亿元,个人资本金2.05亿元。股份合作制企业人均产值3.28万元,人均创利税2 911元。乡镇企业集团公司38个,比上年增加16个,总产值达138.84亿元。各地乡镇企业继续对小型、微利、亏损的集体企业进行兼并、拍卖、租赁、公有民营等改革。

【科技进步】 1994年,陕西省乡镇企业推广适用新技术350项,开发新产品150种,发布科技信息3 000条,获得省乡镇企业科技进步奖11项,评定全省乡镇企业科技示范企业47个。西安银桥乳品实业有限公司生产的秦俑牌全脂奶粉、得力助长奶粉、神力奶粉获美国洛杉矶食品博览会金奖。宝鸡煤气用具厂生产的家用煤气灶系列产品,荣获建设部全国同行业综合评审第三名。

1994年全省培训乡镇企业人员57 152人,其中厂长(经理)岗位培训517人。在全省乡村集体企业中,大专以上文化程度职工占职工总数的1.04%,中专占1.85%,高中占2.81%;工程技术人员占3.87%。

(于美娟)

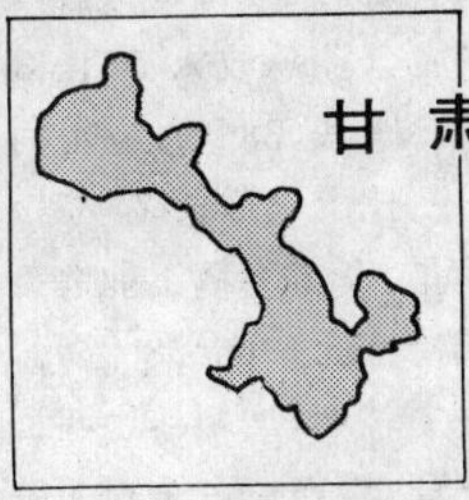

【基本情况】 1994年,甘肃省乡镇企业31.11万个,比上年净增3.64万个;从业人员187.15万人,比上年净增21.06万人;完成总产值274.02亿元,比上年增长54.62%,其中工业产值133.49亿元,比上年增长50%;上缴国家税金10.46亿元,比上年增长1.1倍;纯利润17.85亿元,比上年增长65.43%;职工工资总额29.36亿元,比上年增长26.77%;农民人均从乡镇企业得到的工资性收入152元,占农民人均纯收入的21.05%。

乡镇企业产值5亿元至10亿元的县市21个,兰州市西固区和七里河区产值突破10亿元,分别达15亿元和11.9亿元;亿元乡镇32个;兰州市西固区西固村和城关区五里铺村,乡镇企业产值率先突破亿元。

【资金投入】 1994年,甘肃省乡镇企业上项目3 846个,建成项目2 856个,技术含量较高的项目占一半以上。落实固定资产投入18.64亿元,其中企业自筹资金6.29亿元,群众集资3.06亿元,引进资金5亿元。

【企业改革】 至1994年,甘肃省乡镇企业有股份制企业10 539个,其中1994年新增3 340个,改制企业1 413个,股份合作制企业占全省联户以上企业数的40%;入股资金累计达22.1亿元,其中1994年入股资金7.7亿元。

【东西合作工程】 农业部首次批准甘肃省永昌县、临泽县、张掖市、武威市、白银区等5个县市区所属乡镇企业工业小区为全国乡镇企业东西部合作示范区。甘肃省将玉门市玉门镇乡镇企业工业开发区、兰州雁滩工业城、天水市北道二十里铺工业小区、西峰市乡镇企业开发区、广河县三甲集民族经济开发区等确定为省级乡镇企业工业示范区。这10个乡镇工业示范区,1994年完成产值10.7亿元,示范区经济效益和社会效益良好。1994年农业部第一批筛选的98个东西合作工项目中,甘肃省占11个。

【宏观管理】 1994年,甘肃省从上到下把发展乡镇企业摆到重要的位置来抓。兰州、白银、临夏、定西等地区,出台或修订加快乡镇企业发展的政策。白银市、西峰市等地开展乡镇企业发展年活动。兰州、定西、酒泉、张掖、金昌等地区,财政拿出经费表彰奖励发展乡镇企业的有功之臣和骨干企业。玉门市四大班子领导为乡镇企业联系新项目17个,总投资2 206万元。有的县市制定一系列激励政策,为作出突出成绩的企业家及其家属解决"农转非";从乡镇企业家中选拔县、乡领导;对发展乡镇企业成绩突出的乡镇党政主要领导,采用低职高挂办法进行鼓励。基层干部大办乡镇企业的积极性调动起来,发展乡镇企业的信心和决心增强。

(张富奎)

【基本情况】 1994年,新疆维吾尔自治区乡镇企业完成营业收入95.77亿元,比上年增长55.40%;总产值92.40亿元,比上年增长66.91%,其中工业产值46.55亿元,比上年增长63.16%,净增量占全区工业总产值净增量的三分之一以上;实现纯利润7.54亿元,比上年增长45.41%;上缴税金5.45亿元,比上年增长99.22%;乡镇企业个数25万个,其中乡村集体企业8 980个;企业人数68.64万人,当年新增8.57万人。

【宏观管理】 新疆自治区党委四届二次全会会议把乡镇企业列为自治区经济发展的战略重点,为乡镇企业规划目标。1994年,自治区相继召开乡镇企业家表彰大会和加快发展乡镇企业经验交流会。结合税制改革,自治区政府协调有关部门制定乡镇企业征免税的23条优惠政策。《新疆维吾尔自治区乡镇企业条例》进入立法程序。开展对口支持县市发展乡镇企业的工作。各地出台一些发展乡镇企业的优惠政策。

【资金投入】 1994年,各地重视开发起点高、附加值高、技术含量高和适销对路的产品,引导乡镇企业相对集中、连片开发,把投资逐步转向高新技术。1994年,全区共上固定资产投入10万元以上项目975个,其中新建项目585个,技改和扩建项目390个，总投资19.49亿元；年底完成项目90%以上，完成投资10.37亿元，比上年增长82.89%，是历年来投入最多的一年，其中银行贷款4.68亿元，自筹资金3.87亿元，引进资金1.01亿元。

【个体私营经济】 新疆制定一系列鼓励、扶持和保护政策，发展个体私营经济。1994年，个体私营企业产值达41.11亿元，比上年净增15亿元，净增量和乡村集体企业相近。涌现出一批具有一定规模的私营企业，成为新疆乡镇企业新的增长点。

【安全生产】 1994年9月在新疆拜城县召开自治区乡镇煤矿安全生产现场会，总结乡镇企业安全生产工作，全区乡镇企业各种事故都得到有效控制，煤炭企业达到"五消灭"的矿井占总数的50%以上，百万吨死亡率下降。

【骨干队伍建设】 新疆乡镇企业通过实施整体推进、重点突破的"2121"工程，形成一批骨干队伍。1994年，乡镇企业总产值或营业收入过亿元的县市32个，比上年增加15个，最高的乌鲁木齐县达13.5亿元；过1 000万元的乡镇168个，并形成一批亿元乡镇；过500万元的村46个；过100万元的企业666个，最高的尉犁棉麻纺织厂达1.5亿元。骨干队伍的形成，加快重点县市向区城经济、重点乡镇向工贸小区经济、重点村向专业化集约经济、重点企业向规模经济方向发展的进程。

（李来顺 张建锁）

大连市

【基本情况】 1994年，大连市有乡镇企业8.7万个，比上年减少0.2万个，农业企业、工业企业、建筑企业、交通运输企业、商业和饮食服务企业各占企业总数的2.8%、28.9%、4.7%、25.2%和38.4%。从业人员110.5万人，比上年增加7.9万人，减去外来劳务和从城市中招聘的人员，纯属当地农村的从业人员近70万人，约占农村劳动力的60%。乡、村企业固定资产原值119.64亿元，净值90亿元，分别比上年增长44.2%和45%，其中工业企业固定资产原值75.23亿元，净值55.38亿元，分别比上年增长41.7%和42.9%。完成总产值（1990年不变价）850.89亿元，比上年增长64.3%，增长幅度比上年下降22.9个百分点。农业企业、工业企业、建筑企业、交通运输企业、商业饮食服务企业完成的产值各占总产值的6%、54%、22.6%、7.2%和11.6%。乡村两级独立核算企业完成营业总收入572.38亿元，比上年增长38%；实现利税51.62亿元，比上年增长24%。

1994年，全市乡镇工业总产值（1990年不变价）466.38亿元，比上年增长51.2%，增幅比上年回落34.1个百分点，产值占全市工业总产值的56.6%，比上年提高6.7个百分点，净增产值139.16亿元，占全市工业净增产值的75%，比上年下降3个百分点，乡镇工业仍是全市工业生产新的重要增长点。在乡镇工业总产值中，乡（镇）办工业111.05亿元，村办工业237.34亿元，分别比上年增长33.7%和42.6%，增幅比上年分别回落40.6和41.6个百分点；个体工业117.98亿元，比上年增长100.7%，比上年回落6.5个百分点，个体工业占工业总产值的比重由上年的19.1%上升到22.1%。

1994年，全市乡村独立核算工业企业完成销售收入292.96亿元，比上年增长50%；实现利税27.35亿元，比上年增长18.2%；实现工业增加值113.91亿元，增加值率为24.2%，占全市工业增加

大连冶金轴承厂车磨车间

值的47.45%。工业产品销售率86.5%，比上年提高11.5个百分点；资金利税率15.9%，比上年下降11.1个百分点；增加值全员劳动生产率20 659元；应收帐款周转次数9.36次；亏损企业822个，比上年增加373个，亏损金额14 751万元，比上年增加9 393万元。

【骨干队伍建设】 1994年，大连市7个区(市)县中，有4个区(市)的乡镇企业产值超100亿元，最高的甘井子区达231.73亿元。在145个乡镇中，乡镇企业产值超亿元的乡镇124个，比上年增加9个，这些乡镇完成的产值占全说乡镇企业总产值的98.6%，比上年提高3.3个百分点。乡镇企业产值超10亿元的乡镇31个，比上年增加10个。乡镇工业产值超亿元的乡镇102个，比上年增加14个。乡镇企业利税总额超亿元的乡镇27个，比上年增加14个。在1 614个村中，企业产值超1 000万元的村763个，比上年增加209个，其中超2亿元的村61个，比上年增加20个，有6个村超10亿元，最高的南关岭街道办事处上沟村达16.61亿元。在乡村两级11 681个企业中，产值超1 000万元的企业有969个，其中超亿元的企业95个，比上年增加44个，最高的金州第一建筑公司达6.60亿元。

【资金投入】 1994年，大连市乡镇企业完成固定资产投入36.31亿元，比上年减少3.16亿元，当年新增固定资产31.62亿元，比上年增加4.41亿元。其中工业企业完成投入23.87亿元，比上年减少5.41亿元，占总投入的66%。当年施工项目1 798个，其中新开工1 480个；已投产1 512个，其中工业企业889个。乡镇企业的投入已摆脱单纯依靠银行贷款的局面，出现依靠引进资金和自我积累加大投入的形势。在1994年的固定资产投入中，银行贷款7.13亿元，只占总投入的19.6%，比上年下降6.4个百分点；引进资金10.55亿元，占总投入的29.1%，比上年提高13.9个百分点；自有资金15.15亿元，占总投入的41.7%，虽比上年下降6.3个百分点，但在总投入中仍占最大的比重。

【外向型经济】 招商引资，兴办"三资"企业是1994年大连市发展外向型经济的重大举措，是乡镇企业发展的重中之重。一年中，乡镇企业主管部门和企业家近100人，随市政府招商团赴新加坡、马来西亚、美国、香港、韩国、日本等国家和地区招商，促成当年新办"三资"企业408个，占全市当年新办"三资"企业数的37.4%，比上年多办111个。协议利用外资2.98亿美元，占全市当年协议利用外资额的12%，比上年增长37.9%。在全市乡镇企业中，累计已有"三资"企业1 026个，累计协议外资6.38亿美元。每办成一家"三资"企业，就带来资金、人才、先进的工艺和设备等，这些企业规模大、效益好、技术含量高，对全市乡镇企业发展起到示范带头作用。通过兴办"三资"企业，外向型经济发展步伐加快。1994年，全市乡镇企业完成出口产品交货值72.67亿元，比上年增长46.2%，占全市出口商品收购值的37%，其中直接出口62.20亿元，比上年增长55.4%。境外办企业23个。出口产品交货值超亿元的乡镇23个，比上年增加8个，其交货值占全市乡镇企业出口产品交货值的67.2%。

【第三产业】 1994年，大连市乡镇企业在调整产业结构中重视发展第三产业。甘井子区和开发区大力发展房地产业和旅游服务业，继大连碧海山庄之后，1994年又以巨额投资，在红旗镇柳树村建成西郊渡假村。各地陆续开办或扩大一批交易市场，如瓦房店市的轴承经贸中心、辽南家具城、复州城水泵市场、甘井子区南关岭木材市场、金州区北乐市场等，围绕办市场带动其他服务业的发展。1994年，全市乡镇企业第三产业完成产值159.85亿元，比上年增长163%，第三产业产值占总产值的比重由上年的11.7%上升到18.8%。

【企业改革】 大连市乡镇企业以推行股份合作制为重点，采取抓典型，促后进，派人外出学习，下派股份合作制工作指导小组，不定期召开调度会通报情况等措施，使企业改革不断深化。1994年新办股份合作制企业1 180个，股金总额13.2亿元，其中个人股3.2亿元。股份合作制企业累计达2 323个，股金总额37.8亿元，其中个人股7.8亿元。股份合作制企业占乡村工业企业的38.1%。金州区和瓦房店市1994年新办股份合作制企业分别达304个和241个，普兰店市、甘井子区、旅顺口区和庄河市各突破100个。拍卖小型、微利、亏损企业，在全市乡镇企业中逐步施行。1994年新批准组建大连三业集团等5个企业集团，全市乡镇企业集团总数达39个。乡镇企业的灵活机制在改革中得到强化，更显活力。

【科技教育】 1994年，大连市继续在乡镇企业中实施"三上工程"(上规模、上水平、上外向型项目)竞赛活动。全年完成技术改造项目540项，投资11.4亿元，占总投资的31.4%。开发新产品127项，其中61项投入批量生产，66项投入小批量试生产，有4项产品达到国际先进水平，20项达国内先进水平，4

项填补省内空白。大连渤海机床厂在争议声中走出一条科技兴厂的路子，该厂生产的柔性组合机床通过专家鉴定达到国际先进水平，还研制8项高科技项目在市高新技术产业园区立项。全市乡镇企业又有78个企业管理工作达标，14个QC小组在各级评比中获奖。在国家、省、市组织的产品质量抽检中，有20个企业的21种产品合格，合格率为84%。创大连市名牌产品127项。

1994年全市乡镇企业培训10万余人次，略低于上年，受培训人数占乡村两级企业职工总数的12.3%，比上年降低1.5个百分点。在乡村两级企业的810 376名职工中，具有大专以上文化程度的91 722人，高中(中专)文化程度的137 539人，有专业技术职称的27 601人。

（鲁丕亮）

宁波市

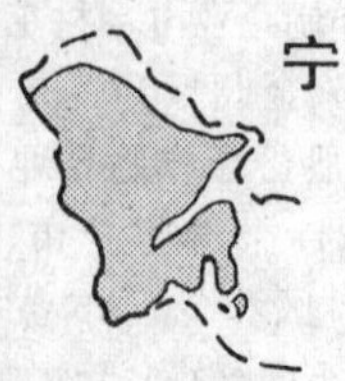

【基本情况】 1994年，宁波市乡镇工业总产值(1990年不变价)达809.52亿元，比上年增长72.29%，占全市工农业总产值的80%，净增产值占全市的91.88%。产销率达93.42%。

【企业集团建设】 宁波市乡镇企业一批产品优、效益好、班子强的骨干企业向集团化方向发展。1994年在上年19个集团企业的基础上，又新建31个以产品为龙头、以资金为纽带的集团公司。

【结构调整】 宁波市乡镇企业在产品结构上，向名牌方向发展，出现雅戈尔衬衫、一休童装、罗蒙西服、金轮摩托、奉通摩托等10余个名牌产品；机械电子行业向成套发展；不少企业发展第三产业。在产业结构上，向基础产业、支柱产业、材料工业发展。在区域布局上，企业向集镇转移，向工业小区转移，形成一批工业园区和专业市场。

【企业改革】 至1994年，宁波市有7 647个乡村集体企业进行经营机制转换，占乡村集体企业总数的45.4%；其中转换为规范化股份制的13个，组建成有限责任公司的121个，实行股份合作制的1 402个(1994年新办667个)，进行资产拍卖的3 542个(含动产拍卖、不动产租赁的1 664个)，完全租赁的2 396个，被兼并的173个。股份合作制企业的股本金总额16.13亿元，其中乡村集体股占23.5%，量化给职工的股本占14.53%。1994年新吸纳股本金6.92亿元。通过拍卖、转让，盘活企业资产存量4.02亿元，首期收回资金1.9亿元。

【外向型经济】 1994年，宁波市乡镇企业依靠重点乡镇和骨干企业增加出口创汇，依托现有企业引进外资，通过发展外向型经济提高乡镇企业整体素质。企业开展招商活动。出口玩具质量许可证试点工作进行，13个服装厂、21个玩具(含童车)厂领取出口许可证。建立引进外资企业项目库，参加1994年香港贸易招商洽谈会与宁波国际招商节。全年有5个企业获得自营进出口权。许多骨干企业搞“多枝嫁接”，与国际大公司挂钩，通过嫁接引进技术和资金，开拓商路，提高素质。

1994年，全市乡镇企业完成出口产品交货值108.66亿元，比上年增长76.49%，占全市外贸出口总额的74.01%，净增部分占全市的98.17%。新办“三资”企业230个，总投资4.04亿美元；协议利用外资1.91亿美元，比上年增长17.2%。境外企业及办事处新增25个，累计达49个。

【资金投入】 1994年一季度，宁波市乡镇企业技改投入明显减少，新批技改项目391个，比上年同期减少44.2%，个别县市甚至没有新的投入项目。4月下旬召开全市乡镇企业工作会议，提出转机制、抓投入、上规模，改变企业技改缺乏内在动力、投入下降的状况。7月中旬召开全市乡镇企业经济分析会，出台促进技改的有关政策和措施。各地集中财力，保证重点，主攻骨干项目，开发优势行业和优势产品。1994年，全市乡镇企业技改投资批准额达46.14亿元，实际投入38.75亿元。技改项目投资规模增大，技术含量提高，新批技改项目平均规模为160万元；其中上1 000万元的项目58项，平均每个项目达2 423万元。新开发县级以上新产品957个，其中列入市级计划新产品425个，有295项新产品投入生产，创产值6.2亿元，利税5 800万元。

【骨干队伍建设】 1994年，宁波市乡镇企业选择一批强镇、强村、优势行业、重点骨干企业，走集团化、股份制、高科技、外向型的路子，变群体优势为规模优势，发展壮大规模经济。慈溪市宗汉镇培植5个销售超亿元、利润和外销超1 000万元的企业群体，发挥示范、带动和辐射作用。中国金轮集团公司1994年工业产值突破13亿元。有关部门对一批起点高、竞争力强、年销售超5 000万元、外贸交货值超

3 000万元的重点骨干企业在资金、政策方面给予重点倾斜。各地对重点骨干企业调度资金，提供信息服务，确保重点形成合力。

【个体私营经济】 1994年初，继宁波市个体私营经济工作会议后，各地广泛宣传个体私营经济政策。有的县市出台扶持个体私营企业发展的政策措施。慈溪、余姚、奉化、鄞县、宁海等县市就加强管理、理顺关系、明确职责等问题，发专门文件，成立个体私营企业管理机构，落实统计、财会、质量、安全、环保等管理办法，使个体私营企业的发展走上法制化、规范化的轨道。1994年，全市个体私营企业工业产值达250亿元，占全市乡镇工业总产值的三分之一左右。

【企业管理】 1994年，宁波市乡镇企业加强质量管理力度，开展质量宣传月活动，坚持"全面质量管理"与"促进科技进步"一起抓。在国家级质量抽查中，宁波市乡镇企业系统抽查的28个企业生产的13类29种产品，合格率为86.2%，分别高于全国、全市平均水平13.1和10.27个百分点。在宁波兴业(集团)公司召开节能现场会议，推广工业窑炉改造的先进技术和先进管理办法，在全市范围内开展重点骨干企业节能考核活动。通过开展安全生产周和创安全合格企业、创安全合格班组的"双创"活动，实行全员、全面、全过程的安全生产管理，减少违章违纪现象和事故苗头的发生，增加安全系数。根据《宁波市明星乡镇企业考核暂行办法》，评出宁波市明星乡镇企业279个。

【人才培养】 1994年，宁波市乡镇企业组织22个企业单位，参加在北京市举办的"全国首届乡镇企业暨中外合资企业人才技术交流大会"，招聘人才。市乡镇企业局对技术职称考核人员进行业务培训，组织专门班子进行乡镇企业职称评审，评出经济师336名，工程师160名。

（董其岳）

厦门市

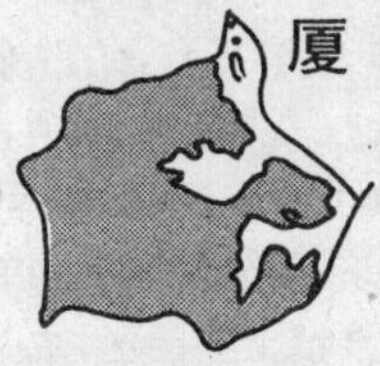

【基本情况】 1994年，厦门市乡镇企业实现总产值57.1亿元，比上年增长89.82%，其中工业总产值38.52亿元，比上年增长102.45%；出口产品交货值14.96亿元，比上年增长215.31%；企业个数23 680个，比上年增长13.54%；职工人数13.12万人，比上年增长15.08%；营业收入66.56亿元，比上年增长121.35%；上缴国家税金1.57亿元，比上年增长94.07%；实现利润2.82亿元，比上年增长105.84%。各项经济指标均超额完成"八五"计划任务。

【产业结构调整】 1994年，厦门市乡镇企业立足优势，按照国家产业政策和市场需求，调整那些消耗高、产品产量低、质量差、污染严重和原料无保证、经营管理不善、长期亏损的企业，把有限的资金、能源、原材料用到农副产品加工业、原材料加工业、与城市配套的工业、支农工业、出口创汇企业、骨干企业和经济效益好的企业上，促进乡镇企业健康发展。1994年，全市乡镇企业出口创汇超100万美元的企业35个；年产值超1 000万元的企业43个，年产值超亿元的企业2个；缴纳税金超100万元的企业3个；年产值超10亿元乡镇1个，年产值超亿元村6个。

【科技进步】 1994年，厦门市乡镇企业坚持以采用先进的适用技术为主、分类指导、多层次发展的方针，通过技术改造、技术引进、新产品开发、新技术推广、人才培养以及加强产品质量、安全生产管理等途径，推动企业技术进步，提高企业经济效益。1994年，全市乡镇企业完成技术改造项目150个，投入资金2亿元；推广科技成果(包括专利技术)15项，引进中级以上科技人员50人。

【外向型经济】 1994年，厦门市乡镇企业通过发挥优势，引进外资、技术和设备，特别是利用外资"嫁接"改造老企业，大力发展乡镇"三资"企业，取得显著成效。全年新办乡镇"三资"企业58个，总投资7.06亿元，合同利用外资0.81亿美元，实际到位资金0.73亿美元。

【企业改革】 1994年，厦门市乡镇企业开展各种形式的横向联合，大力推行股份合作制和组建企业集团，有效地聚集社会上闲散资金，逐步改变原来依靠银行信贷的单一投资方式，形成多渠道、多层次、多元化的投资格局。1994年，全市乡镇企业新办股份合作制企业49个，乡村集体企业改制的有1 200个，吸纳股金6.6亿元；新组建企业集团2个。

【工业小区开发】 1994年，厦门市乡镇企业在搞好产业结构调整的基础上，积极开发工业小区，从做好土地的预留、选点、布点工作入手，科学地规划工业小区，有计划、有组织地引导乡镇企业进入小区，积极引进项目，优化企业布局，使乡镇企业相对集中、快速发展。1994年,全市新规划建设50亩以上的工业小区117片,面积7 800亩,投入建设资金1.5亿元。进入小区的企业380个,创产值12亿元,出口产品交货值4亿元。

(黄亚聪 朱谊和)

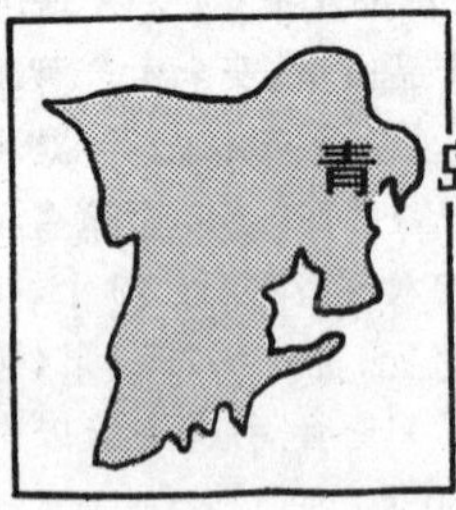

【基本情况】 1994年,青岛市乡镇企业完成总产值609亿元,其中工业总产值506亿元,分别比上年增长34.8%、33.8%;乡村工业产值销售率为93%,比上年提高2个百分点;利税总额55.9亿元,比上年增长40.8%;乡村工业企业利润总额20.2亿元,税金总额16.7亿元,分别比上年增长49%、123%;职工工资总额23.75亿元,比上年增长50.7%,全市农民人均占有475元,占当年农民人均纯收入的28%。乡村企业固定资产投资额完成37.6亿元,比上年增长13.7%;乡镇企业固定资产原值达113.7亿元,比上年增长30.5%。

乡镇企业营业收入过10亿元的乡镇6个,最高的即墨市即墨镇为23亿元;过亿元的村33个,比上年增加21个,最高的崂山区沙子口镇汉河村为2.76亿元;过亿元的企业17个,比上年增加4个,最高的胶州市青岛飞龙工艺品公司为4.7亿元。

【外向型经济】 1994年,青岛市生产出口产品的乡镇企业有1 217个,完成出口产品交货值118.5亿元,比上年增长103.6%。自营进出口企业8个,比上年增加5个,其中青岛泰发集团自营出口创汇额338万美元,是上年的6倍。

全年新批乡镇“三资”企业项目272个,合同利用外资4.03亿美元,分别占全市总数的36.8%和33.5%。1994年乡镇企业实际利用外资2.2亿美元,比上年增长60%,接近历年总和,约占全市总数的三分之一。有22个项目总投资额在300万美元以上,其中过1 000万美元的有7个。全市55个沿“三线”乡镇工业园区,成为外向型经济发展中优势最大的增长点。各园区累计批准“三资”企业项目291个,总投资8.13亿美元,合同利用外资6.45亿美元,其中1994年新批的“三资”企业项目101个,总投资额1.58亿美元,合同利用外资1.21亿美元,分别占当年全市乡镇企业这三项指标的37.1%、33.9%和30%。各园区上400多个内联项目和乡镇自己投资的项目,累计投资5亿多元。

【企业改革】 1994年,青岛市各级制定规划、出台政策和成立班子,加大领导力度,加快乡镇企业产权制度改革的步伐。各市区以企业产权制度和经营方式的创新为目标,进行多种形式和方法的探索。莱西市推行“五个一批”,即推行股份制改造一批,重点是推行“先出售后改制”的股份制;利用外资嫁接一批;实行公有私营租赁一批;实行公开拍卖出让一批;实行兼并联合发展壮大一批。胶州市在妥善处理债权债务的基础上,对资不抵债企业实行“零价”出售,即将亏损部分放在企业,由政府先挂帐,实行“零价”出售,向职工募股后改制。

到1994年底,全市乡村企业进行产权制度改革的有6 400个,占应改制企业总数的44%,其中乡(镇)办企业占到60%以上,村办企业占到20%左右。许多企业在明晰和理顺产权关系的基础上,进行企业内部的配套改革,健全各项规章制度,改善企业的组织结构和法人治理结构,提高经营管理水平。一些优势企业向集团化发展,全市共建成市级以上乡镇企业集团22个,其中1994年新建10个。

【科技进步】 青岛市一些原来多年陷于困境的乡镇棉纺企业,通过结构调整,引进外资嫁接改造,产品更新换代,改变长期亏损的局面。1994年,新上一批水平较高、规模较大的农副产品加工出口企业,改变乡镇工业结构,带动乡镇企业全面发展。全市乡村企业共开发新产品220个,实施技术改造项目1 447个,技改投资17亿元。

【宏观管理】 1994年,青岛市委、政府主要领导经常深入乡镇企业调查研究,指导工作;组织召开全市乡镇企业外经工作现场会议、两次乡镇企业改革会议和沿“三线”乡镇工业园区及“三强”工作座谈会,协调有关部门修订完善乡镇工业园区及外向型经济发展的有关政策,促进乡镇企业发展。各级乡镇企业主管部门,在自身机构改革的同时,主动为企业服务;组织贯彻市委、市政府提出的“大、高、外、联”战略和“在抓投入、上规模中调结构”的方针,以改革开放促进发展;在加快进行企业产权制度改革和与中央集中出台的一系列改革措施接轨方面,采取有效的办法,促进改革顺利进行;组织乡镇企业与航天部、国防科工委等所属的科研院所挂钩,达成一批协作项目,帮助一批企业走上依靠科技发展的路子。

(刘祝三)

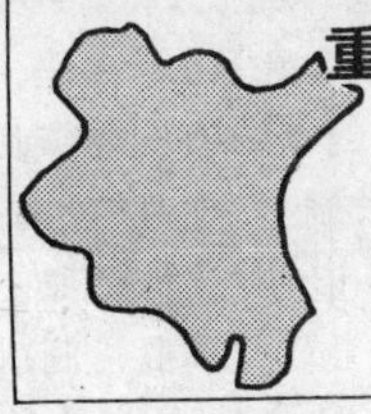

重庆市

【基本情况】 1994年，重庆市乡镇企业从上年的30.6万个增加到32.36万个；从业人员从上年的182.5万人增加到208.9万人，占农村劳动力的比重，从上年的29%提高到33%。完成总产值710.2亿元，比上年增长100.6%，其中乡村企业产值276.1亿元，比上的增长52%；按产业划分，农业企业完成4.87亿元，工业完成361.62亿元，建筑业完成163.01亿元，交通运输业完成67.19亿元，商饮业完成113.51亿元。实现营业收入626.39亿元，比上年增长98.8%。利润总额34.17亿元，比上年增长92.4%。上缴税金24.59亿元，比上年增长104.5%。职工工资总额49.83亿元，比上年增长47.6%。乡镇企业提供以工补农、以工建农资金2.6亿元。巴县乡镇企业产值突破100亿元，与沙坪坝区一道进入四川省乡镇企业“十强县”之列。

【骨干队伍建设】 1994年，重庆市乡镇企业在市乡镇企业领导小组开展的“乡镇企业五十佳评选活动”推动下，各级党委、政府和乡镇企业行政主管部门，都把企业上规模、上水平作为工作重点，在资金、技术等方面实行倾斜，加速企业上规模、上水平。在乡镇工业和建筑业两大支柱产业中，营业收入上1 000万元的企业215个，乡镇建筑二级企业由上年的36个增加到66个。重庆希望饲料公司等4个工业企业和江津市建筑建材总公司等4个建筑企业产值超亿元，实现重庆市乡镇无亿元产值企业“零”的突破。

【科技教育】 1994年，重庆市乡镇企业继续组织实施“63624”教育工程，有9万多名乡镇企业职工接受大中专学历教育、专业技术再教育、“三师”岗位培训和全面质量管理等培训；有42 625人获得各类专业技术职称。160个企业的基础管理和30个企业全面质量管理达到农业部标准；有32个企业分别荣获“四川省科技明星企业”和“重庆市科技先进企业”称号。开发市局级以上新产品211项，其中重庆华光铸造机械厂生产的8612A射蕊机获中国乡镇企业科技二等奖；有75项产品获重庆市科技进步奖，这75项获奖项目当年新增产值2.59亿元，新增利税4 149万元，分别比上年增长87%和86.8%。乡镇企业主要工业产品质量稳定提高率达92%。全市乡镇企业全员劳动生产率增加值达6 475元，比上年增长74.8%。合川市华蓥山建材建筑总公司进入全国1 000个最佳经济效益企业行列。

【资金投入】 1994年，重庆市继续把加大资金投入作为加快乡镇企业发展和提高的关键一环来抓。一方面，合理运用市农业银行的贷款和农村合作基金会的资金扶持；另一方面依靠全市15个乡镇企业投资公司多方融资、集资增加投入。全年乡镇企业完成固定资产投资额23.08亿元，比上年增长28.5%，新增固定资产19.25亿元，全市乡镇企业固定资产原值达63.68亿元，比上年增长43.3%。资金的投向，60%以上用于骨干企业开发高科技产品和技改增效。江津市实业公司投入4 000万元，引进日本成套粉末冶金设备和先进技术，生产为摩托车、汽车等配套的产品，在同行业中处于领先水平。沙坪坝区汇利达电子集团投资4 000万元，引进美国先进技术和设备，建成我国最大的高分辨率彩色显示器生产线，年产45万台，产品全部外销。长寿县重庆渝东纺织公司投资5 400万元，使仿真丝绸织物产量扩大到年产900万米的规模。

【企业改革】 1994年，重庆市乡镇企业重点抓以明晰产权关系为主要内容的企业改革。一些区市县成立“乡镇企业股份合作制改革指导小组”，并建立目标责任制，加强对乡镇企业股份合作制改革的领导、指导。全市乡镇股份合作制企业从上年的361个增加到1 170个，股金总额达7.12亿元，比上年增长79%。同时，承包、租赁、兼并、拍卖等项改革也配套进行，其他形式产权制度改革的企业有6 722个，其中企业集团6个，兼并经营的企业49个，拍卖企业141个，租赁经营的企业721个，委托管理经营的企业1 283个，实行风险承包的企业有4 332个，实行集有民营的企业167个。重庆九龙橡胶管带厂与重庆钢铁集团公司等7个国有大中型企业入股经营，成为重庆市乡镇企业最大的股份有限公司。

【工业小区开发】 1994年，重庆市乡镇企业结合农村小城镇建设，抓紧乡镇工业小区规划，引导乡镇企业相对集中，成片开发。全市共规划乡镇工业小区98个，占地面积8.5万亩。实际开发1.27万亩，落实进入小区的项目或企业达1 701个，总投资50.74亿元，到位资金9.08亿元。江北区“乡镇企业科技城”被农业部定为东西合作示范区。重庆市乡镇工业小区呈现出以下特点：一是多数集生产、经营为一体，从事工业、商业、城市建设开发业、旅游业等，其中以工贸为主的小区占规划小区总量的58%。二是小区内的集体、个体、私营、中外合资、股份合作制、城乡联营等不同经济成分的企业并存。近郊地区的工业小区以集体经济为主，远郊地区的工业小区以个体私营企业为主。三是向专业化方向发展，出现一批纺织、小五金、挂毯、铸造、皮鞋等“一乡一品”、“一村一品”的专业村和专业户。工业小区开发加快了农村小城镇的建设和村镇经济发展。1994年，全市新增42个乡镇企业产值超亿元的村、20个产值超5亿元的乡镇、6个产值超10亿元的乡镇。沙坪坝区石桥镇、覃家岗镇产值超20亿元。

【横向联合】 1994年，重庆市乡镇企业围绕城市汽车、摩托车等支柱产业和拳头产品的发展加工配套，推进城乡联合。联合企业总数由上年的601个增加到750个，联合实现的产值达31亿元，比上年增长28%。全市乡镇企业为汽车、摩托车配套加工企业达300个，实现的产值分别比上年增长87.2%和392%。在重庆市首批出现的8个产值上亿元的乡镇企业中，有3个是摩托车发动机制造企业。

1994年，重庆市乡镇中外合资企业有69个，生产出口产品的企业有288个，其中出口产品交货值过100万元的有123个。全市乡镇企业完成出口产品交货值8.01亿元，比上年增长63.3%。

（何龙根）

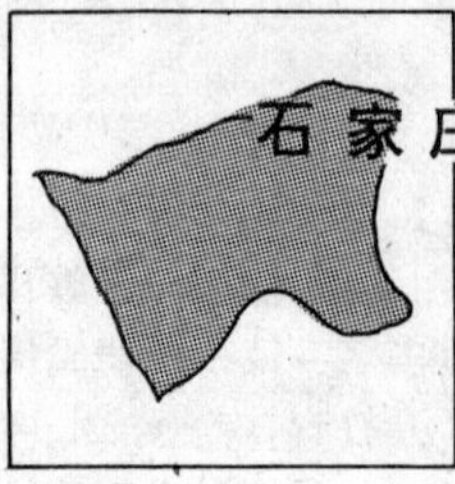

石家庄市

【基本情况】 1994年，石家庄市乡镇企业完成总产值435亿元，比上年增长29%，其中工业产值320亿元，比上年增长22%；实现营业收入387亿元，比上年增长27%；上缴国家税金7.3亿元，比上增长53%。

总产值超亿元的乡镇167个，比上年新增79个，其中超5亿元的19个，比上年新增13个；超5 000万元的村122个，比上年增加51个；超1 000万元的企业206个，比上年增加46个，其中超亿元的5个，比上年增加3个。

【宏观管理】 1994年，石家庄市委、市政府召开全市乡镇企业工作会议，总结乡镇企业发展态势，明确发展目标，强调要把乡镇企业放在最重要的地位来抓，要求党政一把手亲自抓乡镇企业。各地形成“几大班子一齐抓，主管领导全力抓，一把手亲自抓，其中一人侧重抓”的乡镇企业组织领导体系。市县两级实行调度会制度，定期听取乡镇企业工作汇报，解决存在的问题。

【企业改革】 1994年，石家庄市把产权制度改革作为发展乡镇企业的战略重点来抓。市政府成立产权制度改革领导小组，设立产权制度改革办公室，对各县市产权制度改革工作实行目标管理，列入乡镇企业工作考核的主要内容。3月份对全市产权制度改革工作进行阶段性检查，根据出现的新情况、新问题，市政府制定《乡镇企业股份合作制规范化运作意见》和《乡镇企业实行租赁拍卖意见》等文件。从11月份开始，对全市股份合作制企业实行登记卡制度，规范管理。至1994年底，全市乡村集体企业中共有2 762个企业转化为股份制或股份合作制，占村集体企业总数的34.9%；租赁企业4 386个；拍卖企业315个；兼并企业265个。

【资金投入】 1994年初，石家庄市对各县市下达乡镇企业新建、续建、改建项目指标，把固定资产投入指标层层分解，下达到基层、量化到个人，实行从“立项、论证到筹资、建设、竣工、投产”的全程承包责任制。成立乡镇企业项目管理领导小组，建立项目库和项目台帐；对列入市重点建设的项目实行月报制，对项目建设进度实行季报制，使项目管理工作制度化。全年共投入资金42亿元，有6 989个项目实现当年建设、当年投产，892个项目竣工；投资500万元以上建设项目44个，累计投入资金6亿元。

【外向型经济】 1994年初，石家庄市政府首次召开全市乡镇企业外经工作会议，表彰12个出口创汇先进企业，交流经验。各县市建立“三资”企业、出口创汇企业项目管理制度、统计制度，制定外向型经济奖惩细则和激励机制。全市乡镇企业筛选100个招商项目，参加河北省对外经济技术洽谈会、三省市环渤海经济技术洽谈会、国际发明博览会；11月，乡镇企业首次单独组团赴西欧招商。全年乡镇企业新签约项目61个，投资总额9 476万美元，合同利用外资3 667万美元；在建项目88个，新投产“三资”企业28个，占签约“三资”企业的

71.8%；新增出口创汇企业44个，比上年增长20.4%。出口产品生产总值21.8亿元，实现出口交货值12.63亿元，比上年增长53.2%。

【企业管理】 1994年，石家庄市乡村集体企业开展以七项基础管理为主要内容的达标活动，有324个企业通过验收，评选综合管理样板企业10个；获省乡镇企业系统现代化管理成果奖4项，省级现代化管理成果奖2项；评选市明星企业60个。开展科技进步年活动，制定《关于推动乡镇企业科技进步加快乡镇企业发展的规定》，出台18条鼓励乡镇企业依靠科技进步的优惠政策。全年开发市级以上新产品65个，其中26项列入国家"星火计划"，12项获省级科技进步奖。32个企业荣获农业部全面质量管理合格证书。通过开展财务会计规范化工作，有1 020个企业通过规范化验收。对80%的乡村集体企业进行财务审计。

（路训兵）

沈阳市

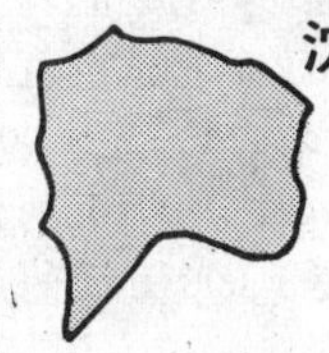

【基本情况】 1994年，沈阳市乡镇企业发展到10万个，比上年增加1.2万个；从业人员61万人，比上年增加3.9万人；完成总产值385.9亿元，比上年增长68.2%；其中工业产值304.1亿元，比上年增长60%，占全市工业总产值的41.7%。利税总额45亿元，比上年增长67.1%；其中上缴国家税金19.4亿元，比上年增长85%；实现利润29.6亿元，比上年增长52.8%。乡村集体企业实现利税总额22.5亿元，比上年增长64.2%；其中上缴国家税金11.5亿元，比上年增长138.3%；利润13.7亿元，比上年增长52.8%。个体和私营企业实现利税总额22.5亿元，比上年增长70.5%；其中上缴国家税金7.9亿元，比上年增长88.1%；利润159亿元，比上年增长63.9%。产值超10亿元的乡镇7个。企业利税超5 000万元的乡镇23个；企业利税超1 000万元的村53个；年利税超100万元的企业186个。

【资金投入】 1994年，沈阳市乡镇企业把加大投入、增强企业发展后劲作为发展乡镇企业一项硬任务来抓。全年乡镇企业固定资产投入达27.6亿元，其中银行贷款7.8亿元，是上年的1.6倍；引进外资2.8亿元，是上年的1.4倍。金融部门向乡镇企业投入大量的流动资金。

【科技进步】 1994年，沈阳市乡镇企业在调整产业和产品结构中，坚持产品"质量第一"，依靠科技进步，开发新产品，实施名牌产品战略。到1994年底，全市乡镇企业在原有38个部优产品，16个省优产品，130个市优产品和129个拳头产品的基础上，又创出1个部优名牌产品，28个省优产品，获6项省新产品青龙奖。

1994年，全市乡镇企业中一批高新技术企业相继建设和投产。新办营业执照和立项的共有2 388个，其中技术改造项目516个，新产品开发448个，新办企业1 263个。1 000万元以上的项目32个。沈阳生物工程公司生产的第二代狂犬疫苗等高新技术产品，填补国内空白，在国际上处于先进技术水平。

【外向型经济】 1994年，沈阳市乡镇企业新办"三资"企业208个，总投资额达2.19亿美元，合同利用外资额达1.04亿美元，到位资金5 140万美元。全市乡镇"三资"企业总数达572个。全市乡镇企业中共有246个出口企业，比上年增加56个，出口产品交货值突破10亿元，比上年增长80.8%。出口产品交货值超500万元以上的企业49个，其实现出口产品交货值7.6亿元。

【企业改革】 1994年，沈阳市乡镇企业推进产权制度改革，一批拥有名牌产品和拳头产品的老企业参加股份合作制和股份集团的试点经营。全年新增股份合作制企业2 277个，共吸纳个人股金4.4亿元。新组建辽中长滩服装加工集团、新民电光集团等19个乡镇企业集团。

【职工教育】 1994年，沈阳市乡镇企业根据人才素质状况，编制《沈阳市乡镇企业5431人才培训工程》实施计划。开展对乡镇企业家、乡镇企业公司管理干部、主管工业的乡（镇）长以及财务、审计、评估、论证等有关专业人员的培训。与沈阳大学联合创办沈阳乡镇企业管理学院，1994年招收财务会计、外贸英语、计算机及其应用三个成人大专班。

1994年，沈阳市乡镇企业大专以上学历人员比上年增加774人，比上年增长20.53%；中专（高中）学历人员比上年增加25 544人，比上年增长52.13%；中级以上专业人员比上年增加1 320人，比上年增长46.41%。培训职工8 686人，比上年增长71.28%；学历教育人员1 109人，比上年增长67.42%。

（王乃昌）

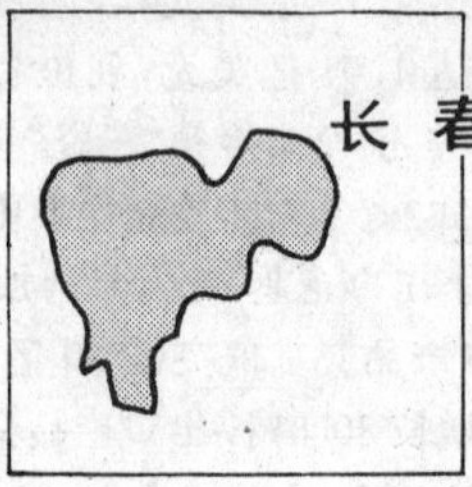

长春市

【基本情况】 1994年，长春市乡镇企业发展到14.84万个，比上年增长4.8%。从业人员61.61万人，比上年增长5.7%。实现营业收入154.47亿元，比上年增长49.8%，其中乡村企业营业收入66亿元，比上年增长35.1%。完成总产值156.8亿元，比上年增长53.9%；乡村企业产值74.2亿元，比上年增长53.6%；乡镇工业产值93亿元，比上年增长56.3%，其中乡村企业工业产值58亿元，比上年增长65.1%。实现纯利润12.1亿元，比上年增长54.2%，其中乡村企业利润3.57亿元，比上年增长25%。上缴国家税金6.8亿元，比上年增长55.1%，其中乡村企业税金5.4亿元，比上年增长210.1%。出口产品交货值2.9亿元，比上年增长50.5%。

【项目开发】 1994年，长春市乡镇企业开发项目1 917个，竣工投产的1 714个，年创产值4.2亿元，利税1.3亿元。在新上项目中，投资在100万元以上的项目384个，其中100万—500万元的303个，500万—1 000万元的24个，1 000万元以上的项目57个。全市乡村集体企业完成固定资产投入16.9亿元。

城市支农单位帮助所包乡村新上项目113个，投入资金2.67亿元，其中由支农单位直接帮助协调和引进投资1.33亿元。

【企业改革】 1994年，长春市乡镇股份合作制企业发展到878个，吸纳股金4.1亿元。有些股份合作制企业打破股份构成的比例界限，允许个人股大于集体股；允许在依法纳税，保证提留的前提下，剩余利润可全部分红。在形式上，有企业改造型，有由政府发起、吸纳职工和社会法人入股型；既有能人牵头、吸引农户参股型，又有外商、社会法人与乡村集体合资入股型。在推进股份合作制的同时，开展公有私营、兼并、转卖、租赁、拍卖、破产等产权制度改革。

【外向型经济】 1994年，长春市乡镇企业新上“三资”企业30个，总投资2.7亿元，其中外商投资1.8亿元。有14个企业于当年竣工投产。“三资”项目的规模扩大，平均每个项目投资900万元，超1 000万元的8个。投资领域涉及机械、电子、塑料、汽车、仓储、房地产、公用设施、文化娱乐等。专用汽车、家具、中空玻璃、滚压封头、塑料母料等项目的科技含量和附加值高。

【宏观管理】 1994年，长春市委、市政府召开三次大型乡镇企业工作会议，调动各方面力量，促进和推动乡镇企业发展。市委、市政府主要领导把很大精力放在乡镇企业上，亲自率人外出考察学习，深入基层调查研究，多次召开常委会解决乡镇企业发展中的问题。各级乡镇企业主管部门加强职能作用，做务实工作。

（刘喜文）

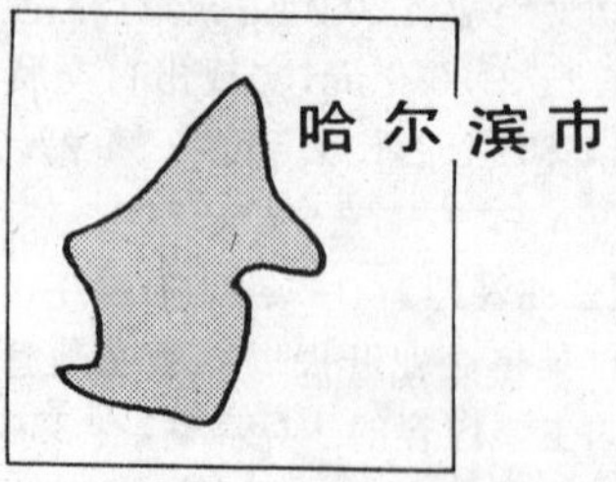

哈尔滨市

【基本情况】 1994年，哈尔滨市乡镇企业发展到97 312个，其中乡村集体企业3 339个，户办、联户办企业76 813个。从业人员34.8万人。固定资产达21.7亿元。完成总产值130.4亿元，比上年增长104%；乡村集体企业完成产值52.6亿元，比上年增长70.8%，其中工业产值37.8亿元，比上年增长64%；户办、联户办企业完成产值77.8亿元，比上年增长135%。完成总收入114.6亿元，比上年增长94.2%。实现利润6.5亿元，比上年增长62.7%。上缴国家税金2.8亿元，比上年增长43.6%。

创办股份合作制及股份制企业1 240个，比上年增长98%。

全市乡镇企业产值超10亿元的县市6个，其中，阿城市、呼兰县超20亿元；乡镇企业总产值超亿元的乡镇发展到42个；超1 000万元的村144个；超500万元的企业134个，其中超1 000万元的企业79个。

【外向型经济】 1994年，哈尔滨市乡镇“三资”企业有49个，比上年增加18个；完成出口产品交货值9.4亿元，比上年增长5.8倍。新建边贸公司7个，协议吸引外资2 351万美元。向俄罗斯、韩国等国家输出劳务1 400人次。

（苏本富）

南京市

【基本情况】 1994年，南京市乡村两级工业企业完成产值271.3亿元，比上年增长55.9%，其中村办工业产值121.8亿元，比上年增长68.2%，增幅高于乡办工业21.1个百分点；乡村工业产值占全市工业产值的34%，比上年提高5个百分点。完成出口产品交货值16.47亿元，比上年增长82.4%，有3个乡镇出口产品交货值超亿元。乡村工业销售产值262.76亿元，比上年增长69.2%，产销率达93.8%，比上年提高2.2个百分点。乡村两级独立核算企业实现利税15.2亿元，比上年增长40.4%。乡村工业增加值56.4亿元，比上年增长58.9%。乡镇工业资产总量达119.3亿元，比上年增长39.04%。

【企业改革】 1994年，南京市乡镇企业组建企业集团14个，其中省级集团3个。全市第一家省级企业集团——中国正方集团，先后兴建7个中外合资企业、1个城乡联营企业，16个成员企业中有工厂、宾馆、快餐店和贸易公司，并在美国旧金山建立正方集团美国分公司，固定资产总量达9 800万元；1994年集团实现工业产值2.1亿元，比上年增长83.5%。

1994年，全市乡镇企业新办股份合作制企业606个，全市累计股份制企业达1400个，总股金9亿元，其中个人股金1.1亿元。市乡镇企业局会同有关部门出台《关于股份合作制企业规范化建设的若干意见》，指导全市股份合作制的推广。全市共有1 300多个企业实行租赁、拍卖。六合县长城乡通过抓好大企业，盘活小企业，全乡连续几年无亏损企业，1994年工业产值比上年增长91.4%。

【外向型经济】 1994年，南京市乡镇企业新批“三资”企业280个，协议总投资3.6亿美元，新开业160个，外资到位7 301万美元，外资到位数超过历年外资到位数之和。雨花台区外资到位2 215万美元，开业“三资”企业44个，居全市之首。栖霞区栖霞镇金星实业有限公司合资总额达2 050万美元，1994年新上的高档防火板正式投产，产品填补江苏省空白，产品质量达国际领先水平。

1994年，全市新办城乡联合项目280项，协议总投资20亿元，确定城乡联合A类项目100项，其中农业龙头项目10项，A类项目总投资7.2亿元。1994年完成A类项目投资额6.24亿元，完成项目87个。

【技术改造】 1994年，南京市乡镇企业新上技改项目1 394项，总投资33.9亿元，其中500万元以上技改项目139项，总投资20.1亿元。固定资产投入21亿元。开发新产品246个，完成新产品产值28.5亿元，比上年增长138%，新产品产值率10.5%，比上年提高3.6个百分点。栖霞区每年重点抓40个项目，即10个新产品开发项目，10个重点技改项目，10个跟踪项目，10个储备项目，形成一批如猴王特种焊条、微型B超、高档防火板等有特色的新产品。

【工业小区建设】 1994年年初，南京市政府确定22个市乡镇工业区。秣陵镇、栖霞镇、禄口镇、灵岩镇工业区的规划设计水平较高。秣陵镇工业区为全国示范区，区内建成如正方集团、金华陶瓷、柴油机铸造等一批规模企业。禄口镇工业区进区企业18个，完成产值2.5亿元，实现利税1 800万元。栖霞镇工业区通过和江苏省建材工业联合，形成有特色的国际建材工业园。高淳因城镇工业区规划建材工业区、玩具工业区、陶瓷化工工业区，1994年产值达1.4亿元，占全镇工业的70%。

【骨干队伍建设】 南京市坚持每年抓好20个重点乡镇、20个重点村和30个重点企业的发展，加强工作指导，在资金等方面予以倾斜。1994年，全市20个重点乡镇完成工业产值121亿元，比上年增长67.6%，占全市工业产值的44.6%。江宁县8个重点乡镇完成工业产值42.1亿元，占全县乡镇工业产值的51.2%。栖霞区对全区乡镇实行“ABC”管理办法，分类指导，工业稳步增长。雨花台区江东镇1994年完成工业产值10亿元，为全市各乡镇之首。1994年全市亿元村达19个，比上年增加12个。雨花台区丁干墙村通过发展外向型经济和培植拳头产品，工业总产值达2.6亿元，名列全市第一。全市亿元乡镇企业11个，比上年增加4个；利税超过1 000万元的企业5个，出口创汇250万美元以上的企业11个。通过培植重点产品，形成如三聚氰胺、水扬酸系列、苏美达台钻、电炉、胶带、干粉灭火剂、白水泥等一批拳头产品。

（俞宝庆）

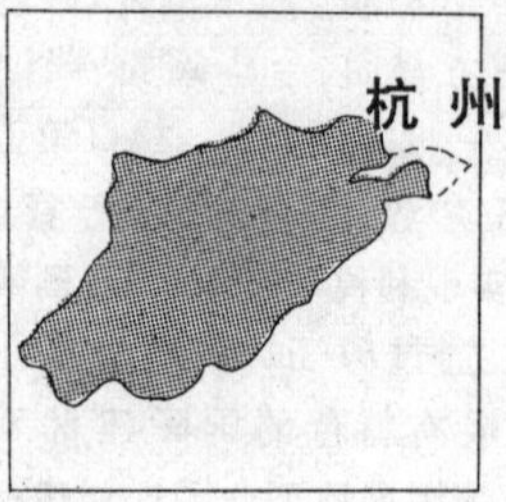

【基本情况】 1994年，杭州市乡镇企业12.5万个，比上年增加0.6万个，其中村以上企业1.2万个；完成总产值826亿元，比上年增长70%；工业总产值749亿元（其中乡办266亿元，村办275亿元，村以下办208亿元），比上年增长69%，占全市工业总产值比重由上年的51.2%上升到60%。1994年全市有140个乡镇产值超亿元，比上年增加17个；亿元村达75个，比上年增加36个；工业产值过亿元的企业95个，比上年增加40个；省市级企业集团39个，其中省级集团23个，市级集团16个。

【资金投入】 1994年，杭州市乡镇企业完成建设项目1 026个，总投入34亿元。新增项目的规模档次比往年提高，平均每个项目投资额由上年的138.8万元增加到330万元，有81个项目的投资额超过1 000万元，建筑项目的投入占总投入量的54%。江干区上规模的项目占总数的一半以上，大部分项目属引进或联营性质，科技含量高。

【个体私营经济】 1994年，杭州市个体私营企业发展到11.3万个，从业人员39.5万人，分别比上年增加3万个和12.9万人；完成总产值231亿元，比上年增长130%，高出乡村两级企业平均增幅率80个百分点。个体私营企业产值占乡镇企业总产值的比重达29%。

【外向型经济】 1994年，杭州市乡镇企业完成出口产品交货值66.5亿元，比上年增长52.9%，占乡镇工业总产值的9%。出口商品有轻纺、机械、丝绸等13个大类的2 000多种产品，出口渠道遍及全国20多个省市100多个外贸出口公司，同时涌现出中国万向集团、浙江万达集团、肖山弹簧垫圈厂等一批自营出口企业。全年新办"三资"企业226个，协议引进外资1.02亿美元，杭州万向节总厂、肖山三江工具厂等跨出国门，直接到国外创办生产、贸易实体。

【企业改革】 1994年，杭州市乡镇股份合作制企业由上年的400个增加到989个，总股本达11.8亿元。企业转制的对象及股权设置有新突破，一些地方将大中型企业推上转制轨道，股份合作制的股权设置基本取消产权模糊不清的企业股，企业职工特别是经营者的持股比重提高，全市个人入股最高的达450万元。通过租赁、拍卖、兼并等办法，放活"微、小、亏"企业3 084个，盘活存量资金9.1亿元，推动了全市乡镇企业的结构调整和生产要素的优化配置。各县（市、区）结合实际，推广江苏吴江的生产要素承包、资产滚动增值的经验，进一步完善企业的经营机制。

（沈根林）

【基本情况】 1994年，福州市乡镇企业9.72万个；从业人员78.55万人；实现总产值（1990年不变价）324.39亿元，比上年增长60.27%，其中工业总产值220.15亿元，比上年增长62%；总收入324.6亿元，比上年增长58.55%；上缴国家税金9.93亿元，比上的增长61.07%；利润19.35亿元，比上年增长53.72%。总产值超10亿元的乡镇8个；超亿元的村35个；超1 000万元的企业268个，超亿元的企业35个。

【外向型经济】 1994年，福州市新签合资、合作协议合同111份，客商投资额2.02亿美元，1994年实际投入5 705万美元。出口生产企业1 330个，其中"三资"企业322个，出口创汇100万美元以上企业185个。全年出口产品交货值82.45亿元，比上年增长75.37%。

【宏观管理】 1994年，福州市委、市政府召开乡镇企业科技进步总结表彰大会，促进乡镇企业发展、提高。市委、市政府领导深入乡镇企业进行调查研究，为乡镇企业排忧解难。年初，各县市安排落实全年的发展目标和措施。福清市实行"一票否决权"，把发展乡镇企业列为乡（镇）党、政领导政绩考核的重要内容；长乐市委、市政府，对乡镇企业采取分行业、围绕重点问题，开展"一月一访"，并制定加快工业小区建设15条规定；闽侯、连江、闽清三县分别开展"乡镇企业振兴工程年"、"乡镇企业支柱工程年"和"乡镇企业发展年"活动，由县主要领导任组长，带领有关部门领导，定期深入乡镇企业调查，为其创造良好的发展环境。

【工业小区建设】 福州市乡镇企业实施"三沿一环"发展战略，以沿路（国道）、沿江（闽江）、沿海和福州市内外环工业卫星乡镇为重点，实行集中连片开发，建设工业小区。1994年全市开发工业小区121个，落实项目2 773项，总投资42亿元。

【科技进步】 1994年，福州市乡镇企业对老企业实施技改项目1 340项，总投入3.9亿元；推广科技成果及专利技术85项，建立科技示范企业30个，开发新产品141个。企业的技术装备水平、产品的科技含量和企业管理水平提高。

通过产业结构调整，各县(市、区)集中财力、人力、物力，抓好一批高附加值、高科技和高创汇的项目开发，投入资金4.6亿元，超1 000万元的骨干项目28项，年内竣工投产12项，实现产值5.6亿元，税利5 500万元。通过多渠道筹集资金17亿元，用于新办骨干企业和技改投入，其中群众集资12亿元。新办骨干企业1 480个，总投资12.5亿元，年内投产的630个，新增产值38.6亿元，占全市净增产值32%。

【企业改革】 至1994年底，福州市乡镇企业有股份合作制企业2 950个，有限责任公司28个，内联企业878个，企业集团32个。其中1994年新办股份合作制企业1 350个，占新办集体企业的90%，共集纳资金9.5亿元。对28个集体企业进行股份制改造试点，新成立责任有限公司3个。新组建企业集团15个，其中4个为全国最佳经济效益乡镇企业。对长期亏损、扭亏无效的企业，通过集有民营、拍卖、破产等途径进行改革。

【人才培训】 1994年，福州市乡镇企业培训专业技术人员2.96万人次。在乡村企业中引进技术人员24 623人，其中有职称的3 134人，中级以上职称的375人，大专以上文化程度的3 317人。乡镇企业中专业技术人员比上年增加6 025人，总数达15 761人，其中具有中级职称的增加863人，总数达2 850人。

（孙利民）

南昌市

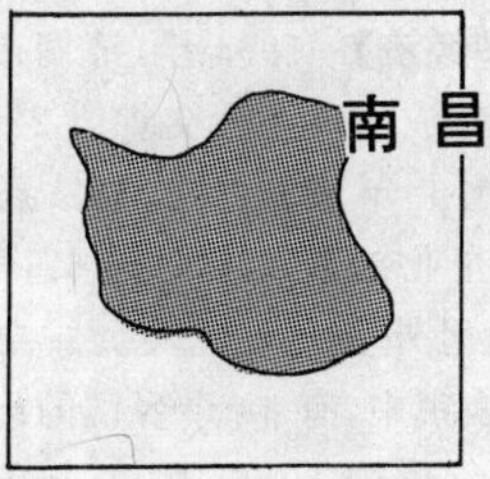

【基本情况】 1994年，南昌市乡镇企业11.01万个，比上年增加0.31万个。企业职工39.17万人，比上年增加3.16万人。完成总产值187.42亿元，比上年增长107.1%，占全市农村社会总产值的87%，比上年提高8.1个百分点；乡镇企业完成工业产值130.17亿元，比上年增长101.9%，占全市工业产值的59%，比上年提高17.1个百分点。出口产品交货值4.8亿元，比上年增长72.7%。乡村工业产品产销率96%，比上年提高1个百分点。利税总额17.32亿元，比上年增长105.6%。

乡镇企业总产值上亿元的乡镇56个，其中5亿元以上的5个，10亿元以上的3个，最高的南昌市郊区湖坊乡为23.39亿元；1 000万元以上的村165个，其中5 000万元以上的50个，亿元村13个，最高的南昌市郊区湖坊乡热心村为3.76亿元；100万元以上的企业1 418个，1 000万元以上的165个，5 000万以上的13个，亿元以上的5个。

【宏观管理】 1994年，南昌市委、市政府把发展乡镇企业作为全市国民经济的重要支柱和主要增长点来抓；出台《关于进一步加快乡镇企业发展的若干措施》等一系列文件和优惠政策；召开常务会、分析汇报会、经验交流会和总结表彰会，研究、部署全市乡镇企业工作；8月、12月两次组织召开全市乡镇企业工作会议，促进乡镇企业发展。各县区常务副县长、乡镇党委书记亲自抓乡镇企业。

市政府下达50个“农转非”指标、200个聘干指标，从市财政拿出50万元，奖励发展乡镇企业有突出贡献的单位和个人。

【企业改革】 1994年，南昌市乡镇企业新增股份合作制企业4 526个，其中新办2 821个，新改造1 705个，股份合作制企业累计达8 316个。乡村集体企业改制面达50%。股本金总额17.1亿元，其中1994年新增7.5亿元。股份合作制企业实现产值60.6亿元，利税5.8亿元。全市乡镇企业集团18个，1994年新增10个。

【资金投入】 1994年，南昌市乡镇企业瞄准一批技术含量高、资金投入大、多业并举的项目。江西力霸保健品公司一期投资350万元，投产芳涌牌芝麻奶，荣获全国保健品发明金奖，被列为国家体委定点产品；随即筹资840万元，形成1.2万吨生产能力，产值上亿元。洪城药厂、东方药厂分别投入5 890万元和665万元，进行扩产改造，投产新产品。新建第三产业，投入多元化，鄱阳湖娱乐有限公司、洪城大市场、太平洋实业有限公司等投入1 000万元以上项目6个。全年开工的新扩改项目1 744个，完成固定资产投入12.46亿元，其中新办“三资”企业64个，引进外资5.8亿元。

【职工教育】 1994年，南昌市乡镇

企业通过组建职工技术、技能培训网络，举办培训班40期，培训人员12 282人次。全市乡镇企业中有942人在1994年获得各级职称，其中高、中级职称占三分之一。

（彭志坚）

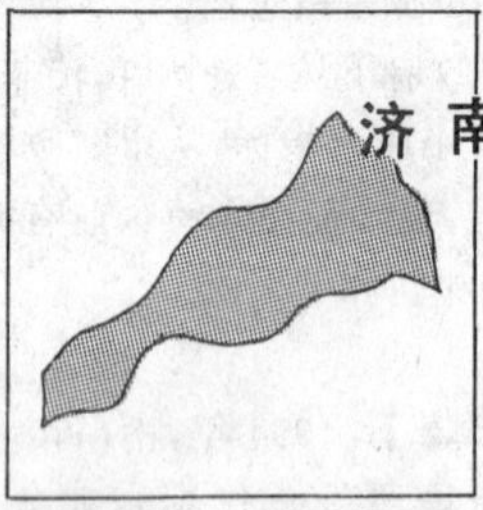

【基本情况】 1994年，济南市乡镇企业实现总产值（1990年不变价）766.56亿元，比上年增长65.9%，其中乡办企业产值154.75亿元，比上年增长65.6%；村办企业产值351.3亿元，比上年增长61.8%；户办企业产值260.48亿元，比上年增长72%。章丘市、历城区、长清县乡镇企业产值分别突破100亿元。全市乡镇工业完成产值496.51亿元，比上年增长57.93%，其中乡镇办工业完成产值129亿元，比上年增长74.52%；村办工业完成产值266.18亿元，比上年增长72.7%；村以下工业完成产值101.33亿元，比上年增长17.3%。章丘市和历城区的乡镇工业产值分别超过100亿元。

1994年，全市乡村两级工业实现销售收入309.97亿元，比上年增长114.4%。乡镇企业实现利税57.33亿元，比上年增长86.86%，其中乡村工业实现利税28.36亿元，比上年增长95.72%。产品销售率达94.6%。全市有61个乡镇的乡村工业利税超过1 000万元，章丘市明水镇、普集镇、刁镇乡镇企业利税总额突破亿元。

1994年，全市所有乡镇，企业产值均过亿元。有105个乡镇的企业营业收入超过6亿元，其中天桥区北园镇达80亿元。50个村村办企业营业收入、20个企业的产值均超过亿元。山东清河集团被国家经贸部批准为国家级企业集团。

【外向型经济】 1994年，济南市乡镇企业完成出口产品交货值22.94亿元，比上年增长181.1%；新增"三资"企业210个，累计达621个，合同利用外资3.5亿美元。全市111个乡镇中，有44个乡镇的出口产品交货值过1 000万元，其中章丘市普集镇、历下区姚家镇的出口产品交货值分别突破亿元。济南通讯电缆厂、瀚东实业公司等25个企业的出口产品交货值过1 000万元。

【"西进"成效显著】 济南市是全国率先实施乡镇企业"西进"战略的地区之一。1993年4月，济南市委、市政府在昆明市召开云南—济南乡镇企业经济技术协作会，拉开济南市乡镇企业"西进"的序幕。截止1994年底，济南市乡镇企业与河南、河北、云南、四川、广西、新疆等13个省、自治区实施28个经济技术协作项目，涉及水泥、建筑陶瓷、矿产品采掘、蔬菜种植、散热器产品等，累计完成投资及设备折款1 380万元，年产值8 000万元，创利税1 000万元。

【科研机构发展】 1994年，济南市乡镇企业科研机构发展到54个，涉及冶金、光学、油料、粘结剂、饲料、制冷等20多个高新技术领域。这54个乡镇企业科研机构共研制开发新产品346种，占全市乡镇企业的近60%；实施"星火计划"项目29个，占全市的93%。济南市镁碳砖技术研究所研制开发的优质镁碳砖结合剂，填补山东省空白，产品行销日本、美国，成为全国最大的镁碳砖生产出口基地。1994年4月，在山东省经委、山东省乡镇企业局举办的"产学研"会议上，济南市乡镇企业科研机构共签订经济技术合同48项，年创产值7 800万元，利税2 000万元。

（济南市乡镇企业局）

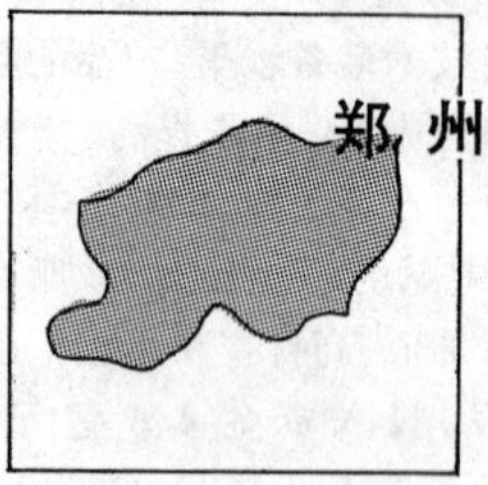

【基本情况】 1994年，郑州市乡镇企业16.56万个，比上年增长6%；从业人员107.17万人，比上年增长8.8%；完成总产值（现价）464亿元，比上年增长54.2%；完成乡镇工业总产值（现价）345亿元，比上年增长56.1%；完成出口产品交货值3.3亿元，比上年增长65%；实现营业收入405亿元，比上年增长48.9%；实现利润总额38亿元，比上年增长11.8%；上缴国家税金6.1亿元，比上年增长39.3%；年末固定资产原值117亿元，比上年增长27.1%。1994年，郑州市乡镇企业产值超亿元的乡镇90个，其中超10亿元的5个，超5亿元的31个；超亿元的村40个，5 000万元以上的村135个；超亿元的企业15个。巩义市所有乡镇的企业产值超亿元，其中超10亿元的4个，最高的孝义镇达18亿元；超亿元的村20个；亿元企业达5个。

【股份合作制】 至1994年，郑州市乡镇股份合作制企业发展6 511个，1994年新增1 109个，总股金达20.97亿元。新密市在上年抓普及的基础上,1994年着重抓提高、规范和完善,股份合作企业发展到2 710个。巩义市股份合作制企业发展到1 520,吸收股金4亿多元。

【个体私营经济】 1994年,郑州市乡镇企业个体私营经济加快发展步伐,企业发展到14万个,其产值占乡镇企业总产值的比重达40%。巩义市有个体私营企业2万多个,涌现出一批如廷发、大华、冶金设备有限公司等资产在1 000万元以上规模企业。1994年巩义市个体私营企业产值25.7亿元,比上年增长14.2%。巩义市站街镇为促进私营经济发展,建立私营工业园区,入园企业33个,其中8个已投产。郑州中亚机械厂同香港、广州等客商合作,成立中亚铝型材股份有限公司,投资1 000万元,1994年5月进入园区施工建设,10月底建成投产,形成亿元产值的生产能力。

【资金投入】 1994年,郑州市乡镇企业投入资金27.6亿元,新上项目1 894个,技改项目623个,当年投产项目1 719个,新增固定资产23 .22亿元,可新增产值60亿元。巩义市在抓好1993年投资10亿元新上的565个项目基础上,1994年又投入资金近10亿元,新上381个项目,有329个项目投产,创产值10.8亿元。巩义市西村镇郑州永通钢联有限公司,投资8 800万元上马的第一期工程竣工投产,年产值达2.8亿元,税利5 600万元。新密市实施科技启动工程,提高新上项目的科技含量,新上120多项高科技项目,涌现出一批如斯派克传感器等高科技产品。

【外向型经济】 1994年,郑州市乡镇企业引进资金8.3亿元,引进项目243个,引进技术1 816项,引进人才2 269人;由大专院校、科研单位、大中型企业帮办、联办企业531个;"三资"企业发展到122个,出口创汇企业90个,出口产品交货值在100万元以上的企业56个,在境外办厂9个。新郑市在完善和加强招商引资目标管理责任制的前提下,调整招商引资思路,集中力量实施重点突破。该市招商项目总数达813个,合同利用资金70亿元,到位12亿元;"三资"企业发展到11个,实际利用外资4 172万美元;1994年新招项目162个,协议投资19.8亿元,到位资金2.9亿元。荥阳市1994年出口创汇企业达36个,出口产品交货值7 804万元,出口商品41种。

【企业集团和工业小区建设】 1994年,郑州市乡镇企业经贸工业园区达62个,总产值达38亿元;乡镇企业集团69个,产值达25亿元。河南中州企业集团等3个企业列入全国乡镇企业综合实力500强中。河南中州企业集团拥有16个生产企业,2 152名职工,固定资产8 687万元,年产值2.17亿元,实现利税2 309万元。巩义市有企业集团25个,工业小区14个,进入小区的企业365个。新郑市紧邻郑州的双湖开发区,在近万亩土地上,上1 000家个体户、120个厂矿院校置地建业,学院城、游乐度假村、科研基地、工业群区、商贸中心等五大群区相继建起。

(王晓红)

武汉市

【基本情况】 1994年,武汉市乡镇企业12.84万个,职工62.09万人,比上年分别增长11.4%和9.1%。完成总产值369.83亿元,比上年增长98.63%,占武汉市农村经济总量的85%,比上年提高0.5个百分点;其中工业产值、乡镇办工业产值分别达186.57亿元、52.66亿元,比上年分别增长82.83%、58.75%。完成营业收入323.53亿元,比上年增长99.1%;实现利税总额27.16亿元,比上年增长107%。乡镇工业产值占武汉市工业总产值的33.9%,比上年提高10.9个百分点,乡镇工业净增产值占武汉市总大家量的85%,比上年提高18个百分点;乡镇企业从业人员占农村劳力的比重达49.8%,比上年提高9.8个百分点。

营业收入利税率8.39%,比上年提高0.32个百分点;资产负债率56.12%,比上年下降2.04个百分点;应收帐款周转次数为20.21次,比上年加快3.96次;存货周转率为9.15次,比上年加快1.48次;资本金利润率50.6%,比上年增长15.66个百分点;百元固定资产原值创产值911元,比上年增长35.16%;全员劳动生产率59 567元,比上年增长82%。

1994年,武汉市洪山区、蔡甸区和3个县乡镇企业总产值超过50亿元,最高的黄陂县突破80亿元。在106个乡镇中,企业产值过亿元的乡镇87个,比上年增长

26%，其中过5亿元的21个，比上年增加18个，过10亿元的5个，最高的江岸区后湖乡达19.3亿元。企业年产值过亿元的村35个，比上年增加21个。产值过1 000万元的企业239个，比上年增长56.2%；利税过100万元的企业152个，比上年增长130.3%。

【企业改革】 1994年，武汉市乡镇股份合作制企业达3 535个，比上年增长220.5%；资本金达72 254万元；完成总产值34.81亿元，比上年增长220.8%；实现利税总额2.9698亿元，比上年增长279.3%。1994年乡村两级新组建成股份合作制企业1 887个；新实行公有民营企业1 270个，注入资金1.5亿元；个体私营企业增加2 819个，年产值1 000万元以上的私营企业有11个；企业集团27个，1994年新增11个，年产值达13.98亿元。1994年新办"三资"企业46个，累计81个；客商实际投资2 854万美元，占协议外资额的63%。新发展横向联合项目380项，投资10亿元。乡镇企业出口创汇企业达118个，比上年增加36个，出口产品交货值达6.6643亿元，比上年增长111.37%。出口产品主要是机械、畜产、纺织、轻工、服装、化工等六大类。

【资金投入】 1994年，武汉市乡镇企业拥有总资产86.16亿元，新增固定资产和流动资金总投入35.42亿元，比上年增长69.8%，其中股份聚资、能人带资、乡村投资、引进内资外资、集资等自筹引进资金30亿元，占新增投入的84.7%，比上年净增16亿元，增长114.3%。乡村两级企业净增资产20.6249亿元，占资产净增额的58.22%。工业企业投资项目527项，投入资金13.87亿元，商品流通企业投资项目21项，投入资金3.1925亿元。

【科技教育】 1994年，武汉市乡镇企业实施技改项目567项，总投资9.35亿元，新增产值28.75亿元，利税3.07亿元。开发新产品557项，投产481项，填补国内、省市空白的112项，实现产值15.49亿元，创利税2.8亿元。有15个乡镇企业被市政府授予"科技型企业"。1994年引进人才2 000多人，接纳大中专毕业生800多人，累计引进人才超过1万人。共培训在职职工6.5万人次。评聘中级以上职称607人，其中首次评聘乡镇企业自身的64名高级职称人员。

（张海涛　李　庆）

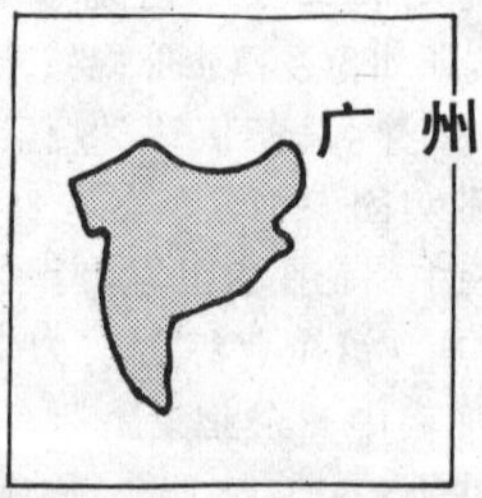

【基本情况】 1994年，广州市有乡镇企业7.91万个，职工人数86.89万人；完成总产值485.94亿元，比上年增长51.49%，其中工业产值363.31亿元，比上年增长56.93%；总收入562.93亿元，比上年增长49.4%；上缴国家税金15.47亿元，比上年增长37.8%；纯利润43.34亿元，比上年增长44.46%。

1994年，广州市乡镇企业投入500万元以上的新上及技改项目118项，新增固定资产46.48亿元，比上年增长47.85%。

村、联户、个体经济成为新的增长点。以总收入计，镇办企业比上年增长35.38%，而村办、联户、个体企业分别比上年增长50.08%、52.5%、79.13%。

山区乡镇企业发展加快。山区较多的从化市和增城市乡镇企业总收入增长速度分别达83.54%和56.7%。十个扶贫镇步入高速发展的轨道，其中从化市的民乐镇和良口镇以成倍的速度增长。

【外向型经济】 1994年，广州市乡镇企业出口产品交货值达129.29亿元，比上年增长60.89%，其中番禺市出口产品交货值达61亿元，约占全市的一半，芳村区、黄埔区出口产品交货值分别比上年增长159%和133%。

（劳义海　姚　涛）

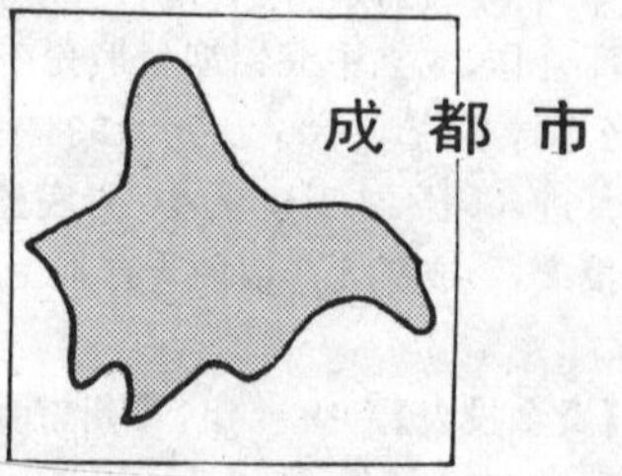

【基本情况】 1994年，成都市乡镇企业实现总产值（1990年不变价）941.89亿元，比上年增长87.4%；乡镇工业总产值569.92亿元，占全市工业总产值的68.85%；营业收入816.24亿元，比上年增长75.26%；税利总额47.29亿元，比上年增长53.79%；缴纳税金13.03亿元，占全市财政收入的29.4%；乡镇企业总产值（现行价）978.16亿元，占全市农村社会总产值的95.71%。

乡镇企业职工数162.57万人，占全市农村劳动力的37.5%，比上年增加6.11万人；职工工资总额26.1万元，比上增长10.08%；1994年，全市乡村集体企业经营收入460.86亿元，比上年增长72.80%；利润总额13.81亿元，比上年增长 24.82%；税金 11.52 亿元，比上年增长 12.96%；资本金 60.08 亿元，比上年增长 69.69%；自有资金 79.05 亿元，比上年增长 58.31%；资产负债率 65.84%，比上年下降 2.02%；资本金利润率 22.98%，比上年下降 8.26%；营业利税率 5.50%，比上年提高 0.8%；产值销售率 90.97%，比上年提高 15.93%。

全市 19 个区(市)县乡镇企业总产值均突破 10 亿元，其中，突破 100 亿元的有双流县和新都县，双流县达 130 亿元。总产值过亿元的乡镇 194 个，占全市乡镇数的 65%，比上年新增 46 个乡镇，最高的双流县东升镇突破 40 亿元。总产值过亿的村达 57 个，比上年增加 34 个，最高的双流县东升镇涧槽村达 4.62 亿元。营业收入上 1 000万元的企业 482 个，比上年增加 104 个。总产值过亿元的企业 38 个，比上年增加 7 个，最高的成都双流高频焊管厂为 22.23 亿元。

【企业改革】 到 1994 年底，成都市乡镇企业中有股份合作制企业 239 个，比上年增加 149 个。股份合作制企业资本金总额 5.93 亿元，全年实现总产值 33.71 亿元，利税 1.47 亿元。

以资产为纽带的企业集团达 30 个，比上年增加 4 个，集团企业成员 199 个。集团公司全年营业收入达 39 亿元，利税总额达 2.31 亿元。

对微利、亏损和资不抵债的小型企业进行拍卖和租赁，其中拍卖 123 个，收回资金 3495.56 万元；租赁 267 个，租赁金额 998.9 万元。

【外向型经济】 1994 年，成都市乡镇企业有中外合资企业 119 个，比上年新增 37 个；客商投资累计 1.76 亿美元，其中 1994 年新增投资 1.27 亿美元。全市乡镇企业有出口企业 120 个，出口产品交货值在 100 万美元以上的有 15 个，比上年增加 7 个。国家批准拥有自营进出口权的企业 3 个，比上年新增 2 个。出口产品交货总值达 7.46 亿元，比上年增长 42.4%。出口产品有 12 大类，出口产品由以畜产、矿产和工艺品为主，向化工、服装、轻工、医药为主方向转化。

【质量管理】 成都市乡镇企业重点考核的 50 种工业产品，产品质量提高率和稳定率达 94.3%；1994 年新订和修订产品技术标准 491 个；3 470个 100 万元以上产值工业企业的标准覆盖率达 95.24%。有 33 个企业采用国际标准，40 个产品采用国外先进标准。

1994 年，全市乡镇企业有 9 459人参加 TQC 统考取证，取得合格证书人员累计达49 119人。QC 小组注册登记 334 个，获得 QC 成果 8 637 项，创产值 3.85 亿元，直接效益 2602.8 万元，85 个小组获市级以上成果奖。

1994 年有 84 个企业取得计量定级合格证书；市级全面质量管理达标企业 41 个。成都八一家具实业公司的八一床垫、成都恩威制药公司的“洁而阴”，被评为四川省名牌产品。

【新产品新技术开发】 1994 年，成都市乡镇企业开发新产品 217 个，投产新产品 187 个，新产品实现产值 9.25 亿元，利税 1.82 亿元。有 7 个项目获得成都市科技进步奖；31 个产品获成都市优秀新产品奖；50 个项目获四川省乡镇企业科技进步奖；15 个产品获四川省优秀新产品奖；3 个项目获中国乡镇企业科技进步奖。

全市乡镇企业采用发明专利和实用专利 337 项，其中乡镇企业自身开发申请专利 197 项；162 个项目列入国家重点新产品计划、国家“星火计划”或“火炬计划”。

【资金投人】 1994 年，程度市乡镇企业完成投资 30.78 亿元，比上年增长 3.67%，累计完成投资 41.54 亿元，新增固定资产 23.85 亿元。投资来源：自有资金 11.76 亿元，引进资金 8.18 亿元，银行贷款 7.14 亿元，其他资金 3.7 亿元。投资方向：新建投资 18.01 亿元，扩建投资 4.67 亿元，技改 3.68 亿元，其他 4.42 亿元。

【教育培训】 1994 年，成都市乡村集体企业中拥有专业技术人员 53 706人，比上年增加10 776人，其中中级及以上技术职称的13 447人，初级技术职称的40 259人。企业及各级行政部门多渠道培训职工，其中进行资格培训的 3 244 人。成都市乡镇企业干部学校重点进行“一厂三师”任职资格培训和大专层次学历培训，全年培训 734 人。

1994 年，全市乡镇企业有 4 421人获得专业技术职称，其中获高级职称的 30 人，获中级职称的 274 人。

(季金柄 姜路军)

西安市

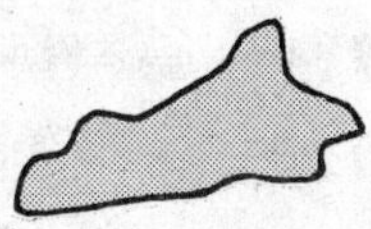

【基本情况】 1994 年，西安市乡镇企业实现营业收入 185.87 亿元，比上年增长 50.99%。完成总产值 182.30 亿元，比上年增长 53.25%，其中工业总产值 122.86

亿元，比上年增长50.89%。实现纯利润11.67亿元，比上年增长37.93%。上缴税金2.61亿元，比上年增长33.78%。未央区营业收入突破40亿元，雁塔区营业收入、总产值均过30亿元。

【宏观管理】 1994年2月，西安市政府召开乡镇企业工作会议，部署工作，表彰先进，推动发展。会后，市政府扶持资金到位，安排55个急需项目。7月中旬，市政府就加强乡镇企业"甲级队"建设作出扶持、调整安排。8月初，市委常委会对吸引人才到乡镇企业工作的优惠政策、扶持建立乡镇企业培训中心和经济技术信息中心等作出决议。各区县、乡镇把加快发展乡镇企业放到重要位置，各级党政一把手把主要精力和时间用于抓乡镇企业，加大领导力度，加大投入力度。

【"甲级队"建设】 1994年是西安市乡镇企业实施"53125"工程的第二年。各区县几大领导班子齐抓共管本区县的"甲级队"，普遍建立领导分包联系制度。同时多渠道筹集资金，加大投入。全年乡镇企业固定资产投入12.20亿元，比上年增长30.84%。其中银行贷款部分主要用于"甲级队"建设。1994年，全市乡镇企业产值过20亿元的区县5个，过亿元的乡镇43个，过亿元的村8个，过亿元的企业3个。

【科技进步】 1994年，西安市乡镇企业以提高产品质量档次和产品更新换代、争名创优为目的，吸收消化新科技成果，进行技术改造和新产品开发，调整和优化产品结构。一些区县与高等院较、科研单位建立长期合作关系，组织科技信息发布，建立转化科研成果的中试厂、实验厂，共同开发新产品。通过为乡镇配备"三总师"、抓科技示范企业等办法，指导企业加强科技管理，推广先进适用技术和先进管理经验。1994年，全市乡镇企业投资50万元以上的技改项目270个，创市以上新产品298个，部、市级名牌产品10个，市乡镇企业优秀产品35个，获专利产品10个，列入国家"八五"攻关项目产品1个。推广先进适用技术119项，列入"星火计划"项目25项。培训人员6.5万人次。

【企业改革】 1994年，西安市政府出台有关乡镇企业产权制度改革安排意见、试点任务、内部审计实施细则、资产评估试行办法和股份合作制示范章程五个配套文件，为企业推行产权制度改革创造条件。通过抓42个老企业改制试点，新办一批股份合作企业，全市乡镇股份合作制企业达682个。

【工业小区建设】 1994年，西安市乡镇工业小区建设开始起步。各区县共规划乡镇级工业园区78个，规划土地6 253.8公顷。未央区汉城乡郭家村园区有9个企业入区建设；长安县政府出台建设乡镇工业小区的有关决定，完成9个工业园区的土地规划，郭杜工业园区有22个企业入区建设，被确定为十大富县工程之一。

【个体私营经济】 1994年，西安市把加快发展乡镇个体私营经济列入重要日程，各区县出台有关决定和优惠政策。周至县全年新发展个体私营企业300多个，投入4 000多万元。户县扶持个体私营企业上规模，涌现出一批产值过500万元乃至过1 000万元的骨干企业。1994年，全市乡镇个体私营企业总产值比上年增长56.38%，其中工业产值增长56.23%，均高于全市乡镇企业平均水平，成为新的增长点，其总产值占全市乡镇企业总产值的44.26%。

【第三产业】 1994年，西安市乡镇企业第三产业发展速度高于乡镇企业总平均速度6.1个百分点。全年乡镇企业建市场21个，建旅游、服务、游乐场所45个，总投资3.5亿元。莲湖区有"三产"企业110个，其营业收入在全区乡镇企业所占比重由上年的50%上升到80%。碑林区3个营业收入过1 000万元的企业均为"三产"企业。临潼县1994年新增"三产"企业1 500个，总数达7 260个，从业人员达2万人，其人数和营业收入额均占全县乡镇企业的四分之一。

（赵华德）

文献法规

全国乡镇企业系统先进财会集体和优秀财会人员评选办法

农业部乡镇企业司

1994年1月31日

第一条 为加强乡镇企业财会队伍建设，充分发挥乡镇企业财会职能部门的作用，调动广大财会人员工作的积极性和创造性，激励财会职能部门和财会人员加强财务管理，做好会计工作，促进乡镇企业持续、健康、快速发展，根据《中华人民共和国会计法》、《中华人民共和国乡村集体所有制企业条例》等法规规定，制定本办法。

第二条 本办法适用于全国乡镇企业系统的财会职能部门和财会人员。职能部门包括：各级乡镇企业行政主管部门及其直属企业、事业单位的财会部门，乡镇企业的财会部门。财会人员包括：各级乡镇企业行政主管部门及其直属企业、事业单位中从事财会工作的人员，乡镇企业中从事财会工作的人员。

第三条 先进财会集体的评选条件

1.坚持四项基本原则，坚持改革开放，认真贯彻执行党和国家的方针政策，有效地组织本地区、本部门贯彻实施《企业财务通则》、《企业会计准则》和农业部颁发的《乡镇企业系统贯彻企业财务会计制度实施办法》，使乡镇企业的财会工作适应乡镇企业发展的需要，适应社会主义市场经济发展的需要。

2.积极参与经营决策，及时、准确、全面地提供财会信息和经济活动分析报告，为各级领导和部门提供管理和决策依据。

3.财会机构健全，财会人员坚强有力，会计人员经过培训持证上岗，会计基础工作扎实规范。

4.积极为乡镇企业筹集资金，在扭亏增盈、开辟财源、节约资金、提高经济效益、收缴上解乡镇企业管理费工作方面取得明显成绩。

5.认真进行财务监督，保护集体财产，抵制不正之风，没有违反财经法规的法纪行为。

6.在会计事务管理、财务会计理论研究或培养财会人才方面取得突出成就。

7.认真严格执行农业部乡镇企业有关报表制度，按期上报财务报表。

8.做好《中国乡镇企业会计》杂志发行、征订及组织工作。

第四条 优秀财会人员评选条件

1.坚持四项基本原则，遵守《中华人民共和国会计法》和其他财经法规，积极参与新财会制度改革。企业会计须持有农业部、财政部共同颁发的“乡镇企业会计证”。

2.热爱本职工作，刻苦钻研业务，勇于开拓创新，积极为本部门、本单位提供财会数据和经济活动分析资料，在乡镇企业财会理论方面有一定见解和论著。

3.有较强的组织能力和协调能力，能够组织指导本部门或本地区加强财务管理、增收节支，提高经济效益、增加企业积累，高质高效地完成上级主管部门下达的工作任务。

4.严格资金、财产和有价证券管理。真实、准确、完整核算财务收支，认真审查会计凭证和办理会计手续，严格会计档案，工作中有较大成绩。

5.坚持原则，忠于职守，廉洁奉公，认真履行财务会计监督职能，自觉抵制不正之风，敢于同违法行为作斗争。

第五条 先进财会集体和优秀财会人员评选方法

1.农业部乡镇企业司成立全国乡镇企业先进财会集体和优秀财会人员审定办公室。

各省、自治区、直辖市及计划单列市乡镇企业局成立乡镇企业先进财会集体和优秀财会人员评选小组，负责考核、评选和推荐、申报工作。

2.评选先进财会集体和优秀财会人员，要坚持高标准、严要求，不搞地区平衡、行业平衡、部门平衡，择优评选。

3.评选采用自下而上推荐的办法。按上述条件分别报送参加评定单位和人员的1 000字典型、先进事迹材料和评审表一式二份（经批准后退回一份），由本单位、县（市）、地（市）乡镇企业主管部门逐级推荐，经省级乡镇企业局评选后，于1994年5月30日前报农业部乡镇企业司全国乡镇企业先进财会集体和优秀财会人员审定办公室。

4.评选名额统一分配到各省、自治区、直辖市和计划单列市乡镇企业局。

第六条 奖励办法

被评为全国乡镇企业先进财会集体和优秀财会人员的，由农业部乡镇企业司授予荣誉称号，颁发荣誉证书。获得全国乡镇企业先进财会集体和优秀财会人员称号的单位和个人，将被列为农业部部级先进财会集体和优秀财会人员的候选单位和个人，并享受省、自治区、直辖市和计划单列市有关的奖励待遇。

第七条 全国乡镇企业先进财会集体和优秀财会人员评选工作从1994年开始，以后三年评选一次。发现有弄虚作假或犯有严重错误者，撤消其先进财会集体和优秀财会人员称号，以及所获得的有关待遇，并收回证书。

第八条 省、自治区、直辖市和计划单列市乡镇企业局可根据本办法制定乡镇企业系统先进财会集体和优秀财会人员评选实施细则或补充规定，并报农业部备案。

第九条　本办法自1994年1月1日起执行。由农业部负责解释。

90年代乡镇皮革工业技术改造实施意见
（摘要）

农业部乡镇企业司

1994年2月15日

……

二、形势分析及发展趋势

（二）发展趋势

随着社会的发展、文明、文化素质和生活水平的提高，以及皮革工业的发展，"回归自然"已成为一种趋势。人们对穿着舒适、透气性好、美观大方的自然皮革制品需求量有增无减。对产品的质量、档次的要求越来越高。因此，皮革制品的发展总趋势是：

革：重染轻涂，柔软丰满，清爽挺括，粒面清晰，真皮感强的猪、牛、羊革。

皮鞋：发展造型美观、穿着舒适、使用方便、做工细致的中高档产品，满足国际、国内城市市场的需要。还要生产一部分低档产品，满足农村市场的需要。逐步形成豪华装饰型、职业公关型、旅游运动型、休闲轻便型及劳动保健型五大品种系列的皮鞋。在设计、款式、楦型、跟型、用料、做工上均要讲究轻、软、舒适、新颖美观，大方多档，以适应不同层次、不同爱好消费者的需求。

皮革服装、皮件：裘皮、革皮服装、手套、箱包袋，要逐步向时装化、个性化发展。设计款式要创新，美观入时。

总之，产品多档次、多花色品种、多款式，满足不同层次消费者的需要是今后一段时间的总趋势。

三、技术改造实施意见

为了促进乡镇皮革工业的发展，加快乡镇皮革工业，特别是乡镇大中型皮革企业的技术改造。抓住机遇，集中有限的资金，重点投向目前乡镇皮革企业技术最薄弱的环节。以科技为先导，以市场为导向，瞄准国际、国内大中城市和农村市场，调整产品结构，研制开发技术含量较高的产品，争取在较短的时间内，使我国乡镇皮革工业的产品上质量、上档次。

（一）技改目标

总产值：根据近几年乡镇皮革行业的发展速度，按年均增长15%计，到1995年达到242.69亿元，比1990年增长85.36%；2000年达到488.14亿元，比1990年增长272.83%。

总产量：按平均增长12%计，1995年达到8.17亿件，比1990年增长25%；2000年达到14.4亿件，比1990年增长121.07%。

出口创汇：1995年达到120万美元；2000年达到244万美元。

全员劳动生产率：到90年代末，从现在的人均2.9万元提高到人均5.22万元；乡镇皮革行业技术进步对总产值增长的贡献，由目前的45%提高到65%。力争5—8年，使乡镇皮革工业的主要皮革品种质量达到国际上80年代末的先进水平；皮鞋主要品种质量达到国际上80年代中上水平。

（二）基本思路

1.新增技改投入要做到："八型一快一高"。即：适销型、出口型、外资嫁接型、技术先进型、规模效益型、产品更新型、产品替代进口型、基础原料开发型，投入少见效快，效益高。

2.坚持以"三上三创一提高"（上技术、上管理、上质量；创优、创新、创汇；提高经济效益）为宗旨，以提高职工技术水平为基础，以技术改造为重点，推动企业全面发展。

3.实行多轮驱动，多轨并行，因地制宜，高起点加速发展步伐，变资源优势为经济优势。

4.东部沿海及较发达地区的乡镇皮革企业，一要引进国际、国内先进技术、设备，走改造、发展、提高之路；二要在经济互利、优势互补的前提条件下，帮助扶持中西部地区乡镇皮革企业的发展。

5.依靠科技进步，研究开发新产品。与大专院校、科研院所相结合，以适应市场，以市场最终消费为导向，调整产品结构，研究开发新产品，多生产满足国内、国际市场需求的产品。

（1）制革

——原料以牛、羊皮为基础，猪牛羊皮并举。

——提高头层革的高档革比例，提倡发展水牛沙发革。

——羊皮革重点发展高档服装革和鞋面革。提倡发展绵羊皮风格的山羊皮，服装革及滑爽海绵型绵羊服装革。

——猪皮革重点发展具有不同风格和厚度的猪正面革和绒面服装革，提高猪皮包袋、箱包的质量，做好鞋面革。

——开发猪牛皮家具革。

——研究提高二层革移膜、印染等表面美化技术，开发耐洗服装革。

(2)制鞋及皮革、毛皮制品

——用3—5年时间调整皮革、毛皮、鞋及制品产品结构比例:高档产品占15%,中档产品占50%,以适应不同消费层次的需要。

——大力发展采用优质皮革、精良配料、配件、做工精细、包装考究的高档皮鞋及皮革、毛皮制品。创名牌产品,增强在国际市场上的竞争能力,扩大出口创汇。

发展造型美观、穿着舒适、使用方便、做工细致的中高档皮鞋、皮革服装及皮革制品产品,满足国内皮革市场对中高档产品的需要。

保持部分货真价实的低档皮革制品,适应不同消费层次的需要,杜绝假冒伪劣产品。

——重视深加工和制品的工业设计,提高皮革产品的技术含量和附加值。

6.推进企业的专业化、现代化生产。调整企业的组织结构,"筑巢引凤","放水养鱼"。吸引外资合资办厂,加速乡镇皮革企业的技术改造进程。

(1)制革、毛皮生产企业

——对已形成规模的乡镇皮革企业,首先进行以"三化"为基础的技术改造,逐步推进企业采用自动化控制系统,实现现代化的生产方式,使其成为生产高档革、毛皮产品的主力军。

——对已形成皮革加工业的专业乡村,要逐步形成制革主要工序、单工序专业化生产,集中后整理加工,互相配套成龙,形成一定规模的生产。生产的相对集中,有利于"三废"的 治理;有利于充分利用机械设备,降低成本,提高产品质量和效益。

——中西部地区是原料皮的盛产地。为了振兴中西部地区的经济,变资源优势为经济优势,要立足当地资源,大力发展皮革加工业。

(2)制鞋及皮革服装、皮件制品业

——以乡镇制鞋业名牌产品为龙头,形成企业集团发挥群体优势,形成规模经济。使其逐步成为我国制鞋业的主力军。制鞋业要实现专业化、装配化生产。区域布局要逐步相对集中,便于建立制鞋生产基地。

——皮革服装、皮件制品业,要引进国外先进机械设备,尽快改变以手工操作为主的落后局面。皮革服装、皮件的生产规模不宜过大,产品的产量宜小批量,多品种。产品的款式宜时装化,美观大方。

7.吸引外资,引进技术,抓紧高起点嫁接,促进乡镇皮革化工工业、皮革五金和新型配套材料生产的发展。

——吸引外资,引进技术,研究开发优质皮革产品需要的皮化材料。皮化产品要向多品种、多性能、系列化方向发展。

——鞋用材料及部件、皮革五金要向多品种、优质化方向发展。

(三)各行业技改意见

1.制革企业:重点改造后整理工序,重视皮革的表面美化和品种的开发。引用国际、国内先进后整理设备、软件,改造目前落后的制革生产线。使牛软面革,猪、羊皮服装革的质量达到国际80年代末水平。

制革企业在改进工艺的同时,要积极采取措施治理污染和进行综合利用,力争2000年乡镇制革工业水污染负荷削减20%,2010年削减60%。

2.皮鞋、旅游鞋企业:引进先进的制鞋生产线,实现生产专业化,装备化。发展胶粘工艺,改进线缝工艺,逐步实现设计规范化、楦型标准化、产品系列化、部件通用化、生产装备化。以大大缩短生产周期,保证质量和交货期,适应国际市场变化的要求,满足国际、国内不同消费层次的需求。

3.皮革服装、皮件企业:引进国外皮革服装、皮件生产设备、技术,改造皮革服装、皮件加工落后面貌,提高质量及生产效率。使产品逐步向时装化、个性化方向发展。

4.鞋用材料及皮革五金配件企业:引进国外先进技术及软件,提高皮鞋、皮件部件水平,为生产装备化配套。

5.皮革专用化工材料企业:引进技术及软件、改善和提高皮革鞣剂、涂饰剂、加脂剂的质量,使我国皮革专用化工材料逐渐向多品种、多功能、高质量、系列化、配套供应的世界发展趋势靠近。

(四)措施

1.加快技术改造,调整产品结构,研制开发新产品。乡镇皮革毛皮及制品业要增加产品的花色、式样、种类,提高经济效益,增强企业的自身竞争能力。

2.组建皮革企业集团,壮大规模经济。加快产业结构调整,用资产、经营、生产和技术等纽带把企业之间的经济利益联结在一起,建立稳定协调的有机联合体。形成自愿结合、平等互利、优势互补、协调发展的工业优势,提高专业化、协作化水平,增强综合竞争力,促进乡镇皮革工业的技术改造,壮大规模经济。

3.鼓励和支持企业在政策允许的范围内,广辟渠道筹措资金,千方百计解决资金困难。大力推行股份合作制和股份制;大力发展横向经济技术联合,引进资金、技术和人才。

全国乡镇企业安全先进集体和优秀安全管理工作者评选表彰办法

农业部

1994年3月3日

第一条 为了贯彻落实农业部颁发的1992年16号令《乡镇企业安全生产和工业卫生管理规定》，特制定本办法。

第二条 各省、地、县、乡的乡镇企业行政主管部门、企业，均可参加全国乡镇企业安全生产先进集体的评选；省、地、县、乡和企业的安全管理人员，均可参加全国乡镇企业优秀安全管理工作者的评选。

第三条 全国乡镇企业安全生产先进集体按企业、行政主管部门条件分别考核。

（一）企业的安全生产先进集体应具备的条件

1.企业法人真正负起了安全生产第一责任，分管安全工作的领导尽职尽责，为企业的安全生产办实事。

2.专职、兼职安全管理人员配备得力，安全管理、监督、检查严格。

3.坚决贯彻执行国家有关安全法律、法规和政策，及时研究、解决安全生产中的实际问题。

4.安全目标管理成效显著，安全基础管理内容具体、措施可行。

5.落实安全生产责任制，班组安全建设有实效，安全生产规章制度健全。

6.新职工入厂安全教育、特殊工种培训、全员安全教育率均为100%。

7.积极进行以安全生产为目的的技术改造，企业无安全欠帐问题。

8.被推荐的企业，若属易发生事故的企业（煤矿、烟花爆竹）必须是近五年或建厂以来（三年以上）没有发生过工伤死亡和一次经济损失在万元以上的事故；其他企业必须是近10年以来没有发生过工伤死亡和一次经济损失在万元以上的事故。

9.企业主要经济指标达到全省同行业先进水平，企业精神文明建设成绩显著。

（二）行政主管部门的安全生产先进集体应具备的条件

1.领导重视安全生产，采取得力措施解决"忽视安全生产、放松安全管理、安全措施不力"问题。

2.安全管理机构健全，形成安全管理网络，人员到位，各项安全基础工作扎实。

3.坚决贯彻执行国家的有关安全法律、法规和政策，认真研究安全生产的新情况、新问题，并提出相应对策。

4.实行安全目标管理，层层分解控制安全指标；年初有安全工作计划，年终有考核、总结和奖惩。

5.实行安全生产责任制，县、乡、企业三级签订了安全责任书。

6.班组安全建设有计划、布署、检查、总结、发展。

7.安全工作重点突出，积极总结推广典型经验，引导企业进行安全技改成绩突出。

8.企业新职工入厂安全教育、特殊工种培训率均为100%，全员安全教育率为95%以上。

9.各项事故起数、死亡人数、重伤人数、千人死亡率连续两年下降。

第四条 全国乡镇企业优秀安全管理工作者按企业、行政主管部门条件分别考核。

（一）企业的优秀安全管理工作者应具备的条件

1.积极贯彻执行国家的安全生产技术、安全管理的法律、法规、政策和标准。

2.坚持"安全第一、预防为主"的方针，正确处理本质安全与行为安全的关系，积极推行和创造先进的安全管理方法。

3.积极宣传依法办事，严格管理，正确处理生产、效益与安全之间的关系。企业主要经济技术指标达到全省同行业先进水平。两年内无重大、特大伤亡和经济损失的事故。

4.从事安全管理工作连续三年以上，成绩显著。

（二）行政主管部门的优秀安全管理工作者应具备的条件

1.积极贯彻执行国家的有关法律、法规、政策和标准，热心安全管理工作，事业心强。具有较高的安全管理水平和较丰富的安全管理工作经验。

2.注重调查研究，善于总结经验，引导企业正确处理本质安全与行为安全、生产与安全、效益与安全的关系，积极推广安全典型，主动反映安全管理工作中存在的问题，并能提出解决的办法，安全生产成绩显著。

3.依法办事，严格管理，廉洁奉公，不谋私利。

4.从事安全管理工作连续三年以上，成绩显著。

第五条 农业部成立全国乡镇企业安全管理先进集体、优秀安全管理工作者评审办公室，评审办公室设在农业部乡镇企业司。

第六条 评选工作采取自下而上推荐的办法，先由乡、县、地逐级推荐，各省、自治区、直辖市及计划单列市乡镇企业行政主管部门组织考核、评审后，填写推荐表，加盖公单，报农业部评审办公室审定。

推荐名额由农业部统一分配到各省、自治区、直辖市及计划单列市乡镇企业行政主管部门。

第七条 全国乡镇企业安全管理先进集体、优秀安全管理工作者由农业部表彰并颁发奖状和证书。

第八条 全国乡镇企业安全管理先进集体、优秀安全管理工作者应当珍惜荣誉,谦虚谨慎,发挥表率作用。

第九条 对被评为安全管理先进集体的单位,从本地实际出发,应允许企业对有关人员给予适当的物质奖励,所需经费,生产企业可以计入成本,非生产单位可从事业费中列支。对被评为优秀安全管理工作者的,各地可参照全国乡镇企业系统先进工作者的待遇,从本地实际出发,给予适当物质奖励。

第十条 全国乡镇企业安全管理先进集体、优秀安全管理工作者评选表彰活动,原则上每两年开展一次。

第十一条 每两年由农业部组织对安全管理先进集体、优秀安全管理工作者进行一次复评。复评合格者,予以认可,并发文公布;凡企业发生重大特大恶性事故、行政主管部门所辖区域内事故大幅度上升,应撤销称号,收回证书;对于调出乡镇企业系统的优秀安全管理工作者,不再推荐参加下一次复评。

第十二条 各级乡镇企业行政主管部门主管本地安全管理先进单位、优秀安全管理工作者的评选、推荐、申报、管理、监督工作。应以高度负责和求实公正的精神,严肃认真地做好工作,不徇私情,自觉抵制不正之风。

第十三条 参加评选的单位和个人不许弄虚作假;违者取消其参加评选的资格或撤销称号,收回证书。

第十四条 各省、自治区、直辖市及计划单列市乡镇企业行政主管部门可根据本办法制定本省安全先进集体、优秀安全管理工作者评选实施细则。

第十五条 本办法由农业部负责解释。

第十六条 本办法自颁发之日起执行。

乡镇企业产权制度改革意见

农业部

1994年3月31日

乡镇企业产权制度改革正在我国农村逐步展开。为认真贯彻落实党的十四届三中全会精神,促进和指导这项改革的深入、健康发展,提出如下意见:

一、充分认识乡镇企业产权制度改革的重要性和必要性

我国乡镇企业在改革开放中形成的独具特色的经营机制,不仅是乡镇企业蓬勃发展的重要内在动力,而且对我国经济体制改革也产生了重要的推动作用。但是,随着我国社会主义市场经济体制的逐步建立,乡镇企业在经营机制和企业制度上存在的问题日益显露出来,主要是乡村集体企业产权模糊,人人有份,人人不问,产权责任不明确;政企职责不清楚,乡村行政领导随意干预企业的行为时有发生,企业自主权不落实,职工主人翁意识淡薄,企业凝聚力不强;部分农民联户(合作)企业和股份合作制企业的法律地位和经济性质没有确定,合法权益得不到保障等。这些问题如不引起高度重视,就会影响和制约乡镇企业高效、持续、快速、健康发展。

乡镇企业要从根本上解决上述问题,进一步完善和优化企业经营机制,逐步建立现代企业制度,就必须加快以股份合作制为主要内容的产权制度改革步伐,进行产权制度和经营方式的创新,不断增强企业的生机和活力。

二、进一步明确乡镇企业产权制度改革的指导思想与目标

乡镇企业产权制度改革的指导思想是:以党的十四届三中全会精神为指针,以“三个有利于”为标准,以发展股份合作制或股份制为重点,进一步明晰产权,优化结构,完善机制,增强活力,促进我国乡镇企业高效、持续、快速、健康发展。

乡镇企业产权制度改革的目标是:通过改革,使各种生产要素在不同地区、不同行业、不同企业、不同所有制之间合理流动和优化组合;使股份合作制、股份制、承包制、租赁制、兼并、联营等各种经营方式得到完善和发展;使企业真正成为自主经营、自负盈亏、自我约束、自我发展的企业法人实体和市场竞争主体。最终建立起适应社会主义市场经济和社会化大生产客观要求、产权清晰、权责明确、政企分开、管理科学的现代企业制度。

三、不断丰富乡镇企业产权制度改革的形式和内容

乡镇企业产权制度改革涉及多种所有制关系,是一个复杂的系统工程。现阶段,乡镇企业产权制度改革的主要形式有:①具有一定规模、效益较好的企业,改建成股份合作制企业。②以股份合作制形式组建新企业。③规模较大,效益较好,有一定知名度的企业,组建规范化的股份制企业。④以优势产业、名牌产品和骨干企业为龙头,组建企业集团。⑤对小型、微利、亏损企业实行兼并、租赁、拍卖、风险抵押承包等。

乡镇企业产权制度改革的主要内容有:①产权的界定与明晰化。②产权的有效流转。③产权的最终实现。④产权的管理和监督。

产权界定与明晰化是乡镇企业产权制度改革的基

础。一般应在做好资产评估、产权界定并进一步明晰化的基础上,吸纳新的股份(包括个人股、社会法人股等),形成财产多元化的组织形式。

产权的有效流转,是产权制度改革的重要环节。有条件的地方要逐步建立产权交易市场,实现产权的有效流转。对未实行股份合作制或股份制的企业,产权流转的基本途径是兼并、拍卖和破产,以及继承、馈赠等其他途径。股份合作制企业产权的流转,一般采取内部股票有条件转让形式。股份制企业按国家有关规定操作。

产权的最终实现表现为产权人对资产的实际占有、收益和处分,以实现资产的保值、增值。乡镇企业产权的实现必须遵守"多轮驱动、多轨运行"的原则,采取与产权主体特征相一致的企业组织形式和经营方式。个体、私营企业可以在所有权、经营权合一的条件下运营;乡(镇)村集体企业要进一步完善承包经营责任制,积极实行股份合作制和股份制,大力发展企业联营和企业集团,从而提高企业资产的运营效率。

乡镇企业行政主管部门要加强对乡镇企业产权的管理和监督;督促检查企业对国家有关产权的法律、法规和政策的贯彻执行;领导和参与企业产权制度改革方案的制订和实施,着力抓好企业资产评估和产权界定;会同有关部门,妥善处理企业产权纠纷;加强审计监督;保护企业的合法权益。产权所有者及经营者应从不同方面实现对产权的管理、监督和使用。

乡镇企业产权制度正在不断创新,改革的形式和内容也不断发展和变化,对广大农民创造出来并经过实践所检验的新的企业产权组织形式,要热情支持,正确引导,积极帮助,总结推广。

四、认真解决乡镇企业产权制度改革的难点和重点问题

现阶段,乡镇企业产权制度改革最主要、最有效的形式是实行股份合作制,这是一项复杂而又政策性很强的工作,应特别注意解决好以下几个问题:

1. 搞好资产评估。这是产权制度改革的基础,资产评估应以确认企业资产的价值量,保证资产所有者和经营者的合法权益为目的,遵循真实性、科学性和可行性的原则,参照国家规定的标准、程序和方法进行。评估工作一般要以乡镇企业上一级行政主管部门牵头,组建资产评估机构,主要成员应由有资产评估资格的工作人员及乡村、企业和职工的代表参加。评估工作应按照申请立项、资产清查、评定估算、验证确认的程序进行,评估的范围包括有形资产和无形资产两大类。评估的方法主要是根据资产原值、净值、新旧程度、重置成本、获利能力等进行评估,具体方法包括收益现值法、重置成本法、现行市价法、清算作价法及其他评估方法。

2. 合理设置股权。乡镇企业资产拥有者成分较为复杂,应在合理确定资产权属(包括评估的资产存量和新投入的资产增量)关系基础上来确定:一般可设置乡村股、个人股、社会法人股和外资股。乡村集体企业实行股份合作制,乡村股和个人股是企业必设股,其他股权视投资结构特点而定。

根据需要,乡村集体企业改制为股份合作制企业后,可设置普通股和优先股,并且明确规定各自应享受的权力和收益分配办法。

3. 明晰产权关系。乡村企业实行股份合作制,存量资产必须明确产权。总的原则是:谁投资,谁所有;尊重企业发展的历史事实而平等协商。对原企业存量资产,也可以不追踪溯源,而按一定的比例划归乡村股和企业职工个人股。

乡村股的分红主要用于发展企业、以工补农建农、社会公益事业等,不得用于乡(镇)政府的行政开支。从产权明晰度看,乡村股的设置仍存在产权主体一定程度"虚拟"的问题,各地可以在有利于企业发展的前提下,进行大胆探索。

个人股中的职工个人股由两部分构成:一部分来源于职工个人新投入的资金或其他资产,其相应形成的股份与社会个人股份性质相同;另一部分来源于经资产评估确定的原企业存量资产中的一定份额。对这一定份额的资产所有权及相应的股份,应当根据企业职工创业贡献多少、工龄长短、责任大小等因素具体量化到职工个人。对这种职工个人股份,只能分红,不能继承、馈赠和转让。持有者因个人原因离开企业即视为自动弃股权。

4. 做好利益分配。乡村股份合作制企业是一种特殊的企业组织形式,在分配上必须兼顾国家、企业、职工、股东四者利益关系,实行按劳分配与按股分红相结合,合理搞好企业的利润分配。首先是依法缴纳所得税;其次是弥补被没收的财物损失,支付各项税收的滞纳金和罚款;第三是弥补企业以前年度亏损;第四是按目前有关规定提取公积金和公益金;第五是提取任意公积金,提取的比例由股东代表大会或董事会决定;第六是股利分配,股利分配应做到同股同利,利益均享,风险共担。普通股应成为承担企业风险的主体,其股利分配可实行风险浮动的股金分红办法,红利随着企业经济效益的高低同步升降。优先股可以实行保息分红的办法,但股息和红利之和不能超过企业资产利润率的限度。

5. 实行股份合作制与承包制的有机结合。股份合

作制有利于克服承包制不完善造成的负盈不负亏等短期行为的弊端。但鉴于目前乡村集体企业中承包制仍然是一种主要经营形式并且正在起着积极作用，对目前还不具备推行股份合作制条件的企业，应加紧做好完善承包制的工作，逐步引入股份合作制的一些制度和办法，把完善承包制作为推行股份合作制的一个手段，条件成熟后过渡为股份合作制。对具备实行股份合作制条件的企业，可在承包制内部植入股份制因素，使企业既发挥承包制的优势，又吸收股份合作制的优越性，实现二者的有机结合。

6. 处理好乡村行政组织与股份合作制企业之间的关系。股份合作制企业作为一种新型的经济组织形式，不同于传统的乡村集体企业，乡村行政和经济组织不能沿用集体企业的传统管理办法对待股份合作制企业，要力戒行政干预，对股份合作制企业主要是指导、监督、协调和服务，监督企业执行国家法律、法规和政策；组织会同有关方面指导企业的各项管理工作；协调企业与有关方面的关系，帮助开展经济技术合作；总结推广企业发展的经验；组织指导企业加强思想政治工作，促进企业的精神文明建设；为企业培训、招用专业技术人员和引进先进技术创造必要条件。股份合作制企业或股份制企业也要正确处理好与乡村行政和经济组织的关系，自觉接受其指导监督，履行自己应尽的各项社会义务，积极参加各种社会公益活动，为当地经济建设和群众共同富裕作出贡献。

7. 明确乡镇企业行政主管部门对乡镇股份合作制企业的行政管理职责。乡镇企业实行股份合作制，是企业组织制度的一种变革和创新，没有改变乡镇企业的本质特征。因此，企业隶属关系保持不变，仍由乡镇企业行政主管部门对其实行规划、指导、管理、监督、协调和服务；乡镇股份合作制企业应按《中华人民共和国乡村集体所有制企业条例》规定履行义务。

五、切实加强对乡镇企业产权制度改革的领导

乡镇企业产权制度改革是企业产权关系的重大变革，关系到各方面的利益调整，是一项政策性强、涉及面广的工作。各级乡镇企业行政主管部门要充分认识在乡镇企业中进行产权制度改革的重要性和工作的复杂性，把这项工作摆上议事日程，切实加强领导。特别要做好乡村领导和企业领导层的思想发动工作，帮助他们克服思想障碍，增强改革和开拓意识，提高搞好产权制度改革的自觉性。各级领导要亲自试点，总结经验，坚持实事求是，因地制宜，分类指导，切忌一刀切。各级乡镇企业行政主管部门要明确机构和人员专门抓此项工作。要积极争取同级党政领导的支持，为乡镇企业产权制度改革提供政策法规保障。要在党委和政府的统一领导下，与有关部门互相配合，通力合作，把乡镇企业产权制度改革工作搞好，力争在两三年内，使这项工作有一个大的突破。

国家计划委员会　财政部
关于农业系统涉及农民负担收费项目修改意见的通知(摘要)

1994 年 4 月 5 日

……

三、乡镇企业管理费。

取消从地方集中上交农业部 1% 的乡镇企业管理费，并对原国家物价局、财政部[1992]价费字 452 号文件附件十七(《乡镇企业管理费管理办法》)作相应修改。

1. 删去第一条中《中华人民共和国乡村集体所有制企业条例》之后“和《乡镇企业财务制度》”的字样。

2. 第三条改为：“乡镇企业按销售收入(包括经营收入、劳务收入)的总额，以不超过 0.5% 的比例提取、缴纳管理费，在销售收入中列支。个别经济不发达地区经省级财政、物价部门批准，可适当提高提取比例，但不能超过 0.7%。具体提取比例，由各省、自治区、直辖市财政、物价、乡镇企业主管部门根据乡镇企业发展情况和企业承受能力以及管理部门人均管理费水平严格掌握，尽量减轻企业负担。随着乡镇企业销售收入的增长，要逐步降低提取比例。”

3. 第五条第一款改为：“乡镇企业与其他所有制企业、事业等单位共同投资，联合经营的，且乡镇企业投资所占比例在 51% 以上(含 51%)的，按乡镇企业投资比例提取管理费，上缴给乡镇企业行政主管部门；乡镇企业投资比例在 49% 以下的，不提取、缴纳乡镇企业管理费。上交管理费的计算公式为：应缴管理费＝联营企业销售收入×乡镇企业占联营企业投资比例×提取管理费的比例。”

4. 增加第十条，规定为：“经过乡镇企业行政主管部门内部审计，确属亏损的企业，经主管部门批准，可免缴乡镇企业管理费。”

5. 原第十条顺延为第十一条，内容修改为：“乡镇企业管理费纳入财政预算管理，实行收支两条线，支出由财政部门根据其原有经费拨款数额、收费收入缴库情况及其开支状况等，核定预算予以核拨。”

6. 原第十一条和第十二条依次顺延为第十二条和第十三条。

乡镇企业安全监督员管理办法

农业部

1994年4月14日

第一章 总 则

第一条 为了贯彻落实农业部《乡镇企业安全生产和工业卫生管理规定》，建立乡镇企业安全生产监督体系，加强乡镇企业安全监督员管理，特制定本办法。

第二条 乡镇企业安全监督员是乡镇企业行政主管部门对乡镇企业安全生产进行监督检查的工作人员。

第三条 乡镇企业安全监督员应依法对企业进行安全监督、检查，指导企业提高安全技术管理水平，正确处理行为安全与本质安全、安全与生产、安全与效益的关系，做到"安全第一，预防为主"。

第二章 乡镇企业安全监督员的设置和审批

第四条 农业部设部级乡镇企业安全监督员，各省、自治区、直辖市设省级乡镇企业安全监督员。

第五条 部级乡镇企业安全监督员从各省、地的安全技术管理干部中择优推荐，农业部统一组织培训、考核、聘用，颁发"中华人民共和国农业部安全监督员证"和"安全监督"徽章。

省级乡镇企业安全监督员由各省、自治区、直辖市乡镇企业行政主管部门聘用，颁发"省安全监督员证"和"安全监督"徽章，报农业部乡镇企业司备案。

第六条 部级乡镇企业安全监督员应具备下列条件：

1.热爱乡镇企业安全管理工作，熟悉主要行业安全生产工艺技术。

2.具有10年以上实际工作经验的科级以上安全管理干部或工程师。

3.有组织管理、综合分析、查处事故隐患和特大事故的能力。

4.坚持原则，秉公执法，身体健康，能胜任安全监督、检查工作。

第七条 乡镇企业安全监督员一般为不脱产的兼职人员，如有需要也可设置专职人员。专职人员编制，由各级乡镇企业行政主管部门解决。

第八条 乡镇企业安全监督员应保持相对稳定。调离工作或被取消资格的，由发证单位收回"安全监督员证"和"安全监督"徽章。

第三章 乡镇企业安全监督员的职责和权限

第九条 宣传贯彻安全生产的法律、法规和规程、标准。

第十条 组织职工对企业的安全工作进行监督，维护其安全生产的合法权益。

第十一条 参加审查新建、改建、扩建工程的安全设计方案和竣工验收工作。

第十二条 指导企业安全生产，并为其提供技术服务。

第十三条 根据工作需要参加各级乡镇企业行政主管部门组织的安全监督、检查。

第十四条 监督企业实行安全目标管理、安全生产责任制和落实安全规章制度、培训教育制度、事故报告制度。

第十五条 凭其证件有权随时检查负责范围内的企业安全生产工作，包括现场检查、参加安全生产工作会议、调阅安全技术资料、了解安全生产情况等。

第十六条 在现场检查中发现事故隐患时，有权责令企业采取措施，限期解决；发现危及安全的紧急情况时，有权责令企业立即停止作业，并应紧急采取相应的安全措施；发现特大事故隐患时，有权向企业或其主管部门提出限期停产整顿的要求。

第十七条 对违章指挥、违章作业、违反劳动纪律的行为，有权制止并提出处理意见。

第十八条 对模范执行安全生产法规、制度的企业和个人，有权提出表扬或奖励的意见。

第十九条 受农业部和省乡镇企业行政主管部门的委派，参加乡镇企业重大、特大事故的查处；处理事故时若发现违反国家有关法律、法规的行为，有权提出重新处理意见，并报告上级领导或有关部门。

第二十条 监督企业对事故隐患的整改、安全技术改造计划的实施和安全技措费、矿山维简费等有关安全费用的提取和使用。

第二十一条 有权制止任何平调挪用安全费用的行为，对因挪用安全费用造成事故的，应向上级行政主管部门报告，并协助有关部门对其进行查处。

第二十二条 依法制止或支持企业拒绝有关部门、单位和个人在安全生产工作中的摊派、非法收费和罚款及其他假公济私、侵犯企业权益的行为。

第二十三条 有权对各级乡镇企业行政主管部门和企业忽视安全、领导不力、管理不善等问题提出意见和建议。

第四章 乡镇企业安全监督员的管理

第二十四条 部、省两级乡镇企业安全监督员应接受聘用部门和所在单位的领导和管理。

第二十五条 安全监督员应建立定期汇报制度。

1.部、省级乡镇企业安全监督员，应每月向所在单位领导汇报一次安全工作。每半年和年末须向部、省乡镇企业行政主管部门书面汇报工作，并提出工作建议。

2.省级乡镇企业主管部门每年1月须将部级乡镇企业安全监督员的工作情况和人事变动情况书面上报农业部乡镇企业司。

第二十六条 部、省两级应建立例会制度。农业部每两年召开一次部级安全监督员例会；省乡镇企业行政主管部门每年召开一至二次省级安全监督员例会。

第二十七条 各级乡镇企业行政主管部门应加强对部、省两级乡镇企业安全监督员的管理和培训，提高其政治思想和安全技术管理水平。

第五章 奖 惩

第二十八条 各级乡镇企业行政主管部门应支持乡镇企业安全监督员履行安全管理、监督、检查的职责。对安全工作有突出成绩的，给予表扬和奖励；对安全工作有特殊贡献的，报请同级人民政府，给予奖励。

第二十九条 对阻碍或打击乡镇企业安全监督员依法行使职权的，由聘用部门组织查处。

第三十条 乡镇企业安全监督员如发现企业违反安全法律、法规、规程、标准的行为，既不及时制止，又不紧急报告的，由聘用部门会同其所在单位进行查处。

第三十一条 乡镇企业安全监督员滥用职权、徇私舞弊的，经查证核实，取消其乡镇企业安全监督员资格，收回证、章，并根据有关规定处理。

第六章 附 则

第三十二条 本规定由农业部负责解释。

第三十三条 本规定自颁发之日起施行。1988年颁布的《乡镇煤矿安全监督员工作暂行规定》即行废止。

全国最佳经济效益乡镇企业评选办法

农业部

1994年6月7日

第一条 为了促进乡镇企业在市场经济中高效、持续、快速、健康发展，激励和引导乡镇企业切实树立以经济效益为中心的发展思路，客观评价乡镇企业的经济实力、产业结构、经济效益和素质水平，特制定本办法。

第二条 评选范围

1.全国乡镇企业系统中乡(镇)、村举办的企业；股份合作制企业；联户办企业；个体、私营企业。

2.实行集中统一核算的企业集团、总公司、总厂。

3.上述企业或企业集团、总公司、总厂1993年度实现销售收入(农业企业，商品流通企业，旅游、饮服企业，施工、房地产开发企业营业收入；运输企业营运收入)在3 000万元以上；利税总额在300万元以上。

第三条 推荐办法

1.由企业填报“全国最佳经济效益乡镇企业调查表”，各级乡镇企业行政主管部门对参评企业上报的调查表逐级进行严格审核，并经省级主管部门予以确认。

2.参评企业根据调查表各项指标，以1993年本企业财务决算与统计年报为准填报。

3.省、自治区、直辖市、计划单列市乡镇企业局确认后，将全部参评企业调查表上报农业部全国最佳经济效益乡镇企业评选领导小组办公室。

4.参评企业调查表一经报到我部，数据不予更改，调查表中数据出现严重错误，该参评企业资格自动取消。

5.评选指标体系采用国际惯例和参考国家有关指标，结合农业部乡镇企业司制定的乡镇工业企业经济效益评价考核指标体系设置。按已确定的标准值和权数，计算综合指数进行排序，并以此为基础，评选出1 000家“全国最佳经济效益乡镇企业”。

第四条 表彰和宣传

1.入选的1 000家全国最佳经济效益乡镇企业，由农业部颁发荣誉证书，授予荣誉称号和铜匾。

2.评选结果在中央级报刊和中央电视台予以宣传报导。

3.召开全国表彰会，表彰荣获“全国最佳经济效益乡镇企业”称号的企业。

第五条 组织领导

农业部成立全国最佳经济效益乡镇企业评选领导小组统一负责评选工作。省、自治区、直辖市及计划单列市乡镇企业行政主管部门应有专人负责，认真审查、推荐，保证上报调查表质量，做好评选工作。

第六条 本办法由农业部负责解释。

共青团中央 农业部 关于在全国乡镇企业中开展创建“青年文明号”活动的意见

1994年6月15日

为适应社会主义市场经济的需要，促进农村经济的进一步发展，实施跨世纪青年工程，共青团中央、农业部决定，从1994年起，在全国乡镇企业中广泛开展创建“青年文明号”活动。

一、活动宗旨

“青年文明号”是指以青年为主体，在生产、经营、管理和服务中创建的体现高度职业文明、创造一流工作成绩的青年集体（班、组、队）、青年岗位（岗、台、车、船、站、所等）和青年建设工程。

开展创建“青年文明号”活动，旨在组织和引导乡镇企业青工及农村青年立足本职，诚实劳动，文明从业，树立适应社会主义市场经济要求的敬业意识、创业精神和劳动安全、职业卫生、质量、效益等观念，展现当代农村青年精神风貌，倡导良好的职业道德和职业文明，为建立社会主义市场经济体制，促进农村经济进一步发展，推进社会主义物质文明和精神文明建设做贡献。

创建“青年文明号”活动主要在那些青年职工集中、工作岗位规范的乡镇企业中开展。

二、“青年文明号”的基本条件

1. 职工热爱本职工作，敬业意识强，职业道德好，积极执行党和国家的政策，自觉遵守有关法规及本单位的各项规章制度。

2. 职工努力学习业务，钻研技术，熟练掌握本职工作所必需的知识技能，涌现出一大批各种类型的工作岗位能手。

3. 职工在生产、经营、管理、安全、服务中，极大地发扬了主人翁精神，充分发挥了突击队作用，取得了精神文明、安全生产、职业卫生、产品质量、经济效益等方面的突出成绩。

4. 团组织能紧密围绕本单位的中心开展工作，充分发挥团员的模范带头作用，根据青年特点，生动活泼、扎实有效地开展活动。

5. 职工中35岁以下青年占70%以上，主要负责人年龄不超过38岁。

6. 工作实绩、先进事迹，有较大社会影响。

三、推进步骤

创建“青年文明号”活动，大体分三个阶段进行。

1994年为第一阶段。主要是各级抓好试点，培养典型，取得经验，造成态势，为活动全面展开提供示范。12月份团中央、农业部将命名表彰首批“青年文明号”。

1995年为第二阶段。主要是全面部署，以点带面，使有条件的地区和单位都能开展活动。

1996年以后为第三阶段。主要是普及、深化、提高。要求活动向深度和广度扩展，并不断提高活动质量，制订相应的制度，形成自身的运转机制。

四、考核、表彰

1. 创建“青年文明号”活动的考核、表彰工作，分全国、省、地、县和乡镇五级，工作重点在基层。要将这项活动纳入各级行政表彰序列。

2. 要坚持精神奖励与物质奖励相结合的原则，真正使表彰产生激励作用。受到各级表彰的先进集体和个人，要按照有关规定，享受相应待遇。

3. “青年文明号”的评定要根据标准和条件，广泛听取群众意见，认真做好申报、考核、命名、表彰、奖励工作，并使之逐步做到规范化、制度化。

4. 为使活动保持竞争活力，“青年文明号”表彰数额根据活动的发展逐年按一定比例递增，对上年获奖单位不符合条件的予以撤销，对连续三年保持荣誉的颁发纪念性标志。

五、工作要求

1. 要切实加强领导。团中央与农业部联合成立创建“青年文明号”活动领导小组，办公室设在团中央青农部林牧处，具体负责创建活动的组织实施、指导和情况通报，各省市也要落实相应的领导措施，加强对活动的指导。

2. 做好宣传发动工作。要利用各种宣传媒介，宣传活动的目的、意义、内容和典型，以引导广大乡镇企业青年职工主动投身到活动中来。

3. 抓好典型，以点带面。各地各单位都要培养一批过得硬的典型，以带动整个创建活动的开展。

4. 要精心组织实施。各地要按照团中央、农业部的要求，从本地实际出发，制订出具体目标、工作计划、实施措施、奖励办法，创造性地开展创建活动。

乡镇企业资产评估管理办法

农业部乡镇企业局

1994年7月27日

第一章 总 则

第一条 为了加强乡镇企业的资产管理，正确、合理地评估乡镇企业资产的价值量，明晰产权，保障资产所有者、经营者和使用者的合法权益，促进乡镇企业资产评估管理工作的规范化，根据《中华人民共和国乡村集体所有制企业条例》和有关法规政策规定，特制定本办法。

第二条　乡（镇）办、村（含村民小组）办、联户（含股份合作）办、户（含私营）办的所有乡镇企业资产评估，适用本办法。法律、法规另有规定的除外。

第三条　乡镇企业资产评估，是依据国家法律、法规和有关政策、业务规则，遵循客观、公正、真实、合理、科学、全面的原则，根据预定的目的，采取特定的方法，对企业委托评估的资产价值作出的评定和估价。

第四条　乡镇企业发生下列情形之一时，必须进行资产评估：

1.改组成股份制、股份合作制。

2.以股份的形式将存量资产折股量化或折股出售的。

3.企业终止清算。

4.实行承包、租赁、兼并、拍卖、转让、抵押、经济担保。

5.与国有公司、企业或其他经济组织开办合资、合作经营企业。

6.与外国公司、企业或者个人开办中外合资经营企业、中外合作经营企业。

7.产权变动的当事人，认为需要进行资产评估的情形。

8.主管部门依照国家有关规定，认为需要进行资产评估的其他情形。

第五条　乡镇企业资产评估范围包括：流动资产、长期投资、固定资产、递延资产、无形资产和其他资产。

第二章　组织管理

第六条　各级乡镇企业行政主管部门负责乡镇企业资产评估的组织、指导、管理、监督、协调和服务工作。

第七条　对乡镇企业资产评估机构和人员实行资格证管理。

第八条　乡镇企业委托资产评估机构进行资产评估时，必须如实提供有关情况和资料，积极配合资产评估工作。资产评估机构应对企业提供的有关情况和资料保守秘密，与乡镇企业行政主管部门保持密切联系，及时汇报工作进度和存在的问题。

第九条　资产评估机构出具的资产评估结果报告是对资产的实际价值所提出的公正性文件，资产评估机构和评估人员对所出具的资产评估结果报告内容的真实性和合法性负责。

第十条　资产评估人员与委托企业有直接利害关系的，应当回避。

第十一条　资产评估机构实行有偿服务。具体收费标准由各省、自治区、直辖市及计划单列市乡镇企业行政主管部门会同当地物价部门共同制定。

第三章　评估程序

第十二条　乡镇企业资产评估按照下列程序进行：

1.申报立项。企业进行资产评估，必须向当地乡镇企业行政主管部门提交资产评估立项申请报告，并附财产目录和有关会计报表等资料。

乡镇企业行政主管部门自收到资产评估立项申请报告之日起10日内进行审核，并作出是否准予资产评估立项的决定，通知申报企业。

2.委托评估。申请企业在接到准予资产评估立项通知后，方可与资产评估机构签订委托合同书或委托书。

资产评估机构接受委托后，应与企业和乡镇企业行政主管部门充分协商，制定出实施方案，方可实施资产评估。

3.资产清查。企业在实施资产评估前，应对企业的资产和债权、债务进行全面清查，核实资产帐面与实际是否相符，经营成果是否真实，核准各类产权证件是否齐全有效。填好评估财产清单。

4.评定估算。受企业委托的资产评估机构，在委托企业提供的资产清查资料的基础上，根据本办法的规定，对委托企业的资产和债权、债务等作出鉴定，并对其评估资产的价值进行评定和估算，并向委托企业提出资产评估结果报告书。

5.验证确认。委托企业收到资产评估机构的资产评估结果报告书后，报乡镇企业行政主管部门确认。乡镇企业行政主管部门应及时验证确认，并下达资产评估底价确认通知书。

第十三条　委托企业对资产评估底价确认通知书有异议，可提请上级乡镇企业行政主管部门协调解决。

第十四条　委托企业收到资产评估底价确认通知书后，应当根据乡镇企业财务、会计制度和有关国家规定进行帐务处理。

第十五条　资产评估结果报告书一般应包括以下内容：

1.资产评估的原因、目的、范围、评估基准日。

2.评估工作依据及作价原则、方法。

3.资产评估的结果。

4.评估后企业的资产负债情况。

5.附件（包括：①各类资产评估明细表。②资产评估后的资产增减情况说明。③评估人员签名名单。④评估机构资格证复印件等)。

第四章 评估方法

第十六条 乡镇企业资产重估价值,根据资产原值、净值、新旧程度、重置成本、获利能力等因素和本办法规定的资产评估方法评定。

第十七条 乡镇企业资产评估一般可采用下列几种方法:

1.收益现值法。根据被评估资产合理的预期获利能力和适当的折现率,计算出资产的现值,并以此评定资产重估价值。

2.重置成本法。根据被评估资产在现时全新情况下的重置成本,减去按重置成本计算的已使用年限的累计折旧额,考虑资产功能变化等因素,评定资产重估价值;或者根据被评估资产的使用期限,考虑资产功能变化等因素。重新确定成新率,评定资产重估价值。

3.现行市价法。用此方法进行资产评估的应参照市场上相同或者类似资产的市场价格,评定资产重估价值。

4.清算价格法。根据被评估企业资产清算时其资产可变现的价值,评定资产重估价值。

5.经乡镇企业行政主管部门认可的其他评估方法。

以上评估方法,可以综合运用。

第十八条 对流动资产中的原材料、在制品、半成品、协作件、库存商品、低值易耗品的评估,应根据该项资产的现行市场价格,考虑购置费用、产品完工(完好)程度、损失等因素,评定重估价值。

第十九条 对流动资产中的现金、银行存款,直接以帐面(实有)价值为重估价值,其中外汇存款、库存外汇等按评估基准日国家外汇挂牌价,确定为人民币重估价值。

第二十条 对流动资产中的应收款,应根据帐面价值,考虑呆帐损失等因素,评估重估价值。

第二十一条 对国库券、债券、股票等有价证券的评估,参照市场价格评定重估价值。没有市场价格的,考虑票面价值,预期收益等因素,评定重估价值。

第二十二条 对递延资产的评估,一般以帐面价值做为重估价值。

第二十三条 对无形资产的评估,属于企业外购的,根据购入成本及该项资产具有的获利能力,评定重估价值;企业自创或者自身拥有的无形资产,根据其形成时需实际成本及该项资产具有的获利能力,评定重估价值;企业自创或者自身拥有的未单独计算成本的无形资产,根据该项资产具有的获利能力,评定重估价值。

第二十四条 帐外资产、报废资产,企业应在评估前资产清查时补登入帐或核销。

第五章 法律责任

第二十五条 委托企业违反本办法,提供虚假情况和资料,或者与资产评估机构串通作弊,致使资产评估结果失实的,乡镇企业行政主管部门可以宣布资产评估结果无效,并追究直接责任人和主要负责人的责任;构成犯罪的,由司法部门追究刑事责任。

第二十六条 资产评估机构或人员有下列行为之一的,乡镇企业行政主管部门可以宣布资产评估结果无效,根据情节轻重给予警告、限期整顿、吊销评估资格证书;构成犯罪的,由司法部门追究刑事责任。

1.违反本办法,与委托企业串通作弊,致使资产评估结果失实的。

2.利用工作之便谋取私利的。

3.玩忽职守,给国家、集体和人民财产造成重大损失的。

4.向他人泄露委托企业需要保密的情况和资料的。

第六章 附 则

第二十七条 各级乡镇企业行政主管部门直属企业的资产评估,依照本办法执行。

第二十八条 各省、自治区、直辖市及计划单列市乡镇企业行政主管部门可根据本办法制定实施细则,并报农业部乡镇企业局备案。

第二十九条 本办法由农业部乡镇企业局负责解释。

第三十条 本办法自发布之日起实施。

全国乡镇企业示范区命名暂行办法

农业部

1994年7月29日

第一章 总 则

第一条 为指导和带动乡镇企业适当集中、连片发展,总结、推广各地通过乡镇企业小区建设,节省资源,提高效益的经验,促进乡镇企业持续、高效、稳定、健康发展,特制定本暂行办法。

第二条 本暂行办法适用于全国乡镇企业示范区命名活动(以下简称命名活动)的申报、评选和管理。

第三条 命名范围：从已有的乡镇企业集中、连片建设成功的小区（含工业小区、工贸小区、商贸小区等）中择优命名。以乡（镇）、村行政区内的小区为主要命名对象，跨乡（镇）集中连片发展的乡镇企业小区也可参加。

第二章 申报条件

第四条 凡申报“全国乡镇企业示范区”者必须具备以下条件：

1.小区建设有组织管理机构，有科学、合理的小区建设发展规划，已形成小区经济发展优势。

2.乡镇企业发展成绩明显，在当地具有明显的示范作用。

3.小区建设与小城镇（小集镇）建设相结合，交通、通讯、水电等基础设施完备。

4.小区内企业布局合理，产业结构符合国家产业政策。乡镇企业第三产业的发展和促进剩余劳动力的转移成绩突出。

5.小区内企业管理良好，产品质量稳定合格。

6.小区建设注重环境保护，有必要的环境保护设施及措施。

7.近两年来无重大责任伤亡事故（重大责任伤亡事故系指企业生产过程中出现的安全责任事故，自然灾害及人为破坏性事故除外）。

8.注重精神文明建设，注重基础教育工作，小区内农民整体素质有明显提高。

第三章 评选条件和评分办法

第五条 评选条件由基础条件和辅助条件两个部分组成，其评分系数分别为0.6和0.4；最终得分计算公式：最终得分＝基础条件实际得分×0.6＋辅助条件实际得分×0.4。

第六条 基础条件包括以下内容：

1.乡镇企业利税总额：基本分20分，基本指标5 000万元，凡超过（减少）500万元者增加（减少）2分。

2.乡镇企业规模：基本指标达到5 000万元产值的企业2个（或产值达到1亿元的企业1个，以此类推），基本分20分，凡超过1个增加2分。

3.乡镇企业总产值：基本指标5亿元，基本分20分，凡超过（减少）5 000万元者增加（减少）2分；

4.乡镇企业固定资产原值：基本分20分；基本指标1亿元，凡超过（减少）1 000万元者，增加（减少）2分。

5.小区基础建设投资额：基本分20分，基本指标3 000万元，凡超过（减少）500万元者，增加（减少）2分。

第七条 凡基础分实际得分不足70分者，不得申报。

第八条 中西部地区可根据本地区实际情况，适当放宽基本条件标准。

第九条 辅助条件包括以下内容：

1.小区所在地农民人均年收入：基本指标1 500元，基本分20分，凡增加（减少）150元者，增加（减少）2分。

2.小区所在地乡镇企业第三产业总收入占小区所在地乡镇企业总收入的比率，基本指标30%，基本分20分，凡增加（减少）3个百分点者，增加（减少）2分。

3.小区所在地当地农民在非农产业就业人数占小区所在地农村劳动力的比率，基本指标40%，基本分20分；凡超过（减少）4个百分点者，增加（减少）2分。

4.小区所在地乡镇企业总产值占本行政区内社会总产值的比率，基本指标60%，基本分20分；凡增加（减少）5个百分点者，增加（减少）2分。

5.乡镇企业外贸出口交货额：基本指标500万元人民币，基本分20分，凡超过（减少）50万元者，增加（减少）2分。（本条对中西部地区可以不加考核，直接得20分）。

第十条 小区所在地系指小区载体（乡镇、村），根据实际情况一个小区一个载体或多个小区共用一个载体均可。

第四章 申报命名程序

第十一条 凡具备第二章申报条件者均可申请参加命名活动。

第十二条 由乡镇企业小区管理部门填写“全国乡镇企业示范区”命名申请书。

第十三条 全国乡镇企业示范区由省、地（市）、县（市）乡镇企业主管部门逐级审核申报。

第十四条 命名活动的初审工作由省级乡镇企业主管部门负责。其主要职责是：

1.按照本暂行办法第二章的申报条件负责参评申请书的汇总和综合平衡。

2.按本暂行办法第三章负责命名活动的计分、初审工作。

3.填写全国乡镇企业示范区评分表。

4.对所申报的示范小区进行抽查。

5.在初审排队的基础上负责向命名活动评审委员会办公室择优推荐。

6.申报材料包括省级乡镇企业主管部门所推荐申报的拟命名“全国乡镇企业示范区”的申请书和评分

表。

第五章 组织机构

第十五条 “全国乡镇企业示范区”评审委员会办公室设在农业部乡镇企业局。

第十六条 “全国乡镇企业示范区”由农业部命名。

第十七条 命名结果在有关报刊上公布，并组织力量搞好全国乡镇企业示范区的宣传工作。

第十八条 命名活动每三年进行一次。对已命名的示范区由农业部组织复审，复审不合格者给予限期整改和撤销其称号的处罚。

第六章 其 他

第十九条 命名活动要坚持高标准、严要求，求实公正，不徇私情。弄虚作假者撤销称号，并取消下一次评选资格。

第二十条 参加命名活动的有关工作人员，要公正廉洁，不得以权谋私、索贿受贿。对违犯国家有关规定者给予行政、经济处罚；触犯刑律者追究法律责任。

第七章 附 则

第二十一条 本暂行办法由农业部负责解释。

第二十二条 本暂行办法自发布之日起执行。

乡镇企业资产评估机构管理办法

农业部乡镇企业局

1994 年 9 月 5 日

第一条 为了搞好乡镇企业资产评估工作，加强对乡镇企业资产评估机构和人员的管理，保障乡镇企业资产评估工作的顺利进行，根据《乡镇企业资产评估管理办法》的规定，特制定本办法。

第二条 根据《乡镇企业资产评估管理办法》，农业部乡镇企业局成立“全国乡镇企业资产评估管理工作领导小组”，办公室设在审计监察处，负责组织、指导、管理和监督全国乡镇企业资产评估工作。

第三条 凡持有农业部乡镇企业局颁发的“乡镇企业资产评估许可证”的资产评估机构（如资产评估公司、会计师事务所、审计师事务所、财产咨询公司等），经农业部乡镇企业局或者省、自治区、直辖市、计划单列市乡镇企业行政主管部门认可的临时评估机构（以下统称资产评估机构），可以接受乡镇企业的委托，从事乡镇企业资产评估业务。资产评估机构中的评估人员，必须持有农业部乡镇企业局颁发的“资产评估员任职资格证书”，方可从事乡镇企业资产评估工作。

第四条 申请领取乡镇企业资产评估资格许可证的评估机构，必须具备以下条件：

1.经政府主管部门批准并经当地工商行政管理部门核准注册登记的具有法人资格的组织和单位。

2.从事评估工作具有社会公正性和权威性，能对资产评估结果承担经济、法律责任。

3.配备一定结构和数量的各类评估人员，其中建筑、机器设备工程技术人员、经济管理人员、会计师等，视不同情况，分别不少于 2 人。以上评估人员中，具有中级以上专业技术职称的，分别不少于 50%（工程技术人员、经济管理人员可外聘部分兼职）。

4.具有一定数量的注册资金。

5.有固定的办公场所，并具有必要的办公条件。

第五条 申请领取乡镇企业资产评估员任职资格证书的人员，必须具备以下条件：

1.具有较高的政治思想觉悟，坚持四项基本原则，有良好的职业道德，廉洁奉公、实事求是、客观公正。

2.具有较强的政策水平，熟悉和准确理解并认真执行国家有关资产评估的现行法规和政策。

3.具有财务、会计、审计等方面专业知识，较熟练的应用技巧和必要的实际经验。能独立地、正确地开展资产评估工作。

4.经部、省、自治区、直辖市、计划单列市乡镇企业行政主管部门资产评估员任职资格培训考试考核合格者。

第六条 凡具备资产评估资格条件，申请从事乡镇企业资产评估业务的机构，在征得当地乡镇企业行政主管部门同意后，可向上一级乡镇企业行政主管部门提出申请，经省、自治区、直辖市、计划单列市乡镇企业行政主管部门审批后，报“全国乡镇企业资产评估管理工作领导小组办公室”审查备案。

申请领取乡镇企业资产评估许可证时需要提交下列文件资料：

1.申办乡镇企业资产评估业务的报告，并附送“乡镇企业资产评估机构资格审定申请表”。

2.资产评估机构的组织章程或方案。

3.资产评估的操作规则及工作规范。

4.法人代表简历。

5.评估人员名单，并注明在评估人员中有关专职和外聘兼职的情况，同时附送评估人员专业技术职称证书的复印件。

6.主管部门批准设立评估机构的文件及工商行政管理部门核准的“营业执照”复印件。

7.资产评估人员参加部、省、自治区、直辖市、计划单列市乡镇企业行政主管部门举办的资产评估专业培训情况。

8. 两个以上资产评估实例或模拟试评估案例。

第七条 凡具备资产评估员条件，申请从事乡镇企业资产评估工作的人员，经县、市乡镇企业行政主管部门审核，报省级以上乡镇企业行政主管部门审批。

申请领取乡镇企业资产评估员任职资格证书时需要提交下列文件资料：

1. 评估人员简历，并注明专职、兼职和外聘情况。

2. 评估人员专业技术职称证书复印件。

第八条 “全国乡镇企业资产评估管理工作领导小组办公室”收到要求申办乡镇企业资产评估业务的报告及申领评估资格证书的全套文件后，经由“全国乡镇企业资产评估管理工作领导小组办公室”审查合格的，由农业部乡镇企业局颁发“乡镇企业资产评估资格许可证书”和“资产评估员任职资格证书”。

资产评估资格许可证和资产评估员任职资格证书，由农业部乡镇企业局统一印制，统一编号，统一供各地乡镇企业资产评估机构、人员申领。

第九条 资产评估机构和人员经批准取得许可证和任职资格证书后，方可在企业委托时开展资产评估工作。

第十条 资产评估机构在开展资产评估时，必须按照农业部《乡镇企业资产评估管理办法》和国家有关资产评估的规定进行。

第十一条 资产评估机构在结束评估工作后，应及时向委托企业提交资产评估结果报告。资产评估结果报告书应由具备资格的各类专业评估技术人员亲笔签名和资产评估机构加盖公章方可生效。

资产评估结果报告书的内容按《乡镇企业资产评估管理办法》要求书写。

第十二条 资产评估机构作弊或者玩忽职守，致使资产评估结果失真，情节严重或严重违反《乡镇企业资产评估管理办法》的有关规定，由当地乡镇企业行政主管部门吊销资产评估资格证书，并报“全国乡镇企业资产评估管理工作领导小组办公室”备案。

第十三条 资产评估机构应严格遵守国家法律、法规和规章制度。坚持客观、公正、实事求是的原则，受资产业务当事人委托从事资产评估业务，并对出具的资产评估报告书的真实性和合法性负责。

第十四条 资产评估机构享有评估委托协议书规定的权力，履行协议书规定的义务，在商定期限内完成评估工作，对委托企业提供的有关资料、资产状况和评估报告严格保密。

第十五条 在资产评估中，发现委托企业有弄虚作假、营私舞弊等违反国家法律、行政法规行为的，应及时向有关部门反映。

第十六条 本办法由农业部乡镇企业局负责解释。

第十七条 本办法自发布之日起执行。

关于乡镇企业建立现代企业制度的意见

农业部

1994 年 9 月 24 日

党的十四届三中全会提出建立适应社会主义市场经济要求的现代企业制度，标志着包括乡镇企业在内的我国企业改革进入了新的发展阶段。为推动全国乡镇企业深化改革，顺利开展建立现代企业制度的工作，根据建立现代企业制度的要求和乡镇企业实际情况，提出以下意见。

一、充分认识建立现代企业制度的重要意义

我国经济体制改革的目标是建立社会主义市场经济体制。党的十四届三中全会通过的《中共中央关于建立社会主义市场经济体制若干问题的决定》指出：“以公有制为主体的现代企业制度是社会主义市场经济体制的基础。”这从理论上对建立现代企业制度的重要性作了明确阐述，为企业进一步深化改革指明了方向。

乡镇企业是我国改革开放的产物，是在市场竞争中成长壮大起来的。在乡镇企业的发展过程中，形成了一套独具特色的运行机制，如以市场为导向的经营机制、自主经营的决策机制、优胜劣汰的竞争机制等。这是乡镇企业蓬勃发展的重要的内在动因，对我国的经济体制改革也起到了很大的推动作用。但随着我国经济体制改革的进一步深入，乡镇企业运行机制中的某些弊端日益显露出来，主要是：适合于大部分乡镇企业经营管理水平的承包经营责任制，对企业经营者的短期行为、企业虚盈实亏未能进行有效的监督和约束，经营者负盈不负亏的问题未能从根本上解决；政企不分，企业没有独立的法人财产权，在不同程度上存在着乡村行政组织随意干预企业的行为；部分企业管理制度不科学，领导体制不合理；联户企业、股份合作企业的经济性质和法律地位不明确，合法权益得不到保障。

乡镇企业运行机制中存在的问题，说明它已不能完全适应市场经济和乡镇企业自身发展的要求。在新的形势下，乡镇企业要保持高效、持续、快速、健康发展，必须深化改革，提高企业整体素质，增强市场竞争能力，中心点仍是机制的完善和创新，根本途径则是建立产权清晰、责权明确、政企分开、管理科学的现代企业制度。

二、理顺产权关系,完善乡镇企业法人制度

建立现代企业制度,关键是完善企业法人制度,改变产权不明晰、政企不分的状况,使企业拥有独立的法人财产权,成为能独立行使民事权利、承担民事责任的法人实体。完善企业法人制度,就是要承认企业有法人财产权,承认企业有法人财产或独立的企业财产。第一,企业全部资产应视为相对独立的"企业财产",即使是乡或村授予企业经营的资产,也不能随意收回和平调;如果企业是联户、合资合作、各种形式联营企业,企业资产是由各个投资者投资形成的,任何一方不得任意抽回,以保证法人财产的统一性和完整性。第二,企业对其经营的资产有充分的使用权和处置权,可以转让、租赁、承包、投资等。第三,企业对经营的资产有充分的受益权,在上缴税收后,剩余部分归企业自行支配。第四,企业以所经营资产对企业的债务承担责任。

实行出资者所有权与法人财产权的分离,是确定法人财产权、完善企业法人制度的关键。企业作为法人,可以依法占有、使用、收益和处分企业财产,以独立的财产对经营活动负责。出资者所有权表现为出资者拥有股权,即以股东的身份依法享有资产受益、重大决策和选择管理者等权利。出资者不能对法人财产的全部,也不能对其中属于自己部分的财产进行直接支配,只能运用股东的权利影响企业的行为,而不能直接干预企业的经营活动。企业破产时,出资者只以投入企业的资本额对企业债务负有限责任。出资者所有权和法人财产权,通过法律形式给予确认,均不可侵犯,受法律保护。

乡镇企业中的个体、私营企业,所有权和经营权合一,他们是乡镇企业的有机组成部分,是繁荣农村经济、促进社会主义市场经济发展的重要力量,其地位和权益受法律保护,不可侵犯。

实行"两权"分离,使企业真正成为自主经营、自负盈亏、自我发展、自我约束的市场竞争主体,有利于企业家队伍的形成,有利于资产存量的调整和保值增值,有利于企业布局、产业结构和产品结构的合理调整,为企业自主参与国内外市场竞争创造条件。

三、建立现代企业的组织制度

按照市场经济的要求,现代企业的组织形式应按财产的组织形式和所承担的法律责任划分。目前乡镇企业按所有制划分的乡(镇)办企业、村(村办小组)办企业、联户办企业、个体私营企业、股份合作企业、股份制企业、联营企业、中外合资合作企业,应划分为独资企业、合伙企业、股份合作企业、有限责任公司、股份有限公司。

——独资企业,主体是乡镇企业中的个体、私营企业。其特点是,经营者自己出资,自己经营,收入归自己所有,风险也由自己承担;所有权与经营权归于一体,经营灵活,决策迅速,开业和关闭的手续简单,产权可自由转让。独资企业倒闭,出资者承担无限责任。

——合伙企业,主体是乡镇企业中的联户企业。其特点是,由两人以上签定协议组成,共同分享收益和承担风险;合伙人共同出资,筹集的资金较多一些,可以从事一些规模较大的生产经营活动;合伙人对企业的经营十分关心,经营者也有很强的责任心。合伙企业实行无限连带责任。

——股份合作企业,主体是由乡(镇)办、村(村民小组)办企业或联户企业、个体、私营企业经过股份制改造和产权的重组而组成。其特点是,企业财产由乡村集体、社会法人、个人、外资等多方出资形成,实行入股自愿、股权平等、利益共享、风险共担;有法人地位,有专门的决策机构和经营管理机构;企业生产经营稳定,有自己的主导产品,在市场上有较强的竞争能力。

股份合作企业产权明确,利益直接,经营灵活,创造了适应市场经济发展的企业机制,调动了投资者的积极性,得到了迅速发展。股份合作企业会在较长时期内存在,但从长远看,它是一种过渡的企业组织形式,是现代企业的雏型,将来应改组为公司企业。1990年农业部颁发的《农民股份合作企业暂行规定》已按有限责任公司对其进行了初步规范,按照建立现代企业制度的要求,依据我国颁布的《公司法》对其进行改造和规范,就有了殷实的基础和充分的条件。

——公司企业,主体是股份合作企业、股份制企业、各种形式的联营企业、中外合资合作企业改组而形成。其多数改组为有限责任公司,少数可过渡为股份有限公司。

联营企业、合资合作企业,一开始就是在产权明晰的基础上组织起来的,财产组织形式和利润分配都有协议和章程规定,按照建立现代企业制度的要求依法改造,也就比较容易一些。股份制企业,是按照《公司法》的要求组织和建立的,是典型的公司企业。

股份合作企业和公司企业,组织结构一般如下:

股东。股东依出资比例对企业资产拥有所有权;参加股东大会,审议、决定企业经营范围、发展方向、收益分配及关停并转等重大问题;选举和被选举为企业股东代表大会或董事会成员;在同等条件下,有被聘为厂长(经理)的优先权;监督董事会的工作及企业的生产经营活动;优先认购企业的新股份;按出资比例分享企业收益。

股东大会或股东代表大会。简称股东会,是企业的最高权力机构,其职责是:制定和修改企业章程;选举产生董事会，改选、罢免董事会董事和监事会监事；审议董事会、厂长（经理）的年度工作报告，审议和批准企业的经营范围、发展方向、财务决算、投资、收益分配及企业关停并转等重大事项。股东会至少每年召开一次，遇到特殊情况，经半数以上股东同意，也可临时召开股东会。

董事会。董事会是股东会选举产生的常设的公司经营决策机构，其职责是：执行股东会的决议；推选董事长；决定公司的生产经营决策和任免公司总经理，并规定其报酬和待遇；监督企业经营者正确行使职权。董事长一般为公司法定代表人。

公司总经理。总经理负责对公司的生产、经营、管理进行全面领导，依照公司章程和董事会的授权行使职权，对董事会负责。总经理实行董事会聘任制，不实行乡村行政组织任命制。公司总经理有下列职权：设置企业的管理机构；聘任、解聘企业副经理以下的管理人员；制订企业副经理以下人员的计酬方式、计酬标准和奖惩方法；招聘或辞退企业的职工等。

监事会。监事会是公司的监督机构，由股东和职工代表按一定比例组成，对股东会负责。监事会成员数量根据企业股东数量和企业规模决定，一般不能少于3人。职工代表由工会或职工代表大会选举产生，具体数量可由公司章程规定。监事会依照法律和公司章程对董事会和公司经理行使职权的活动进行监督，防止滥用职权，发现其行为违反法律、法规或者公司章程，有损于公司利益和股东权益时，有权要求予以纠正，必要时可向股东报告，提议召开临时股东会。监事会可对董事会成员、经理的任免、奖惩提出建议；可检查公司财务，要求公司董事、总经理和财务负责人提供所需的材料。为了保证监督的独立性，监事会成员不得兼任公司的经营管理职务，董事长、经理和财务负责人不得兼任监事。

上述几个方面，构成了股份合作企业和公司企业组织结构的主要内容，所有者、经营者、生产者之间，通过公司的权力机构、决策和管理机构、监督机构，形成各自独立、权责分明、相互制约的关系，从而形成一套完整、科学的治理结构。股份合作企业和公司企业，在生产经营过程中要增强职工群众的主人翁责任感，充分调动职工的劳动积极性，实行企业民主管理。

四、建立现代企业的管理制度

科学的企业管理制度是现代企业制度的重要内容。建立现代企业制度，必须深化企业内部各项改革，建立现代企业的用工、工资、财务会计、审计等内部管理制度，自主设立适应社会主义市场经济的企业管理机构。乡村行政组织和各级主管部门不得干预企业机构设置或要求企业设立对口机构。

1.依法制订企业章程和企业内部各项规章制度。章程是企业的行为准则，是处理企业内部各种关系的依据，是企业内部的“母法”。它不仅对企业，而且对股东、董事、监事、经理、职工均具有约束力，企业内部包括基础管理、专业管理、现场管理等各项规章制度应是章程的延伸和补充，是企业内部管理所必需的。

2.建立现代企业的用工制度。企业依法享有用工自主权，劳动者依法享有择业自主权，形成企业和劳动者双向选择、合理流动的就业机制。企业和职工要签定劳动合同，以保障双方的合法权益。由于乡镇企业担负着转移农村剩余劳动力，实现农村工业化的历史使命，乡镇企业在提高经济效益前提下，应尽量吸纳那些剩余劳动力，为农业现代化和农村工业化创造条件。

3.建立现代企业的工资制度。工资制度是现代企业利益分配制度的主要内容之一。在坚持职工工资总额低于企业经济效益增长、职工平均工资增长低于企业劳动生产率增长和产权明晰、自我约束机制健全的前提下，企业根据自己实际情况，自主选择工资分配办法和工资标准，做到职工工资收入与企业经济效益同步增长。有关部门通过立法，指导和宏观调节企业的工资分配制度，不得直接进行干预。

4.建立现代企业的财务会计制度。国家颁布的《企业财务通则》和《企业会计准则》，体现了市场经济的要求，与国际会计惯例进行了接轨，适用于我国包括乡镇企业在内的各种类型的企业。“两则”赋予了企业财务管理和利润分配更大的自主权，确立了企业用财理财上的法人地位。在“两则”的指导下建立适合于本企业的现代企业财务会计制度，既是国家宏观管理要求，也是乡镇企业进入市场，开展公平竞争所必需的手段。

5.建立现代企业的内部审计制度。在国家有关财经法规的指导下，建立乡镇企业内部审计机构，完善乡镇企业的内部审计制度，形成乡镇企业的内部审计监督机制。

6.加强职工队伍建设，创建乡镇企业文化，提高乡镇企业职工思想道德水平和文化素质，树立团结协作、敬业爱厂、遵法守信、开拓创新的企业精神。

五、根据乡镇企业实际情况，积极稳妥地开展建立现代企业制度的工作

乡镇企业建立现代企业制度的指导思想：在党的基本路线和关于建立现代企业制度的基本理论及有关法规指导下，以完善和优化乡镇企业机制为目的，从乡镇企业特点和实际情况出发，坚持“三个有利于”标准，实事求是，分类指导，抓好试点，积累经验，创造条件，逐步推进。

乡镇企业建立现代企业制度，经过试点，大中型乡镇企业用5—10年的时间基本完成。

同时，对不同类型企业要采取多种形式，区别对待：

——乡村集体企业，一般先界定产权，在产权明晰的基础上，过渡为股份合作企业，时机成熟后再依法改组为公司企业；大型企业，可按公司企业的要求直接进行改组。

——股份合作企业、股份制企业、联营企业、合资合作企业，创造条件，依法改组为公司企业。

——联户企业，在界定资产来源、明晰产权的基础上，区别不同情况，依法改组为合伙企业或股份合作企业。

——个体、私营企业，按照建立现代企业制度的要求逐步加以规范，要求其在企业内部首先建立现代企业财务会计制度，能够完整准确地反映生产经营状况和资产、负债、所有者权益增减变动情况，有独立承担民事责任的行为能力，引导其逐步依法改组为独资企业、合伙企业或股份合作企业。

——乡镇企业集团，其核心企业应依法改组为公司企业，并通过对成员企业控股、参股等方式形成以产权为纽带的母子公司体制。

除已公开发行股票的乡镇企业外，乡镇企业公司制改组，应多数选择有限责任公司形式。

乡镇企业公司制改组，应遵循以下原则和方法：①依法改组。依照我国已颁布的《公司法》和其他有关法规，主管部门和企业应制定相应的规定、办法或章程，做到有法可依，切实可行。②做好改组前的准备工作。乡镇企业改组为公司制企业，不是简单翻牌，应事先做好可行性研究。要按照农业部关于《乡镇企业产权制度改革意见》的要求，认真搞好产权制度改革。企业产权清晰，股权结构合理，公司章程和管理制度完备，条件具备了即可改组。要防止乡镇企业公司制改组一哄而起，达不到应有的效果。③先抓试点，分门别类，分期分批进行。应选择不同类型、规模较大、企业领导班子较强、内部管理制度完备、职工素质较好的企业，进行建立现代企业制度的试点，积累经验，逐步全面推开。要考虑不同地区、不同类型企业之间的发展水平，分门别类，分期分批进行。做到成熟一批，改组一批，避免因改组而引起企业的震荡，影响企业生产的稳定发展。农业部拟在全国不同地区、不同行业和不同类型企业中，选择100个企业，进行建立现代企业制度的试点工作。各省、自治区、直辖市及计划单列市乡镇企业行政主管部门，亦应先进行试点，为全面推行建立现代企业制度做好准备工作。

建立现代企业制度，是一项崭新的工作，各级乡镇企业行政主管部门要充分认识在乡镇企业中推行和建立现代企业制度的重要性、艰巨性和复杂性，切实加强对这项工作的领导。要精心组织设计，制定方案，先行试点，取得经验，逐步推开。要积极促进各项配套改革。建立现代企业制度是企业制度的深刻变革，将触动原有的利益分配格局，因此，要充分调动各方面的积极性，考虑各方面合法权益的保障，特别是企业和职工合法权益的保障，要向乡镇企业广大干部职工大力宣传和普及现代企业制度的基本知识，讲清试点的具体做法，说明改革的近期效果和远期效应，并认真研究解决试点中出现的各种问题，使各方面都积极参加这一重大改革。

推行和建立现代企业制度，需要一大批勇于改革进取、无私奉献、具备较高素质的现代企业人才。建立现代企业制度的过程，也是培养和造就乡镇企业人才的过程，有了一支素质较高的骨干队伍，建立现代企业制度的实践就能获得成功。

农业部关于加强对乡镇企业评比表彰工作管理的通知

1994年10月11日

近一个时期来，有的部门和单位对乡镇企业评选、评价、排序等评比表彰活动日趋增多，这对于宣传乡镇企业的地位和作用，调动乡镇企业家以及广大干部职工的积极性、创造性，促进乡镇企业的物质文明和精神文明建设，起到了一定的积极作用。但是，在开展乡镇企业的评比表彰活动中也出现了一些问题，主要是：评选、评比的名称繁多，有很多是重复进行；对乡镇企业排序等评价、评比活动的部门和单位多，运用的评价指标体系以及评价方法不一致，评价的范围也不统一，评出的结果未能全面反映企业发展水平，缺乏科学性和权威性。而且，有些单位和组织把评价、评比等活动作为创收的手段，滥收费用，企业对此反应强烈。所有这些，都严重影响了乡镇企业评比表彰工作的健康发展，影响了各级乡镇企业行政主管部门正常工作和乡镇企业的正常生产经营活动，在乡镇企业系统和社会上造成了一定程度的混乱。为了进一步做好乡镇企业评比表彰工作，使评比表彰工作确实达到典型示范的目的，收到良好效果，现就有关问题通知如下：

一、各级乡镇企业行政主管部门，应加强对乡镇企业评比表彰工作的管理

对乡镇企业厂长（经理）的评选表彰以及对乡镇企业的评比、评价、排序等评比表彰工作，要坚持以各级

乡镇企业行政主管部门为主。国务院在历次机构改革中均明确，各级乡镇企业局是乡镇企业的行政主管部门，根据国家法律、法规和政策，负责全国乡镇企业的规划、指导、管理、监督、协调和服务。1994年国务院关于农业部的“三定”方案中，又将农业部乡镇企业局的上述基本职能细划，其中包括总结推广乡镇企业发展与改革经验，评选、评比和表彰乡镇企业先进单位和个人。因此，对乡镇企业进行评比、评价，表彰和奖励乡镇企业先进单位和个人，是各级乡镇企业行政主管部门的管理职能之一。各级乡镇企业行政主管部门，应根据国家政策法规和有关规定，加强对乡镇企业评比表彰工作的管理，认真抓好这项工作，并使之规范化、制度化，促进乡镇企业评比表彰工作的健康发展。

二、加强和提高乡镇企业评比表彰工作的严肃性

对乡镇企业和乡镇企业管理者进行评比、评价、表彰是一件十分严肃的工作。通过对乡镇企业和乡镇企业管理者进行评比、评价、表彰，肯定他们的经营管理行为，宣传、推广他们的经验，表彰他们的业绩，树立典型，具有示范和导向作用。这就要求对乡镇企业和乡镇企业管理者的评比、评价和表彰要严肃认真，在实事求是的基础上进行，对评比、评价的结果承担行政甚至法律上的责任。各级乡镇企业行政主管部门的评比、评价、表彰工作应切实起到鼓励先进、鞭策落后和示范引导的作用，杜绝任何虚假行为。一般情况下，各级乡镇企业行政主管部门，不应和其他一些不具备条件的部门及单位联合对乡镇企业和乡镇企业管理者进行评比、评价、表彰；有关单位和部门，在没有得到乡镇企业行政主管部门授权的情况下，不应擅自对乡镇企业系统的单位和个人进行评比、评价、排序、表彰等。各级乡镇企业行政主管部门有权要求这些部门和单位取消对乡镇企业单位和个人的评比、评价、排序等活动以及所做出的各种结论。今后，乡镇企业凡收到其他部门或单位有关评比表彰活动的通知，市级、县级、乡级乡镇企业管理部门须及时向省乡镇企业局报告，经省局同意，方可参加。各级乡镇企业行政主管部门和乡镇企业，要坚决抵制借评比表彰之名向企业乱收费的作法，对造成恶劣影响的，可按照《中华人民共和国行政诉讼法》及其他有关法规，提起诉讼。

三、制定统一的评比表彰办法

1. 对乡镇企业进行评比、评价、排序、表彰等活动，要制定相应的办法。办法中要根据国家法律、法规和有关规定以及乡镇企业实际情况，明确具体的条件。制定的办法和标准要科学、可行。

2. 要确保被评选的先进个人，有突出的事迹和广泛的群众基础，有较高的政治素质和业务素质，在本系统内堪称楷模；被评选的先进企业要有良好的经济效益、生态效益和社会效益，有较强的典型示范作用。

3. 严格控制评选对象的范围和数量。评选、评价、排序等评比表彰的数量、次数要严格控制，不应重复评比、表彰和奖励。

4. 授予乡镇企业先进单位和个人荣誉称号的名称，应按国务院、农业部和省(市、区)人民政府的有关规定统一规范。全国性的评比表彰活动由农业部规范，地区性的评比表彰活动由各省(市、区)政府乡镇企业行政主管部门统一规范，并报农业部备案。

四、严格评比和审批程序

部级乡镇企业先进单位和个人的评选、评价、排序等评比表彰工作，由农业部乡镇企业局具体组织，并制定相应的评比表彰办法，公布评比表彰的对象、范围、数量、标准、条件和评审程序，解答和处理评比表彰过程中出现的问题。评审程序采取自下而上的办法，先由群众和基层单位推荐，并经政府部门审核，由乡镇企业行政主管部门逐级推荐到农业部乡镇企业局。农业部乡镇企业局对推荐对象进行初审，报部审定后授予相应的荣誉称号。荣誉称号不搞终身制，要定期进行复评，复评合格的可保留荣誉称号，复评不合格的撤销荣誉称号。各省(市、区)乡镇企业行政主管部门对乡镇企业进行评比表彰的评选和审批程序，可参照上述办法制定，也可根据本地区实际情况和评比表彰的单位和个人的性质，制定具体的评选和审批程序，但不能搞形式，走过场，草率行事，影响评比表彰工作的质量。

五、提倡庄重节俭的表彰、奖励形式

全国乡镇企业系统开展表彰活动，各级乡镇企业行政主管部门一般应结合乡镇企业工作会议进行，或采取通报、电话会、新闻发布会等简便形式，确有必要而且财力、人力许可，方可召开表彰大会。对获表彰的单位和个人，应坚持精神鼓励为主，结合物质鼓励的原则。对荣誉称号获得者，颁发奖章和证书，同时给予适当的物质奖励，还可根据有关文件规定，明确获奖者享受有关的待遇。

评比表彰工作，涉及面广，政策性强，工作量大，各级乡镇企业主管部门要加强对这项工作的领导，充分履行自己的职责，认真抓好评选、评价、排序等评比表彰工作，使之健康发展并逐步规范化、制度化，为乡镇企业高效、快速、持续、健康发展发挥应有的作用。

关于加强乡镇企业内部审计工作的意见

农业部乡镇企业局

1994年11月3日

全国乡镇企业内部审计工作自1990年起步以来，经历了自我发展和逐步规范两个阶段，初步形成了省(区、市)、地(市)、县(市)、乡(镇)、村、企业等六个层次的内部审计网络，内部审计队伍不断扩大，工作逐步加强，有效地促进了乡镇企业的持续健康发展。但也存在着一些不容忽视的问题，一些地方对审计工作认识不高，机构不健全，队伍不稳定，制度不完善；也有一些地方对新形势下的审计工作缺乏紧迫感，思路不清，任务不明，措施不力。为了贯彻落实《中华人民共和国审计法》和有关法律、法规和政策，在建立社会主义市场经济体制，加快改革开放步伐中，进一步强化审计和经济监督，健全科学的宏观管理体制与方法，充分发挥内部审计的积极作用，促进乡镇企业高效、持续、健康的发展，特提出如下意见。

一、统一思想认识，切实加强对内部审计工作的领导

乡镇企业内部审计工作，是国务院59号令《中华人民共和国乡村集体所有制企业条例》和农业部17号令《乡镇企业系统内部审计暂行规定》所赋予的重要职能。搞好内部审计工作是各级乡镇企业行政主管部门义不容辞的职责。

开展内部审计，是保障社会主义市场经济健康发展的内在需要，是建立现代化企业制度的重要内容之一。内部审计是较高层次的企业管理，加强内部经济监督，对于维护国家财经法纪和经济秩序，改善企业经营管理，提高经济效益，促进廉政建设，维护社会稳定，都具有不可替代的重要作用。因此，各级乡镇企业行政主管部门的领导，要从坚持实事求是思想路线，着眼于乡镇企业长远发展，站在完善社会主义市场经济体制和维护国家财经法纪的高度，用战略眼光看待乡镇企业内部审计工作，充分认识开展审计监督工作的重要性和必要性，增强做好乡镇企业内部审计工作的紧迫感、使命感和责任感，把乡镇企业内部审计工作放在重要位置上来抓。各级乡镇企业行政主管部门的主要领导要分管审计工作，要把审计工作当作加强行政主管部门在转变职能中宏观调控手段的内容之一。把内部审计工作列入年度工作目标，纳入各级领导目标责任制中，要认真解决内部审计工作经费，审计人员政治、生活待遇，工作条件等问题，把审计工作与考核领导政绩紧紧挂在一起，实行领导责任制。

乡镇企业要把内部审计工作作为改善企业管理，提高经济效益的重要手段，厂长(经理)要亲自抓，建立健全内部审计制度，不断完善自我监督约束机制。

二、健全机构网络，加强队伍建设

健全内部审计机构网络，加强队伍建设，是强化审计监督的基础性和关键性工作。各级乡镇企业行政主管部门要建立健全内部审计机构，配齐专(兼)职审计人员。要选调那些政治觉悟高、思想作风好、业务能力强的人员充实到审计队伍中来。在当前机构改革中，首要的是巩固和加强省、自治区、直辖市、计划单列市一级乡镇企业行政主管部门审计机构。已有机构的要巩固加强，不能撤并，人员不能减少，要根据本地区乡镇企业发展和任务的需要，适当增加人员，充实骨干力量，提供必要的工作条件。没有建立机构的，要尽快组建机构，配齐专(兼)职人员。各级乡镇企业行政主管部门，还要帮助指导本地区骨干乡镇企业组建内部审计机构和配备专(兼)职内部审计人员，督促企业提供自我约束的能力。各地要努力做到机构要加强，队伍要稳定，人员要充实，工作要改善。

乡镇企业的内部审计队伍是一支新军，人员的整体素质与所担负的职责存在差距。这是一个带有普遍性的问题，也是制约乡镇企业内部审计工作开展和提高质量的主要因素。因此，各级乡镇企业行政主管部门，要高度重视内部审计队伍的自身建设，给予必要的审计培训经费。采取多种务实有效的方法进行培训，不断提高审计人员的素质，并把“审计证”的发放与提高审计人员素质结合起来。坚持持证上岗制度，保证内部审计工作的质量。同时，要积极做好有关部门的工作，争取各部门的支持。还要组织审计人员认真学习邓小平同志关于建设有中国特色社会主义的理论、社会主义市场经济理论和有关审计法律、法规和政策，提高审计人员的思想政治觉悟，加强审计人员思想作风和廉政教育，自觉遵守审计纪律和职业道德，提高审计人员的政治素质和业务水平。

三、扎实基础工作，加快内部审计工作的制度化、规范化和法制化建设步伐

各级乡镇企业主管部门要按照《中华人民共和国审计法》、《中华人民共和国乡村集体所有制企业条例》、审计署《关于内部审计工作的规定》和农业部《乡镇企业内部审计暂行规定》等有关法规、规章的要求，从实际情况出发，制定适合本地乡镇企业发展的内部审计实施办法，指导本地乡镇企业内部审计工作的规范化运作。要从内部审计工作的不同侧面，建立健全各项加强审计基础性工作的制度。如：财务收支审计制度、审计台帐制度、审计人员培训考核制度、内部审计工作考核制度、内部审计工作衔接制度、内部审计报表

制度、审计工作日制度、乡镇骨干企业审计工作制度、审计程序、质量标准、技术方法、文书档案管理办法等。加快内部审计工作的制度化、规范化、法制化建设步伐。正确行使审计职权，依法进行审计监督，不断拓展审计领域，加大审计监督力度，支持“在监督中服务，在服务中监督”。

四、建立健全定期内部审计制度，逐步开展经济效益和内控制度审计

各级乡镇企业内部审计机构，在围绕提高企业经济效益，以财务收支审计为基础的前提下，要逐步拓宽审计领域。各地要在贯彻新财会制度和新税制的情况下，建立健全定期内部审计制度，逐步开展经济效益、内控制度的审计。各地要对大中型乡镇企业进行定期审计。对年产值1 000万元以上企业的审计覆盖率要达到90%以上；对年产值500万元以上企业的审计覆盖率达到80%以上。乡镇企业的内部审计工作，要依法审计，客观公正，掌握政策，据实处理。做到既监督企业执行国家财经法纪，又维护企业的合法权益，对国家负责，对企业负责。

五、配合专项工作，做好审计监督服务

各级乡镇企业的审计机构，要积极配合评选各类先进集体、先进个人、企业家、经济效益排序，以及项目、专项经费申报等专项工作，搞好内部审计监督、服务。各级开展的评选先进活动，必须要有乡镇企业内部审计部门出据的对其合法性、真实性证明的审计报告，否则，不予以认可。对项目、专项经费的申报，必须经过审计，否则，不得批准和划拨。加强对乡镇企业负担的监督管理，做好乡镇企业负担监督管理的专项审计工作，保护企业的合法权益。

六、拓宽审计领域，抓紧组建乡镇企业审计事务所

各级乡镇企业行政主管部门，要在做好组织、指导、监督、管理、协调内部审计工作的基础上，抓紧组建乡镇企业审计事务所、资产评估事务所或资产评估中心，拓宽审计领域，开展社会审计。有条件的地方，成立乡镇企业审计事务所，条件不成熟的地方，可先成立分所。随着社会审计业务工作的开展，逐渐完善组织机构。

七、建立激励机制，调动内审人员工作的积极性

进一步搞好乡镇企业内部审计工作，充分发挥内部审计工作在改善企业经营管理和完善自我约束机制中的作用，调动广大内部审计人员的工作积极性、主动性，更好地完成各项任务。各级乡镇企业行政主管部门，除执行好国家审计署和财政部有关对审计人员的生活、外勤等补助规定外，要建立激励机制，对那些忠于职守、努力工作，维护乡镇企业合法权益和财经纪律，审计工作成绩显著的单位和个人进行表彰和奖励，激发广大内部审计人员的积极性。对那些在工作中玩忽职守，营私舞弊，以权谋私，造成经济损失，后果严重的，要追究其法律或经济责任。

农业部乡镇企业局将在全国乡镇企业系统内，开展审计集体、审计工作者的“争先创优”活动，并把这项工作经常化、制度化。对各地在审计工作中有突出贡献的审计集体、审计工作者，推荐参加全国农业系统和国家审计署的先进审计集体、先进审计工作者的评选活动。增强广大内部审计工作人员的荣誉感和自豪感。

八、开展监督检查，建立内部审计情况定期报送制度

各级乡镇企业行政主管部门每年要有计划地开展对审计工作的检查以及对审计人员的考核。省、自治区、直辖市乡镇企业局每年应组织对地(市)、县和大型企业、企业集团内部审计工作情况进行重点检查；地(市)、县之间开展互查；县乡镇企业局应组织对重点乡(镇)、村和骨干企业进行检查。农业部乡镇企业局对各省、自治区、直辖市的内部审计工作，采取不定期的抽查，以推动各地乡镇企业内部审计工作的开展。

各级要建立内部审计情况定期报送制度。各省、自治区、直辖市及计划单列市乡镇企业局，每年初应向农业部乡镇企业局报送上年末内部审计工作总结、上年内部审计情况报表、内部审计机构人员情况报表和本年度内部审计工作计划。

关于加强乡镇企业职业卫生管理的意见

农业部

1994年11月27日

改革开放15年，我国乡镇企业持续、快速、健康发展，乡镇企业的职业卫生管理工作也取得了一定成效。但由于一些乡镇企业职业卫生设施不配套，一些地方疏于管理，乡镇企业的职业危害问题日益突出。为加强乡镇企业职业卫生管理，保护乡镇企业职工的健康，促进乡镇企业持续健康发展，特提出以下意见。

一、提高认识，坚持预防为主、防治结合的方针

乡镇企业职业卫生管理工作关系到1亿多职工及其后代的健康，关系到乡镇企业的兴衰，关系到农村物质文明和精神文明的建设。各级乡镇企业行政主管部门和企业的领导，一定要高度重视职业卫生管理工作，并列入重要的议事日程。坚持一手抓生产，一手抓职业卫生。正确处理生产与职业卫生工作的关系，在大力发展乡镇企业的同时，坚持预防为主、防治结合的方针，保护职工的身体健康，促进乡镇企业和农村经济的进

一步发展。

二、加大领导力度，健全管理机构，充实管理人员

乡镇企业职业卫生工作，实行领导负责制。各级乡镇企业行政主管部门要根据国家法律法规，切实加强对乡镇企业职业卫生工作的领导。要建立健全乡镇企业职业卫生管理机构，配备专职人员，统一规划管理乡镇企业职业卫生工作。

所有企业特别是职业危害严重的企业，必须根据职工人数、尘毒危害状况，配备专(兼)职管理人员，切实做好职业卫生管理工作。

三、认真贯彻落实职业卫生法规

各级乡镇企业行政主管部门要认真贯彻落实国家及地方已经制定的各项职业卫生政策、法规，并结合当地实际，制定乡镇企业职业卫生管理办法。

企业必须认真执行职业卫生法规和规章，建立健全职业危害防治制度和职工保健制度，并制定企业职业卫生责任制。

职工应自觉遵守各项职业卫生防护操作规程，有权拒绝违章指挥；职业危害特别严重时，有权停止作业；对漠视职工安全与健康的领导，有权提出批评或控告。

四、加强职业卫生管理、监督

各级乡镇企业行政主管部门要加强对乡镇企业职业卫生的管理、监督与检查。要切实做好有尘毒危害项目的审查、审批工作；要依法建立职业卫生监督制度，部、省两级设立乡镇企业职业卫生监督员。各级乡镇企业行政主管部门要对重要地区、重点行业进行不定期的检查；要督促企业对检查出的职业危害和管理上存在的问题，采取有效地防护措施，认真整改，努力改善职工的劳动条件。

五、积极做好职业卫生技术改造

各级乡镇企业行政主管部门，要积极做好有关职业卫生的科研攻关、技术引进等组织和服务工作，推广适合乡镇企业特点的职业卫生防护设施及先进、适用的尘毒治理技术，要鼓励各类职业卫生防治技术人员为乡镇企业职业卫生开展技术咨询服务。

企业要努力改进生产工艺或产品配方，采用无毒无害的生产原料和生产工艺；对人身健康可能造成危害的生产工艺和设备，必须按国家规定的职业卫生标准和规程，采取有效措施；对尘毒危害严重的作业场所，必须切实采取有效的多种防护措施；对高温、高湿车间，应根据工艺特点，采用自然通风、机械送风及排风装置，对于与取暖无关的散发大量热量的设备，应采用保温或隔热装置。

六、制定规划，实行分类指导

要进一步做好乡镇企业职业卫生的摸底调查工作，弄清情况，研究对策，制定乡镇企业职业卫生管理防治规划。

各省(市、区)要在调查的基础上，根据企业危害类型、危害状况，实行综合分析，分类指导。乡镇企业应通过技术进步和对职业危害的防治，把职业危害降到最低限度；在接受外来项目(包括引进技术、设备和生产工艺)时，必须同时落实相应的防治职业危害的配套措施，严禁在无有效防护设施的条件下，转嫁尘毒危害严重的产品。

对新建、改建、扩建工程项目的职业卫生防护设施必须与主体工程同时设计，同时施工，同时投入使用，不留后患；新建项目竣工验收，必须按照建设项目职业卫生设施和技术措施验收办法进行，不符合职业卫生要求的项目，不准投产。对劳动条件不符合国家、地方职业卫生要求的，应督促企业采取有效防护措施，尽快达到国家或地方的卫生标准；对职业危害严重的企业，要限期解决；对在限期内不能解决的，企业应停止生产或转产。

七、加强职业卫生监督服务体系建设

加强乡镇企业职业卫生服务体系建设是搞好职业卫生管理工作的重要前提。在职业危害严重的地区和重点行业，应有计划、有重点地建立职业卫生检测中心和职业卫生培训教育中心。

八、切实搞好职工健康的保护工作

企业招聘从事或接触有职业危害因素作业的职工时，必须对新职工进行就业前职业性健康检查。对从事或接触有职业危害因素作业的职工要进行定期检查。企业不得安排有职业禁忌症的职工从事所禁忌的作业。企业必须为女职工和残疾职工提供健康保护。

企业必须按国家有关规定提供合格的卫生防护用品和卫生设施，并指导职工正确使用。

九、加强职业卫生技术培训工作

职业卫生技术人员缺乏，是当前各地普遍存在的问题。各级乡镇企业行政主管部门及企业要有计划、有步骤地开展多种形式的职业卫生专业培训。首先要对职业卫生管理的骨干力量进行职业卫生法规、专业技术知识培训；同时要有计划地对重点行业、重点企业厂长、职业卫生管理人员进行培训；要大力普及职业卫生基本知识；特殊行业的工作人员，应实行专业考试，持证上岗制度。

十、加强宣传教育

采取各种形式，宣传国家的职业卫生法规，宣传加强职业卫生管理工作的重大意义，宣传治理职业危害

的先进典型，通报职业危害严重企业的损失和经验教训，使各级乡镇企业行政主管部门及企业领导充分认识加强职业卫生工作的重要性，使广大职工了解本岗位职业危害和预防办法，提高职业卫生管理与防治工作水平，保护乡镇企业职工的身体健康。

乡镇企业安全生产目标考核管理办法

农业部

1994年11月29日

第一条　为建立安全生产目标考核体系，做好安全生产工作，促进乡镇企业高效、持续、快速、健康发展，根据农业部《乡镇企业安全生产和工业卫生管理规定》，制定本办法。

第二条　本办法适用于各级乡镇企业行政主管部门及所有乡镇企业。

第三条　安全生产目标考核工作应贯彻“安全第一、预防为主”的方针，严格执行国家安全法规、规程和标准。

第四条　各级乡镇企业行政主管部门和企业必须建立安全生产责任制，并实行安全生产目标考核制度。

第五条　各级乡镇企业行政主管部门和企业必须建立专管机构或确定专职人员负责安全生产工作。

第六条　各级乡镇企业行政主管部门的主要负责人对本辖区内乡镇企业安全生产负有领导责任；企业的法人代表是本企业安全生产的第一责任者。

第七条　乡镇企业安全生产目标考核，采取百分制考评。主要内容包括：

1.安全管理机构的建立和安全管理人员的配备情况。

2.贯彻执行国家安全生产的法规、规程和标准的情况。

3.实行安全生产责任制、开展班组安全建设、健全安全规章制度的情况。

4.实行安全生产检查制度、治理事故隐患、安全技术改造的情况。

5.执行安全培训制度（包括厂长、特殊工种、新职工岗位培训和全员培训）的情况。

6.乡镇企业职工伤亡月、年度报表和半年、全年安全工作总结的上报情况（事故起数，死亡、重伤、轻伤人数，与上年相比升降情况）。

7.年度乡镇企业千人死亡率，与上年相比升降情况。

8.年度乡镇企业火灾事故起数、经济损失（与上年相比升降情况）。

9.主管乡镇煤矿和烟花爆竹行业的省份，安全生产目标考核增加两项内容：

年度乡镇企业煤矿百万吨死亡率，与上年相比升降情况。

年度乡镇企业烟花爆竹事故、经济损失情况，与上年相比升降情况。

第八条　各级乡镇企业行政主管部门必须按时上报安全生产目标考核情况，次年1月5日前乡镇企业办公室上报县乡镇企业行政主管部门，1月10日前县乡镇企业行政主管部门报地区乡镇企业行政主管部门，1月15日前地区乡镇企业行政主管部门报省级乡镇企业行政主管部门，各省、自治区、直辖市乡镇企业行政主管部门1月25日前报农业部乡镇企业局。

第九条　各级乡镇企业行政主管部门和企业，年度安全生产目标考核工作可按下列方式进行奖惩：

1.通报表彰或批评。

2.进行物质奖励或罚款。

3.按农业部《全国乡镇企业安全管理先进集体和优秀安全管理工作者评选表彰办法》评选先进集体和优秀安全管理工作者。

第十条　各省、自治区、直辖市乡镇企业行政主管部门可根据本办法制定实施细则。

第十一条　本办法由农业部负责解释。

第十二条　本办法自发布之日起施行。

乡镇企业消防管理规定

农业部

1994年12月1日

第一条　为控制乡镇企业火灾事故，减少损失，保护乡镇企业职工的生命财产安全，根据《中华人民共和国消防条例》及其他有关法规，制定本规定。

第二条　本规定适用于包括乡镇企业兴办的中外合资企业、合作企业及“三来一补”企业在内的所有乡镇企业。

第三条　企业必须遵守国家的消防法规；贯彻落实“预防为主，防消结合”的消防工作方针，建立健全消防管理制度。

第四条　各级乡镇企业行政主管部门的主要负责人，应切实加强对乡镇企业消防工作的组织领导，并落实一名领导分管企业的消防工作。

第五条　各级乡镇企业行政主管部门的主要职责是：

1.制定乡镇企业消防管理的政策及规章，监督企业实施。

2.参加新建、改造、扩建项目的初步设计审查和消防设施的竣工验收。

3.监督检查企业开展群众性的消防教育工作。

4.指导企业建立义务或专业消防队伍，组织消防训练，提高队伍素质。

5.监督企业消除火险隐患，落实消防技术措施。

6.组织开展防火检查。

第六条 乡镇企业行政主管部门的消防监督员有权进入企业，检查消防管理工作；查阅有关资料；发现重大火险隐患时，有权要求企业立即采取防范措施。

第七条 企业厂长(经理)是企业消防工作的第一责任者，全面负责企业的消防工作。

第八条 企业应建立健全易燃易爆物品管理制度。凡生产、使用、储存、运输易燃易爆物品的单位，必须执行国家关于易燃易爆物品的安全管理规定；各类易燃易爆危险品仓库，设置在远离生产、生活区的安全地带；从事使用、保管易燃易爆物品的人员，应了解其安全性能、安全操作方法及预防措施。

第九条 企业应建立健全安全用电管理制度。企业的各种电气设备应由电工负责安装、检修、拆除，电工应严格执行电气设备安全技术规程；严禁使用不符合规定的保险装置。产生大量蒸汽、气体、粉尘的工作场所，应采用密封式电气设备；生产易燃易爆物品的车间或仓库的电气设备，应符合防火防爆要求。对电气线路、机械设备，应经常检修，保证完好；严禁电气设备和线路超过安全负荷。

第十条 企业应加强对生产、生活用火设备的管理，做到用火不离人，用火不超量，熄火要彻底；禁区内严禁烟火。

第十一条 企业应严格执行库房、货场、生产区、维修工房分开布置的规定；仓库的建筑等级、储存管理、装运管理、电源管理、火源管理、消防设施等，必须符合《仓库防火安全管理规则》；凡不符合该规定的，必须立即整改。

第十二条 企业采用新材料、新设备、新工艺时，必须研究其火灾危险性的特点，并采取相应的消防安全措施。

第十三条 企业应对职工进行消防法规和消防常识的教育；职工应掌握必要的防火、灭火知识，熟悉所从事岗位的火灾危险性、预防措施及灭火方法；新工人要经过防火知识教育后才能正式上岗作业；对从事特殊工种的人员，要进行消防专门培训，经考试合格后方能上岗作业。

第十四条 企业的建筑设计，必须符合国家有关消防技术规定的要求。

第十五条 新建、扩建、改建企业的消防设施，必须与主体工程同时设计，同时施工，同时投产使用；违反消防法规、没有消防配套设施或存在重大隐患的项目，不得投入使用。

第十六条 企业的生产场所，应根据实际需要留足安全通道；生产人员集中的场所，应保持地面平整，创造良好的生产环境；原材料、成品、半成品和废料，应分别堆放，不得妨碍通行；安全出口、人行通道，应保持畅通无阻，不得以任何借口将其堵塞。

第十七条 严禁企业将职工宿舍、生产车间和料品仓库混设在同一建筑物内；凡不符合“三分开”原则的，应限期整改。

第十八条 职工必须严格遵守消防安全规章制度，主动提出消除火险隐患和改进消防工作的建议；职工有权拒绝违章指挥，险情特别严重时有权停止作业，并采取紧急防范措施，同时报告有关负责人。

第十九条 企业应建立健全防火检查制度，充分发动职工经常进行防火自查。

第二十条 对检查出的隐患，企业应及时整改；对重大火险隐患，要及时采取可靠的临时防护措施，限期整改；对特别重大隐患，要逐项建档，紧急报告当地政府和有关部门及时落实整改措施。

第二十一条 企业比较集中、发达的地方，可在当地政府领导下，组建适合当地需要的专职消防队伍；规模企业应配备一定数量的义务消防队伍。

第二十二条 事故发生后，企业必须立即组织抢救，防止事故扩大，减少人员伤亡和财产损失；伤亡事故必须立即报告乡镇企业行政主管部门、公安部门和当地政府，并逐级上报。

第二十三条 发生一般事故，由企业负责调查和处理；发生重大事故，由政府有关部门、企业按照行政法规的规定进行调查和处理。

第二十四条 对自觉遵守国家消防法规、在消防工作中做出显著成绩的集体和个人，要进行表彰、奖励；对违反消防安全规定的集体和个人，要按有关规定，予以处罚；对事故责任者要依法处理；构成犯罪的，由司法机关依法追究刑事责任。

第二十五条 各省、自治区、直辖市及计划单列市乡镇企业行政主管部门可结合当地的实际，制定实施细则，报农业部乡镇企业局备案。

第二十六条 本规定由农业部负责解释。

第二十七条 本规定自公布之日起实施。

统计资料

1994年乡镇企业基本情况

(一)按经济性质分

1.企业个数

单位:个

地区 \ 项目	合计	乡办	村办	联户	个体
全国	**18 667 138**	**424 886**	**1 216 116**	**790 538**	**16 235 598**
北京	78 679	4 966	14 519	21 433	37 761
天津	48 178	2 868	9 104	5 311	30 895
河北	1 784 354	20 406	54 988		1 708 960
山西	644 520	7 991	42 964	19 250	574 315
内蒙古	303 721	8 136	9 679	2 606	283 300
辽宁	645 056	16 413	47 264		581 379
吉林	632 562	7 890	17 623	1 080	605 969
黑龙江	650 748	10 101	24 411	15 661	600 575
上海	15 039	4 623	10 416		
江苏	1 033 004	36 153	75 629	29 122	892 100
浙江	863 568	26 453	49 462	57 277	730 376
安徽	486 887	24 477	52 561	74 539	335 310
福建	265 017	11 533	29 732	23 785	199 967
江西	1 169 362	20 463	44 639	95 945	1 008 315
山东	1 996 428	24 691	149 526	150 891	1 671 320
河南	885 990	15 774	52 172	79 488	738 556
湖北	1 492 527	22 412	137 724	51 513	1 280 878
湖南	1 787 923	27 231	98 041	36 382	1 626 269
广东	1 389 897	27 627	101 537	64 132	1 196 601
广西	265 691	9 454	12 729	13 673	229 835
海南	60 913	1 494	1 606	3 012	54 801
四川	241 176	54 424	105 792	11 123	69 837
贵州	126 570	5 195	2 787	2 194	116 394
云南	737 256	7 410	24 733	8 200	696 913
西藏					
陕西	689 393	11 941	31 762	15 551	630 139
甘肃	234 993	7 615	8 559	7 512	211 307
青海	11 730	833	640	41	10 216
宁夏	5 894	1 557	1 552	584	2 201
新疆	120 062	4 755	3 965	233	111 109

2.职工人数

单位:人

地区 \ 项目	合计	乡办	村办	联户	个体
全国	**113 296 984**	**29 607 234**	**29 378 916**	**7 303 658**	**47 007 176**
北京	1 216 400	466 211	599 658	59 037	91 494
天津	1 018 917	277 557	575 919	60 526	104 915
河北	7 946 094	1 186 505	1 563 954		5 195 635
山西	3 688 197	535 326	1 064 000	188 114	1 900 757
内蒙古	1 176 203	306 734	169 085	34 578	665 806
辽宁	4 261 776	1 144 815	1 428 054		1 688 907
吉林	2 060 883	337 401	324 810	6 987	1 391 685
黑龙江	2 106 340	399 815	316 273	68 489	1 321 763
上海	1 389 845	762 326	627 519		
江苏	9 382 873	3 976 141	2 907 741	199 283	2 299 708
浙江	7 738 942	2 434 235	1 679 791	942 873	2 682 043
安徽	5 399 289	1 532 454	1 199 197	738 655	1 928 983
福建	2 374 975	755 386	637 757	325 270	656 562
江西	4 040 980	793 601	589 097	561 577	2 096 705
山东	14 815 882	3 004 616	4 894 736	1 202 747	5 713 783
河南	6 949 799	1 177 832	1 927 163	863 837	2 980 967
湖北	6 003 320	1 350 053	1 369 267	308 020	2 975 980
湖南	6 833 427	1 546 031	1 261 288	287 709	3 738 399
广东	9 155 144	2 092 394	2 871 000	634 545	3 557 205
广西	1 484 471	502 515	205 784	131 044	645 128
海南	275 449	60 675	26 543	28 260	159 971
四川	5 794 754	3 112 880	1 659 740	195 143	826 991
贵州	465 572	163 242	27 623	18 018	256 689
云南	2 354 372	478 333	516 647	83 654	1 275 738
西藏					
陕西	3 063 219	461 901	611 036	196 835	1 793 447
甘肃	1 617 259	450 668	225 251	153 635	787 705
青海	80 489	37 364	22 157	1 435	19 533
宁夏	145 930	80 781	31 057	9 297	24 795
新疆	456 183	179 442	46 769	4 090	225 882

3.总产值

1990年不变价

单位:万元

地区 \ 项目	合计	乡办	村办	联户	个体
全国	**425 885 141**	**150 409 995**	**138 252 837**	**24 314 408**	**112 907 901**
北京	9 173 141	3 797 448	4 839 805	250 566	285 322
天津	7 660 924	2 050 927	4 732 423	366 258	511 316
河北	25 537 994	4 538 779	5 814 815		15 184 400
山西	10 308 830	1 620 808	3 102 720	706 434	4 878 868
内蒙古	2 459 996	604 797	398 498	119 695	1 337 006
辽宁	23 734 103	6 141 505	9 335 421		8 257 177
吉林	4 838 207	989 029	993 202	2 500	2 853 476
黑龙江	6 000 018	1 406 128	1 175 554	138 786	3 279 550
上海	10 447 190	5 998 704	4 448 486		
江苏	65 519 738	35 004 695	24 665 391	774 912	5 074 740
浙江	48 103 962	17 496 853	10 327 110	5 396 843	14 883 156
安徽	14 952 226	5 908 202	4 476 212	1 710 582	2 857 230
福建	9 635 260	3 388 538	2 760 790	1 318 544	2 167 388
江西	12 658 067	2 856 226	2 176 047	1 764 269	5 861 525
山东	68 039 237	19 509 591	29 839 343	4 883 782	13 806 521
河南	17 961 285	3 695 154	5 996 992	2 105 190	6 163 949
湖北	16 561 200	6 132 476	4 844 860	826 974	4 756 890
湖南	12 747 066	3 925 363	2 638 713	582 464	5 600 526
广东	22 020 138	9 439 938	5 844 402	1 469 771	5 266 027
广西	4 894 615	1 908 112	567 704	516 345	1 902 454
海南	651 331	151 356	60 279	129 675	310 021
四川	19 733 912	10 225 290	6 245 894	511 957	2 750 771
贵州	844 087	457 364	93 627	17 953	275 143
云南	2 878 898	806 919	984 148	62 166	1 025 665
西藏					
陕西	5 254 547	1 051 492	1 352 100	434 741	2 416 214
甘肃	2 246 221	707 988	372 063	207 555	958 615
青海	100 626	58 351	22 842	3 435	15 998
宁夏	233 585	143 385	44 002	5 889	40 309
新疆	688 737	394 577	99 394	7 122	187 644

现 价

单位:万元

地区 \ 项目	合计	乡办	村办	联户	个体
全 国	**453 784 877**	**158 844 353**	**147 816 390**	**26 179 248**	**120 944 886**
北 京	9 344 251	3 952 493	4 855 630	250 555	285 573
天 津	7 646 141	2 127 539	4 641 028	366 258	511 316
河 北	27 057 972	4 998 799	5 971 304		16 087 869
山 西	10 201 113	1 610 292	3 015 423	713 243	4 862 155
内蒙古	2 718 812	674 935	434 761	134 223	1 474 893
辽 宁	24 643 163	6 545 324	9 745 647		8 352 192
吉 林	4 977 166	1 048 537	1 022 726	2 645	2 903 258
黑龙江	6 153 488	1 494 741	1 207 414	140 656	3 310 677
上 海	10 820 029	6 371 542	4 448 487		
江 苏	64 989 449	34 216 450	24 855 804	781 165	5 136 030
浙 江	47 599 204	17 309 412	10 009 793	5 396 843	14 883 156
安 徽	15 629 211	6 215 489	4 698 755	1 765 436	2 949 531
福 建	10 041 592	3 575 305	2 881 763	1 390 378	2 194 146
江 西	12 853 629	2 869 511	22 067 57	1 825 302	5 952 059
山 东	81 372 826	23 599 185	35 880 848	5 830 357	16 062 436
河 南	22 236 409	4 700 377	7 760 008	2 584 967	7 191 057
湖 北	17 773 537	6 367 006	5 118 795	875 034	5 412 702
湖 南	15 294 344	4 142 851	2 754 937	626 080	7 770 476
广 东	23 502 537	10 252 813	6 189 329	1 553 126	5 507 269
广 西	5 383 383	2 116 775	635 803	569 460	2 061 345
海 南	706 156	168 800	74 494	138 868	323 994
四 川	20 259 729	10 626 069	6 358 530	511 769	2 763 361
贵 州	901 607	512 881	90 752	19 060	278 914
云 南	3 039 369	874 952	1 059 324	65 312	1 039 781
陕 西	5 202 540	1 051 240	1 329 055	410 237	2 412 008
甘 肃	2 299 503	737 606	386 579	211 266	964 052
青 海	106 618	62 299	24 270	3 647	16 402
宁 夏	245 774	150 897	48 026	5 854	40 997
新 疆	785 325	470 233	110 348	7 507	197 237

(二)按行业分

1.企业个数

单位:个

项目 地区	农业	工业	建筑业	批发、零售、餐饮业 合计	批发、零售、餐饮业 餐饮业	服务业	其他企业
全国	**246 438**	**6 985 839**	**829 865**	**5 503 814**	**986 344**	**836 798**	**573 311**
北京	545	22 738	3 170	22 618	2 540	4 536	1 920
天津	9	27 605	531	10 490	2 062	1 611	16
河北	11 732	640 518	54 839	492 672	87 625	84 697	57 271
山西		153 606	21 170	155 633	33 198	28 728	14 339
内蒙古	3 926	64 848	8 281	106 468	17 989	20 929	5 662
辽宁	7 591	205 581	25 263	212 302	29 548	27 587	11 077
吉林	8 722	186 261	45 241	197 972	32 459	25 226	1 209
黑龙江	9 131	152 169	30 097	194 647	30 918	51 439	22 187
上海		15 039					
江苏	570	587 298	53 432	187 613	33 837	38 391	18 773
浙江	688	577 581	5 941	140 764	24 972	17 597	4 018
安徽	10 400	245 122	34 712	115 683	21 218	10 791	4 156
福建	9 321	91 739	9 867	85 303	13 675	11 645	5 637
江西	9 126	535 843	99 626	280 118	50 292	50 029	44 761
山东	21 020	801 234	83 961	497 388	132 958	117 931	65 622
河南	8 245	319 998	57 851	261 919	59 726	23 526	12 549
湖北	49 915	500 207	111 290	441 833	93 105	74 372	72 875
湖南	46 833	600 928	90 085	530 748	78 031	95 612	79 633
广东		437 337		888 241	68 869		64 319
广西	4 584	85 487	11 683	85 754	19 966	17 218	9 902
海南	1 303	12 995	1 918	21 895	5 489	3 746	545
四川	18 566	157 053	20 672	28 655	6 569	4 833	3 882
贵州	405	43 181	1 577	48 901	8 656	5 869	1 137
云南	8 522	208 842	11 108	199 328	44 573	40 802	33 392
西藏							
陕西	9 381	199 100	33 149	188 475	56 843	52 317	23 681
青海	109	3 467	202	4 665	1 050	636	313
甘肃	2 798	77 006	8 321	71 205	18 444	12 253	3 455
宁夏	593	2 655	681	954	232	192	163
新疆	2 403	30 401	5 197	31 570	11 500	14 285	10 817

2.职工人数

单位:人

地区	农业	工业	建筑业	批发、零售、餐饮业 合计	批发、零售、餐饮业 餐饮业	服务业	其他企业
全国	**2 604 586**	**69 615 092**	**16 220 441**	**13 852 767**	**2 879 266**	**1 889 128**	**1 859 035**
北京	17 945	799 289	218 203	84 562	12 742	26 706	9 058
天津	348	903 868	46 364	33 950	8 028	9 240	5 168
河北	153 629	4 678 817	1 146 061	975 458	207 855	156 065	156 506
山西		2 125 071	404 830	377 117	77 751	66 227	115 489
内蒙古	27 515	541 933	174 248	230 104	50 345	45 326	14 943
辽宁	165 927	2 483 195	693 434	513 552	100 536	55 723	29 188
吉林	87 344	929 332	327 775	394 318	90 504	36 822	2 499
黑龙江	58 018	931 002	271 492	376 682	69 360	96 394	48 921
上海		1 389 845					
江苏	15 658	7 554 755	955 669	422 795	95 269	82 915	44 909
浙江	13 068	6 713 996	487 627	287 829	60 390	35 195	8 700
安徽	128 860	3 272 767	980 375	549 343	113 549	70 098	40 588
福建	129 509	1 516 157	281 369	257 087	44 296	40 448	17 686
江西	85 258	2 432 582	534 627	550 605	122 747	88 881	94 447
山东	359 507	8 756 721	2 539 210	1 588 998	491 367	340 522	276 562
河南	102 943	4 059 322	1 333 153	770 792	206 453	86 081	55 576
湖北	338 450	2 971 870	907 445	1 036 999	228 345	87 315	238 888
湖南	441 891	3 361 248	1 194 187	986 705	186 526	174 434	182 554
广东		6 123 331		2 803 070	262 278		228 743
广西	53 835	826 589	245 878	186 502	48 202	45 513	19 229
海南	33 624	94 542	43 815	59 541	19 024	8 736	2 445
四川	183 521	3 364 253	1 768 515	230 788	58 325	69 096	39 814
贵州	4 564	282 233	52 902	76 098	17 911	11 659	4 392
云南	89 041	1 023 733	445 159	353 117	101 495	83 541	89 725
西藏							
陕西	62 699	1 474 930	583 807	408 376	152 119	112 983	92 082
青海	1 021	47 766	16 236	8 241	2 173	2 769	324
甘肃	25 786	677 267	440 439	216 093	28 033	26 532	17 439
宁夏	7 013	77 068	46 173	6 659	1 127	1 879	288
新疆	17 612	201 610	81 448	67 386	22 516	28 028	22 872

3.总产值

1990年不变价

单位:万元

地区 \ 项目	农业	工业	建筑业	批发、零售、餐饮业 合计	批发、零售、餐饮业 餐饮业
全国	**5 756 780**	**323 360 740**	**40 763 544**	**34 222 900**	**7 490 379**
北京	125 274	7 218 398	1 031 892	513 218	48 382
天津	2 200	7 293 895	121 499	147 511	19 606
河北	216 998	18 231 060	2 161 016	2 878 323	411 552
山西		6 666 311	884 257	1 048 575	219 654
内蒙古	48 565	1 180 870	425 147	426 224	116 240
辽宁	679 757	15 600 105	3 243 338	2 547 555	624 168
吉林	206 280	2 566 105	635 728	767 763	229 720
黑龙江	183 239	3 046 924	859 446	1 081 174	269 238
上海		10 447 190			
江苏	74 509	60 787 798	2 615 467	1 444 640	208 895
浙江	51 730	44 767 286	1 745 800	1 000 662	133 459
安徽	398 725	10 366 589	2 205 637	1 213 780	253 159
福建	477 396	6 957 634	729 493	882 989	124 536
江西	132 456	8 273 766	1 245 650	1 813 715	306 974
山东	1 168 093	50 513 531	7 911 365	4 129 807	1 581 795
河南	250 983	11 665 195	2 465 196	2 019 816	530 070
湖北	566 027	10 190 240	2 153 291	2 519 156	544 506
湖南	562 199	7 755 416	2 100 712	1 359 341	435 798
广东		16 792 919		5 227 219	482 101
广西	131 763	2 815 023	746 949	654 046	210 632
海南	36 109	308 950	105 513	134 956	40 216
四川	283 457	12 766 811	5 113 642	1 144 634	225 836
贵州	5 840	629 604	74 929	77 150	19 615
云南	49 746	1 404 220	684 379	309 406	134 550
西藏					
陕西	60 366	3 317 411	877 534	440 659	222 079
青海	1 382	71 964	16 948	7 687	2 086
甘肃	22 777	1 184 671	400 812	332 764	79 087
宁夏	6 863	147 108	57 140	14 195	2 799
新疆	14 046	393 746	150 764	85 935	13 626

现 价

单位:万元

地区 \ 项目	农 业	工 业	建筑业	批发、零售、餐饮业 合计	批发、零售、餐饮业 餐饮业
全 国	**5 963 873**	**346 880 026**	**41 796 524**	**36 125 293**	**8 045 554**
北 京	128 108	7 384 276	1 034 040	513 425	48 397
天 津	2 200	7 279 112	121 499	147 511	19 606
河 北	222 227	19 417 285	2 250 307	3 011 544	432 930
山 西		6 558 119	883 318	1 051 039	219 952
内蒙古	54 255	1 309 283	484 013	455 664	122 358
辽 宁	697 222	16 414 767	3 379 388	2 483 419	688 522
吉 林	201 452	2 709 892	635 728	767 763	229 720
黑龙江	184 575	3 199 058	859 446	1 081 174	269 238
上 海		10 820 029			
江 苏	78 417	60 236 877	2 621 333	1 452 322	210 035
浙 江	53 786	44 262 403	1743 683	998 513	133 428
安 徽	403 380	11 033 033	2 211 915	1 212 589	253 256
福 建	501 708	7 230 342	745 190	945 158	118 669
江 西	133 819	8 430 757	1 256 905	1 829 462	309 403
山 东	1 251 529	63 093 758	8 243 076	4 298 656	1 665 790
河 南	251 667	15 936 064	2 466 113	2 021 524	802 840
湖 北	578 704	10 903 031	2 219 634	2 789 773	594 495
湖 南	581 457	8 279 663	2 390 842	2 369 582	467 869
广 东		18 037 663		5 464 874	524 467
广 西	146 521	3 210 950	781 648	676 670	210 834
海 南	43 148	356 736	105 513	134 956	39 766
四 川	279 037	13 304 370	5 102 967	1 149 527	226 734
贵 州	5 101	687 863	74 929	77 150	19 615
云 南	54 628	1 567 954	676 234	309 406	117 550
西 藏					
陕 西	63 963	3 261 807	877 534	440 659	222 079
青 海	1 658	77 680	16 948	7 687	2 086
甘 肃	23 264	1 237 462	400 810	332 772	79 085
宁 夏	6 835	159 325	5 7140	14 195	2 799
新 疆	15 212	480 467	156 371	88 279	14 031

地 区

服 装（万件）	皮 鞋（万双）	布 鞋（万双）	机制纸及纸板（吨）	农用化肥（折合吨）	水 泥（万吨）	砖（万块）	房屋竣工面积（万平方米）
835 866	**112 381**	**111 543**	**5 467 198**	**5 125 462**	**8 670**	**69 820 611**	**159 896**
18 561	482	1 669	94 608	21 509	98	1 029 110	
22 306	1 341	1 300	90 059	74 098	21	482 020	344
26 107	1 897	3 392	694 264	157 644	440	5 765 210	1 405
1 269	622	804	184 096	74 962	196	3 024 988	2 097
1 631	71	129	22 758	1 585	20	861 999	1 461
68 845	1 602	2 234	126 002	108 504	267	1 953 651	2 922
2 572	74	109	37 492	6 560	28	1 275 636	806
5			22 842		10	132	275
38 359	6 097	5 193	423 992	733 004	797	5 177 276	5 903
125 281	2 939	24 949	525 022	161 448	820	2 248 549	1 779
14 641	618	1 792	266 428	1 014 208	360	4 711 571	16 613
104 120	36 389	21 352	164 300	30 050	590	1 390 882	6 557
4 357	1 593	202	58 978	206 383	102	2 412 780	8 391
94 905	9 814	18 976	876 946	416 371	1 326	9 575 651	27 334
75 134	8 267	13 153	418 270	416 749	701	8 638 095	7 797
24 226	530	1 202	98 004	842 282	429	2 921 557	6 561
12 399	4 027	502	137 200	188 997	410	2 769 416	6 868
141 664	26 302	9 395	355 000	11 959	830	3 240 000	29 956
19 247	125	29	166 418	71 850	204	3 085 000	2 790
1 906	6		2 630	1 100	1	265 064	632
21 781	8 573	3 513	268 680		521	4 288 248	14 608
3 770	213	274	23 223	198 131	80	379 619	7 616
1 109	197	146	72 055	172 469	139	659 948	848
6 166	471	1 193	284 032	172 948	177	2 214 210	4 472
6	8		2 544		2	63 360	41
4 108	80		35 980	26 680	77	787 498	1 422
9	3	35	1	1	14	160 843	115
1 382	40		15 374	15 970	10	438 298	283

1994 年乡镇企

(一)合

地区＼项目	企业个数(个)	职工人数(人)	出口产品生产总值(万元)	合计	小计
全国	**110 913**	**8 022 010**	**40 321 369**	**33 983 080**	**2 283 9161**
北京	713	124 810	805 465	663 486	449 548
天津	1 264	232 808	1 106 830	918 151	729 603
河北	16 926	358 345	1 152 516	856 023	444 224
山西	229	30 097	167 724	171 467	100 232
内蒙古	200	16 565	22 467	20 261	13 768
辽宁	1 918	260 830	1 449 597	1 280 293	957 964
吉林	325	31 426	109 493	89 829	41 353
黑龙江	145	19 781	64 424	51 347	23 826
上海					
江苏	8 642	1 562 133	11 543 087	10 572 095	8 048 869
浙江	9 507	1 003 076	6 284 376	5 035 726	4 190 625
安徽	1 907	182 127	611 321	428 544	160 111
福建	6 741	578 180	3 658 678	3 128 840	3 086 730
江西	5 353	96 356	258 692	188 400	77 662
山东	21 240	1 154 847	5 753 585	3 961 652	2 376 674
河南	4 249	211 913	590 525	455 030	193 358
湖北	670	127 296	634 596	474 247	276 040
湖南	1 948	157 974	398 162	357 525	205 831
广东	26 318	1 602 311	4 812 848	4 629 471	1 065 727
广西	659	74 771	236 111	218 594	143 339
海南	27	1 614	5 768	5 436	4 493
四川	987	116 355	436 329	302 747	147 875
贵州	46	5 282	24 983	23 344	7 240
云南	119	16 264	48 570	40 573	23 216
西藏					
陕西	248	30 038	75 619	52 319	38 472
甘肃	411	12 494	25 511	21 531	15 837
青海	38	6 217	22 897	15 722	6 004
宁夏	50	4 260	12 789	12 502	7 238
新疆	33	3 840	8 406	7 925	3 302

业出口情况

计

出口产品交货值(万元)				
直接出口		间接出口	“三来一补”工缴费收入	在“三来一补”中来样加工收入
交外贸部门	自营出口			
16 039 529	**6 799 632**	**7 653 979**	**3 487 834**	**3 489 940**
290 268	159 280	213 350	269	588
589 436	140 167	182 638	5 910	5 910
333 805	110 419	406 581	9 182	5 218
58 126	42 106	71 235		
13 031	737	6 493		
618 809	339 155	230 544	1 055	1 785
38 669	2 684	48 467	36	9
14 785	9 041	27 521		
6 029 532	2 019 337	2 518 240	5 819	4 986
3 551 593	639 032	843 794		1 307
120 714	39 397	263 180	2 913	5 253
1 184 614	1 902 116		42 110	42 110
50 582	27 080	109 266	1 587	1 472
1 678 739	697 935	1 547 850	31 008	37 128
130 480	62 878	260 957	4 539	715
192 625	83 415	193 919	4 288	4 288
182 647	23 184	149 292	2 009	2 402
696 693	369 034	188 459	3 375 285	3 375 285
71 707	71 632	74 236	1 019	1 019
3 711	782	863		80
107 183	40 692	154 487	615	385
5 990	1 250	16 104	175	
15 712	7 504	17 357		
30 224	8 248	13 847		
14 737	1 100	5 694	15	
6 004		9 718		
6 959	279	5 264		
2 154	1 148	4 623		

（二）按产品

1. 化

项目 / 地区	企业个数（个）	职工人数（人）	出口产品生产总值（万元）	合计	小计
全国	**3 080**	**301 888**	**2 276 488**	**1 769 962**	**1 255 045**
北京	17	1 487	4 985	2 954	1 463
天津	79	14 033	66 438	69 074	48 890
河北	191	19 782	128 591	96 404	54 982
山西	32	4 943	27 506	28 201	7 093
内蒙古	3	318	799	799	
辽宁	66	6 168	34 269	22 634	15 528
吉林	18	1 821	8 311	6 971	5 614
黑龙江	3	153	1 313	1 061	12
上海					
江苏	685	109 022	1 031 193	876 346	693 141
浙江	153	16 310	195 211	139 192	132 151
安徽	31	3 070	14 262	9 250	4 555
福建	68	4 363	28 262	22 403	22 403
江西	733	3 461	14 228	11 174	3 092
山东	273	49 839	376 485	199 439	143 534
河南	76	11 536	52 306	35 708	16 582
湖北	44	7 476	52 942	38 780	21 979
湖南	113	7 343	45 172	38 116	22 648
广东	311	21 460	104 098	101 593	22 602
广西	80	3 614	11 385	11 251	5 702
海南	1	85	2 507	2 507	2 507
四川	51	8 542	52 696	39 362	24 288
贵州	10	1 161	8 564	7 777	2 284
云南	14	2 173	5 207	4 505	599
西藏					
陕西	19	1 920	5 839	3 058	2 231
甘肃	6	351	2 746	828	290
青海					
宁夏	2	535	381	381	381
新疆	1	922	792	494	494

类别分

工

出口产品交货值(万元)				
直接出口		间接出口	“三来一补”工缴费收入	在“三来一补”中来样加工收入
交外贸部门	自营出口			
1 017 736	**237 309**	**440 366**	**75 348**	**74 551**
966	497	1 191		
48 890		20 184		
50 880	4 102	41 422		
5 833	1 260	21 108		
		799		
15 455	73	7 106		
4 921	693	1 357		
12		1 049		
555 362	137 779	183 205		
112 503	19 648	7 041		
4 267	288	4 650	45	45
9 515	12 888			
1 179	1 913	8 082		
120 393	23 141	55 784	121	121
14 993	1 589	19 126		
12 327	9 652	16 801		
19 628	3 020	15 468	505	
14 520	8 082	4 701	74 290	74 290
4 137	1 565	5 549		
2 507				
13 539	10 749	14 979	212	95
2 284		5 493	175	
599		3 906		
2 140	91	827		
290		538		
102	279			
494				

2. 机

项目 / 地区	企业个数（个）	职工人数（人）	出口产品生产总值（万元）	合计	小计
全国	**3 556**	**575 244**	**3 245 141**	**2 470 878**	**1 758 012**
北京	23	5 660	29 158	23 807	16 891
天津	55	8 492	32 039	29 806	17 513
河北	130	21 824	79 758	56 744	30 377
山西	54	4 609	16 853	15 006	9 689
内蒙古	4	647	1 538	289	
辽宁	206	27 716	174 145	92 065	75 148
吉林	15	1 937	7 454	5 056	2 423
黑龙江	3	649	1 100	938	938
上海					
江苏	1 032	203 703	1 373 565	1 204 651	911 591
浙江	632	89 980	584 005	393 556	349 297
安徽	30	7 705	20 311	17 002	4 718
福建	108	7 872	54 128	45 054	43 403
江西	5	384	862	792	
山东	440	92 679	552 340	333 544	201 422
河南	63	12 423	40 145	23 136	9 452
湖北	58	9 137	51 743	35 555	7 207
湖南	93	7 285	32 090	19 304	11 951
广东	482	52 142	146 037	139 170	54 559
广西	13	401	1 342	1 242	
海南					
四川	70	11 964	32 225	22 528	6 977
贵州	5	846	4 463	4 576	2 362
云南	7	1 549	3 808	3 088	63
西藏					
陕西	27	5 470	5 912	3 849	2 031
甘肃					
青海					
宁夏	1	170	120	120	
新疆					

械

出口产品交货值(万元)			"三来一补"工缴费收入	在"三来一补"中来样加工收入
直接出口		间接出口		
交外贸部门	自营出口			
1 380 815	**377 197**	**629 259**	**79 793**	**83 607**
10 300	6 591	6 901		15
11 401	6 112	12 293		
24 210	6 167	26 367		
9 210	479	5 317		
		289		
31 189	43 959	16 917		
2 423		2 633		
188	750			
711 424	200 167	293 060		
315 814	33 483	44 259		
3 968	750	12 280	5	4
20 480	22 923		1 651	1 651
		792		
159 004	42 418	128 149	173	3 973
4 300	5 152	13 684		
2 996	4 211	28 348		
11 435	516	7 353		
53 390	1 169	6 647	77 964	77 964
		1 242		
5 689	1 288	15 551		
1 724	638	2 214		
63		3 025		
1 607	424	1 818		
		120		

3. 矿

项目 地区	企业个数(个)	职工人数(人)	出口产品生产总值(万元)	合计	小计
全国	**2 190**	**245 127**	**1 320 124**	**1 087 175**	**697 286**
北京	20	1 445	3 066	2 811	2 121
天津	72	13 608	56 276	54 501	50 349
河北	115	7 077	14 639	12 183	4 799
山西	70	11 726	96 032	109 388	73 078
内蒙古	32	1 170	3 582	2 890	1 555
辽宁	213	42 901	204 493	152 469	57 390
吉林	34	1 962	5 769	5 241	3 554
黑龙江	10	2 162	6 880	5 158	3 836
上海					
江苏	62	12 759	125 697	122 092	75 265
浙江	420	49 795	238 367	210 832	180 413
安徽	16	1 337	1 782	1 725	792
福建	210	12 603	82 528	70 028	70 028
江西	112	5 865	15 998	13 606	3 522
山东	360	41 399	242 131	147 492	88 448
河南	76	9 135	50 347	33 230	7 774
湖北	27	1 499	5 249	4 699	1 658
湖南	120	6 799	45 642	43 387	27 364
广东	33	2 746	6 576	5 957	1 623
广西	46	4 574	29 786	22 995	3 868
海南	2	205	282	270	192
四川	4	1 433	4 648	3 282	2 432
贵州	8	1 176	7 864	7 112	1 964
云南	43	2 493	20 517	14 736	9 605
西藏					
陕西	49	3 417	15 117	11 377	8 698
甘肃	6	1 388	7 161	7 098	4 887
青海	20	2 887	21 505	14 373	6 004
宁夏	7	1 265	7 872	7 843	6 037
新疆	3	301	318	400	30

产

出口产品交货值(万元)				
直接出口		间接出口	“三来一补”工缴费收入	在“三来一补”中来样加工收入
交外贸部门	自营出口			
564 439	**132 847**	**387 370**	**2 627**	**2 519**
411	1 710	690		
49 876	473	4 152		
4 328	471	7 384		
33 879	39 199	36 310		
990	565	1 335		
41 713	15 677	95 079		
3 463	91	1 683	15	4
3 836		1 322		
73 265	2 000	46 827		
161 270	19 143	30 419		
774	18	933		
44 003	26 025			
2 979	543	10 084		
67 713	20 735	59 044	97	
4 337	3 437	25 456		
1 572	86	3 041		
26 628	736	16 023		
1 523	100	1 819	2 515	2 515
2 768	1 100	19 127		
192	78			
1 923	509	850		
1 964		5 148		
9 603	2	5 131		
8 501	197	2 679		
4 887		2 211		
6 004		8 369		
6 037		1 806		
	30	370		

4. 轻

项目 地区	企业个数 （个）	职工人数 （人）	出口产品生产 总值（万元）	合　计	小　计
全　国	**15 005**	**867 000**	**6 787 962**	**6 071 179**	**3 773 261**
北　京	118	15 730	98 347	72 368	35 323
天　津	180	32 075	164 102	141 029	113 261
河　北	341	30 931	89 040	70 796	40 070
山　西	8	1 027	1 694	1 444	794
内蒙古	8	1 018	762	462	224
辽　宁	208	27 842	161 692	144 886	122 371
吉　林	49	4 793	1 469	9 342	5 879
黑龙江	30	3 139	13 318	10 764	8 445
上　海					
江　苏	1 771	288 140	1 818 031	1 666 634	1 277 173
浙　江	1 078	103 121	536 761	484 774	427 930
安　徽	74	13 619	46 863	25 290	8 975
福　建	701	142 991	983 101	914 066	904 051
江　西	130	14 550	40 977	26 312	13 965
山　东	500	101 858	572 792	383 978	269 217
河　南	193	24 158	85 034	63 756	16 278
湖　北	87	12 573	57 824	42 008	32 499
湖　南	218	18 619	64 454	60 659	36 052
广　东	9 115	7 714	1 985 282	1 912 423	440 918
广　西	38	7 154	15 089	13 901	5 763
海　南	3	740	742	422	342
四　川	111	7 024	33 712	14 902	8 028
贵　州					
云　南	6	2 362	2 931	3 466	3 413
西　藏					
陕　西	30	5 142	13 137	6 689	2 168
甘　肃	6	552	636	636	
青　海					
宁　夏	1	120	122	122	122
新　疆	1	8	50	50	

工

出口产品交货值(万元)				
直接出口		间接出口	"三来一补"工缴费收入	在"三来一补"中来样加工收入
交外贸部门	自营出口			
2 290 165	**1 483 096**	**862 754**	**1 435 027**	**1 435 164**
30 632	4691	36 987	58	58
61 697	51 564	27 727	41	41
22 364	17 706	30 197	681	529
294	500	650		
52	172	238		
76 813	45 558	22 515		
5 150	729	3 463		
5 036	3 409	2 319		
904 805	372 368	389 437	24	24
377 054	50 876	56 844		
5 846	3 129	16 315	20	
242 175	661 876		10 015	10 015
4 228	9 737	12 347		
197 883	71 334	114 355	77	406
10 676	5 602	47 478		
24 948	7 551	9 509		
33 354	2 698	24 491	46	116
278 363	162 555	48 629	1 422 876	1 422 876
2 454	3 309	7 119	1 019	1 019
342				80
3 418	4 610	6 874	170	
315	3 098	53		
2 144	24	4 521		
		636		
122				
		50		

5. 食

地区＼项目	企业个数（个）	职工人数（人）	出口产品生产总值(万元)	合 计	小 计
全 国	**5 404**	**365 063**	**2 827 973**	**2 228 033**	**1 700 125**
北 京	11	1 658	13 504	10 289	6 620
天 津	116	8 673	42 354	38 308	34 777
河 北	294	16 056	62 707	54 418	35 262
山 西	9	1 795	6 461	4 051	949
内蒙古	17	3 045	3 019	2 942	2 475
辽 宁	438	40 584	339 740	290 259	221 347
吉 林	42	4 767	23 272	22 192	7 653
黑龙江	23	3 714	19 156	13 665	3 222
上 海					
江 苏	265	26 385	336 854	298 693	261 912
浙 江	276	16 863	147 757	116 416	108 105
安 徽	720	26 621	123 446	66 643	33 522
福 建	1 088	49 652	469 053	420 866	420 866
江 西	247	8 235	22 377	17 991	10 224
山 东	929	107 709	1 014 063	703 089	465 174
河 南	63	4 539	34 789	19 386	11 834
湖 北	30	3 134	15 865	11 763	8 571
湖 南	237	8 279	23 780	22 017	13 399
广 东	254	16 880	61 196	54 606	19 658
广 西	16	3 151	20 175	19 980	10 580
海 南	6	153	733	733	448
四 川	247	7 123	37 034	30 852	18 487
贵 州	1	27	361	412	412
云 南	19	884	4 238	3 374	888
西 藏					
陕 西	14	1 873	2 200	1 909	1 625
甘 肃	19	2 632	3 028	2 625	1 783
青 海					
宁 夏	23	631	811	554	332
新 疆					

品

出口产品交货值(万元)				
直接出口		间接出口	“三来一补”工缴费收入	在“三来一补”中来样加工收入
交外贸部门	自营出口			
1 096 375	**603 750**	**495 711**	**32 833**	**32 197**
245	6 375	3 669		
30 376	4 401	3 531		
18 299	16 963	19 156	5	
400	549	3 102		
2 475		467		
167 248	54 099	68 912	704	
7 596	57	14 539		
1 068	2 154	10 443		
192 321	69 591	36 291	1 050	490
79 976	28 129	8 311		
24 990	8 532	33 121		
208 834	212 032			
7 748	2 476	7 767		
287 067	178 107	237 384	188	531
11 128	706	7 552		
7 536	1 035	3 192		
11 515	1 884	8 618		
18 813	845	4 062	30 886	30 886
1 822	8 758	9 400		
178	270	285		
12 383	6 104	12 075		290
	412			
697	191	2 486		
1 545	80	284		
1 783		842		
332		222		

6. 土

地区＼项目	企业个数（个）	职工人数（人）	出口产品生产总值（万元）	合计	小计
全国	**4 063**	**120 872**	**615 572**	**574 627**	**401 223**
北京	1	5	6	6	
天津	30	1 595	7 759	5 670	4 015
河北	127	6 824	23 641	21 919	10 928
山西	4	404	867	706	592
内蒙古	20	38	50	50	50
辽宁	70	5 207	48 499	45 208	37 797
吉林	42	3 319	11 775	10 972	3 973
黑龙江	8	447	4 593	4 423	1 004
上海					
江苏	70	3 377	16 999	18 243	12 853
浙江	320	17 535	174 216	187 713	148 845
安徽	72	3 605	27 156	19 593	3 369
福建	780	16 845	99 107	87 804	87 789
江西	1 286	13 988	15 389	12 518	3 545
山东	341	22 844	120 233	100 056	61 782
河南	76	3 490	7 112	6 884	1 879
湖北	29	1 240	3 291	2 293	1 333
湖南	305	6 186	10 365	8 853	3 730
广东	141	6 465	26 947	24 949	6 805
广西	41	2 056	6 434	6 203	5 908
海南					
四川	113	3 835	6 025	5 780	3 071
贵州					
云南	1	4	5	5	
西藏					
陕西	13	585	1 139	1 448	1 237
甘肃	166	573	1 056	766	718
青海					
宁夏	6	309	1 403	1 403	
新疆	1	96	1 478	1 162	

产

出口产品交货值(万元)				
直接出口		间接出口	“三来一补”工缴费收入	在“三来一补”中来样加工收入
交外贸部门	自营出口			
292 280	**108 943**	**161 137**	**12 340**	**12 267**
		6		
3 140	875	1 655		
9 915	1 013	10 991		
592		114		
50				
32 234	5 563	7 411		
3 872	101	6 997	8	2
710	294	3 419		
10 603	2 250	5 390		
123 055	25 790	38 868		
3 154	215	16 224		
47 305	40 484		15	15
1 072	2 473	8 973		
34 096	27 686	38 274	150	
1 879		5 005		
718	615	960		
3 166	564	5 040		83
6 087	718	5 977	12 167	12 167
5 881	27	295		
2 956	115	2 709		
		5		
1 077	160	211		
718		48		
		1 403		
		1 162		

7. 畜

地区 \ 项目	企业个数（个）	职工人数（人）	出口产品生产总值(万元)	合计	小计
全国	**9 643**	**201 742**	**1 375 825**	**1 035 945**	**635 126**
北京	4	556	1 589	649	
天津	49	6 517	34 277	21 392	17 728
河北	7 015	63 524	339 568	189 071	95 632
山西	10	653	1 941	1 910	1 910
内蒙古	11	908	2 517	2 525	2 262
辽宁	66	5 352	65 979	44 940	39 690
吉林	17	705	1 864	1 477	390
黑龙江	3	160	728	370	370
上海					
江苏	83	6 839	69 606	62 969	46 610
浙江	160	24 278	208 753	202 301	165 131
安徽	172	10 144	83 476	49 274	15 709
福建	30	1 567	48 923	33 148	33 148
江西	147	964	4 423	3 208	2 093
山东	1 162	31 030	237 069	190 932	97 673
河南	297	11 393	92 773	75 935	36 459
湖北	55	7 743	27 501	22 358	11 871
湖南	72	2 706	6 946	7 462	3 336
广东	152	15 258	52 266	48 438	18 126
广西	11	426	21 372	19 942	5 036
海南	1	25	350	350	
四川	96	9 153	68 818	51 830	39 561
贵州					
云南	4	176	231	231	
西藏					
陕西	13	824	1 656	1 518	1 035
甘肃	9	676	1 627	1 627	1 309
青海	1	10	3	3	
宁夏	1	140	1 408	1 408	
新疆	2	15	161	677	47

产

出口产品交货值(万元) 直接出口 交外贸部门	自营出口	间接出口	“三来一补”工缴费收入	在“三来一补”中来样加工收入
500 105	**135 021**	**379 101**	**25 818**	**21 718**
		649		
16 304	1 424	3 664		
82 149	13 483	93 439		
1 849	61			
2 262		263		
27 653	12 037	5 250		
390		1 087		
300	70			
36 121	10 489	16 359		
150 693	14 438	37 170		
14 179	1 530	33 565		
21 196	11 952			
2 033	60	1 115		
68 390	29 283	87 789	5 470	5 470
14 719	21 740	39 476	4 100	
9 736	2 135	10 487		
2 716	620	4 126		
14 842	3 284	14 064	16 248	16 248
4 369	667	14 906		
		350		
28 913	10 648	12 269		
		231		
1 035		483		
209	1 100	318		
		3		
		1 408		
47		630		

8. 纺

地区 \ 项目	企业个数（个）	职工人数（人）	出口产品生产总值（万元）	合计	小计
全国	**7 639**	**1 051 371**	**5 853 812**	**5 041 560**	**3 561 875**
北京	70	18 823	100 110	86 297	48 583
天津	67	19 340	83 087	67 499	59 043
河北	133	12 614	30 626	26 794	10 639
山西	2	870	2 504	482	482
内蒙古	7	690	962	539	310
辽宁	69	9 997	44 631	40 475	24 027
吉林	4	878	1 228	1 168	747
黑龙江	12	1 811	1 671	1 501	595
上海					
江苏	1 401	400 966	2 895 930	2 796 954	2 168 162
浙江	1 216	171 292	1 191 830	854 350	712 911
安徽	45	13 670	45 523	24 228	11 918
福建	194	27 126	107 216	94 990	72 612
江西	1 593	7 024	33 317	26 776	11 528
山东	861	109 414	636 173	426 249	264 814
河南	61	10 763	37 731	41 384	29 611
湖北	109	29 328	114 684	85 014	40 615
湖南	69	8 121	21 135	16 918	6 275
广东	1 636	198 590	414 353	389 739	77 162
广西	2	286	398	398	41
海南					
四川	75	6 300	80 141	54 438	18 030
贵州					
云南	4	739	927	842	353
西藏					
陕西	6	1 335	7 404	2 344	1 341
甘肃	1	302	300	250	250
青海					
宁夏	1	275	105	105	
新疆	1	817	1 826	1 826	1 826

织

出口产品交货值(万元)				
直接出口		间接出口	“三来一补”工缴费收入	在“三来一补”中来样加工收入
交外贸部门	自营出口			
2 810 963	**750 912**	**1 153 779**	**325 120**	**325 906**
42 046	6 537	37 714		
48 357	10 686	8 456		
8 953	1 686	15 868	522	287
460	22			
310		229		
14 583	9 444	15 433		1 015
747		421		
539	56	906		
1 689 329	478 833	628 216	576	576
653 976	58 935	141 102		337
11 081	837	12 310	330	
13 874	58 738		22 378	22 378
6 078	5 450	15 174	44	74
222 625	42 189	160 792	643	643
18 300	11 311	11 773		
28 757	11 858	44 399		
5 930	345	10 271	403	372
27 198	49 964	12 353	300 224	300 224
	41	357		
14 838	3 192	36 408		
353		489		
1 341		1 003		
250				
		105		
1 038	788			

9. 丝

项目 / 地区	企业个数（个）	职工人数（人）	出口产品生产总值（万元）	合计	小计
全国	**1 188**	**254 121**	**1 253 685**	**1 105 536**	**704 571**
北京	2	367	3 271	3 271	2 310
天津	5	3 684	9 243	8 894	8 874
河北	6	378	252	443	200
山西	3	700	495	378	210
内蒙古	1	24	40	17	17
辽宁	16	5 426	21 279	14 701	13 202
吉林	3	539	439	439	330
黑龙江	1	175	280	269	269
上海					
江苏	255	95 059	749 654	726 361	492 086
浙江	213	71 670	328 362	254 859	150 094
安徽	33	7 382	19 714	14 990	8 484
福建	7	937	3 639	3 608	3 589
江西	7	1 218	2 638	2 441	355
山东	31	7 090	26 072	13 254	7 127
河南	461	6 328	11 658	11 452	3 427
湖北	21	2 465	4 816	2 432	396
湖南	2	252	221	221	
广东	57	4 031	4 924	4 420	1 524
广西					
海南					
四川	55	43 556	65 143	41 541	10 547
贵州					
云南	1	2 647	1 292	1 292	1 292
西藏					
陕西	1	30	28	28	28
甘肃	7	163	225	225	210
青海					
宁夏					
新疆					

织

出口产品交货值(万元)				
直接出口		间接出口	“三来一补”工缴费收入	在“三来一补”中来样加工收入
交外贸部门	自营出口			
584 315	**120 256**	**397 381**	**3 459**	**3 584**
2 310		961		
3 865	5 009		20	20
200		243	12	
210		168		
17				
13 202		1 499		
	330	109		
269				
396 854	95 232	233 675	600	600
140 029	10 065	104 750		15
3 484	5 000	6 506		
40	3 549		19	19
355		2 070	94	16
7 037	90	6 127		
3 427		8 025		
246	150	1 818	218	218
		21	200	
693	831	400	2 496	2 496
10 547		30 994		
1 292				
28				
210		15		

10. 服

项目 地区	企业个数(个)	职工人数(人)	出口产品生产总值(万元)		
				合计	小计
全国	**9 639**	**1 270 540**	**6 148 370**	**5 491 591**	**3 817 931**
北京	147	47 439	312 805	274 886	217 475
天津	218	57 412	263 229	230 561	192 284
河北	697	40 626	132 212	117 909	79 344
山西	3	369	853	801	131
内蒙古	3	580	1 108	958	500
辽宁	199	49 095	84 771	219 795	173 506
吉林	20	2 870	15 381	10 368	5 352
黑龙江	2	168	867	597	567
上海					
江苏	1 026	164 166	1 552 997	1 386 697	1 087 818
浙江	1 317	179 193	1 365 176	1 193 718	997 745
安徽	119	18 123	62 446	55 019	23 904
福建	627	87 803	687 807	505 986	501 932
江西	27	3 948	23 789	17 542	6 839
山东	270	47 340	357 697	292 009	216 832
河南	46	6 906	27 020	22 979	9 347
湖北	90	34 847	238 152	186 928	118 992
湖南	60	8 070	33 517	30 809	17 595
广东	4 713	515 180	951 060	919 870	155 629
广西	5	554	1 075	917	917
海南					
四川	27	3 506	29 559	17 237	6 050
贵州					
云南					
西藏					
陕西	15	1 523	3 658	3 330	2 507
甘肃	5	657	2 851	2 335	2 335
青海					
宁夏					
新疆	3	165	340	340	330

装

出口产品交货值(万元)				
直接出口		间接出口	“三来一补”工缴费收入	在“三来一补”中来样加工收入
交外贸部门	自营出口			
2 390 688	**1 427 243**	**918 130**	**754 222**	**755 530**
120 430	97 045	57 351		60
169 323	22 961	36 952	1 325	1 325
53 627	25 717	38 550		15
95	36	670		
500		458		
117 947	55 559	46 289	231	
4 767	585	5 016		
567		30		
699 163	388 655	296 446	2 523	2 433
744 265	253 480	195 086		887
20 023	3 881	30 291	740	824
118 084	383 848		4 054	4 054
4 198	2 641	10 032	671	671
109 834	106 998	73 347	1 243	1 830
7 962	1 385	13 627	21	5
87 859	31 133	64 465	3 471	3 471
15 623	1 972	13 041	51	173
104 896	50 733	24 459	739 782	739 782
756	161			
5 927	123	11 187	110	
2 507		823		
2 335				
	330	10		

11. 工

项目 地区	企业个数（个）	职工人数（人）	出口产品生产总值（万元）	合计	小计
全国	**36 798**	**1 604 528**	**4 001 933**	**3 483 049**	**2 208 788**
北京	214	18 232	136 046	101 922	61 523
天津	241	42 585	223 096	147 165	89 002
河北	7 087	105 009	143 681	127 095	50 918
山西	13	1 489	2 486	1 832	1 810
内蒙古	85	7 037	3 193	2 961	1 291
辽宁	156	14 708	35 383	31 251	23 915
吉林	35	3 351	3 789	2 661	1 338
黑龙江	25	3 286	3 178	3 047	2 314
上海					
江苏	1 023	112 280	601 813	566 863	430 476
浙江	2 184	135 955	497 717	448 189	371 404
安徽	441	66 337	137 281	106 916	31 978
福建	1 451	124 718	472 517	432 312	428 967
江西	169	24 819	43 932	35 887	16 055
山东	15 296	427 792	985 783	799 060	368 198
河南	2 661	87 871	92 030	81 679	39 148
湖北	61	8 498	25 150	19 717	16 383
湖南	354	72 714	82 283	78 300	56 728
广东	4 623	283 403	374 804	368 360	111 873
广西	327	41 009	105 803	99 631	87 315
海南	12	291	702	702	582
四川	70	6 684	10 483	9 307	2 758
贵州	1	175	200	200	200
云南	6	332	1 447	1 354	701
西藏					
陕西	49	6 560	12 019	10 239	9 401
甘肃	178	4 923	5 152	4 479	3 936
青海	17	3 320	1 389	1 346	
宁夏	3	155	192	191	191
新疆	16	995	384	383	383

艺品

出口产品交货值(万元)				
直接出口		间接出口	“三来一补”工缴费收入	在“三来一补”中来样加工收入
交外贸部门	自营出口			
1 610 120	**598 668**	**1 020 171**	**252 387**	**254 090**
49 197	12 326	40 252	147	147
67 109	21 893	54 749	3 414	3 414
39 509	11 409	71 993	7 299	4 184
1 810		22		
1 291		1 670		
12 387	11 528	6 566	120	770
1 338		1 323		
1 226	1 088	733		
331 658	98 818	136 010	560	377
325 759	45 645	76 717		68
25 232	6 746	71 071	1 045	3 867
255 411	173 556		3 345	3 345
15 252	803	19 136	676	696
257 584	110 614	409 151	20 496	21 711
28 102	11 046	41 821	393	710
10 969	5 414	2 735	599	599
46 905	9 823	20 556	972	1 016
91 054	20 819	43 301	213 186	213 186
39 171	48 144	12 316		
492	90	120		
1 324	1 434	6 549	120	
	200			
701		653		
2 129	7 272	838		
3 936		543	15	
		1 346		
191				
383				

12. 其

项目 / 地区	企业个数（个）	职工人数（人）	出口产品生产总值（万元）	合计	小计
全国	**12 708**	**1 164 514**	**4 614 484**	**3 623 545**	**2 325 918**
北京	86	13 408	102 578	84 526	57 239
天津	152	24 794	124 930	104 252	93 867
河北	790	33 700	107 801	82 247	31 073
山西	21	1 512	10 032	7 268	3 494
内蒙古	9	1 090	4 897	5 829	5 084
辽宁	211	25 834	234 716	181 610	154 043
吉林	46	4 484	28 742	13 942	4 100
黑龙江	25	3 917	11 340	9 554	2 254
上海					
江苏	969	139 437	970 748	845 592	591 782
浙江	1 538	127 084	816 221	549 826	446 599
安徽	154	10 514	29 061	38 614	12 187
福建	1 477	101 703	622 397	498 575	497 942
江西	897	11 900	40 762	20 153	6 444
山东	777	115 853	632 747	372 550	192 453
河南	176	23 371	59 580	39 501	11 567
湖北	59	9 356	37 379	22 700	14 536
湖南	305	11 600	32 557	31 479	6 753
广东	4 801	478 442	685 305	659 946	155 248
广西	80	11 546	23 252	22 134	18 209
海南	2	115	452	452	422
四川	68	7 235	15 818	11 688	7 646
贵州	21	1 897	3 531	3 267	18
云南	14	2 905	7 967	7 680	6 302
西藏					
陕西	12	1 359	7 510	6 530	6 170
甘肃	8	277	729	662	119
青海					
宁夏	5	660	375	375	175
新疆	5	521	3 057	2 593	192

他

出口产品交货值(万元)				
直接出口		间接出口	“三来一补”工缴费收入	在“三来一补”中来样加工收入
交外贸部门	自营出口			
1 501 528	**824 390**	**808 820**	**488 860**	**488 807**
33 731	23 508	26 979	64	308
79 098	14 769	9 275	1 110	1 110
19 371	11 702	50 971	663	203
3 494		3 774		
5 084		745		
68 385	85 658	27 567		
4 002	98	9 839	13	3
1 034	1 220	7 300		
428 627	163 155	253 324	486	486
367 199	79 400	103 227		
3 716	8 471	25 914	728	513
203 697	294 245		633	633
5 460	984	13 694	102	15
147 113	45 340	177 654	2 350	2 443
10 657	910	27 934	25	
4 961	9 575	8 164		
5 747	1 006	24 284	32	442
85 314	69 934	22 047	482 651	482 651
10 349	7 860	3 925		
	422	30		
5 726	1 920	4 042	3	
18		3 249		
2 089	4 213	1 378		
6 170		360		
119		543		
175		200		
192		2 401		

1994 年乡村

(一) 总

1. 按行

项目 / 行业	企业个数(个) 合计	乡办	村办	职工人数(人) 合计	乡办	村办
总　计	**1 053 891**	**290 645**	**763 246**	**43 055 395**	**20 333 904**	**22 721 491**
按轻重工业分						
1. 轻工业	573 940	146 492	427 448	20 582 371	9 897 894	10 684 477
以农产品为原料	373 716	84 823	288 893	11 296 576	5 631 933	5 664 643
以非农产品为原料	200 224	61 669	138 555	9 285 795	4 265 961	5 019 834
2. 重工业	479 951	144 153	335 798	22 473 024	10 436 010	12 037 014
采掘工业	100 729	28 455	72 274	4 711 396	2 142 035	2 569 361
原料工业	71 816	27 721	44 095	3 476 311	1 947 743	1 528 568
加工工业	307 406	87 977	219 429	14 285 317	6 346 232	7 939 085
按工业行业分						
1. 煤炭采选业	28 695	10 252	18 443	2 039 443	1 024 292	1 015 151
煤炭开采业	25 546	9 196	16 350	1 797 534	918 943	878 591
2. 石油和天然气开采业	23	14	9	512	327	185
3. 黑色金属矿采选业	6 245	2 212	4 033	316 568	169 849	146 719
铁矿采选业	4 510	1 510	3 000	227 989	117 045	110 944
4. 有色金属矿采选业	6 000	2 939	3 061	338 004	222 153	115 851
铅锌矿采选业	984	685	299	61 477	50 063	11 414
金矿采选业	2 113	948	1 165	129 553	82 680	46 873
5. 非金属矿采选业	53 249	11 936	41 313	1 888 068	687 179	1 200 889
建筑用石开采业	32 203	6 003	26 200	1 056 651	326 891	729 760
耐火土石开采业	2 018	458	1 560	88 109	32 617	55 492
化学矿采选业	776	260	516	32 721	15 058	17 663
硫矿采选业	659	196	463	28 710	12 556	16 154
磷矿采选业	661	241	420	36 174	19 366	16 808
采盐业	1 087	440	647	61 530	34 241	27 289
其他非金属矿采选业	9 673	2 937	6 736	369 467	172 487	196 980
6. 其他矿采选业	2 184	684	1 500	73 055	29 097	43 958
7. 木材及竹材采运业	4 915	1 017	3 898	83 785	29 748	54 037
8. 食品加工业	200 784	25 500	175 284	2 039 110	686 673	1 352 437
粮食加工业	142 130	11 669	130 461	1 010 714	232 124	778 590
饲料加工业	8 471	2 987	5 484	119 115	53 634	65 481
配、混合饲料制造业	2 844	1 107	1 737	55 841	29 626	26 215
植物油加工业	24 875	4 795	20 080	293 295	110 133	183 162
制糖业	632	230	402	19 613	10 543	9 070
屠宰及肉类加工业	5 633	1 775	3 858	161 224	86 750	74 474
水产品加工业	2 223	893	1 330	105 264	52 713	52 551
9. 食品制造业	12 699	4 172	8 527	483 377	231 556	251 821
糕点、糖果制造业	3 636	1 029	2 607	130 571	49 950	80 621
罐头食品制造业	3 559	1 537	2 022	158 582	94 777	63 805

工业情况

计

业分

总产值(现价,万元)			销售产值(现价,万元)		
合计	乡办	村办	合计	乡办	村办
255 247 163	**129 662 566**	**125 584 597**	**236 278 835**	**119 896 315**	**116 382 520**
129 239 524	67 994 350	61 245 174	120 079 066	63 053 627	57 025 439
74 196 122	40 161 096	34 035 026	68 659 133	37 130 328	31 528 805
55 043 402	27 833 254	27 210 148	51 419 933	25 923 299	25 496 634
126 007 639	61 668 216	64 339 423	116 199 769	56 842 688	56 357 081
13 651 297	5 662 082	7 989 215	12 544 602	5 156 233	7 388 369
26 942 180	15 443 444	11 498 736	24 755 186	14 158 342	10 596 844
85 414 162	40 562 690	44 851 472	78 899 981	37 528 113	41 371 868
3 908 504	1 847 391	2 061 113	3 636 071	1 707 547	1 928 524
3 223 300	1 558 000	1 665 300	3 006 755	1 442 688	1 564 067
7 229	5 763	1 466	3 384	2 389	995
1 219 945	573 570	646 375	1 078 789	502 367	576 422
908 613	433 618	474 995	814 081	374 042	440 039
1 507 410	887 064	620 346	1 390 173	807 095	583 078
199 076	166 548	32 528	188 494	153 029	35 465
689 311	317 460	371 851	637 396	285 973	351 423
6 849 201	2 307 402	4 541 799	6 259 133	2 071 109	4 188 024
3 574 447	976 836	2 597 611	3 313 627	891 048	2 422 579
396 222	139 130	257 092	354 984	119 841	235 143
89 359	45 840	43 519	79 265	40 476	38 789
71 065	27 282	43 783	66 791	25 013	41 778
95 319	56 102	39 217	86 737	53 623	33 114
193 282	122 039	71 243	157 937	97 222	60 715
1 308 183	592 019	716 164	1 169 725	533 675	636 050
297 852	117 336	180 516	271 748	104 058	167 690
233 601	99 861	133 740	201 711	87 422	114 289
16 838 709	7 115 493	9 723 216	15 535 776	6 527 819	9 007 957
7 052 765	2 115 464	4 937 301	6 498 558	1 946 813	4 551 745
1 424 823	799 468	625 355	1 330 434	746 055	584 379
839 025	531 013	308 012	798 463	511 333	287 130
2 451 936	1 151 452	1 300 484	2 238 554	1 026 637	1 211 917
83 943	50 647	33 296	77 196	45 815	31 381
1 806 788	1 017 348	789 440	1 698 210	929 561	738 649
1 828 390	1 059 903	768 487	1 667 124	975 773	691 351
3 297 783	1 665 278	1 632 505	3 041 508	1 521 891	1 519 617
850 771	347 303	503 468	742 436	323 186	419 250
968 486	618 697	349 789	878 508	558 788	319 720

行业＼项目	企业个数(个)			职工人数(人)		
	合计	乡办	村办	合计	乡办	村办
10. 饮料制造业	27 003	10 123	16 880	599 337	313 073	286 264
白酒制造业	11 196	4 833	6 363	193 014	108 146	84 868
黄酒制造业	711	319	392	23 492	13 274	10 218
啤酒制造业	180	133	47	38 803	32 968	5 835
碳酸饮料制造业	2 336	881	1 455	78 557	35 074	43 483
制茶业	8 834	2 426	6 408	140 806	60 889	79 917
11. 烟草加工业	171	30	141	5 267	1 081	4 186
12. 纺织业	30 394	11 907	18 487	3 379 014	2 154 059	1 224 955
棉纺织业	8 269	3 403	4 866	943 337	623 111	320 226
绵纺业	1 799	872	927	236 792	166 948	69 844
印染业	1 042	461	581	136 058	78 698	57 360
毛纺织业	2 765	1 185	1 580	360 762	227 106	133 656
毛织业	851	429	422	129 517	89 675	39 842
针织品业	7 401	2 530	4 871	551 627	302 861	248 766
13. 缝纫业	27 068	8 800	18 268	2 069 161	1 114 906	954 255
服装制造业	20 481	6 530	13 951	1 555 566	833 202	722 364
制帽业	271	104	167	20 377	10 861	9 516
制鞋业	3 362	1 065	2 297	252 772	133 475	119 297
14. 皮革、毛皮、羽绒及其制品业	12 974	5 366	7 608	805 122	418 080	387 042
皮革制品制造业	6 143	2 347	3 796	485 098	252 573	232 525
15. 木材加工及竹、藤、棕制品业	33 887	12 374	21 513	833 418	408 859	424 559
16. 家具制造业	17 291	5 183	12 108	449 181	171 563	277 618
17. 造纸及纸制品业	20 599	6 952	13 647	1 109 428	496 468	612 960
造纸业	9 054	3 226	5 828	537 338	265 650	271 688
18. 印刷业	11 865	4 277	7 588	449 157	160 720	288 437
19. 文教体育用品制造业	4 534	1 553	2 981	469 875	236 315	233 560
玩具制造业	1 911	751	1 160	289 680	160 732	128 948
20. 石油加工及炼焦业	4 920	1 586	3 334	200 933	84 029	116 904
炼焦业	2 543	811	1 732	124 721	51 464	73 257
21. 化学原料及化学制品制造业	29 265	12 165	17 100	1 347 574	732 354	615 220
化学肥料制造业	2 749	1 492	1 257	125 593	88 004	37 589
化学农药制造业	910	515	395	45 732	32 294	13 438
日用化学产品制造业	6 560	2 633	3 927	281 471	147 631	133 840
化妆品制造业	690	306	384	36 686	20 706	15 980
22. 医药制造业	1 972	1 058	914	152 011	100 024	51 987
23. 化学纤维制造业	1 475	676	799	124 466	78 281	46 185
24. 橡胶制品业	4 944	1 761	3 183	345 486	188 618	156 868
日用橡胶制品业	960	342	618	70 383	35 629	34 754

（续）

总产值(现价,万元)			销售产值(现价,万元)		
合计	乡办	村办	合计	乡办	村办
3 272 411	1 893 202	1 379 209	2 980 906	1 706 600	1 274 306
969 571	629 663	339 908	985 642	565 099	420 543
125 919	72 226	53 693	106 168	56 589	49 579
289 445	244 527	44 918	268 627	225 898	42 729
455 488	235 636	219 852	421 969	218 327	203 642
471 134	256 413	214 721	428 062	230 846	197 216
17 876	6 263	11 613	37 715	8 847	28 868
27 375 899	17 369 388	10 006 511	25 621 191	16 241 016	9 380 175
8 760 254	5 858 470	2 901 784	8 269 472	5 548 267	2 721 205
1 879 765	1 351 538	528 227	1 877 851	1 346 856	530 995
3 356 491	2 135 154	1 221 337	3 364 131	2 155 204	1 208 927
3 242 643	2 110 148	1 132 495	3 064 153	2 032 685	1 031 468
1 200 617	835 618	364 999	1 360 870	881 716	479 154
3 866 757	2 144 597	1 722 160	3 533 325	1 933 830	1 599 495
12 051 441	7 234 536	4 816 905	11 227 185	6 779 920	4 447 265
7 790 728	4 900 961	2 889 767	7 266 918	4 581 117	2 685 801
92 386	46 659	45 727	79 744	39 695	40 049
1 704 705	977 010	727 695	1 571 755	894 199	677 556
5 043 827	2 980 027	2 063 800	4 642 558	2 742 778	1 899 780
2 909 015	1 662 050	1 246 965	2 788 524	1 615 233	1 173 291
3 837 268	1 754 255	2 083 013	3 513 756	1 588 069	1 925 687
2 708 476	1 032 344	1 676 132	2 510 487	947 965	1 562 522
5 425 431	2 460 794	2 964 637	5 051 762	2 298 036	2 753 726
2 385 658	1 165 933	1 219 725	2 166 696	1 088 139	1 078 557
2 149 631	833 812	1 315 819	1 996 044	775 270	1 220 774
1 757 525	1 015 251	742 274	1 629 519	935 711	693 808
884 847	566 470	318 377	806 467	549 469	256 998
1 867 177	830 886	1 036 291	1 719 638	762 803	956 835
736 185	311 977	424 208	674 306	277 477	396 829
12 797 457	7 114 275	5 683 182	11 858 787	6 439 275	5 419 512
1 034 333	719 804	314 529	944 207	658 737	285 470
502 594	369 466	133 128	447 509	326 319	121 190
2 827 706	1 481 947	1 345 759	2 618 605	1 406 168	1 212 437
641 824	357 904	283 920	521 644	289 531	232 113
1 652 366	1 091 490	560 876	1 519 534	992 623	526 911
1 476 094	1 047 444	428 650	1 420 184	966 848	453 336
2 238 903	1 228 673	1 010 230	2 104 248	1 148 020	956 228
358 745	207 106	151 639	420 335	203 760	216 575

行业 \ 项目	企业个数(个)			职工人数(人)		
	合计	乡办	村办	合计	乡办	村办
25.塑料制品业	28 523	8 473	20 050	1 230 209	518 162	712 047
26.非金属矿物制品业	184 990	44 335	140 655	8 942 846	3 831 792	5 111 054
水泥制造业	6 747	3 726	3 021	995 210	732 048	263 162
水泥制品业	72 822	17 698	55 124	2 879 822	1 121 856	1 757 966
砖瓦制造业	84 097	17 065	67 032	3 917 778	1 370 585	2 547 193
建筑用石加工业	13 251	3 230	10 021	427 573	153 047	274 526
轻质建筑材料制造业	9 153	2 529	6 624	310 460	128 013	182 447
玻璃及玻璃制品业	2 501	992	1 509	202 603	120 472	82 131
日用玻璃制品业	847	406	441	89 372	60 150	29 222
陶瓷制品业	3 524	1 233	2 291	311 613	145 368	166 245
建筑、卫生陶瓷制造业	1 823	669	1 154	211 564	95 698	115 866
27.黑色金属冶炼及压延加工业	16 938	5 773	11 165	1 046 798	527 662	519 136
28.有色金属冶炼及压延加工业	7 187	3 015	4 172	400 864	219 426	181 438
29.金属制品业	53 212	16 306	36 906	2 341 540	1 004 817	1 336 723
30.普通机械制造业	45 919	14 767	31 152	2 330 507	1 112 114	1 218 393
31.专用设备制造业	10 349	4 566	5 783	609 516	353 032	256 484
农林牧渔业机械制造业	2 742	1 602	1 140	115 705	75 775	39 930
32.交通运输设备制造业	10 733	3 901	6 832	611 877	323 799	288 078
33.电气机械及器材制造业	12 796	4 698	8 098	889 048	490 302	398 746
34.电子及通信设备制造业	5 817	2 050	3 767	508 316	245 743	262 573
35.仪器仪表及文化、办公用机械制造业	2 753	1 116	1 637	146 159	72 335	73 824
36.其他制造业	111 399	27 938	83 461	4 158 649	1 706 739	2 451 910
工艺美术品制造业	17 611	5 290	12 321	1 085 148	525 298	559 850
雕塑工艺品制造业	1 043	393	650	43 251	23 128	20 123
竹、藤、棕、草工艺品制造业	2 677	1 107	1 570	154 486	79 362	75 124
抽纱刺绣工艺品制造业	3 414	952	2 462	249 096	142 089	107 007
地毯制造业	5 899	1 624	4 275	365 290	168 744	196 546
其他工艺品制造业	7 889	2 379	5 510	437 246	192 615	244 631
日用杂品制造业	2 777	707	2 070	124 564	50 639	73 925
其他生产、生活用品制造业	44 267	9 517	34 750	1 430 270	473 710	956 560
37.电力、蒸汽、热水生产和供应业	15 355	8 593	6 762	193 223	155 225	37 998
水力发电业	12 507	7 030	5 477	140 817	113 845	26 972
38.煤气生产和供应业	1 093	397	696	9 608	6 683	2 925
39.自来水生产和供应业	3 671	2 180	1 491	34 883	26 769	8 114

（续）

总 产 值(现价,万元)			销 售 产 值(现价,万元)		
合 计	乡 办	村 办	合 计	乡 办	村 办
7 727 822	3 743 946	3 983 876	7 174 662	3 476 531	3 698 131
31 244 511	13 883 643	17 360 868	29 010 117	12 898 718	16 111 399
4 811 921	3 707 929	1 103 992	4 549 656	3 518 419	1 031 237
7 861 716	3 048 045	4 813 671	7 292 668	2 842 708	4 449 960
8 948 613	2 868 489	6 080 124	8 229 343	2 696 262	5 533 081
2 064 581	752 167	1 312 414	2 000 178	716 384	1 283 794
1 805 569	745 419	1 060 150	1 656 590	684 315	972 275
963 287	596 826	366 461	904 611	551 557	353 054
355 292	228 726	126 566	383 977	235 924	148 053
1 428 777	576 128	852 649	1 352 767	551 658	801 109
1 131 018	443 746	687 272	1 071 486	419 637	651 849
11 804 016	5 961 659	5 842 357	10 685 840	5 434 818	5 251 022
5 600 715	3 422 130	2 178 585	5 166 015	3 164 905	2 001 110
17 534 047	8 063 306	9 470 741	16 045 929	7 353 279	8 692 650
17 200 431	8 147 055	9 053 376	15 690 857	7 441 489	8 249 368
4 831 212	2 916 560	1 914 652	4 543 266	2 711 218	1 832 048
975 818	672 374	303 444	898 249	617 739	280 510
5 457 355	3 210 121	2 247 234	5 137 987	3 041 083	2 096 904
9 080 019	5 467 274	3 612 745	8 256 630	4 943 029	3 313 601
3 567 755	2 130 814	1 436 941	3 294 477	1 951 324	1 343 153
987 036	597 649	389 387	895 737	540 605	355 132
21 533 474	8 932 015	12 601 459	20 260 718	8 612 715	11 648 003
3 473 103	1 619 632	1 853 471	3 398 514	1 577 324	1 821 190
208 034	110 291	97 743	165 788	86 112	79 676
406 494	213 649	192 845	377 181	189 311	187 870
639 410	389 059	250 351	597 444	364 795	232 649
948 892	459 006	489 886	918 927	438 581	480 346
1 454 769	628 315	826 454	1 334 548	570 988	763 560
525 066	237 601	287 465	494 033	225 632	268 401
7 694 891	2 857 922	4 836 969	6 784 700	2 570 266	4 214 434
651 809	522 191	129 618	658 633	511 937	146 696
323 159	263 120	60 039	305 295	249 650	55 645
45 507	32 815	12 692	61 219	32 750	28 469
149 438	119 590	29 848	144 941	116 436	28 505

2. 按地

地区 \ 项目	企业个数(个)			职工人数(人)		
	合计	乡办	村办	合计	乡办	村办
全国	**1 053 891**	**290 645**	**763 246**	**43 055 395**	**20 333 904**	**22 721 491**
北京	13 863	3 053	10 810	769 814	303 839	465 975
天津	10 076	2 133	7 943	776 656	244 966	531 690
河北	50 108	14 021	36 087	2 122 654	864 181	1 258 473
山西	35 300	5 772	29 528	1 313 517	443 132	870 385
内蒙古	9 224	4 765	4 459	317 605	198 668	118 937
辽宁	42 395	10 502	31 893	1 815 527	752 757	1 062 770
吉林	12 658	4 763	7 895	471 984	245 226	226 758
黑龙江	18 772	6 380	12 392	525 460	291 516	233 944
上海	15 039	4 623	10 416	1 419 504	759 385	660 119
江苏	98 916	29 867	69 049	6 001 356	3 241 927	2 759 429
浙江	69 470	23 057	46 413	3 523 230	1 956 906	1 566 324
安徽	52 231	16 800	35 431	1 840 101	978 567	861 534
福建	25 604	7 832	17 772	835 427	438 603	396 824
江西	42 488	12 366	30 122	986 118	530 382	455 736
山东	103 492	16 735	86 757	5 330 301	1 928 455	3 401 846
河南	46 074	11 125	34 949	2 265 099	799 445	1 465 654
湖北	72 659	13 741	58 918	1 648 272	871 133	777 139
湖南	58 694	16 034	42 660	1 601 169	846 784	754 385
广东	87 067	18 007	69 060	4 199 889	1 619 710	2 580 179
广西	11 879	6 323	5 556	435 145	302 555	132 590
海南	1 267	698	569	29 371	19 000	10 371
四川	111 547	38 090	73 457	2 798 181	1 645 308	1 152 873
贵州	7 062	4 588	2 474	253 994	204 087	49 907
云南	17 280	3 735	13 545	478 544	193 375	285 169
西藏						
陕西	25 456	7 334	18 122	723 649	283 961	439 688
甘肃	8 692	4 362	4 330	341 798	207 823	133 975
青海	937	519	418	39 946	22 558	17 388
宁夏	1 600	852	748	62 923	43 653	19 270
新疆	4 041	2 568	1 473	128 161	96 002	32 159

区 分

总产值(现价,万元)			销售产值(现价,万元)		
合 计	乡 办	村 办	合 计	乡 办	村 办
255 247 163	**129 662 566**	**125 584 597**	**236 278 835**	**119 896 315**	**116 382 520**
7 167 753	3 089 302	4 078 451	6 602 951	2 846 473	3 756 478
6 512 740	1 986 236	4 526 504	5 967 835	1 834 639	4 133 196
9 249 752	4 121 338	5 128 414	8 586 661	3 850 251	4 736 410
3 876 279	1 360 902	2 515 377	3 406 556	1 186 562	2 219 994
704 450	414 584	289 866	625 040	365 002	260 038
11 636 070	4 426 851	7 209 219	9 938 306	3 769 143	6 169 163
1 533 158	791 846	741 312	1 319 767	658 282	661 485
1 955 482	1 070 667	884 815	1 703 969	913 077	790 892
10 820 029	6 371 542	4 448 487	10 357 722	6 114 449	4 243 273
55 888 594	31 518 922	24 369 672	51 999 237	29 425 061	22 574 176
25 044 673	15 484 234	9 560 439	23 076 707	14 284 952	8 791 755
8 070 617	4 539 603	3 531 014	7 320 553	4 049 675	3 270 878
4 937 305	2 752 626	2 184 679	4 479 980	2 494 524	1 985 456
3 855 108	2 049 126	1 805 982	3 707 442	1 954 654	1 752 788
49 100 316	19 712 015	29 388 301	46 687 710	18 826 241	27 861 469
10 322 835	3 748 388	6 574 447	9 485 694	3 453 543	6 032 151
8 083 316	4 623 028	3 460 288	7 438 898	4 233 820	3 205 078
4 451 110	2 615 251	1 835 859	3 979 992	2 290 461	1 689 531
13 837 341	8 469 351	5 367 990	13 206 211	7 955 677	5 250 534
1 773 891	1 346 130	427 761	1 689 715	1 270 878	418 837
101 756	64 759	36 997	91 288	60 188	31 100
11 447 749	6 498 127	4 949 622	10 259 705	5 761 557	4 498 148
538 954	456 931	82 023	477 090	402 283	74 807
1 128 569	425 194	703 375	1 032 284	390 102	642 182
1 852 950	797 749	1 055 201	1 682 084	708 710	973 374
764 436	481 585	282 851	646 226	407 154	239 072
65 732	44 624	21 108	58 124	39 915	18 209
134 308	100 302	34 006	110 768	84 291	26 477
391 890	301 353	90 537	340 320	264 751	75 569

(二)分行业

按轻重

1. 轻

地区 \ 项目	企业个数(个)			职工人数(人)		
	合计	乡办	村办	合计	乡办	村办
全国	**573 940**	**146 492**	**427 448**	**20 582 371**	**9 897 894**	**10 684 477**
北京	5 942	1 259	4 683	353 453	138 262	215 191
天津	5 347	1 198	4 149	451 427	155 095	296 332
河北	25 552	6 796	18 756	889 415	356 954	532 461
山西	11 490	1 223	10 267	187 495	63 883	123 612
内蒙古	3 908	1 989	1 919	82 677	59 294	23 383
辽宁	16 235	3 617	12 618	561 775	238 676	323 099
吉林	5 350	2 051	3 299	140 657	84 692	55 965
黑龙江	10 513	3 168	7 345	188 982	105 987	82 995
上海	8 115	2 530	5 585	891 237	482 763	408 474
江苏	50 895	15 565	35 330	3 038 635	1 700 530	1 338 105
浙江	42 241	13 795	28 446	2 169 084	1 219 058	950 026
安徽	30 032	9 334	20 698	848 607	462 477	386 130
福建	13 441	4 111	9 330	361 239	189 652	171 587
江西	24 228	6 336	17 892	437 068	243 680	193 388
山东	55 715	8 572	47 143	2 482 498	959 709	1 522 789
河南	20 504	5 438	15 066	841 337	319 911	521 426
湖北	46 602	7 355	39 247	823 965	437 741	386 224
湖南	31 516	7 205	24 311	608 412	309 531	298 881
广东	63 635	11 802	51 833	3 349 959	1 247 806	2 102 153
广西	6 566	3 270	3 296	204 151	140 498	63 653
海南	406	268	138	8 785	6 756	2 029
四川	67 619	20 355	47 264	1 063 874	663 846	400 028
贵州	1 965	1 264	701	44 948	37 434	7 514
云南	8 750	1 141	7 609	119 630	35 626	84 004
西藏						
陕西	10 973	3 242	7 731	244 873	104 965	139 908
甘肃	3 715	1 970	1 745	111 998	73 659	38 339
青海	290	165	125	10 308	6 831	3 927
宁夏	691	337	354	19 778	14 837	4 941
新疆	1 704	1 136	568	46 104	38 191	7 913

分地区情况

工业分

工业

总产值(现价,万元)			销售产值(现价,万元)		
合计	乡办	村办	合计	乡办	村办
129 239 524	**67 994 350**	**61 245 174**	**120 079 066**	**63 053 627**	**57 025 439**
3 338 524	1 403 516	1 935 008	3 086 493	1 302 634	1 783 859
3 156 984	1 146 263	2 010 721	2 879 435	1 053 445	1 825 990
3 879 367	1 611 094	2 268 273	3 555 359	1 509 470	2 045 889
612 138	212 639	399 499	545 810	190 120	355 690
213 304	141 213	72 091	189 348	125 973	63 375
4 198 735	1 568 679	2 630 056	3 546 813	1 341 113	2 205 700
580 241	349 452	230 789	493 154	290 731	202 423
911 430	510 761	400 669	796 742	431 650	365 092
6 337 527	3 873 265	2 464 262	6 076 231	3 726 602	2 349 629
29 311 485	16 957 054	12 354 431	27 409 989	15 811 197	11 598 792
16 735 752	10 403 651	6 332 101	15 428 048	9 610 766	5 817 282
4 459 509	2 510 890	1 948 619	4 067 100	2 257 414	1 809 686
2 567 399	1 431 365	1 136 034	2 329 590	1 297 152	1 032 438
1 913 355	983 056	930 299	1 845 735	932 569	913 166
23 153 939	9 734 387	13 419 552	21 997 738	9 212 820	12 784 918
4 432 979	1 664 313	2 768 666	4 033 663	1 508 098	2 525 565
4 320 155	2 496 556	1 823 599	3 982 516	2 288 611	1 693 905
1 740 408	915 655	824 753	1 543 463	797 287	746 176
9 613 080	5 743 915	3 869 165	9 279 430	5 495 068	3 784 362
766 536	576 282	190 254	727 052	538 778	188 274
30 362	22 349	8 013	27 795	20 689	7 106
5 122 425	2 822 113	2 300 312	4 600 337	2 513 919	2 086 418
95 104	80 800	14 304	82 186	69 893	12 293
421 190	89 843	331 347	375 706	79 617	296 089
762 626	344 045	418 581	695 372	304 698	390 674
284 447	170 845	113 602	241 857	143 746	98 111
16 716	11 873	4 843	14 406	10 266	4 140
50 734	37 925	12 809	42 537	30 609	11 928
213 073	180 551	32 522	185 161	158 692	26 469

以 农 产 品

项目 地区	企业个数(个)			职工人数(人)		
	合计	乡办	村办	合计	乡办	村办
全国	**373 716**	**84 823**	**288 893**	**11 296 576**	**5 631 933**	**5 664 643**
北京	3 685	827	2 858	253 992	105 814	148 178
天津	2 945	769	2 176	287 698	112 291	175 407
河北	12 243	2 642	9 601	312 468	132 310	180 158
山西	9 565	757	8 808	102 238	30 691	71 547
内蒙古	2 834	1 317	1 517	54 453	40 034	14 419
辽宁	10 052	2 134	7 918	325 542	147 904	177 638
吉林	3 442	1 190	2 252	86 700	51 755	34 945
黑龙江	7 615	2 112	5 503	120 467	64 809	55 658
上海	3 836	1 413	2 423	535 097	316 218	218 879
江苏	25 448	8 012	17 436	1 614 108	984 127	629 981
浙江	23 507	6 735	16 772	1 274 251	733 482	540 769
安徽	20 444	5 440	15 004	490 818	258 140	232 678
福建	8 961	2 741	6 220	203 197	106 679	96 518
江西	17 759	3 387	14 372	233 793	110 646	123 147
山东	36 484	5 155	31 329	1 521 213	599 008	922 205
河南	12 006	2 920	9 086	458 527	161 462	297 065
湖北	34 800	4 124	30 676	520 303	247 092	273 211
湖南	23 307	4 241	19 066	288 370	132 329	156 041
广东	31 715	5 330	26 385	1 326 961	533 149	793 812
广西	3 665	1 645	2 020	101 056	70 354	30 702
海南	171	105	66	4 125	3 375	750
四川	58 301	15 739	42 562	797 545	490 221	307 324
贵州	1 463	904	559	31 721	26 266	5 455
云南	7 537	761	6 776	77 745	23 044	54 701
西藏						
陕西	7 636	2 123	5 513	155 759	65 367	90 392
甘肃	2 385	1 149	1 236	71 146	46 365	24 781
青海	172	103	69	4 030	2 572	1 458
宁夏	430	200	230	10 194	8 026	2 168
新疆	1 308	848	460	33 059	28 403	4 656

为原料

总产值(现价,万元)			销售产值(现价,万元)		
合计	乡办	村办	合计	乡办	村办
74 196 122	**40 161 096**	**34 035 026**	**68 659 133**	**37 130 328**	**31 528 805**
2 321 506	1 019 271	1 302 235	2 146 706	944 665	1 202 041
1 838 516	757 642	1 080 874	1 681 513	685 079	996 434
1 368 243	607 430	760 813	1 259 834	557 697	702 137
278 664	91 341	187 323	241 614	80 137	161 477
158 987	104 048	54 939	141 879	93 039	48 840
2 415 484	1 021 874	1 393 610	2 066 733	869 068	1 197 665
412 503	254 586	157 917	349 973	209 556	140 417
625 498	354 123	271 375	550 716	296 583	254 133
3 746 661	2 588 902	1 157 759	3 600 149	2 499 390	1 100 759
15 390 096	9 609 378	5 780 718	14 287 060	9 003 013	5 284 047
10 171 141	6 459 674	3 711 467	9 368 958	5 978 802	3 390 156
2 929 412	1 606 112	1 323 300	2 657 666	1 440 881	1 216 785
1 489 091	830 192	658 899	1 351 162	752 348	598 814
1 094 300	458 647	635 653	1 048 218	433 563	614 655
14 250 813	6 078 880	8 171 933	13 530 876	5 723 512	7 807 364
2 515 704	911 192	1 604 512	2 296 565	826 373	1 470 192
2 644 714	1 421 870	1 222 844	2 446 330	1 314 293	1 132 037
1 049 819	528 318	521 501	914 091	465 451	448 640
3 876 694	2 357 214	1 519 480	3 673 823	2 193 258	1 480 565
437 154	324 644	112 510	407 737	297 497	110 240
12 306	9 288	3 018	10 936	8 623	2 313
3 943 360	2 138 769	1 804 591	3 540 286	1 909 389	1 630 897
61 968	52 962	9 006	52 815	44 747	8 068
237 682	53 695	183 987	209 630	46 786	162 844
498 573	211 543	287 030	459 648	193 586	266 062
212 471	122 348	90 123	181 156	103 527	77 629
9 320	7 134	2 186	7 994	6 126	1 868
33 606	26 335	7 271	25 740	19 181	6 559
171 836	153 684	18 152	149 325	134 158	15 167

以 非 农 产

项目 地区	企业个数(个)			职工人数(人)		
	合计	乡办	村办	合计	乡办	村办
全国	**200 224**	**61 669**	**138 555**	**9 285 795**	**4 265 961**	**5 019 834**
北京	2 257	432	1 825	99 461	32 448	67 013
天津	2 402	429	1 973	163 729	42 804	120 925
河北	13 309	4 154	9 155	576 947	224 644	352 303
山西	1 925	466	1 459	85 257	33 192	52 065
内蒙古	1 074	672	402	28 224	19 260	8 964
辽宁	6 183	1 483	4 700	236 233	90 772	145 461
吉林	1 908	861	1 047	53 957	32 937	21 020
黑龙江	2 898	1 056	1 842	68 515	41 178	27 337
上海	4 279	1 117	3 162	356 140	166 545	189 595
江苏	25 447	7 553	17 894	1 424 527	716 403	708 124
浙江	18 734	7 060	11 674	894 833	485 576	409 257
安徽	9 588	3 894	5 694	357 789	204 337	153 452
福建	4 480	1 370	3 110	158 042	82 973	75 069
江西	6 469	2 949	3 520	203 275	133 034	70 241
山东	19 231	3 417	15 814	961 285	360 701	600 584
河南	8 498	2 518	5 980	382 810	158 449	224 361
湖北	11 802	3 231	8 571	303 662	190 649	113 013
湖南	8 209	2 964	5 245	320 042	177 202	142 840
广东	31 920	6 472	25 448	2 022 998	714 657	1 308 341
广西	2 901	1 625	1 276	103 095	70 144	32 951
海南	235	163	72	4 660	3 381	1 279
四川	9 318	4 616	4 702	266 329	173 625	92 704
贵州	502	360	142	13 227	11 168	2 059
云南	1 213	380	833	41 885	12 582	29 303
西藏						
陕西	3 337	1 119	2 218	89 114	39 598	49 516
甘肃	1 330	821	509	40 852	27 294	13 558
青海	118	62	56	6 278	3 809	2 469
宁夏	261	137	124	9 584	6 811	2 773
新疆	396	288	108	13 045	9 788	3 257

品为原料

总产值(现价,万元)			销售产值(现价,万元)		
合计	乡办	村办	合计	乡办	村办
55 043 402	**27 833 254**	**27 210 148**	**51 419 933**	**25 923 299**	**25 496 634**
1 017 018	384 245	632 773	939 787	357 969	581 818
1 318 468	388 621	929 847	1 197 922	368 366	829 556
2 511 124	1 003 664	1 507 460	2 295 525	951 773	1 343 752
333 474	121 298	212 176	304 196	109 983	194 213
54 317	37 165	17 152	47 469	32 934	14 535
1 783 251	546 805	1 236 446	1 480 080	472 045	1 008 035
167 738	94 866	72 872	143 181	81 175	62 006
285 932	156 638	129 294	246 026	135 067	110 959
2 590 866	1 284 363	1 306 503	2 476 082	1 227 212	1 248 870
13 921 389	7 347 676	6 573 713	13 122 929	6 808 184	6 314 745
6 564 611	3 943 977	2 620 634	6 059 090	3 631 964	2 427 126
1 530 097	904 778	625 319	1 409 434	816 533	592 901
1 078 308	601 173	477 135	978 428	544 804	433 624
819 055	524 409	294 646	797 517	499 006	298 511
8 903 126	3 655 507	5 247 619	8 466 862	3 489 308	4 977 554
1 917 275	753 121	1 164 154	1 737 098	681 725	1 055 373
1 675 441	1 074 686	600 755	1 536 186	974 318	561 868
690 589	387 337	303 252	629 372	331 836	297 536
5 736 386	3 386 701	2 349 685	5 605 607	3 301 810	2 303 797
329 382	251 638	77 744	319 315	241 281	78 034
18 056	13 061	4 995	16 859	12 066	4 793
1 179 065	683 344	495 721	1 060 051	604 530	455 521
33 136	27 838	5 298	29 371	25 146	4 225
183 508	36 148	147 360	166 076	32 831	133 245
264 053	132 502	131 551	235 724	111 112	124 612
71 976	48 497	23 479	60 701	40 219	20 482
7 396	4 739	2 657	6 412	4 140	2 272
17 128	11 590	5 538	16 797	11 428	5 369
41 237	26 867	14 370	35 836	24 534	11 302

2. 重

地区 \ 项目	企业个数(个) 合计	乡办	村办	职工人数(人) 合计	乡办	村办
全国	**479 951**	**144 153**	**335 798**	**22 473 024**	**10 436 010**	**12 037 014**
北京	7 921	1 794	6 127	416 361	165 577	250 784
天津	4 729	935	3 794	325 229	89 871	235 358
河北	24 556	7 225	17 331	1 233 239	507 227	726 012
山西	23 810	4 549	19 261	1 126 022	379 249	746 773
内蒙古	5 316	2 776	2 540	234 928	139 374	95 554
辽宁	26 160	6 885	19 275	1 253 752	514 081	739 671
吉林	7 308	2 712	4 596	331 327	160 534	170 793
黑龙江	8 259	3 212	5 047	336 478	185 529	150 949
上海	6 924	2 093	4 831	528 267	276 622	251 645
江苏	48 021	14 302	33 719	2 962 721	1 541 397	1 421 324
浙江	27 229	9 262	17 67	1 354 146	737 848	616 298
安徽	22 199	7 466	14 733	991 494	516 090	475 404
福建	12 163	3 721	8 442	474 188	248 951	225 237
江西	18 260	6 030	12 230	549 050	286 702	262 348
山东	47 777	8 163	39 614	2 847 803	968 746	1 879 057
河南	25 570	5 687	19 883	1 423 762	479 534	944 228
湖北	26 057	6 386	19 671	824 307	433 392	390 915
湖南	27 178	8 829	18 349	992 757	537 253	455 504
广东	23 432	6 205	17 227	849 930	371 904	478 026
广西	5 313	3 053	2 260	230 994	162 057	68 937
海南	861	430	431	20 586	12 244	8 342
四川	43 928	17 735	26 193	1 734 307	981 462	752 845
贵州	5 097	3 324	1 773	209 046	166 653	42 393
云南	8 530	2 594	5 936	358 914	157 749	201 165
西藏						
陕西	14 483	4 092	10 391	478 776	178 996	299 780
甘肃	4 977	2 392	2 585	229 800	134 164	95 636
青海	647	354	293	29 638	16 177	13 461
宁夏	909	515	394	43 145	28 816	14 329
新疆	2 337	1 432	905	82 057	57 811	24 246

工 业

总产值(现价,万元)			销售产值(现价,万元)		
合计	乡办	村办	合计	乡办	村办
126 007 639	**61 668 216**	**64 339 423**	**116 199 769**	**56 842 688**	**59 357 081**
3 829 229	1 685 786	2 143 443	3 516 458	1 543 839	1 972 619
3 355 756	839 973	2 515 783	3 088 400	781 194	2 307 206
5 370 385	2 510 244	2 860 141	5 031 302	2 340 781	2 690 521
3 264 141	1 148 263	2 115 878	2 860 746	996 442	1 864 304
491 146	273 371	217 775	435 692	239 029	196 663
7 437 335	2 858 172	4 579 163	6 391 493	2 428 030	3 963 463
952 917	442 394	510 523	826 613	367 551	459 062
1 044 052	559 906	484 146	907 227	481 427	425 800
4 482 502	2 498 277	1 984 225	4 281 491	2 387 847	1 893 644
26 577 109	14 561 868	12 015 241	24 589 248	13 613 864	10 975 384
8 308 921	5 080 583	3 228 338	7 648 659	4 674 186	2 974 473
3 611 108	2 028 713	1 582 395	3 253 453	1 792 261	1 461 192
2 369 906	1 321 261	1 048 645	2 150 390	1 197 372	953 018
1 941 753	1 066 070	875 683	1 861 707	1 022 085	839 622
25 946 377	9 977 628	15 968 749	24 689 972	9 613 421	15 076 551
5 889 856	2 084 075	3 805 781	5 452 031	1 945 445	3 506 586
3 763 161	2 126 472	1 636 689	3 456 382	1 945 209	1 511 173
2 710 702	1 699 596	1 011 106	2 436 529	1 493 174	943 355
4 224 261	2 725 436	1 498 825	3 926 781	2 460 609	1 466 172
1 007 355	769 848	237 507	962 663	732 100	230 563
71 394	42 410	28 984	63 493	39 499	23 994
6 325 324	3 676 014	2 649 310	5 659 368	3 247 638	2 411 730
443 850	376 131	67 719	394 904	332 390	62 514
707 379	335 351	372 028	656 578	310 485	346 093
1 090 324	453 704	636 620	986 712	404 012	582 700
479 989	310 740	169 249	404 369	263 408	140 961
49 016	32 751	16 265	43 718	29 649	14 069
83 574	62 377	21 197	68 231	53 682	14 549
178 817	120 802	58 015	155 159	106 059	49 100

采 掘

项目 地区	企业个数(个)			职工人数(人)		
	合计	乡办	村办	合计	乡办	村办
全 国	**100 729**	**28 455**	**72 274**	**4 711 396**	**2 142 035**	**2 569 361**
北 京	720	128	592	33 699	9 060	24 639
天 津	87	22	65	2 620	755	1 865
河 北	5 078	1 325	3 753	239 153	97 951	141 202
山 西	7 989	2 015	5 974	490 220	196 679	293 541
内蒙古	1 938	1 052	886	85 803	51 655	34 148
辽 宁	5 543	1 302	4 241	244 864	97 995	146 869
吉 林	2 238	671	1 567	76 519	34 713	41 806
黑龙江	2 079	684	1 395	67 880	35 706	32 174
上 海	11	6	5	699	527	172
江 苏	2 967	683	2 284	214 850	84 406	130 444
浙 江	2 832	645	2 187	126 761	5 4217	72 544
安 徽	3 371	1 080	2 291	184 948	94 848	90 100
福 建	2 481	759	1 722	94 838	49 790	45 048
江 西	4 607	1 419	3 188	188 781	97 954	90 827
山 东	8 088	944	7 144	493 346	160 930	332 416
河 南	3 936	813	3 123	292 440	119 547	172 893
湖 北	6 384	1 246	5 138	189 125	81 980	107 145
湖 南	9 331	2 134	7 197	400 226	177 527	222 699
广 东	6 375	1 222	5 153	169 965	65 359	104 606
广 西	1 318	619	699	54 322	35 428	18 894
海 南	187	118	69	3 564	2 316	1 248
四 川	12 859	4 756	8 103	603 979	311 562	292 417
贵 州	2 194	1 390	804	92 286	71 015	21 271
云 南	2 688	860	1 828	140 234	72 828	67 406
西 藏						
陕 西	2 664	949	1 715	93 142	49 098	44 044
甘 肃	1 534	818	716	74 526	49 092	25 434
青 海	190	111	79	7 655	4 851	2 804
宁 夏	224	139	85	8 936	6 792	2 144
新 疆	816	545	271	36 015	27 454	8 561

工 业

总产值(现价,万元)			销售产值(现价,万元)		
合计	乡办	村办	合计	乡办	村办
13 651 297	**5 662 082**	**7 989 215**	**12 544 602**	**5 156 233**	**7 388 369**
164 194	31 190	133 004	150 271	28 842	121 429
8 385	1 554	6 831	8 205	1 453	6 752
744 935	296 633	448 302	685 127	270 662	414 465
996 821	390 582	606 239	891 114	343 179	547 935
161 471	94 208	67 263	146 561	82 793	63 768
1 029 520	362 966	666 554	866 407	291 748	574 659
153 066	74 599	78 467	135 857	63 114	72 743
188 611	98 121	90 490	166 487	87 175	79 312
2 681	1 824	857	2 464	1 668	796
825 180	310 734	514 446	759 102	288 080	471 022
378 614	160 321	218 293	358 340	150 759	207 581
501 580	281 054	220 526	459 094	256 893	202 201
236 990	132 126	104 864	215 039	119 737	95 302
503 395	275 921	227 474	481 251	264 527	216 724
3 289 573	980 297	2 309 276	3 105 054	924 870	2 180 184
905 160	366 219	538 941	848 478	355 106	493 372
557 416	253 365	304 051	503 156	233 029	270 127
672 801	316 215	356 586	618 182	280 823	337 359
483 624	224 714	258 910	454 920	206 407	248 513
172 894	125 656	47 238	168 345	121 481	46 864
10 292	6 998	3 294	9 331	6 308	3 023
1 012 057	441 628	570 429	931 181	394 406	536 775
110 735	90 420	20 315	101 252	82 368	18 884
158 052	88 879	69 173	149 308	83 797	65 511
159 279	90 264	69 015	142 084	79 678	62 406
131 756	95 687	36 069	107 895	77 404	30 491
6 227	4 858	1 369	5 353	4 119	1 234
10 172	8 515	1 657	8 201	6 793	1 408
75 816	56 534	19 282	66 543	49 014	17 529

原料

地区＼项目	企业个数(个) 合计	乡办	村办	职工人数(人) 合计	乡办	村办
全国	**71 816**	**27 721**	**44 095**	**3 476 311**	**1 947 743**	**1 528 568**
北京	3 260	681	2 579	179 617	62 245	117 372
天津	993	202	791	68 227	19 296	48 931
河北	4 311	1 377	2 934	243 048	115 076	127 972
山西	3 664	881	2 783	212 735	81 731	131 004
内蒙古	550	358	192	31 461	25 176	6 285
辽宁	4 151	1 206	2 945	217 268	100 959	116 309
吉林	1 195	507	688	48 909	28 999	19 910
黑龙江	1 572	645	927	52 783	31 254	21 529
上海	1 019	355	664	79 109	45 988	33 121
江苏	6 185	2 290	3 895	474 475	273 476	200 999
浙江	3 004	1 508	1 496	167 449	124 413	43 036
安徽	2 239	866	1 373	113 737	68 841	44 896
福建	1 752	536	1 216	71 128	37 343	33 785
江西	3 458	1 533	1 925	80 814	48 878	31 936
山东	3 483	935	2 548	278 435	150 118	128 317
河南	3 202	621	2 581	137 225	38 203	99 022
湖北	3 124	1 059	2 065	118 092	69 279	48 813
湖南	3 614	1 815	1 799	132 396	100 901	31 495
广东	5 326	2 009	3 317	170 716	104 325	66 391
广西	1 175	836	339	54 609	46 759	7 850
海南	169	97	72	2 659	1 957	702
四川	5 761	3 625	2 136	229 896	187 828	42 068
贵州	1 525	1 078	447	61 887	54 041	7 846
云南	1 715	830	885	79 293	45 337	33 956
西藏						
陕西	4 032	1 069	2 963	110 118	40 524	69 594
甘肃	615	366	249	32 423	24 607	7 816
青海	95	69	26	5 537	4 370	1 167
宁夏	211	115	96	11 179	7 748	3 431
新疆	416	252	164	11 086	8 071	3 015

工 业

总产值(现价,万元)			销售产值(现价,万元)		
合计	乡办	村办	合计	乡办	村办
26 942 180	**15 443 444**	**11 498 736**	**24 755 186**	**14 158 342**	**10 596 844**
1 597 916	582 255	1 015 661	1 480 773	543 692	937 081
1 527 971	409 009	1 118 962	1 438 701	398 667	1 040 034
1 234 274	731 824	502 450	1 164 917	690 969	473 948
999 730	383 629	616 101	887 831	339 821	548 010
97 447	53 679	43 768	86 170	45 871	40 299
1 795 281	780 722	1 014 559	1 568 508	655 666	912 842
209 717	110 195	99 522	173 295	88 400	84 895
244 741	138 871	105 870	211 100	116 266	94 834
1 065 483	615 141	450 342	1 021 618	591 155	430 463
6 394 970	3 881 381	2 513 589	5 932 640	3 599 548	2 333 092
1 445 766	1 108 622	337 144	1 367 296	1 054 124	313 172
488 219	316 298	171 921	439 250	282 183	157 067
473 981	264 252	209 729	430 078	239 474	190 604
334 316	216 640	117 676	320 166	206 867	113 299
3 202 724	1 772 456	1 430 268	2 968 863	1 645 941	1 322 922
680 953	194 769	486 184	630 774	181 121	449 653
531 406	290 720	240 686	491 124	268 169	222 955
455 639	361 845	93 794	417 073	328 731	88 342
1 378 211	1 078 233	299 978	1 257 605	967 144	290 461
318 794	285 531	33 263	297 701	267 038	30 663
8 846	6 169	2 677	8 777	6 291	2 486
1 488 192	1 210 518	277 674	1 293 230	1 058 296	234 934
197 846	180 377	17 469	175 434	159 590	15 844
289 926	175 984	113 942	266 754	163 146	103 608
252 960	119 888	133 072	226 320	106 661	119 659
128 528	99 933	28 595	111 168	86 252	24 916
21 636	16 592	5 044	19 864	15 412	4 452
33 885	28 449	5 436	30 611	25 174	5 437
42 822	29 462	13 360	37 545	26 673	10 872

加 工

项目 / 地区	企业个数(个)			职工人数(人)		
	合计	乡办	村办	合计	乡办	村办
全国	**307 406**	**87 977**	**219 429**	**14 285 317**	**6 346 232**	**7 939 085**
北京	3 941	985	2 956	203 045	94 272	108 773
天津	3 649	711	2 938	254 382	69 820	184 562
河北	15 167	4 523	10 644	751 038	294 200	456 838
山西	12 157	1 653	10 504	423 067	100 839	322 228
内蒙古	2 828	1 366	1 462	117 664	62 543	55 121
辽宁	16 466	4 377	12 089	791 620	315 127	476 493
吉林	3 875	1 534	2 341	205 899	96 822	109 077
黑龙江	4 608	1 883	2 725	215 815	118 569	97 246
上海	5 894	1 732	4 162	448 459	230 107	218 352
江苏	38 869	11 329	27 540	2 273 396	1 183 515	1 089 881
浙江	21 393	7 109	14 284	1 059 936	559 218	500 718
安徽	16 589	5 520	11 069	692 809	352 401	340 408
福建	7 930	2 426	5 504	308 222	161 818	146 404
江西	10 195	3 078	7 117	279 455	139 870	139 585
山东	36 206	6 284	29 922	2 076 022	657 698	1 418 324
河南	18 432	4 253	14 179	994 097	321 784	672 313
湖北	16 549	4 081	12 468	517 090	282 133	234 957
湖南	14 233	4 880	9 353	460 135	258 825	201 310
广东	11 731	2 974	8 757	509 249	202 220	307 029
广西	2 820	1 598	1 222	122 063	79 870	42 193
海南	505	215	290	14 363	7 971	6 392
四川	25 308	9 354	15 954	900 432	482 072	418 360
贵州	1 378	856	522	54 873	41 597	13 276
云南	4 127	904	3 223	139 387	39 584	99 803
西藏						
陕西	7 787	2 074	5 713	275 516	89 374	186 142
甘肃	2 828	1 208	1 620	122 851	60 465	62 386
青海	362	174	188	16 446	6 956	9 490
宁夏	474	261	213	23 030	14 276	8 754
新疆	1 105	635	470	34 956	22 286	12 670

工 业

总产值(现价,万元)			销售产值(现价,万元)		
合 计	乡 办	村 办	合 计	乡 办	村 办
85 414 162	**40 562 690**	**44 851 472**	**78 899 981**	**37 528 113**	**41 371 868**
2 067 119	1 072 341	994 778	1 885 414	971 305	914 109
1 819 400	429 410	1 389 990	1 641 494	381 074	1 260 420
3 391 176	1 481 787	1 909 389	3 181 258	1 379 150	1 802 108
1 267 590	374 052	893 538	1 081 801	313 442	768 359
232 228	125 484	106 744	202 961	110 365	92 596
4 612 534	1 714 484	2 898 050	3 956 578	1 480 616	2475 962
590 134	257 600	332 534	517 461	216 037	301 424
610 700	322 914	287 786	529 640	277 986	251 654
3 414 338	1 881 312	1 533 026	3 257 409	1 795 024	1 462 385
19 356 959	10 369 753	8 987 206	17 897 506	9 726 236	8 171 270
6 484 541	3 811 640	2 672 901	5 923 023	3 469 303	2 453 720
2 621 309	1 431 361	1 189 948	2 355 109	1 253 185	1 101 924
1 658 935	924 883	734 052	1 505 273	838 161	667 112
1 104 042	573 509	530 533	1 060 290	550 691	509 599
19 454 080	7 224 875	12 229 205	18 616 055	7 042 610	11 573 445
4 303 743	1 523 087	2 780 656	3 972 779	1 409 218	2 563 561
2 674 339	1 582 387	1 091 952	2 462 102	1 444 011	1 018 091
1 582 262	1 021 536	560 726	1 401 274	883 620	517 654
2 362 426	1 422 489	939 937	2 214 256	1 287 058	927 198
515 667	358 661	157 006	496 617	343 581	153 036
52 256	29 243	23 013	45 385	26 900	18 485
3 825 075	2 023 868	1 801 207	3 434 957	1 794 936	1 640 021
135 269	105 334	29 935	118 218	90 432	27 786
259 401	70 488	188 913	240 516	63 542	176 974
678 085	243 552	434 533	618 308	217 673	400 635
219 705	115 120	104 585	185 306	99 752	85 554
21 153	11 301	9 852	18 501	10 118	8 383
39 517	25 413	14 104	29 419	21 715	7 704
60 179	34 806	25 373	51 071	30 372	20 699

按 工 业

1. 煤 炭

地区＼项目	企业个数(个) 合计	乡办	村办	职工人数(人) 合计	乡办	村办
全国	**28 695**	**10 252**	**18 443**	**2 039 443**	**1 024 292**	**1 015 151**
北京	237	55	182	14 944	5 759	9 185
天津	2	1	1	70	20	50
河北	1 053	312	741	86 938	34 209	52 729
山西	5 391	1 624	3 767	421 593	178 440	243 153
内蒙古	914	443	471	46 578	23 082	23 496
辽宁	700	191	509	47 684	16 328	31 356
吉林	380	149	231	24 708	11 654	13 054
黑龙江	575	233	342	33 454	19 823	13 631
上海						
江苏	123	30	93	22 080	8 911	13 169
浙江	234	43	191	6 100	2 185	3 915
安徽	416	138	278	47 202	25 455	21 747
福建	245	107	138	17 647	8 839	8 808
江西	1 312	407	905	93 687	51 202	42 485
山东	733	296	437	155 493	89 341	66 152
河南	1 272	310	962	179 357	84 291	95 066
湖北	1 208	373	835	48 812	23 227	25 585
湖南	3 490	760	2 730	197 811	85 080	112 731
广东	615	200	415	22 268	14 611	7 657
广西	87	57	30	7 190	4 604	2 586
海南						
四川	5 320	2 280	3 040	336 387	191 167	145 220
贵州	1 501	911	590	57 456	41 113	16 343
云南	892	301	591	66 726	36 504	30 222
西藏						
陕西	794	333	461	38 650	22 857	15 793
甘肃	554	266	288	32 729	19 517	13 212
青海	52	45	7	2 564	2 445	119
宁夏	74	53	21	4 663	3 899	764
新疆	521	334	187	26 652	19 729	6 923

行业分
采选业

总产值(现价,万元)			销售产值(现价,万元)		
合 计	乡 办	村 办	合 计	乡 办	村 办
3 908 504	**1 847 391**	**2 061 113**	**3 636 071**	**1 707 547**	**1 928 524**
31 753	12 225	19 528	32 865	12 584	20 281
1 664	88	1 576	1 664	88	1 576
155 980	58 711	97 269	143 679	56 146	87 533
860 214	354 304	505 910	780 666	314 577	466 089
88 919	42 271	46 648	83 114	38 615	44 499
143 513	40 881	102 632	126 899	37 509	89 390
48 196	24 115	24 081	43 109	21 477	21 632
76 732	46 187	30 545	67 041	38 543	28 498
52 524	17 592	34 932	46 076	14 769	31 307
10 481	2 771	7 710	9 857	2 370	7 487
102 696	54 430	48 266	95 662	50 487	45 175
56 149	25 008	31 141	53 276	23 169	30 107
222 360	112 310	110 050	210 016	102 305	107 711
569 406	321 539	247 867	543 723	308 917	234 806
453 444	194 197	259 247	436 245	188 023	248 222
73 074	32 376	40 698	66 807	30 025	36 782
267 709	104 550	163 159	257 674	99 863	157 811
31 818	20 266	11 552	30 483	19 388	11 095
12 923	9 167	3 756	11 458	7 962	3 496
363 044	192 290	170 754	335 087	175 583	159 504
62 308	46 728	15 580	57 378	42 896	14 482
63 380	33 993	29 387	59 652	32 459	27 193
56 730	32 279	24 451	52 639	29 237	23 402
44 693	26 294	18 399	39 067	23 245	15 822
2 989	2 821	168	2 654	2 522	132
5 800	5 204	596	4 776	4 212	564
50 005	34 794	15 211	44 504	30 576	13 928

2.石油和天

项目 地区	企业个数(个)			职工人数(人)		
	合计	乡办	村办	合计	乡办	村办
全国	**23**	**14**	**9**	**512**	**327**	**185**
北京						
天津						
河北	1		1	15		15
山西	1	1		20	20	
内蒙古						
辽宁	4	1	3	86	30	56
吉林	2	2		46	46	
黑龙江						
上海						
江苏						
浙江	3	1	2	47	25	22
安徽						
福建	1	1		6	6	
江西						
山东						
河南	1		1	30		30
湖北						
湖南						
广东						
广西	1		1	30		30
海南						
四川	3	3		118	118	
贵州						
云南						
西藏						
陕西	4	4		66	66	
甘肃	1		1	32		32
青海						
宁夏	1	1		16	16	
新疆						

然气开采业

总产值(现价,万元)			销售产值(现价,万元)		
合计	乡办	村办	合计	乡办	村办
7 229	**5 763**	**1 466**	**3 384**	**2 389**	**995**
15		15	15		15
9	9		9	9	
1 006	456	550	928	378	550
109	109		70	70	
152	22	130	151	22	129
53	53		50	50	
100		100	90		90
3 091	2 638	453			
130		130	130		130
1 647	1 647		1 100	1 100	
529	529		460	460	
88		88	81		81
300	300		300	300	

3. 黑色金属

项目 地区	企业个数(个)			职工人数(人)		
	合计	乡办	村办	合计	乡办	村办
全国	**6 245**	**2 212**	**4 033**	**316 568**	**169 849**	**146 719**
北京	24	6	18	1 872	759	1 113
天津						
河北	1 385	385	1 000	75 471	35 625	39 846
山西	656	129	527	23 451	8 479	14 972
内蒙古	123	89	34	5 598	4 708	890
辽宁	675	222	453	33 448	19 495	13 953
吉林	40	13	27	2 459	1 298	1 161
黑龙江						
上海						
江苏	34	4	30	2 548	683	1 865
浙江	4		4	89		89
安徽	234	76	158	14 442	6 028	8 414
福建	111	56	55	3 255	1 613	1 642
江西	134	65	69	7 618	3 973	3 645
山东	354	62	292	20 016	7 986	12 030
河南	389	78	311	19 174	6 564	12 610
湖北	435	81	354	18 227	8 722	9 505
湖南	422	167	255	24 705	15 946	8 759
广东	205	120	85	9 162	6 806	2 356
广西	158	111	47	6 810	4 783	2 027
海南						
四川	261	198	63	16 408	13 679	2 729
贵州	118	94	24	8 224	7 783	441
云南	225	95	130	14 313	8 639	5 674
西藏						
陕西	149	81	68	5 359	3 144	2 215
甘肃	63	41	22	2 666	2 186	480
青海	15	11	4	510	262	248
宁夏	2	1	1	50	20	30
新疆	29	27	2	693	668	25

矿采选业

总产值(现价,万元)			销售产值(现价,万元)		
合计	乡办	村办	合计	乡办	村办
1 219 945	**573 570**	**646 375**	**1 078 789**	**502 367**	**576 422**
7 522	5 076	2 446	6 533	4 727	1 806
388 406	166 120	222 286	354 727	148 362	206 365
70 774	24 363	46 411	59 259	20 900	38 359
17 959	16 318	1 641	15 599	14 055	1 544
158 264	81 468	76 796	137 845	66 342	71 503
8 283	6 060	2 223	6 741	4 833	1 908
28 255	3 018	25 237	23 294	2 137	21 157
1 106		1 106	1 100		1 100
38 553	19 855	18 698	34 014	17 205	16 809
17 482	9 709	7 773	14 630	8 820	5 810
22 078	15 356	6 722	21 028	14 650	6 378
163 495	65 322	98 173	152 744	61 751	90 993
85 358	18 365	66 993	67 337	16 572	50 765
73 407	37 767	35 640	62 791	33 339	29 452
32 663	21 045	11 618	28 715	17 092	11 623
21 960	17 709	4 251	20 203	16 300	3 903
19 945	15 485	4 460	18 806	15 003	3 803
23 141	20 604	2 537	17 091	14 751	2 340
8 472	7 920	552	6 557	6 126	431
17 771	11 323	6 448	16 615	10 401	6 214
10 135	6 511	3 624	8 940	5 487	3 453
3 783	3 220	563	3 126	2 580	546
293	173	120	247	133	114
64	13	51	63	23	40
776	770	6	784	778	6

4. 有色金属

项目 地区	企业个数(个)			职工人数(人)		
	合计	乡办	村办	合计	乡办	村办
全国	**6 000**	**2 939**	**3 061**	**338 004**	**222 153**	**115 851**
北京	20	10	10	889	413	476
天津						
河北	550	244	306	19 340	12 465	6 875
山西	109	41	68	5 298	3 464	1 834
内蒙古	151	122	29	12 370	10 694	1 676
辽宁	418	168	250	29 706	18 958	10 748
吉林	61	42	19	4 612	4 032	580
黑龙江	48	20	28	1 725	845	880
上海	1		1	106		106
江苏	11	2	9	460	310	150
浙江	36	22	14	1 855	1 088	767
安徽	196	84	112	10 467	6 337	4 130
福建	41	29	12	1 792	1 591	201
江西	363	189	174	16 441	11 173	5 268
山东	438	67	371	32 900	12 595	20 305
河南	533	138	395	27 705	12 026	15 679
湖北	224	81	143	11 721	7 633	4 088
湖南	794	349	445	47 169	31 641	15 528
广东	283	87	196	7 976	5 417	2 559
广西	193	155	38	15 678	13 052	2 626
海南	21	19	2	540	450	90
四川	373	284	89	24 381	20 036	4 345
贵州	163	124	39	13 397	11 343	2 054
云南	344	208	136	22 450	13 377	9 073
西藏						
陕西	329	220	109	15 792	12 174	3 618
甘肃	228	167	61	10 365	8 292	2 073
青海	15	11	4	509	425	84
宁夏	5	5		193	193	
新疆	52	51	1	2 167	2 129	38

矿采选业

总产值(现价,万元)			销售产值(现价,万元)		
合计	乡办	村办	合计	乡办	村办
1 507 410	**887 064**	**620 346**	**1 390 173**	**807 095**	**583 078**
8 518	3 408	5 110	7 649	3 063	4 586
55 398	28 883	26 515	48 977	26 434	22 543
9 007	5 066	3 941	7 224	4 232	2 992
18 612	15 602	3 010	15 526	12 687	2 839
158 312	91 801	66 511	133 646	76 508	57 138
13 316	12 207	1 109	11 663	10 760	903
4 179	2 666	1 513	3 609	2 351	1 258
487		487	487		487
1 143	812	331	1 059	753	306
10 120	5 907	4 213	8 978	5 089	3 889
35 040	19 097	15 943	30 157	15 483	14 674
5 070	4 275	795	4 542	3 850	692
70 502	56 737	13 765	69 371	56 559	12 812
443 991	137 877	306 114	426 778	130 986	295 792
198 708	126 073	72 635	194 484	125 020	69 464
34 815	18 464	16 351	29 587	15 111	14 476
139 111	104 511	34 600	120 560	87 273	33 287
24 653	18 248	6 405	24 148	17 797	6 351
79 578	69 139	10 439	74 853	64 499	10 354
2 437	2 357	80	2 013	1 933	80
47 740	43 275	4 465	41 283	37 121	4 162
29 832	28 156	1 676	27 985	26 468	1 517
39 327	28 510	10 817	36 721	26 514	10 207
42 239	34 726	7 513	37 714	30 683	7 031
28 984	23 098	5 886	24 937	19 814	5 123
769	700	69	756	694	62
115	115		115	115	
5 407	5 354	53	5 351	5 298	53

5. 建筑材料及其

地区 \ 项目	企业个数(个) 合计	乡办	村办	职工人数(人) 合计	乡办	村办
全国	**53 249**	**11 936**	**41 313**	**1 888 068**	**687 179**	**1 200 889**
北京	417	48	369	15 226	1 842	13 384
天津	88	22	66	2617	760	1 857
河北	2 576	533	2 043	84 455	24 547	59 908
山西	2 073	299	1 774	54 022	11 753	42 269
内蒙古	714	381	333	20 607	12 857	7 750
辽宁	3 683	727	2 956	130 175	43 892	86 283
吉林	1 499	410	1 089	39 662	16 673	22 989
黑龙江	1 483	429	1 054	31 292	13 425	17 867
上海	8	4	4	540	474	66
江苏	2 496	503	1 993	161 654	54 049	107 605
浙江	2 539	580	1 959	120 880	51 298	69 582
安徽	2 223	684	1 539	96 575	47 002	49 573
福建	567	417	150	30 507	28 896	1 611
江西	1 918	618	1 300	58 988	29 065	29 923
山东	6 558	603	5 955	293 557	60 173	233 384
河南	1 579	301	1 278	66 903	19 879	47 024
湖北	4 106	603	3 503	95 693	36 411	59 282
湖南	3 555	788	2 767	111 149	42 655	68 494
广东	4 144	661	3 483	115 401	37 850	77 551
广西	897	303	594	28 071	16 029	12 042
海南	178	105	73	3 470	2 212	1 258
四川	6 150	1 594	4 556	210 394	76 374	134 020
贵州	405	262	143	12 651	9 998	2 653
云南	1 095	195	900	30 391	10 062	20 329
西藏						
陕西	1 177	278	899	30 536	10 661	19 875
甘肃	658	319	339	28 576	18 790	9 786
青海	110	49	61	3 537	1 425	2 112
宁夏	130	79	51	3 844	3 050	794
新疆	223	141	82	6 695	5 077	1 618

他非金属矿采选业

总产值(现价,万元)			销售产值(现价,万元)		
合计	乡办	村办	合计	乡办	村办
6 849 201	**2 307 402**	**4 541 799**	**6 259 133**	**2 071 109**	**4 188 024**
111 764	8 716	103 048	99 666	7 147	92 519
6 911	1 531	5 380	6 732	1 431	5 301
215 530	58 825	156 705	199 306	54 341	144 965
116 077	23 919	92 158	99 137	19 630	79 507
34 756	19 541	15 215	31 232	17 028	14 204
569 871	153 355	416 516	460 794	115 792	345 002
76 354	30 716	45 638	68 358	24 793	43 565
106 340	48 036	58 304	92 795	43 572	49 223
1 322	952	370	1 160	851	309
569 519	167 585	401 934	520 483	153 217	367 266
344 165	136 879	207 286	326 872	129 075	197 797
310 807	170 871	139 936	283 978	157 985	125 993
98 890	86 703	12 187	88 959	77 413	11 546
179 332	101 220	78 112	171 923	96 020	75 903
2 131 275	504 577	1 626 698	1 991 169	463 435	1 527 734
227 392	63 543	163 849	214 708	60 686	154 022
347 821	146 200	201 621	318 410	136 316	182 094
201 055	83 448	117 607	183 450	73 165	110 285
393 716	175 551	218 165	361 993	154 050	207 943
81 761	51 323	30 438	78 673	47 493	31 180
8 528	5 197	3 331	7 841	4 826	3 015
550 980	176 147	374 833	513 280	158 841	354 439
11 325	8 700	2 625	9 797	7 347	2 450
30 172	9 682	20 490	29 154	9 207	19 947
47 289	15 785	31 504	40 713	13 685	27 028
53 845	42 246	11 599	40 151	31 022	9 129
2 610	1 563	1 047	2 170	1 206	964
3 973	3 211	762	3 207	2 456	751
15 821	11 380	4 441	13 022	9 079	3 943

6. 其他矿

地区 \ 项目	企业个数(个)			职工人数(人)		
	合计	乡办	村办	合计	乡办	村办
全国	**2 184**	**684**	**1 500**	**73 055**	**29 097**	**43 958**
北京	22	9	13	768	287	481
天津						
河北	100	46	54	2 997	1 221	1 776
山西	121	19	102	2 811	434	2 377
内蒙古	36	17	19	650	314	336
辽宁	78	15	63	2 345	684	1 661
吉林	34	21	13	896	499	397
黑龙江	6	4	2	324	279	45
上海						
江苏	72	29	43	2 163	1 628	535
浙江	112	50	62	3 829	2 770	1 059
安徽	179	66	113	7 874	2 443	5 431
福建	103	61	42	3 681	2 322	1 359
江西	131	54	77	3 460	1 783	1 677
山东	246	27	219	10 298	2 126	8 172
河南	142	24	118	8 348	1 335	7 013
湖北	226	36	190	4 971	1 220	3 751
湖南	122	38	84	3 722	1 786	1 936
广东	110	20	90	2 995	950	2 045
广西	25	10	15	420	234	186
海南						
四川	188	76	112	7 134	4 571	2 563
贵州	16	10	6	579	393	186
云南	17	8	9	422	255	167
西藏						
陕西	68	26	42	1 482	913	569
甘肃	27	16	11	568	370	198
青海	1	1		120	120	
宁夏	1		1	38		38
新疆	1	1		160	160	

采选业

总产值(现价,万元)			销售产值(现价,万元)		
合计	乡办	村办	合计	乡办	村办
297 852	**117 336**	**180 516**	**271 748**	**104 058**	**167 690**
4 637	1 765	2 872	3 558	1 321	2 237
5 900	2 451	3 449	5 137	2 212	2 925
17 478	2 635	14 843	16 046	1 412	14 634
1 191	476	715	1 090	408	682
8 253	1 930	6 323	7 229	1 812	5 417
932	542	390	873	493	380
209	125	84	205	88	117
8 053	4 569	3 484	6 730	3 664	3 066
12 405	8 390	4 015	11 133	7 453	3 680
19 907	11 392	8 515	17 578	9 739	7 839
15 045	11 524	3 521	14 057	10 775	3 282
13 486	7 378	6 108	13 827	7 583	6 244
107 962	33 823	74 139	102 575	32 062	70 513
25 622	2 829	22 793	21 996	2 608	19 388
14 933	3 876	11 057	13 430	3 527	9 903
7 979	4 131	3 848	5 875	2 788	3 087
9 451	5 049	4 402	8 506	3 634	4 872
3 195	2 527	668	2 888	2 342	546
15	15		15	15	
15 123	7 287	7 836	13 911	6 402	7 509
1 099	798	301	1 093	791	302
369	174	195	358	172	186
2 164	1 570	594	1 626	1 049	577
1 729	1 477	252	1 512	1 320	192
90	90		67	67	
112		112	112		112
513	513		321	321	

7. 木材及竹

地区＼项目	企业个数(个)			职工人数(人)		
	合计	乡办	村办	合计	乡办	村办
全国	**4 915**	**1 017**	**3 898**	**83 785**	**29 748**	**54 037**
北京						
天津						
河北	51	4	47	1 034	31	1 003
山西	32	8	24	515	149	366
内蒙古	6	3	3	175	122	53
辽宁	146	14	132	2 989	559	2 430
吉林	222	34	188	4 136	511	3 625
黑龙江	16	15	1	635	631	4
上海	2	2		53	53	
江苏	2	1	1	38	26	12
浙江	32	4	28	317	65	252
安徽	115	38	77	1 914	766	1 148
福建	635	60	575	9 544	722	8 822
江西	1 018	171	847	14 546	3 713	10 833
山东	2		2	263		263
河南						
湖北	161	30	131	1 868	784	1 084
湖南	1 344	160	1 184	17 339	2 540	14 799
广东	220	56	164	2 640	1 309	1 331
广西	48	20	28	1 423	1 207	216
海南	3	2	1	31	21	10
四川	545	298	247	15 407	11 308	4 099
贵州	31	27	4	2 418	2 340	78
云南	104	47	57	3 605	2 629	976
西藏						
陕西	173	18	155	2 810	181	2 629
甘肃	7	5	2	85	81	4
青海						
宁夏						
新疆						

材采运业

总产值(现价,万元)			销售产值(现价,万元)		
合计	乡办	村办	合计	乡办	村办
233 601	**99 861**	**133 740**	**201 711**	**87 422**	**114 289**
2 887	107	2 780	2 678	106	2 572
1 858	881	977	1646	764	882
541	479	62	476	414	62
28 856	22 732	6 124	25 647	21 023	4 624
5 876	850	5 026	5 043	688	4 355
1 141	1 061	80	2 511	885	1 626
872	872		817	817	
75	69	6	82	76	6
1 673	88	1 585	1 626	51	1 575
4 733	2 679	2 054	3 781	2 215	1 566
51 046	15 033	36 013	35 279	10 247	25 032
46 739	11 158	35 581	42 270	10 689	31 581
2 235		2 235	2 213		2 213
6 189	1 937	4 252	5 679	1 667	4 012
27 648	8 138	19 510	25 995	7 214	18 781
7 334	4 311	3 023	6 864	3 884	2 980
5 247	4 505	742	4 473	4 082	391
14		14	14		14
29 103	18 550	10 553	25 936	16 553	9 383
1 427	1 406	21	1 180	1 180	
5 847	4 415	1 432	5 793	4 374	1 419
1 999	351	1 648	1 454	261	1 193
261	239	22	254	232	22

8. 食品

地区＼项目	企业个数(个)			职工人数(人)		
	合计	乡办	村办	合计	乡办	村办
全国	**200 784**	**25 500**	**175 284**	**2 039 110**	**686 673**	**1 352 437**
北京	513	106	407	16 045	5 954	10 091
天津	430	109	321	18 038	5 169	12 869
河北	7 823	1 152	6 671	84 390	30 616	53 774
山西	7 838	270	7 568	32 976	5 659	27 317
内蒙古	1 703	653	1 050	19 799	14 243	5 556
辽宁	4 869	573	4 296	75 500	27 784	47 716
吉林	1 628	397	1 231	26 742	13 514	13 228
黑龙江	5 396	1 133	4 263	66 186	29 275	36 911
上海	121	60	61	16 443	13 424	3 019
江苏	7 441	1 157	6 284	116 463	43 827	72 636
浙江	6 460	544	5 916	50 668	20 411	30 257
安徽	13 449	2 760	10 689	176 634	64 825	111 809
福建	1 056	243	813	17 549	6 263	11 286
江西	13 701	1 292	12 409	95 824	26 373	69 451
山东	19 504	1 525	17 979	407 334	118 054	289 280
河南	5 569	1 141	4 428	118 901	35 393	83 508
湖北	21 089	1 063	20 026	158 539	38 039	120 500
湖南	16 878	1 326	15 552	107 223	23 349	83 874
广东	10 248	672	9 576	60 798	13 827	46 971
广西	1 023	127	896	7 993	4 059	3 934
海南	108	57	51	2 186	1 692	494
四川	41 836	6 908	34 928	253 432	96 666	156 766
贵州	563	238	325	7 160	5 652	1 508
云南	5 617	124	5 493	14 770	1 974	12 796
西藏						
陕西	3 553	642	2911	46 971	15 633	31 338
甘肃	1 083	551	532	25 851	14 571	11 280
青海	90	56	34	1 254	912	342
宁夏	325	132	193	5 907	4 178	1 729
新疆	870	489	381	7 534	5 337	2 197

加 工 业

总产值(现价,万元)			销售产值(现价,万元)		
合计	乡办	村办	合计	乡办	村办
16 838 709	**7 115 493**	**9 723 216**	**15 535 776**	**6 527 819**	**9 007 957**
227 234	78 138	149 096	212 404	73 500	138 904
175 394	45 760	129 634	166 520	39 415	127 105
543 708	215 412	328 296	513 658	203 411	310 247
102 136	26 139	75 997	88 147	22 898	65 249
74 353	53 231	21 122	68 444	48 901	19 543
926 137	349 634	576 503	807 548	292 193	515 355
184 840	103 221	81 619	161 678	86 508	75 170
437 702	232 165	205 537	389 285	202 910	186 375
215 956	166 263	49 693	211 227	161 106	50 121
1 090 432	519 799	570 633	1 006 044	492 620	513 424
508 807	295 586	213 221	465 318	265 841	199 477
1 421 505	690 945	730 560	1 320 854	635 748	685 106
173 084	74 349	98 735	170 473	76 914	93 559
467 823	155 667	312 156	454 940	151 345	303 595
5 217 602	1 971 241	3 246 361	4 952 788	1 859 784	3 093 004
799 068	278 942	520 126	730 127	259 989	470 138
1 080 145	404 164	675 981	1 012 628	376 445	636 183
458 464	158 823	299 641	422 556	143 980	278 576
399 903	209 403	190 500	292 228	167 628	124 600
81 704	60 815	20 889	73 800	54 950	18 850
7 424	5 427	1 997	6 938	5 063	1 875
1 849 951	820 647	1 029 304	1 661 104	736 181	924 923
24 263	20 679	3 584	22 021	18 481	3 540
30 114	6 666	23 448	27 583	6 396	21 187
187 430	79 016	108 414	169 937	70 873	99 064
90 946	45 130	45 816	77 648	37 148	40 500
3 004	1 981	1 023	2 676	1 768	908
21 595	15 676	5 919	18 933	13 341	5 592
37 985	30 574	7 411	28 269	22 482	5 787

9. 食品

地区 \ 项目	企业个数(个) 合计	乡办	村办	职工人数(人) 合计	乡办	村办
全国	**12 699**	**4 172**	**8 527**	**483 377**	**231 556**	**251 821**
北京	253	50	203	9 484	2 633	6 851
天津	231	59	172	13 533	4 621	8 912
河北	787	220	567	30 162	12 671	17 491
山西	411	94	317	12 717	4 770	7 947
内蒙古	37	24	13	787	549	238
辽宁	549	177	372	19 452	9 777	9 675
吉林	106	72	34	2 710	2 010	700
黑龙江						
上海	180	66	114	16 210	7 020	9 190
江苏	962	369	593	49 308	27 090	22 218
浙江	1 005	356	649	34 938	19 309	15 629
安徽	888	375	513	30 761	16 266	14 495
福建	365	194	171	10 877	6 178	4 699
江西	220	123	97	5 365	4 166	1 199
山东	2 386	384	2 002	112 940	43 161	69 779
河南	830	226	604	48 747	17 185	31 562
湖北	1 123	195	928	16 373	7 583	8 790
湖南	89	46	43	2 917	2 279	638
广东	57	43	14	5 391	4 562	829
广西	293	198	95	12 913	9 727	3 186
海南						
四川	1 133	500	633	22 510	14 719	7 791
贵州	56	44	12	1 679	1 456	223
云南	320	111	209	8 609	3 110	5 499
西藏						
陕西	190	94	96	5 600	3 431	2 169
甘肃	140	81	59	5 553	3 851	1 702
青海	2	2		60	60	
宁夏	18	12	6	495	363	132
新疆	68	57	11	3 286	3 009	277

制造业

总产值(现价,万元)			销售产值(现价,万元)		
合计	乡办	村办	合计	乡办	村办
3 297 783	**1 665 278**	**1 632 505**	**3 041 508**	**1 521 891**	**1 519 617**
86 556	29 475	57 081	80 166	27 632	52 534
86 219	36 300	49 919	78 939	33 136	45 803
119 781	45 616	74 165	109 262	41 810	67 452
33 448	12 469	20 979	28 198	10 293	17 905
2 189	1 633	556	2 078	1 566	512
134 713	72 711	62 002	117 884	64 146	53 738
3 380	2 750	630	2 672	2 133	539
156 125	64 043	92 082	144 894	57 859	87 035
425 634	251 635	173 999	395 343	225 501	169 842
265 464	166 850	98 614	239 354	151 251	88 103
164 344	87 363	76 981	140 634	77 092	63 542
121 337	70 088	51 249	105 082	59 927	45 155
31 623	26 845	4 778	29 866	25 733	4 133
1 038 502	486 465	552 037	984 792	454 186	530 606
240 986	75 787	165 199	227 769	67 464	160 305
90 925	37 072	53 853	78 530	34 094	44 436
8 241	6 319	1 922	6 557	4 857	1 700
25 183	22 888	2 295	26 740	24 463	2 277
61 857	45 587	16 270	60 200	44 363	15 837
123 292	76 313	46 979	114 903	73 329	41 574
2 143	1 810	333	1 938	1 621	317
27 873	8 006	19 867	24 406	7 309	17 097
26 665	19 215	7 450	23 871	17 425	6 446
10 293	7 396	2 897	8 722	6 245	2 477
21	21		17	17	
937	790	147	795	660	135
10 052	9 831	221	7 896	7 779	117

10. 饮料

项目 / 地区	企业个数(个)			职工人数(人)		
	合计	乡办	村办	合计	乡办	村办
全国	**27 003**	**10 123**	**16 880**	**599 337**	**313 073**	**286 264**
北京	116	39	77	6 798	2 673	4 125
天津	92	32	60	5 451	2 604	2 847
河北	470	171	299	19 908	11 362	8 546
山西	145	49	96	6 279	2 944	3 335
内蒙古	283	137	146	6 484	4 413	2 071
辽宁	932	273	659	28 432	12 156	16 276
吉林	757	294	463	19 224	11 772	7 452
黑龙江	921	319	602	16 280	9 135	7 145
上海	65	38	27	6 964	5 470	1 494
江苏	792	286	506	43 694	21 734	21 960
浙江	2 122	540	1 582	43 176	20 783	22 393
安徽	1 749	528	1 221	38 229	17 545	20 684
福建	628	299	329	11 437	5 617	5 820
江西	849	405	444	17 638	11 584	6 054
山东	1 009	248	761	58 954	23 497	35 457
河南	825	251	574	31 817	13 104	18 713
湖北	4 689	744	3 945	51 531	22 133	29 398
湖南	1 671	648	1 023	29 020	17 361	11 659
广东	820	357	463	21 656	13 296	8 360
广西	557	291	266	8 434	6 047	2 387
海南	19	14	5	497	432	65
四川	5 809	3 331	2 478	90 984	54 273	36 711
贵州	477	337	140	10 507	8 526	1 981
云南	631	202	429	10 233	4 473	5 760
西藏						
陕西	414	172	242	7 894	3 573	4 321
甘肃	89	65	24	4 877	4 356	521
青海	18	9	9	463	184	279
宁夏	11	9	2	550	529	21
新疆	43	35	8	1 926	1 497	429

制造业

总产值(现价,万元)			销售产值(现价,万元)		
合计	乡办	村办	合计	乡办	村办
3 272 411	**1 893 202**	**1 379 209**	**2 980 906**	**1 706 600**	**1 274 306**
52 634	20 576	32 058	49 472	19 695	29 777
43 445	18 877	24 568	35 822	14 656	21 166
86 495	56 100	30 395	81 637	52 716	28 921
29 582	14 580	15 002	27 417	13 218	14 199
15 101	9 696	5 405	12 787	8 351	4 436
149 343	55 454	93 889	129 740	47 950	81 790
86 545	65 082	21 463	80 094	59 910	20 184
61 592	38 978	22 614	56 807	34 743	22 064
64 845	57 416	7 429	58 741	52 257	6 484
287 901	185 108	102 793	249 399	156 263	93 136
228 406	152 362	76 044	213 429	141 884	71 545
190 729	108 136	82 593	170 246	95 451	74 795
122 076	59 359	62 717	111 973	55 370	56 603
96 023	50 225	45 798	92 433	47 943	44 490
558 124	273 412	284 712	524 823	258 002	266 821
197 805	85 189	112 616	183 010	77 713	105 297
189 628	92 074	97 554	176 189	84 592	91 597
85 234	56 424	28 810	74 155	47 926	26 229
138 732	114 837	23 895	127 120	104 218	22 902
54 024	46 421	7 603	48 724	40 955	7 769
2 000	989	1 011	1 240	779	461
440 496	270 979	169 517	397 121	240 978	156 143
13 717	12 192	1 525	10 850	9 518	1 332
19 542	9 566	9 976	16 985	8 208	8 777
23 096	9 679	13 417	20 453	8 149	12 304
22 197	21 297	900	19 528	18 764	764
1 062	544	518	543	252	291
1 686	1 613	73	1 349	1 276	73
10 351	6 037	4 314	8 819	4 863	3 956

11. 烟草

项目 / 地区	企业个数(个)			职工人数(人)		
	合计	乡办	村办	合计	乡办	村办
全国	**171**	**30**	**141**	**5 267**	**1 081**	**4 186**
北京						
天津	1		1	12		12
河北	3		3	51		51
山西						
内蒙古						
辽宁	1	1		40	40	
吉林	1	1		250	250	
黑龙江						
上海						
江苏	3	1	2	153	10	143
浙江						
安徽	1		1	4		4
福建	1	1		40	40	
江西						
山东						
河南						
湖北	49		49	300		300
湖南	2	1	1	18	16	2
广东	30	10	20	392	337	55
广西	9	1	8	173	23	150
海南	1	1		12	12	
四川	28	2	26	2 391	49	2 342
贵州						
云南	13	3	10	278	112	166
西藏						
陕西	1		1	8		8
甘肃	20	3	17	1 078	134	944
青海						
宁夏						
新疆	7	5	2	67	58	9

加 工 业

总产值(现价,万元)			销售产值(现价,万元)		
合 计	乡 办	村 办	合 计	乡 办	村 办
17 876	**6 263**	**11 613**	**37 715**	**8 847**	**28 868**
15		15	15		15
128		128	20 981	2 760	18 221
452	452		400	400	
3 800	3 800		3 800	3 800	
2 100	60	2 040	1 999	58	1 941
16		16	15		15
330	330		300	300	
178		178	174		174
36	34	2	36	34	2
1 051	992	59	1 030	972	58
554	44	510	499	41	458
17	17		14	14	
6 993	200	6 793	6 993	200	6 793
479	48	431	331	48	283
105		105	34		34
1 528	208	1 320	1 003	145	858
94	78	16	91	75	16

12. 纺

地区＼项目	企业个数(个)			职工人数(人)		
	合计	乡办	村办	合计	乡办	村办
全国	**30 394**	**11 907**	**18 487**	**3 379 014**	**2 154 059**	**1 224 955**
北京	438	167	271	50 979	29 030	21 949
天津	498	143	355	56 523	20 731	35 792
河北	1276	475	801	85 599	38 118	47 481
山西	155	48	107	8 848	4 268	4 580
内蒙古	91	57	34	4 503	3 914	589
辽宁	870	247	623	57 728	26 404	31 324
吉林	113	54	59	6 035	3 739	2 296
黑龙江	243	152	91	11 979	9 749	2 230
上海	1 116	475	641	173 062	124 708	48 354
江苏	6 431	2 715	3 716	935 043	642 548	292 495
浙江	6 744	2 704	4 040	756 723	482 884	273 839
安徽	955	501	454	98 284	78 122	20 162
福建	408	150	258	15 380	6 476	8 904
江西	364	160	204	24 473	16 259	8 214
山东	2 723	829	1 894	327 995	173 910	154 085
河南	989	292	697	65 086	27 463	37 623
湖北	1 546	557	989	130 322	93 261	37 061
湖南	448	228	220	27 604	20 620	6 984
广东	3 267	885	2 382	290 857	129 042	161 815
广西	128	94	34	10 142	9 072	1 070
海南	5	5		639	639	
四川	967	629	338	195 375	180 501	14 874
贵州	16	12	4	875	797	78
云南	66	27	39	3 535	1 950	1 585
西藏						
陕西	285	116	169	15 459	7 124	8 335
甘肃	137	88	49	9 586	7 655	1 931
青海	17	10	7	824	418	406
宁夏	16	14	2	1271	981	290
新疆	82	73	9	14 285	13 676	609

织 业

总产值(现价,万元)			销售产值(现价,万元)		
合 计	乡 办	村 办	合 计	乡 办	村 办
27 375 899	**17 369 388**	**10 006 511**	**25 621 191**	**16 241 016**	**9 380 175**
451 904	240 208	211 696	421 591	220 789	200 802
460 294	181 954	278 340	407 255	156 512	250 743
376 467	195 488	180 979	352 065	190 004	162 061
24 253	9 610	14 643	22 772	9 495	13 277
13 709	7 744	5 965	11 707	6 656	5 051
297 933	124 805	173 128	254 719	108 181	146 538
13 547	7 514	6 033	12 045	6 597	5 448
47 329	35 847	11 482	39 199	29 151	10 048
1 231 420	912 727	318 693	1 174 305	875 423	298 882
10 825 429	6 947 951	3 877 478	10 248 546	6 561 839	3 686 707
6 822 656	4 601 156	2 221 500	6 298 397	4 270 086	2 028 311
393 581	306 822	86 759	339 292	263 459	75 833
152 976	72 240	80 736	162 489	67 158	95 331
98 595	42 164	56 431	94 366	39 006	55 360
3 412 022	1 755 245	1 656 777	3 254 738	1 685 686	1 569 052
339 440	129 058	210 382	309 461	117 240	192 221
618 725	448 732	169 993	571 726	414 230	157 496
115 678	84 938	30 740	95 875	71 084	24 791
922 030	631 735	290 295	882 067	593 964	288 103
29 534	25 899	3 635	24 751	21 219	3 532
1 331	1 331		1 310	1 310	
510 271	442 416	67 855	443 646	384 296	59 350
1 555	1 466	89	1 539	1 449	90
7 352	3 588	3 764	6 989	3 388	3 601
77 437	36 848	40 589	73 849	33 298	40 551
26 398	20 181	6 217	22 088	16 812	5 276
1 700	1 582	118	1 526	1 417	109
2 790	2 578	212	1 871	1 601	270
99 543	97 561	1 982	91 007	89 666	1 341

13. 缝

项目 / 地区	企业个数(个)			职工人数(人)		
	合计	乡办	村办	合计	乡办	村办
全国	**27 068**	**8 800**	**18 268**	**2 069 161**	**1 114 906**	**954 255**
北京	715	198	517	83 774	40 790	42 984
天津	496	181	315	79 124	42 813	36 311
河北	1 129	313	816	79 096	32 319	46 777
山西	133	35	98	4 659	1 176	3 483
内蒙古	144	77	67	3 961	2 916	1 045
辽宁	1 007	271	736	86 616	43 195	43 421
吉林	122	85	37	6 577	4 452	2 125
黑龙江	142	95	47	5 579	4 158	1 421
上海	850	348	502	149 465	103 095	46 370
江苏	2 989	1 161	1 828	272 889	174 405	98 484
浙江	3 023	1 250	1 773	262 644	158 314	104 330
安徽	677	293	384	38 933	24 846	14 087
福建	2 325	467	1 858	82 173	67 284	14 889
江西	394	166	228	11 397	6 237	5 160
山东	2 028	435	1 593	134 407	56 940	77 467
河南	689	198	491	39 223	12 578	26 645
湖北	1 553	494	1 059	72 754	54 538	18 216
湖南	375	192	183	16 223	10 521	5 702
广东	5 773	1 251	4 522	542 431	211 847	330 584
广西	174	114	60	6 988	6 023	965
海南	14	12	2	359	293	66
四川	1 513	855	658	57 686	41 940	15 746
贵州	38	26	12	1 545	1 282	263
云南	123	52	71	6 009	2 445	3 564
西藏						
陕西	507	132	375	17 635	6 789	10 846
甘肃	72	52	20	5 078	2 219	2 859
青海	4	1	3	84	18	66
宁夏	10	5	5	211	147	64
新疆	49	41	8	1 641	1 326	315

纫业

总产值(现价,万元)			销售产值(现价,万元)		
合计	乡办	村办	合计	乡办	村办
12 051 441	**7 234 536**	**4 816 905**	**11 227 185**	**6 779 920**	**4 447 265**
731 771	396 499	335 272	678 136	370 389	307 747
446 062	244 832	201 230	409 521	227 420	182 101
260 234	127 762	132 472	240 174	120 428	119 746
10 260	2 668	7 592	9 243	2 536	6 707
8 278	4 219	4 059	7 275	3 584	3 691
548 704	264 882	283 822	475 184	230 687	244 497
35 205	16 721	18 484	28 389	11 243	17 146
20 649	17 226	3 423	17 159	14 012	3 147
1 124 325	813 140	311 185	1 088 960	791 058	297 902
2 417 005	1 642 137	774 868	2 267 577	1 550 267	717 310
1 965 556	1 294 870	670 686	1 804 518	1 193 300	611 218
185 894	106 639	79 255	163 373	90 881	72 492
1 150 282	588 353	561 929	1 065 901	564 913	500 988
61 030	24 874	36 156	59 518	24 268	35 250
1 001 184	462 902	538 282	954 731	439 446	515 285
147 265	54 004	93 261	134 670	49 460	85 210
481 546	356 869	124 677	435 999	317 779	118 220
50 723	33 760	16 963	45 229	30 526	14 703
1 101 056	613 719	487 337	1 061 807	590 952	470 855
29 538	24 175	5 363	28 236	23 107	5 129
452	372	80	398	339	59
206 786	116 720	90 066	191 777	109 405	82 372
1 683	1 329	354	1 483	1 285	198
8 897	2 871	6 026	7 156	2 313	4 843
34 896	11 958	22 938	31 855	10 899	20 956
16 183	6 769	9 414	13 488	5 689	7 799
58	3	55	59	3	56
300	238	62	287	228	59
5 619	4 025	1 594	5 082	3 503	1 579

14. 皮革、毛皮、羽

项目 / 地区	企业个数(个)			职工人数(人)		
	合计	乡办	村办	合计	乡办	村办
全国	**12 974**	**5 366**	**7 608**	**805 122**	**418 080**	**387 042**
北京	74	20	54	4 146	1 732	2 414
天津	205	70	135	26 018	10 809	15 209
河北	716	282	434	31 697	15 368	16 329
山西	59	19	40	2 432	847	1 585
内蒙古	94	57	37	3 346	2 347	999
辽宁	305	77	228	15 434	5 974	9 460
吉林	34	24	10	1 474	1 094	380
黑龙江	56	32	24	1 460	861	599
上海	314	118	196	38 490	25 232	13 258
江苏	1 649	544	1 105	117 980	68 118	49 862
浙江	1 417	553	864	89 264	50 320	38 944
安徽	452	201	251	19 475	10 338	9 137
福建	234	79	155	16 919	10 602	6 317
江西	122	56	66	3 659	2 240	1 419
山东	635	199	436	57 408	25 964	31 444
河南	600	236	364	33 602	19 856	13 746
湖北	2 682	1 422	1 260	51 921	28 767	23 154
湖南	410	205	205	18 081	10 009	8 072
广东	1 790	578	1 212	226 000	102 813	123 187
广西	63	52	11	2 584	2 366	218
海南						
四川	618	282	336	25 732	13 294	12 438
贵州	21	19	2	662	586	76
云南	76	19	57	4 902	514	4 388
西藏						
陕西	121	56	65	4 619	2 354	2 265
甘肃	123	91	32	4 099	2 968	1 131
青海	28	18	10	1 390	1 034	356
宁夏	28	17	11	922	612	310
新疆	48	40	8	1 406	1 061	345

绒及其制品业

总产值(现价,万元)			销售产值(现价,万元)		
合计	乡办	村办	合计	乡办	村办
5 043 827	**2 980 027**	**2 063 800**	**4 642 558**	**2 742 778**	**1 899 780**
47 678	32 140	15 538	42 924	29 211	13 713
174 987	90 122	84 865	161 650	84 836	76 814
144 385	74 558	69 827	137 176	70 819	66 357
8 076	3 371	4 705	7 147	2 831	4 316
13 902	6 912	6 990	12 497	6 555	5 942
142 961	47 573	95 388	126 074	41 654	84 420
5 129	3 235	1 894	3 793	2 241	1 552
5 153	3 611	1 542	3 727	2 337	1 390
316 945	243 308	73 637	305 446	233 895	71 551
960 791	587 821	372 970	890 928	551 559	339 369
958 323	543 598	414 725	859 866	483 284	376 582
174 255	94 665	79 590	160 761	89 258	71 503
184 270	121 609	62 661	171 346	110 455	60 891
26 287	17 154	9 133	25 565	16 578	8 987
589 589	322 615	266 974	566 081	314 344	251 737
350 419	214 203	136 216	303 435	184 266	119 169
53 261	38 200	15 061	47 855	34 638	13 217
86 260	46 569	39 691	72 495	37 843	34 652
537 667	332 323	205 344	510 699	308 445	202 254
14 981	14 008	973	14 442	13 376	1 066
190 315	113 134	77 181	165 681	95 528	70 153
901	827	74	703	644	59
11 377	691	10 686	8 596	519	8 077
15 085	8 530	6 555	13 274	7 532	5 742
16 896	9 213	7 683	14 612	7 909	6 703
3 689	3 080	609	3 026	2 585	441
5 044	3 267	1 777	4 686	3 050	1 636
5 201	3 690	1 511	8 073	6 586	1 487

15. 木材加工及

项目 地区	企业个数(个)			职工人数(人)		
	合计	乡办	村办	合计	乡办	村办
全国	**33 887**	**12 374**	**21 513**	**833 418**	**408 859**	**424 559**
北京	151	22	129	5 150	1 016	4 134
天津	139	23	116	6 996	1 793	5 203
河北	622	200	422	15 285	6 867	8 418
山西	193	50	143	3 271	1 025	2 246
内蒙古	300	228	72	18 803	17 371	1 432
辽宁	1 763	369	1 394	46 858	15 794	31 064
吉林	917	415	502	21 569	13 179	8 390
黑龙江	1 694	693	1 001	39 365	23 592	15 773
上海	267	59	208	16 403	5 710	10 693
江苏	1 628	383	1 245	61 245	23 913	37 332
浙江	2 154	817	1 337	47 223	24 981	22 242
安徽	2 244	726	1 518	56 820	25 459	31 361
福建	2 908	1 210	1 698	89 722	48 023	41 699
江西	2 999	1 367	1 632	63 758	39 074	24 684
山东	1 890	265	1 625	72 253	21 386	50 867
河南	869	227	642	25 094	8 847	16 247
湖北	1 799	423	1 376	22 937	11 604	11 333
湖南	2 774	1 132	1 642	47 155	26 712	20 443
广东	2 394	758	1 636	51 367	20 368	30 999
广西	1 135	582	553	37 520	23 372	14 148
海南	54	31	23	865	575	290
四川	3 101	1 478	1 623	44 763	247 44	20 019
贵州	230	183	47	5 854	5 319	535
云南	430	213	217	11 852	7 044	4 808
西藏						
陕西	913	354	559	14 399	6 968	7 431
甘肃	230	124	106	4 943	2 828	2 115
青海	12	2	10	223	32	191
宁夏	30	11	19	1 010	888	122
新疆	47	29	18	715	375	340

竹、藤、棕制品业

总产值(现价,万元)			销售产值(现价,万元)		
合计	乡办	村办	合计	乡办	村办
3 837 268	**1 754 255**	**2 083 013**	**3 513 756**	**1 588 069**	**1 925 687**
54 435	12 472	41 963	50 350	11 759	38 591
35 904	6 931	28 973	32 114	6 142	25 972
56 502	27 064	29 438	50 934	23 349	27 585
6 917	2 277	4 640	6 058	2 034	4 024
23 646	19 582	4 064	18 725	15 074	3 651
328 548	89 866	238 682	279 176	74 133	205 043
74 126	40 490	33 636	58 025	28 419	29 606
180 743	91 623	89 120	163 358	80 263	83 095
173 633	57 340	116 293	167 287	55 702	111 585
399 493	194 395	205 098	363 029	172 991	190 038
258 244	130 183	128 061	234 770	117 057	117 713
219 123	107 221	111 902	197 482	95 312	102 170
343 284	200 838	142 446	310 452	177 784	132 668
265 920	162 675	103 245	256 140	155 966	100 174
585 471	181 547	403 924	561 237	181 951	379 286
87 017	34 712	52 305	78 106	29 306	48 800
100 741	45 558	55 183	91 805	40 811	50 994
117 820	69 733	48 087	108 408	62 898	45 510
155 600	82 226	73 374	149 557	77 920	71 637
97 136	58 936	38 200	93 386	56 179	37 207
2 798	1 794	1 004	2 346	1 722	624
185 327	91 937	93 390	168 023	84 034	83 989
7 515	6 980	535	5 465	5 013	452
29 862	14 186	15 676	26 961	13 132	13 829
33 143	13 913	19 230	29 249	11 778	17 471
9 657	6 348	3 309	7 487	4 608	2 879
420	27	393	389	25	364
3 152	2 816	336	2 552	2 236	316
1 091	585	506	885	471	414

16. 家具

地区	企业个数(个) 合计	乡办	村办	职工人数(人) 合计	乡办	村办
全国	**17 291**	**5 183**	**12 108**	**449 181**	**171 563**	**277 618**
北京	428	66	362	23 086	8 626	14 460
天津	96	20	76	4 623	1 511	3 112
河北	426	147	279	12 035	4 582	7 453
山西	237	59	178	4 627	1 667	2 960
内蒙古	124	83	41	1 972	1 241	731
辽宁	332	64	268	7 799	2 223	5 576
吉林	122	75	47	3 433	2 752	681
黑龙江	194	82	112	3 629	2 162	1 467
上海	206	42	164	10 990	3 978	7 012
江苏	1 116	321	795	36 266	16 135	20 131
浙江	544	217	327	16 799	8 025	8 774
安徽	673	275	398	15 478	7 250	8 228
福建	484	167	317	11 822	4 594	7 228
江西	464	271	193	9 536	6 714	2 822
山东	3 077	409	2 668	97 011	26 317	70 694
河南	561	165	396	14 173	5 388	8 785
湖北	1 835	367	1 468	25 875	13 241	12 634
湖南	354	166	188	7 310	4 477	2 833
广东	2 403	481	1 922	78 353	21 715	56 638
广西	168	107	61	3 659	2 854	805
海南	24	17	7	644	487	157
四川	2 135	1 034	1 101	36 183	14 382	21 801
贵州	45	32	13	677	517	160
云南	219	72	147	7 409	1 637	5 772
西藏						
陕西	712	228	484	10 195	4 762	5 433
甘肃	200	125	75	3 666	2 663	1 003
青海	15	14	1	205	187	18
宁夏	46	35	11	1 010	888	122
新疆	51	42	9	716	588	128

制造业

总产值(现价,万元)			销售产值(现价,万元)		
合计	乡办	村办	合计	乡办	村办
2 708 476	**1 032 344**	**1 676 132**	**2 510 487**	**947 965**	**1 562 522**
198 881	90 468	108 413	178 897	80 805	98 092
39 009	11 974	27 035	35 872	10 839	25 033
43 382	13 682	29 700	40 482	12 623	27 859
10 922	4 407	6 515	9 480	3 546	5 934
4 636	2 678	1 958	4 339	2 511	1 828
54 033	11 918	42 115	45 427	10 109	35 318
13 022	9 793	3 229	11 456	8 831	2 625
14 947	7 654	7 293	13 527	6 840	6 687
74 853	35 075	39 778	70 667	33 748	36 919
268 183	127 814	140 369	244 633	117 781	126 852
101 679	60 332	41 347	92 116	55 171	36 945
77 040	37 442	39 598	71 020	33 939	37 081
48 168	20 798	27 370	42 654	17 133	25 521
41 215	27 997	13 218	39 519	26 266	13 253
927 310	258 282	669 028	882 510	243 922	638 588
55 290	21 630	33 660	49 587	19 591	29 996
134 041	67 397	66 644	124 426	62 056	62 370
22 863	13 033	9 830	20 381	11 694	8 687
198 571	87 640	110 931	190 286	83 193	107 093
10 214	8 424	1 790	9 792	7 864	1 928
1 779	1 440	339	1 701	1 390	311
289 810	84 241	205 569	265 728	76 897	188 831
1 021	683	338	911	574	337
33 929	2 996	30 933	29 536	2 469	27 067
30 023	15 101	14 922	24 167	10 510	13 657
9 286	5 814	3 472	7 411	4 338	3 073
366	326	40	343	303	40
1 615	1 148	467	1 371	945	426
2 388	2 157	231	2 248	2 077	171

17. 造纸及

项目 地区	企业个数(个)			职工人数(人)		
	合计	乡办	村办	合计	乡办	村办
全国	**20 599**	**6 952**	**13 647**	**1 109 428**	**496 468**	**612 960**
北京	454	70	384	21 338	5 419	15 919
天津	328	58	270	22 828	5 266	17 562
河北	1 425	447	978	83 180	31 845	51 335
山西	526	156	370	22 430	7 470	14 960
内蒙古	82	55	27	3 639	2 557	1 082
辽宁	527	201	326	33 201	16 904	16 297
吉林	136	104	32	6 870	5 167	1 703
黑龙江	139	80	59	7 562	4 946	2 616
上海	370	95	275	30 591	14 365	16 226
江苏	1 431	455	976	91 396	41 025	50 371
浙江	1 520	471	1 049	83 456	32 393	51 063
安徽	788	334	454	38 714	23 078	15 636
福建	801	333	468	38 012	21 855	16 157
江西	511	252	259	19 944	12 409	7 535
山东	1 975	479	1 496	139 937	54 806	85 131
河南	2 356	528	1 828	137 952	39 552	98 400
湖北	1 093	311	782	38 191	23 196	14 995
湖南	931	442	489	37 658	22 637	15 021
广东	1 729	531	1 198	85 577	33 868	51 709
广西	428	250	178	15 831	11 059	4 772
海南	16	14	2	590	468	122
四川	1 350	677	673	67 321	47 299	20 022
贵州	89	67	22	4 175	3 729	446
云南	190	53	137	12 988	4 275	8 713
西藏						
陕西	1 174	348	826	49 908	18 293	31 615
甘肃	144	82	62	10 595	7 838	2 757
青海	14	4	10	616	234	382
宁夏	30	23	7	2 789	2 619	170
新疆	42	32	10	2 139	1 896	243

纸制品业

总产值(现价,万元)			销售产值(现价,万元)		
合计	乡办	村办	合计	乡办	村办
5 425 431	**2 460 794**	**2 964 637**	**5 051 762**	**2 298 036**	**2 753 726**
198 995	42 796	156 199	181 576	39 003	142 573
136 160	41 464	94 696	129 482	38 758	90 724
279 606	121 875	157 731	256 507	116 566	139 941
49 338	15 927	33 411	42 370	13 475	28 895
8 270	4 802	3 468	7 810	4 647	3 163
156 249	61 659	94 590	133 975	53 555	80 420
19 016	12 697	6 319	15 722	10 734	4 988
30 971	20 535	10 436	26 794	17 134	9 660
171 514	88 596	82 918	166 493	86 395	80 098
525 499	229 690	295 809	477 906	210 649	267 257
497 532	240 148	257 384	477 494	226 929	250 565
179 149	105 040	74 109	160 381	94 276	66 105
196 175	121 147	75 028	172 116	104 020	68 096
72 429	44 955	27 474	68 654	42 530	26 124
1 158 637	475 788	682 849	1 096 352	457 205	639 147
604 093	165 893	438 200	567 611	154 422	413 189
137 707	90 873	46 834	129 358	84 466	44 892
113 681	77 312	36 369	103 374	69 533	33 841
365 769	210 429	155 340	355 422	206 054	149 368
68 486	43 727	24 759	66 894	42 488	24 406
2 612	1 760	852	2 669	1 674	995
215 242	154 762	60 480	199 012	143 052	55 960
9 466	8 448	1 018	8 218	7 288	930
75 406	15 846	59 560	68 864	14 018	54 846
117 717	40 565	77 152	108 752	37 360	71 392
19 734	14 021	5 713	17 339	12 893	4 446
610	280	330	545	253	292
9 145	4 826	4 319	4 183	3 893	290
6 223	4 933	1 290	5 889	4 766	1 123

18. 印

项目 地区	企业个数(个)			职工人数(人)		
	合计	乡办	村办	合计	乡办	村办
全国	**11 865**	**4 277**	**7 588**	**449 157**	**160 720**	**288 437**
北京	533	85	448	32 485	7 479	25 006
天津	195	29	166	8 974	1 616	7 358
河北	603	187	416	20 795	7 290	13 505
山西	174	43	131	5 337	1 167	4 170
内蒙古	48	35	13	1 485	1 337	148
辽宁	349	106	243	10 280	4 024	6 256
吉林	73	44	29	1 622	966	656
黑龙江	51	32	19	1 259	1 011	248
上海	351	75	276	69 850	6 149	63 701
江苏	1 771	608	1 163	68 046	29 515	38 531
浙江	1 151	595	556	33 191	17 732	15 459
安徽	519	287	232	11 586	7 261	4 325
福建	309	116	193	7 772	3 325	4 447
江西	279	143	136	7 438	3 583	3 855
山东	1 275	259	1 016	48 497	12 924	35 573
河南	493	170	323	14 792	5 527	9 265
湖北	639	281	358	18 282	12 347	5 935
湖南	458	224	234	12 204	6 149	6 055
广东	1 080	209	871	36 839	12 180	24 659
广西	115	65	50	2 754	1 816	938
海南	5	3	2	79	58	21
四川	714	451	263	19 015	11 902	7 113
贵州	49	34	15	1 763	1 107	656
云南	111	24	87	4 179	498	3 681
西藏						
陕西	420	118	302	8 843	2 780	6 063
甘肃	64	28	36	922	448	474
青海	5	3	2	209	107	102
宁夏	11	8	3	154	104	50
新疆	20	15	5	505	318	187

刷 业

总产值(现价,万元)			销售产值(现价,万元)		
合 计	乡 办	村 办	合 计	乡 办	村 办
2 149 631	**833 812**	**1 315 819**	**1 996 044**	**775 270**	**1 220 774**
262 121	69 892	192 229	242 423	65 641	176 782
40 744	9 919	30 825	37 798	9 117	28 681
58 757	20 525	38 232	52 998	18 418	34 580
11 415	2 244	9 171	10 145	1 946	8 199
3 626	3 029	597	3 105	2 549	556
55 343	10 726	44 617	47 590	9 880	37 710
4 339	2 784	1 555	3 860	2 572	1 288
5 130	3 297	1 833	4 321	2 538	1 783
120 108	30 409	89 699	112 354	28 893	83 461
422 370	186 762	235 608	387 233	169 632	217 601
171 919	102 905	69 014	163 434	99 336	64 098
77 247	44 918	32 329	71 023	40 611	30 412
26 784	9 089	17 695	24 253	8 452	15 801
38 042	10 514	27 528	36 862	9 924	26 938
406 263	107 685	298 578	384 468	102 269	282 199
89 032	32 820	56 212	80 097	30 474	49 623
73 914	46 471	27 443	68 949	43 114	25 835
36 865	18 148	18 717	32 419	16 423	15 996
132 694	68 263	64 431	129 048	65 785	63 263
10 996	8 299	2 697	9 826	7 046	2 780
164	68	96	146	63	83
59 937	33 435	26 502	55 095	30 407	24 688
5 905	3 644	2 261	4 690	3 030	1 660
11 136	844	10 292	10 162	727	9 435
21 324	5 678	15 646	21 023	5 301	15 722
2 074	768	1 306	1 518	609	909
156	96	60	158	94	64
290	210	80	164	103	61
936	370	566	882	316	566

19. 文教体育

地区 \ 项目	企业个数(个)			职工人数(人)		
	合计	乡办	村办	合计	乡办	村办
全国	**4 534**	**1 553**	**2 981**	**469 875**	**236 315**	**233 560**
北京	100	20	80	6 670	2 759	3 911
天津	159	35	124	11 197	3 318	7 879
河北	130	38	92	6 599	2 930	3 669
山西	6	1	5	286	25	261
内蒙古	4	3	1	54	29	25
辽宁	43	19	24	1 402	650	752
吉林	15	11	4	638	490	148
黑龙江	12	7	5	463	142	321
上海	342	88	254	35 592	15 400	20 192
江苏	914	326	588	92 216	57 555	34 661
浙江	532	224	308	33 588	19 059	14 529
安徽	240	113	127	18 419	10 939	7 480
福建	148	54	94	10 500	5 422	5 078
江西	103	46	57	3 590	2 337	1 253
山东	233	57	176	20 310	9 319	10 991
河南	73	24	49	1 869	793	1 076
湖北	36	16	20	1 926	992	934
湖南	48	31	17	1 829	1 500	329
广东	1 264	359	905	218 359	100 376	117 983
广西	16	10	6	1 645	384	1 261
海南	1	1		20	20	
四川	61	41	20	1 773	1 378	395
贵州	2	2		52	52	
云南	11	4	7	169	48	121
西藏						
陕西	25	12	13	530	268	262
甘肃	11	8	3	114	87	27
青海						
宁夏	2	1	1	42	32	10
新疆	3	2	1	23	11	12

用品制造业

总产值(现价,万元)			销售产值(现价,万元)		
合计	乡办	村办	合计	乡办	村办
1 757 525	**1 015 251**	**742 274**	**1 629 519**	**935 711**	**693 808**
64 579	34 357	30 222	59 296	30 957	28 339
73 367	23 694	49 673	65 474	20 405	45 069
19 331	9 664	9 667	18 051	9 039	9 012
1 268	24	1 244	1 061	24	1 037
76	46	30	70	40	30
4 931	2 201	2 730	3 998	1 834	2 164
3 048	2 292	756	3 086	2 207	879
2 325	446	1 879	1 952	373	1 579
221 451	107 302	114 149	213 606	104 989	108 617
536 456	366 380	170 076	488 347	335 872	152 475
202 140	133 859	68 281	185 963	123 449	62 514
55 225	28 815	26 410	50 915	26 038	24 877
69 523	45 927	23 596	66 485	43 372	23 113
15 785	10 292	5 493	14 993	9 734	5 259
137 531	66 521	71 010	132 077	64 165	67 912
7 225	3 698	3 527	6 276	3 446	2 830
10 986	5 216	5 770	10 339	4 760	5 579
3 955	3 127	828	3 432	2 674	758
317 210	165 272	151 938	294 157	147 174	146 983
2 435	628	1 807	2 361	586	1 775
15	15		15	15	
6 995	4 398	2 597	6 102	3 620	2 482
25	25		14	14	
214	16	198	200	16	184
1 129	824	305	1 005	745	260
219	157	62	165	120	45
52	35	17	52	25	27
29	20	9	27	18	9

20. 石油加工

项目 地区	企业个数(个)			职工人数(人)		
	合计	乡办	村办	合计	乡办	村办
全国	**4 920**	**1 586**	**3 334**	**200 933**	**84 029**	**116 904**
北京	58	14	44	2 009	1 149	860
天津	46	8	38	1 518	303	1 215
河北	219	85	134	7 868	4 499	3 369
山西	1 204	316	888	83 124	27 688	55 436
内蒙古	70	50	20	2 876	2 005	871
辽宁	472	107	365	14 957	4 505	10 452
吉林	16	5	11	523	127	396
黑龙江	148	82	66	4 613	2 990	1 623
上海	54	15	39	3 340	1 044	2 296
江苏	287	78	209	13 199	5 519	7 680
浙江	39	14	25	1 252	770	482
安徽	66	32	34	1 311	869	442
福建	43	14	29	425	171	254
江西	5	3	2	288	236	52
山东	491	121	370	18 256	6 924	11 332
河南	279	72	207	10 122	4 627	5 495
湖北	73	29	44	2026	1 054	972
湖南	245	78	167	4 272	2 711	1 561
广东	21	5	16	537	140	397
广西	32	12	20	219	111	108
海南						
四川	330	127	203	12 618	7 329	5 289
贵州	178	113	65	3 619	2 946	673
云南	36	15	21	1 168	482	686
西藏						
陕西	309	80	229	4 497	1 590	2 907
甘肃	100	52	48	3 156	1 867	1 289
青海	36	21	15	1 192	801	391
宁夏	31	20	11	1 271	1 074	197
新疆	32	18	14	677	498	179

及炼焦业

总产值(现价,万元)			销售产值(现价,万元)		
合计	乡办	村办	合计	乡办	村办
1 867 177	**830 886**	**1 036 291**	**1 719 638**	**762 803**	**956 835**
47 704	18 590	29 114	46 646	18 039	28 607
82 854	70 734	12 120	81 950	70 632	11 318
63 896	34 781	29 115	60 608	32 970	27 638
474 016	165 206	308 810	441 445	150 563	290 882
9 043	5 511	3 532	8 319	4 774	3 545
175 505	56 561	118 944	158 207	52 056	106 151
6 159	1 140	5 019	5 506	887	4 619
48 652	31 183	17 469	41 148	24 838	16 310
43 662	16 860	26 802	43 752	17 990	25 762
232 417	103 852	128 565	211 434	97 579	113 855
23 395	16 762	6 633	21 700	15 249	6 451
13 964	9 690	4 274	13 022	9 006	4 016
4 503	1 578	2 925	4 422	1 532	2 890
3 016	402	2 614	2 969	394	2 575
327 986	138 544	189 442	309 977	130 911	179 066
102 099	35 410	66 689	91 429	32 788	58 641
35 275	17 323	17 952	31 759	15 529	16 230
17 721	11 733	5 988	15 839	10 539	5 300
6 225	1 464	4 761	5 842	1 342	4 500
5 833	5 156	677	1 837	1 148	689
72 302	43 751	28 551	59 880	35 190	24 690
10 661	9 683	978	8 631	7 675	956
3 147	1 878	1 269	2 821	1 665	1 156
25 328	11 085	14 243	21 781	9 339	12 442
19 211	12 304	6 907	17 251	11 050	6 201
2 083	1 261	822	1 941	1 177	764
6 633	5 631	1 002	6 172	5 346	826
3 887	2 813	1 074	3 350	2 595	755

21. 化学原料及

项目 地区	企业个数(个)			职工人数(人)		
	合计	乡办	村办	合计	乡办	村办
全国	**29 265**	**12 165**	**17 100**	**1 347 574**	**732 354**	**615 220**
北京	771	195	576	29 816	12 293	17 523
天津	773	172	601	45 739	14 888	30 851
河北	1 693	707	986	73 050	32 894	40 156
山西	825	228	597	36 379	13 803	22 576
内蒙古	124	80	44	3 194	2 442	752
辽宁	1 579	532	1 047	63 550	29 827	33 723
吉林	257	150	107	10 419	7 410	3 009
黑龙江	296	162	134	10 108	6 550	3 558
上海	894	290	604	58 460	31 937	26 523
江苏	5 998	1 987	4 011	307 662	155 960	151 702
浙江	1 727	826	901	75 614	44 179	31 435
安徽	1 298	701	597	50 354	34 252	16 102
福建	699	306	393	19 360	11 012	8 348
江西	574	342	232	18 506	13 290	5 216
山东	2 745	975	1 770	160 916	84 084	76 832
河南	1 500	502	998	67 400	26 031	41 369
湖北	1 224	620	604	48 752	36 804	11 948
湖南	1 094	601	493	36 454	25 144	11 310
广东	1 116	408	708	53 113	23 885	29 228
广西	406	318	88	13 013	11 483	1 530
海南	55	48	7	1 369	1 200	169
四川	2 000	1 132	868	91 601	67 541	24 060
贵州	234	201	33	13 700	12 556	1 144
云南	373	138	235	21 003	8 336	12 667
西藏						
陕西	607	269	338	19 982	10 824	9 158
甘肃	257	169	88	10 164	7 503	2 661
青海	14	11	3	926	802	124
宁夏	46	34	12	2 318	1 986	332
新疆	86	61	25	4 652	3 438	1 214

化学制品制造业

总产值(现价,万元)			销售产值(现价,万元)		
合计	乡办	村办	合计	乡办	村办
12 797 457	**7 114 275**	**5 683 182**	**11 858 787**	**6 439 275**	**5 419 512**
378 427	151 960	226 467	347 568	140 649	206 919
558 059	258 069	299 990	533 860	258 788	275 072
527 275	248 590	278 685	480 929	224 442	256 487
147 441	58 714	88 727	127 849	50 569	77 280
8 495	5 326	3 169	6 958	4 173	2 785
473 225	197 144	276 081	403 245	167 369	235 876
48 271	34 864	13 407	40 037	29 518	10 519
54 438	34 519	19 919	41 999	23 722	18 277
641 250	316 451	324 799	605 272	301 698	303 574
4 058 534	2 217 536	1 840 998	3 746 576	1 914 115	1 832 461
724 384	456 389	267 995	670 687	421 793	248 894
387 770	271 405	116 365	374 151	252 875	121 276
94 945	71 214	23 731	120 211	68 976	51 235
131 848	92 615	39 233	124 286	86 292	37 994
2 261 970	1 285 042	976 928	2 148 168	1 218 160	930 008
493 297	204 149	289 148	448 443	184 743	263 700
373 058	254 179	118 879	339 841	228 387	111 454
177 098	125 326	51 772	154 714	110 250	44 464
330 650	199 378	131 272	314 675	185 131	129 544
113 318	97 789	15 529	103 250	89 443	13 807
5 632	5 041	591	5 753	5 192	561
561 749	384 591	177 158	497 243	342 367	154 876
35 927	32 067	3 860	32 561	29 130	3 431
60 542	20 023	40 519	55 427	18 579	36 848
78 812	39 130	39 682	72 602	36 773	35 829
44 285	31 426	12 859	38 667	27 264	11 403
1 772	1 597	175	1 660	1 515	145
9 784	9 073	711	8 846	8 125	721
15 201	10 668	4 533	13 309	9 237	4 072

22. 医药

地区＼项目	企业个数(个) 合计	乡办	村办	职工人数(人) 合计	乡办	村办
全国	**1 972**	**1 058**	**914**	**152 011**	**100 024**	**51 987**
北京	5	2	3	843	700	143
天津	63	11	52	7 765	1 326	6 439
河北	54	32	22	4 094	2 421	1 673
山西	30	13	17	2 502	1 519	983
内蒙古	21	12	9	668	266	402
辽宁	192	123	69	8 787	5 528	3 259
吉林	112	72	40	4 375	3 640	735
黑龙江	28	20	8	1 230	1 120	110
上海	118	68	50	13 935	10 167	3 768
江苏	232	140	92	25 717	19 591	6 126
浙江	159	89	70	14 302	9 886	4 416
安徽	195	81	114	12 140	7 381	4 759
福建	53	7	46	748	318	430
江西	52	30	22	4 684	3 690	994
山东	123	51	72	12 423	7 275	5 148
河南	98	33	65	9 012	3 479	5 533
湖北	104	42	62	5 532	3 779	1 753
湖南	49	37	12	3 128	2 627	501
广东	95	67	28	10 082	8 246	1 836
广西	34	30	4	2 725	2 524	201
海南	2	2		75	75	
四川						
贵州	16	13	3	1 214	1 046	168
云南	27	11	16	1 227	459	768
西藏						
陕西	48	26	22	2 960	1 477	1 483
甘肃	35	24	11	815	530	285
青海						
宁夏	13	8	5	331	257	74
新疆	14	14		697	697	

制造业

总产值(现价,万元)			销售产值(现价,万元)		
合计	乡办	村办	合计	乡办	村办
1 652 366	**1 091 490**	**560 876**	**1 519 534**	**992 623**	**526 911**
6 729	5 859	870	6 005	5 266	739
87 329	16 096	71 233	80 961	14 179	66 782
26 158	11 611	14 547	23 214	10 529	12 685
5 457	2 639	2 818	4 239	1 999	2 240
3 454	865	2 589	2 944	743	2 201
66 887	49 215	17 672	59 231	43 767	15 464
26 773	24 401	2 372	20 724	18 532	2 192
7 628	7 221	407	6 195	5 812	383
136 621	100 172	36 449	129 773	95 359	34 414
347 137	252 491	94 646	317 852	232 161	85 691
178 715	131 823	46 892	161 708	118 508	43 200
111 041	67 297	43 744	103 974	60 765	43 209
3 679	2 071	1 608	3 326	1 853	1 473
82 140	52 874	29 266	79 926	46 085	33 841
182 894	109 815	73 079	169 746	102 315	67 431
98 711	22 830	75 881	92 026	21 853	70 173
51 974	22 565	29 409	47 172	18 154	29 018
13 554	11 299	2 255	11 382	9 710	1 672
142 432	137 508	4 924	133 399	128 586	4 813
33 203	32 407	796	32 306	31 580	726
1 730	1 730		1 685	1 685	
13 810	13 145	665	12 878	12 339	539
4 303	1 516	2 787	3 260	453	2 807
12 051	7 218	4 833	9 660	5 267	4 393
2 887	1 900	987	1 936	1 233	703
874	727	147	409	287	122
4 195	4 195		3 603	3 603	

23. 化学纤

地区 \ 项目	企业个数(个)			职工人数(人)		
	合计	乡办	村办	合计	乡办	村办
全国	**1 475**	**676**	**799**	**124 466**	**78 281**	**46 185**
北京	10	4	6	707	462	245
天津	35	15	20	3 999	2 304	1 695
河北	123	42	81	7 470	3 587	3 883
山西	17	10	7	1 709	1 186	523
内蒙古	10	4	6	200	64	136
辽宁	79	33	46	3 732	1 878	1854
吉林	8	3	5	175	48	127
黑龙江	2	1	1	34	24	10
上海	89	26	63	8 819	4 964	3 855
江苏	331	157	174	47 936	31 329	16 607
浙江	106	67	39	14 904	13 178	1 726
安徽	105	53	52	4 562	2 174	2 388
福建	36	14	22	1 293	730	563
江西	50	32	18	1477	938	539
山东	107	57	50	9 632	5 288	4 344
河南	133	30	103	6 032	2 232	3 800
湖北	46	27	19	3 119	2 380	739
湖南	33	21	12	1 150	754	396
广东	56	31	25	4 256	2 695	1 561
广西	4	2	2	101	53	48
海南						
四川	41	18	23	1 182	758	424
贵州	9	8	1	489	464	25
云南						
西藏						
陕西	30	12	18	754	379	375
甘肃	12	8	4	461	393	68
青海	1		1	68		68
宁夏						
新疆	2	1	1	205	19	186

维制造业

总产值(现价,万元)			销售产值(现价,万元)		
合计	乡办	村办	合计	乡办	村办
1 476 094	**1 047 444**	**428 650**	**1 420 184**	**966 848**	**453 336**
9 297	6 607	2 690	8 767	6 241	2 526
44 384	38 129	6 255	41 203	35 432	5 771
22 966	14 905	8 061	21 929	14 204	7 725
4 823	2 865	1 958	3 845	2 050	1 795
201	28	173	146	12	134
33 314	14 525	18 789	28 828	12 411	16 417
351	44	307	324	42	282
53	51	2	66	66	
92 630	60 860	31 770	91 314	61 153	30 161
718 143	516 877	201 266	715 251	471 082	244 169
245 120	226 228	18 892	227 334	210 030	17 304
35 859	17 962	17 897	26 969	13 294	13 675
16 761	12 772	3 989	15 785	11 903	3 882
5 211	3 744	1 467	4 865	3 490	1 375
131 338	64 970	66 368	126 253	62 743	63 510
37 923	10 841	27 082	36 623	11 333	25 290
26 344	22 101	4 243	24 001	20 030	3 971
4 291	2 521	1 770	3 662	2 027	1 635
37 600	26 119	11 481	34 855	24 406	10 449
423	211	212	371	199	172
4 045	2 466	1 579	3 850	2 465	1 385
868	852	16	780	769	11
2 137	1 182	955	1 813	1 021	792
679	558	121	455	420	35
77		77	70		70
1 256	26	1 230	825	25	800

24. 橡 胶

地区＼项目	企业个数(个)			职工人数(人)		
	合计	乡办	村办	合计	乡办	村办
全国	**4 944**	**1 761**	**3 183**	**345 486**	**188 618**	**156 868**
北京	63	13	50	3 526	1 488	2 038
天津	212	25	187	23 224	4 444	18 780
河北	490	194	296	18 845	8 378	10 467
山西	59	17	42	2 291	944	1 347
内蒙古	7	4	3	153	104	49
辽宁	345	110	235	15 104	6 492	8 612
吉林	40	22	18	1 710	1 233	477
黑龙江	46	20	26	1 219	772	447
上海	191	68	123	25 648	17 018	8 630
江苏	769	278	491	66 151	39 777	26 374
浙江	477	231	246	41 013	28 997	12 016
安徽	182	77	105	6 513	4 138	2 375
福建	72	36	36	2 408	1 558	850
江西	73	46	27	5 364	4 542	822
山东	705	152	553	53 138	22 288	30 850
河南	199	48	151	10 565	2 974	7 591
湖北	95	64	31	8 095	6 879	1 216
湖南	98	56	42	6 174	5 111	1 063
广东	326	90	236	33 929	18 939	14 990
广西	28	16	12	1 320	904	416
海南	5	4	1	157	144	13
四川	242	106	136	11 176	6 833	4 343
贵州	27	18	9	1 381	1 043	338
云南	51	9	42	2 567	1 301	1 266
西藏						
陕西	109	35	74	2 662	1 380	1 282
甘肃	14	8	6	563	461	102
青海						
宁夏	6	5	1	125	95	30
新疆	13	9	4	465	381	84

制品业

总产值(现价,万元)			销售产值(现价,万元)		
合计	乡办	村办	合计	乡办	村办
2 238 903	**1 228 673**	**1 010 230**	**2 104 248**	**1 148 020**	**956 228**
24 764	12 648	12 116	23 363	12 390	10 973
158 714	31 748	126 966	133 222	29 600	103 622
110 876	56 292	54 584	106 021	53 060	52 961
7 673	4 178	3 495	6 305	3 480	2 825
227	116	111	212	114	98
80 838	29 533	51 305	66 501	22 932	43 569
4 380	2 806	1 574	3 639	2 306	1 333
3 928	1 093	2 835	3 172	814	2 358
180 734	121 215	59 519	169 887	113 080	56 807
433 757	281 619	152 138	466 594	279 630	186 964
193 887	139 804	54 083	175 864	127 757	48 107
61 560	27 062	34 498	29 705	16 747	12 958
12 686	8 456	4 230	12 236	8 128	4 108
20 298	13 916	6 382	19 386	13 156	6 230
610 182	283 278	326 904	575 649	266 347	309 302
61 195	17 123	44 072	56 188	15 845	40 343
43 997	36 831	7 166	36 908	30 658	6 250
21 540	18 989	2 551	15 595	13 090	2 505
133 943	106 726	27 217	131 118	104 873	26 245
4 935	3 266	1 669	4 813	3 180	1 633
3 494	3 484	10	3 238	3 230	8
40 809	18 245	22 564	41 355	18 461	22 894
3 343	2 245	1 098	3 139	2 080	1 059
9 267	2 756	6 511	8 971	2 401	6 570
9 095	3 034	6 061	8 734	2 720	6 014
1 366	1 149	217	1 212	1 036	176
382	272	110	352	262	90
1 033	789	244	869	643	226

25. 塑料

项目 地区	企业个数(个)			职工人数(人)		
	合计	乡办	村办	合计	乡办	村办
全国	**28 523**	**8 473**	**20 050**	**1 230 209**	**518 162**	**712 047**
北京	474	116	358	18 118	7 164	10 954
天津	461	96	365	22 057	6 218	15 839
河北	1 427	441	986	53 746	18 909	34 837
山西	199	53	146	6 885	2 323	4 562
内蒙古	97	52	45	2 362	1 383	979
辽宁	1 088	298	790	41 385	14 419	26 966
吉林	228	112	116	7 274	3 926	3 348
黑龙江	227	108	119	5 551	2 967	2 584
上海	782	188	594	49 303	19 808	29 495
江苏	3 662	1 053	2 609	197 617	100 858	96 759
浙江	4 905	1 882	3 023	171 256	85 250	86 006
安徽	1 438	467	971	50 604	23 706	26 898
福建	1 097	217	880	42 283	18 538	23 745
江西	278	146	132	8 513	5 647	2 866
山东	2 629	573	2 056	135 201	46 747	88 454
河南	877	268	609	33 979	12 983	20 996
湖北	753	324	429	28 284	18 386	9 898
湖南	499	225	274	14 547	8 083	6 464
广东	5 081	746	4 335	266 770	79 459	187 311
广西	281	189	92	9 392	6 940	2 452
海南	9	2	7	204	16	188
四川	1 226	588	638	40 138	22 732	17 406
贵州	46	33	13	1 617	1 345	272
云南	176	46	130	5 963	1 751	4 212
西藏						
陕西	351	125	226	9 305	3 900	5 405
甘肃	160	81	79	6 027	3 385	2 642
青海	2	2		72	72	
宁夏	31	15	16	672	438	234
新疆	39	27	12	1 084	809	275

制品业

总产值(现价,万元)			销售产值(现价,万元)		
合计	乡办	村办	合计	乡办	村办
7 727 822	**3 743 946**	**3 983 876**	**7 174 662**	**3 476 531**	**3 698 131**
174 022	60 569	113 453	159 660	56 814	102 846
175 624	42 156	133 468	146 442	37 735	108 707
221 690	74 330	147 360	199 937	65 227	134 710
20 585	6 914	13 671	15 957	5 595	10 362
7 081	2 930	4 151	6 233	2 665	3 568
305 894	65 623	240 271	261 557	53 446	208 111
31 587	17 316	14 271	28 435	15 245	13 190
27 884	16 344	11 540	25 727	14 559	11 168
338 544	139 825	198 719	321 862	130 503	191 359
1 769 584	985 047	784 537	1 656 754	919 487	737 267
1 177 703	713 152	464 551	1 095 154	663 913	431 241
282 926	148 317	134 609	250 949	130 743	120 206
250 517	119 408	131 109	239 636	113 779	125 857
46 386	29 801	16 585	43 753	27 893	15 860
1 461 561	589 600	871 961	1 383 350	556 526	826 824
203 866	80 582	123 284	184 151	72 560	111 591
152 801	94 551	58 250	141 519	89 044	52 475
50 905	27 647	23 258	45 520	24 573	20 947
684 951	344 565	340 386	658 329	329 657	328 672
45 324	33 236	12 088	42 803	31 305	11 498
196	7	189	196	7	189
216 217	115 165	101 052	195 452	102 769	92 683
3 648	2 843	805	3 276	2 519	757
21 093	4 804	16 289	17 640	4 305	13 335
30 008	13 619	16 389	27 337	12 037	15 300
20 707	11 302	9 405	17 978	10 144	7 834
65	65		37	37	
2 335	1 284	1 051	1 416	816	600
4 118	2 944	1 174	3 602	2 628	974

26. 非金属矿

地区 \ 项目	企业个数(个)			职工人数(人)		
	合计	乡办	村办	合计	乡办	村办
全国	**184 990**	**44 335**	**140 655**	**8 942 846**	**3 831 792**	**5 111 054**
北京	1 795	343	1 452	116 385	37 673	78 712
天津	725	225	500	57 920	28 108	29 812
河北	8 989	2 269	6 720	526 126	184 690	341 436
山西	9 543	863	8 680	300 153	51 864	248 289
内蒙古	2 047	963	1 084	99 330	51 022	48 308
辽宁	5 627	1 718	3 909	369 670	163 819	205 851
吉林	2 307	913	1 394	149 596	77 094	72 502
黑龙江	2 597	1 064	1 533	164 389	92 233	72 156
上海	772	309	463	70 240	47 057	23 183
江苏	15 008	4 279	10 729	880 816	481 666	399 150
浙江	6 805	2 272	4 533	453 956	271 908	182 048
安徽	13 151	3 800	9 351	619 182	304 904	314 278
福建	4 832	541	4 291	197 045	68 457	128 588
江西	8 066	1 873	6 193	246 076	107 851	138 225
山东	22 319	3 398	18 921	1 347 704	387 726	959 978
河南	13 836	2 568	11 268	730 670	205 193	525 477
湖北	12 494	1 529	10 965	447 017	212 677	234 340
湖南	9 525	2 789	6 736	340 535	190 000	150 535
广东	9 984	1 531	8 453	464 903	171 999	292 904
广西	2 116	1 155	961	125 205	85 587	39 618
海南	429	166	263	12 841	6 709	6 132
四川	16 702	5 425	11 277	627 740	357 393	270 347
贵州	958	535	423	48 120	35 867	12 253
云南	3 046	598	2 448	113 642	40 864	72 778
西藏						
陕西	7 660	1 555	6 105	257 860	75 165	182 695
甘肃	2 046	826	1 220	109 024	57 613	51 411
青海	221	97	124	13 348	5 549	7 799
宁夏	461	189	272	20 318	10 016	10 302
新疆	929	542	387	33 035	21 088	11 947

物制品业

总产值(现价,万元)			销售产值(现价,万元)		
合计	乡办	村办	合计	乡办	村办
31 244 511	**13 883 643**	**17 360 868**	**29 010 117**	**12 898 718**	**16 111 399**
793 491	266 489	527 002	736 293	250 031	486 262
190 009	77 895	112 114	176 349	74 641	101 708
1 258 912	499 371	759 541	1 157 472	457 288	700 184
534 334	113 036	421 298	453 677	96 706	356 971
130 274	67 681	62 593	118 116	60 444	57 672
1 431 454	568 063	863 391	1 210 712	486 496	724 216
257 269	120 412	136 857	233 894	89 915	143 979
273 293	144 149	129 144	231 994	122 209	109 785
348 665	230 705	117 960	332 221	221 058	111 163
3 836 240	2 130 164	1 706 076	3 526 225	2 004 759	1 521 466
1 686 676	1 080 779	605 897	1 573 663	1 018 702	554 961
1 405 039	730 676	674 363	1 326 622	671 840	654 782
500 776	296 698	204 078	439 625	251 223	188 402
684 614	313 274	371 340	663 059	300 911	362 148
8 909 719	2 837 828	6 071 891	8 477 670	2 713 884	5 763 786
2 074 260	629 916	1 444 344	1 934 097	595 777	1 338 320
1 419 929	692 413	727 516	1 320 532	644 600	675 932
814 818	479 096	335 722	737 099	427 373	309 726
1 759 450	977 053	782 397	1 675 321	917 982	757 339
403 950	302 073	101 877	403 487	300 390	103 097
44 405	23 512	20 893	37 997	21 273	16 724
1 646 649	923 031	723 618	1 494 386	836 945	657 441
68 582	47 900	20 682	60 576	41 318	19 258
174 828	76 061	98 767	163 120	70 586	92 534
378 632	127 165	251 467	344 963	114 782	230 181
136 374	84 275	52 099	110 232	68 570	41 662
10 469	4 751	5 718	8 947	4 137	4 810
19 705	9 374	10 331	17 097	7 969	9 128
51 695	29 803	21 892	44 671	26 909	17 762

27. 黑色金属冶炼

项目 / 地区	企业个数(个)			职工人数(人)		
	合计	乡办	村办	合计	乡办	村办
全国	**16 938**	**5 773**	**11 165**	**1 046 798**	**527 662**	**519 136**
北京	435	64	371	22 548	7 381	15 167
天津	305	46	259	28 345	3 856	24 489
河北	2 779	829	1 950	162 904	83 142	79 762
山西	1 455	331	1 124	108 676	44 737	63 939
内蒙古	190	81	109	6 232	3 324	2 908
辽宁	1 909	467	1 442	100 816	37 879	62 937
吉林	206	99	107	10 355	5 486	4 869
黑龙江	274	122	152	13 033	8 218	4 815
上海	180	69	111	21 150	13 437	7 713
江苏	1 331	403	928	126 150	66 295	59 855
浙江	487	202	285	27 013	15 089	11 924
安徽	636	231	405	27 075	14 767	12 308
福建	350	193	157	10 479	6 984	3 495
江西	258	143	115	9 918	6 586	3 332
山东	1 146	254	892	77 118	29 513	47 605
河南	1 188	259	929	64 848	18 617	46 231
湖北	453	186	267	25 925	17 088	8 837
湖南	511	247	264	20 890	14 523	6 367
广东	445	191	254	19 039	11 392	7 647
广西	124	96	28	6 202	5 414	788
海南	1		1	102		102
四川	1 124	672	452	78 707	62 582	16 125
贵州	211	183	28	19 207	18 008	1 199
云南	214	90	124	21 915	10 573	11 342
西藏						
陕西	398	147	251	17 331	8 809	8 522
甘肃	159	70	89	8 702	5 355	3 347
青海	52	27	25	3 942	2 785	1 157
宁夏	63	41	22	5 642	4 487	1 155
新疆	54	30	24	2 534	1 335	1 199

及压延加工业

总产值(现价,万元)			销售产值(现价,万元)		
合计	乡办	村办	合计	乡办	村办
11 804 016	**5 961 659**	**5 842 357**	**10 685 840**	**5434 818**	**5 251 022**
248 680	77 005	171 675	229 480	70 733	158 747
870 524	73 606	796 918	802 662	69 649	733 013
1 449 710	773 494	676 216	1 370 545	737 699	632 846
596 622	228 102	368 520	505 913	198 584	307 329
52 382	22 729	29 653	46 329	19 560	26 769
1 128 389	386 861	741 528	960 105	325 809	634 296
87 116	37 363	49 753	74 034	31 538	42 496
99 922	62 099	37 823	88 240	55 486	32 754
309 851	203 390	106 461	296 173	192 497	103 676
2 607 813	1 498 618	1 109 195	2 367 773	1 403 730	964 043
351 002	232 828	118 174	318 177	208 136	110 041
240 706	153 846	86 860	220 545	140 083	80 462
72 809	46 625	26 184	64 948	41 707	23 241
84 076	50 023	34 053	80 833	47 586	33 247
1 182 970	482 902	700 068	1 113 702	459 267	654 435
439 926	117 009	322 917	406 473	109 442	297 031
251 377	165 616	85 761	231 362	153 082	78 280
136 506	106 419	30 087	118 815	89 870	28 945
215 067	158 090	56 977	206 575	150 077	56 498
56 131	50 270	5 861	49 637	43 753	5 884
960		960	803		803
964 017	797 354	166 663	825 861	684 123	141 738
65 218	63 278	1 940	55 015	53 075	1 940
102 462	52 108	50 354	88 257	43 460	44 797
75 749	41 696	34 053	65 436	36 301	29 135
49 290	34 090	15 200	42 784	29 989	12 795
21 597	16 657	4 940	19 895	15 424	4 471
25 078	22 174	2 904	20 778	18 250	2 528
18 066	7 407	10 659	14 690	5 908	8 782

28. 有色金属冶炼

项目 地区	企业个数(个)			职工人数(人)		
	合计	乡办	村办	合计	乡办	村办
全国	**7 187**	**3 015**	**4 172**	**400 864**	**219 426**	**181 438**
北京	165	48	117	7 943	3 472	4 471
天津	151	27	124	11 169	4 552	6 617
河北	407	163	244	17 995	8 555	9 440
山西	93	48	45	5 898	3 938	1 960
内蒙古	33	18	15	1 359	1 143	216
辽宁	598	212	386	27 604	12 602	15 002
吉林	71	37	34	2 089	1 744	345
黑龙江	42	12	30	1 271	652	619
上海	210	81	129	17 895	10 639	7 256
江苏	1 273	441	832	98 625	50 304	48 321
浙江	561	251	310	32 490	21 912	10 578
安徽	341	178	163	11 724	8 020	3 704
福建	92	51	41	3 353	1 886	1 467
江西	170	121	49	5 043	4 250	793
山东	252	62	190	18 878	6 355	12 523
河南	448	116	332	23 841	6 782	17 059
湖北	193	83	110	12 275	7 277	4 998
湖南	402	251	151	17 767	13 101	4 666
广东	467	99	368	23 911	9 144	14 767
广西	70	56	14	5 800	5 443	357
海南	2	1	1	70	35	35
四川	482	277	205	19 518	13 146	6 372
贵州	210	170	40	12 628	10 790	1 838
云南	167	80	87	10 403	6 771	3 632
西藏						
陕西	212	88	124	6 850	3 643	3 207
甘肃	53	30	23	3 473	2 659	814
青海	5	4	1	150	130	20
宁夏	8	5	3	313	186	127
新疆	9	5	4	529	295	234

及压延加工业

总产值(现价,万元)			销售产值(现价,万元)		
合计	乡办	村办	合计	乡办	村办
5 600 715	**3 422 130**	**2 178 585**	**5 166 015**	**3 164 905**	**2 001 110**
123 209	67 565	55 644	114 533	63 603	50 930
234 499	70 183	164 316	224 317	65 596	158 721
155 667	59 775	95 892	136 785	52 817	83 968
35 387	22 569	12 818	28 712	16 837	11 875
7 149	3 825	3 324	6 238	2 994	3 244
265 155	150 864	114 291	239 204	129 539	109 665
9 970	8 616	1 354	9 218	7 943	1 275
3 581	1 869	1 712	3 039	1 591	1 448
378 174	225 489	152 685	362 584	216 819	145 765
2 021 526	1 197 949	823 577	1 834 894	1 095 569	739 325
612 931	477 127	135 804	583 770	459 023	124 747
120 193	85 849	34 344	109 292	78 898	30 394
35 198	20 385	14 813	33 279	19 407	13 872
60 618	55 089	5 529	57 240	51 787	5 453
301 188	151 378	149 810	283 992	143 151	140 841
181 372	62 386	118 986	164 282	57 407	106 875
109 967	77 958	32 009	98 792	71 649	27 143
154 899	121 620	33 279	134 096	104 468	29 628
297 136	191 429	105 707	281 315	176 857	104 458
69 993	68 310	1 683	72 555	69 569	2 986
261	165	96	256	160	96
188 485	115 074	73 411	171 945	104 386	67 559
109 788	96 837	12 951	96 292	87 366	8 926
64 025	51 031	12 994	64 548	52 330	12 218
35 037	19 146	15 891	31 607	16 844	14 763
18 863	14 761	4 102	16 948	13 550	3 398
967	927	40	902	866	36
1 100	320	780	1 260	353	907
4 377	3 634	743	4 120	3 526	594

29. 金属

项目 地区	企业个数(个)			职工人数(人)		
	合计	乡办	村办	合计	乡办	村办
全国	**53 212**	**16 306**	**36 906**	**2 341 540**	**1 004 817**	**1 336 723**
北京	1 846	359	1 487	86 242	34 809	51 433
天津	1 421	193	1 228	97 661	20 744	76 917
河北	2 949	1 018	1 931	126 253	54 318	71 935
山西	1 621	354	1 267	86 876	31 846	55 030
内蒙古	612	386	226	15 461	10 977	4 484
辽宁	3 198	691	2 507	116 361	46 946	69 415
吉林	597	256	341	18 124	9 362	8 762
黑龙江	810	322	488	20 436	12 337	8 099
上海	2 357	501	1 856	168 968	68 627	100 341
江苏	7 121	2 187	4 934	377 090	174 197	202 893
浙江	4 638	1 378	3 260	207 666	93 146	114 520
安徽	1 574	708	866	60 393	38 908	21 485
福建	1 020	282	738	34 531	14 827	19 704
江西	1 023	594	429	24 048	16 881	7 167
山东	6 675	1 269	5 406	335 724	133 464	202 260
河南	1 256	420	836	53 959	21 351	32 608
湖北	2 312	750	1 562	82 008	51 301	30 707
湖南	955	475	480	31 944	19 262	12 682
广东	5 193	929	4 264	231 742	64 179	167 563
广西	508	398	110	11 966	9 057	2 909
海南	9	9		132	132	
四川	2 823	1 581	1 242	80 545	46 487	34 058
贵州	162	114	48	4 443	3 307	1 136
云南	944	334	610	31 697	7 365	24 332
西藏						
陕西	802	286	516	17 904	7 834	10 070
甘肃	562	378	184	13 075	8 835	4 240
青海	23	13	10	728	453	275
宁夏	83	58	25	1 828	1 471	357
新疆	118	63	55	3 735	2 394	1 341

制品业

总产值(现价,万元)			销售产值(现价,万元)		
合计	乡办	村办	合计	乡办	村办
17 534 047	**8 063 306**	**9 470 741**	**16 045 929**	**7 353 279**	**8 692 650**
903 183	432 405	470 778	829 411	395 953	433 458
739 794	183 204	556 590	674 704	163 531	511 173
730 524	321 398	409 126	682 101	301 416	380 685
423 617	136 603	287 014	371 691	117 713	253 978
64 181	37 759	26 422	54 526	32 790	21 736
1 017 807	465 456	552 351	865 605	399 591	466 014
84 427	40 432	43 995	70 717	31 898	38 819
101 764	59 453	42 311	84 929	48 062	36 867
1 134 338	541 418	592 920	1 080 832	520 634	560 198
3 691 816	1 771 506	1 920 310	3 302 423	1 591 239	1 711 184
1 322 758	627 383	695 375	1 215 950	578 119	637 831
467 420	304 419	163 001	415 954	263 027	152 927
218 214	162 613	55 601	188 365	139 583	48 782
142 557	83 749	58 808	137 378	79 004	58 374
3 658 242	1 405 394	2 252 848	3 474 586	1 336 582	2 138 004
344 870	150 493	194 377	301 022	132 756	168 266
578 157	364 766	213 391	530 482	336 960	193 522
152 726	96 729	55 997	136 888	85 645	51 243
921 789	459 258	462 531	880 992	428 649	452 343
65 515	45 807	19 708	60 149	42 506	17 643
379	379		365	365	
508 473	269 543	238 930	450 709	237 313	213 396
11 933	9 541	2 392	13 651	8 464	5 187
105 484	22 379	83 105	95 209	19 296	75 913
71 828	24 355	47 473	68 097	22 422	45 675
49 125	32 426	16 699	40 650	27 715	12 935
2 810	2 014	796	2 686	1 945	741
4 420	3 376	1 044	3 585	3 016	569
15 896	9 048	6 848	12 272	7 085	5 187

30. 普通机

地区 \ 项目	企业个数(个) 合计	乡办	村办	职工人数(人) 合计	乡办	村办
全国	**45 919**	**14 767**	**31 152**	**2 330 507**	**1 112 114**	**1 218 393**
北京	520	153	367	29 854	14 602	15 252
天津	831	127	704	53 328	11 463	41 865
河北	1 679	591	1 088	71 450	32 895	38 555
山西	819	239	580	34 422	15 787	18 635
内蒙古	361	170	191	8 853	4 725	4 128
辽宁	5 741	1 277	4 464	245 249	83 668	161 581
吉林	999	333	666	44 820	15 685	29 135
黑龙江						
上海	1 527	413	1 114	121 565	58 156	63 409
江苏	8 367	2 565	5 802	556 731	291 139	265 592
浙江	6 539	1 885	4 654	269 265	122 585	146 680
安徽	940	465	475	36 411	22 888	13 523
福建	1 357	398	959	39 831	13 903	25 928
江西	785	492	293	30 206	23 070	7 136
山东	4 535	938	3 597	304 964	125 679	179 285
河南	1 835	590	1 245	106 084	47 833	58 251
湖北	1 003	506	497	49 240	37 959	11 281
湖南	1 975	979	996	80 182	52 196	27 986
广东	1 719	624	1 095	78 720	44 705	34 015
广西	410	250	160	14 372	8 386	5 986
海南	2	2		52	52	
四川	2 944	1 338	1 606	124 924	71 474	53 450
贵州	50	35	15	2 215	1 964	251
云南	120	23	97	5 313	1 354	3 959
西藏						
陕西	612	235	377	17 123	7 415	9 708
甘肃	181	90	91	4 229	1 774	2 455
青海	44	30	14	603	370	233
宁夏						
新疆	24	19	5	501	387	114

械制造业

总产值(现价,万元)			销售产值(现价,万元)		
合计	乡办	村办	合计	乡办	村办
17 200 431	**8 147 055**	**9 053 376**	**15 690 857**	**7 441 489**	**8 249 368**
242 126	123 875	118 251	219 062	112 210	106 852
310 324	56 510	253 814	278 024	48 800	229 224
356 683	157 162	199 521	323 073	144 450	178 623
146 605	66 280	80 325	127 071	59 886	67 185
41 191	20 063	21 128	33 778	18 332	15 446
1 626 456	491 420	1 135 036	1 403 115	426 592	976 523
228 162	83 700	144 462	196 891	77 806	119 085
686 291	346 293	339 998	639 494	322 252	317 242
5 084 937	2 541 264	2 543 673	4 606 971	2 287 274	2 319 697
1 636 105	814 299	821 806	1 486 977	736 464	750 513
295 289	154 841	140 448	253 198	129 037	124 161
203 827	108 711	95 116	175 120	103 815	71 305
183 327	126 443	56 884	177 285	121 952	55 333
3 523 694	1 501 200	2 022 494	3 360 992	1 436 348	1 924 644
648 421	287 402	361 019	595 160	266 788	328 372
301 824	224 179	77 645	272 348	201 053	71 295
336 157	229 082	107 075	295 156	196 131	99 025
447 811	326 199	121 612	441 352	321 383	119 969
71 961	38 486	33 475	66 736	34 571	32 165
65	65		65	65	
719 620	406 891	312 729	640 851	360 170	280 681
4 400	3 857	543	4 198	3 657	541
15 241	4 712	10 529	13 723	3 923	9 800
70 832	27 813	43 019	63 648	23 253	40 395
16 475	4 828	11 647	14 211	3 974	10 237
1 478	675	803	1 353	581	772
1 129	805	324	1 005	722	283

31. 专用设

地区＼项目	企业个数(个)			职工人数(人)		
	合计	乡办	村办	合计	乡办	村办
全国	**10 349**	**4 566**	**5 783**	**609 516**	**353 032**	**256 484**
北京	318	119	199	17 344	10 383	6 961
天津	272	58	214	17 880	4 498	13 382
河北	259	147	112	10 353	7 059	3 294
山西	66	50	16	2 131	1 856	275
内蒙古	25	8	17	561	376	185
辽宁	368	178	190	25 108	16 981	8 127
吉林	450	167	283	22 410	7 843	14 567
黑龙江	1 253	423	830	39 654	19 260	20 394
上海	734	202	532	56 472	28 000	28 472
江苏	1 521	700	821	141 606	93 548	48 058
浙江	1 088	542	546	58 992	37 286	21 706
安徽	396	253	143	16 811	12 337	4 474
福建	104	57	47	3 161	2 648	513
江西	68	52	16	2 805	2 585	220
山东	1 282	365	917	108 604	56 336	52 268
河南	446	191	255	24 239	14 179	10 060
湖北	238	85	153	5 857	4 463	1 394
湖南	92	65	27	3 038	2 478	560
广东	134	92	42	3 072	2 600	472
广西	42	39	3	1 745	1 727	18
海南	53	30	23	1 106	704	402
四川	548	464	84	14 650	12 181	2 469
贵州	12	10	2	361	266	95
云南	11	2	9	328	80	248
西藏						
陕西	471	203	268	28 351	11 133	17 218
甘肃	18	12	6	204	151	53
青海						
宁夏	65	39	26	2 217	1 758	459
新疆	15	13	2	456	316	140

备制造业

总产值(现价,万元)			销售产值(现价,万元)		
合计	乡办	村办	合计	乡办	村办
4 831 212	**2 916 560**	**1 914 652**	**4 543 266**	**2 711 218**	**1 832 048**
168 867	79 748	89 119	150 409	68 055	82 354
130 231	25 228	105 003	123 270	21 211	102 059
64 277	48 263	16 014	59 968	45 268	14 700
8 562	6 791	1 771	7 179	5 730	1 449
2 290	1 110	1 180	2 035	855	1 180
174 741	93 513	81 228	147 891	79 118	68 773
2 145	1 601	544	1 692	1 190	502
168 359	77 989	90 370	145 752	67 416	78 336
377 868	191 432	186 436	361 114	183 762	177 352
1 357 231	895 354	461 877	1 283 171	816 489	466 682
500 841	341 012	159 829	448 826	312 543	136 283
111 239	83 046	28 193	91 768	67 496	24 272
23 296	19 811	3 485	21 722	18 061	3 661
10 712	9 907	805	10 326	9 532	794
1 344 388	806 659	537 729	1 266 793	761 011	505 782
149 388	85 757	63 631	133 090	77 632	55 458
33 646	25 158	8 488	99 560	62 948	36 612
10 561	8 400	2 161	8 869	6 889	1 980
11 358	9 252	2 106	10 893	8 805	2 088
7 399	7 225	174	6 798	6 702	96
5 762	3 403	2 359	5 726	3 388	2 338
61 840	52 409	9 431	55 644	47 379	8 265
991	666	325	714	594	120
1 356	410	946	1 115	405	710
99 111	38 710	60 401	95 472	35 879	59 593
723	507	216	534	351	183
3 362	2 770	592	2 401	2 171	230
668	429	239	534	338	196

32. 交通运输

地区 \ 项目	企业个数(个)			职工人数(人)		
	合计	乡办	村办	合计	乡办	村办
全国	**10 733**	**3 901**	**6 832**	**611 877**	**323 799**	**288 078**
北京	571	154	417	33 784	18 063	15 721
天津	620	124	496	45 064	12 642	32 422
河北	319	128	191	13 167	6 400	6 767
山西	140	38	102	4 135	1 817	2 318
内蒙古	29	8	21	1 063	748	315
辽宁	372	123	249	16 097	7 694	8 403
吉林	59	38	21	1 663	1 131	532
黑龙江	34	21	13	1 239	592	647
上海	627	222	405	51 401	28 617	22 784
江苏	1 689	628	1 061	112 497	61 639	50 858
浙江	1 505	508	997	81 390	41 590	39 800
安徽	444	215	229	20 146	14 586	5 560
福建	221	76	145	7 771	4 988	2 783
江西	126	59	67	4 110	2 090	2 020
山东	1 092	262	830	72 604	34 418	38 186
河南	177	61	116	13 133	7 481	5 652
湖北	199	112	87	12 593	10 534	2 059
湖南	282	170	112	17 094	14 110	2 984
广东	382	134	248	21 056	13 156	7 900
广西	109	63	46	5 224	4 050	1 174
海南	7	5	2	150	139	11
四川	1 217	559	658	58 666	30 517	28 149
贵州	75	51	24	2 147	1 276	871
云南	281	76	205	11 401	3 111	8 290
西藏						
陕西	105	37	68	2 517	1 068	1 449
甘肃	17	10	7	433	322	111
青海	7	2	5	311	75	236
宁夏	3	2	1	262	255	7
新疆	24	15	9	759	690	69

设备制造业

总产值(现价,万元)			销售产值(现价,万元)		
合计	乡办	村办	合计	乡办	村办
5 457 355	**3 210 121**	**2 247 234**	**5 137 987**	**3 041 083**	**2 096 904**
316 069	185 891	130 178	296 775	176 408	120 367
498 950	140 522	358 428	470 728	131 013	339 715
107 505	42 442	65 063	89 696	38 538	51 158
24 485	12 191	12 294	22 252	10 943	11 309
7 184	5 860	1 324	5 740	4 416	1 324
103 581	48 148	55 433	87 693	40 322	47 371
5 982	3 335	2 647	5 390	2 795	2 595
8 509	1 809	6 700	7 808	1 704	6 104
411 485	246 688	164 797	408 624	240 653	167 971
1 266 485	842 822	423 663	1 244 207	850 047	394 160
563 152	350 513	212 639	523 241	323 011	200 230
169 047	108 306	60 741	150 314	99 070	51 244
42 162	24 562	17 600	38 324	22 607	15 717
28 590	9 079	19 511	27 680	8 577	19 103
912 939	513 178	399 761	874 594	495 097	379 497
108 671	76 466	32 205	99 377	71 545	27 832
88 567	71 804	16 763	75 617	62 177	13 440
138 614	124 309	14 305	127 002	113 614	13 388
146 711	118 304	28 407	132 913	105 076	27 837
49 542	43 083	6 459	46 849	40 751	6 098
398	379	19	377	358	19
407 639	224 447	183 192	356 768	188 216	168 552
2 894	1 596	1 298	2 487	1 490	997
32 903	7 435	25 468	29 846	6 777	23 069
9 680	2 547	7 133	8 819	2 085	6 734
1 751	1 144	607	1 606	1 057	549
441	93	348	441	93	348
1 240	1 160	80	1 240	1 160	80
2 179	2 008	171	1 579	1 483	96

33. 电气机械及

地区＼项目	企业个数(个)			职工人数(人)		
	合计	乡办	村办	合计	乡办	村办
全国	**12 796**	**4 698**	**8 098**	**889 048**	**490 302**	**398 746**
北京	436	108	328	24 484	10 300	14 184
天津	439	85	354	31 076	7 178	23 898
河北	282	136	146	20 273	13 194	7 079
山西	60	34	26	2 866	1 857	1 009
内蒙古	36	26	10	1 229	913	316
辽宁	578	237	341	27 033	15 717	11 316
吉林	52	28	24	1 517	989	528
黑龙江	130	56	74	4 598	2 187	2 411
上海	1 270	341	929	110 702	54 922	55 780
江苏	2 974	1 140	1 834	218 013	121 062	96 951
浙江	2 214	829	1 385	134 952	71 073	63 879
安徽	328	166	162	16 244	10 090	6 154
福建	263	88	175	5 118	3 536	1 582
江西	72	43	29	3 143	2 025	1 118
山东	1 158	312	846	85 367	38 618	46 749
河南	275	72	203	13 585	5 481	8 104
湖北	99	53	46	4 662	3 123	1 539
湖南	231	126	105	13 245	9 478	3 767
广东	1 025	379	646	127 834	93 246	34 588
广西	69	49	20	2 772	2 325	447
海南	2	1	1	176	50	126
四川	534	275	259	25 635	15 554	10 081
贵州	16	13	3	801	729	72
云南	40	6	34	2 114	204	1 910
西藏						
陕西	169	67	102	9 933	5 313	4 620
甘肃	34	18	16	1 113	575	538
青海	1	1		3	3	
宁夏	4	4		84	84	
新疆	5	5		476	476	

器材制造业

总产值(现价,万元)			销售产值(现价,万元)		
合计	乡办	村办	合计	乡办	村办
9 080 019	**5 467 274**	**3 612 745**	**8 256 630**	**4 943 029**	**3 313 601**
249 784	125 390	124 394	225 313	110 759	114 554
304 687	75 402	229 285	255 423	66 404	189 019
214 837	163 722	51 115	198 711	154 943	43 768
13 448	9 862	3 586	9 387	6 329	3 058
4 030	2 341	1 689	3 434	1 946	1 488
186 502	115 741	70 761	158 804	97 909	60 895
9 660	6 397	3 263	8 687	6 035	2 652
27 602	11 743	15 859	23 299	9 815	13 484
1 152 164	591 023	561 141	1 090 049	566 535	523 514
2 527 871	1 489 730	1 038 141	2 200 521	1 254 178	946 343
1 258 962	725 348	533 614	1 160 515	659 807	500 708
98 829	65 484	33 345	83 876	55 084	28 792
44 546	29 810	14 736	41 103	27 301	13 802
24 596	17 127	7 469	23 120	15 785	7 335
1 255 341	636 606	618 735	1 191 967	610 968	580 999
122 101	63 228	58 873	106 137	51 450	54 687
50 965	26 886	24 079	46 432	26 330	20 102
51 333	41 459	9 874	45 828	36 557	9 271
1 205 237	1 101 674	103 563	1 144 950	1 042 751	102 199
27 647	2 1068	6 579	26 511	20 097	6 414
930		930	930		930
171 313	108 629	62 684	145 604	89 413	56 191
2 621	2 542	79	1 769	1 707	62
13 280	1 089	12 191	12 519	1 075	11 444
54 662	30 565	24 097	45 484	25 779	19 705
4 325	1 662	2 663	3 698	1 513	2 185
5	5		5	5	
270	270		245	245	
2 471	2 471		2 309	2 309	

34. 电子及通信

项目 地区	企业个数(个)			职工人数(人)		
	合计	乡办	村办	合计	乡办	村办
全国	**5 817**	**2 050**	**3 767**	**508 316**	**245 743**	**262 573**
北京	167	64	103	7 847	4 188	3 659
天津	62	12	50	4 814	993	3 821
河北	269	111	158	12 995	7 156	5 839
山西	11	4	7	438	143	295
内蒙古	13	3	10	617	159	458
辽宁	123	46	77	7 112	2 933	4 179
吉林	13	8	5	435	115	320
黑龙江	7	3	4	204	82	122
上海	197	61	136	19 776	9 967	9 809
江苏	1 578	614	964	120 484	74 094	46 390
浙江	810	360	450	67 157	39 623	27 534
安徽	109	73	36	6 319	4 704	1 615
福建	274	93	181	19 297	6 306	12 991
江西	64	34	30	2 812	1 743	1 069
山东	228	56	172	14 896	5 263	9 633
河南	53	24	29	2 451	1 577	874
湖北	30	19	11	1 649	1 185	464
湖南	33	23	10	2 557	2 177	380
广东	1 568	318	1 250	204 698	75 622	129 076
广西	25	20	5	949	813	136
海南						
四川	121	69	52	7 527	4 856	2 671
贵州	7	6	1	273	253	20
云南						
西藏						
陕西	49	26	23	2 883	1 692	1 191
甘肃	6	3	3	126	99	27
青海						
宁夏						
新疆						

设备制造业

总产值(现价,万元)			销售产值(现价,万元)		
合计	乡办	村办	合计	乡办	村办
3 567 755	**2 130 814**	**1 436 941**	**3 294 477**	**1 951 324**	**1 343 153**
113 600	68 164	45 436	102 804	61 009	41 795
42 483	6 518	35 965	39 437	6 256	33 181
71 287	40 887	30 400	65 315	36 120	29 195
2 103	285	1 818	1 621	121	1 500
6 305	3 837	2 468	6 007	3 837	2 170
49 262	18 272	30 990	41 502	15 441	26 061
3 777	1 063	2 714	3 101	557	2 544
1 582	590	992	1 235	544	691
199 255	116 205	83 050	189 555	109 594	79 961
1 356 670	875 116	481 554	1 243 228	796 462	446 766
610 309	389 988	220 321	555 440	357 890	197 550
34 635	27 223	7 412	35 716	25 200	10 516
162 947	70 487	92 460	144 569	64 855	79 714
20 348	11 360	8 988	20 095	11 376	8 719
265 159	85 880	179 279	260 237	81 887	178 350
15 885	11 197	4 688	15 059	10 624	4 435
12 960	8 036	4 924	11 518	7 050	4 468
9 967	6 834	3 133	8 793	6 068	2 725
476 557	320 588	155 969	450 827	299 196	151 631
3 944	3 524	420	3 213	2 908	305
248	248		200	200	
75 806	45 393	30 413	64 137	36 236	27 901
1 389	1 346	43	1 210	1 167	43
30 875	17 636	13 239	29 353	16 667	12 686
402	137	265	305	59	246

35. 仪器仪表及文化、

地区 \ 项目	企业个数(个)			职工人数(人)		
	合计	乡办	村办	合计	乡办	村办
全国	**2 753**	**1 116**	**1 637**	**146 159**	**72 335**	**73 824**
北京	83	28	55	3 490	1 927	1 563
天津	85	21	64	4 308	786	3 522
河北	188	50	138	5 134	2 510	2 624
山西	14	8	6	402	258	144
内蒙古	4	1	3	45	4	41
辽宁	119	34	85	5 523	1 684	3 839
吉林	17	10	7	638	411	227
黑龙江	19	13	6	961	766	195
上海	233	66	167	15 207	6 407	8 800
江苏	506	249	257	34 327	18 579	15 748
浙江	419	195	224	24 236	15 317	8 919
安徽	196	106	90	7 255	5 197	2 058
福建	51	20	31	2 507	1 541	966
江西	155	99	56	3 559	2 407	1 152
山东	153	39	114	9 325	4 979	4 346
河南	53	18	35	2 027	744	1 283
湖北	17	11	6	701	516	185
湖南	67	23	44	4 075	2 121	1 954
广东	200	27	173	15 707	2 319	13 388
广西	8	7	1	343	292	51
海南						
四川	82	40	42	3 530	1 623	1 907
贵州	3	2	1	100	40	60
云南	28	18	10	1 419	891	528
西藏						
陕西	30	17	13	880	665	215
甘肃	13	4	9	316	207	109
青海						
宁夏	1	1		25	25	
新疆	9	9		119	119	

办公用机械制造业

总产值(现价,万元)			销售产值(现价,万元)		
合计	乡办	村办	合计	乡办	村办
987 036	**597 649**	**389 387**	**895 737**	**540 605**	**355 132**
73 490	56 868	16 622	61 640	46 911	14 729
29 101	6 039	23 062	26 789	4 962	21 827
16 771	8 855	7 916	14 556	8 321	6 235
936	483	453	785	432	353
142	2	140	128	2	126
27 647	8 257	19 390	22 688	6 843	15 845
4 111	2 023	2 088	3 365	1 710	1 655
2 866	1 137	1 729	3 535	972	2 563
99 472	56 048	43 424	94 699	53 416	41 283
308 753	188 416	120 337	277 979	169 824	108 155
158 859	115 291	43 568	148 701	107 151	41 550
53 081	35 881	17 200	48 852	34 237	14 615
17 739	11 875	5 864	17 044	11 316	5 728
12 102	9 533	2 569	10 566	8 274	2 292
112 312	63 382	48 930	104 508	58 305	46 203
8 588	3 395	5 193	7 360	2 903	4 457
4 557	3 162	1 395	4 272	2 940	1 332
10 734	4 928	5 806	8 582	3 570	5 012
20 085	7 274	12 811	19 389	6 730	12 659
830	638	192	349	269	80
14 142	6 079	8 063	10 984	4 873	6 111
183	60	123	154	51	103
6 384	4 869	1 515	6 006	4 703	1 303
2 573	1 723	850	2 219	1 433	786
796	649	147	546	416	130
26	26		22	22	
756	756		19	19	

36. 其他

项目/地区	企业个数(个)			职工人数(人)		
	合计	乡办	村办	合计	乡办	村办
全国	**111 399**	**27 938**	**83 461**	**4 158 649**	**1 706 739**	**2 451 910**
北京	1 615	281	1 334	70 304	20 337	49 967
天津	609	105	504	64 714	19 617	45 097
河北	6 761	1 879	4 882	249 445	89 763	159 682
山西	817	187	630	20 667	6 727	13 940
内蒙古	685	431	254	22 137	15 872	6 265
辽宁	2702	565	2 137	97 494	34 695	62 799
吉林	915	221	694	21 337	14 075	7 262
黑龙江	1 865	612	1 253	35 234	20 284	14 950
上海	562	195	367	40 459	22 540	17 919
江苏	15 841	3 675	12 166	588 415	232 026	356 389
浙江	6 255	1 868	4 387	249 474	122 612	126 862
安徽	4 309	1 398	2 911	166 418	92 190	74 228
福建	1 333	554	779	40 122	32 241	7 881
江西	4 285	1 618	2 667	142 563	87 666	54 897
山东	12 742	1 694	11 048	571 528	192 004	379 524
河南	5 487	1 457	4 030	256 746	105 237	151 509
湖北	7 101	1 452	5 649	121 792	57 285	64 507
湖南	7 032	2 098	4 934	280 906	145 867	135 039
广东	19 381	3 287	16 094	817 145	231 714	585 431
广西	1 484	654	830	57 236	35 289	21 947
海南	80	55	25	1 737	1 301	436
四川	5 559	2 130	3 429	133 115	72 653	60 462
贵州	173	131	42	4 809	3 917	892
云南	497	153	344	18 854	5 320	13 534
西藏						
陕西	1 856	608	1 248	42 664	18 224	24 440
甘肃	1 075	403	672	27 760	16 598	11 162
青海	112	54	58	5 854	3 474	2 380
宁夏	45	25	20	4 352	3 002	1 350
新疆	221	148	73	5 368	4 209	1 159

制造业

总产值(现价,万元)			销售产值(现价,万元)		
合计	乡办	村办	合计	乡办	村办
21 533 474	**8 932 015**	**12 601 459**	**20 260 718**	**8 612 715**	**11 648 003**
746 924	270 812	476 112	691 463	252 542	438 921
334 374	100 543	233 831	309 114	93 264	215 850
1 025 409	335 091	690 318	909 736	309 960	599 776
58 495	16 650	41 845	55 185	13 582	41 603
28 411	23 702	4 709	25 788	21 475	4 313
614 661	177 831	436 830	502 952	151 233	351 719
121 254	58 904	62 350	91 295	49 962	41 333
128 786	68 633	60 153	112 177	58 528	53 649
407 540	283 843	123 697	416 616	278 444	138 172
5 370 678	2 234 727	3 135 951	5 293 026	2 450 482	2 842 544
1 367 221	709 154	658 067	1 244 427	641 553	602 874
513 778	236 815	276 963	457 929	193 576	264 353
311 040	144 470	166 570	218 473	105 398	113 075
500 444	254 815	245 629	479 848	248 873	230 975
4 176 702	1 306 931	2 869 771	4 021 102	1 310 846	2 710 256
1 298 607	376 417	922 190	1 187 370	339 649	847 721
964 733	596 751	367 982	826 306	503 894	322 412
537 467	273 736	263 731	471 174	234 165	237 009
2 008 530	1 024 051	984 479	2 010 314	962 531	1 047 783
132 208	90 435	41 773	128 363	85 056	43 307
5 069	3 186	1 883	4 484	2 832	1 652
592 693	243 715	348 978	541 726	214 965	326 761
7 599	5 552	2 047	5 243	3 766	1 477
91 811	12 848	78 963	85 345	11 568	73 777
133 939	55 844	78 095	120 892	49 435	71 457
37 550	13 926	23 624	36 376	14 736	21 640
5 932	3 093	2 839	4 868	2 653	2 215
2 129	1 805	324	2 129	1 805	324
9 490	7 735	1 755	6 997	5 942	1 055

37. 电力、蒸汽、

项目 / 地区	企业个数(个)			职工人数(人)		
	合计	乡办	村办	合计	乡办	村办
全国	**15 355**	**8 593**	**6 762**	**193 223**	**155 225**	**37 998**
北京	36	17	19	916	277	639
天津	2		2	24		24
河北	68	31	37	1 732	1 356	376
山西	54	30	24	1 693	831	862
内蒙古	6	4	2	454	447	7
辽宁	36	25	11	491	409	82
吉林	40	34	6	658	612	46
黑龙江	18	13	5	494	448	46
上海	3	2	1	139	127	12
江苏	38	27	11	7 006	6 529	477
浙江	726	480	246	9 238	7 270	1 968
安徽	363	177	186	2 922	2 093	829
福建	2 062	707	1 355	24 826	17 784	7 042
江西	1 466	820	646	15 330	12 701	2 629
山东	44	13	31	4 450	2 995	1 455
河南	129	64	65	3 033	2 444	589
湖北	805	443	362	11 394	9 824	1 570
湖南	1 265	779	486	13 125	11 028	2 097
广东	2 475	1 373	1 102	34 783	27 585	7 198
广西	340	265	75	4 917	4 537	380
海南	57	49	8	839	776	63
四川	2 925	1 921	1 004	36 183	30 301	5 882
贵州	699	443	256	6 620	5 880	740
云南	785	378	407	6 690	4 967	1 723
西藏						
陕西	521	255	266	2 193	1 377	816
甘肃	97	64	33	746	623	123
青海	21	21		181	181	
宁夏						
新疆	274	158	116	2 146	1 823	323

热水生产和供应业

总产值(现价,万元)			销售产值(现价,万元)		
合计	乡办	村办	合计	乡办	村办
651 809	**522 191**	**129 618**	**658 633**	**511 937**	**146 696**
6 405	646	5 759	6 253	637	5 616
189		189	156		156
9 013	6 333	2 680	33 892	9 641	24 251
6 144	1 964	4 180	5 204	1 131	4 073
2 646	2 640	6	2 235	2 229	6
6 098	4 420	1 678	4 582	3 318	1 264
2 133	1 886	247	1 821	1 577	244
1 493	1 328	165	1 364	1 199	165
1 816	1 716	100	1 639	1 539	100
43 910	34 086	9 824	53 105	44 111	8 994
48 875	39 585	9 290	48 393	33 879	14 514
11 541	10 097	1 444	10 176	8 883	1 293
83 661	60 711	22 950	81 542	59 055	22 487
44 046	36 982	7 064	42 673	35 763	6 910
31 132	24 587	6 545	30 625	23 782	6 843
21 584	9 911	11 673	18 856	9 352	9 504
28 907	23 672	5 235	27 279	22 405	4 874
32 958	28 238	4 720	30 590	26 268	4 322
149 580	131 116	18 464	147 112	130 598	16 514
14 576	11 995	2 581	12 244	11 420	824
1 744	1 637	107	1 671	1 564	107
75 154	64 416	10 738	70 269	60 478	9 791
11 707	10 685	1 022	11 960	10 947	1 013
9 396	7 854	1 542	8 415	6 906	1 509
2 890	1 905	985	2 588	1 652	936
785	644	141	658	563	95
199	199		143	143	
3 227	2 938	289	3 188	2 897	291

38. 煤气生产

地区 \ 项目	企业个数(个) 合计	乡办	村办	职工人数(人) 合计	乡办	村办
全国	**1 093**	**397**	**696**	**9 608**	**6 683**	**2 925**
北京						
天津	4	1	3	47	15	32
河北	8	5	3	371	301	70
山西						
内蒙古						
辽宁						
吉林	6	5	1	135	129	6
黑龙江						
上海	2	1	1	27	15	12
江苏						
浙江	21	12	9	662	501	161
安徽	15	8	7	291	189	102
福建						
江西						
山东						
河南	2	2		204	204	
湖北	927	329	598	7 108	4 921	2 187
湖南						
广东	77	23	54	560	313	247
广西	30	10	20	190	82	108
海南	1	1		13	13	
四川						
贵州						
云南						
西藏						
陕西						
甘肃						
青海						
宁夏						
新疆						

和供应业

总产值(现价,万元)			销售产值(现价,万元)		
合计	乡办	村办	合计	乡办	村办
45 507	**32 815**	**12 692**	**61 219**	**32 750**	**28 469**
436	208	228	366	191	175
1 036	402	634	21 542	3 153	18 389
355	355		355	355	
562	559	3	504	501	3
120	72	48	121	73	48
10 382	9 015	1 367	9 465	8 168	1 297
201	200	1	180	179	1
150	150		150	150	
32 242	21 831	10 411	28 516	19 960	8 556
23	23		20	20	

39. 自来水生

项目 地区	企业个数(个)			职工人数(人)		
	合计	乡办	村办	合计	乡办	村办
全国	**3 671**	**2 180**	**1 491**	**34 883**	**26 769**	**8 114**
北京						
天津						
河北	19	7	12	336	88	248
山西	13	4	9	698	251	447
内蒙古						
辽宁	18	10	8	279	210	69
吉林	3	3		68	68	
黑龙江						
上海	44	35	9	1239	858	381
江苏	525	371	154	7 672	6 333	1 339
浙江	357	195	162	3 611	3 092	519
安徽	147	132	15	1 615	1 214	401
福建	275	134	141	2 234	1 507	727
江西	36	34	2	311	299	12
山东						
河南	33	21	12	396	215	181
湖北						
湖南	141	88	53	949	735	214
广东	890	375	515	9 570	7 198	2 372
广西	241	147	94	1 196	827	369
海南	104	42	62	416	295	121
四川	542	447	95	3 332	2 948	384
贵州	156	87	69	576	397	179
云南						
西藏						
陕西	108	31	77	244	102	142
甘肃	2		2	28	19	9
青海						
宁夏						
新疆	17	17		113	113	

产和供应业

总产值(现价,万元)			销售产值(现价,万元)		
合计	乡办	村办	合计	乡办	村办
149 438	**119 590**	**29 848**	**144 941**	**116 436**	**28 505**
2 368	791	1 577	2 187	661	1 526
2 514	677	1 837	2 214	492	1 722
877	545	332	826	510	316
6	6		16	16	
5 693	4 394	1 299	5 697	4 397	1 300
34 230	28 551	5 679	32 545	27 195	5 350
12 568	11 848	720	12 339	11 608	731
6 655	4 857	1 798	6 195	4 456	1 739
5 975	3 937	2 038	5 933	3 903	2 030
910	872	38	863	825	38
3 657	2 783	874	3 392	2 666	726
3 276	2 843	433	3 202	2 787	415
54 740	45 804	8 936	53 682	45 226	8 456
2 921	2 042	879	3 252	2 476	776
874	718	156	862	706	156
10 603	7 946	2 657	10 168	7 530	2 638
735	445	290	734	444	290
576	298	278	564	289	275
48	21	27	42	21	21
212	212		228	228	

1994 年乡村企业

(一)合

地区＼项目	施工项目个数(个)	新开工项目数(个)	投产项目个数(个)	计划总投资(万元)	完成投资额(万元) 合计	完成投资额(万元) 设备购置	新增固定资产(万元)
全国	**275 943**	**231 614**	**236 514**	**33 398 398**	**25 428 276**	**11 764 429**	**21 141 493**
北京	2 730	2 135	2 471	398 776	360 779	147 495	273 389
天津	2 706	2 520	2 301	360 509	309 745	176 359	263 644
河北	17 891	13 941	14 303	1 764 116	1 406 456	731 322	1 228 819
山西	4 055	3 009	2 855	394 591	302 448	145 283	243 897
内蒙古	3 196	3 064	2 675	165 768	115 687	61 518	111 936
辽宁	10 383	8 666	8 771	1 441 855	1 195 198	527 009	979 922
吉林	5 639	4 927	4 945	400 000	373 453	151 045	319 405
黑龙江	6 433	5 312	5 228	304 597	218 772	92 673	159 224
上海	2 318	2 274	2 703	1 189 900	924 428	485 103	738 547
江苏	29 447	24 430	25 230	5 001 897	3 759 804	1 811 493	3 149 383
浙江	15 461	11 935	13 446	2 847 603	2 326 786	1 066 531	1 849 477
安徽	22 710	20 019	20 342	1 334 445	1 070 899	437 986	853 009
福建	5 112	4 110	3 993	790 494	599 517	259 939	508 179
江西	13 288	11 907	12 287	605 573	483 329	244 274	379 143
山东	38 125	32 634	33 466	5 005 294	4 199 408	1 932 286	3 458 871
河南	18 976	16 599	15 973	1 730 653	1 259 702	662 274	1 109 542
湖北	11 769	9 808	10 264	818 950	653 424	301 497	566 141
湖南	16 715	13 711	15 046	829 824	660 426	289 122	462 654
广东	14 336	11 937	11 608	3 857 945	2 597 668	1 113 099	2 392 479
广西	4 778	4 134	3 787	838 988	476 147	209 543	372 233
海南	450	418	396	132 874	84 536	45 545	78 181
四川	19 150	15 780	15 955	1 901 508	1 206 271	515 856	972 967
贵州	1 162	923	854	169 516	97 361	30 714	71 635
云南	2 326	1 788	1 756	527 037	308 928	122 538	235 389
西藏							
陕西	3 438	2 717	2 984	251 452	188 418	87 499	160 274
甘肃	2 003	1 726	1 745	148 555	100 417	51 946	91 608
青海	220	217	186	24 989	16 662	7 012	16 662
宁夏	286	253	243	54 907	53 576	26 273	37 727
新疆	840	720	701	105 782	78 031	31 195	57 156

固定资产投资

计

固定资产投资资金来源(万元)							
1.国家扶持资金	2.主管部门下拨资金	3.银行、信用社贷款	4.引进资金		5.自有资金		6.其他资金
			小计	引进外资	小计	群众集资	
220 322	**734 896**	**7 175 824**	**4 420 963**	**2 295 910**	**10 428 602**	**2 404 294**	**2 447 669**
2 593	31 367	122 692	68 305	35 950	108 349	4 720	27 473
	12 132	95 025	39 239	25 527	150 484	8 383	12 865
7 426	22 634	417 765	168 642	72 465	649 947	168 171	140 042
3 909	9 046	77 694	52 476	13 829	132 492	39 333	26 831
2 154	5 798	35 540	25 271	8 192	41 207	10 351	5 717
7 965	38 467	273 561	323 524	101 198	480 299	111 126	71 382
23 827	3 893	61 643	69 734	15 342	181 293	76 873	33 063
4 474	4 596	61 907	42 448	9 675	89 494	17 960	15 853
7 125	100 673	198 028	303 752	244 435	245 393	19 462	69 457
14 773	37 334	808 832	583 424	386 104	1 869 238	224 659	446 203
13 247	65 622	697 458	268 984	121 272	1 021 500	137 705	259 975
12 919	42 307	277 346	131 075	69 651	499 253	175 429	107 999
3 159	15 255	97 981	193 368	156 382	250 379	158 113	39 375
6 253	16 288	118 451	120 878	37 564	176 043	54 013	45 416
15 878	59 127	1 192 754	547 301	273 579	1 942 150	344 832	442 198
9 341	42 651	425 569	194 764	41 605	482 063	146 720	105 314
7 230	16 647	178 871	138 967	37 147	231 214	260 164	80 495
5 437	19 835	228 993	72 621	23 206	271 688	103 942	61 852
26 785	113 365	925 571	649 024	527 332	680 645	173 468	202 278
3 017	8 674	197 999	89 703	26 306	133 460	29 650	43 294
10 680	20 244	10 386	27 086	4 008	14 939	2 471	1 201
9 212	15 237	348 265	185 788	27 790	514 059	70 497	133 710
2 805	600	23 550	29 764	5 282	37 906	5 577	2 736
10 712	21 468	121 439	37 248	10 846	76 716	14 724	41 345
3 664	5 721	72 227	23 924	11 503	69 236	23 880	13 646
2 265	1 817	28 004	17 413	3 421	42 472	11 343	8 446
1 476	42	8 099	1 181	25	5 524	2 178	340
367	1 777	37 639	3 141	3 032	9 436	1 971	1 216
1 629	2 279	32 535	11 918	3 242	21 723	6 579	7 947

(二)乡

地区 \ 项目	施工项目个数(个)	新开工项目数(个)	投产项目个数(个)	计划总投资(万元)	完成投资额(万元)		新增固定资产(万元)
					合计	设备购置	
全国	**112 840**	**92 963**	**96 908**	**20 278 152**	**14 687 833**	**6 973 681**	**12 155 007**
北京	1 237	906	1 093	234 915	214 265	88 284	162 966
天津	988	920	842	163 497	143 300	78 378	123 150
河北	6 021	4 602	4 899	862 141	645 016	333 380	568 103
山西	1 313	933	912	147 244	115 195	57 071	85 455
内蒙古	1 334	1 208	1 013	90 678	61 090	31 838	58 094
辽宁	4 133	3 345	3 379	747 799	595 404	276 077	477 372
吉林	2 255	2 635	3 253	236 300	220 620	96 301	189 697
黑龙江	2 460	1 946	1 899	200 616	132 581	61 134	102 428
上海	1 126	1 407	1 314	836 195	567 240	299 871	459 101
江苏	14 653	12 077	12 501	3 502 453	2 540 192	1 221 598	2 139 760
浙江	8 254	6 192	7 042	2 018 909	1 611 135	760 339	1 274 313
安徽	7 940	6 616	6 901	842 529	647 645	274 482	522 539
福建	2 405	1 922	2 002	448 231	324 690	140 949	280 175
江西	5 189	4 457	4 703	357 151	283 048	150 128	222 031
山东	11 577	9 720	9 906	2 416 598	1 988 101	974 534	1 634 727
河南	4 590	3 938	3 911	689 708	494 208	272 296	431 826
湖北	4 063	3 197	3 497	472 586	358 157	172 894	314 553
湖南	7 187	5 598	6 276	558 949	433 448	197 507	303 179
广东	6 145	5 213	5 312	2 287 928	1 413 633	652 980	1 302 970
广西	2 971	2 508	2 276	726 236	391 609	171 524	314 355
海南	203	178	166	92 329	55 632	30 289	50 760
四川	11 275	8 978	9 217	1 492 116	907 796	397 602	726 054
贵州	963	775	726	153 787	86 804	26 756	64 792
云南	1 100	789	834	318 051	171 859	66 316	118 134
西藏							
陕西	1 450	1 170	1 333	111 937	86 628	43 644	71 488
甘肃	1 064	905	938	111 537	72 870	41 200	66 706
青海	131	129	104	18 815	12 296	5 575	1 296
宁夏	169	140	138	49 050	47 517	23 717	31 725
新疆	644	559	521	89 867	65 854	27 017	46 258

办

固定资产投资资金来源(万元)							
1. 国家扶持资金	2. 主管部门下拨资金	3. 银行、信用社贷款	4. 引进资金		5. 自有资金		6. 其他资金
			小计	引进外资	小计	群众集资	
149 060	**372 574**	**4 627 301**	**2 740 617**	**1 447 434**	**5 384 081**	**1 267 852**	**1 414 200**
1 922	16 564	81 946	40 266	22 552	57 904	3 167	15 663
	3 954	50 560	20 070	10 913	62 047	2 124	6 669
3 879	7 660	207 048	92 627	44 025	265 211	69 538	68 591
2 902	3 937	30 808	20 198	6 235	48 170	15 087	9 180
1 678	3 198	18 542	12 740	2 721	22 119	5 998	2 813
4 412	19 509	160 612	176 528	58 564	201 944	41 063	32 399
23 124	2 943	43 854	35 059	9 211	90 118	47 742	25 522
3 677	3 679	40 330	27 918	7 620	47 832	9 878	9 145
2 962	48 560	119 532	217 799	182 810	135 665	10 214	42 722
10 341	20 316	594 411	436 748	296 874	1 186 020	129 340	292 356
9 994	40 440	526 490	196 198	95 511	665 711	94 707	172 302
7 317	23 554	193 473	84 663	44 756	281 234	92 114	57 404
1 429	8 095	58 571	121 056	94 357	111 528	68 701	24 011
5 225	7 896	82 949	71 810	25 371	91 040	25 927	24 128
8 515	26 516	662 089	294 997	149 576	781 427	133 125	214 557
4 839	17 666	176 720	99 935	20 235	161 394	39 424	33 654
5 262	4 763	117 945	67 612	22 131	120 567	233 537	42 008
4 244	13 716	172 004	49 499	15 468	156 079	55 393	37 906
14 162	53 072	608 166	329 682	259 439	285 075	80 391	123 476
2 355	7 848	165 111	85 829	25 746	95 447	20 611	35 019
1 538	14 834	7 274	22 410	2 020	8 692	858	884
8 728	10 781	273 811	155 130	27 158	359 728	51 051	99 618
2 758	600	21 630	26 173	4 959	33 584	4 652	2 059
9 252	4 947	81 198	20 862	6 314	34 770	8 026	20 830
3 327	2 387	38 310	8 353	4 079	28 098	9 547	6 153
1 969	1 548	22 488	13 975	3 083	26 070	7 833	6 820
1 388	42	6 699	765	25	3 336	1 487	66
240	1 740	35 709	3 087	3 003	5 797	1 510	944
1 621	1 809	29 021	8 628	2 678	17 474	4 807	7 301

（三）村

地区 \ 项目	施工项目个数（个）	新开工项目数（个）	投产项目个数（个）	计划总投资（万元）	完成投资额（万元）		新增固定资产（万元）
					合计	设备购置	
全　国	**163 103**	**138 651**	**139 606**	**13 120 246**	**10 740 443**	**4 790 748**	**8 986 486**
北　京	1 493	1 229	1 378	163 861	146 514	59 211	110 423
天　津	1 718	1 600	1 459	197 012	166 445	97 981	140 494
河　北	11 870	9 339	9 404	901 975	761 440	397 942	660 716
山　西	2 742	2 076	1 943	247 347	187 253	88 212	158 442
内蒙古	1 862	1 856	1 662	75 090	54 597	29 680	53 842
辽　宁	6 250	5 321	5 392	694 056	599 794	250 932	502 550
吉　林	3 384	2 292	1 692	163 700	152 833	54 744	129 708
黑龙江	3 973	3 366	3 329	103 981	86 191	31 539	56 796
上　海	1 192	867	1 389	353 705	357 188	185 232	279 446
江　苏	14 794	12 353	12 729	1 499 444	1 219 612	589 895	1 009 623
浙　江	7 207	5 743	6 404	828 694	715 651	306 192	575 164
安　徽	14 770	13 403	13 441	491 916	423 254	163 504	330 470
福　建	2 707	2 188	1 991	342 263	274 827	118 990	228 004
江　西	8 099	7 450	7 584	248 422	200 281	94 146	157 112
山　东	26 548	22 914	23 560	2 588 696	2 211 307	957 752	1 824 144
河　南	14 386	12 661	12 062	1 040 945	765 494	389 978	677 716
湖　北	7 706	6 611	6 767	346 364	295 267	128 603	251 588
湖　南	9 528	8 113	8 770	270 875	226 978	91 615	159 475
广　东	8 191	6 724	6 296	1 570 017	1 184 035	460 119	1 089 509
广　西	1 807	1 626	1 511	112 752	84 538	38 019	57 878
海　南	247	240	230	40 545	28 904	15 256	27 421
四　川	7 875	6 802	6 738	409 392	298 475	118 254	246 913
贵　州	199	148	128	15 729	10 557	3 958	6 843
云　南	1 226	999	922	208 986	137 069	56 222	117 255
西　藏							
陕　西	1 988	1 547	1 651	139 515	101 790	43 855	88 786
甘　肃	939	821	807	37 018	27 547	10 746	24 902
青　海	89	88	82	6174	4 366	1 437	4 366
宁　夏	117	113	105	5 857	6 059	2 556	6 002
新　疆	196	161	180	15 915	12 177	4 178	10 898

办

固定资产投资资金来源(万元)							
1.国家扶持资金	2.主管部门下拨资金	3.银行、信用社贷款	4.引进资金		5.自有资金		6.其他资金
			小计	引进外资	小计	群众集资	
71 262	**362 322**	**2 548 523**	**1 680 346**	**848 476**	**5 044 521**	**1 136 442**	**1 033 469**
671	14 803	40 746	28 039	13 398	50 445	1 553	11 810
	8 178	44 465	19 169	14 614	88 437	6 259	6 196
3 547	14 974	210 717	76 015	28 440	384 736	98 633	71 451
1 007	5 109	46 886	32 278	7 594	84 322	24 246	17 651
476	2 600	16 998	12 531	5 471	19 088	4 353	2 904
3 553	18 958	112 949	146 996	42 634	278 355	70 063	38 983
703	950	17 789	34 675	6 131	91 175	29 131	7 541
797	917	21 577	14 530	2 055	41 662	8 082	6 708
4 163	52 113	78 496	85 953	61 625	109 728	9 248	26 735
4 432	17 018	214 421	146 676	89 230	683 218	95 319	153 847
3 253	25 182	170 968	72 786	25 761	355 789	42 998	87 673
5 602	18 753	83 873	46 412	24 895	218 019	83 315	50 595
1 730	7 160	39 410	72 312	62 025	138 851	89 412	15 364
1 028	8 392	35 502	49 068	12 193	85 003	28 086	21 288
7 363	32 611	530 665	252 304	124 003	1 160 723	211 707	227 641
4 502	24 985	248 849	94 829	21 370	320 669	107 296	71 660
1 968	11 884	60 926	71 355	15 016	110 647	26 627	38 487
1 193	6 119	56 989	23 122	7 738	115 609	48 549	23 946
12 623	60 293	317 405	319 342	267 893	395 570	93 077	78 802
662	826	32 888	3 874	560	38 013	9 039	8 275
9 142	5 410	3 112	4 676	1 988	6 247	1 613	317
484	4 456	74 454	30 658	632	154 331	19 446	34 092
47		1 920	3 591	323	4322	925	677
1 460	16 521	40 241	16 386	4 532	41 946	6 698	20 515
337	3 334	33 917	15 571	7 424	41 138	14 333	7 493
296	269	5 516	3 438	338	16 402	3 510	1 626
88		1 400	416		2 188	691	274
127	37	1 930	54	29	3 639	461	272
8	470	3 514	3 290	564	4 249	1 772	646

1994 年乡村股份合

(一) 合

项目 / 地区	企业个数（个）	职工人数（人）	资本金（万元）				
			合 计	国家资本金	乡村集体资本金	外商资本金	法人资本金
全　国	**204 055**	**7 998 044**	**10 565 043**	**277 078**	**5 161 559**	**497 809**	**1 840 131**
北　京	1 059	65 708	113 414	1 917	77 414	1 119	16 658
天　津	745	64 947	60 191	1 577	41 771	2 255	4 465
河　北	13 293	554 040	782 755	32 927	365 304	43 002	126 387
山　西	4 786	189 165	277 342	19 625	138 263	9 167	45 408
内蒙古	2 028	50 290	52 157	4 955	19 797	430	14 759
辽　宁	7 753	298 788	479 419	7 269	281 253	6 475	71 134
吉　林	3 298	90 492	144 772	8 025	78 311	6 369	21 954
黑龙江	9 116	155 821	189 897	11 057	89 374	10 208	29 511
上　海	771	94 964	170 726	2 466	89 975	8 974	25 578
江　苏	14 100	1 055 907	1 484 975	8 136	971 074	55 434	200 517
浙　江	24 699	949 753	1 249 387	10 399	320 127	46 674	258 573
安　徽	7 858	317 785	330 043	9 111	130 331	22 694	71 804
福　建	4 204	194 620	320 849	7 139	87 422	69 561	67 150
江　西	28 132	504 425	443 808	25 268	177 093	30 825	65 158
山　东	27 199	1 574 591	1 967 579	20 877	1 161 278	114 395	263 865
河　南	12 442	532 950	705 465	29 226	318 702	16 585	150 460
湖　北	23 672	505 490	456 840	19 631	215 803	23 734	97 402
湖　南	5 522	116 516	125 046	7 743	43 697	6 480	22 874
广　东	4 149	216 225	609 700	12 589	326 387		143 914
广　西	1 443	47 722	87 339	6 043	30 660	2 651	22 492
海　南	45	1 670	8 090	123	1 229	130	1 206
四　川	3 723	238 875	251 286	12 832	95 444	6 298	68 599
贵　州	176	12 087	19 390	7 159	3 875	265	4 269
云　南	249	36 676	55 684	3 002	30 666	323	11 022
西　藏							
陕　西	899	40 728	62 609	2 266	23 622	8 380	7 833
甘　肃	2 173	67 712	87 666	3 351	31 392	5 033	21 002
青　海	14	767	866	1	316	43	114
宁　夏	251	8 604	12 579	809	6 848	280	1 088
新　疆	256	10 726	15 169	1 555	4 131	25	4 935

作制企业情况

计

个人资本金	总产值（现价，万元）	增加值（现价，万元）	营业收入（万元）	利税总额（万元）	应交税金（万元）	固定资产原值（万元）	流动资产（万元）
2 788 466	**48 298 111**	**11 641 169**	**39 480 918**	**4 232 787**	**1 673 301**	**11 247 689**	**13 083 600**
16 306	755 695	154 718	629 909	116 768	23 441	127 276	180 496
10 123	481 193	79 571	307 025	51 370	19 494	97 941	137 100
215 135	2 332 014	538 838	1 904 201	238 184	49 902	691 841	628 038
64 879	629 126	158 433	553 068	67 156	24 039	252 588	163 466
12 216	165 627	37 609	155 464	16 833	6 469	55 824	53 234
113 288	1 988 572	431 018	1 544 756	175 972	61 541	432 395	577 340
30 113	315 042	79 629	261 734	38 595	15 059	127 132	95 128
49 747	606 672	159 935	491 873	51 171	15 641	170 183	120 975
43 733	829 440	194 042	638 609	108 622	43 503	220 642	506 391
249 814	8 796 754	2 102 057	6 218 073	502 933	303 487	1 833 132	2 834 778
613 614	6 508 113	1 505 711	5 119 304	636 378	418 547	1 570 191	2 557 509
96 103	17 533	4 887	1 337 931	172 704	37 713	343 287	266 644
89 577	953 121	242 920	2 880 754	76 396	29 453	236 657	192 091
145 464	1 972 642	493 494	1 659 688	170 807	52 098	414 636	300 942
407 164	14 016 038	3 318 985	10 066 119	1 094 739	380 638	2 707 333	2 787 277
190 492	2 282 883	584 328	2 024 609	241 708	46 716	669 191	480 628
100 270	2 449 241	678 127	2 069 039	184 986	66 778	497 440	477 443
44 252	396 450	107 247	205 635	41 126	13 963	118 428	96 203
126 810	1 116 424	320 404		130 132			
25 493	229 093	55 632	236 616	20 683	8 745	89 726	62 758
5 402	5 253	1 866	5 290	670	256	2 587	1 076
68 113	960 148	257 797	730 193	47 971	31 511	326 528	360 723
3 822	29 084	8 500	25 099	3 591	2 136	24 097	14 875
10 671	109 291	25 468	110 361	9 945	7 454	87 351	62 960
20 508	133 571	40 773	121 814	11 857	5 011	48 474	33 790
26 888	164 962	46 928	132 645	16 593	7 149	73 741	60 422
392	1 069	280	889	88	45	943	1 008
3 554	23 481	5 160	23 262	1 891	1 055	12 686	10 354
4 523	29 579	6 812	26 958	2 918	1457	15 439	19 951

(二)乡

项目 地区	企业个数(个)	职工人数(人)	资本金(万元)				
			合计	国家资本金	乡村集体资本金	外商资本金	法人资本金
全国	**56 611**	**3 975 396**	**5 762 262**	**193 145**	**2 888 712**	**343 981**	**1 116 734**
北京	394	37 932	71 734	1 686	51 266	847	10 717
天津	246	27 955	20 993	336	13 909	1 299	2 862
河北	3 957	221 382	338 242	22 325	153 934	28 160	64 271
山西	759	54 151	79 236	10 334	38 247	2 462	10 338
内蒙古	839	27 563	30 620	3 021	9 535	430	9 303
辽宁	2 092	118 608	202 135	4 476	115 099	5 114	37 397
吉林	1 929	62 865	87 656	4 927	39 640	5 443	16·555
黑龙江	3 180	86 000	118 679	8 480	54 742	7 292	23 204
上海	371	60 259	105 228	1 080	47 989	8 580	18 263
江苏	6 099	722 002	1 066 155	6 916	710 921	47 401	152 587
浙江	4 280	437 214	679 568	7 494	232 449	36 091	173 762
安徽	2 793	179 537	221 709	7 677	86 241	21 231	52 095
福建	1 448	93 003	194 580	4 733	57 963	49 793	40 160
江西	8 576	260 705	252 580	21 730	106 734	20 548	41 895
山东	6 077	734 457	882 066	16 531	508 770	61 918	131 318
河南	2 326	155 508	239 986	15 234	106 810	8 263	63 004
湖北	3 445	223 293	243 401	5 771	112 915	19 542	60 365
湖南	1 598	59 734	80 959	7 184	28 050	5 897	15 972
广东	1 182	79 939	403 712	9 533	247 614		82 191
广西	887	36 551	75 289	5 784	24 952	2 333	20 350
海南	17	717	6 141	123	491	70	1 028
四川	2 290	190 298	209 955	12 589	84 881	5 265	54 452
贵州	139	10 887	18 321	7 114	3 483	265	3 893
云南	116	20 936	27 320	1 869	12 618	303	7 267
西藏							
陕西	373	17 534	26 875	1 194	12 933	231	3 698
甘肃	907	41 048	57 960	2 966	19 083	4 898	14 220
青海	5	405	224	1	92		41
宁夏	118	5 736	7 933	484	3 909	280	973
新疆	168	9 177	13 005	1 553	3 442	25	4 553

办 一

个人资本金	总产值（现价，万元）	增加值（现价，万元）	营业收入（万元）	利税总额（万元）	应交税金（万元）	固定资产原值（万元）	流动资产（万元）
1 219 690	**26 648 734**	**6 406 748**	**21 776 127**	**2 172 771**	**894 947**	**6 620 143**	**8 197 893**
7 218	440 816	91 138	370 408	79 967	11 957	85 030	129 171
2 587	169 495	27 955	96 423	16 450	6 153	40 001	60 186
69 552	1 087 726	272 911	829 191	99 270	22 269	345 377	338 387
17 855	203 776	48 978	162 671	18 786	9 109	89 725	56 966
8 331	102 509	20 694	96 399	10 321	3 930	33 070	38 399
40 049	769 528	171 819	526 562	62 384	23 413	199 332	296 865
21 091	195 606	52 507	158 377	24 596	11 450	66 240	69 414
24 961	351 370	95 328	274 630	30 266	9 497	108 810	84 546
29 316	540 494	131 863	414 629	67 216	21 722	144 367	355 810
148 330	6 189 382	1 433 104	4 416 878	341 825	193 632	1 329 237	2 020 665
229 772	3 663 547	841 906	2 789 084	329 269	217 590	986 249	1 661 975
54 465	7 936	2 039	798 819	100 169	23 876	220 184	173 199
41 931	614 525	168 462	2 610 144	47 105	19 928	159 381	144 337
61 673	1 079 139	267 847	889 182	86 002	31 351	255 271	195 575
163 529	6 764 046	1 578 641	4 435 661	491 604	178 040	1 414 009	1 550 754
46 675	705 041	180 347	622 970	63 594	16 182	238 236	170 532
44 808	1 439 736	378 989	1 134 531	101 721	38 018	297 813	296 218
23 856	250 740	65 578	132 380	23 474	8 900	82 531	66 386
64 374	843 107	237 066		97 685			
21 870	186 389	47 248	191 566	17 142	7 334	77 067	54 169
4 429	2 183	870	2 174	220	111	1 149	475
52 768	745 189	210 930	559 271	35 138	25 998	281 026	292 922
3 566	27 614	7 974	23 912	3 438	2 068	22 986	14 497
5 263	55 272	14 987	57 073	5 986	3 466	51 220	34 317
8 819	59 877	17 002	54 094	4 919	2 035	17 620	17 516
16 793	107 030	30 226	85 081	10 224	4 733	51 535	46 141
90	507	154	426	39	22	390	336
2 287	19 177	4 045	19 022	1 293	822	8 660	9 299
3 432	26 977	6 140	24 569	2 668	1 341	13 627	18 836

（三）村

地区＼项目	企业个数（个）	职工人数（人）	资本金（万元）				
			合计	国家资本金	乡村集体资本金	外商资本金	法人资本金
全　国	**147 444**	**4 022 648**	**4 802 781**	**83 933**	**2 272 847**	**153 828**	**723 397**
北　京	665	27 776	41 680	231	26 148	272	5 941
天　津	499	36 992	39 198	1 241	27 862	956	1 603
河　北	9 336	332 658	444 513	10 602	211 370	14 842	62 116
山　西	4 027	135 014	198 106	9 291	100 016	6 705	35 070
内蒙古	1 189	22 727	21 537	1 934	10 262		5 456
辽　宁	5 661	180 180	277 284	2 793	166 154	1 361	33 737
吉　林	1 369	27 627	57 116	3 098	38 671	926	5 399
黑龙江	5 936	69 821	71 218	2 577	34 632	2 916	6 307
上　海	400	34 705	65 498	1 386	41 986	394	7 315
江　苏	8 001	333 905	418 820	1 220	260 153	8 033	47 930
浙　江	20 419	512 539	569 819	2 905	87 678	10 583	84 811
安　徽	5 065	138 248	108 334	1 434	44 090	1 463	19 709
福　建	2 756	101 617	126 269	2 406	29 459	19 768	26 990
江　西	19 556	243 720	191 228	3 538	70 359	10 277	23 263
山　东	21 122	840 134	1 085 513	4 346	652 508	52 477	132 547
河　南	10 116	377 442	465 479	13 992	211 892	8 322	87 456
湖　北	20 227	282 197	213 439	13 860	102 888	4 192	37 037
湖　南	3 924	56 782	44 087	559	15 647	583	6 902
广　东	2 967	136 286	205 988	3 056	78 773		61 723
广　西	556	11 171	12 050	259	5 708	318	2 142
海　南	28	953	1 949		738	60	178
四　川	1 433	48 577	41 331	243	10 563	1 033	14 147
贵　州	37	1 200	1 069	45	392		376
云　南	133	15 740	28 364	1 133	18 048	20	3 755
西　藏							
陕　西	526	23 194	35 734	1 072	10 689	8 149	4 135
甘　肃	1 266	26 664	29 706	385	12 309	135	6 782
青　海	9	362	642		224	43	73
宁　夏	133	2 868	4 646	325	2 939		115
新　疆	88	1 549	2 164	2	689		382

办

个人资本金	总产值（现价，万元）	增加值（现价，万元）	营业收入（万元）	利税总额（万元）	应交税金（万元）	固定资产原值（万元）	流动资产（万元）
1 568 776	**21 649 377**	**5 234 421**	**17 704 791**	**2 060 016**	**778 354**	**4 627 546**	**4 885 707**
9 088	314 879	63 580	259 501	36 801	11 484	42 246	51 325
7 536	311 698	51 616	210 602	34 920	13 341	57 940	76 914
145 583	1 244 288	265 927	1 075 010	138 914	27 633	346 464	289 651
47 024	425 350	109 455	390 397	48 370	14 930	162 863	106 500
3 885	63 118	16 915	59 065	6 512	2 539	22 754	14 835
73 239	1 219 044	259 199	1 018 194	113 588	38 128	233 063	280 475
9 022	119 436	27 122	103 357	13 999	3 609	60 892	25 714
24 786	255 302	64 607	217 243	20 905	6 144	61 373	36 429
14 417	288 946	62 179	223 980	41 406	21 781	76 275	150 581
101 484	2 607 372	668 953	1 801 195	161 108	109 855	503 895	814 113
383 842	2 844 566	663 805	2 330 220	307 109	200 957	583 942	895 534
41 638	9 597	2 848	539 112	72 535	13 837	123 103	93 445
47 646	338 596	74 458	270 610	29 291	9 525	77 276	47 754
83 791	893 503	225 647	770 506	84 805	20 747	159 365	105 367
243 635	7 251 992	1 740 344	5 630 458	603 135	202 598	1 293 324	1 236 523
143 817	1 577 842	403 981	1 401 639	178 114	30 534	430 955	310 096
55 462	1 009 505	299 138	934 508	83 265	28 760	199 627	181 225
20 396	145 710	41 669	73 255	17 652	5 063	35 897	29 817
62 436	273 317	83 338		32 447			
3 623	42 704	8 384	45 050	3 541	1 411	12 659	8 589
973	3 070	996	3 116	450	145	1 438	601
15 345	214 959	46 867	170 922	12 833	5 513	45 502	67 801
256	1 470	526	1 187	153	68	1 111	378
5 408	54 019	10 481	53 288	3 959	3 988	36 131	28 643
11 689	73 694	23 771	67 720	6 938	2 976	30 854	16 274
10 095	57 932	16 702	47 564	6 369	2 416	22 206	14 281
302	562	126	463	49	23	553	672
1 267	4 304	1 115	4 240	598	233	4 026	1 055
1 091	2 602	672	2 389	250	116	1 812	1 115

1994年乡镇“三资”企业基本情况

(一)合 计

项目 地区	当年新签协议		当年客商实际投资(万美元)			实有企业数(个)			客商累计投资(万美元)
	合同数(个)	客商投资(万美元)	合计	现金	设备及其他实物	合计	建成投产开业	当年新增	
全国	**10 212**	**802 915**	**476 850**	**316 045**	**161 903**	**29 371**	**20 618**	**8 199**	**1 491 104**
北京	381	55 714	2 1368	18 552	2 868	1 094	588	292	62 596
天津	209	19 438	11 859	7 071	3 340	875	430	128	39 406
河北	387	20 335	11 672	8 521	3 125	817	583	171	31 288
山西	41	2 013	1 730	1 417	316	82	68	26	3 269
内蒙古	25	921	698	402	296	41	26	20	3 903
辽宁	950	51 911	29 145	16 137	12 999	1 315	780	350	85 131
吉林	88	3 364	2 595	1 840	755	164	101	58	4 687
黑龙江	45	2 623	2 766	980	1 786	98	64	34	2 313
上海	699	34 157	32 238	22 937	10 404	981	739	276	69 119
江苏	2 376	240 503	120 441	89 091	31 350	9 056	6 137	1 987	514 022
浙江	1 288	58 561	40 499	33 326	8 910	4 957	4 097	2 627	102 217
安徽	171	12 818	6 591	5 220	1 369	234	198	93	9 419
福建	909	124 001	87 384	42 631	44 753	3 348	2 339	550	252 469
江西	231	9 900	6 180	4 695	1 485	453	294	139	15 060
山东	1 605	114 484	54 539	37 288	17 251	4 316	3 013	963	190 701
河南	215	14 214	12 122	8 691	3 146	354	246	106	25 927
湖北	139	8 426	5 356	2 871	2 485	285	207	98	12 756
湖南	149	8 001	4 705	3 111	1 594	146	118	78	6 446
广东									
广西	57	3 760	1 859	1 465	394	211	187	24	8 738
海南	16	5 245	3 063	3 034	30	40	26	16	8 000
四川	112	6 087	14 660	5 010	9 650	258	195	90	22 452
贵州	3	76	76	54	22	7	6	2	108
云南	20	797	730	246	484	27	22	5	872
西藏									
陕西	60	3 804	3 065	552	2 513	154	108	50	15 998
甘肃	29	1 390	1 083	687	367	43	34	10	3 675
青海	1	5	5	5		2	2	1	18
宁夏	1		30		30	3	3	2	50
新疆	5	367	391	211	181	10	7	3	464

(二)中外合资企业

项目 地区	当年新签协议		当年客商实际投资(万美元)			实有企业数(个)			客商累计投资(万美元)
	合同数(个)	客商投资(万美元)	合计	现金	设备及其他实物	合计	建成投产开业	当年新增	
全　国	**4 953**	**392 060**	**225 658**	**152 609**	**73 878**	**14 146**	**9 928**	**4 492**	**690 356**
北　京	224	18 240	9 298	7 391	1 905	636	340	172	33 551
天　津	149	13 104	9 815	5 309	3 058	637	256	85	33 620
河　北	176	9 538	5 763	3 890	1 861	395	295	67	17 765
山　西	20	859	576	444	132	36	30	11	1 343
内蒙古	17	784	604	362	242	30	16	15	3 658
辽　宁	629	33 422	19 348	10 868	8 472	749	439	220	59 682
吉　林	53	2 482	2 223	1 536	687	111	59	43	2 997
黑龙江	18	1 809	1 737	148	1 589	48	31	17	1 243
上　海	125	12 137	12 680	10 592	2 947	315	244	88	22 945
江　苏	1 100	116 085	53 258	41 773	11 485	3 849	2 576	862	226 384
浙　江	866	39 794	28 667	24 292	5 823	3 500	2 927	1 995	65 252
安　徽	68	5 536	4 091	3 510	581	80	69	36	4 911
福　建	314	50 538	26 210	11 586	14 624	1 163	794	187	80 984
江　西	79	4 598	2 091	1 770	313	176	101	66	7 086
山　东	866	65 929	29 636	20 944	8 692	1 952	1 377	480	91 738
河　南	71	3 856	3 101	2 368	733	93	75	32	4 314
湖　北	28	3 046	992	626	366	63	50	22	4 177
湖　南	31	3 303	1 852	1 285	567	45	42	24	3 176
广　东									
广　西	37	2 417	1 532	1 347	185	106	91	19	4 777
海　南	2	43	43	43		3	2	2	2 243
四　川	41	3 133	11 407	2 196	9 211	80	59	28	13 030
贵　州	1	22	22		22	5	4	1	54
云　南	10	319	278	105	173	11	7	4	381
西　藏									
陕　西	18	868	428	218	210	56	37	16	4 848
甘　肃	10	198	6	6		7	7		197
青　海									
宁　夏									
新　疆									

(三)中外合作企业

项目 地区	当年新签协议 合同数(个)	当年新签协议 客商投资(万美元)	当年客商实际投资(万美元) 合计	当年客商实际投资(万美元) 现金	当年客商实际投资(万美元) 设备及其他实物	实有企业数(个) 合计	实有企业数(个) 建成投产开业	实有企业数(个) 当年新增	客商累计投资(万美元)
全　国	**499**	**42 188**	**29 232**	**18 072**	**10 795**	**1 154**	**773**	**286**	**71 720**
北　京	18	1 382	369	345	24	19	6	5	3 679
天　津	7	600	598	566	32	17	5	8	863
河　北	15	1 513	864	809	55	17	11	5	700
山　西	4	120	90	90		4	4	4	120
内蒙古									
辽　宁	54	3 702	1711	565	1 145	86	47	26	5 575
吉　林	6	184	74	23	51	4	4	4	74
黑龙江	4	96	271	206	65	7	5	2	118
上　海	68	7 064	2 888	1 278	1 560	150	84	38	7 553
江　苏	82	9 377	5 232	4 039	1 193	297	201	65	18 909
浙　江	22	918	428	397	31	48	34	20	1 323
安　徽	12	332	306	204	102	18	17	11	375
福　建	50	5 124	6 287	2 889	3 398	209	147	25	15 965
江　西	35	328	715	334	381	46	40	6	765
山　东	60	3 435	2 343	1 489	854	111	83	38	4 779
河　南	41	5 791	5 593	3 629	1 679	71	39	16	3 385
湖　北	4	33	30	30		7	7	3	84
湖　南	2	51	55	48	7	4	4	1	44
广　东									
广　西	2	1 110	106	20	86	10	10	1	376
海　南	1	397	670	670		8	7	1	47
四　川	4	262	215	205	10	5	3	4	271
贵　州									
云　南	4	54	32	29	3	5	5		57
西　藏									
陕　西	1	23	63	58	5	6	5	1	6 271
甘　肃	1	29	29			1	1	1	29
青　海									
宁　夏						1	1	1	50
新　疆	2	263	263	149	114	3	3		308

经营管理

◀企业管理▶

企业管理强化和创新过程

工作成效

经验

问题

企业管理工作新特点

目标任务

吉林省开创管理工作新局面

◀审计监察▶

概况

工作经验

1994 年全国乡镇企业系统先进审计集体名单

1994 年全国乡镇企业系统先进审计工作者名单

◀供　　销▶

表彰活动

1994 年全国乡镇企业供销系统先进集体名单

1994 年全国乡镇企业供销系统优秀供销员名单

◀企业管理▶

【企业管理强化和创新过程】 乡镇企业管理工作随着乡镇企业迅速发展不断强化和创新。各个时期管理工作的特点、内容和形式都有所不同。

乡镇企业初创阶段,主要实行"家长式"传统管理。职工大部分来自农民,企业管理干部大多由农村干部转来。他们大多缺少管理经验,在学中干,干中学。在企业规模小和以手工生产方式为主的初创阶段,这种"家长"式的管理方法发挥一定的作用。

从少到多的发展阶段,主要实行"经验型"管理。乡镇企业在向半机械化生产发展的过程中,随着城市工业的技术、设备向农村扩散,一方面新办企业;另一方面,经营成功的企业不断扩大规模,在生产发展中,职工逐步增强企业管理的意识,积累一些管理经验,出现一大批精明能干的"供销"厂长,精打细算的"会计"厂长,实干干巧干的"技术"厂长。他们具有商品经济意识和创新进取精神,在开拓经营、开发生产中把企业管理工作推向一个新阶段。

从小到大的壮大阶段,主要实行"制度化"管理。乡镇企业经过十多年的发展,生产条件大有改变,骨干企业不断涌现。在生产发展中,吸取和消化城市工业成熟的内部管理方法,有选择地引入和借鉴现代化管理的思想和手段。针对实际,博采众长,融为一体,自成一格,形成有强烈的管理意识、切实可行的方法、比较规范化的规章制度的管理风格,使企业建立起正常的生产和工作秩序,推动企业不断发展。

在"六五"和"七五"期间,根据国家的统一安排和部署,在乡镇企业中适时地开展企业整顿和企业升级工作。逐步建立完善内部各项管理制度,管理工作开始向科学化、规范化转变。1990 年全国乡镇企业系统开展的"企业管理年"活动是乡镇企业管理工作历史上的一件大事。在"企业管理年"活动中,乡镇企业进一步增强管理意识,开展基础管理和专业管理工作,企业素质和管理水平进一步提高。

【工作成效】 经过十几年的发展,乡镇企业各级主管部门和广大乡镇企业抓管理的自觉性大大提高。

管理工作队伍的素质不断提高。安徽省 80%以上的主管部门从事管理工作的人员和骨干企业厂长参加企业管理知识培训,全省有 3 万多人获得中级以上职称,其中经济管理类占大多数。

企业内部各项管理工作加强,管理水平迅速提高。全国 70%以上的乡村集体企业完成七项基础管理和五项专业管理建设,形成较完善的管理制度。一批重点骨干企业推行现代化管理方法,全国有 50 多个企业获全国或乡镇企业系统管理现代化创新成果奖。一批乡镇企业领到企业基础管理验收合格证、全面质量管理达标合格证和计量合格证。

企业素质提高,企业规模扩大。全国乡镇企业有国家一级企业 2 个,国家二级企业 149 个,部级先进企业 357 个,省级先进企业上 1 000 个。约有 300 多个全国性或省级乡镇企业集团,有大型企业几十个。

管理体系基本形成。各地绝大多数地、县级乡镇企业局和具有一定规模的乡村集体企业成立专门机构或配备专职人员抓管理工作,形成比较系统的企业管理网络,对搞好企业管理起到保证和促进作用。

形成一批管理法规和制度。农业部单独或会同有关部门制定股份合作制、企业集团、基础管理、财务会计、统计、审计、安全生产、劳动卫生、环境保护等方面行政法规,各地也制定许多地方性管理法规,为乡镇企业管理科学化、规范化、法制化打下基础。

【经验】 完善承包经营责任制。乡镇企业承包经营责任制从"一包三改"到"目标承包责任制",从"风险抵押承包"到"资产滚动增值承包",逐步创新、完善,向科学化发展,实现所有权和经营权两权分离,落实企业的经营自主权,特别是企业的厂长(经理)有干部任命权、用工权、收入分配权、经营决策权,同时也承担企业的经营风险。从而逐步形成自主经营、自主决策、自我约束、自我积累、自我发展、自我提高的经营机制。

以调动人的积极性、主动性、能动性和创造性为中心,建立和完善企业内部管理机制。在企业用人制度上,引进竞争机制,干部能上能下,职工能进能出,实行优胜劣汰;在分配制度上,兼顾国家、集体、个人三者利益关系,重点改革工资分配制度,采取联利计酬、浮动工资、计件工资等形式,按贡献大小、效益高低进行进行分配。培育企业精神,更新职工的思想观念,提高职工队伍的整体素质。

明晰企业产权关系,创新企业产权制度。通过实行股份制、股份合作制、组建企业集团等形式,一方面使企业产权明晰化,生产要素得到合理流动和优化组合;另一方面创新和完善企业管理体制,加强企业的民主管理和监督。

以市场为导向,适时调整企业经营发展战略。企业产品的发展方向和目标,企业技术进步的方向和目标,企业营销的方向和目标,都根据市场信息和市场预测及时确定或调整。

以提高产品质量和经济效益为目标,完善企业管理制度。市场竞争的现实，提高了乡镇企业职工的质量意识、效益意识。许多企业建立一整套与职工利益密切挂钩的质量管理体系和质量保证体系，使企业在提高自身素质中发展壮大。

【问题】 全国乡镇企业管理总体水平还较低，突出表现在有些产品质量差、消耗高、效益低，一些企业主要经济指标同先进水平相比差距很大，安全事故多，管理人员素质不高；一些地方管理意识淡化，管理工作弱化；一些地方管理机构和队伍不稳定，少数地区已经取消管理机构；一些地方和企业在新形势下，抓管理工作没有新思路，没有新特点，没有适应新形势和发展趋势的总体考虑，也没有具体周到的工作安排。

【企业管理工作新特点】 在社会主义市场经济体制下，乡镇企业管理工作的地位和作用更突出。企业只有努力提高素质、练好内功，才能地市场竞争中争得主动。管理的范围扩大，乡村集体企业、股份合作制企业、企业集团、联营企业、“三资”企业以及个体私营企业都纳入管理范围。管理的手段、方法上，不仅依靠行政手段，还要运用经济和法律等手段，制定各项管理法规，加强规范化管理。按照政府部门转变职能的要求，主管部门应转向间接管理，为企业管理工作搞好指导、协调和服务。管理内容上，抓好基础管理、专业管理的同时，推进管理现代化，吸收借鉴国外企业管理中先进的东西。缺什么补什么，不断充实完善。乡镇企业初步形成适应市场经济的管理内容和方法，要发挥、发展、完善、创新。

【目标任务】 全国乡镇企业管理工作应以提高企业市场竞争能力和经济效益为中心，加快产权制度改革，进行股份制和股份合作制的试点，探索建立现代企业制度，增强企业活力；推动乡镇企业组建和发展企业集团，引导企业上规模、上效益、上水平，增强企业发展后劲和竞争能力；指导企业加强和改进内部管理，全面提高企业素质；稳定充实机构，培养造就一支高素质的管理工作队伍和企业家队伍。

各级乡镇企业主管部门和企业要科学认识企业管理工作在乡镇企业发展中的基础地位和作用；正确认识和处理发展、改革与管理三者之间的关系；正确认识和处理企业自身搞好内部管理与政府部门指导监督企业加强管理两者之间的关系。 （齐景发）

【吉林省开创管理工作新局面】 吉林省乡镇企业管理工作紧紧把握发展与提高两大主题，把乡镇企业灵活的经营机制和科学管理相结合，走出一条符合乡镇企业特点，适应市场经济要求的管理新路。

在管理基础工作方面，企业按照七项基础工作的要求，组织对号达标，自找差距，提高到位率。省乡镇企业局制定《基础工作百分考核细则》，使企业有所参照和遵循。全省有2.2万个企业普及完善七项基础工作，占乡村集体企业的85%；乡村两级企业标准化覆盖率基本达100%；一些重点行业和企业规章制度建设和工作标准得到明显的加强。

在专项管理上，突出质量管理、财务管理和营销管理。在工业企业中推行全面质量管理，实行质量否决，全系统的质量意识增强，产品档次和水平提高，连续三年国家质量抽检合格率达90%以上，一批高精尖产品走向国际市场。在财务管理中，突出抓队伍建设和强化目标成本管理。发挥效益监察、财务审计的监控职能，每年都进行一次财务大检查，抑制一些利润流失和不合理奖金占用的现象发生，发挥了资金的运营效率。加强财会队伍的管理和培训业务技能，财会人员基本做到持证上岗。引导企业经营者和营销人员树立市场经济的经营观念，实施正确的经营战略，强化营销管理，把握市场竞争的主动权，全省产品产销率达87%以上。省政府鼓励和提倡制定灵活的销售政策，成立供销协会，表彰奖励优秀销售工作者，调动销售人员搞活销售、搞活流通的积极性。

许多具备一定生产规模的骨干企业在实现管理工作标准化、规范化、制度化的基础上，综合应用价值工程、微机管理等现代化管理手段和方法。国家二级企业红嘴啤酒集团公司的经营管理实行机程控作业，现代化管理处于全国同行业领先水平。

为保证管理工作升格入位，在年度经济指标考核中，侧重管理指标，连续几年实行各级政府领导包保乡镇企业责任制；为保证各级乡镇企业管理部门强化体系建设，发挥职能作用，在机构改革中，充实一批年富力强、懂经营、善管理，有一定管理工作经验的人员到管理职能部门，全省乡镇企业各级管理骨干队伍达1.8万多人。 （张　敏）

◀审计监察▶

【概况】 到1994年底，全国乡镇企业系统建立审计机构13 123个，比上年增长19%。其中，省、自治区、直辖市及计划单列市乡镇企业局建立独立审计处（室）、财务审计处或将审计工作放在企业管理处的9个，地级乡镇企业局建立审计机构143个，比上年增加21个；县级乡镇企业主管部门建立审计机构1 076个，比上年增加195个；乡级乡镇企业主管部门建立审计机构11 904个，比上年增加4 232个。

为更好地开展乡镇企业审计工作，浙江、四川、黑龙江和重庆市乡镇企业局建立乡镇企业审计事务所，拓展乡镇企业的社会审计工作。

1994年，全国乡镇企业系统从事审计工作的人员达29 768人，比上年增长25%。其中大专以上文化程度的4 321人，具有中专文化程度的18 580人，初中以下文化程度的6 867人；有技术职称的19 348人，其中有高级职称的178人，有中级职称的6 545人，有初级职称的12 625人。有15 983人取得农业部颁发的审计证，比上年增长18%。

1994年，全国乡镇企业系统各级审计机构和内部审计人员，坚持"在监督中服务，在服务中监督"的方针，围绕提高乡镇企业管理水平，提高企业经济效益，保障产权制度改革顺利进行，为促进乡镇企业高效、持续、健康发展，重点抓经济效益审计、承包经营责任审计、合资合作项目审计、经济合同审计、专项贷款审计、上缴利润与分配使用审计及资产评估与股权转让审计等。

1994年，全国乡镇企业系统审计机构共完成审计项目113 289个。其中，受审计机关委托的审计项目3 013个，经济效益审计项目41 330个，财务收支审计项目26 439个，承包、离任审计项目27 996个，其他审计项目12 971个。共计查出损失浪费金额75 636.57万元，查出违纪金额30 912.91万元；全年促进增收节支金额145 014.9万元；纠正违纪金额23 650.13万元。在审计中查出贪污贿赂案件3 334起，贪污贿赂金额1 132.38万元，移送监察部门处理131人次，移送司法部门处理121人，受党纪政纪处分的516人次。

1994年，各省、自治区、直辖市及计划单列市乡镇企业局的审计出现滑坡现象；从事审计工作的专职人员较少，且审计人员素质较低、工作条件较差。乡镇企业的审计偏重于事后监督，缺乏事前调控作用；为各级领导加强宏观调控决策，发挥监督、评价、参谋、服务作用差；有三分之一的省份的乡镇企业审计工作基础较薄弱，有近一半的县、乡和企业还没有开展审计工作。

（吕 兰）

【工作经验】 乡镇企业的审计监察工作初步形成自身的特色，创造和积累了许多成功的经验。这些经验主要是：

加强领导是开展乡镇企业审计监察工作的保证。农业部乡镇企业局为加强审计监督工作，成立审计监察处。吉林省长春市乡镇企业局设置审计处，并发出《关于强化乡镇企业内部审计工作的若干规定》，明确规定各级内部审计人员给予外勤补贴，对业绩卓著、贡献突出的优秀审计人员，除给予荣誉表彰外，还实行物质奖励，调动审计人员的工作积极性，保持队伍的稳定。浙江、四川、吉林、黑龙江等省加强机构和队伍建设，内部审计工作取得显著的成绩。

完善政策、法规是做好审计监察工作的有效手段。近几年来，各级乡镇企业行政主管部门根据农业部颁发的《乡镇企业内部审计暂行规定》，结合本地实际，制定许多地方性行政法规和规章，用以规范内部审计行为，提高内部审计工作的质量。河北省辛集市市委、市政府制定《关于对乡镇企业实行定期审计和厂长离任审计制度》、《关于对乡村集体企业年终决算实行审计审批制度》等五个方面的规定，提高内部审计的权威性、有效性，推动乡镇企业内部审计工作向正规化、制度化、法制化迈进。

（宗锦耀）

1994年全国乡镇企业系统先进审计集体名单

北京市

通县张家湾镇财务审计监察科
昌平县南邵乡工业企业总公司审计科

天津市

天津市乡镇企业局审计处
蓟县乡镇企业经委审计科
武清县乡镇企业局审计科
宝坻县乡镇企业局审计科
静海县大邱庄镇天津津美集团公司审计部

河北省

河北省乡镇企业局财务审计处
邢台县乡镇企业局
昌黎县乡镇企业局
衡水市乡镇企业审计事务所

山西省

灵石县静升镇经济联合社

辽宁省

辽宁省乡镇企业局审计处
海城市响堂镇管理区工贸企业总公司审计室
建平县乡镇企业局财务股

铁岭市乡镇企业局审计科
普兰店市乡镇企业局财务审计科
大连市金州区乡镇企业局
大连市旅顺口区三洞堡镇经营管理站

吉林省

长春市乡镇企业局审计处
双阳县乡镇企业委员会审计科
四平红嘴钢铁集团公司审计科
长春市宽城区乡镇企业局审计科

黑龙江省

桦南县乡镇企业委员会
佳木斯市乡镇企业局审计处
牡丹江市乡镇企业局财审处

江苏省

太仓市璜泾镇农工商总公司审计办公室
通州市观音山镇工业总公司财务审计科
泗阳县乡镇企业审计站
东台市三仓工业联合公司
丹阳市吕城工业公司财务审计科

浙江省

浙江省乡镇企业局审计处
杭州市乡镇企业局审计处
余姚市乡镇企业局
嵊县乡镇企业局
秀城区乡镇企业局
长兴县晓浦镇工业公司
金华县乡镇企业局
江山市乡镇企业局
普陀区乡镇企业局
奉化市溪口镇工业办公室
慈溪市乡镇企业局
宁波市北仑区乡镇企业局

福建省

南平地区乡镇企业局
三明市乡镇企业局审计室

江西省

江西省乡镇企业局审计处
赣州地区乡镇企业局审计科
临川县河东乡镇企业办审计室
萍乡市安源区高坑镇审计室

山东省

临沂市罗庄镇审计科
淄博市王村企业集团(控股)总公司
齐河县宴城镇企业办公室
寿光市乡镇企业局审计科
济宁市任城区乡镇企业局
东平县乡镇企业审计事务所
青岛星火纺机纺织集团公司审计处
青岛胶州水泥厂审计科

河南省

安阳市乡镇企业局
信阳县平桥镇企业办公室

湖北省

汉川县乡镇企业局
潜江市浩口镇企业管理委员会
枣阳市乡镇企业局

湖南省

华容县北景港镇乡镇企业审计站
新晃县乡镇企业委员会审计股

广东省

化州县乡镇企业局
中山市南头镇政府审计办公室
东莞市常平审计师事务所
吴川市乡镇企业局
南海市九江企业集团财审部

广西壮族自治区

全州县乡镇企业委员会
桂平市乡镇企业委员会财务审计科

四川省

四川省乡镇企业局监察审计处
成都市乡镇企业局审计处
井研县乡镇企业局
广汉市乡镇企业局审计科
广安县乡镇企业局财务审计股
凉山州乡镇企业局计财科
宜宾地区乡镇企业局
重庆市九龙坡区乡镇企业局审计科

綦江县审计事务所乡镇企业分所

贵州省

遵义县乡镇企业局审计股
贵阳市云岩区黔灵乡人民政府审计科
纳雍县乡镇企业局财务审计股

云南省

曲靖市沾益乡企业管理委员会
宜良县盘江水泥厂审计组

陕西省

长安县乡镇企业局
蒲城县乡镇企业审计指导站
铜川市耀县乡镇企业局

甘肃省

临夏州乡镇企业局财务审计办公室
陇西县乡镇企业局审计组
敦煌市乡镇企业局审计股

青海省

海北州乡镇企业局内审室

宁夏回族自治区

青铜峡市乡镇企业局财务审计股

1994年全国乡镇企业系统先进审计工作者名单

北京市

高书臣　　大兴县安定镇工业总公司
张爱军　　怀柔县范各庄乡企业总公司企业管理科
孟庆江　　房山区窦店镇审计科
郑秀云　　朝阳区南磨房乡工业公司财会科

天津市

果春顺　　蓟县乡镇企业委员会
王书明　　武清县乡镇企业局审计科
张秀强　　东丽区乡镇企业委员会企管审计科
潘立亭　　宝坻县乡镇企业局审计科
陶　鸣　　津南区小站镇经济委员会
李广岐　　北辰区大张庄乡审计站
刘淑玲　　汉沽区大田庄乡工业公司
宋树良　　静海县东滩头乡镇企业委员会
张士珍　　大港区太平村镇企业委员会
刘增岩　　宁河县潘庄镇企业委员会

河北省

杨青山　　邯郸市乡镇企业局
高象温　　邯郸市邯山区乡镇企业局企业管理科
张存泽　　邢台市邢台县乡镇企业局财审科
王　勇　　石家庄市乡镇企业局
田颜斌　　井径县乡镇企业局财审科
李星远　　石家庄市辛集工业管理局
蒋兴诚　　北京双合盛五星啤酒集团(保定厂)
张大中　　丰南市工业管理委员会
张厚轩　　玉田县乡镇企业局财审科
王逢春　　霸州市乡镇企业局
马芳俊　　文安县德归乡企业管理站
阎锡颖　　南皮县乡镇企业局
王保国　　沧县乡镇企业局
张希文　　昌黎县乡镇企业局
庞加训　　昌黎县昌黎镇经济委员会
赵德明　　围场满族蒙古族自治县乡镇工业管理局
谢之华　　张家口市乡镇企业局
周文会　　枣强县乡镇企业局

山西省

郝增光　　太原市南郊温郝庄乡政府企业办公室
石志保　　晋中行署乡镇企业局

辽宁省

楚叔军　　辽宁省乡镇企业局审计处
李湘芬　　辽宁省乡镇企业局审计处
许维广　　沈阳市乡镇企业局财务审计处
吴宝兴　　沈阳市东陵区乡镇企业局企业管理科
杨家荣　　沈阳市于洪区乡镇企业局企财科
高长福　　海城市响堂镇管理区工贸企业总公司
张荣太　　海城市乡镇企业局计财科
于怀乐　　丹东市乡镇企业局
姜玉全　　丹东市振安区乡镇企业局
周文华　　锦州市乡镇企业局计财科
徐亚夫　　建平县乡镇企业局
郑桂英　　朝阳市双塔区乡镇企业局财务股
陈　苏　　铁岭市乡镇企业局审计科
李宝山　　辽阳市太子河区乡镇企业局审计科
黄　建　　大连市乡镇企业局
田宝海　　大连市旅顺口区乡镇企业局

刘天堂 大连市金州区乡镇企业局
王　刚 普兰店市乡镇企业局财务审计科
王　萍 大连市甘井子区乡镇企业局
宋荣良 大连市旅顺龙塘工业办公室
于翰元 大连开发区马桥子街道办事处
王玉娟 瓦房店市乡镇企业局
王家德 庄河市乡镇企业局

吉林省

沈兆昌 吉林省乡镇企业局
蔺保芝 吉林省乡镇企业局
佟振方 长春市乡镇企业局
刘海军 长春市南关区乡镇企业局
周风新 双阳县乡镇企业委员会
吴洪斌 长春市幸福企业总公司
杨　福 长春市长青农工商公司
朱加林 四平市乡镇企业委员会
刘长明 四平红嘴钢铁集团公司
孙鸿升 延边自治州乡镇企业局
姜连波 白城市乡镇企业局
唐忠君 柳河县乡镇企业局
何茂兰 抚松县乡镇企业委员会
张根友 辽源市龙山区工农乡企业办公室
王桂芹 吉林省龙潭企业公司

黑龙江省

谈群玉 黑龙江省乡镇企业局审计处
魏保东 桦南县乡镇企业委员会审计科
马国英 佳木斯市乡镇企业局审计科
李爱萍 牡丹江市乡镇企业局审计科
常维良 齐齐哈尔市乡镇企业局
郭凤英 齐齐哈尔市铁峰区乡镇企业局审计科
赵国义 海林市乡镇企业局审计室
李国祥 大庆市让湖路区喇嘛甸镇企业公司审计组
邢雁和 鸡西市乡镇企业局审计科

江苏省

稽爱芝 江苏省乡镇企业局计财(审)处
郭　禹 昆山市乡镇工业局财务科
秦根泉 苏州市郊区虎丘乡经营管理办公室
张永清 江阴市马镇经营管理办公室
袁保仁 无锡县张泾镇实业总公司
周施章 启东市乡镇企业局
张汉龙 南通市港闸秦灶乡审计办公室
王怀君 新沂市炮车镇经济委员会
李全明 邳州市运河镇工业公司审计科
岳富成 淮安市乡镇企业局审计科
杜　超 盱眙县乡镇企业局
王家金 灌南县乡镇企业局
刘道宏 盐城市城区城郊工委
高留成 建湖县庆丰镇工业公司财务科
刘德本 扬州市乡镇工业局经营管理科
陈贵龙 高邮市地方工业局
包信峰 扬中县油坊工业公司
卢海玲 常州市戚墅堰区工业管理办公室
方华明 连云港云台区朝阳乡经联委

浙江省

黄凌之 浙江省乡镇企业局审计处
陆伟利 浙江省乡镇企业局审计处
姚笑君 浙江省地方工业新型材料公司
邵子宜 浙江省地方工业供销公司
魏义光 杭州市乡镇企业局审计处
陈孟飞 余姚市乡镇企业局
陈振明 慈溪市乡镇企业局
张丽珍 北仑区乡镇企业局
薛茂良 仓南县乡镇企业局
张广武 诸暨市乡镇企业局
朱杏娣 绍兴县乡镇企业局
马罗华 海宁市乡镇企业局
余　超 平湖市乡镇企业局
张菊勇 德清县乡镇企业局
谢水根 安吉县乡镇企业局
王云富 椒江县乡镇企业局
许晓彬 浦江县乡镇企业局
蒋晓云 金华市乡镇企业局
罗炳声 开化县乡镇企业局
陈柏清 龙由县乡镇企业局
江晓俊 常山县乡镇企业局
吕志萍 岱山县乡镇企业局
王飞跃 定海区乡镇企业局
周仕娣 普陀区乡镇企业局
潘宝其 横店集团公司
夏宏赓 宁波市江北区庄桥镇工业办公室
章友川 宁海县城关镇工业办公室
劳百根 余姚市低塘工业办公室
郑世行 象山县丹城镇审计室
周伟斐 慈溪市匡堰镇乡镇企业办公室
朱正瑜 宁波市镇海区河头乡工业办公室

福建省

闫贵文	永安市乡镇企业局
吴建成	南平地区乡镇企业局
张　球	福州市郊区洪山镇企业办公室
徐彩霞	三明市乡镇企业局审计室

江西省

袁斯凤	南昌市乡镇企业局财务审计科
颜成乐	吉安地区乡镇企业局企业管理科
兰志海	新余市乡镇企业局计划财务科
施　彬	新余市渝水区乡镇企业局财务审计股
杨元辉	玉山县乡镇企业局财务审计股
余剑里	永丰县乡镇企业局财务审计科
王鹏飞	抚州市乡镇企业局财务审计股
林琴云	崇义县乡镇企业局财务审计股
田绍义	瑞昌市南义镇企业办公室
张爱蓬	萍乡市乡镇企业局财务统计科

山东省

刘亿惠	山东省乡镇企业局审计室
王同庆	东明县乡镇企业局
雷印高	莱芜市莱城区城市街道办事处经贸办公室
马立业	章丘市明水镇经济委员会
董建民	齐河县宴城镇企业办公室
韩春金	临沂地区乡镇企业局
于永来	德州地区乡镇企业局
李根楓	德州地区乡镇企业局
李大年	五莲县乡镇企业局
张翠芳	泰安市乡镇企业局
赵景东	济宁市乡镇企业局
曹　静	临朐县乡镇企业局
倪明林	潍坊市乡镇企业局
杜树娥	烟台市福山区乡镇企业局
韩荣伦	枣庄市乡镇企业局
杨　文	淄博市乡镇企业局
杜立岩	济南市乡镇企业局
丛喜明	聊城地区乡镇企业局
张锡和	威海市环翠区乡镇企业局
赵志刚	青岛市乡镇企业局
张端厚	青岛市乡镇企业局
袁有齐	青岛市市南区牧工商联合公司
江志兴	青岛市沧口区楼山乡经济委员会

河南省

白露峰	河南省乡镇企业局审计科
高章生	安阳地区乡镇企业局
王玉丰	信阳地区乡镇企业局
王荣昌	平顶山市乡镇企业委员会
张建河	长葛市乡镇企业委员会
夏好政	新安县乡镇企业委员会
王思杰	夏邑县乡镇企业局
吴文胜	濮阳市市区乡镇企业委员会
刘健民	遂平县乡镇企业委员会
古光善	修武县乡镇企业局
荆禄林	新乡县乡镇企业委员会

湖南省

胡国安	长沙市郊区马王堆乡企业办公室
吴先定	石门县乡镇企业委员会
谢士忠	汝城县乡镇企业局
孙民生	新邵县乡镇企业委员会
熊正东	益阳地区乡镇企业委员会
李景尧	大庸市乡镇企业局
米庆发	怀化地区乡镇企业委员会

湖北省

何先华	宜昌市乡镇企业局
望熙金	宜昌县乡镇企业局
赵升柏	松滋县乡镇企业局
周明禄	孝感市乡镇企业局
赵国发	宜城县小河镇企业管理委员会
吴传斌	黄陂县乡镇企业局
杜运莲	武汉市乡镇企业局
魏文华	沙市市乡镇企业局
欧阳思源	大冶县大箕铺镇企业办公室
贺承忠	荆门市乡镇企业局
陈述文	咸宁地区乡镇企业局
胡细秋	黄州市回龙山镇审计站

广东省

黎林棠	中山市黄圃镇审计办公室
黄马善	湛江市乡镇企业局
廖应河	东莞市茶山镇经济发展总公司内审组
黄振茂	高州市乡镇企业局
陈　熙	揭阳市榕城区仙桥镇企业管理办公室
谢新辉	兴宁县乡镇企业局
何佩琳	番禺市乡镇企业局

黄社邦　江门市郊区环市镇村办企业办公室
吴谓伦　顺德市桂洲工业集团总公司

广西壮族自治区

甘建京　南宁市乡镇企业局
刘淑云　柳州市乡镇企业局
廖家伟　钦州地区乡镇企业局
周芝寅　横县乡镇企业委员会
莫仁邦　平乐县乡镇企业委员会

四川省

颜子干　四川省乡镇企业局监察审计处
公茂昌　四川省乡镇企业审计事务所
杨建华　德阳市中区扬嘉工业公司
赵云程　内江市市中区乡镇企业局
简光吉　攀枝花市乡镇企业局
许礼蓉　攀枝花市仁和区乡镇企业局
曹素芬　邛崃县乡镇企业局
冉启明　彭水苗族土家族自治县乡镇企业局审计服务所
杨光亮　自贡市乡镇企业局
陆朝英　泸州市乡镇企业局
金纯贵　射洪县金华镇乡镇企业办审计室
陈文鹏　巫溪县乡镇企业局
周荣宗　德昌县乡镇企业局
王仲祥　乐山市沙湾区乡镇企业局
王秀萼　三台县乡镇企业局
房天才　通江县乡镇企业局股务股
杨德银　岳池县九龙镇乡镇企业局
熊国强　涪陵地区乡镇企业局
刘文沛　南充市乡镇企业局
杨从泉　万源市乡镇企业局
曹晓建　筠连县乡镇企业局
阎　静　苍溪县乡镇企业局
许星春　綦江县审计事务所乡镇企业分所
林安德　江津市德感镇乡镇企业办公室
牟延金　重庆市九龙坡区花溪镇审计站
杨晓华　巴县乡镇企业局

贵州省

陈小进　贵阳市花溪区乡镇企业局
余惠芬　毕节地区赫章县乡镇企业局
吴常福　黔东南州乡镇企业局
夏同军　遵义县乡镇企业局
张明常　六盘市乡镇企业局

云南省

张家琼　昆明电磁线厂
马正福　开远市乡镇企业局
李兴明　陆良丝绸厂
张代萍　文山县城乡局

陕西省

李　萍　陕西省乡镇企业局财务审计处
王金中　洋县乡镇企业局
冉云奎　泾阳县泾干镇企业办公室
曹文彬　延川县乡镇企业局
张喜民　商州市乡镇企业局
张明远　扶风县乡镇企业局
赵　萍　西安碑林区农工商联合公司
曹永晓　蒲城县乡镇企业局

甘肃省

杨中秋　白银市白银区第二建筑工程公司
孟越祖　高台县乡镇企业局
沈建忠　武都县乡镇企业财务指导站
景　刚　镇原县乡镇企业局
孙春平　嘉峪关市乡镇企业局财务科
王桂英　武威地区乡镇企业局

青海省

刘　平　湟沅县乡镇企业局

宁夏回族自治区

张明锦　平罗县乡镇企业局财务审计股
张　宝　灵武县马家滩镇经委

◀供　　销▶

【表彰活动】 1994年,农业部开展评选表彰第二届全国乡镇企业供销系统先进集体和优秀供销员活动。县以上(含县)各类乡镇企业供销公司和乡(镇)村集体企业(含股份合作企业)的供销机构参加全国乡镇企业供销系统先进集体评选;在县以上(含县)各类乡镇供销公司和在乡(镇)村集体企业(含股份合作企业)从事供销工作的人员参加全国乡镇企业供销系统优秀供销员评选。

为组织好评选工作,农业部成立评选表彰工作办公室。在各级乡镇企业主管部门逐级推荐的基础上,农业部授予北京市乡镇企业供销公司朝阳分公司等190个单位全国乡镇企业供销系统先进集体称号；授予张文忠等661人全国乡镇企业供销系统优秀供销员称号。这次受到表彰的先进集体和优秀供销员，大多数是基层单位和长期在基层工作的人员　　（邹范鸣）

1994年全国乡镇企业供销系统先进集体名单

北京市

北京市乡镇企业供销公司朝阳分公司
北京市乡镇企业供销公司门头沟分公司
北京市昌平百兴防水材料制品厂
北京市乡镇企业供销公司密云分公司
北京市石景山区农工物资公司

天津市

天津市大站集团公司
天津市武清县石各庄经委
天津市尧舜集团公司
天津市丽华色材总厂
天津市兴果农药厂

河北省

河北武安市乡镇企业开发总公司
河北沧州市乡镇企业供销总公司
河北长江企业集团有限公司
河北玉田县锯业总公司
河北冀州市暖气片厂
河北石家庄市乡镇企业物资公司
河北秦皇岛市乡镇企业局建材公司

山西省

山西省乡镇企业供销公司销售一科
山西省太原市南郊区乡镇企业供销公司
山西省孝义市乡镇企业供销公司
山西省太谷县乡镇企业供销公司
山西省长治市乡镇企业局供销公司
山西省忻州地区乡镇企业供销公司

内蒙古自治区

内蒙古自治区赤峰市八角楼实业总公司
东胜市羊场壕乡糖酒副食批发公司
哲里木盟乡镇企业供销公司
内蒙古自治区乡镇企业供销公司

辽宁省

辽宁省营口市鲅鱼圈塑料工业公司
辽宁省乡镇企业矿业建材总公司大连分公司
辽宁省丹东市矿业建材总公司
鞍山岫岩满族自治县三局供销公司
辽宁省本溪钢球厂
辽宁省山河镁制品有限公司
沈阳新城子区乡镇企业局供销公司
沈阳市新民市工业供销公司
沈阳市乡镇企业供销公司
大连对外经济物资总公司
大连市乡镇企业矿业建材公司
大连市旅顺矿建材料公司

吉林省

敦化市华康制药总厂
梨树县物资供销公司
吉林市乡镇企业供销总公司
白城市乘风珍珠岩厂
集安市白水泥厂

黑龙江省

佳木斯市乡镇企业供销公司
黑龙江省东华经济贸易公司
牡丹江市乡镇企业局供销公司
绥化市防水橡胶厂
黑龙江庆华实业总公司
哈尔滨小型锅炉厂销售处
阿城钢铁集团公司销售处
哈尔滨市电缆桥架厂供销科

上海市

庆丰彩印总厂佳丰食品厂供销科
上海三贤轧钢厂供销科
上海申岛电器总厂
上海望春花实业股份有限公司
马桥镇工业公司供销经理部

江苏省

江苏光芒燃气用具制造集团公司
武进县地方工业供销总公司
徐州畅通集团公司
东台市地方工业供销公司

盱眙县第四水泥厂
启东风神空调集团销售公司
江苏金三角建材集团公司
无锡县前洲印染厂
昆山市第二工业供销公司
苏州市乡镇企业供销公司
南京白鹭沙发家俱总公司
南京江宁县有机化工厂
南京金星石化实业有限公司

浙江省

万龙企业集团公司
温州柳市工贸总公司
平湖市地方工业供销总公司
湖州纺织服装企业集团公司
绍兴市正大经济协作公司
好来西服饰有限公司
台州苍海实业公司
浙江省地方工业材料公司
浙江省地方经济建设总公司
杭州四季青服装市场
嵊泗县地方工业供销总公司
鄞县地方工业供销总公司
宁波市地方工业供销公司
慈溪市工贸总公司

福建省

永安市矿业公司
晋江市矿产建材公司
漳州市芗城乡镇企业供销公司
福州市乡镇企业供销公司
厦门市同茂食品罐头有限公司业务部

安徽省

合肥市曙光商厦
马鞍山市乡镇企业供销公司
南陵县石铺农贸总公司供销科
黄淮海农贸总公司
桐城轴瓦厂
江淮泵厂

江西省

遂川县乡镇企业供销公司
鹰潭市农机物资公司
新余市裕华发展公司
弋阳县乡镇企业供销公司
江西省通用物资公司

山东省

山东省建筑材料市场
淄博市周村工业供销公司
烟台市东方物业集团总公司
潍坊市寒亭区乡镇企业局供销公司
泗水县乡镇企业供销公司
山东长江集团总公司
齐河县乡镇企业轻化物资供销公司
临沂市乡镇企业局供销公司
淄博市兴武实业集团公司
东明县第二造纸厂
胶南市乡镇企业供销公司
即墨市地方工业供销公司
胶州市乡镇企业供销公司

河南省

偃师市水泥二厂
许昌县乡镇企业供销总公司
开封市乡镇企业供销总公司
焦作市博爱县乡镇企业供销公司
卫辉市工业物资供销公司
黄河金钢石有限公司
河南祥鸿鞋业有限公司
郑州市地方工业经济发展总公司
安阳市乡镇企业物资回收公司
河南省乡镇企业供销总公司

湖北省

江陵县岑河内衣厂
江南电缆厂
随州市兽药集团公司
黄冈地区乡镇企业供销公司
珠鄂工贸实业公司
三峡工贸实业总公司
丹江口第一橡胶厂
沙市带钢厂
咸宁地区乡镇企业物资公司
武汉市丹水池石油化工厂
武昌县劳四水泥制品厂
黄陂县企业建材公司

湖南省

湖南省乡镇企业供销总公司
长沙市乡镇企业供销总公司
长沙县汽车工业公司
岳阳市乡镇企业供销总公司
会同县乡镇企业供销公司
沅陵县乡镇企业开发公司
桃源县乡镇企业物资公司
益阳市能源公司

广东省

广州市乡镇企业供销公司经理部

广西壮族自治区

广西黑五类食品集团公司
广西乡镇企业总公司
钦州市铜鱼水泥厂供销科
梧州市郊区乡镇企业发展总公司

海南省

三亚市通华实业有限公司

四川省

四川省乡镇企业供销总公司
自贡市乡镇企业供销公司
仁寿县乡镇企业供销公司
名山县乡镇企业供销公司
广元市矿业公司
旺苍县矿业总公司
绵阳野马汽车有限公司供销科
成都市双流铜材线缆厂
成都三益冶金联合公司炼钢厂
成都市保健用品厂
壁山县乡镇企业供销公司
江津市米花糖厂
希望集团重庆希望饲料有限公司

贵州省

遵义县新舟造纸厂
山牌磨料清镇联合厂
贵阳市云岩区乡镇企业物资总公司

云南省

个旧市乡镇企业供销公司
安宁县乡镇企业工贸总公司
云南省会泽县矿业公司

陕西省

宝鸡市金台区东岭机械铆焊厂
兴平市纸品包装总厂
陕西省乡镇企业供销总公司

甘肃省

甘肃省新陇贸易公司
白银市乡镇企业供销公司
天水东方造纸实业有限公司
兰州市乡镇企业供销总公司

青海省

青海省乡镇企业供销公司

宁夏回族自治区

吴忠市银吴清真乳品厂
银川市光华活性炭厂
宁夏永宁造纸厂

新疆维吾尔自治区

新疆阿勒泰地区乡镇企业供销公司
阿克苏市物资供销公司
乌鲁木齐八家户农工商总公司经贸公司

中国乡镇企业总公司系统

中国乡镇企业总公司
中国乡镇企业总公司业务一部
中国乡镇企业总公司业务二部
中国乡镇企业总公司业务七部
中国乡镇企业华东公司(苏州)
中国乡镇企业总公司京扬实业公司
湖北省黄冈地区矿业联营公司
黑龙江省林口县石材总公司经销公司

1994 年全国乡镇企业供销系统
优秀供销员名单

北京市

张文忠　北京市乡镇企业供销总公司
刘爱民　北京市乡镇企业局供销公司朝阳分公司
李大全　北京市新星机械厂

邹立山 延庆县莲花池棉织厂
张晓秋 北京市乡镇企业供销公司门头沟分公司
安大臣 石景山区农工物资公司
李广贵 大兴县兴榆制鞋厂
肖焕玲 北京广丰钢板弹簧厂
陈自山 顺义县宏达物资供销公司
崔福旺 平谷县马昌营印刷机附件厂
冈 彬 北京长胜汽车消声器有限公司
闫启亮 房山良乡永定铸造辅料厂
李志合 密云县东旭建筑工程公司
罗继明 北京东升纱布实业公司
李洪进 怀柔县辛营服装厂

天津市

赵存稳 天津西营门自行车零件厂
胡焕生 天津大站集团公司
王新宇 天津大华制衣有限公司
陈 武 天津宝坻县新海彩印复合材料厂
张庆岐 天津大华制衣有限公司
赵学光 天津武清县乡镇企业局
程 魁 天津振华集团公司
刘景群 天津市渔网厂
魏世和 天津大成五金厂一分厂
殷珍阁 天津力车胎厂朝阳分厂
付洪娥 天津市同达企业总公司
张延年 天津冰峰电冰箱配件厂
闫广利 天津竞达轧钢总厂
邢承忠 天津市塘沽隆圣工业总公司
郑 刚 天津新星焊割工具厂

河北省

徐凤鸣 河北长江企业集团有限公司
李保生 河北电线电缆厂
何兵文 河北省乡镇企业供销总公司
董国斌 河北省进出口公司兴华分公司
王玉玲 石家庄市乡镇企业联合总公司
武增江 武安市乡镇企业开发总公司
张永国 冀州暖气片厂
安永生 玉田县锯业总公司
陈振云 秦皇岛市乡镇企业局建材公司
刘克维 秦皇岛市乡镇企业局供销公司
谢秀珍 廊坊市乡镇企业天津供销公司
李文亮 霸州市建材公司
高 泽 唐山市乡镇企业宏达物资公司
梅春平 承德市矿业建材总公司
唐学财 宽城满族自治县第一缸瓦厂
李宝星 张家口市乡镇企业供销服务总公司
杨伟忠 张家口市乡镇企业供销总公司
王文义 沧州市城乡物资贸易中心
郭洪增 河间市电缆厂

山西省

孙学红 山西省乡镇企业供销公司
李传怀 山西省乡镇煤炭运销公司
张洪伟 山西省乡镇企业化工轻工公司
荣海涛 山西省乡镇企业建筑建材公司
王 新 山西省乡镇企业展销中心
石文辉 山西省乡镇企业物资供销公司
韩全贵 太原市南郊区乡镇企业供销公司
李建平 长治市乡镇企业局供销公司
刘耀堂 晋城市天鹅工贸总公司
许亮保 忻州地区乡镇企业供销公司
药二俊 汾阳县乡镇企业供销公司
李虎仁 长治市乡镇企业第二供销公司
王鸿斌 赵家堡企业集团暖气片总公司
杨锦华 襄垣县乡镇企业供销公司
崔巨喜 大同市乡镇企业供销公司
乔铁柱 襄汾县乡镇企业供销公司
庞育才 临汾地区乡镇企业供销公司
王长青 灵石县乡镇企业供销公司
赵启耀 平定县乡镇企业供销公司

内蒙古自治区

关庆山 哲里木盟乡镇企业供销公司
邹德胜 哲里木盟乡镇企业供销公司
贺立中 镶黄旗乡镇企业供销公司
雷建中 乌兰察布盟乡镇企业供销公司
武世荣 东胜市羊场壕乡糖酒副食批发公司
张国荣 元宝山区煤炭矿建公司
王家彦 海拉尔市锅炉辅机厂

辽宁省

齐占江 阜新市纤维板厂
刘维顺 清源满族自治县力车件厂
陆景全 锦西市空调设备厂
宋祥增 营口市乡镇企业供销总公司
陈洪芳 岫岩满族自治县第三工业局供销公司
赫日鑫 辽阳飞天工艺品有限公司
张桂兰 朝阳水泥机械厂
尹长林 新宾满族自治县水泵厂

周　杰	鞍山市乡镇企业供销公司
张凤和	本溪市城乡集体企业供销公司
王永权	盘山县乡镇企业供销公司
王忠林	抚顺市天河啤酒厂
肖岗岭	鞍山市中冶鞍山矿产公司
易付一	海城市物资公司
赵乃铎	丹东市红星开关厂
冯金平	铁岭市乡镇企业供销公司
张国海	锦西市连山区虹螺岘镇经委
孙启志	丹东市珑背汽车保修机械厂
张瑞生	建平县电力铸钢公司
王国荣	凤城市机床油泵厂
王国勋	辽阳五金结构厂
韩亚芹	铁岭市乡镇企业纸张建材商店
王鹏瑞	辽宁山花企业集团(辽阳市)
韩兆善	营口市防橇门厂
任维平	辽阳水泵厂
邱维强	大石桥市乡镇企业供销公司
孙德满	沈阳市乡镇企业供销总公司
王怀成	沈阳市新城子区乡镇企业局供销公司
康志国	新民市乡镇工业管理局供销公司
祝恩满	沈阳市精密无缝钢管厂
傅金良	沈阳市赛拜迪啤酒有限公司
燕景福	大连市旅顺口区乡村局供销公司
宋仕官	庄河市工业供销公司
宫国宏	大连市乡镇企业供销公司
杨法静	大连市对外经济物资总公司
刘洪荣	大连市乡镇物资供应公司
王祝权	大连市乡镇企业矿业建材公司

吉林省

徐　发	公主岭市淀粉厂
李朝成	伊通县酒精厂
张振吉	前郭县乡镇企业物资供销公司
孙广福	乾安县乡镇企业经济技术开发贸易公司
安德江	通榆县地方粮油贸易公司
孟昭君	白城市钢窗附件厂
姜少娟	白城市粉末冶金厂
权赫允	辽源市选矿机械厂
周君滋	辽源啤酒厂
王克琦	白山市页岩瓦厂
王吉庆	柳河县锅炉厂
隋毅力	华康制药总厂
沈建琪	延吉市光明香精厂
罗京哲	珲春市乡镇企业经贸公司
王庆君	吉林省乡镇企业供销总公司
王殿春	集安市白水泥厂
常秀权	通化方大制药有限公司
姜永杰	吉林市乡镇企业供销总公司
陈宪德	长岭县北方粮油有限公司
刘健强	吉林省乡镇企业供销总公司
王海德	长春市第一水泵厂
杜　民	长春市锻造厂
王晓光	吉林省长发粮油制品有限公司
曹德军	吉林省银瀑啤酒厂
齐明业	长春市铸管厂
周景有	德惠市万宝轧钢厂

黑龙江省

郭文彦	绥化市防水橡胶厂
钟文举	五常制动毂厂
张代华	尚志市元宝镇木器厂
王贵海	双城市烟花炮竹厂
王国廷	中心河企业总公司
姜振芳	拜泉县上升贸工农公司
陈凤柱	讷河市乡镇企业物资供销公司
李　凯	鹤岗市乡镇企业供销公司
刘国俊	德都县龙镇汽车配件公司
王录德	佳木斯市乡镇企业局供销公司
于宝贵	佳木斯市乡镇企业局供销公司
关喜俭	宁安市红城西瓜种子公司
任景兰	伊春美光镜业有限公司
付永亭	鸡西市鸡东县兴农煤炭工业总公司
李云天	大庆市庆城门窗公司
牛丽华	绥化市绥咸时装有限公司
李滨成	黑龙江省乡镇企业供销公司
常永祥	大庆市乳品二厂
奚元成	林口县宝林乡采石总场
王　岩	黑龙江省乡镇企业联营公司
赵　孟	阿城钢铁集团公司
林广和	阿城市玉泉酿酒厂
毕思清	哈尔滨市电缆桥架厂
冯桂花	哈尔滨小型锅炉厂
李庆林	哈尔滨北华实业总公司

上海市

张马勤	上海化工机械一厂新村分厂
陆永泉	上海安亭科学仪器厂
陈仲虎	上海新华电线电缆有限公司
钱　雷	上海市宝山区月浦电镀厂

陈三星 上海霞飞日用化工总公司
范跃良 上海庆丰彩印总厂
褚光良 上海市奉贤县钢模板公司
朱德明 宝山区工业供销公司
李伯令 上海望春花实业股份有限公司
闵秀龙 上海沪光客车厂
朱纪忠 上海第十钢铁厂纪五联营厂
蔡伯余 漕泾金光化纤加工厂
毛夏根 上海市金山县枫围无纺布厂
朱其明 上海联谊桐木厂
刘　彪 上海市竖河电器元件厂
徐建国 上海维多利实业公司
薄德兴 上海嘉宝实业股份有限公司光明灯头总厂
龚胜发 上海新泾机械厂

江苏省

吴仁和 江苏华南丝绸纺织印染总公司
沈锁忠 江苏正丹集团公司
倪加明 江苏民生压力容器制造集团公司
张才军 江苏彩雯丝绸集团公司
曹国升 江苏珍丰集团公司
包洪兴 江苏雅鹿实业股份有限公司
朱家明 江苏金润贸易公司
姜怀强 江苏省乡镇企业经济发展公司
陶国平 江苏江南化纤集团公司
徐爱平 江苏光大贸易公司
宋晓明 江苏金钥匙集团公司
何云柏 江苏金三角建材集团公司
朱仁胜 徐州兴胜磁性材料有限公司
彭兴勤 徐州环球电机有限公司
白浮玉 洪泽县台钻厂
朱立启 连云港市研磨厂
基守成 镇江市微型轴承厂
严纪林 镇江市电器设备厂
季玉富 宝应县弹簧厂
高朋章 江都市邵伯市玩具配件厂
陶国平 无锡市第六色织厂
胡福才 江苏山观钢管集团公司
朱树中 建湖县建阳棉织厂
王建成 常州市地方工业物资公司
强茶荣 金坛市宏金物资总公司
潘国荣 溧阳市工业搪瓷厂
吴炳荣 吴江市盛泽印染总厂
谭晓东 吴江市金扬集团公司

陆宗平 太仓市浏河电机总厂
李士灏 苏州市乡镇企业供销公司
承建华 常州市茶山棉织厂
赵国强 机电部二〇一所常州特种电缆厂
王子纯 邮电部第三研究所东台通信器材厂
扈益民 如东县常青实业公司
王华业 海安建材设备制造总厂
刘　英 如皋市丁沪织布厂
阚荣华 南通市第四毛纺织厂
黄克保 涟水县五港缫丝厂
左宝勤 新龙工贸集团物资总公司(苏州)
张华贵 昆山市第二工业供销公司
吴有良 常熟市工业供销总公司
夏成富 连云港市粉煤炭烧结砖厂
杨仲华 无锡市摩托车厂
蒋锡凤 宜兴市吸音材料厂
卢方雪 徐州玻璃瓶厂
陈春桂 盐城耐丽思集团公司
陈如艳 徐州云湖门窗集团有限责任公司
包　锋 泰县钢瓶厂
童瑞林 扬州市靖江汽车锁厂
刘梅清 灌南县李集徐庄实业总公司
彭加宝 六合门窗制造公司
邱大民 南京市乡镇企业供销公司
岳德奎 南京市板桥水泥厂
王　玲 南京江南电缆厂
王德斌 南京栖霞山陶瓷厂
聂松龙 浦口区永丰乡工程塑料厂

浙江省

赵璐璐 浙江省地方工业材料公司
丛保平 浙江省地方经济建设总公司
张力力 浙江省地方经济建设总公司
章云水 浙江省地方工业供销公司
钱建国 浙江省地方工业材料公司
王　达 浙江联丰集团公司
黄仕根 浙江丰球集团公司
金祖禄 浙江宏业制衣有限公司
沈士惠 浙江苏泊尔有限公司
祝浩泉 杭州四季青服装市场
严志泉 杭州康桥造纸厂
何士根 杭州华捷制衣有限公司
孙小平 杭州市地方工业总公司
丁加元 杭州市农具材料物资公司
陈士良 浙江桐乡化纤厂

胡伟龙　海宁市丝绸联合公司
吴宝根　德清县下舍丝织厂
钱桂兴　洪桥水泥厂
蒋水良　海宁耀明电器厂
章筱龙　绍兴县第一绸厂
范和军　天台轮胎厂
林新国　仙居制药厂椒江分厂
牟盛瑶　灵岩市城关化工厂
陆海斌　嵊泗县地方工业供销总公司
乐国敏　嘉善县建筑材料工业公司
裘仲南　新昌县袜厂
孙柏富　绍兴市偏门毛纺织厂
钱仁中　嵊县衬衫厂
翁天明　东阳磁性企业集团
方自建　浦江县黄宅花边厂
蔡咏梅　金华市印刷物资公司
李培明　何家山水泥厂
秦建国　台州地区乡镇工业总公司
赵山石　浙江华丰企业集团公司
谢见友　余杭市地方工业供销总公司
郑志林　桐庐县大理石总厂
张庆生　建德市建材物资公司
叶步松　温州市南洋皮革公司
沈小红　嘉兴市地方材料公司
喻志良　平湖市地方工业供销总公司
姚晓昌　桐乡市嘉河织造厂
蔡耐荣　嘉兴市荣丰纺织实业总公司
蒋竟芳　浙江奉通股份有限公司
高先君　余姚市盛事达电气集团公司
童保军　宁波浙东鞋业有限公司
张豪华　镇海地方工业供销公司
胡秉林　宁波电声器材厂

福建省

平安康　三明市乡镇企业工贸总公司
孙志文　漳州市建筑建材经营公司
翁盛康　霞浦县乡镇企业总公司
李在恩　周宁县企业供销公司
谢国叔　泉州匹克集团公司
吴道龙　将乐县乡镇企业商业经销公司
严国春　清流县温郊焦油厂
林寿森　莆田市闽中脱水蔬菜厂
周　飞　龙岩地区乡镇企业供销公司
郑文美　龙岩地区乡镇企业物资贸易公司
危建雄　邵武市矿产公司
魏裕财　南平市铝线厂
翁学海　福清市乡镇企业供销公司
唐增清　闽侯县乡镇企业供销公司
黄德树　福州市乡镇企业供销公司
陈玉禄　莆田县灵川农机修配厂
叶捍东　惠尔康食品有限公司
黄文传　同安县中盛粮油企业公司

安徽省

程铁民　黄山市屯溪环华针织内衣厂
张达召　肥东县长临毛巾厂
吴国清　合肥红旗水泥厂
孔令林　巢湖市锚链厂
高德胜　贵池市荣盛实业总公司
傅家斌　全椒华陵实业公司
姜伍相　滁州市乡镇企业供销公司
张贴武　金寨县第四丝织厂
姚　平　六安市农机齿轮总厂
胡正宏　铜陵市青山建材集团总公司
张治文　当涂异型轧钢厂
余　炎　蚌埠华阳汽车制造总厂
唐怀勇　蚌埠环境保护设备厂
张发兴　青阳县汽车配件厂
陈　晓　宁国县耐磨材料总厂
寥光芒　淮南市第二玻璃厂
王玉玛　郎溪县味精厂
刘　钧　繁昌县第四水泥厂
杨　汪
桂和平　桐城玻璃纤维工业总公司
沈志海　华海特种电线电缆厂
王晓东　黄淮海农贸总公司
孔祥华　泗县佳美实业总公司
任明亮　淮北市酒精厂
牛安勤　蒙城县乡镇企业开发总公司
丁佩琦　阜阳市五金交电批发公司
刘树林　阜阳地区乡镇企业委员会物资公司
王　峰　阜阳市王中王集团公司

江西省

黄国顺　江西省通用物资公司
谢金水　江西东方制药厂
熊竹平　江西长城机械厂
万银仔　南昌市乡镇企业金属材料公司
李桂生　遂川县秀州股份有限公司
李安民　吉安地区乡镇企业供销公司

傅律勤 奉新躁下穿席厂
罗乐群 宜春市纤维板厂
熊干如 丰城市丽春酒厂
严耀清 于都县乡镇企业供销公司
李道富 赣州地区乡镇企业供销公司
吴利明 弋阳县乡镇企业供销公司
李永胜 江西省彭泽县砂石总公司
黄其忠 萍乡市汽车制动泵厂
董津望 鹰潭市乡镇企业供销总公司
张并伟 江西省武宁有色金属加工厂
刘为群 新余市华新物资供销公司
万海辉 抚州市蓄电池厂
洪清云 景德镇市洪源瓷厂
黄燕飞 上饶地区乡镇企业供销公司

山东省

张元进 泰安市郊区物资供应公司
王钦洋 威海市山东长江集团总公司
王永春 乳山市曙光皮鞋厂
谭大海 文登市第一建筑机械厂
薄怀珍 工贸合营日照抽纱总厂
张伟斌 日照市乡镇企业供销公司
王德海 禹城市建材大市场
刘　军 德州地区乡镇企业供销公司
纪文山 陵县乡镇企业供销公司
范日光 山东鲁宝厨房设备总厂
王淑友 邹平县乡镇企业实业开发总公司
商兆星 阳谷景阳岗酿酒总公司
赵洪才 高唐县金兴企业集团公司
许永庆 聊城嘉明实业有限公司经营部
史兴振 莒南县砂轮总厂
高佩询 济南市乡镇企业供销总公司
吕承来 章丘市乡镇企业供销公司
郭麦高 济南金菱造锁有限公司
张元洪 商河县铅丝制网厂
路先君 淄博市兴武实业集团有限公司
李永聪 淄博市乡镇企业供销公司
毕粗乾 淄博市博山区八陡供销公司
王　忠 淄博工业搪瓷厂
梁克殿 枣庄市市中区孟庄水泥三厂
赵连绪 枣庄市乡镇企业供销公司
苏士晶 滕州市乡镇企业供销总公司
田月强 东营市水泥制品厂
周学智 东营信义企业集团公司
杨文庆 莱阳市供销公司
王维东 烟台乡镇企业国际经济贸易发展公司
姜仲谟 烟台市福山区乡镇企业供销公司
孙本安 蓬莱市第二工业供销公司
任天举 海阳县供销服务公司
吉广田 青州市王坟果品厂
邱述斌 潍坊市乡镇企业经贸公司
张增国 寿光市侯镇福利胶合板厂
李金龙 济宁市任城区乡镇企业供销公司
于志光 济宁市乡镇企业供销公司
姬长友 泗水县乡镇企业供销公司
王宪贵 泰山环保设备厂
李天增 新汶棉纺厂
王军令 临沭县化工厂
郝洪仁 东明县鲁豫木业有限公司
李书堂 东明县棉纺厂
贺继昌 东明县玉皇实业有限公司
曾达威 山东省乡镇企业供销总公司
曹福生 山东省乡镇企业供销总公司
麻公照 周村区工业供销公司
王本传 烟台市东方市物业集团总公司
王永顺 淄博轧钢厂
赵衍新 淄博轧钢厂
刘国敏 高密市乡镇企业物资公司
刘明智 青岛平度市光大物资公司
薛清学 青岛市黄岛区昌盛工业公司
焦学秋 青岛市土畜产进出口分公司胶南经营地毯一厂
王传国 胶州市乡镇企业供销公司
王　洪 青岛市崂山区第二工业供销公司
孙学堂 青岛宝波建设机械有限公司
朱新海 即墨市地方工业供销公司

河南省

陈燕生 新乡市轻纺工业公司
马胜利 新乡县乡镇金属材料公司
沈　涛 新乡市丝绒厂
李继东 信阳奥龙集团公司
董　吾 淮滨县轧钢厂
刘平安 漯河市乡镇企业供销公司
路秀英 商丘地区乡镇企业供销公司
张青海 河南科迪食品集团公司
南存胜 三门峡市粮油食品厂
姬书生 邓州市穰东镇服装总厂
齐灵集 内乡县乡镇企业局物资供销公司
刘本修 唐河县地产品贸易公司

王聚才　开封市乡镇企业供销总公司
张广才　开封市乡镇企业供销总公司
王文兴　许昌市乡镇企业供销总公司
张治中　许昌县乡镇企业供销总公司
张惠元　驻马店地区乡镇企业供销总公司
张　勇　新蔡县李桥回族镇皮革厂
王新民　遂平县乡镇企业供销公司
霍子亮　汝南汝宁镇永恒皮革厂
刘丙福　博爱县乡镇企业供销公司
刘德贵　泌阳市乡镇企业供销公司
刘碧玉　焦作市乡镇企业供销总公司
王阳升　济源市乡镇企业供销总公司
贾淑梅　河南省乡镇企业供销总公司
景胜利　巩义市碱厂
杨国强　荥阳市冶金建材公司
张新华　郑州市地方工业经济发展总公司
张化民　远达鞋业有限公司
朱治海　淮阳皮革制品集团公司
周怀斌　中外合资裕恒食品有限公司
马相林　安阳县乡镇企业物资总公司
李宪忠　安阳市乡镇企业供销公司
孟凡浩　安阳市乡镇企业物资经销公司
倪振凯　濮阳市乡镇企业供销总公司
符富增　洛阳市符家屯硫酸厂
田志敏　洛阳华荣壁纸有限公司
谢银章　河南省乡镇企业金属材料总公司
刘建中　河南省乡镇企业供销总公司
郑明利　河南省乡镇企业供销总公司
陶卫平　郑州市地方工业经济发展公司
郑新春　郑州市地方工业经济发展公司
杨淑珍　许昌市魏都区乡镇企业局供销公司
杨海洲　豫北造纸包装材料供应站
毛先军　开封市开封县第二油厂

湖北省

马克和　黄石市乡镇企业物资供销公司
刘淑俊　沙市乡镇企业工贸总公司
李中南　神农架林区红花乡综合厂
吴远亮　鄂州市密封件总厂
刘远平　荆门市第二磷肥厂
郭新华　襄阳县服装厂
张建设　老河口市乡镇企业服务公司
王佳俊　枣阳市节能材料有限公司
骆增山　孝感裕华工业生产资料供销公司
杨桂玲　应城市强力集团公司
许志雄　黄梅县乡镇企业物资供销公司
张远志　武穴市湖北安达成药业有限公司
蔡水洋　黄梅县湖北三梅集团股份有限公司
陈建安　黄冈地区乡镇企业供销公司
程仁生　荆州地区石油化工公司
罗良圣　松滋县大岩咀水泥厂
廖福生　仙桃市企业物资开发公司
胡卜艮　公安县乡镇企业供销公司
曾华菊　郧县汽车改装厂
刘志虎　房县乡镇企业供销公司
姚家俊　宜昌三峡食品工业公司
彭清云　龙台食品工业股份有限公司
吴恩桃　通城砂布厂
朱子玉　咸宁地区乡镇企业物资总公司
朱开路　湖北省乡镇企业建筑工程公司
尤　峰　湖北省珠鄂工贸实业公司
刘毓芝　湖北省乡镇企业物资总公司
胡福民　武汉市乡镇企业建材物资总公司
陈世界　武汉市汉龙铸件厂
陈建国　武汉市红星医药化工厂
许荣生　武汉市矿山起重机械厂
徐水松　新洲县可锻厂

湖南省

吕志学　湖南省乡镇企业供销总公司
黎成明　长沙市乡镇企业供销总公司
钟亮方　长沙县汽车工业公司
常普生　望城县乡镇企业供销公司
崔乾安　株洲市工业材料贸易总公司
谭光泉　株洲市群丰冶炼厂
邓跃平　湘潭市乡镇企业供销公司
唐君存　湘潭县汽车工业公司
彭国忠　中外合资衡阳洪港锁具有限公司
尹启建　衡阳市雁胜实业发展公司
王继先　邵阳市邵车轴瓦厂
肖龙成　隆回县烟花鞭炮公司
陈洛英　汨罗市中南镀锌管厂
毛克如　湖南省平江电器厂
孙　凌　常德市石门彩色水泥厂
彭在仙　常德市乡镇企业供销公司
钟德奇　益阳市乡镇企业供销公司
李学明　益阳市能源公司
杨万雄　慈利县乡镇企业物资公司
曹光荣　双峰化纤纺织厂
郭久初　冷水江市地方工业供销公司

李远德 桂阳县第二水泥厂
尹典宏 郴县桥口竹木综合加工厂
蒋昭南 祁阳县冶炼厂
田甲元 东安县矿山管理站
刘跃国 永州水泥厂
杨告权 黔阳县乡镇企业供销总公司
黄彦益 怀化地区乡镇企业供销总公司
吴定一 花垣县矿产品公司
熊顺元 泸溪县浦市化肥厂

广西壮族自治区

郭东浦 广西区乡镇企业总公司
许其祥 北海市乡镇企业供销公司
达世雄 横县莲塘花茶厂
胡在广 藤县乡镇工贸公司
马秀美 合浦县乡镇企业供销总公司
蒋树代 灵川县华南木地板厂
林顶光 防城港市防城区乡镇企业建材公司
秦保强 博百津宝罐头饮料食品实业有限公司
肖柱华 梧州市乡镇企业总公司
刘兴国 桂林市乡镇燃料供应站
曾若林 柳州市重型车轮厂
罗世柱 容县乡镇企业供销公司

海南省

庞业亮 琼海市温泉椰衣丝床褥厂

四川省

叶上贤 四川省乡镇企业供销总公司
李永安 四川省乡镇企业供销总公司
安维蜀 四川省乡镇企业供销总公司
马生为 四川省乡镇企业供销总公司
高瑞周 四川省乡镇企业供销总公司湖南人造板联合公司
黄明泉 四川省乡镇矿业总公司
龙云涛 四川省乡镇企业农工商联合公司
刘传熙 荣县盐化公司
李顺龙 四川省乡镇企业供销总公司板式家俱厂
王　渡 攀枝花市乡镇企业物资供销公司
肖全兴 德阳市瓷厂
李德龙 绵竹玉泉粮油食品厂
李增怀 安县丝绸厂
任永雄 盐亭县金孔丝绸厂
段衡光 蓬溪县乡镇企业供销公司
徐继建 射洪县乡镇企业供销公司
王自华 乐山市乡镇企业供销总公司
贺登华 广元市朝天区金台粮油加工厂
郭绪升 奉节县草堂区乡镇企业供销公司
谭祖祥 开县水泥一厂
陈吉星 涪陵地区乡镇企业供销公司
解中伟 宜宾地区矿业公司
张仕炳 珙县附城矿业公司
孙荣科 万源县草坝区新店乡镇企业矿业公司
周　平 巴中市金属门窗工业公司
兰锡鹏 雅安地区乡镇企业供销公司
袁仲康 名山县乡镇企业供销公司
王成祥 四川省甘孜州丹巴县乡镇企业供销公司
邓永甫 通江县食品厂
蒲泽如 四川保宁制药厂
董仲泽 仪陇县争光畜产品公司
付显仲 富顺县生物化工厂
刘永怀 乐山市沙湾区矿业公司
阿来克则 甘洛县乡镇企业矿业公司
吴永忠 新津县乡镇企业供销总公司
邹开源 重庆市乡镇企业物资公司
曹选明 内江市乡镇企业集团总公司
罗桂兰 攀枝花市乡镇企业物资供销公司
梁义君 盐亭县玉龙丝绸厂
何远新 南充金龙丝绸厂
尹书建 成都金牛玻璃钢厂
邵素清 成都长城床垫厂
孔科军 成都乐阁酒厂
梁　军 新都县乡镇企业供销公司
张顺良 成都联益(集团)公司
邹绍康 重庆市乡镇企业总公司
王绍之 重庆市乡镇企业物资公司
罗建伟 重庆红旗汽车钢圈厂
曹树宏 江津市乡镇企业供销公司
魏长荣 永川市永隆乡深沟煤矿
李德荣 荣昌县广顺镇供销公司
姚代平 綦江县大理石厂

贵州省

陈兴尧 贵州省乡镇企业总公司
朱　灿 上海锌厂赫章分厂
王明渊 普定县耐火材料厂
祝广华 沿河县矿产公司
李国清 水城县玉江砂砖厂
王洪和 贵阳市花溪石板机械厂
汤洋构 华洋电器配套厂

任大祥　凯里市石油化工公司
陈　蓉　贵阳市乌当区乡镇企业供销公司

云南省

秦德海　曲靖市城关供销公司
卜云生　西双版纳州乡镇企业供销公司
聂永忠　弥渡县城乡企业局供销服务公司
张德支　西畴县水泥厂
吴庭正　昆明市乡镇企业供销公司
刘洪生　保山市白龙瓶酒厂
姚天寿　红河州联达物资公司

陕西省

程心刚　宝鸡市渭滨区乡镇企业供销公司
郑清顺　安康市布鞋厂
侯文旭　富县乡镇企业供销公司
李金峰　绥德县满堂川农副产品购销公司
马立武　陕西省乡镇企业建材物资公司
雷光明　陕西省信宇房地产开发公司
李军科　宝鸡电石厂
符必成　陕西汉江化工厂
刘锁柱　蒲城西荆联营油脂厂
王存福　西固苹果服务中心
李志卿　咸阳泰都新型纺织机械配件厂
于富河　陕西农一清高效液肥有限公司

甘肃省

李克珍　甘肃省乡镇企业供销总公司
周致财　甘肃省石膏工业公司
李　莉　甘肃省乡镇企业供销总公司
蔡燕卿　兰州市乡镇企业供销总公司
李海信　成县有色金属加工厂
马有华　广河县第一毛纺织厂
刘富宽　镇原县东关蜜饯厂
袁　明　嘉峪关市乡镇经济开发公司
杨兴明　永昌县乡镇企业供销公司
方正东　连海开发区贸易总公司
杨义胜　迭部农工商企业集团公司
包建业　民勤县乡镇企业供销公司
郑吉德　酒泉市第二水泥厂
田国栋　通渭县味精厂
李文杰　泾川县乡镇企业进出口公司

青海省

张西才　青海省乡镇企业供销公司
王永宏　大通县后子河农场
沙金良　海北藏族自治州牛毛绒综合加工厂
李　岳　平安地毯工业公司
吴之勋　湟源县大华水泥厂
余顺生　海东地区乡镇企业总公司

宁夏回族自治区

袁继仁　彭阳县福利汽车修配厂
张建忠　宁夏乡镇企业局开发公司
张宝军　永宁县建材化工厂
王居忠　贺兰县京星种禽厂
马文华　石嘴山市磨料磨具厂
王吉祥　中卫县镇罗镇农工商联合总公司
王金国　中宁压板厂
铁保珍　西吉且城郊粉丝厂

新疆维吾尔自治区

张贻斌　阿尔泰地区乡镇企业供销公司
徐桂芬　和田地区乡镇企业供销公司
吴晓亮　阿克苏市物资供销总公司
王鸿林　喀升地区疏勒县农工商开发总公司
张新业　乌鲁木齐县大湾乡仓房沟农工商总公司
赵学忠　木垒县乡镇企业供销公司
海里里　阿克洵县乡镇企业公司

中国乡镇企业总公司系统

甄少华　中国乡镇企业总公司
刘颖奇　中国乡镇企业总公司业务一部
胡国虎　中国乡镇企业总公司业务二部
李义金　中国乡镇企业总公司业务三部
李爱英　中国乡镇企业总公司业务七部
王志杰　中国乡镇企业总公司张家港分公司
刘向涛　中国乡镇企业总公司九州公司
王文军　中国乡镇企业进出口服务公司
张能刚　湖北省黄冈地区矿业联营公司
左志纯　湖北省黄冈地区矿业联营公司
汪金阶　湖北省黄冈地区矿业联营公司
陈　鸿　中国乡镇企业总公司京扬实业公司
金伟昌　中国乡镇企业总公司华东公司
王春声　武汉中南乡镇企业联合公司
渠双喜　黑龙江省林口县石材总公司
宋宝宽　黑龙江省林口县石材总公司经销公司

质量管理

·专文·

坚定不移、扎实有效地搞好乡镇企业质量工作

质量教育

质量监督

质量管理达标

首届QC成果发布会

许可证管理工作

全国乡镇企业质量工作会议

中国百家乡镇企业质量倡议书

　农业部乡镇企业系统优秀质量管理工作者

争创名牌产品活动

申报名牌产品条件

中国乡镇企业名牌产品特点

　中国乡镇企业名牌产品

专 文

坚定不移、扎实有效地搞好乡镇企业质量工作

万宝瑞

乡镇企业质量工作的主要成绩

*加强企业质量管理的基础工作，在骨干工业企业中推行全面质量管理取得明显成效。*主要表现在：

——加强企业标准化工作。全国乡村两级工业企业标准覆盖率由1990年的85%提高到1993年的87%以上，天津、福建、江西、四川等地达90%以上；采用国际标准或国外进先标准的产品明显增多，有近1万个产品获采标证书。

——加强企业计量管理工作。在国家停止计量定级工作后，各级乡镇企业行政主管部门与计量管理部门，积极帮助企业建立计量机构，配齐计量器具，开展计量保证能力的评价活动。约有3万个乡镇企业计量工作基本满足生产要求，其中有一批已达到国内先进水平。

——加强产品检验工作。在乡村骨干企业中加强产品质量检验把关，产品合格率达到95%左右。

——在100万元以上的工业企业中开展全面质量管理达标活动，有2万多个企业推行全面质量管理，占100万元产值企业总数的39%。其中近1万个企业获得农业部颁发的全面质量管理达标证书。

——积极开展QC小组活动。群众性质量管理活动普遍展开，全国有20多个省份坚持每年召开QC成果发布会。近5年，有1 000多个QC小组获优秀成果奖，其中有130个获部优秀成果 奖，11个获全国优秀成果奖。山东省1993年乡镇企业群众性质管理活动创造直接经济效益1.2亿元。

——加强工序控制，开展提高关键工序一次合格率活动，减少废次品损失。江西、天津两省市通过这项活动增加经济效益3 000多万元。

*推行GB/T19000—ISO9000质量管理和质量保证系列标准。*农业部和部分省份在对骨干企业进行宣传培训的基础上，在100多个企业中进行试点，逐步建立健全质量体系，编制质量手册。吉林省红嘴啤酒厂于1993年底经中国质量协会质量保证中心评审，取得质量体系认证合格证书；广东科龙电器股份有限公司在贯彻系列标准方面，步入全国先进行列，在乡镇企业质量管理与质量保证规范化中起到示范作用。

*乡镇企业质量教育培训工作在普及中深化。*根据乡镇企业发展的实际需要，制定全国乡镇企业质量教育培训的整体规划。为组织实施这个规划，农业部乡镇企业局和中国质量协会编写了乡镇企业质量教育培训教材。各级乡镇企业行政主管部门有计划、有组织、分层次地开展企业职工的质量教育培训。1993年各地普遍举办专题培训班或讲座，宣传贯彻《产品质量法》，培训20万人次，其中有5万人取得农业部质量教育培训合格证书。通过教育培训，提高了乡镇企业职工的质量意识和企业质量管理素质。

*生产许可证管理工作进一步加强，取证企业面扩大，素质提高。*近几年来，各级乡镇企业行政主管部门普遍配备生产许可证管理工作人员，形成一支较稳定的专业性管理队伍，积极主动与各发证部门配合，指导、帮助企业做好取证前的准备和申报工作，推动乡镇企业生产许可证管理工作的开展。通过实行生产许可证制度，促进了生产条件的改善，加强了质量管理，保证了产品质量。截止到1993年，有1.5万个企业取得生产许可证2万余张。其中乡镇水泥行业由国家建材局与农业部组成联合办公室，共同管理，发挥了有效的作用，使企业取证面达到80%，推动了全行业技术素质、管理水平、产品质量明显提高。

*质量监督体系逐步建立，监督管理工作得到加强。*近5年来，农业部与地方联合投资建立62个乡镇企业产品质量监督检验机构，有些已获得计量认证证书并经主管部门验收认可，正式开展工作。地方性的包括省、地、县建立的乡镇企业产品质量监督检验站达100多个。福建、湖南、辽宁、北京、天津、大连等省市初步形成乡镇企业产品质量监督检测网络，有6个检测站承担生产许可证产品检测任务，有10个建材产品检测站承担1993年全国水泥统检任务。绝大多数检测站在加强乡镇企业产品质量监督检查、质量咨询等方面都发挥积极作用。一些地区的乡镇企业行政主管部门、技术监督部门对建材、食品等行业的产品进行地区监督检查。对国家和地方监督抽查不合格的企业进行整改。各级乡镇企业行政主管部门、技术监督部门会同有关部门抓住重点行业、重点产品，帮助企业分析不合格原因，制定整改措施，促进这些企业产品量的稳定提高。

*乡镇企业产品质量总体水平上了一个新台阶。*随着乡镇企业经济实力的壮大，技术投入的增加，质量管理和监督工作的加强，企业的技术装备水平、产品质量水平明显提高。四川、上海、南京等地乡村两级骨干企业产品质量稳定提高率达90%以上。全国乡镇企业技术装备比较先进、产品质量好的100万元产值以上的工业企业创造的产值约占乡村两级工业产值的50%。截止1992年底，乡镇企业累计获各级优质产品奖约

7 000项，其中国家质量金、银质奖 69 个，部级优质产品奖 3 342 个。在国际上获奖的产品约 50 个。优质品稳定提高率达 95%以上。有 82 个企业获部级质量管理奖，浙江上虞风机厂获国家质量管理奖。

乡镇企业质量工作的基本经验

通过各种有效形式，强化质量意识，为开展乡镇企业质量工作奠定思想基础。通过开展不同层次的质量教育培训，正反两方面的典型事例教育，建立企业质量工作的激励和约束机制等途径，各级领导和乡镇企业职工的“质量兴国”、“质量兴业”意识进一步加强。

以质量管理作为整个企业管理工作的中心，落实各级质量责任制。企业领导是质量工作的第一负责人，企业产品的设计、原材料采购、产品生产、产品销售等环节都建立各自的质量责任制。在明确责任的基础上，把质量工作的好坏与企业领导、职工的工资、奖金等切身利益挂起钩来，建立起有奖有罚的激励和约束机制，使质量管理工作落到实处。

实行分类指导，分层管理。在面上主要抓质量管理基础工作，骨干企业在此基础上推行全面质量管理，对重点行业、重点产品以及关系人民生命财产安全、身体健康的产品，集中力量，先行突破，严把质量关，树立良好的乡镇企业产品形象。

乡镇企业质量工作存在的问题

从总体上看，乡镇企业产品质量和服务质量随着乡镇企业的发展而逐步提高。但是，一些企业产品质量差、物质消耗高、经济效益低等问题，仍然困扰乡镇企业持续健康发展。这些问题主要是：

一些企业质量意识淡薄，在经营指导思想上重速度、轻效益，重数量、轻质量，重发展、轻提高，放松质量管理工作，有的在不具备生产合格产品的条件下，仓促上马；有的不按标准生产，无标生产的现象也较为严重。

产品质量稳定性差，抽查合格率低。一些原来产品产量较稳定的产品，如水泥等，合格率也有所下降。

企业技术装备落后，产品档次较低。有些企业特别是中西部地区的一些企业，技术装备水平还处于国内六七十年代的水平，产品质量难以保证。乡镇企业产品包括出口产品中属于高技术含量、高附加值、高质量的，比重还不高。

一些涉及人民生命财产安全和身体健康的产品质量问题突出。一些省份乡镇企业生产的茶叶中农药残留量超标；饮料的无标生产严重；食品生产不执行标签标准；粘土砖的合格率不到 10%；螺纹钢材的合格率在 10%左右。还有电线、部分轻工产品、低压电器等产品质量问题也突出。

一些企业特别是一些个体、私营企业，生产、销售假冒伪劣产品的行为屡禁不止，损害消费者利益和乡镇企业的声誉。

采取得力措施，加强乡镇企业质量工作

把质量工作摆到突出位置，切实加强领导。各级乡镇企业行政主管部门要建立健全质量管理机构，配备专职人员，与技术监督部门配合，协调好与行业部门及有关综合部门的关系，主动争取他们的指导、支持和帮助，综合运用法律的、行政的、技术的、经济的调控手段，对乡镇企业的产品质量问题进行综合治理。要进一步明确乡镇企业厂长(经理)是质量工作的第一负责人，将职能和责任逐级分解到部门、班组和岗位，并相应建立以质量否决权为主的考核奖惩制度。把质量管理作为企业经营管理的中心环节来抓。要正确处理好速度与效益、数量与质量、发展与提高的关系。

在抓好质量管理基础工作的同时，进一步普及全面质量管理。企业要以产品技术标准为龙头，建立健全标准体系，执行国家颁布的强制性标准，严格照标准组织生产，使产品质量达到技术标准规定要求；企业要配备必要的计量器和检测设备，并按规定进行检定，以满足生产工艺的需要；各级乡镇企业主管部门着重抓好提高标准覆盖率、新标准的宣传贯彻，确保企业按标准组织生产，严格产品质量检验，做到不合格产品不出厂。要继续在 100 万元产值以上工业企业中推行全面质量管理使其达标，开展群众性质量管理活动，抓好质量改进和降低不良品损失的工作，不断提高质量，降低成本，增强市场竞争能力。

对于重点企业、出口企业和管理好的企业，尽快推行 GB/T19000—ISO9000《质量管理和质量保证》系列标准，指导企业建立质量体系，推进企业产品质量认证和质量体系的审核注册工作，使质量管理工作与国际惯例接轨。

强化产品质量监督，集中力量解决乡镇企业产品质量的突出问题。要加强乡镇企业质量检测机构建设和管理，提高技术素质和业务能力。配合国家技术监督部门，对有关人身安全、影响国计民生的重要产品，用户和消费者反映较多的产品进行重点抽查，对抽查产品不合格的企业要帮助找出原因，制定措施，限期整改。结合乡镇企业产品特点，对重点行业、重点产品进行系统内的监督检查和质量普查，普查重点放在化肥、冶金、食品、建材等行业。对普查中有问题的企业，根据国家有关政策和行业管理的要求进行整顿，凡是生产条件达不到要求而又无力整顿的企业，应实行关停并转。与技术监督部门配合，会同工商行政管理部门，对个体、私营、联户企业的产品质量进行定期和不定期监督检查，及时纠正违法行为，对不具备生产合格产品条件又无力整改的，应吊销其营业执照。对制造、销售假冒伪劣产品的企业和个人，要严厉打击，依法惩处。

建立提高产品质量的激励和约束机制。各级乡镇企业行政主管部门要总结推广乡镇企业质量工作的先进经验，对在质量工作中做出显著成绩的企业和个人进行表彰；在资金、技术、物力等方面实行倾斜政策，引导企业开展"创优质、创名牌"活动；把质量工作作为考核乡镇企业行政主管部门和企业领导干部工作成绩的重要内容和重要指标。凡是质量管理松驰、造成严重质量事故的企业，应给予处罚，对直接责任者和有关人员要追究经济或行政责任。凡是质量抽查不合格的企业，不得评为各级先进企业，企业厂长（经理）也不能参加企业家评选。要通过行政和舆论宣传的手段，公布质量管理好的乡镇企业和优质名牌产品，同时公开揭露少数乡镇企业中存在的严重质量问题。在企业内部，把产品质量的好坏与职工的物质利益直接挂钩。对在提高企业产品质量、开发新产品中有突出贡献的职工，应给予物质和精神奖励。

依靠科技进步，增加质量投入。加快企业的技术改造，增加质量投入，改善技术装备和生产工艺，提高产品质量和产品档次，增加花色品种。要针对乡镇企业产品质量存在的突出的、长期难以解决的问题，提出一批项目，纳入乡镇企业技改计划。与科研单位和大专院校加强联合，协同攻关，提高新产品开发能力，提高实物质量。新建企业和新上项目要严格把关，坚持高技术、高起点，不得引进和购买不能生产合格产品的技术、设备，不得生产国家明令淘汰的产品。

抓好质量教育培训。各级乡镇企业行政主管部门要全面规划，分步实施，分层施教。重点抓好厂长（经理）的质量培训，管理干部、生产工人等各类人员要经过质量教育培训，考核合格后，才能上岗。各级乡镇企业培训中心、乡镇企业的大中专院校应开设质量管理的专业和课程，培养一批乡镇企业质量工作队伍。

【质量教育】 1994年，山东、江苏等地区乡镇企业质量教育开始起动并大面积铺开；一些地区把质量管理知识的培训与宣传贯彻GB/T19000—ISO9000标准相结合，取得较好成效。广东、宁波、重庆等省、市，几年来一直坚持开展质量教育工作，在组织培训、考试方面积累不少经验，取得一定的成绩。全年共有2万人通过考试获得"乡镇企业质量管理知识培训合格证书"

【质量监督】 1994年初，农业部乡镇企业局组织专家完成对天津市乡镇企业冶金站和电气站的局级验收。第三季度完成内蒙古砖瓦产品质量监督检测站的部级验收，该站取得国家计量认可证书和部级检测机构证书。配合国家监督抽查抓不合格企业的整改，除第四季度外，乡镇企业系统的抽查合格率仍低于全国平均水平。

【质量管理达标】 在乡镇企业质量管理达标活动开展5年来，各地坚持抓这项工作。特别是西部地区开始起动，且积极性高。如甘肃、新疆等地，针对当地乡镇企业质量管理基础工作薄弱的特点，把开展质量管理达标活动作为提高企业基础工作的一项措施来抓。乡镇企业发展较快的江苏、山东等东部地区把质量管理达标作为提高企业的整体素质、加强质量管理的一项重要工作来抓，1994年共2 000个企业获"全面质量管理达标证书"。

【首届QC成果发布会】 为推动群众性的质量管理活动，引导企业走质量效益型发展道路，把乡镇企业系统QC小组活动提高到一个新水平，农业部乡镇企业局于1994年6月10—13日在成都召开首届QC成果发布会。参加会议的23个省、市36个企业的代表，相互交流经验，探讨质量管理小组活动的方法。参加发布会的36个成果，经评议，获国家级优秀成果3个，部级优秀成果22个。1994年另有54个成果获乡镇企业系统优秀成果奖。

【许可证管理工作】 ①水泥许可证。1994年6月7—9日，农业部与国家建材局以建材产品生产许可证联合办公室名义在北京召开全国建材产品生产许可证工作会议，布署水泥许可证到期的复查换证工作。会议肯定实施生产许可证制度对提高企业素质和产品质量的有效作用，在5 000多个取得生产许可证的乡镇企业中普遍建立化验室，绝大多数建了熟料库，产品出厂合格率明显提高；强调主管部门与行业部门加强配合，做好水泥许可证的发放工作。此次水泥许可证复查，条件略有提高，要求企业必须建有熟料库，对化验室的条件要求严格控制。要求换证工作在两年内完成。确定广西、山东、北京、湖北四个乡镇企业系统建材产品检测站承担许可证的产品检测任务。②砖瓦企业质量审核验收合格证。为提高烧结粘土砖的产品质量，改变砖瓦行业管理水平低，产品质量差的状况，国家建材局、农业部、国家技术监督局、建设部联合发出《关于颁发〈提高烧结砖质量试点工作方案〉的通知》，要求各地行业主管部门、企业主管部门、使用部门、技术监督部门协调一致，组织好这项工作。试点工作领导小组由四部、委、局的代表组成，具体工作由各级办公室负责。试点工作范围为试点地区内的全部烧结砖企业，重点是产品进城的烧结砖企业。③压力容器许可证。农业部乡镇企业局与劳动部锅炉局共同组织对江苏张家港第二化工机械厂等5个企业的三类压力容器制造许可证的现场审查，同时还完成对江苏张家港第二化工机械厂三类压力容器设计许可证的现场审查。

【全国乡镇企业质量工作会议】 农业部和国家技术监督局于1994年6月26—30日在南京市联合召开全国乡镇企业质量工作会议。各省乡镇企业主管部门分管质量的局长、处长，技术监督部门、经委部门的负责人，国务院有关部、委(局)质量部门的负责人以及部分企业代表共200余人参加会议。农业部副部长万宝瑞、国家技术监督局局长李传卿、农业部乡镇企业局局长齐景发到会并讲话。会上表彰195名全乡镇企业系统优秀质量管理工作者，企业代表在会上宣读《中国百家乡镇企业质量倡议书》，与会代表还讨论关于加强乡镇企业质量工作的若干决定。

【中国百家乡镇企业质量倡议书】 1994年6月27日，100个乡镇企业联合向全国乡镇企业发出题为“积极行动起来，为提高乡镇企业产品质量而努力奋斗”的倡议书，提出如下倡议：

1. 切实强化法制观念，自觉地、模范地遵守国家有关质量的法律和行政法规。

2. 明确企业厂长(经理)是质量工作的第一负责人，逐级建立质量责任制；建立以质量否决权为主的考核奖惩制度。今后，如果我们的企业发生严重的质量事故，我们自觉取消申请先进企业和企业家的资格，直到彻底解决问题，并经上级乡镇企业行政主管部门认可。

3. 增强质量意识，把“质量是企业效益的基础、质量是企业的生命、质量是市场竞争成败的关键”等观念植根于每一位企业干部职工的心中，并化为扎实有效的行动。在企业中形成“人人讲质量、人人重视质量”的良好风尚。在企业中，无论哪一个岗位的干部，如果在产品质量工作中玩忽职守，都将被宣布为不称职的干部。

4. 把提高产品质量和服务质量放到事关乡镇企业的整体声誉、国家和民族整体利益的重要位置，坚持常抓不懈。在全国范围内，如果哪一个乡镇企业需要我们帮助提高产品质量，我们将伸出援助之手。

5. 以科技进步为动力，加快技术改造、设备更新和新产品开发，积极采用国内外先进标准。多生产物美价廉产品和优质名牌产品，满足国内外市场不同层次的需要。

6. 矢志不移走质量效益型发展道路，开展降低不良品损失、提高关键工序一次合格率活动。加强基础管理，建立健全质量体系，建立约束机制，严格产品检验，不合格产品决不出厂。

7. 视消费者为企业的“上帝”，以维护消费者利益为企业至高准则，绝不见利忘义。我们绝不生产和销售假冒伪劣产品。如果哪家乡镇企业生产制造、销售假冒伪劣产品，我们这些企业将联合起来，群起而攻之。

8. 虚心接受社会监督和群众监督，不断提高产品质量和服务质量。在产品质量问题上，不掩丑、不护短。

我们百家乡镇企业愿用以上条款约束自己的行为，同时，倡议全国乡镇企业同我们一道，以行践约，共创佳绩。

倡议企业：

江苏常州振华绸厂
江苏兰陵化工集团
江苏张家港医疗器械厂
浙江万向集团公司
浙江上虞风机厂
浙江雪豹实业总公司
浙江杭州西子电梯厂
浙江新昌制冷配件总厂
浙江杭州老板电器集团公司
北京市中燕有限公司
北京市南苑制桶厂
北京市通县宋庄铸造总厂
北京市工业锅炉厂
北京市运洋制衣有限公司
北京市顺义友联衬衫厂
天津市津海集团公司
天津市华旗集团公司
天津市宏发集团公司
天津市金龙领带厂
天津市双街钢管实业总公司
天津市食友食品有限公司
河北省东华化工总公司
青岛市光裕科技开发公司
青岛市面粉机械厂
青岛市喜盈门集团公司
河北省唐山市富豪集团总公司
河北省越河陶瓷厂
河北省冀州市暖气片厂
河北省涿州市东方企业集团有限公司

山西省文水工程机械厂
山西省清徐县赵学堡暖气片工业公司
山西省冶金轴承厂
福建省莆田振兴鞋业有限公司
福建省石狮福林鞋业有限公司
福建省龙岩红坊水泥厂
福建省柘荣县闽荣纸业有限公司
福建省泉州丰登鞋业有限公司
福建省晋江华侨玩具有限公司
上海市望春花实业股份有限公司
上海市嘉宝实业股份有限公司
上海市瑞西风机有限公司
上海市宝愿服装有限公司
上海市飞亭电器有限公司
上海市环洲不锈钢制品厂
上海市通联压缩机制造公司
安徽省宁国县耐磨材料总厂
安徽省宁国县密封件厂
安徽省天长市塑料编织厂
安徽省桐城县凸轮轴厂
安徽省繁昌县荻港水泥厂
安徽省淮北市杭淮丝织总厂
安徽省合肥市毛巾二厂
安徽省合肥市常青棉织厂
辽宁省丹东油泵厂
辽宁省海城市中档镁砂厂
辽宁省沈阳市玻璃钢风机厂
辽宁省辽阳五金企业集团总公司
辽宁省营口潜水电机线厂
辽宁省锦州冶炼厂
湖北省三峡工贸实业总公司
湖北省幸福集团公司
湖北省三梅集团股份有限公司
湖北省十堰市钢砂厂
广西桂安实业总公司
广西黑五类食品集团公司
广西源安塘制药厂
广西南丹龙泉矿冶总厂
广西南宁市北浮水泥厂
广西平乐蚊香厂
四川省新兴集团公司
四川省宜宾红楼梦酒厂
四川省三台县西平丝阀总厂
四川省成都市恩威集团公司
湖北省黄石市第四水泥厂
湖北省武汉市和平镀锌板厂
湖南省湘乡缫丝厂
湖南省平江电机厂
湖南省望城坪塘氧化铁颜料厂
湖南省祁阳冶炼厂
湖南省龙凤水泥二厂
湖南省长沙县高岭建筑公司
河南省金星啤酒厂
河南省郑州市上街蝶阀厂
河南省洛阳市活塞环厂
河南省安阳史家河企业集团总公司
河南省鞋城皮革有限公司
河南省新乡市中原水泥厂
江西省凯利集团
江西省洪城制药厂
江西省万载县黄茅出口花炮厂
江西省萍乡湘东工业瓷厂
江西省东方制药厂
四川省八一家具实业公司
四川省简阳市砂轮厂
四川省德阳镁砂砖厂
黑龙江省牡丹江市互感器一厂
黑龙江省牡丹江市绝缘材料厂
黑龙江省绥滨啤酒厂
黑龙江省阿城钢铁集团公司
黑龙江省佳木斯电缆厂
江苏省南京金星石化实业有限公司
江苏省南京教学模型厂
江苏省南京汤山白水泥厂
重庆市陈家桥溶解乙炔气厂
宁夏味精厂
宁夏益木家具企业有限公司
宁夏银川金属钠厂
新疆布尔津县毛纺织厂
新疆库布尔勒市第一水泥厂
新疆乌鲁木齐汽车油罐厂
新疆米泉县线路器材厂
新疆洛浦县缫丝厂
新疆英吉沙县库山河果品厂
陕西西安银桥乳制品实业有限公司
陕西城固东方精制品厂
中国大杨企业集团
大连大菊企业集团
大连冶金轴承厂
大连特钢厂

大连龙泉股份有限公司
大连金华钢厂
云南大理市轧钢厂
云南曲靖市沾益水泥厂
云南嵩阳水泥厂
宁波慈溪微型轴承厂
宁波雅戈尔集团公司
宁波奉通机电集团
宁波象山第二建筑公司
青海西宁东川钢窗厂
青海湟中县多巴炭化硅厂
内蒙古包头皮革厂
内蒙古呼和浩特玛钢厂
内蒙古呼和浩特电缆厂
内蒙古赤峰金刚矿厂
内蒙古赤峰电磁线厂
内蒙古通辽钢丝厂
青岛市第二刺绣厂
青岛市同和空调设备厂
青岛市楼山织布厂

农业部乡镇企业系统优秀质量管理工作者

北京市

冯建华　北京市乡镇企业局
宋金柱　北京市大兴县垡上乡工业总公司
江春林　北京工业锅炉厂
袁佩文　北京市顺义县乡镇企业局
王友元　北京市平谷县乡镇企业局
黄德文　北京市通县乡镇企业局

天津市

周谋望　天津市乡镇企业局
李庆林　天津市静海县乡镇企业局
王绍梧　天津市津南区乡镇企业委员会
关大川　天津市东丽区乡镇企业委员会
牛文茹　天津市西青区乡镇企业委员会
班世栋　天津市武清县乡镇企业局
张延军　天津市静海县大邱庄津海集团公司

河北省

张　滨　河北省乡镇企业局
贾宏峰　河北省保定地区乡镇企业局
石瑞瑜　河北省衡水地区乡镇企业局
吴殿芳　河北省唐山市越河陶瓷二厂
赵瑞山　河北省华夏服装厂

山西省

梁时光　山西省乡镇企业总公司
张锦生　山西省晋中地区乡镇企业局
郭焕武　山西省长治市乡镇企业局
曹秋堂　山西省晋城市乡镇企业局
杨志第　山西省运城行署乡镇企业局

内蒙古自治区

吴广生　内蒙古乡镇企业建材产品质量检测站
刘成浩　内蒙古呼和浩特市乡镇企业局

辽宁省

刘发成　辽宁省乡镇企业产品质量检测站
于晓璠　辽宁省沈阳市乡镇企业局
刘　斌　辽宁省沈阳市东陵区乡镇企业局
罗兴波　辽宁省鞍山市乡镇企业局
王　生　辽宁省海城市中档镁砂厂
贾群桐　辽宁省营口市乡镇企业局
关凤霄　辽宁省丹东市乡镇企业局
于兴国　大连市乡镇企业局
崔世佳　大连市乡镇企业局
王庆琛　大连市旅顺口区乡镇企业局
王红卫　大连市甘井子区乡镇企业局
付仁成　大连市金州区乡镇企业局
王化彬　大连瓦房店市乡镇企业局
葛朝礼　大连大雪啤酒厂

吉林省

于　也　吉林省长春市乡镇企业局
侯占山　吉林省梨树县暖气片厂
孟祥荣　吉林省四平市乡镇企业委员会
杨飞天　吉林省四平市红嘴啤酒厂
关　武　吉林省敦化市华康制药总厂

黑龙江省

孙立武　黑龙江省乡镇企业局
于宗海　黑龙江省五常市乡镇企业局
郭书刚　黑龙江省松花江地区乡镇企业局
李宝祥　黑龙江省佳木斯市郊区乡镇企业局
于　江　黑龙江省佳木斯市乡镇企业局

上海市

钟凤仙　上海市郊县工业局
汤祖荣　上海市嘉定区嘉西风机厂
周章龙　上海市嘉定区乡镇企业局
王勇奇　上海飞亭电器公司
周君展　上海市松江县乡镇企业局
杜　华　上海市郊县工业局
朱品菊　上海崇明新民乡工业公司

江苏省

王禄宏　江苏省南京市金星石化实业有限公司
陈金根　江苏省南京市教学模型厂
王信洁　江苏省南京市汤山白水泥厂
严兴大　江苏省常州市乡镇企业局
展美娣　江苏省武进县乡镇企业局
徐文英　江苏省吴江市金蜂集团庙港缫丝厂
张菊祥　江苏省无锡县华庄工业总公司
张建华　江苏省镇江市乡镇企业局
程贤亮　江苏省扬州市乡镇企业局
苏圣涛　江苏省南通市崇川区钟秀乡工业公司
孙　忠　江苏省徐州市乡镇企业局
潘粉珍　江苏省淮阴市乡镇企业局
施　超　江苏省盐城市乡镇企业局
徐粹先　江苏省连云港市乡镇企业局

浙江省

王志敏　浙江省杭州西子电梯厂
王成栋　浙江省温州耐宝鞋业有限公司
郭家明　浙江省海鸿水产实业总公司
沈华川　浙江万向集团公司
张道才　浙江新昌制冷配件总厂
姚锦泉　浙江省桐乡造漆厂
吴江宏　浙江上虞市乡镇企业局
沈志荣　浙江欧诗漫实业总公司
朱家顺　宁波市余姚流量仪表厂
孙汉豹　宁波慈溪市乡镇企业局
徐培聪　宁波余姚市乡镇工业局
张勤昌　宁波万安阀门厂
蒋体琴　宁波雅戈尔制衣有限公司

安徽省

欣怀元　安徽省乡镇企业局
陈为松　安徽省芜湖市乡镇企业局
程芝发　安徽省巢湖行署乡镇企业局
姚义高　安徽省桐城县乡镇企业局
杜乐平　安徽省天长市乡镇企业局

福建省

蔡桂木　福建省乡镇企业局
邹以强　福建省乡镇企业局
陈国庭　福建省泉州市乡镇企业局
陈建榕　福建省福州市乡镇企业局
许定国　福建省晋江华侨玩具有限公司
王国妹　福建省乡镇企业橡塑产品质检站
张欣才　福建省龙岩地区乡镇企业局
林开宁　福建省永安市乡镇企业局

江西省

林玉熙　江西省乡镇企业局
杨树芬　江西省乡镇企业局
吕献平　江西省上饶市乡镇企业局
邹焕炳　江西省九江市乡镇企业局
魏牛庚　江西东方制药厂

山东省

王梯楹　山东省乡镇企业局
耿育德　山东省威海市乡镇企业建筑安装公司
张元生　山东省济南市乡镇企业局
幺章忠　山东省聊城地区乡镇企业局
李元英　山东省泰安市乡镇企业局
王本祥　山东省潍坊市乡镇企业局
王稳舟　山东省东营市乡镇企业局
王瑞华　山东省烟台市乡镇企业局
喻松源　山东省济宁市乡镇企业局
国建忠　山东省淄博市乡镇企业局
韩　愚　青岛市乡镇企业局
刘元国　青岛市崂山区乡镇企业局
张晓芹　青岛市平度县乡镇企业局
王建珂　青岛市沧口区楼山乡管理委员会
刘柄全　青岛第二减速机厂

河南省

徐洪如　河南省乡镇企业局
马玉英　河南省郑州市乡镇企业局
张　应　河南省周口地区乡镇企业委员会
毛鹏程　河南省信阳地区乡镇企业局
张誉谱　河南省焦作市乡镇企业局
朱丽君　河南省安阳市乡镇企业局
张灿珩　河南省荥阳市乡镇企业委员会

湖北省

黎　力　湖北省乡镇企业局
华康焰　湖北省武汉市乡镇企业局
徐灶伦　湖北省襄樊市乡镇企业局
胡远羚　湖北省黄石市乡镇企业局
熊兆康　湖北省武汉市和平镀锌板总厂
吴建国　湖北省荆门市乡镇企业局
唐发全　湖北省十堰市乡镇企业局

湖南省

丁赣林　湖南省乡镇企业局
王振亚　湖南省湘潭市乡镇企业委员会
刘绍基　湖南省衡阳市乡镇企业委员会
王礼平　湖南省湘乡缫丝厂
赵澧滨　湖南省石门县乡镇企业委员会

广东省

胡苏山　广东省乡镇企业局
洪绍基　广东省乡镇企业局
刘业荣　广东省广州市石井水泥厂
汤庆盛　广东省潮阳市乡镇企业局
洪　艳　广东省东莞市乡镇企业局
李建荣　广东省江门市乡镇企业办公室
郑国全　广东省中山市乡镇企业局
叶少基　广东省南海市乡镇企业局
龙耀庭　深圳市农业局
童曼玲　深圳市火王燃器具公司

广西壮族自治区

韦遂佳　广西南宁市乡镇企业局
刘经谋　广西玉林地区乡镇企业委员会
辛家桂　广西北流市乡镇企业委员会
阮高鹏　广西灵山县乡镇企业局
张灿世　广西桂林地区乡镇企业委员会
严立成　广西梧州地区乡镇企业委员会

四川省

张盛俊　四川省乡镇企业局
陈川建　四川省成都市乡镇企业局
曾孔钊　四川省德阳市乡镇企业局
朱承相　四川省绵阳市乡镇企业局
范家湘　四川省成都市金牛区乡镇企业局
杨瑞卿　四川省彭州市乡镇企业委员会
刘兆华　四川省成都市乡镇企业局
赵安华　四川省乐山市乡镇企业局
黄蜀南　四川省内江市乡镇企业局
黄玉福　四川省万县市乡镇企业局
龚志新　四川省新都县乡镇企业局
社宏俊　重庆市乡镇企业局
杨开敏　重庆市沙平坝区乡镇企业局
张崇敏　重庆市陈家桥溶解乙炔气厂
刘顺平　重庆市红旗水泥厂
靖泽义　重庆市歌乐山水泥厂

云南省

张维庚　云南省乡镇企业局
谭月影　云南省乡镇企业局
姜启华　云南省昆明市乡镇企业局
张发才　云南省曲靖市沾益水泥厂
田武强　云南省大理市轧钢厂

贵州省

游祖贵　贵州省遵义董酒厂二分厂
刘元品　贵州省遵义县龙坑水泥厂

陕西省

师小芹　陕西省榆林地区乡镇企业局
高　均　陕西省宝鸡市乡镇企业局
姚建国　陕西省汉中地区乡镇企业局
李让梨　陕西省户县乡镇企业局
张　锋　陕西省华县乡镇企业局
郭　军　陕西省西安市灞桥区乡镇企业局
王养民　陕西省蓝田县乡镇企业局

甘肃省

曲淑彬　甘肃省乡镇企业局
高东阳　甘肃省乡镇企业局
杨玉民　甘肃省兰州市乡镇企业局
赵中林　甘肃省张掖地区行署乡镇企业处
郭　强　甘肃省定西地区乡镇企业处

宁夏回族自治区

杨国文　宁夏自治区乡镇企业局
孙风山　宁夏中卫县乡镇企业局
杨强鑫　宁夏固原地区质量管理站

青海省

李传曾　青海省乡镇企业局
李银业　青海省大通县乡镇企业局

范秀昌　　青海省海东地区乡镇企业局

新疆维吾尔自治区

霍小青　　新疆自治区乡镇企业局
杨克迎　　新疆布尔津县毛纺织厂
李　凯　　新疆昌吉回族自治州乡镇企业局

【争创名牌产品活动】 1994年，农业部在全国乡镇企业系统开展争创名牌产品活动，发出《关于开展"争创名牌产品活动"的通知》。同时成立"中国乡镇企业名牌产品审定委员会"。这次活动本着企业自愿、高标准、严要求和市场评价的原则进行。

这项活动在全国乡镇企业中开展，包括乡（镇）办、村（村民小组）办、联户（合作）办、户（私人）办企业，股份制（股份合作制）企业，乡镇联营企业，乡镇"三资"企业等。申报的产品都是在市场销售的经过加工的成品。原材料、半成品及零部件不参加审定。

各省（市、区）乡镇企业局按照有关条件和程序，在广泛听取意见、审查筛选、从严把关的基础上，向农业部申报226种产品。农业部"中国乡镇企业名牌产品审委员会"对这些产品从技术含量、质量水平、经济效益、市场占有率、消费者反映以及生产企业管理水平、经营水平、企业信誉、环境保护等方面进行调查、审定，最后确认100个"中国乡镇企业名牌产品"，也是首批中国乡镇企业名牌产品。

【申报名牌产品条件】 ①产品生产企业必须按照具有先进水平的标准组织生产，产品实物质量在国内外同类产品中处于领先地位。产品在申报前，必须到省级以上检测部门进行检测，出具的检测报告要有综合评价，明确受检产品的质量水平。②企业必须推行全面质量管理，建立有效的质量体系，其管理水平在全乡镇企业系统中处于先进行列。③企业必须具有一定的生产规模，经济效益好，产品具有独立的经过注册的商标。④企业在近两年内无重大质量事故和安全事故，产品质量持续稳定、适用性好。⑤产品在消费者中具有较高的知名度，市场占有率高。⑥在消费者和用户中具有良好信誉。建立了完善的服务网络，处理问题及时，售后服务好。⑦对于那些实施生产许可证管理的产品，要求取得生产许可证，食品应取得卫生许可证，行业上有特殊要求的产品应符合该行业的有关政策。

【中国乡镇企业名牌产品特点】 质量水平高，首批100个乡镇企业名牌产品中有20个获得国优称号，80个获省优、部优称号；其生产企业规模较大，经济效益好，均在农业部1 000家全国最佳经济效益乡镇企业之列，产值上亿元的有20多个；市场占有率高，销售收入、市场占有率指标居国内同类产品前茅的有30多个产品。

中国乡镇企业名牌产品

探戈牌羽绒服装	北京市中燕实业集团公司
T字牌200升闭口钢桶	北京市南苑制桶厂
绅爵牌男衬衫	北京市绅士衬衫厂
天双(HE)牌热镀锌高频焊接钢管	天津市双街钢管厂
大亨牌果茶	天津市大亨集团公司
隆兴寺牌工业氨基乙酸	河北省东华化工总公司
春风牌铸铁散热器	河北省冀州市暖气片总厂
东高牌羊绒衫	河北省清河东高企业集团有限公司
风丽牌呢制礼帽	河北省定兴县丽华制帽厂
金襄陵牌灰铸铁柱型散热器	山西省襄汾亚光实业股份有限公司
SYZ牌轴承	山西省冶金轴承厂
双峰牌组合式钢模板	山西省文水县工程机械厂
东宝牌羊皮纳帕革印花皮领带	内蒙古自治区东宝实业有限公司
八角楼牌杏仁饮料	内蒙古自治区赤峰市八角楼饮料厂
途发牌S7电力变压器	辽宁省清原变压器厂
三鱼牌微型离心泵	辽宁省海城市水泵厂
健达牌特制狗皮膏	辽宁省沈阳市东陵药业股份有限公司
风荷牌耐老化聚乙烯薄膜	吉林省长春市上台塑料厂
银瀑牌啤酒	吉林省银瀑啤酒厂
响铃牌灰铸铁长翼型散热器	吉林省长春市英俊暖气片厂
双马牌铅酸蓄电池	黑龙江省肇东市蓄电池厂
绿洲牌全脂奶粉	黑龙江省宋站乳品厂
光华牌聚乙烯、聚氯乙烯绝缘电力电缆	上海市马桥电缆厂
云安牌火灾自动报警系统	上海市松江电子仪器厂
三象牌HS型手拉葫芦	上海市浦东三象实业公司
兆丰牌赤霉素	上海市沪江生化厂
宝羽牌羽绒服	上海市宝羽服装有限公司
森达牌皮鞋	江苏省森达集团公司

红豆牌衬衫	江苏省红豆集团公司
骆驼牌丝绒织物	江苏省常州市振华绸厂
康乐牌压力式温度控制器	江苏省常恒集团公司
泰星牌 BW22 摆线针轮减速机	江苏省泰兴减速机厂
华鹏牌插接式高强封闭母线槽	江苏省镇江市电力设备厂
金陵牌 425# 白色硅酸盐水泥	江苏省南京市汤山白水泥厂
金虎牌断线钳	江苏省邳州市工具厂
凌光牌羊毛衫	江苏省如东县羊毛衫厂
钱潮牌万向节十字轴总成	浙江省万向钱潮股份有限公司
老板牌排油烟机	浙江省杭州老板电器实业公司
奥尔嘉牌皮革服装	浙江省海宁皮尔嘉制衣有限公司
万达牌花色钳	浙江省万达集团公司
苏泊尔牌压力锅	浙江省苏泊尔有限公司
立马牌 425# 普通硅酸盐水泥	浙江省立马集团公司
天宇牌塑料编织袋	安徽天长市塑料编织袋厂
风形牌铬系合金磨球	安徽省宁国县耐磨材料厂
拿破仑牌夹克衫	福建省泉州市侨乡服装设计公司
文峰牌特级茉莉花茶	福建省文岭茶厂
协山牌瓷砖	福建省晋江市龙山陶瓷厂
匹克牌运动鞋	福建省泉州市匹克集团公司
安尔乐牌卫生巾	福建省恒安集团有限公司
宏发牌方便面	福建省泉州宏发食品有限公司
洪都牌礼花弹	江西省进贤县李渡出口花炮厂
环球牌中铬黄	江西省萍乡市铬黄厂
东方牌注射用氨苄青霉素钠	江西省东方制药厂
得利斯牌肉制品	山东省得利斯集团总公司
竹水牌特鲜酱油	山东省菏泽市沙土酿造厂
喜进门牌甜菊糖	山东省华仙集团总公司
丛林河牌 425#、525# 普通硅酸盐水泥	山东省龙口市诸由水泥厂
卫海牌 MQ431 型台式木工多用机床	山东省威海木机集团公司
神鱼牌园艺工具	山东省园艺工具总厂
兖宁牌玉米淀粉	山东省济宁抗生素厂兖州淀粉分厂
华牌 2000L 搪瓷玻璃反应罐	山东省缁博工业搪瓷厂
七五牌聚烯烃绝缘护套通讯电缆	山东省文登通信电缆集团公司
金星牌啤酒	河南省金星啤酒厂
赛潮牌皮鞋	河南省祥鸿鞋业有限公司
龙凤牌黄牛皮软面革	河南省鞋城皮革制品有限公司
大桥牌 WH—酪龙粘合剂	湖北省武汉市解放化工厂
骆驼牌启动铅酸蓄电池	湖北省骆驼蓄电池股份有限公司
金星牌铸钢丸	湖北省金星集团
联乐牌弹簧软床垫	湖北省嘉鱼县床具厂
金井牌红啐茶四套样一号	湖南省长沙县金井茶厂
畅日牌湘绣制品	湖南省长沙县沙坪湘绣厂
白玉牌纸折扇	湖南省平江县白玉扇厂
平安牌 YBT 系列隔爆轴流式局部通风机	湖南省湘潭市防爆电器厂
容声牌电冰箱	广东省科龙电器股份有限公司
科龙牌空调器	广东省科龙电器股份有限公司
乐百氏牌乐百氏奶饮料	广东省今日（集团）有限公司
石井牌 425#、525# 普通硅酸盐水泥	广东省广州市石井水泥厂
固力牌门锁	广东省固力制锁集团公司
美的牌电风扇、空调器	广东省美的集团股份有限公司
康宝电热消毒柜	广东省康宝电器厂
兴发牌建筑铝合金型材	广东省兴发铝型材集团公司
神州牌燃气热水器	广东省神州燃气具联合实业公司
南方牌黑芝麻糊	广西壮族自治区黑五类食品集团公司
桂花牌延时自闭式大便冲洗阀	广西壮族自治区平南县水暖器材厂
野牛牌高级蚊香	广西壮族自治区平乐县蚊香厂

产品	企业	产品	企业
BY 牌弹簧软床垫	四川省成都八一家具实业公司	向阳牌椒盐白瓜子	大连市瓦房店市炮台外贸加工厂
万里长城牌弹簧软床垫	四川省成都长城床垫厂	DYZV 牌双列调心滚子轴承	大连市冶金轴承厂
龙头牌树脂砂轮	四川省简阳砂轮厂	崂山牌SG14—70型活扳手	青岛市崂山工具厂
罗汉果牌牛肉干	贵州省贵阳红跃食品厂	喜盈门牌纯棉毛巾产品	青岛市第四毛巾厂
云溪牌云烟浸膏	云南省玉溪市香料厂	大梁山牌啤酒	宁波市大梁山啤酒厂
金戈牌铸造铅锡焊料	云南省个旧市金戈冶炼厂	美绮斯牌电脑提花套衫	宁波市镇海羊毛衫厂
秦俑牌全脂牛奶粉	陕西省西安银桥乳制品实业有限公司	奉通牌750B边三轮摩托车	宁波市奉通股份有限司
库山河牌杏脯	新疆维吾尔自治区英吉沙县库山河果品厂		

深化改革

◀产权制度改革▶

【改革形式】 近年来，全国乡村集体企业采取股份合作制、租赁制、拍卖(转让)资产、资产增值承包(风险抵押)、外资"嫁接"、内资联营、组建企业集团、兼并等多种方式，推进产权制度改革。改革乡村集体企业产权制度，只要符合实际，乡(镇)、村和企业意见达成一致，并达到资产彻底人格化的要求，形式可以多样。拍卖等方式是较为彻底的办法，而推行股份合作制应是主要的方式。在企业存量资产评估、产权界定和量化靠职工劳动逐步积累形成的企业自有资产的过程中，涉及各方资产所有者；在重组企业产权结构过程中，扩股、增股又要涉及原投资者、法人和职工。因而引进股份合作制或股份制的机制进行产权制度改革较为合理。

【指导思想】 以党的十四大精神为指针，以改革企业产权制度为重点，以实现资产人格化为突破口，以推行股份合作制为契机，以"因地制宜、形式任选；加大力度、力求彻底"为基本操作原则，以优化企业机制、调动企业与职工积极性和增强企业发展后劲为目标，加快改革进度，搞好配套改革。

【资产彻底人格化】 实现企业资产的彻底人格化，应在改革乡村集体企业产权制度中，不再设立企业股；按劳动贡献大小量化给在册职工的企业自有资产，其所有权分属各职工，折为职工股，可以继承、转让和馈赠，但不得从企业抽走。这是因为若设企业股，这一块产权仍不明晰，名义上为职工共同所有，但仍然缺乏具体的人格化的代表者。企业自有资产的真正创造者，是企业的经营者和职工，谁创造、谁所有。

【自有资产量化办法】 把属于企业的自有资产全部量化到在册职工的名下，既要视企业的实际情况和职工的工龄长短、贡献大小来确定，又要有利于调动积极性，增强企业的凝聚力。具体操作可按如下办法：①划出一部分转入资本公积金，具体比例视资产总量大小确定，也可不划。②切出一块设立岗位责任股，谁在岗谁享受，只有分红权；不设岗时，转入公积金。这有利于稳定企业骨干。③拿出一定比例的企业自有资产奖励给厂长(经理)和其他主要经营骨干。④剩下的较大部分，以工资(或工资加奖金)总额为依据，量化给全体在册职工。计算公式为：某职工经量化所得的资产＝某职工历年所得的工资总和×可量化资产。

按工资总额为量化依据，既与工龄长短、贡献大小相联系，也与责任风险大小、技术高低密不可分，是一种相对合理的办法。

通过量化，使厂长(经理)和企业其他经营骨干所得的资产部分，为职工平均资产的3—6倍左右，也可以更多些。

◁资产评估▷

【资产状况】 1994年，全国乡镇企业资产总计达19 406亿元，比上年增长51.48%。流动资产达10 566亿元，比上年增长30.49%；长期投资达332亿元，比上年增长48.87%；固定资产原值8 868亿元，比上年增长37.72%，固定资产净值达6 656亿元，比上年增长29.49%；无形资产达70亿元，比上年增长106.21%；其他资产达46.31亿元，比上年增长67.58%。负债总额达10 767亿元，比上年增长33.14%；流动负债合计达8 685亿元，长期负债合计2 082亿元。

全国乡村集体企业资产达15 046亿元，其中东部地区为11 151亿元，中部地区为3 253亿元，西部地区为642亿元；全国乡村集体企业固定资产原值为6 614亿元，其中东部地区为4 638亿元，中部地区为1 660亿元，西部地区为316亿元。全国乡村集体企业负债总额总计达9 626亿元，其中东部地区为7 135亿元，中部地区为2 075亿元，西部地区为416亿元。

【评估机构】 各级乡镇企业行政主管部门负责乡镇企业资产评估的组织、指导、管理、监督、协调和服务工作。农业部乡镇企业局成立"全国乡镇企业资产评估管理工作领导小组"，办公室设在审计监察处，负责组织、指导、管理全国乡镇企业资产评估工作。对乡镇企业资产评估机构和人员实行资格证管理。

负责乡镇企业资产评估的机构，须经政府主管部门批准，并经当地工商行政管理部门核准登记的具有法人资格的组织和单位。

资产评估机构(如资产评估公司、会计师事务所、审计师事务所、财产咨询公司等)，经农业部乡镇企业局或省、自治区、直辖市、计划单列市乡镇企业行政主管部门认可的临时评估机构(统称资产评估机构)，可接收乡镇企业的委托，从事乡镇企业资产的评估业务。资产评估机构中的评估人员，须持有农业部乡镇企业局颁发的"资产评估员任职资格证书"，方可从事乡镇企业资产评估工作。

资产评估机构应具备的条件：①配备一定结构和数量的各类评估人员，其中建筑、机器设备工程技术人员、经济管理人员、会计师等，视不同情况，分别不少于2人。以上评估人员中，具有中级以上专业技术职称的，分别不少于50%(工程技术人员、经济管理人员可外聘部分兼职)。②具有一定数量的注册资金。③有固定的办公场所，并具有必要的办公条件。④从事评估工作具有社会公正性和权威性，能对资产评估结果承担经济、法律责任。

资产评估人员应具备的条件：①具有较高的政治思想觉悟，坚持四项基本原则，有良好的职业道德，廉洁奉公、实事求是、客观公正。②具有较强的政策水平，熟悉和准确理解并认真执行国家有关资产评估的现行法规和政策。③具有财务、会计、审计等方面专业知识，较熟练的应用技巧和必要的实际经验。能独立、正确地开展资产评估工作。④经部、省、自治区、直辖市、计划单列市乡镇企业行政主管部门资产评估员任职资格考试考核合格者。

【评估对象】 作为评估对象的资产，可以单件、单台地进行评估，称单项资产评估；也可以将企业整体资产进行评估，称企业评估或叫综合评估；还可以对无形资产进行评估，称无形资产评估。乡镇企业集体资产评估的对象如下所示：

- 资产评估对象
  - 有形资产
    - 固定资产：机器、设备、房地产、道路等
    - 流动资产：原材料、在产品、产成品、现金、银行存款、短期债券等
    - 专项资产：专项工程物资、专项基金未完工程等
    - 长期资产：长期债券、股票等
  - 无形资产
    - 可确指的无形资产
      - 知识产权：专利权、商标权、服务标记、厂商名称等
      - 对物产权：土地使用权、矿业权、专有技术等
    - 不可确指无形资产：商誉

【评估原则】 按照我国的有关规定，进行资产评估时应遵循真实性、公平性、科学性、独立性、替代性和可行性的原则。

◁股份合作制▷

【基本情况】 1994年，全国乡镇股份合作制企业20.4万个，占乡村集体企业总数的12.43%；企业职工799.8万人，占乡镇企业职工总数的0.66%，占乡村集体企业职工总数的13.55%；总产值4 829.8亿元，占乡镇企业总产值11.34%，占乡村集体企业工业总产值16.73%；利税总额423亿元，年末固定资产原值1 124.76亿元；总资本金1 056.5亿元，其中国家股金27.7亿元，乡村集体股金516亿元，外商资本金49.78亿元，法人资本金184亿元，个人资本金278.88亿元。乡镇股份合作制企业成为全国乡镇企业新的增长点，呈继续大发展的趋势。

【类型】 各地从实际出发，尊重农民的自我选择，并加以适当引导，创造不同形式的股份合作制企业。主要类型有：①乡村集体企业改造型。对原来的乡村集体企业进行清产核资和资产评估，将企业存量资产分别拆为乡村集体股和职工基本股，使企业财产权属明晰化。同时再向企业职工吸收现金入股，有的还吸收社会法人、社会自然人资金入股，组建为股份合作制企业。②个体、私营、联户企业转化型。主要是由原来的企业经营者和职工入股组成，以资金入股为主，技术、设备、厂房、劳力入股为辅。从股金投入的方式看，基本有两类，一类是以资带劳，全员入股型。股东与职工的身份是同一的，很少有非股东的职工，而职工的股权基本均等。另一类是按股经营，非全员入股型。多数职工不持股，股东按股数多少，合股经营，股额有均等的，也有大小不等的。③横向参股联营型。突破地区、行业和所有制界限，在财产权属不变的原则下，乡镇企业之间，乡镇企业与城市国有、集体企业之间，乡镇企业与科研单位或大专院校之间，以资金、设备、技术、场地、厂房等主要生产要素入股，联合办厂，按股分红，共担风险。④总厂或总公司型(双层经营型)。由乡村集体经济组织牵头，同行业的家庭工业入股，构成社区性股份合作制总厂。总厂或总公司负责产品上档次、上水平，搞价格管理，规定产品的最低销售价；同时统一税收管理、商标管理、质量管理和计量管理，并在原材料供应、产品销售上提供服务。

各地在实践中还创造不少适合本地特点的其他形式的股份合作制企业，适应不同地区经济、社会条件、生产力发展水平，农民群众认识和接受程度。

【股权设置】 乡镇企业资产拥有者成分较为复杂，在合理确定资产权属(包括评估的资产存量和新入的资产增量)关系基础上来确定：一般设置乡村股、个人股、社会法人股和外资股。乡村集体企业实行股份合作制，乡村股和个人股是企业必设股，其他股权视投资结构特点而定。乡村集体企业改制为股份合作制企业，一般设普通股和优先股，并规定各自应享的权力和收益分配办法。

【职工股的设置和增股】 在企业产权结构重组中，应提倡推行“存量量化，增量吸股”型的股份合作制形式。这种形式能实现资产的彻底人格化，还能吸纳职工的资金为企业发展服务。

为调动经营者的积极性，增强其责任感，厂长(经理)和主要经营骨干的股份一般可高于普通职工的5—10倍，甚至更多些。全体职工的股本金应由量化给该职工的资产和该职工需补充投入的资金两部分组成。职工投入资金总额与原属企业自有资产的比例可为0.2：1至0.5：1。为保证企业稳定发展，入股者原则上不退股。

【股权界定】 总的原则是：谁投资，谁所有；尊重企业发展的历史事实及平等协商。对原企业存量资产，不追踪溯源，按一定的比例划归乡村股和企业职工个人股。

乡村股的分红主要用于发展企业、以工补农建农、社会公益事业等，不用于乡(镇)政府的行政开支。个人股中的职工个人股由两部分构成：一部分来源于职工个人新投入的资金或其他资产，其相应形成的股份与社会个人股份性质相同；另一部分来源于经资产评估确定的原企业存量资产中的一定份额。对这一份额的资产所有权及相应的股份，根据企业职工创业贡献多少、工龄长短、责任大小等因素具体量化到职工个人。适当增加企业中层经营管理者的股份份额。对这种职工个人股份，只能分红，不能继承、馈赠和转让；持有者因个人原因离开企业即视为自动放弃股权。

有的地方将企业资产分为股东个人所有和集体所有两部分构成。原始投入资金、扩股、增股的新增资产及税后利润50%扩大再生产的资金，属股东所有；集体原始投入的资产属集体所有；税后利润的15%的公共积累属企业集体所有的财产，不列在个人和职工名下。国家减免税与政府各部门的让利划入国家专项扶持资金，归企业使用。股权一旦确定，填写股权证书，作为股东持有企业产权的保证。股权可以转证、买卖、馈赠和继承，但股东不能退股。

还有的地方将企业的股权设置为集体股、法人股(即企业以外的企业和社团法人投入企业的股份)、个人股及国家扶持资金(主要是国家减免税形成的资产)。国家扶持资金不参与分红，不扩股量化到人，只用于企业扩大再生产。按照“集体占大头，个人占小头”的原则，用“7：3”的比例将企业资产划为职工基本股和乡村集体股。职工的基本股一般按照其工龄、岗位职务等量化到人，职工对该股份只享受分红权，没有所有权，不能买卖、转让和继承。职工个人在持有企业基本股的同时，须再向企业投入一定比例的资金股，否则，不能持有基本股。也可适当增加个人股比重，降低集体股比重。

对于债权债务应由乡村集体经济组织统一管理，不向新企业转移，集体股可用红利进行债务补偿。对于银行贷款，经股东同意，可以转为改制后企业的贷款，用利润偿还；作为乡(镇)村股的一部分，以其红利逐步偿还。对于沉淀资金和闲置设备应由改制后的企业无偿接收并保管，但资产所有者仍属乡(镇)村集体经济组织，不向新企业的几个股种“搭车”。

对国家无偿投资、减免税金和银行无息或低息贷款所产生的息差，以及优惠政策投入所形成的资产都作为企业股，只计息不分红，不采取同股不同利，所得股息留在企业，作为企业股的新增股份。用于企业公共积累及各项资金，作为企业集体股，不分给职工，由企业工会作为持股人。

【分配】 乡村股份合作制企业在分配上兼顾国家、企业、职工、股东四者利益关系，实行按劳动效益分配与按股分红相结合。依法缴纳所得税；弥补被没收的财物损失，支付各项税收滞纳金和罚款；弥补企业以前年度亏损；按国家有关规定提取公积金和公益金；提取任意公积金；股利分配做到同股同利，利益均享，风险共担。普通股成为承担企业风险的主体，其股利分配可实行浮动的股金分红办法，股利随企业经济效益的高低同步升降。优先股实行保息分红的办法，但股息和红利之和不能超过企业资产利润率的限度。

有的地方税后利润一般按“5：4：1”或“6：3：1”的比例分配，即企业税后利润的50%或60%用于扩大再生产；40%或30%用于按股分红；10%作为职工的福利奖励资金，按股分红的比例不超过股本金的20%。还有的企业用于扩大再生产的税后利润实际为5%，并作为股份资产，记股东名下，公共积累按15%，福利按10%，股东股息与分红一般不超过税后利润的25%。有的企业按劳按股分配的比例为73：27。企业税后利润的60%用于扩大再生产，其中30%作为不可分割的公共积累，另30%作为股份资产，作为股东的股份增值。股东分红比例为税后利润的25%，股息高于同类储蓄利息的5%—10%。

【“假集体”企业股份合作制转化】 “假集体”是由乡村集体和个体双向选择组合衍生出来的一种企业形式。很多地方在自愿互利的基础上，引导其向股份合作制转化。通过资产评估、产权界定，对哪些是属于集体的，哪些是属于个体的资产分开，以股金的方式使之量化和固定化，据此行使经济权利，分享经济效益；引进股份合作制的运行机制，形成利益与风险共同体；逐步使产权多元化，重新组合生产要素，形成新的生产力。

一般"假集体"注册集体所有制企业性质，由此而享受到一些优惠政策所形成的资产，在改制过程中，须划归集体所有，如生产发展基金、职工奖励基金、职工福利基金和用减免税形成的固定资产、以税前还贷形成的固定资产、以税后还贷形成的固定资产、以大修理基金形成的固定资产、通过打入产品成本形成的固定资产、生产发展基金和后备基金的结余等。企业积累形成的股分，可以划出部分根据职工对企业的贡献情况量化到职工个人。优惠政策所形成的股份，只能留在企业用于扩大再生产。

【股权证转让】 股权证书的印发工作，应结合资产评估工作后进行。作为资产证明的股权证，应进行合理的流动。加强股权证转让、过户的管理、监督工作，为股权证合理流动创造条件。

【股权流转机制】 股份合作制进行合理延伸的扩展，就是建立股权和股票交易市场。股权不仅具有获得股息和分红的权利，还具有对财产的最终处置权。有的试点地区采用创办咨询服务中心的方法，为企业代理招股、扩股、募股和过户手续，组织上采取会员制的方法。

有的企业亏损时，持股人按比例弥补亏损，股份相应贬值，此时普通股不分红，优先股只得利息。企业破产倒闭时按下列顺序偿债：职工工资和社会保险费——缴纳税金——银行贷款及债务，剩余财产按普通股股东入股比例进行分配；也有下列顺序：缴纳税金——归还银行贷款——发放职工工资——清偿债务——返还原成员股金——返还股金，剩余资产按比例进行分配。

（陈剑光　李建珠）

科技教育

◀科　　技▶

◁中国乡镇企业科技奖▷

【中国乡镇企业科技奖设立】 从1994年开始，我国设立“中国乡镇企业科技奖”，该奖是国务院乡镇企业主管部门对乡镇企业科技进步最高专项奖励。其申报范围和条件、评审标准和程序、奖励等级及奖金数额暂按乡镇企业申报农业部科技进步奖的规定执行。

【评审机构】 成立“中国乡镇企业科技奖评审领导小组”，负责组织领导中国乡镇企业科技奖的评审工作，办公室设在农业部乡镇企业局科教处。并成立由各行业专家组成的“中国乡镇企业科技奖评审委员会”，具体对报奖成果进行评审。

【奖励办法】 对获中国乡镇企业科技奖的单位和个人颁发奖状、证书、证章及奖金。获奖单位按照成果主要完成人的贡献大小分配奖金。对已获得地方、部门有关科技奖励的成果，不重复颁发奖金，只可发放与获得相应科技奖励的奖金多出的差额部分。

对获奖人员的成绩记入本人档案，作为考核、晋升、评聘专业技术职务、评选优秀企业家等方面的依据。并依照当地的其他有关政策，给予相应的等遇。

【获奖情况】 1994年，全国有105项科技成果获中国乡镇企业科技奖，其中一等奖4项，二等奖17项，三等奖84项。获奖成果涉及机械、电子电器、冶金、化工、轻工、纺织、医药、建材、食品等行业，分布全国18个省、市、区。

这些获奖成果技术水平达到国际先进水平的5项，国际水平的17项，国内领先的20项，国内先进水平的63项。这些成果1993年新增产值14.3亿元，新增利税3.35亿元。

1994年中国乡镇企业科技奖获奖名单

序号	项目名称	完成单位	获奖等级
1	炼钢电炉炉底用 $MgO—CaO—Fe_2O_3$ 系合成砂	辽宁省海城市中档镁砂厂、北满特钢股份有限公司第二电炉炼钢分厂、洛阳耐火材料研究院	一等奖
2	CL－89H程控调度通讯设备	福建省泉州市鲤城区佳灵通讯设备厂	一等奖
3	热解氮化硼坩埚的研制	山东省邹平县特种陶瓷材料研究所	一等奖
4	竹林胺片的研制	河南省豫中制药厂	一等奖
5	LCPM型低压侧喷脉冲袋式除尘器的研制	江苏省吴江除尘设备厂	二等奖
6	宝钢320吨混铁车内衬 $A1_2O_3—SiC—C$ 砖及火泥的研制	江苏省武进第一耐火材料厂、上海宝山钢铁总厂设备部	二等奖
7	QLS全流态化食品单体速冻装置	山东省泰安市制冷设备厂、东北大学机械工程学院	二等奖
8	MI－3耕耘机研制、开发	北京通县京联挂车厂、中国农业机械化科学研究院	二等奖
9	合成水合滑石的工艺	山东省淄博华信化工股份有限公司	二等奖
10	多功能细旦聚烯烃短纤维及工艺	山东万通达企业集团总公司	二等奖
11	钢瓶装高纯二氯硅烷的研制	河南省沁阳市凌空特种气体厂	二等奖
12	特种高白度氢氧化铝新工艺研究	河南省巩义市氢氧化铝厂	二等奖
13	G/T(P/M)系列新型双金属轴承的研制	河南省许昌市长裕粉末冶金厂、中南工业大学粉末冶金研究所	二等奖
14	利用生产胱氨酸后的母液生产天然氨基酸营养液	河南省许昌华佳氨基酸有限公司	二等奖
15	高效、节能的CJOC-ⅡB型可倾式(螺旋)铁转鼓的研制	河南省郑州市皮革机械厂	二等奖

序号	项目名称	完成单位	获奖等级
16	XJ－FM100型胎面挤出联动装置的研制	河南省漯河市源汇橡胶机械厂	二等奖
17	超宽幅6050聚酰亚胺薄膜及工艺	黑龙江牡丹江市绝缘材料厂	二等奖
18	HJM-25型电缆接续模块的研制	福建省晋江通信器材工业公司	二等奖
19	气压维护用强力纤维热缩套管的研制	成都市长江热缩材料厂	二等奖
20	Z8612A射芯机的研制	重庆市华光铸造机械厂	二等奖
21	YQSR150-300系列(段)井用潜热水电机的研制	天津市潜水电机厂	二等奖
22	80ZJ40-27、100ZJ70-20型闭式双通道无堵塞纸浆泵的研制	山东省平邑华通有限公司	三等奖
23	ZL50轮式装载机铲斗的研制	山东省临沂工程机械厂大修厂	三等奖
24	矩形翅片椭圆管铸铁省煤器的研制	山东省临沂市锅炉附件厂	三等奖
25	聚酰亚胺膜包线的工艺研究	山东省东营市电器材料厂	三等奖
26	BZJ系列空压机节电柜的研究	山东省乳山市自动控制电器厂	三等奖
27	YBS型变速传动轴承减速油冷式电动滚筒的研制	山东省新泰市减速机厂	三等奖
28	仕切弁SE8B－1的研制	山东省潍坊曲轴厂	三等奖
29	高效节能型煤气炉具的研制	山东省高密县锅炉附件厂	三等奖
30	ND型轻小型离心式泥浆泵 ND型双通道无堵塞泥浆泵的研制	山东省平邑华通有限公司	三等奖
31	HSC－高级压光纸系列产品开发	山东省东营市造纸厂	三等奖
32	荧光增白剂CXT的研究	山东省招远市玲珑助剂厂	三等奖
33	硫酸铝渣和硫铁矿渣生产复合硅酸盐水泥的研究	山东省临沂市第三水泥厂、山东建筑材料工业学院	三等奖
34	果珍奶粉的研制	山东省文登市乳品二厂	三等奖
35	聚酯纤维起绒装饰布的研制	山东省文登市装饰布厂	三等奖
36	低品位铝矾土生产聚合氯化铝的研究	山东省淄博净水剂厂	三等奖
37	MAN石油助排剂的新工艺	山东省垦利县石油化工厂	三等奖
38	ML292A型台式平刨木工多用机床的研究	山东省威海市通用机械总厂	三等奖
39	楔横轧凸轮轴毛坯工艺	山东省莱芜市楔横轧制厂	三等奖
40	稀土萤光涂料桃红色浆的研制	山东省济南市染料助剂厂	三等奖
41	煤渣空心砌块的研究	山东省文登市线路器材厂	三等奖
42	DCS集散式微机控制系统	江苏省吴江电热电器厂	三等奖
43	超高深腔型D-460牵引用铅酸蓄的开发研制	江苏省常州市特种蓄电池厂	三等奖
44	汽轮机检修快速冷却装置的研制	江苏省镇江市华能电力设备公司	三等奖
45	还原红F3B的研制及生产	江苏省海门县江滨染料厂	三等奖
46	涤纶空变丝汽车内装饰面料的研制	江苏省武进县旷达汽车装饰织物总厂	三等奖
47	蝶翅绉的研制	江苏省吴江工艺织造厂、苏州丝绸科学研究所	三等奖
48	GNJ型发电锅炉内检修平台的研制	江苏省常州市长江电力机械厂	三等奖
49	稀土铅黄铜板材的研制	江苏省航宇铜材厂	三等奖

序号	项目名称	完成单位	获奖等级
50	汽车散热器专用稀土铜合金波浪带研制与生产	江苏省海安县铜带厂	三等奖
51	大型厢式半挂车玻璃纤维增强塑料夹层厢板的研制	江苏省海安县玻璃纤维厂、交通部公路科学研究所	三等奖
52	PBG2－6(BGP23－6型)矿用隔爆高压真空配电装置的研制	江苏省武进县矿用设备厂	三等奖
53	JZWT玻璃钢轴流式屋顶风机的研制	江苏省南通市申海贸工科总公司、同济大学	三等奖
54	STL料斗移动式气压喷砂机及配件的研制	江苏省通州市中庆除锈涂装设备厂、上海机械学院工厂	三等奖
55	L-脯氨酸的研制	江苏省张家港市味精总厂	三等奖
56	一水过硼酸钠的研制生产	江苏省江宁县造漆厂	三等奖
57	CPO供氧剂的研制	江苏省吴县无机化工厂、南京大学化学化工学院	三等奖
58	高纯度对氯甲苯、邻氯甲苯的研制	江苏省苏州市吴县光明化工厂	三等奖
59	开发4.0MPa有衬里高压消防水带	江苏省海门消防水带总厂	三等奖
60	水溶性全成分珍珠粉及其制剂的研制	江苏省常州市兰海技工贸实业公司、中外合资常州大康保健药品有限公司	三等奖
61	RD型全自动监视、摄像、控制系统的研制	江苏省武进县瑞德电子电器厂	三等奖
62	JB-QB-W100型微机火灾报警器的研制	江苏省南通市报警仪器厂	三等奖
63	HC－1型红外测纬器的研制	江苏省武进县芙蓉纺织仪器厂	三等奖
64	LT系列水箱重型拉丝机的研制	江苏省常州市华星机械厂	三等奖
65	以玻璃钢/复合材料代替金属箱体开发组合式空调机的研究	机电部第十设计研究院、江苏省南通市玻璃钢厂	三等奖
66	1500吨压机生产$\oint$400MM电极工艺	黑龙江省尚志市苇河炭素厂	三等奖
67	SPM系列双转盘冲击磨的研制	黑龙江省哈尔滨市松蒲淀粉设备制造厂	三等奖
68	GRD低温木材干燥设备	黑龙江省牡丹江市成套干燥设备制造公司	三等奖
69	多功能全自动生活、消防、锅炉稳压节能供水设备	黑龙江省牡丹江市龙江给水设备厂	三等奖
70	高密度阻燃复合木质地面装饰板的研制	黑龙江省牡丹江市东郊木材木器加工总厂	三等奖
71	透明电热膜技术及透明电热膜玻璃锅的研制	黑龙江省牡丹江市高新技术开发研究所、黑龙江省海林光达高新技术开发公司、黑龙江省牡丹江市电热膜制品厂	三等奖
72	铅硒合金的技术研究	河南省尉氏县有色金属冶炼厂	三等奖
73	DZW-11-48/40型程控交换机电源的研制	河南省巩义市高低压开关厂	三等奖
74	LF-28型联合制粉成套设备的研制	河南省修武县粮食机械厂	三等奖
75	可拆卸式燃烧室高效节能生活锅炉的研制	河南省登封县生活锅炉厂	三等奖
76	真丝夜彩萤光芳香工艺挂毯	河南省南召县丝织地毯二厂	三等奖

序号	项目名称	完成单位	获奖等级
77	ZXJ-2000型纸箱成型机的研制	河南省巩义市包装机械厂	三等奖
78	XMKZ60/750型自动厢式压滤机的研制	河南省禹州市分离机械厂	三等奖
79	50PWDDFL型多吸头防淤立式排污泵的研制	辽宁省瓦房店市矿山设备厂	三等奖
80	DSF-29型分时计度电能表的研制	辽宁省凤城电工仪表厂	三等奖
81	变频调速自动供水系统准十六位控制微机的研制开发	辽宁省大连第二供水设备厂、大连海运学院	三等奖
82	高效节能TL-Ⅱ型热交换器的研制	辽宁省锦西市空调设备厂、航天部中国航天建筑设计研究院	三等奖
83	TR2.5型透反射式双色液位计的研制	辽宁省沈阳水星仪表有限公司	三等奖
84	肉鸡屠宰成套设备系列产品开发	沈阳市南塔畜禽加工设备制造公司、辽宁省农业机械化研究所	三等奖
85	SKT跳汰机控制系统	河北省唐山市精成电子设备厂	三等奖
86	TZ系列电除尘器的研制	河北省唐山市建设环保机械厂	三等奖
87	GFS-900T型高速分散机的研制	河北省秦皇岛金佳机械有限公司	三等奖
88	节能型325#、375#早强金属尾矿水泥的研制	河北省遵化市第二水泥厂	三等奖
89	颗粒状高活性果胶酶制剂的研制	福建省福州洪山生化实业有限公司	三等奖
90	DZH-1型电子自动焊接护目镜的研制	福建省福州威特达安光电眼镜有限公司	三等奖
91	ZX遥控摩托车防盗报警器	福建省泉州东海防盗器材公司	三等奖
92	焊接金属波纹管机械密封的开发与应用	陕西省西安永华石化机械配件厂	三等奖
93	锌维全神果奶粉研制及其生产技术	陕西省武功良种奶牛乳品厂	三等奖
94	高效热管节能炉的研制	甘肃省兰州安宁印铁制品厂	三等奖
95	新型80系列彩板推拉门窗及型材的研制与应用	四川彩色门窗有限公司	三等奖
96	高弹双层防水隔热液的研制与应用	四川省崇庆县建新防水粉末厂	三等奖
97	多缸内燃机凸轮轴研制、开发	安徽省桐城凸轮轴厂	三等奖
98	CQB65-50 $\frac{-150}{-160}$ F型氟塑料合金衬里磁力泵的研制	安徽省泾县氟塑料制品厂	三等奖
99	不烧优质铝镁碳砖的研制	江西省新余市赣中耐火材料厂	三等奖
100	DZL4-1.0-AⅠ型卧式快装锅炉的研制	江西工业锅炉厂	三等奖
101	HYC-型锅炉化学除渣剂的研制	云南省昆明化工中试厂、云南省化工研究院	三等奖
102	无烟煤铸造型焦的研制	贵州省遵义市铸造焦厂	三等奖
103	高级润滑油添加剂“万机灵”的研制	广西钟山永丰冶炼总厂、西北有色金属研究院	三等奖
104	IE110、IE170排尘风机的研制	天津市通风除尘设备厂、天津市有色水泥工业设计研究院	三等奖
105	人工种植麻黄草	新疆和硕制药总厂麻黄素分厂、新疆和硕县乡镇企业局、中科院新疆分院生土所、新疆和硕县政府、新疆和硕县曲惠乡政府、新疆和硕水电局	三等奖

1994年农业部科技进步奖获奖项目名单

序号	项目名称	完成单位	获奖等级
1	炼钢电炉炉底用 $MgO—CaO—Fe_2O_3$ 系合成砂	辽宁省海城市中档镁砂厂、北满特钢股份有限公司第二电炉炼钢分厂、洛阳耐火材料研究院	一等奖
2	热解氮化硼坩埚的研制	山东省邹平县特种陶瓷材料研究所	二等奖
3	竹林胺片的研制	河南省豫中制药厂	二等奖
4	LCPM 型低压侧喷脉冲袋式除尘器的研制	江苏省吴江除尘设备厂	二等奖
5	宝钢 320 吨混铁车内衬 $Al_2O_3—SiC—C$ 砖及火泥的研制	江苏省武进第一耐火材料厂、上海宝山钢铁总厂设备部	二等奖
6	QLS 全流态化食品单体速冻装置	山东省泰安市制冷设备厂、东北大学机械工程学院	二等奖
7	钢瓶装高纯二氯硅烷的研制	河南省沁阳市凌空特种气体厂	二等奖
8	特种高白度氢氧化铝新工艺研究	河南省巩义市氢氧化铝厂	二等奖
9	MI-3 耕耘机研制、开发	北京通县京联挂车厂、中国农业机械化科学研究院	三等奖
10	合成水合滑石的工艺	山东省淄博华信化工股份有限公司	三等奖
11	多功能细旦聚烯烃短纤维及工艺	山东万通达企业集团总公司	三等奖
12	G/T(P/M)系列新型双金属轴承的研制	河南省许昌市长裕粉末冶金厂、中南工业大学粉末冶金研究所	三等奖
13	利用生产胱氨酸后的母液生产天然氨基酸营养液	河南省许昌华佳氨基酸有限公司	三等奖
14	高效、节能的 CJOC-ⅡB 型可倾式(螺旋)铁转鼓的研制	河南省郑州市皮革机械厂	三等奖
15	XJ-FM100 型胎面挤出联动装置的研制	河南省漯河市源汇橡胶机械厂	三等奖
16	80ZJ40-27、100ZJ70-20 型闭式双通道无堵塞纸浆泵的研制	山东省平邑华通有限公司	三等奖
17	ZL50 轮式装载机铲斗的研制	山东省临沂工程机械厂大修厂	三等奖
18	矩形翅片椭圆管铸铁省煤器的研制	山东省临沂市锅炉附件厂	三等奖
19	聚酰亚胺膜包线的工艺研究	山东省东营市电器材料厂	三等奖
20	BZJ 系列空压机节电柜的研究	山东省乳山市自动控制电器厂	三等奖
21	ND型 轻小型离心式泥浆泵 双通道无堵塞泥浆泵 的研制	山东省平邑华通有限公司	三等奖
22	HSC-高级压光纸系列产品开发	山东省东营市造纸厂	三等奖
23	荧光增白剂 CXT 的研究	山东省招远市玲珑助剂厂	三等奖
24	硫酸铝渣和硫铁矿渣生产复合硅酸盐水泥的研究	山东省临沂市第三水泥厂、山东建筑材料工业学院	三等奖
25	DCS 集散式微机控制系统	江苏省吴江电热电器厂	三等奖
26	超高深腔型 D-460 牵引用铅酸蓄的开发研制	江苏省常州市特种蓄电池厂	三等奖
27	还原红 F3B 的研制及生产	江苏省海门县江滨染料厂	三等奖
28	涤纶空变丝汽车内装饰面料的研制	江苏省武进县旷达汽车装饰织物总厂	三等奖

序号	项目名称	完成单位	获奖等级
29	蝶翅绉的研制	江苏省吴江工艺织造厂、苏州丝绸科学研究所	三等奖
30	水溶性全成分珍珠粉及其制剂的研制	江苏省常州市兰海技工贸实业公司、中外合资常州大康保健药品有限公司	三等奖
31	ZXJ-2000型纸箱成型机的研制	河南省巩义市包装机械厂	三等奖
32	XMKZ60/750型自动厢式压滤机的研制	河南省禹州市分离机械厂	三等奖
33	50PWDDFL型多吸头防淤立式排污泵的研制	辽宁省瓦房店市矿山设备厂	三等奖
34	DSF-29型分时计度电能表的研制	辽宁省凤城电工仪表厂	三等奖
35	变频调速自动供水系统准十六位控制微机的研制开发	辽宁省大连第二供水设备厂、大连海运学院	三等奖
36	TZ系列电除尘器的研制	河北省唐山市建设环保机械厂	三等奖
37	新型80系列彩板推拉门窗及型材的研制与应用	四川彩色门窗有限公司	三等奖
38	高级润滑油添加剂“万机灵”的研制	广西钟山永丰冶炼总厂、西北有色金属研究院	三等奖
39	IE110、IE170排尘风机的研制	天津市通风除尘设备厂、天津市有色水泥工业设计研究院	三等奖

◁科技管理经验▷

【河南省】

*制定优惠政策，鼓励科技人员。*几年来，河南省先后制定《关于鼓励科技人员下乡促进农村科技进步意见》、《关于动员选派科技管理人员下乡下厂的暂行办法》、《关于促进乡镇企业技术进步工作意见》、《河南省乡镇企业专业技术人员管理办法》等一系列优惠政策。全省等地制定具体的实施办法。周口、南阳、驻马店、信阳、郑州、安阳、漯河等地规定：几开发的新产品、新工艺、新技术、新材料获得地市和省厅局级科技进步二等奖以上的人员，可以转为非农业户口和招聘干部，对获省级以上优质产品奖的企业给予重奖，对愿意在乡镇企业工作的科技人员给予优厚待遇。这些优惠政策激励了企业内部的科技人员的积极性，吸引了大专院校、科研单位的科技人员到乡镇企业施展才干，壮大乡镇企业科技队伍，推动技术进步。到1994年底，全省共引进科研单位、大专院校、国营企业等专业人员12 000余人，大中专毕业生5 600人。

*建立健全科技管理机构，规范科技管理制度。*河南省17个地市乡镇企业主管部门建立科技(教)科，配有3—4名工作人员；有80%的县(市)设立科股(科)，配有2—3名工作人员，20%的县(市)虽没设科技机构，但有专人负责科技工作。在建立健全各级乡镇企业科技管理机构的同时，编写《科技文件汇编》，制订《河南省乡镇企业科技管理办法》、《河南省乡镇企业科技成果奖励实施细则》、《河南省乡镇企业科技成果鉴定办法》、《河南省乡镇企业实行专业技术职务聘任制实施意见》等10多个文件，使全省乡镇企业的科技管理工作逐步走向科学化、制度化、规范化。

*开展科技经济信息服务，为乡镇企业排忧解难。*成立以省乡镇企业局为总站，地、市乡镇企业局(委)为中心站，县、市乡镇企业局(委)为分站的科技经济信息网络，制订信息工作实施细则，以省乡镇企业局和省科协合办的《电传信息快讯》为传递信息的主要工具。组织省内60多个科研单位、大专院校及省直各工业厅局为信息之源，定时向企业发布信息、洽谈项目，并组成由300多人组成的乡镇企业专家咨询团。编写《科技信息指南》，系统地介绍100多个国家及省级科研院所、200多个国家及省级产品质量监督检验测试单位的简况、业务范围、服务项目、通信地址、联系电话，收集1 200多名近30个行业专家的专业技术、联系单位及电话。该书成为全省乡镇企业通往科研单位、大专院校及各行业专家的桥梁。

1994年，为全省乡镇企业提供科技信息2 420项；组织250人、11个专业的高级技术人员对1 100多企业进行咨询服务工作，解决技术难题562项；向企业推荐科技人才2 580人；为企业提供新产品、新技术、新工艺1 050项，被采用的145项。

*开发新产品，增强企业后劲。*在开发新产品中，河南省乡镇企业坚持瞄准国际国内先进技术水平，高起点、大规模、跳跃式发展；瞄准国际市场，开发外向型产品；采用新技术，综合利用；发展拾遗补缺、适销对路的新产品；利用当地资源，开发具有市场优势的新产品。自1990年以来，全省乡镇企业开发新产品5 600项，新增产值156亿元，利税45亿元。列入省级新产品开发、重大新产品试产、攻关、工业试验、技术推广、“星火”等计划的共800多项。在已开发的新产品中，达到国际水平的近100项，填补省内空白的300多项，获国家专利100多项，填补省内空白或增加新品种的2 000多项。获国家及部级科技进步奖、优秀新产品奖和“星火”奖75项，获省级科技进步奖、优秀新产品奖和“星火”奖401项，获省乡镇企业科技成果奖531项。

*开展“科技新星”工程，促进乡镇企业发展。*河南省乡镇企业局与省科委共同组织实施一项用现代科学技术塑造现代乡镇企业的“科技新星”示范工程，为一批有一定基础的乡镇企业提供系列化的科技服务，为其注入新技术，引进现代管理制度和新的运行机制，使其管理水平、产品档次和技术含量、生产工艺、技术装备以及企业整体素质有显著的提高，经济效益大幅度增长。 （河南省乡镇企业局）

【湖北省】

*引进先进技术和设备，推动乡镇企业整体技术装备水平的提高。*湖北省乡镇企业加快引进先进技术和成套先进设备步伐，主要工业行业的技术装备水平普遍提高。建材行业中年产4.4万吨以上的水泥企业全部采用机立窑生产线；食品工业中具有较大生产规模的食油加工普遍采用浸出法精炼工艺；医药化工行业的技术和设备达到国内80年代末先进水平；纺织和服装行业的工艺、设备大多数达到全省同行业同步水平。昌鹤医药工业有限公司的先锋4号(针剂)的生产技术和工艺、潜江市幸福服装厂的服装生产设备等达到国内90年代初先进水平。武汉、黄石、十堰等10个地市乡镇企业中先进设备和工艺所占比重约达12%。全省乡镇企业60年代中期前出厂的设备已基本退役，先进设备率约为8%，有相当部分达到国内和国际先进水平。湖北时代电子有限公司的ERT486型电脑组装线及技术的现代化、自动化程度达到国内同行业先进水平；湖北三梅(集团)股份有限公司的池窑拉丝技术达到国际先进水平。

*增强科技开发能力，推动产品上档次、上质量、上水平。*湖北省乡镇企业普遍重视技术引进、吸收和科技成果转化。1993年全省重点引进技术和转化科技成果约290项；重点开发新产品946项，实现产值25.8亿元，新产品产值率为4.24%，新产品中填补省内空白达到国内先进的226项；波纹陶瓷电子发射管、联想486微机、电子冷风机等一批高新技术产品投入批量生产，高新技术产品占新产品比重达8.98%。

（湖北省乡镇企业局）

【四川省】

*建立科技管理网络，强化科技意识，保证科技工作顺利开展。*经过十年的努力，四川省乡镇企业的科技管理网络基本建立，形成横向成网纵向成线的科技管理体系。成都市298个乡(镇)80%以上设立科技干事(或机构)，初步形成市、县(区、市)、乡(镇)、重点村、重点企业五级科技管理网络。德阳市各区、乡(镇)工业公司产值300万元以上企业有一名经理(厂长)分管科技工作，并配备不少于一名的专兼职科技管理干部，负责科技工作；重点骨干企业建立学校(培训中心)、民办研究所、技术开发等机构。

“科技兴、企业兴”成为许多乡镇企业的共识和行动。德阳塑料一厂在开展科技管理工作中着重抓强化领导、强化机构、强化教育；工厂建立各项科技管理规章制度，厂长把科技管理工作作为企业的首要任务来抓；成立技术开发办公室，制定新产品开发目标，建立奖惩制度，科技工作取得明显效果。

*狠抓技术开发，促进乡镇企业产品上档次、上水平、上效益。*至1993年，四川省乡镇企业有562个产品列入全省重点新产品开发计划，12个产品列入国家级重大新产品试产计划。这些重点产品的开发得到各级的支持及有关税收政策的优惠，较快形成生产能力。共有1 051个项目获四川省乡镇企业科技进步奖；获四川省科学技术进步奖27个，农业部科学技术进步奖10个，四川省“星火”奖18个。

全省乡镇企业科技成果的新颖性、技术水平和经济效益都有较大幅度的提高。微电子技术已在酿酒、缫丝、水泥、熔炉等行业推广。

*建立科技进步激励和约束机制。*为将科技工作落到实处，四川省乡镇企业局对科技工作实行目标管理，将教育培训、新产品开发等主要指标纳入对各级乡镇企业管理部门的考核，目标层层分解，落实到企业，奖惩挂钩。不少企业推行合理化建议奖励活动；有的企业给做出显著成绩的科技人员物质与精神上重奖。同时，在全国乡镇企业系统首家建立科技进步奖励基金，推动乡镇企业科技进步。 （四川省乡镇企业局）

【宝鸡市乡镇企业综合服务站】 宝鸡市乡镇企业综合

服务站成立于1985年，主要负责宝鸡市乡镇企业科技管理、质量管理及综合技术服务。先后荣获陕西省农村科技进步集体三等奖，陕西省乡镇企业科技进步集体二等奖，农业部科技推广先进集体。

指导企业开发新产品，吸收先进技术。在全市34个乡镇企业成立新产品开发研究所，依靠自己的技术力量和物质基础，发挥自身的科研、设计、工艺、技术方面的优势，开发新产品、新技术；指导企业合理引进国内外的先进技术，并加以消化、吸收和推广；建立科技开发协作网，与80多个科研单位、大专院校建立协作关系，及时为乡镇企业提供国内外科技开发的动态，帮助企业研制、开发、推广新产品、新技术；组织专家帮助企业进行新上项目的论证、考察和咨询。至1994年，共组织全市乡镇企业开发新产品1 800多项，其中有89项属于专利产品，480余项填补省市空白。

加快技术改造，提高乡镇企业的技术水平和生产能力。根据宝鸡市乡镇企业普遍存在设备老化、技术落后的状况，主要从改革产品，改造设备，加强生产过程中的检测手段，改革工艺流程、操作方法和原料、材料、燃料的利用方式，治理环境污染等方面引导、帮助企业进行技术改造。近几年，全市乡镇企业每年完成技术改造项目3 500多项，增加产值6.5亿元，占乡镇企业新增产值的35%。

开展横向经济技术联合，促进乡镇企业的发展。通过扩散产品和配件，把大中型企业交付外地厂家生产的配套件转移到宝鸡市乡镇企业中来。通过联合办厂，扩大紧俏产品批量。进行技术咨询，帮助乡镇企业解决技术难题，开展技术攻关，提高产品的技术含量。帮助提高乡镇企业管理水平，促进其上等升级，增加经济效益。利用大中型企业联系广、产品覆盖面大、信息灵的优势，为乡镇企业提供市场、销售、项目、产品等各种信息，帮助调整产品结构。帮助乡镇企业引进资金、项目、技术和人才。开展技术培训，提高企业职工的技术素质。帮助乡镇企业开发新产品、供应原材料和提供富余设备等。1991年以来，共促成大中型国有企业帮带乡镇企业项目321个，联合办厂247个，扩散产品和配件70种，新增乡镇企业产值1.77亿元。

抓科技示范企业建设，带动乡镇企业科技进步。1986年以来，在全市乡镇企业开展创建科技示范企业活动，着重抓30个技术装备比较先进、人员素质较高、经济效益较好的企业，进行重点培养建设。同时与省市有关部门协作，印发一系列文件，制定验收标准。经过帮助、培养以及组织科技人员上门服务，使45个企业达到省市科技示范企业验收标准。

（宝鸡市乡镇企业综合服务站）

◀教　育▶

【基本情况】 1994年，全国乡村企业中，具有大专以上学历的职工达68万多人，比1993年增长28%，比1985年增加14倍，占职工总数的比例由“六五”末期的0.09%，提高到1.0%；拥有专业技术人才278万人，比1993年增长28%，比1985年增加5.4倍，占职工总数的比例由“六五”末不足1%，提高到4.0%以上；具有中专和高中学历的有1 300多万人，比1993年增长30%，比1985年增加2.6倍，占职工总数的比例超过20%。

近几年，乡镇企业职工教育为中国国民经济和乡镇企业的发展，为整个中华民族素质的提高做出了贡献。但就乡镇企业总体而言，人才缺乏，特别是高素质的技术人才和管理人才不足是困扰乡镇企业发展与提高的一个重要原因。乡镇企业拥有的人才，无论质量上，还是数量上都与国有企业和世界发达国家存在着较大差距。1994年，全国乡村企业拥有专业技术人才的密度为4.0%，仅是中国国有企业密度的1/7左右；大专以上学历的职工密度为1.0%，仅是国有企业密度的1/25左右。

（顾大智　李增杰）

【教育体系】 全国乡镇企业初步形成部、省、地、县、乡五级教育培训管理网络，部分省份已向村和企业延伸。形成乡镇企业系统内的、国家与地方普通高等教育系统的和社会力量办的三个层次的乡镇企业高等教育人才培训基地。乡镇企业中专层次的学历教育稳步发展，大部分省份创办或联办乡镇企业中专或成人中专。全国建立67个省级乡镇企业培训中心和4 000多个地、县、乡、企业综合培训基地，并初步联网成片。乡镇企业大中专学历教育开始列入地方各级教育计划和国家教育主管部门的议事日程。建立一批乡镇企业高等教育院校，有乡镇企业系统成人高等教育院校——农业部乡镇企业管理干部学院；有专门为乡镇企业培养高等人才的普通高等学校，如南京农业大学乡镇企业工程学院、山东省乡镇企业职工大学、沈阳工业大学乡镇企业学院、浙江农业大学华夏乡镇企业学院、民办西安乡镇企业大学等。全国大多数省份有普通高等院校办的乡镇企业学院，为乡镇企业培养人才。

（顾大智　李增杰）

【职工教育特点】 乡镇企业职工教育注重社会性、广泛性、实用性和综合性。在办学方针上，不拘一格多、快、好、省地出人才。在专业和课程设置上，采取按需施教，供需对口的原则。围绕企业发展的实际需要，本着企业需要什么专业，就设置什么的专业；企业需要什么内容，就讲什么内容；企业需要什么样的办学形式，就采取什么形式办学；企业需要在哪里办班，就把班办在哪里。灵活多样的乡镇企业职工教育形式，保证教育与经济发展、与生产的紧密结合，从根本上解决工学矛盾，做到学以致用。

为把乡镇企业职工教育作为一项硬性工作，各地将职工教育和各级主管部门任期目标责任制挂钩；和企业承包责任制综合评价排序挂钩；和企业评优、评奖、升级挂钩；和干部任用、晋升、职称、工资、奖金挂钩；和评选先进挂钩。通过“五挂钩”，调动乡镇企业职工参与职工教育的积极性。

乡镇企业职工教育既遵循教育规律，又遵循市场规律；既重视社会效益，也讲求经济效益，走培训经营型，以教养教的路子。把培训基地和院校的服务渠道，由单一的教育型拓宽成教科工贸一体化的教育实体。

（顾大智　李增杰）

【职工教育进人有序状态】　全国乡镇企业职工教育，组织上，由企业自发的、分散的短期培训为主，转向各级乡镇企业主管部门有组织、有计划的系统教育培训为主；培训层次上，由单一的、低层次的技术培训为主，转向高中低并重，逐步以自己培养为主；人才的来源，由“借、聘、调、兼”为主，转向引进和自己培训并重，逐步以自己培训为主；培养对象，由单纯的企业职工培训，转向包括乡镇企业主管部门在内的系统全员培训；教学手段，由单纯的面授为主，转向面授、函授、电视、电化教育相结合，多种手段并举的教学方式。

（顾大智　李增杰）

【组织管理工作加强】　1994 年，各地乡镇企业教育工作适应宏观环境的变化，制定、实施新举措，加强计划、组织和管理工作。吉林省推出乡镇企业系统首次的“教育年”活动，把重视人才培养，保证教育投入，为教育办实事，作为各级乡镇企业主管部门、企业领导干部任期目标责任制的重要内容和政绩考核的重要标准，并实行教育一票否决制。河北省出台强化教育行政、事业服务机构的措施。自江西省实施“1145”人才开发工程后，天津、安徽、北京等省、市，相继推出综合性、系统性的人才开发教育培训工程。天津市乡镇企业教育工作已成为县、市政府的行为，从 1994 年开始用 5 年的时间实施“51510”工程，在乡镇企业中培养 1 万名大学生，5 万名中专生，对 10 万名职工进行岗位培训。安徽省根据乡镇企业职工中 70%是技术工人的状况，在全省乡镇企业的技术工人中开展职业技能鉴定工作。北京市由市委农工部，市政府农林办、文教办，市乡镇企业局、成人教育局五家联合制定《北京市乡镇企业职工培训工程实施方案》，从 1994 年到 1997 年，在全市为乡镇企业培训 1 万名高等专业技术人才，5 万名中等专业技术人才，对 50 万名职工进行岗位培训。（顾大智）

【重大经济体制改革培训】　1994 年，我国财税、金融、外贸、投资等体制改革和建立现代企业制度工作全面展开，并取得实质性的进展。为保证各项改革的顺利进行，使乡镇企业职工及时准确地掌握改革的基本精神和主要内容，积极参与和支持改革，农业部乡镇企业局和国家经贸委培训司联合组织乡镇企业系统开展重大经济体制改革培训。

为保证这项培训的实效性，教材选用国家经贸委组织编写的《四大体制改革与建立现代企业制度》一书外，根据乡镇企业的实际和各项改革措施的内容，及其对乡镇企业发展的影响和乡镇企业如何主动适应、积极参与，农业部乡镇企业局组织编写《经济体制改革与乡镇企业》一书，作为乡镇企业系统专题培训教材。

针对乡镇企业系统需要培训的人员多且不易集中的特点，采用多层次分级培训的方法。1994 年 6 月底到 7 月初，由农业部乡镇企业局组织，委托农业部乡镇企业管理干部学院举办两期高层次培训及研讨班，参加的人员主要有来自 21 个省、自治区、直辖市乡镇企业主管部门的处级干部、师资、乡镇大中型企业的厂长（经理）和有关业务骨干共 90 多人。国家经贸委、国家计委、财政部、外经贸部、国家税务局、中国人民银行、农业部等有关部门的领导、专家参与授课。在培训期间，就乡镇企业如何适应各项改革的问题进行研讨。

高层次培训及研讨班结束以后，重大经济体制改革在乡镇企业系统全面展开。地方各层次乡镇企业人员的培训由各地乡镇企业主管部门具体组织，依靠乡镇企业系统培训力量和地方的有关经济管理干部院校进行培训。

（李增生）

【培训基地工作检查】　1994 年 9 月至 11 月农业部乡镇企业局组织对全国乡镇企业系统培训基地工作的检查。检查的主要对象是农业部直接参与投资的乡镇企业培训基地。检查采用自查、互查和抽查方式。36 个省、区、市 45 个培训基地填写了自查表和自查材料；25 个省、区、市乡镇企业局主管教育培训工作的人员参加互查工作，对 38 个省级培训基地进行现场检查，对其中的 30 个培训基地按照互查打分方案的要求进行评价；农业部乡镇企业局分别参加对天津、大连、南京、四川、陕西等培训基地的抽查。

1986年至1994年，农业部先后在全国参与投资建设82个乡镇企业培训基地。经过多年的发展，在全国初步形成多形式、多层次、多渠道的乡镇企业教育培训服务网络，为乡镇企业人才培养和职工素质的提高做出了贡献。这次检查系统地总结几年来各地的乡镇企业教育培训工作，为强化全国乡镇企业系统培训基地的管理和各项内部制度的建设，尽快发挥其全方位、多功能的作用，进一步增强乡镇企业教育培训服务体系的整体实力，使教育培训工作更加适应社会主义市场经济，为乡镇企业的发展积蓄人才发挥了重要作用。

41个省级培训基地的自查材料情况表明：这41个培训基地总资产达1.85亿元，其中农业部参与投资额为3 500多万元；总占地面积为30万平方米；总建筑面积为21万多平方米；学员同期容纳量1.2万多人。兼有行政职能的培训基地有15个，属财政全额拨款的有17个，差额拨款的有3个，由管理费开支的有4个，属自负盈亏的有17个。已建立起一个近1 150多人的教职工队伍，占已有编制的81%；有职称的520多人，其中具有中、高级职称的250多人；具有大专以上学历的约540人。从1990年至1994年，已培训各类人员147万人次，构成全国乡镇企业教育培训服务体系的主框架。

省级乡镇企业培训基地基础建设和工作情况有四种状况：①培训基地与教育培训整体工作相结合紧密。以教育培训为主业，兼营科工贸，探索自主发展。重庆、大连、湖南、江西、河北、陕西、新疆、广西等地及长江三角洲培训网各培训基地与行政部门配合默契、协调合作，效果明显，既推动本区域乡镇企业教育培训工作的发展，又使基地自身走上良性发展的轨道。②基地自成一体，主要承担中等专业教育任务。甘肃省乡镇企业学校、黑龙江省乡镇企业干部学校、山西省乡镇企业函授学校等培训基地多年来主要从事普通或成人中等专业的学历教育，为本地乡镇企业输送大量中等专业人才，学校本身也得到一定的发展。③一些基地挪做他用，违背联办培训基地的初衷。一些地方基地和教育培训工作被割裂开来。有的把基地办成单纯的经营单位，有的把培训基地看作是一个"大包袱"；一些基地自建成以来，其房屋、设施一直做宾馆、招待所用，有的甚至将培训中心主权让给其他单位，靠租金来维持中心人员的生计。④一些基地仍在建、重建或处于"半拉子"工程状态。内蒙古、湖北、海南、江苏、青岛、厦门、西藏等基地处于在建或"半拉子"工程状态，有些资金缺口较大；安徽省的基地因1991年水灾被毁，河南省基地原址出售，均需重建；广东省只有培训基地的牌子，没有场所。

培训基地互查评分情况

基地名称	总分	分项评分情况			
	(120)	基础建设 (60)	组织管理 (10)	实绩 (30)	附加 (20)
重庆市乡镇企业学校	117	58	10	29	20
大连市乡镇企业培训中心	116.6	58.8	10	29.3	18.5
湖南省乡镇企业学校	116	60	10	28	18
江西省乡镇企业培训中心	111	60	9	29	13
黑龙江省乡镇企业干部学校	110	57	9	26	18
河北省乡镇企业培训中心	110	58	10	24	18
辽宁省乡镇企业培训中心	108.2	51.3	10	28.6	18.3
广西乡镇企业培训中心	106	55	10	28	13
新疆乡镇企业培训中心	106	57	10	26	13
上海市乡镇企业培训中心	105	60	10	27	8
无锡全国乡镇企业家培训中心	105	54	10	23	18
黑河乡镇企业培训中心	105	55	9.5	28.5	12
长春市乡镇企业培训中心	104.3	54.5	9.5	24.8	15.5
浙江省乡镇企业培训中心	104	58	8	26	12
山东省乡镇企业培训中心	104	49.8	10	26.1	17.9
陕西省乡镇企业培训学校	104	57	8	26	13
天津市乡镇企业培训中心	101	53	9	22	16
吉林省乡镇企业干部培训班	100.6	47	9.5	24.8	15.5
内蒙古乡镇企业培训中心	97	49	10	23	15
山西省乡镇企业培训中心	96	50	10	25	11
青岛市乡镇企业培训中心	93.2	44.1	9.3	24.5	15.3
成都市乡镇企业培训中心	93	41	10	28	14
福建省乡镇企业培训中心	92	53	8	26	5
沈阳市乡镇企业教育中心	91	42.3	8.7	25	15
北京市乡镇企业培训中心	90	46	7	23	14
云南省乡镇企业培训学校	80	48	7	19	6
四川省乡镇企业培训中心	76	38	9	22	7
宁波市乡镇企业培训中心	72	35	7	24	6
南京市乡镇企业培训中心	38	34	9	18	7
贵州省乡镇企业培训中心	68	34	7	19	8

外经外贸

基本情况
出口渠道、形式多样化
出口企业向规模化、集团化发展
“三资”企业
依靠科技进步扩大出口
贸工农出口商品生产基地建设
中西部地区外向型经济
·专　　文·
紧抓开放机遇　强化金融服务
　支持乡镇企业发展外向型经济
◀典型介绍▶
浙江省
河南省
青岛南星服装有限公司
浙江横店集团公司
茉织华集团公司
丹徒县龙山鳗业联合公司

【基本情况】 1994年,全国乡镇企业出口产品交货值达3 398亿元,占全国出口总量的1/3。其中化工产品176.99亿元,机械产品247.08亿元,矿产品108.71亿元,轻工产品607.11亿元,食品222.80亿元,土产品57.46亿元;畜产品103.59亿元,纺织品504.15亿元,服装549.15亿元,丝织品110.55亿元,工艺品348.30亿元,其他362.35亿元。生产出口产品的企业13万个,其中出口产品交货值超过3 000万元的企业有2 000多个,有250个企业被国家赋予自营进出口经营权。境外办厂、设点886余个,"三资"企业35 000多个,实际利用外资累计达156.8亿美元。乡镇企业生产的服装、家用电器、五金工具、纺织品在全国同类出口产品中占有重要位置。外向型经济的发展,推动企业科技进步和产品结构的调整,促进产品质量和总体素质的提高。形成全方位发展外向型经济的新格局:以沿海地区为主推进到中、西部省、区;周边省区边境贸易的发展把对外开放的末端变成对外开放的前沿。

【出口渠道、形式多样化】 随着我国外贸体制的改革深化,乡镇企业出口的渠道、方式已发生较大的变化。1994年,乡镇企业交外贸部门出口值为1 603.9亿元;合资合作(含自营出口)出口值679.9亿元;"三来一补"出口值为348.9亿元;间接出口值765.3亿元。出口方式的变化改变了过去"外贸要什么,企业就生产什么"的局面,特别是国家赋予符合条件的乡镇企业自营进出口经营权工作开展后,自营企业由1993年的156个增加到250个,其中一批企业在参与国内外市场竞争中崭露头角。浙江野风服装集团公司、广东顺德县蚬华电器工业公司、河南省镇平县地毯集团工业公司等企业自营出口额均超过1 000万美元,成为全国(包括国有企业)自营出口的先进企业。外贸、外资、外经齐发展使乡镇出口企业向外向型经济的内涵迈进。境外办厂、设窗口以直接利用国(境)外资金、技术、设备、人才和管理经验,更有利地参与国际市场竞争。至1994年底,全国乡镇企业境外办厂、设窗口(指在境外设立贸易公司、办事处)累计达886个,其办厂投资方式以合资为主,地点以发展中国家为主,设窗口以发达国家(地区)为主。黑龙江省国际工程技术合作公司1993年获得进出口经营权后,开展对俄罗斯的经贸合作,1994年对外签订承包合同、劳动合同11项,合同额为4 364.7万美元,年底完成2 146.3万美元;全年派出工程劳务人员1 659人,现汇贸易完成155万美元,在国外设立5个生产、贸易公司。"三来一补"出口继续发展,广东、福建两省继续处于领先地位。"三来一补"贸易中以来样加工为主。

以吸引外资,引进技术,提高管理水平,扩大出口渠道为目的的"三资"企业发展迅速,其中以现有企业嫁接为主。江苏省1994年"三资"企业新增2 500个,通过嫁接形式,与外商合资合作,引进资金、技术,推进企业技术进步和产品的升级换代,为外向型经济的进一步发展奠定基础;合资、合作企业增多,自营出口比重增加,形成外贸出口的两大板块。到1994年底,江苏省有61个乡镇企业被国家赋予进出口经营权,自营出口202亿元,比1993年增长近2倍;自营出口和"三资"企业出口值达624亿元,占全省乡镇企业出口总值的59%。在全国乡镇企业出口形式中"三资"企业出口、自营出口的比重1994年达到20%。

【出口企业向规模化、集团化发展】 全国乡镇出口企业主要分布在沿海10个省、市,出口产品交货值占全国乡镇企业出口产品交货值的91.4%。这些省市乡镇企业外向型经济的发展,形成了拳头产品:广东佛山的家用电器;苏州、杭州、上海的丝绸;北京、天津、大连的服装;浙江的工艺品。拳头商品的形成促进骨干企业以商品和以市场为要素走向集团化。到1994年,全国乡镇企业中有出口企业集团近500个,一批外向型企业集团在参与国际竞争中起到骨干作用。浙江横店集团、宁波金轮集团成为国家级的外向型企业集团。宁波雅戈尔集团股份有限公司经过十几年的艰苦创业,企业资产达到6亿多元,成为国家大型企业,从单一的服装行业拓展到对外贸易、商业、金融、建筑等行业;在香港、日本设立海外公司,初具跨国经营的雏形。浙江飞跃缝纫机集团公司其工业缝纫机产品有12大类30多个品种,年生产能力达35万台,80%以上销往80多个国家和地区;飞跃牌缝纫机在中南美市场占有率达到60%以上;1994年出口缝纫机18万台,出口创汇1 542万美元。大连大杨企业集团经过10多年的发展,成为拥有资产5.8亿元的企业集团,1994年出口服装386万件(套),完成产值6.4亿元,实现利税5 800万元,出品产品交货值41 376万元;生产的西服、风衣、羽绒服等10大系列服装畅销欧、亚、美洲的25个国家和地区;集团与世界各地的60多家客商和国内近百家客户保持密切的贸易关系,在境外设立贸易公司和分支机构。

【"三资"企业】 1994年,全国乡镇"三资"企业达到35 000个,其中1994年新增17 000个;乡镇"三资"企业出口总额679亿元,占乡镇企业出口总额的20%。

乡镇企业以其灵活的经营机制吸引境外投资合作者。来自香港、台湾地区,日本、美国、新加坡、韩国等国家的投资合作者看好中国大陆的乡镇企业。吸引一批国际大公司前来投资合作，兴建一批生产经营规模大、技术起点高的企业。乡镇兴办“三资”企业不仅吸引国外资金，而且对提高企业管理水平、引进先进技术、开拓国内外市场起到推动作用。

在乡镇“三资”企业发展中，外商投资领域由沿海向内地延伸，投资方向朝着产业化、多元化方向发展；“三资”企业单体规模扩大，外商投资比例上升；合资合作的形式由简单的生产要素组合向项目共同论证、设备共同选型、产品共同销售的紧密合作形式发展。在招商引资过程中，由沿海向中西部地区发展。1994年，沿海省市及中西部大部分省区分别组织项目、企业到东南亚、北美、欧洲招商引资。辽宁省1994年4月组织全省50多位乡镇企业厂长(经理)参加在新加坡、香港举行的辽宁省出口商品展销暨招商引资洽谈会，共签合同28项，合同金额4 226万美元；签订各类合作协议72项，总金额11.76亿美元，协议外资额9 982.6万美元。周边省区利用地缘优势开展招商引资工作，新疆的“乌洽会”、黑龙江的“哈洽会”、云南的“昆交会”等都有大批乡镇企业参加，对外招商引资取得较大成效。黑龙江省哈尔滨双太电子实业有限公司，是由哈尔滨团结实业总公司与韩国、以色列及国内大庆南垣实业总公司共同投资兴建的，总投资4亿美元，生产的软(硬)盘磁头、驱动器等产品全部出口到韩国、日本、美国、香港等国家和地区；1994年出口产品交货值84 267万元，成为我国电子行业中最大的合资企业。江苏省生产出口产品的“三资”企业2 529个，1994年出口额422亿元，占全省乡镇企业出口额的39.9%；张家港市、吴江县、江阴市、无锡县在吸引外资中由过去以小项目为主逐步转向大中小项目并举，以大项目为主，以“引凤筑巢”的方式吸引国际上大公司、大财团投资合作。

各地乡镇“三资”企业发展过程中配套资金(包括流动资金)紧张、不落实是制约招商引资工作发展的一个重要因素。福建省配套资金缺口达40%，影响对外交流与合作的开展。对“三资”企业的管理特别是后期管理应进一步加强。

【依靠科技进步扩大出口】 依靠科技进步，是乡镇企业发展外向型经济由保持量的增长到实现质的飞跃的根本措施。各地积极引导企业进行技术改造，引进、消化和吸收国外先进技术，利用科技成果、专利技术，采用先进工艺和设备，开发新产品。在发展劳动密集型产品出口的同时，扩大技术密集程度较高的机电产品和高附加值、高新技术产品的出口，增强出口的竞争能力和后劲。在服装、纺织、轻工、机电等行业的乡镇出口企业特别是出口骨干企业中，普遍引进、采用先进技术和设备，提高产品质量扩大出口。江苏武进芙蓉电子实业总公司先后4次共计用汇250万美元引进设备637台(套)，用以开发电子调谐器、精密电位器、厚膜电路等出口产品，1994年出口创汇2 094万美元，实现利税1 078万元。

出口企业布局趋向合理，出口产业结构逐步升级。浙江横店集团加大技改力度，上一批高科技项目，乡镇出口企业逐步在小区域内相对集中发展，形成具有不同区位优势和地方特色的外向型经济发展带、工业小区和出口基地。劳动密集型产业、传统产业、资源型产业比重下降，一些产品在国际市场上享有盛誉。江苏红豆集团引进国外的全套生产流水线，从织布、染色、成衣到印花等一整套工艺流程，在厂内实现一体化；1994年年产服装1 400万件，其中出口部分创汇1 000万美元。

【贸工农出口商品生产基地建设】 1988年至1994年，乡镇企业贸工农出口商品基地中标项目804个，总投资207.15亿元，其中国家贴息贷款6.56亿元。中标企业通过技术改造提高产品质量、档次，扩大企业规模，创汇能力明显提高。天津大港电焊条厂是1991年中标企业，经过技术改造，出口产值由1990年的335万元增加到1994年的4 020万元。经过贸工农出口商品基地建设的天津环球旅游帐篷厂、辽宁海城中档镁砂厂、山东耶利亚服装集团总公司、青岛飞龙工艺品公司等一批企业已成为出口创汇的骨干。河北定兴县丽华制帽厂在国家贸工农专项资金的扶持下，新增生产及配套设备340台(套)，建成一条成帽生产线，使礼帽产品由只能生产帽胎的初加工、低附加值、低技术含量向深加工、高附加值、高技术含量迈进一大步；出口创汇由技改前1992年的88万美元达到技改后1994年的315万美元，产品销往日、美、意、德等20多个国家和地区，并在全国同行业中首家获得进出口经营权。

贸工农出口商品基地建设促进了乡镇企业外向型经济健康发展，并取得较好的经济效益。贸工农基地专项贷款在运营项目中，平均每投入1元人民币可新增创汇0.8—1美元。河南省配合国家贸工农出口商品基地建设，从1988年开始每年安排贴息贷款2 000万元，用于本省贸工农生产基地建设；到1994年，省乡镇企业局协助出口企业，通过各种渠道安排技改资金近2亿元，贸工农生产基地发展到200多个，新增创汇15亿元。陕西省、安徽省等都安排贸工农基地专项资金用于出口企业的技术改造。天津市的30多个贸工农基地中标项目全部建成投产，开发生产出口产品38种，出口产品交货额58 100万元，产品远销欧、美、东南亚等20多个国家和地区，成为天津市乡镇企业中的龙头企业。

经贸工农出口商品生产基地建设扶持的企业中有33个企业获得进出口经营权，近100个企业形成企业集团，带动了乡镇企业外向型经济的发展。一部分企业已形成"一厂三外"，将外贸、外经、外资集一身，既生产出口产品，又利用外资，还在境外办企业。

贸工农基地建设资金已远远不适应乡镇企业外向型经济发展的需要，各地审核上报的项目因资金限制而不能扶持。出口基地的发展已向骨干商品、集团化方向迈进，并向出口小区发展。全国约5 000个乡以上的工业小区中不仅吸引"三资"企业、出口企业，而且集中贸工农中标企业。江苏森达集团经过贸工农基地建设资金的扶持，引进国外制鞋先进设备，被国内评为"十大鞋王"之一，出口量居全国同行业之首，于1994年获得进出口经营权；设立于交通便利的森达鞋城在江苏建湖县城小区内落成。

【中西部地区外向型经济】 1994年，中西部地区20个省、区根据乡镇企业起步晚、起点低的实际情况，确定"以外引内联求发展"的方针，把发展外向型经济作为振兴地方经济、增加农民收入、提高企业总体水平的大事来抓。中西部地区利用沿江、沿边开放及资源丰富的优势，发展乡镇企业，形成一批出口骨干企业。年出口产品交货额达到500万元以上的企业超过500个。1994年，中西部地区乡镇企业出口产品交货额达293.7亿元，比上年增长40.4%。

中西部地区乡镇企业在发展外向型经济中发挥自身资源优势，适度发展技术和知识密集型产业；狠抓区域经济开发，把有限的资源配置到已有的经济技术水平较高或地理位置优越的城镇，带动整体经济的发展。黑龙江省充分发挥资源优势的产品出口，亚麻、木制品、石材等产品形成出口群体；在全省228个出口企业中的30个出口企业集团出口产品交货额达13.61亿元，占全省乡镇企业出口产品交货额的90.2%。广西大力发展支柱行业，工艺品、矿产品、食品、烟花爆竹等发展较快；工艺品交货额9.96亿元，占全区乡镇企业出口交货额的45.6%；南丹龙泉矿冶总厂、北海市营盘珍珠公司、北海市第六瓷厂、博白江宁芒竹编厂获得进出口经营权。

抓外经外贸，开拓发展外向型经济的环境。吉林省推动省级工业小区的基础设施建设，创造良好的投资环境，增加招商引资的吸引力；组团赴外招商引资，介绍出口产品，洽谈合资合作项目，加强信息咨询；利用省政府制定的对外开放30条政策和扶持小区发展的22条政策，面向国内两个市场，借助外力促进乡镇企业外向型经济加快发展与提高。河南省实施开放带动战略，加强对外经济技术合作与交流，在全省乡镇企业中选出300个具有一定基础的企业(项目)到国外招商引资；培植新的出口增长源，抓好30个贸工农基地建设和23个具有进出口经营权企业的管理。山西省将省出口商品基地建设资金的20%用于乡镇企业，配套国家贸工农基地建设扶持年出口创汇100万美元的骨干乡镇企业和出口产品交货值达100万元的重点企业；省乡镇企业局会同省经贸厅确定扶持乡镇企业出口创汇定点企业，列入全省出口商品基地建设和出口商品运输计划以及技术引进设备的计划，促进乡镇出口企业的健康发展。（王德福）

专　文

紧抓开放机遇　强化金融服务　支持乡镇企业发展外向型经济

中国农业银行江苏省分行

主动把支持乡镇企业发展外向型经济摆上重要位置。 江苏省乡镇企业外向型经济的迅速发展，是从苏州、无锡、常州地区启动，很快形成沿海、沿江地区"三外齐抓、三外齐上"全面发展的强劲势头。江苏省农业银行置身其中，审时度势，自觉调整，加强服务。一是在银行系统统一思想，转变观念。多次组织各级行领导及信贷部门负责人赴广东等地考察，学习先进，找出差距，在全国农业银行系统率先提出全行办外汇，大力支持发展乡镇企业外向型经济的口号。二是率先成立国际业务部，下伸业务机构，苏州、无锡、常州地区基本上与企业外向型经济同步发展，做到哪里有外向型经济，哪里就有农业银行国际业务的服务机构。此外，与30个国家和地区近100家银行和金融财团建立业务往来。三是出台信贷扶持政策，强调外向型经济项目、企业优先论证，贷款规模优先安排，配套资金优先调剂，信贷力量优先配备。四是参与政府部门制定发展规划，各地政府只要成立外向型经济领导小组的，银行均列为主要成员，做到参与项目论证，参与业务谈判，参与投资管理，参与资金清算，为乡镇企业发展外向型经济提供良好的金融服务环境。

增加投入，选准投向，支持乡镇企业形成外向型经济优势。 在对乡镇企业发展外向型经济的资金投入上，通过多种形式筹集资金，提供资金保障。从现有的乡镇企业贷款规模中优先安排增量贷款；对以农副产品为主要原料的加工企业，生产的产品可以出口创汇的，调剂其他贷款支持企业出口创汇，形成以农业为基础的出口创汇企业；组织重点项目，争取专项贷款；引进外部资金，发放外币贷款；帮助企业多方联系，通过企业间拆借、部门投资、地方集资等多渠道在国内外引进资金；督促和帮助企业加强资金管理，清理有问题资金占用，使增加的信贷投入用好用活，满足企业发展外向型经济的资金需要。

在增大信贷投入的同时，按照“分类指导，突出重点”的原则，坚持因地制宜、因企业制宜。在地区上，实施区域信贷政策。对经济比较发达的地区，侧重支持发展高、精、尖项目和产品，以及省级以上开发区建设，“三外”齐上，立足提高；对经济欠发达地区，侧重支持利用本地资源优势，发展传统产业，进行延伸加工，立足发展。对企业，突出支持重点，发展外向优势，具体为：

支持有创汇条件的企业引进技术、设备，进行技术改造，实施科技开发，争取产品上档次，上效益，跻身国际市场。全省1990年到1994年，累计发放企业设备贷款近80亿元，支持5 000多个企业引进关键设备或先进技术，配合科技、“星火”贷款投放，提高产品质量档次，开发新的品种，已经形成在国际市场上有竞争能力的科技新产品2 000多个。省农业银行重点支持吴江市丝绸行业技术改造，从日、意、苏、德等国家引进300台无梭织机及配套设施，引进印花机、染色机、丝绸服装生产线等20多个项目设备，使丝绸出口量每年以600多万米的速度递增，产品销往20多个国家和地区。1992年支持“苏锡常火炬带”21个科技项目，大部分属于出口创汇产品或替代进口产品。

支持名牌产品上批量，扩市场，多创汇，形成批量优势。江都市皮毛厂出口珍皮服装，1991年黄狼大衣获国际博览会金奖，羊皮、狐狸皮、猫狗皮服装亦有一定知名度，1991年创汇仅440万美元；在省农业银行支持下，改进生产线，扩大产品产量，先后为其发放贷款7 077万元，使企业销量增长，1994年实现创汇1 720万美元。泰兴市化工总厂生产的四醚和靛蓝产品俏销国际市场，省农业银行为其增加贷款1 000万元后，1994年实现创汇额1 774万美元，比上年增长73%，销售量居世界第一。江苏双良集团，1986年开发第一台溴化锂吸收式制冷机，由此带来我国空调制冷行业的一场革命，经省农业银行支持，在国内同行业中创下生产规模、技术水平、市场占有率、售后服务、综合经济效益的“五个全国之最”；1994年生产1 500台制冷机，销售产值4.7亿元，利税8 700万元，市场占有率60%以上，部分产品出口国外，与中国机械进出口公司和上海核器材公司配套进入国外核电站工程。

支持联合经营，培植稳定的出口创汇基地。结合贸工农专项贷款投放，实施省政府制定的龙头带动战略。1990年以来，省农业银行累计贷款260多亿元，支持100多个上规模的贸工农型出口创汇基地。江苏晨风丝绸集团公司，拥有省内外蚕桑基地、生产加工基地，分别与省内外多家外贸公司联营，组成企业集团；1994年实现产值3亿多元，创汇2 860多万美元，居全省同行业之首。

支持开发区建设，吸引外资，发展生产，扩大出口。省农业银行对开发区项目优先论证，项目优先安排，规模分配优先考虑。先后增加昆山经济开发区、连云港开发区、南通港开发区、张家港保税区贷款规模2亿多元。各县市支行也集中规模重点支持开发区建设。武进县支行支持横山桥化工开发区建设，使化工产品形成系列开发，20多个产品畅往欧美等国家和地区，形成特有的出口创汇优势。为突出支持重点，扶持一批出口创汇大户，自1989年起，在全省选择重点企业，省分行集中规模予以支持。1993年起，选择乡镇企业中年销售收入过亿元、利税过1 000万元或创汇过1 000万美元的企业161个，采取省、地、县三级银行联贷共保。省分行还对大的项目投资及经济开发区专项下达贷款规模，给予特别支持。

跟踪管理，强化引导，帮助乡镇企业解决发展外向型经济中的实际问题。省农业银行根据乡镇企业发展外向型经济的不同形式，有针对性地采取一些贷款管理措施，提供服务，促进企业提高自身管理素质。

对企业直接组织产品出口的，督促企业要求对方开立信用单证，有信用证的方可组织生产。尤其是新发展的客户，企业无信用证组织生产的，银行不予提供贷款，防止企业合同不能兑现或延期付款而造成损失。

对出口产品的支持，首先注重国内市场，看国内有无足够市场容量再决定新上项目或扩大批量，慎重支持单纯依赖出口才有生存可能的产品生产，特别是两头在外企业，须在原料来源、产品销路均落实的情况下，方可支持生产，并主要解决流动资金。

对合资上项目的，要求外方资金首先到位，在外方资金到位或确有把握到位的情况下，才同意企业实施项目投资，并督促中方企业自筹资金到位。若有贷款的，则要求先用自筹资金，后用银行贷款，视工程进度及设备到货情况，采取逐笔贷款。

对外方提供设备或技术的，要求双方在签定合同时，强调外方对合资后的企业盈利水平予以保证，并要求外方投资设备价格不得超过外方投资额度，对投资或代购的设备，须通过查询，货比三家，防止项目失误造成中方更多的损失。

对大额投资项目或创汇大户，建立联系制度，了解企业的产销及资金营运情况，发现问题及时督促解决。有贷款的，派驻厂信贷员，参与企业财务管理。

提供信息咨询。企业合资合作，遇到外方出设备或代购设备的，利用信息公司为企业提供信息咨询，制止二流设备及高价设备的流进。近两年来，通过银行信贷参与，全省减少损失3亿多元。

办理外汇业务结算。在外向型经济发展比较集中的地区，成立国际业务部或代办处，为企业提供信贷、结算、咨询等服务，并在营业所开办外币存款业务。国际业务网络已覆盖全省，方便企业存款、结算。直接办理结算业务后，加速了企业资金周转，使企业资金结算期缩短2—3天。

参与企业业务洽谈。乡镇企业接受外来合资、合作项目，及一些金额比较大的业务合同，银行信贷部门都参与，了解企业经济活动情况，防止企业决策不妥造成经济损失。

◀典型介绍▶

【浙江省】 1994年，浙江省乡镇企业出口产品交货值达503亿元，比上年增长70.3%；出口生产企业9 507个，比上年增加2 924个；出口商品品种2 000多种(类)，出口到130多个国家和地区；新办"三资"企业1 045个，协议利用外资6.08亿元，分别比上年下降48%和14%。全年获自营进出口权的企业21个，累计达52个；1994年自营出口创汇7 967万美元，比上年增长83%。1994年新办境外企业42个，累计达82个。

乡镇企业主体外向化的新格局初步形成。1994年，全省乡镇企业出口产品交货值占乡镇企业销售收入的12.14%。随着出口大户的涌现，外向型企业在重点骨干企业中的地位进一步得到确立。1994年出口产品交货值超5 000万元的乡镇企业达140个，其中超1亿元的企业38个。有许多企业通过引进资金和设备，进行规模生产和经营，成为出口创汇大户。浙江茉织华集团公司，1979年创办时仅是一个只有十几个人的镇办小厂，1994年职工达5 000多人，创产值8.5亿元，出口创汇8 000万美元，荣获中国纺织总会授予的"全国服装八强企业"称号。有的企业出口商品在国内同行业中占有重要地位。绍兴兰衣电子集团的黑白电视机、浙江飞跃集团的工业缝纫机、浙江节日灯总厂的节日灯、横店企业集团的磁钢、鄞县小轮车总厂的小轮车、浙江万达集团的手工工具等，其出口份额分别为全国总出口的10%—30%。企业、产品的规模经营是浙江省乡镇企业主体外向化格局初步形成的有力促进因素。

利用外资逐步走上正规，由追求数量型向注重质量效益型转变。1994年，浙江省乡镇企业利用外资出现外商投资规模扩大、外资投资比例提高、外商资金到位率提高、合资项目质量提高的新局面。海盐县1994年新增"三资"企业33个，有9个总投资超过100万美元，其中2个超过1 500万美元；"三资"企业的平均投资额由上年的108万美元增加到233万美元；协议利用外资占总投资的比重达到59.7%，比上年提高15.6个百分点；新办"三资"企业实际到位资金1 103.9万美元，占应到位外商资金的73.27%，而1993年仅为16.55%。宁波市抓住重点大项目，在新办"三资"企业数量减少的情况下，协议引进外资额仍增长17.2%。1994年宁波市北仑区有两个乡镇企业项目利用国际贷款。

"一厂三外"进一步拓展，形成外向型经济发展的新思路。许多企业开始双向开拓，一方面抓住时机瞄准产品和市场，引进外资进行规模生产和经营，发展自营进出口，开拓国际市场，占取市场份额；另一方面，依据已有实力向外投资，进行跨国经营。宁波市大中实业总公司，1988年以前还是一个生产玩具的小企业，1988年、1989年先后与香港方兴公司、美国大中集团合资经营，1992年4月，在美国洛杉矶设立第一个境外合资企业；1993年在美国、澳大利亚、巴西、墨西哥等相继设立经营窗口，初步建立具有一定规模的国际销售网络；1994年公司实现产值1.55亿元，利税1 040万元，出口产品交货值1.26亿元，其中自营出口6 280万元。绍兴第一印染厂在办起4个中外合资企业的基础上，在美国、多哥、阿联酋、乌拉圭和香港办起5个跨国(地区)公司；1994年出口产品交货值达2.1亿元，其中自营出口107万美元。

加强企业管理，提高整体素质，努力与国际市场接轨。1994年，浙江省外向型乡镇企业纷纷举办ISO9000质量管理和质量保证国际标准体系培训，选送人员外出学习或邀请专家、学者到企业进行辅导，鉴照ISO9000质量保证体系工作程序，改进企业的产品质量和管理模式。至1994年底，全省有3个乡镇企业通过该体系标准的评审和认证。

在与国际市场接轨的过程中，为提高其整体素质，企业越来越重视人才的引进和培养。1994年9月，我国第一所乡镇企业集团大学——横店大学正式开学，录取250名学生进入该校工业外贸等三个专业学习。慈溪市乡镇企业局1994年8月与杭州大学外语系签订协议，由杭州大学每年为慈溪市乡镇企业开办外贸英语班，每期选送50人入学；至1994年底，三年内慈溪市乡镇企业还引进人才639人，其中外贸专业人才占1/3以上。为使已获自营进出口权的乡镇企业更好地用好自营进出口权，省乡镇企业局与省外经贸委、省计委联合举办乡镇企业外销员岗位证书培训班。

（浙江省乡镇企业局）

【河南省】 1994，河南省乡镇企业出口产品交货值达45.5亿元，比上年增长32.2%，相当于河南省外贸出口的1/3。乡镇"三资"企业由1993年的17个发展到1994年的354个，实际利用外资2.59亿美元。到1994年底，全省有25个乡镇企业获得出口自营权，有11个企业出国办厂（公司），在国外、境外设立的外经贸窗口60多个。全省建成贸工农出口商品生产基地200多个，组建500多个出口企业集团和群体。

*创造宽松的发展环境。*1988年，河南省政府发出关于鼓励乡镇企业出口创汇的文件，对乡镇企业发展外向型经济的资金来源、能源和物资、交通和运输的保证，财政、税收政策的优惠，外贸部门的配合及外汇留成等方面作出明文规定。1994年，省委五届九次全会要求要大胆地实施开放带动战略，要搞好招商引资，把引进大财团、大老板、兴办大项目作为发展外向型经济的一项重要工作。全省17个市地结合各自的情况和特点，制定鼓励外向型经济发展的政策，成立机构，作出规划。许昌、周口、商丘、焦作等地把发展外向型经济列入年度目标考核；南阳市委、政府把发展外向型经济摆上突出位置，主要领导亲自抓。不少县委书记、县长亲自与外商洽谈项目，现场办公，帮助解决"三资"企业的立项、审批、电力、信贷、征地等难题。南召县实行包乡镇、包行业、包企业、联指标、联政绩的责任制，加强对外向型经济的领导。

*发挥优势，选准发展外向型经济的重点。*河南省乡镇企业发展外向型经济，主要在资源型、劳动密集型、传统工艺型和现有工业基础上做文章。全省范围内围绕这四个方面，抓出几个企业集团，形成几条龙，创出几个拳头产品打入国际市场，增加出口创汇，来带动整个乡镇企业外向型经济的发展。

在全省范围内，选择一批企业加以重点引导、扶持，使其上档次、上规模、上水平，成为创汇大户。引导组建一批企业集团和群体，在资金等方面给予支持。几年来，全省共组建不同类型的集团公司和生产群体500多个。这些集团公司和群体的组建，逐步形成每个产业都有自己的龙头，在国际市场上站稳脚跟。

支持、鼓励企业多层次、多形式、多渠道、多口岸出口。企业与外贸部门建立各种形式的联合，利用外贸部门掌握的信息、客户和渠道，尽可能把更多的产品销往国际市场，逐步实现贸工农、科工贸、农工贸一体化，种养加齐发展，产供销一条龙。主要通过全国各外贸公司、工贸公司、"三资"企业、自营出口、"三来一补"、联营联合、国外办厂设点等形式，使产品走向国际市场。

*扩大出口产品种类，促进外向型经济快速发展。*河南省南阳地区有着传统的工艺加工技术，如玉雕、烙画工艺品等，很受国外客户的欢迎，通过因势利导，帮助其发展，使产品很快畅销国际市场。林州市发挥生产汽车零部件的优势，成立两个集团总公司，洛阳市环球实业总公司等企业搞规模化生产，走集团化道路，形成整体优势，开拓国际市场。1994年，河南省委提出实施"开放带动战略"，实行全方位开放。在出口创汇的同时，大胆引进外资，到国外去办厂、办企业。全省乡镇企业外向型经济保持持续、快速的发展。

*强化指导，狠抓服务，帮助企业解决发展中的实际问题。*贸工农出口商品生产基地是河南省乡镇企业出口创汇中的大户，也是外向型经济的龙头。从1988年起，省政府每年安排贴息贷款2 000万元，用于省贸工农基地建设。筛选一批好企业、好项目，向国家申报争取支持。利用农业开发、轻纺投标等机会，为企业提供支持，促进出口基地企业的发展。全省贸工农商品生产基地新增创汇15亿元。

选择部分生产规模较大，外贸生产时间较长，产品在国外有市场的企业，搞好出口自营权的申报工作。全省已有25个企业获得出口自营权，有些出口自营权企业还作到当年申报，当年出口，当年盈利。

几年来，通过农业部、国家贸促会、中美联络处、中国外商投资协会等渠道，先后组织厂长、经理到美国、日本、新加坡、马来西亚、泰国，意大利、孟加拉、香港等国家和地区学习考察，参加展览会、洽谈会、招商会等，使企业树立大力发展外向型经济的信心。1990年，成立河南省乡镇企业出口协会，负责为企业培训人才、传递信息、交流技术，为企业穿针引线，铺路搭桥，在发展外向型经济中发挥作用。 （河南省乡镇企业局）

【青岛南星服装有限公司】 青岛南星服装有限公司是由山东省胶南市大珠山镇的青岛胶南第一服装厂与韩国泰镐通商株式会社共同投资兴办的合作企业。自公司建立以来，充分发挥企业的自身优势，加快调整产品结构步伐，走"嫁接式"的发展道路，实施外向带动战略，开拓国际市场，发展服装加工业，使一个原只有20台陈旧设备，40名职工的小型服装厂，发展成为拥有固定资产1 880万元，职工1 800名，以加工出口皮衣为主导的外向型综合性服装加工企业。生产的皮茄克、皮马夹、皮长短大衣、皮裙等系列产品，远销德国、美国、英国、日本、东南亚等40多个国家和地区。1994年，完成出口产品交货值5.8亿元，出口创汇6 908万美元，实现利税880万元。企业曾荣获"青岛市高创汇外商投资企业"、"青岛市信誉良好企业"等称号。

两眼向外，寻求发展新天地。公司的前身是一个规模小的镇办服装厂，由于产品单一，档次低，国内销售受阻，国外销售无望，企业的发展十分艰难。面对日益严峻的企业困境，公司确定"立足企业实际，面向国外市场，新辟外引渠道，实施外向带动，努力增强企业实力，加快发展出口服装加工业"的经营战略，并把寻求企业发展的目光迅速转向国际市场，多渠道捕捉信息，寻求合作机会。1993年2月，与韩国泰镐通商株式会社达成合作生产系列化高档皮衣的意向，使企业开始新的经营转机。

突出"三快"，抓住机遇促发展。为实现成功合作，推动企业快速发展，在公司组建和运营过程中，突出抓好"三快"：一是形成意向后，抓紧谈判快签合同。对此，采取原则性和灵活性相统一的策略，在谈判过程中，正确处理双方利益关系，精诚合作，促成外方早签约。仅用30天时间，就签定双方合资102万美元新建南星服装有限公司的合同，迈出对外合作的第一步。二是全力筹资快速建设厂房、安装设备。为满足韩方对生产高档皮衣提出的新建厂房，保证卫生环境达标的要求，公司通过多种筹资方式，以较快的速度筹集260万元，实行边征地、边建设，仅用3个多月，3 400平方米高标准厂房全部竣工，赢得快速投产的主动权。三是全面加强业务培训，提高人员素质。组织中高级管理人员到外地参观学习提高管理水平；实行厂内培训，对260名有缝纫经验的职工进行培训，并安排在质量要求严格的车间，保证关键工序质量达标。同时，招收80名裁剪专业毕业生，充实到裁剪车间，使其尽快成为技术骨干。从而使公司员工的技术素质快步跃上新档次，保证产品质量全部达到出口标准。加强对进出口业务人员的培训，采取走出去、请进来的办法，参加海关、商检、外汇管理、外经外贸等部门举办的进出口业务培训班，提高进出口业务人员的素质。

科学管理，提高企业经营水平。引进国外管理经验，取其之长，探讨适合合作企业特点的管理方式，是公司运作过程中重点把握的问题。按照合作分工，公司负责生产调度和现场管理，为保证企业的高效运转，只设总经理领导下的一个分管生产副总经理和一个生产部长，另配会计、出纳，其余的中层干部全部到一线带班生产，实行岗位目标管理责任制，减少中间环节，增强现场管理的时效性，保证生产指挥与管理的同步到位。

建立科学、合理的工资分配机制。由公司视月份营运状况，将工资分到各部主管，根据每个职工的产品数量、质量指标完成情况、出勤和遵守岗位纪律情况发放工资，既提高工作效率和质量，又增强岗位纪律性，保证出口交货任务的按时完成。

建立全面质量管理机制，严格操作规程，把好工艺流程关，所有工序均由外方技术人员制定生产标准，禁止无标准生产；落实岗位职责，把好全员质量检验关，在车间与车间、职工与职工之间形成紧密相连的质量互检网络，发现产品质量问题立即纠正；节约下料，把好材料消耗关，最大限度地提高材料利用率，1994年，全公司仅节约材料一项就增加效益36万元。经国外客户检测，产品优质率达78.9%，出口合格率达100%。

优化环境，改善服务，增强对外吸收力。近几年来，公司始终坚持把改善软硬环境建设作为招商引资的首项工作来抓。在硬环境建设方面，对供电线路进行整改，为生产的正常进行提供可靠的保证。在软环境方面，为搞好外方人员的生活、食宿服务，筹资建设专用性宿舍楼，为外方工作人员创造一个安静、舒适的工作、生活环境。与青岛经济技术开发区海关搞好合作，使进出口业务实行统一免税、报关、核销，简化中间环节，维护外商的利益，促进企业的发展。

（青岛南星服装有限公司）

【浙江横店集团公司】　浙江横店企业集团公司是全国首家乡镇企业集团，下辖12个行业子集团，142个紧密型骨干企业，800多个半紧密型、松散型企业，在全国各地建有20多个生产基地和贸易窗口，在美国、香港等地创办4个境外公司。1993年获得自营进出口权，有100多种产品行销海外40多个国家和地区。1994年完成出口产品交货值5.1亿元，销售收入11.2亿元，自营创汇额270万美元。

走集约化之路，创规模优势。为增强集团的凝聚力和向心力，公司加大改革力度，推出"社团经济"所有制这一公有制性质的产权制度改革模式。以"共有、民营、主导"为核心内容的"社团经济"，以"主导"强化集团核心层的宏观调控能力，以"民营"保证企业的市场行为主体资格，以"共有"调动全体员工的劳动积极性。

这一改革，有效地保证集团实施高科技、外向型的发展战略，在行业结构和产品结构的调整中，顺利实现产品的升级换代。90年代以来，投入技改资金4.6亿元，实施项目48项，从而迅速实现传统劳动密集型产业结构和产品结构向高科技、外向型经济的转变，把横店的乡镇企业引向超常规发展的快车道。建成全国规模最大、品种最全的磁性工业材料基地，其中仅生产扬声器用磁钢系列产品一项，年产量就达12亿只，80%以上产品出口日本、韩国、荷兰等20多个国家与地区。

抓高科技项目，增强竞争能力。公司通过关停并转，整顿一批老企业，兴办一批科技含量高的企业，并加大技改力度，上大批高科技项目。其中高压赋能铝箔、特种铝电解电容器、大屏幕彩电集成块，以及抗肿瘤新药"百事泰"等10个国内首创、居世界领先水平的项目，使集团提高了参与市场竞争的能力。公司下属各行业集团都有自己的拳头产品。1994年主要出口行业出口产品交货值分别为：纺织1 049.7万元、服装8344.7万元、机电25 393.5万元、化工6463.7万元、工艺117万元、其他为9 635.4万元。

促外向型经济，求最佳效益。1993年获得自营进出口权以后，成立横店进出口总公司，建立20多个出口产品生产基地，其中年出口产品交货值在2 500万元以上的有5个。公司充分利用这一有利条件，重新调整部署，把进出口工作的重心放在促进外向型经济、追求最佳效益上，主要抓以下方面：①抓技改以提高产品质量和科技含量。对原出口产品严把生产质量关，做到好中求精，以产品高质量、高科技含量来稳定老客户，吸引新客户。②拓展出口营销业务。一手抓产品开发，一手抓市场开发，以稳定老客户为基础，以争取新客户求发展，以直接营销创效益。通过集团进出口公司，为集团成员企业跟外商牵线搭桥，通过直接出口把企业经营推向海外市场，为企业办理有关手续，提供便利条件，减少中转环节，缩短销售周期，降低成本和价格。集团的出口业务范围发展到磁性器材、机电、化工、制药、服装、工艺品等多种行业，客户遍及美、日、德、韩、奥地利、比利时，匈牙利以及东南亚、中东等40多个国家和地区。③重公关，以广泛宣传产生经济效益。借助各种新闻媒体传播集团信息，树立企业形象，通过发展公共关系，提高企业声誉。并以各种招标会、订货会、洽谈会，吸引各国客商来横店实地考察、看样订货、洽谈业务，形成用户与厂家直接见面，以销促产的良性循环。

（金钦良）

【茉织华集团公司】 茉织华集团公司是以生产出口服装为主，并拥有印刷、服饰辅料、水洗漂染等行业于一体的企业集团，有10多个合资企业，固定资产3亿元，员工5 000多人。1994年，集团公司创产值8.5亿元，出口创汇8 000多万美元，连续4年保持浙江省"三资"企业出口创汇领先地位。先后被农业部、外经贸部、浙江省政府授予全国最佳经济效益乡镇企业、全国外商投资先进单位、浙江省出口创汇先进企业称号。

强化内部管理，奠定发展的基础。公司形成一套有128条在同行中具有先进性、合理性、科学性的管理标准体系。每一个岗位，每一道工序都有标可依、有章可循。物资管理、仓库管理、生产定额管理、经济责任制考核等方面，制订详细的标准，严格要求每个职工按工艺标准进行生产。实施企业标准化管理后，使企业取得显著的成效。

根据合资后的新要求，制订许多新的办法和措施，加大强化内部管理工作的力度。对招收新职工，坚持上岗前培训，考试合格者上岗，以老带新等。同时每年选拔十几名优秀职工赴日本研修，成绩优秀者，回来后安排在重要和关键岗位。几年来，有50多名职工赴日本培训，已有20多人学成回来成为企业业务的骨干。

企业从生产计划的制订、排版、生产调度、货物进出口、财务、银行结汇等全部采用电脑管理，做到科学性、及时性、准确性三者相统一，提高了工作效率。

注重技改投入，提高产品的档次与质量。4年来，公司的收益基本上都用于企业的扩大再生产，实行滚动发展，累计用于服装生产设备的总投资超过1.5亿元。花300多万元引进4套国际最先进的服装设计电脑排版系统，力求服装设计排版的科学合理，把损耗减到最低限度。设计的服装用料，比国外客户要求的服装布料消耗节省2%。调整生产工艺流程，细化专业分工，投资5 000多万元，引进全自动拉布机、全自动开袋机、全自动包缝机、高压整烫机、HP定型加工机等系列服装专用设备，大幅度地提高劳动生产率，降低单位产品劳动成本。

注重新项目开拓，实现多元化经营。近年来，公司与日商合作先后创办浙江茉织华印刷有限公司、嘉兴茉织化漂染有限公司、嘉兴太洋服饰辅料有限公司等，这些企业的成立，起到相互依存，优势互补，调控发展之目的。总投资达1 800万美元的茉织华印刷有限公司，拥有16台高速轮转印刷设备，专业生产各种无碳、涂碳办公用纸、EMS邮政特快专递详情单及各类金融有价票证，1994年实现产值8 000万元。印刷公司承揽国家增值税发票等重要票证的印刷任务，这是除中国造币公司直属企业外，全国唯一一家承担印刷增值税发票的企业。

（李勤夫）

【丹徒县龙山鳗业联合公司】 龙山鳗业联合公司是江苏省丹徒县黄墟乡龙山村的村办企业。1994年完成产值15.3亿元，实现利税1.8亿元，出口创汇近7 000万美元，人均创汇6万美元。有9个分公司，其中5个中外合资企业，4个联营企业，拥有固定资产2.3亿元，共引进外资850多万美元。初步形成鲤鱼养殖、饲料生产、烤鳗加工和出口的渔工贸一体化、产加销一条龙的外向型、综合性、集团型的联合企业。

*选准起步产品，瞄准国际市场，实现规模经营。*龙山邻近鳗鱼苗产区，有一定的养鳗条件。1987年10月，公司建起11个总面积为6 000多平方米的露天养鳗池和23个总面积为8 000多平方米的温室养鳗池。第二年3月开始投苗，当年出口销售鳗鱼51吨，产值204万元，获纯利润89万元，企业发展有了一个良好的开端。

1989年后，通过走横向联合之路，促进企业上规模、上批量，形成规模优势。鳗鱼养殖先后到仪征、东台、如东、启东等寻求合作伙伴。1989年底，与仪征化纤公司热电厂合作，用三年多时间建起28万平方米的温室养鳗基地；1992年11月到1994年底，先后与广东顺德和中山合作，建成12 000亩露天养鳗池；1993年1月，承包谏壁发电厂养鳗场8 000多平方米温室养鳗池。形成具有年产成鳗8 000吨和培育鳗种5 000万尾生产能力的鳗鱼养殖基地，在同行业中以其规模优势取得市场竞争主动权。1991年至1994年，公司每年以152.6%的速度发展递增。

*提高系列延伸，外引内联，优化资源配置，在产品多次增值中提高效益。*1989年，与日本东永株式会社合资，投资502万美元创建镇江长江饲料有限公司。产品出口日本、韩国、台湾等国家和地区。1991年，与上海食品进出口公司联营，兴办申丹阿尔法淀粉公司，与长江饲料公司相配套。这两个企业的创立，使公司摆脱养鳗饲料对市场的依赖。1994年，公司鳗鱼饲料产量14 000吨，产值1.8亿元，实现利税2 800万元。

1992年，与大日本贸易株式会社和东永株式会社合作，分别创建镇江申日烤鳗公司和深圳东龙烤鳗公司。1993年，这两个公司边开办、边生产，生产烤鳗536.1吨，实现产值1.38亿元，出口创汇1 000万美元，产品销往日本、香港市场。1994年初，公司接手一家原由日商投资和经营的中山三和龙烤鳗厂，投产后两个月时间就收回全部投资，到年底，外销烤鳗1 155吨，创汇2 134万美元，创利2 000万元。1994年9月，中外合资烤鳗工厂——顺德市龙昌烤鳗厂投产，到年底外销烤鳗517吨，创汇1 109万美元，纯利1 000万元。公司新上鳗鱼内脏加工和鳗鱼骨头榨油两个项目，形成月处理鳗鱼内脏和鱼骨头20吨的生产能力，每年可新增纯利润约500万元。公司与镇江中药厂、日本竹内见和子三方合资，建成镇江和和保健制药有限公司，以鳗鱼头为主要原料生产生物保健药品，形成年产40吨、产值2 000万元的生产规模，新增利润150万元。

*实行灵活的经营策略，加大出口创汇力度。*近年来，公司外向开拓还得益于“三资”企业的自营进出口权。公司先后组织50名员工到日本、泰国、香港、丹麦和法国考察，可以直接对外订货，有选择地引进国外先进设备；可以与外商直接谈判成交，提高信息反馈速度，减少中间环节，为直接参与国际竞争创造有利条件。在出口创汇产品上，按照市场规律实行“两条腿走路”的方针，当日本市场活成鳗价位上涨时，就出口活鳗，当烤鳗市场看好时，就出口烤鳗。通过两种产品的调节出口，既影响着日本市场行情的波动，又降低企业风险，提高企业效益。

（丹徒县龙山鳗业联合公司）

劳动卫生安全环保

专 文

加强综合治理 做好劳动安全卫生工作

农业部乡镇企业局

乡镇企业劳动安全卫生工作取得明显成效

开创具有中国特色的劳动就业新路子。乡镇企业的劳动就业，走出了与农村工业化相结合的路子。我国农村剩余劳动力的转移，随着乡镇企业集中连片发展，小城镇建设的加快，农村新一代产业职工队伍进一步发展、壮大，走出了与农村工业化相结合的路子。

乡镇企业的用工制度，适应了社会主义市场经济规律。乡镇企业实行以合同工、临时工为主的用工制度。干部能上能下，职工能进能出；企业有选择职工的权利，职工有选择企业的权利。在分配上，兼顾国家、企业、职工三者利益，根据按劳分配的原则，采取联产计酬、浮动工资、计件工资等形式，按贡献大小、效益高低分配，并实行质量、安全、革新、节能、降耗等多种专项奖励。这种用工机制调动了职工的劳动积极性。

乡镇企业建立社会保障体系有一个良好的开端。随着乡镇企业职工队伍的扩大，社会保障事业成为广大乡镇企业干部职工普遍关注的重要问题。近几年，各级乡镇企业主管部门，引导企业根据生产力发展水平和经济承受能力，采取社会保险和商业保险多种办法，开展职工养老、意外伤害、医疗、财产等保险，为乡镇企业职工的社会保障工作探索了一些经验和办法。

农业部颁发《乡镇企业劳动管理规定》、《乡镇企业职工养老保险办法》，加强了乡镇企业的劳动法规建设。

依法强化乡镇企业职业卫生管理、监督。近几年，各级乡镇企业主管部门为控制职业危害做了许多工作。“八五”以来，农业部颁布了《乡镇企业安全生产和工业卫生管理规定》，使乡镇企业职业卫生规章制度不断规范和完善，增强了各级领导和广大乡镇企业职工的职业卫生意识。

在实际工作中，坚持以防为主，防治结合，推广适用治理技术，有效地治理尘毒等职业危害；根据国家产业政策和职业卫生要求，关停一批工艺落后、尘毒危害严重、治理无望的企业。

乡镇企业安全生产管理工作得到加强。自1989年全国乡镇企业安全工作会议以来，各级乡镇企业主管部门根据《矿产资源法》、《矿山安全法》，结合本地实际情况，制定一系列的安全生产管理办法，使乡镇企业安全生产法规体系得到完善。农业部出台《乡镇企业安全生产和工业卫生管理规定》。到1993年底，约有40%的省、市、区乡镇企业行政主管部门设立专管安全生产机构，每个省、市、区有人专管或兼管安全生产工作，从上到下基本上形成安全管理网络。1993年集中力量抓乡镇企业安全生产监督体系建设，部、省两级任命1 000名安全监督员。各地建立健全安全目标管理和安全生产责任制，开展“班组安全建设”和“企业安全评价”活动，制定、完善岗位安全操作规程，以安全生产岗位责任制为中心的各项制度进一步规范化。

建立健全安全管理激励机制。农业部先后命名表彰全国乡镇企业安全管理先进集体129个，全国乡镇企业优秀安全管理工作者229名。许多地方改变安全管理中只罚不奖的做法，制定安全管理奖励办法，对在安全管理中作出突出贡献的单位和人员进行表彰奖励。从1994年起，农业部每两年对全国安全管理先进管理集体和优秀安全管理工作者进行一次表彰，以激励、提高各级乡镇企业主管部门和乡镇企业抓安全管理的积极性和主动性。

煤炭行业抓依法办矿，完善安全管理规章制度，落实煤矿作业、操作、保安三大规程，强化通风，防瓦斯、防火、防尘管理等工作；推广四川省大邑县等综合治理乡镇煤矿，切实解决井点过多和矿井不符合安全条件的经验，加强对瓦斯、透水、顶板等事故的防范。全国乡镇煤矿百万吨死亡率呈逐年下降的趋势：1991年为10，1992年为9.7，1993年为8.7，1994年为8.5。

烟花爆竹行业，以安全管理为中心，重点贯彻《烟花爆竹安全与质量》、《烟花爆竹计数抽样检查规则》、《烟花爆竹劳动安全技术规程》和《烟花爆竹工厂设计安全规范》四个国家标准，严格审批手续，落实各项规章制度，开展产品安全配方攻关，进行职工安全技术培训等工作，事故逐年减少。1993年死亡400多人，1994年死亡300多人。

各地严格实行消防目标管理，建立群众性的防火制度；实行“预防为主，防消结合”，配备必要的消防设施；加强对重点防火单位尤其是“三资”企业的监督工作，消除火灾隐患。全国乡镇企业火灾事故，1992年2 863起，直接经济损失1.06亿元；1993年1 242起，经济损失5 285多万元；1994年1 200起，经济损失3 060.4万元，火灾起数和经济损失均有下降。

乡镇企业劳动安全卫生工作存在的问题

一些地方乡镇企业主管部门安全管理机构弱化。在机构改革中，有的地方乡镇企业主管部门撤并安全管理机构，裁减安全管理人员，造成安全队伍不稳定、安全管理机构弱化，导致安全管理不到位。

部分企业不能正确处理安全与生产的关系。有的企业偏重追求发展速度，忽视安全生产；有的企业在选择项目时，不考虑安全设施，致使生产与安全条件不相匹配留下了严重的事故隐患；有的企业承包人短期行为严重，不注意安全投入，潜伏的危险越来越大；有的企业在事故发生后，所关心的只是尽快恢复生产，对吸教训却重视不够，以致造成连发事故。

企业领导安全意识不强，对职工缺少必要的安全教育和培训，违章指挥，导致特大事故发生。1994 年广西、贵州发生的两起特大事故，都是违章指挥、违章作业所造成的。乡镇企业劳动、卫生工作方面的问题，主要表现在劳动就业缺乏法律保障，劳动者技术培训工作滞后、素质差。在一些地区、一些行业职业危害严重存在。一小部分“三资”企业的劳动安全卫生消防工作中的问题尤为突出。

加强领导，综合治理，把劳动安全卫生工作提高到新水平

*提高对乡镇企业劳动安全卫生工作重要性的认识。*乡镇企业劳动安全卫生工作涉及面广、影响大、社会敏感性强，是关系到乡镇企业职工就业、安全、健康、幸福的大事。在劳动管理方面，应做好农村劳动力的转移，完成大批劳动力就业前和就业中的岗位培训，职工就业后要解决社会保障问题，要逐步建立符合实际情况的乡镇企业职工社会保障制度；在安全方面要强化安全执法、监督工作；在卫生方面，控制职业病上升的趋势，做好预防和治理工作。各级乡镇企业行政主管部门的第一把手是乡镇企业劳动安全卫生工作的主要责任者，要有布置，有检查，解决劳动安全卫生工作中的每一个重大实际问题。

*加强领导，健全管理机构，充实管理人员。*各级乡镇企业主管部门和企业应本着劳动安全卫生工作只能加强、不能削弱的原则，稳定管理机构和队伍，配备专门管理机构和管理人员。

*依法管理，把劳动安全卫生工作纳入法制管理轨道。*各级乡镇企业主管部门和企业应贯彻落实国家及地方的各项劳动安全卫生法规，结合本地的实际，制定可行的地方性法规。建立乡镇企业安全、职业卫生监督体系。农业部聘任 400 名部级乡镇企业安全监督员，应发挥安全卫生的监督作用。各地命名一批省级乡镇企业安全、卫生监督员，使全国形成乡镇企业安全、卫生监督网络。

从乡镇企业发展的实际出发，制定乡镇企业劳动力就业规划、培训规划和职工技术等级考核规划。在劳动就业方面，既要做到双向选择，能进能出；又要保持相对稳定，使企业职工有充分就业、稳定就业的环境。因地、因企业确定商业保险或社会保险。

*实行综合治理，切实抓安全生产。*安全生产是乡镇企业管理工作中的一项突出任务。为使安全生产工作跃上一个新台阶，通过安全生产综合治理活动，健全各级安全管理机构，加强组织领导，加大安全工作力度，强化安全基础工作，加强事故多发行业的安全建设，治理事故隐患，大幅度地减少各类事故，为安全生产工作奠定良好的基础。

◀劳动管理▶

【企业工会建设】 1984 年，全国总工会提出在乡镇企业中组建工会的试点工作以后，1984—1987 年各地在少数企业进行试点，1988—1990 年试点工作扩大，1991—1994 年组建工会的步伐加快。

1993 年 9 月，在江苏省无锡市召开全国乡镇企业工会工作会议，提出“加快乡镇企业工会组建，加强乡镇企业工会工作的意见”。1993 年 12 月 7 日，中央办公厅邀集全国总工会、农业部的有关负责人就乡镇企业组建工会问题进行协调。

1994 年 2 月至 3 月，农业部与全国总工会组成调查组，对山东、河南两省乡镇企业工会建设情况进行调查。农业部还对其他省进行函调。调查表明：到 1993 年底，全国有近 2 万个乡镇企业组建了工会，会员达 260 万人。东部地区的上海、江苏、山东、辽宁、天津、青岛、大连、福建等 8 省、市乡镇企业工会达到13 283个，会员 130 万人；中部地区的河南省 1993 年有乡镇企业工会 780 个，会员 12 万人；西部地区的广西有 111 个，有会员 1.2 万人。

各地乡镇企业组建工会的组织形式有：在乡镇成立工会委员会。乡镇工会委员会作为县(区)总工会的派出机构，直接归县(区)总工会领导，负责所在乡镇的乡镇企业工会组建工作。乡镇工会委员会的主席一般由乡镇党、政副职或由乡镇经(贸)委副职兼任。有的县成立乡镇企业系统工会工作委员会，归市、县乡镇企业局和总工会双重领导。

组建乡镇企业工会中的问题：乡镇企业工会经费留交比例与国有企业一样，不符合乡镇企业工会会员的实际待遇、劳动特点和工资、福利待遇的实际情况。由于乡镇企业工会分散在农村，工会的活动主要靠自己组织。上交部分可根据企业的规模、效益等情况合理确定经费数额。沿用城市工会的办法，乡镇企业工会难以发挥作用。有的乡镇企业工会，每年除召开一次职工代表大会以外，再没有其他活动；有的乡镇企业工会只注重搞一些职工福利活动，别无其他；大部分企业工会没有开展活动，流于形式，发挥作用的工会仅占10%左右。有的乡镇企业成立工会后，会员的要求难以解决，给职工带来新的思想波动。（郑宗道　王秀忠）

【乡镇企业保险工作座谈会】 1994年2月4日，农业部乡镇企业司、中国人民保险公司在北京市就乡镇企业保险工作进行座谈。座谈会总结了乡镇企业保险事业发展的情况。近几年来，不少地方和企业相继开展了职工养老保险、意外伤害保险、医疗保险以及企业财产保险等。1992年有20万个乡镇企业在中国人民保险公司投保，其中参加乡镇企业职工养老保险的有12万个企业，涉及职工420万人，领取养老金的有11.3万人。乡镇企业投保较多的是意外伤害保险。乡镇企业比较发达的江苏省、浙江省、深圳市投保的为数较多。

会议对进一步开展乡镇企业保险工作提出建议，认为大部分乡镇企业尚不具备建立社会保险制度的基本条件，要使每一个乡镇企业职工都享有社会保险保障的可能性较小。乡镇企业应根据企业的经济承受能力，选择不同的商业保险险种和标准。经济效益好的企业，可给职工多投保一些商业性人身保险的险种。各级乡镇企业主管部门应按照《乡镇企业职工养老保险办法》的规定做好工作，企业要抵制不顾乡镇企业实际情况的强制性保险。中国人民保险公司在乡镇企业发达地区，可根据企业需要，进行重点扶持。

◀职业卫生▶

【基本情况】 "七五"以来，乡镇企业注重科技进步，部分企业进行技术改造，一批企业的治理见效，职业危害得到控制。1994年乡镇企业职业危害水平与1984年持平。

近几年，农业部和各级乡镇企业主管部门为控制职业危害和职业病，加大领导、加大管理力度。各级乡镇企业主管部门，特别是职业危害严重的企业，逐步配备职业卫生管理人员，有些乡镇企业建立职业医院、医务室。

根据乡镇企业发展的需要，前两年，农业部制定《乡镇企业安全生产和工业卫生管理规定》，1994年发出《关于加强乡镇企业职业卫生管理的意见》。

各级主管部门和企业贯彻"预防为主"、"防治结合"的方针，有的地方对职业危害的防治提出明确的考核目标；规模企业采用合理的工艺技术、配套的装备设施，制定作业场所的防护措施和职工的保健措施；一些企业重视推广适用的防治技术，取得较好的效果。

1994年建立全国乡镇企业职业卫生监督制度，设立部、省两级职业卫生监督员。

建立保健制度。实行就业职工的体检制度；实行在职职工的定期体检制度；保护女职工、有职业禁忌症的职工的合法权益；建立合理的卫生防护用品发放制度。

1994年，农业部乡镇企业局组织编写《全国乡镇工业职业卫生培训专用教材——乡镇工业职业危害防治技术》，各地开展乡镇工业职业卫生知识教育。

【强化职业卫生管理】 1994年，针对乡镇企业职业卫生工作相对滞后的状况，农业部在总结乡镇企业职业卫生工作经验，肯定"七五"以来各地为控制职业危害所做的许多工作的基础上，提出强化乡镇工业职业卫生管理。①提高认识，强化职业卫生意识。各级领导牢固树立"生产要发展，卫生要跟上"的观念，提高对职业卫生工作的认识，调查研究职业卫生中的新情况、新问题。企业职工要树立职业卫生意识，增强自我保护意识，参与预防、治理职业危害，做好生产中的劳动防护。②贯彻执行职业卫生法规和有关规定。为加强职业卫生管理工作，国家及有关部门颁布了一系列职业卫生方面的法律法规，形成比较完整的体系。这些法律法规是乡镇企业职业卫生工作的指导思想。通过法律法规的贯彻，强化职业卫生管理工作。③加重企业职业卫生管理的责任。企业领导要对企业职业卫生负责，对职工身体健康负责。企业的法定代表人是职业卫生的第一责任者，全面负责企业卫生管理。建立健全厂部、车间、班组三级卫生管理网络；企业内部实行"职业卫生，人人负责"制。④建立职业卫生监督制度。各级乡镇企业主管部门应依法建立工业卫生监督制度。农业部择优聘任部级职业卫生监督员，颁发"职业卫生监督员证"。尘毒危害严重的乡镇企业，充实、配备足够的职业卫生管理人员；有条件的企业，增设专职或兼职的医疗卫生保健人员；企业实行经营承包责任制，也应有职业卫生的有关内容；同时要建立健全各项职业卫生管理和劳动保护的规章制度。⑤坚持一手抓预防，一手抓治理，推广尘毒治理适宜技术。乡镇企业在没有任何防护设施的条件下，不接受其他单位有害作业的生产和加工。治理职业危害应与技术改造、工艺革新结合起来。劳动条件不符合国家卫生要求的，应采取有效卫生防护措施，逐步达到国家或地方卫生标准；具有严重危害、又无法改善劳动条件的企业，逐步进行产业调整。推广尘毒治理的适宜技术，应确保科学上先进，技术上可行，经济上合理，能够综合利用。

职业危害严重的地区，应有计划、有重点地建立职业卫生检测中心和职业卫生培训教育中心。

（郑宗道　王秀忠）

◀安全生产▶

【安全监督】 1994年4月7日，农业部出台《乡镇企业安全监督员管理办法》，决定设立部级和省级安全监督员，同时对安全监督员应具备的条件、审批、职责、权限等做了规定。全国乡镇企业统一安全培训教材，农业部乡镇企业局委托山西、山东、安徽、四川、辽宁等省，分别举办部、省两级安全监督员培训班，经考核考试，择优聘任400名部级安全监督员、600名省级安全监督员。

农业部乡镇企业安全监督员名单

北京市

解锡元	北京市乡镇企业局
沈钧辉	北京市乡镇企业局
李乃康	北京市密云县乡镇企业局
朱宗顺	北京市平谷县乡镇企业局
李文全	北京市通县乡镇企业局
王建军	北京市大兴县乡镇企业局
罗富强	北京市海淀区经委
王魁光	北京市朝阳区第二工业局
史云峰	北京市昌平县乡镇经济委员会
艾宏刚	北京市门头沟区乡镇企业局
张学银	北京市大兴县乡镇企业局
郑长生	北京市房山区工业经济委员会

天津市

郑君璋	天津市乡镇企业局
邹继忠	天津市乡镇企业局
王海山	天津市乡镇企业局
潘宝均	天津市乡镇企业局
李守恒	天津市乡镇企业局
赵贯义	天津市津南区乡镇企业委员会
李德才	天津市汉沽区乡镇企业局
李 仲	天津市武清县乡镇企业局
魏守起	天津市北辰区乡镇企业委员会
王洪雨	天津市宝坻县乡镇企业局
张乐平	天津市西清区乡镇企业委员会
沈凤清	天津市西清区乡镇企业委员会
卢玉洪	天津市东丽区乡镇企业委员会

河北省

张振江	河北省乡镇企业局
王立杰	河北省乡镇企业局
刘 起	河北省张家口市乡镇企业局
卢玉彬	河北省邢台市乡镇企业局
王惠群	河北省邢台市乡镇企业局
李国欣	河北省沧州市乡镇企业局
赵福强	河北省廊坊市乡镇企业局
贾方臣	河北省衡水地区乡镇企业局
刘建忠	河北省保定市乡镇企业局
刘 强	河北省承德市乡镇企业局
杨志杰	河北省保定地区乡镇企业局
朱培祥	河北省邯郸市乡镇企业局
赵铁城	农业部花炮安全质量监督检测中心（辛集）
冯小海	河北省石家庄市乡镇企业局
张纪坤	河北省藁城市乡镇企业局
吴文京	河北省正定县乡镇企业局
李吉山	河北省石家庄市郊区计经委
王亚光	河北省秦皇岛市乡镇企业局
李兆云	河北省昌黎县乡镇企业局
裴洪学	河北省卢龙县乡镇企业局

山西省

王桂芳	山西省乡镇企业局
张双贵	山西省乡镇企业局
辛采婵	山西省乡镇企业局
王文化	山西省运城地区乡镇企业局
原云岗	山西省晋城市郊区乡镇企业局
李郁青	山西省晋城市乡镇企业局
郭永有	山西省临汾地区乡镇企业局
岳爱元	山西省太原市乡镇企业局
陈焕文	山西省忻州地区乡镇企业局
李恒宦	山西省朔州市乡镇企业局
张候荣	山西省吕梁地区乡镇企业局
阎继明	山西省阳泉市乡镇企业局
李桂林	山西省长治市乡镇企业局
梁元有	山西省晋中地区乡镇企业局

内蒙古自治区

李永平	内蒙古海拉尔市乡镇企业局
李国军	内蒙古赤峰巴林左旗乡镇企业局
王国君	内蒙古哲里木盟乡镇企业局

辽宁省

于政治	辽宁省乡镇企业局
史书奇	辽宁省乡镇企业局

韩振泮　辽宁省乡镇企业局
刘金成　辽宁省盘锦市乡镇企业局
于敬海　辽宁省沈阳市乡镇企业局
杨　春　辽宁省营口市乡镇企业局
杨忠文　辽宁省大连市乡镇企业局
王国成　辽宁省沈阳市乡镇企业局
刘希军　辽宁省鞍山市乡镇企业局
赵华祥　辽宁省大连市乡镇企业局
满桂芹　辽宁省锦州市乡镇企业局
董庆禄　辽宁省锦州市连山县乡镇企业局
刘书江　辽宁省铁岭市乡镇企业局
沈　升　辽宁省丹东市乡镇企业局
尤立卿　辽宁省抚顺市乡镇企业局
孙阜元　辽宁省阜新市乡镇企业局
沈玉桥　辽宁省喀左县乡镇企业局
高广玉　辽宁省辽阳市乡镇企业局

吉林省

杜　志　吉林省乡镇企业局
桑国忠　吉林省乡镇企业局
张泽群　吉林省长春市乡镇企业局
王平峰　吉林省延边市乡镇企业局
李胜志　吉林省白山市乡镇企业局
陈涤环　吉林省辽源市乡镇企业局
胡才恩　吉林省四平市乡镇企业局
王庆全　吉林省通化市乡镇企业局
吕兴洲　吉林省松原市乡镇企业局

黑龙江省

杨若禹　黑龙江省乡镇企业局
马常辉　黑龙江省乡镇企业局
洪永善　黑龙江省齐齐哈尔市乡镇企业局
佟　春　黑龙江省伊春市乡镇企业局
侯凤林　黑龙江省佳木斯市乡镇企业局
付学伟　黑龙江省哈尔滨市乡镇企业局
崔砚华　黑龙江省七台河市乡镇企业局
刘成礼　黑龙江省双鸭山市乡镇企业局
付东江　黑龙江省牡丹江市乡镇企业局
李成文　黑龙江省大庆市乡镇企业局
李　军　黑龙江省绥化行署乡镇企业局
祝绍江　黑龙江省松花江地区乡镇企业局
崔凤梧　黑龙江省齐齐哈尔市乡镇企业局
徐　光　黑龙江省北安市乡镇企业委员会
金风华　黑龙江省鹤岗市乡镇企业局

上海市

周尔良　上海市郊县工业局
徐昌明　上海市浦东新区农村发展局
胡全生　上海市浦东牧工商总公司
赵永奎　上海市嘉定区乡镇工业局
朱富根　上海市嘉定区江桥工业公司
钱永元　上海市嘉定区嘉定工业总公司
李　泉　上海市崇明工业委员会
杨宙金　上海市松江县乡镇企业局
胡成楼　上海市奉贤县乡镇工业局
张新康　上海市奉贤县青村工业公司
姚勇伟　上海市新寺乡政府工业办公室

江苏省

赵瑞乐　江苏省乡镇企业局
肖日明　江苏省苏州市乡镇企业局
吴永明　江苏省镇江市乡镇企业局
陈　徭　江苏省盐城市乡镇企业局
程爱珠　江苏省南通市乡镇企业局
吴贵平　江苏省南京市乡镇企业局
朱长生　江苏省无锡市乡镇企业局
乔学同　江苏省扬州市乡镇企业局
李兴水　江苏省徐州市乡镇企业局
沈祥兴　江苏省常州市乡镇企业局
蒋伯和　江苏省靖江市地方工业局
杜希禹　江苏省盱眙县乡镇企业局

浙江省

朱庭新　浙江省乡镇企业局
李其绩　浙江省乡镇企业局
肖太斌　浙江省乡镇企业局
方春祥　浙江省温岭市乡镇企业局
俞传根　浙江省宁波市乡镇企业局
段水清　浙江省绍兴市乡镇企业局
陈　鼎　浙江省金华市乡镇企业局
饶雪成　浙江省衢州市乡镇企业局
陆　枫　浙江省宁波市乡镇企业局
卜全福　浙江省嘉兴市乡镇企业局
叶大源　浙江省温州市乡镇企业局
冯美钗　浙江省台州市乡镇企业局
吴润淼　浙江省湖州市乡镇企业局
张文琦　浙江省杭州市乡镇企业局
汪士清　浙江省丽水地区乡镇企业局

安徽省

沈　亮	安徽省乡镇企业局
陈树弟	安徽省乡镇企业局
叶翠云	安徽省乡镇企业局
金家锟	安徽省乡镇企业局
潘家兴	安徽省宣城地区乡镇企业局
丁锦银	安徽省蚌埠市乡镇企业局
黄大鹏	安徽省安庆市乡镇企业局
朱林杰	安徽省滁州市乡镇企业局
张一平	安徽省芜湖市乡镇企业局
戴超众	安徽省淮北市乡镇企业局
宋诗礼	安徽省黄山市乡镇企业局
杨　健	安徽省巢湖市乡镇企业局
汤晓春	安徽省宿县地区乡镇企业局
霍宗敏	安徽省六安市乡镇企业局
姜时庚	安徽省霍山县乡镇企业局
黄敬松	安徽省合肥市乡镇企业局

福建省

林建秋	福建省乡镇企业局
林维悦	福建省莆田市乡镇企业局
洪荣橱	福建省晋江市乡镇企业局
叶亚海	福建省龙海市乡镇企业局
陈忠发	福建省龙海市乡镇企业局
林　武	福建省福州郊区乡镇企业局
苏永生	福建省南平地区乡镇企业局
许一财	福建省宁德地区乡镇企业局
姜桂芳	福建省龙岩地区乡镇企业局
陈俊文	福建省三明市乡镇企业局

江西省

张　灵	江西省乡镇企业局
姜法效	江西省贵溪县乡镇企业局
万　明	江西省抚州地区乡镇企业局
曹伍泰	江西省上饶地区乡镇企业局
张元忠	江西省南昌市乡镇企业局
黄国庆	江西省景德镇市乡镇企业局
夏有明	江西省鹰潭市乡镇企业局
颜钱香	江西省吉安地区乡镇企业局
刘加生	江西省宜春地区乡镇企业局
李鸿江	农业部花炮安全监督质量检测中心(萍乡)
蒋荣明	江西省新余市乡镇企业局
刘志加	江西省萍乡市乡镇企业局
李劲松	江西省九江市乡镇企业局

山东省

胡光炜	山东省乡镇企业局
李玉芳	山东省乡镇企业局
杜宗涛	山东省潍坊市乡镇企业局
曹先义	山东省济南市乡镇企业局
张春盛	山东省东营市乡镇企业局
赵占岐	山东省烟台市乡镇企业局
董崇皋	山东省威海市乡镇企业局
王福德	青岛市乡镇企业局
藏丕功	青岛市沧口区乡镇企业局
徐　圣	山东省淄博市乡镇企业局
孙　杰	山东省济宁市乡镇企业局
张云新	山东省泰安市乡镇企业局
杜厚民	山东省枣庄市乡镇企业局
王苏平	山东省临沂地区乡镇企业局
徐万城	山东省莒县乡镇企业局
王培全	山东省龙口市乡镇企业局
郭永林	山东省莱州市乡镇企业局
曹福牛	山东省芝罘区乡镇企业局
穆玉珂	山东省招远市乡镇企业局
蒋国强	山东省兖州市乡镇企业局
丁庆华	山东省梁山县乡镇企业局
张相民	山东省汶上县乡镇企业局
宫云花	山东省文登市乡镇企业局
褚凤涌	山东省坊子区乡镇企业局
俞成河	山东省腾州市乡镇企业局
赵学忠	山东省五莲县乡镇企业局
李宗玉	山东省日照市东港区乡镇企业局
孔庆刚	山东省牟平县乡镇企业局
王维良	山东省蓬莱市乡镇企业局
徐家平	山东省临淄区乡镇企业局

河南省

刘彩玉	河南省乡镇企业局
王永连	河南省乡镇企业局
刘新生	河南省乡镇企业局
张　莹	河南省乡镇企业局
樊二刚	河南省乡镇企业局
钱秋忠	河南省乡镇企业局
钱志浩	河南省乡镇企业局
刘迎建	河南省乡镇企业局
袁凤兰	河南省乡镇企业局
周修禄	河南省郑州市乡镇企业局

张　伟　河南省洛阳市乡镇企业局
张跃军　河南省安阳市乡镇企业局
毋建设　河南省焦作市乡镇企业局
丁星刚　河南省南阳地区乡镇企业局
梁永超　河南省信阳地区乡镇企业局
张红娃　河南省洛阳市乡镇企业局
杨　春　河南省周口地区乡镇企业局
张继祥　河南省新乡市乡镇企业局
垄中岳　河南省许昌市乡镇企业局

湖北省

孙耕田　湖北省乡镇企业局
王俊合　湖北省乡镇企业局
梅发荣　湖北省乡镇企业局
房经之　湖北省宜昌市乡镇企业局
夏光仲　湖北省公安县乡镇企业局
张　炜　湖北省荆门市乡镇企业局
张成宽　湖北省荆州地区乡镇企业局
胡松元　湖北省孝感市乡镇企业局
华乃斌　湖北省武汉市乡镇企业局
刘东林　湖北省黄石市乡镇企业局
王海峰　湖北省鄂州市乡镇企业局
陈节安　湖北省襄樊市乡镇企业局
赵晓汇　湖北省郧阳地区乡镇企业局
李观甫　湖北省十堰市乡镇企业局
潘世敏　湖北省咸宁地区乡镇企业局
何来胜　湖北省黄冈地区乡镇企业局
刘本读　湖北省沙市乡镇企业局

湖南省

赵世昌　湖南省乡镇企业局
袁正雄　湖南省乡镇企业局
柳万富　湖南省长沙市乡镇企业局
梁龙彪　湖南省彬州地区乡镇企业局
刘栋清　湖南省常德市乡镇企业局
焦贤义　湖南省株洲市乡镇企业局
谢绍润　湖南省怀化地区乡镇企业局
周晓毅　湖南省娄底地区乡镇企业局
彭昌萼　湖南省邵阳市乡镇企业委员会
许元初　湖南省衡阳市乡镇企业委员会
王振亚　湖南省湘潭市乡镇企业委员会
刘玉祥　湖南省益阳市乡镇企业委员会
文海贵　农业部烟花爆竹质量安全监督检测中心（醴陵）
李大庚　湖南省岳阳市乡镇企业局
王洪学　湖南省湘西自治州乡镇企业委员会
李碧翔　湖南省零陵地区乡镇企业委员会

广东省

毛广湘　广东省乡镇企业局
徐继锋　广东省广州市乡镇企业局
曾洪梅　广东省惠州市乡镇企业局
张源茂　广东省湛江市乡镇企业局
董雄斌　广东省茂名市乡镇企业局
苏杰湘　广东省东莞市乡镇企业局
李建荣　广东省江门市乡镇企业局
肖因基　广东省中山市乡镇企业局
钟隆木　广东省珠海市乡镇企业局
何洪儒　广东省韶关市乡镇企业局

广西壮族自治区

朱树华　广西壮族自治区乡镇企业局
韦干才　广西柳州地区乡镇企业局
罗光伟　广西北海市乡镇企业局
叶小丰　广西梧州市乡镇企业局
吴　明　广西钦州地区乡镇企业局
俸七四　广西桂林市乡镇企业局
向东成　广西桂林地区乡镇企业局
韦英珊　广西河池地区乡镇企业局
龙上海　广西防城港市乡镇企业局
蒋　宏　广西柳州市乡镇企业局
李毅萍　广西玉林地区乡镇企业局
蒋国钢　广西梧州地区乡镇企业委员会
张　远　广西南宁地区乡镇企业委员会

四川省

谢慈忠　四川省德阳市乡镇企业局
戴　强　四川省涪陵地区乡镇企业局
刘忠全　四川省泸州市乡镇企业局
汪仁喜　四川省攀枝花市乡镇企业局
王绍林　四川省万县市奉节县矿管所
廖建华　四川省凉山州乡镇企业局
宋智勇　四川省威远县煤炭工业管理站
张孝元　四川省彭州市乡镇企业局
熊建平　四川省万县市乡镇企业局
张天庆　四川省邛崃市乡镇企业局
王　锴　四川省崇州市乡镇企业局
陈　华　四川省宜宾地区乡镇企业局
罗　纯　四川省自贡市贡井区乡镇企业局
洪德贵　四川省乐山市乡镇企业局

廖中元　四川省华蓥市乡镇企业局
王　鸿　四川省南充市乡镇企业局
伍明忠　四川省巴中地区乡镇企业局
周天荣　重庆市乡镇企业局
沈　山　重庆市乡镇企业局
李云宏　重庆市乡镇企业局
王正廷　四川省广元市乡镇企业局
徐志良　四川省成都市乡镇企业局
李德钊　四川省烟花爆竹监测站
冯文辉　四川省西充县乡镇企业局
陈　蕴　四川省宜宾地区乡镇企业局
高云建　四川省大邑县乡镇企业局
范文彬　四川省彭州市乡镇企业局
沈希倖　四川省峨眉山市矿山安全监察站
杜禹华　四川省达县乡镇企业局

贵州省

罗颖旭　贵州省乡镇企业局
郑环松　贵州省瓮安县乡镇企业局
张　建　贵州省铜仁地区乡镇企业局
袁永辉　贵州省贵阳市花溪区乡镇企业局
黄流显　贵州省六盘水市乡镇企业局
杨启义　贵州省黔西南州乡镇企业局
李远章　贵州省丹塞县乡镇企业局
陈　平　贵州省遵义地区乡镇企业局
谢荣成　贵州省荔波县乡镇企业局

云南省

梁金保　云南省乡镇企业局
黄福德　云南省红河州乡镇企业局
邓家学　云南省屏边县乡镇企业局
石凤和　云南省临沧地区乡镇企业局
杨继云　云南省陆良县乡镇企业局
李道元　云南省西双版纳乡镇企业局
罗　强　云南省思茅行署城乡企业局
董家福　云南省昆明市乡镇企业局
毕凌云　云南省昆明市西山区乡镇企业局
杨有明　云南省昆明市安宁县乡镇企业局
许正军　云南省大理州祥云县乡镇企业局
吴增云　云南省玉溪地区城乡企业局
高学清　云南省文山州城乡集体企业局
傅再勇　云南省昭通行署乡镇企业委员会
傅兴林　云南省昭通市乡镇企业局
黄华跃　云南省烟花爆竹监测站

陕西省

张　鹏　陕西省乡镇企业局
魏　玲　西安市乡镇企业局
师西怀　陕西省渭南地区乡镇企业局
周西平　陕西省渭南市乡镇企业局
安钧鹏　陕西省大荔县乡镇企业局
高乐平　陕西省蒲城县乡镇企业局
余　镇　陕西省潼关县乡镇企业局
郑锦库　陕西省铜川县乡镇企业局
刘超贵　陕西省汉中地区乡镇企业局
洪继银　陕西省安康地区乡镇企业局
阴军锋　陕西省凤县乡镇企业局
薛永才　陕西省潼关县乡镇企业局
陈跃钦　陕西省碑林区农工商联合公司
张海哲　陕西省西安市未央区乡镇企业局
苏荣升　陕西省府谷县乡镇企业局

甘肃省

时根拓　甘肃省乡镇企业局
陈国伟　甘肃省天祝县乡镇企业局
王山泉　甘肃省酒泉地区乡镇企业局
韩　英　甘肃省武威市乡镇企业局
苏宪璋　甘肃省华亭县东华镇经委
湛玉明　甘肃省华亭县乡镇企业局
李本威　甘肃省金昌市乡镇企业局
张建林　甘肃省嘉峪关市乡镇企业局
张才恒　甘肃省兰州市七里河阿干镇煤炭办公室
梁秉权　甘肃省玉门市乡镇企业局
刘云学　甘肃省酒泉地区乡镇企业局
周志峰　甘肃省平凉地区行署乡镇企业局

青海省

朱　鹏　青海省乡镇企业局
刘顶岗　青海省祁连县经济委员会
李辉业　青海省大通矿产开发服务站
孙　勇　青海省大通矿产开发服务站
鲍玉库　青海省大通矿产开发服务站
孟国庆　青海省刚察县乡镇企业局
李守伟　青海省刚察县沙柳河乡联合公司
范世品　青海省海北州乡镇企业局
甘占荣　青海省西宁市城北乡镇企业局

宁夏回族自治区

梁国俊　宁夏回族自治区乡镇企业局

王掌民　　宁夏石嘴山市乡镇企业局
刘洪福　　宁夏银南地区乡镇企业局
阎金生　　新疆维吾尔自治区乡镇企业局
多里坤·木沙　新疆维吾尔自治区乡镇企业局

新疆维吾尔自治区

何立新　　新疆吐鲁番市乡镇企业局
吴江涛　　新疆拜城县乡镇企业局
林木金　　新疆吐鲁番地区乡镇企业局
赛力克　　新疆和布克赛尔蒙古自治县乡镇企业局
董北勇　　新疆伊犁州乡镇企业局
王有付　　新疆察布查尔县乡镇企业局
贾提玉素甫·加马力　新疆和田地区乡镇企业处
托合提司马义　新疆克州乡镇企业局
马木提江·努尔　新疆喀什地区乡镇企业处
银学智　　新疆昌吉州乡镇企业局
万新平　　新疆乌鲁木齐市农委
胡　杰　　新疆阿勒泰地区乡镇企业处
米吉提　　新疆哈密地区乡镇企业处
李　凯　　新疆昌吉州乡镇企业局
黎正行　　新疆塔城地区乡镇企业处
买买提明　新疆阿克苏地区乡镇企业处
羡尚文　　新疆伊犁地区乡镇企业处

【安全目标管理】 为加强安全目标管理，1994年初，农业部乡镇企业司发出《关于开展全国乡镇企业安全生产目标工作的通知》，对各省(市、区)乡镇企业安全目标管理提出明确要求。1994年11月29日农业部颁发《乡镇企业安全生产目标考核管理办法》。在广西、山西、浙江、云南、重庆、海南、北京、河北、辽宁、宁夏、安徽、天津、福建、山东、宁波等地安全生产工作总结的基础上，农业部乡镇企业局发出《1994年度全国乡镇企业安全生产目标考核情况通报》。

【安全检查】 1994年5月，针对煤炭行业是事故多发行业，云南、四川省的部级安全监督员对贵州省乡镇煤矿进行重点检查；10月，农业部乡镇企业局发出《关于开展乡镇企业安全生产大检查的通知》，要求企业自查，乡级逐个检查，省、地、县主管部门组织重点检查。

【安全事故】 1994年5月21日，四川省高县腾龙乡磨盘田煤矿发生特大瓦斯爆炸事故。6月13日，国务院副总理邹家华对该事故做批示：接受血的教训；坚决认真整顿；保证安全生产条件(硬件和软件)；建立责任制；对事故责任者要严肃处理。7月30日，贵州威宁县东风镇友谊煤矿、联营煤矿发生瓦斯爆炸，死亡32人。8月2日广西环江县上朝镇北山区内垦朋铅锌矿发生炸药库爆炸事故，死亡80人，伤87人，经济损失254万元。

1994年，全国乡镇企业死亡人数比上年下降10%。死亡绝对人数少的地区有：宁夏6人，北京7人，海南7人，黑龙江8人，青岛10人，天津11人，青海11人，大连13人，湖北18人。千人死亡率下降幅度较大的地区有：湖北下降96.4%，山西下降40%，广东下降37.5%，上海下降33%，陕西下降26%，云南下降25%，河北下降22.2%，江苏下降18.5%。

全国乡镇煤矿百万吨死亡率8.5，比上年有所下降。下降幅度较大的有云南、青海、四川；百万吨死亡率低于全国平均水平的有：北京3.8，宁夏5，云南5.5。

1994年全国乡镇企业发生火灾事故1 200多起，经济损失3 000多万元，比上年下降42.1%。

(郑宗道　王秀忠)

【灾情】 1994年，我国许多省份相继发生特大洪涝灾害。6月至8月，广东、广西、江西、湖南、湖北、福建、浙江、河北等省、区受灾的乡镇企业总数近16万个，死亡39人，直接经济损失56亿元。其中广东湛江、茂名、韶关、清远、肇庆等地区乡镇企业直接经济损失11.65亿元，死亡14人；广西玉林、梧州、柳州、河池、北海、桂林等6个地区受灾的乡镇企业3.6万个，直接经济损失10.5亿元；江西宜春、景德镇受灾乡镇企业5 000个，直接经济损失6 015万元；湖南长沙、株洲、衡阳、郴州等地区受灾乡镇企业7.5万个，死亡19人，直接经济失6.1亿元；河北廊坊、承德、唐山、秦皇岛、衡水等5个地区受灾乡镇企业2.2万个，死亡6人，直接经济损失10亿元；湖北省阳新、大冶两县受历史罕见的特大暴雨袭击，51个乡镇中有41个受灾，直接经济损失8 400万元；浙江受灾乡镇企业519个，直接经济失5 500万元。

灾情发生后，各地乡镇企业行政主管部门在当地党委、政府的统一领导下，及时组织职工抗洪救灾，进行生产自救。

(胡建国)

【安全激励机制】 1994年，农业部颁布《全国乡镇企业安全管理先进集体和优秀安全管理工作者评选办法》，对全国乡镇企业安全管理先进集体、优秀安全管理工作者每两年进行一次表彰。

【表彰活动】 1994年，在全国乡镇企业开展安全管理先进集体和优秀安全管理工作者评选活动，在各省、自治区、直辖市和计划单列市乡镇企业行政管理部门推荐的基础上，9月14日农业部颁布《关于表彰全国乡镇企业安全管理先进集体和优秀安全管理工作者的决定》，授予北京市平谷县乡镇企业局安全科等100个单位为全国乡镇企业安全管理先进集体称号；授予罗富强等200人为全国乡镇企业优秀安全管理工作者称号。农业部同时对1991年乡镇企业系统的安全生产管理先进单位和先进工作者重新审核，合格者分别授予全国乡镇企业安全管理先进集体和优秀安全管理工作者。（郑宗道　王秀忠）

全国乡镇企业安全管理先进集体名单

北京市

北京市平谷县乡镇企业局
北京市渔阳服装厂
北京丽华棉纺织厂

天津市

天津市武清县汉沽港乡镇企业委员会
天津市蓟县乡镇企业委员会
天津市宝坻县乡镇企业局

河北省

河北省秦皇岛市乡镇企业局安全科
河北省辛集市王口镇企业办公室
河北省安平县第一礼花厂

山西省

山西省壶关县型钢厂
山西省汾阳县杏花村镇晋裕白酒公司
山西省晋中地区晋铁煤矿

内蒙古自治区

内蒙古东胜市乡镇企业局
内蒙古赤峰市乡镇企业局

辽宁省

辽宁省沈阳市苏家屯区乡镇企业局
辽宁省海城市感王工贸企业总公司
辽宁省铁岭市乡镇企业局
大连市乡镇企业局

吉林省

吉林省吉林市烽火锯片厂
吉林省四平市乡镇企业委员会
吉林省永吉县乡镇企业委员会安全科
吉林省长春市南关区乡镇企业局生产科

黑龙江省

黑龙江省佳木斯市乡镇企业局
黑龙江省伊春市乡镇企业局
黑龙江省鸡东县东海饲料蛋白厂

上海市

上海市浦东新区孙桥乡桥弄工业公司
上海市申联专用汽车厂安亭联营厂

江苏省

江苏省南京市雨花台区计划经济委员会
江苏省江阴市马镇镇工业总公司
江苏省启东市汇龙镇工业办公室
江苏省虹达集团公司
江苏省徐州市贾汪区新庄煤矿

浙江省

浙江省苍南县乡镇企业局
浙江省平湖市乡镇企业局
浙江省缙云县橡胶厂
浙江省萧山市第二建筑工程公司
浙江省黄岩市联合化工厂
宁波新蕾集团公司

安徽省

安徽省合肥毛巾二厂
安徽省潜山火柴厂
安徽省广德县花岗石薄板厂
安徽省繁昌县荻港粉末冶金厂

福建省

福建省永安市乡镇企业局
福建省晋江市乡镇企业局
福建省武夷山市乡镇企业局
厦门同茂食品罐头有限公司
厦门市东孚汽车修配厂

江西省

江西省宜丰县乡镇企业局
江西省萍乡市第八建筑公司
江西省吉水县阜田煤矿

山东省

山东省乡镇企业局
山东省烟台市乡镇企业局
山东省济宁市乡镇企业局
山东省枣庄市乡镇企业局
山东省日照市乡镇企业局
山东省济南大都企业集团总公司
山东省滨州市环宇纺织集团总公司
青岛市胶州市乡镇企业局

河南省

河南省许昌市乡镇企业局
河南省洛阳市古城机械厂
河南省孟县乡镇企业局
河南省漯河市中原粮食机械厂

湖北省

湖北省乡镇企业局生产安全处
湖北省三梅(集团)股份有限公司
湖北省宜昌三峡食品工业公司
湖北省襄阳县棉纺织厂

湖南省

湖南省长沙市河田水泥厂
湖南省醴陵市白兔潭出口花炮厂
湖南省冷水江市同兴乡岩里煤矿

广东省

广东省南海市平洲城区经济发展总公司
广东省新会市古井镇安全生产委员会
广东省番禺市石棋镇安全生产办公室
广东省中山市华丰制链厂有限公司
广东省斗门县上横水泥厂

广西壮族自治区

广西黑五类食品集团公司
广西南宁市郊区沙井乡镇企业管理办公室
广西灵山县檀圩镇水泥厂

四川省

四川省大邑县乡镇企业局
四川省什邡县矿业公司
四川华隆实业公司
四川省昊博实业总公司
四川省南川市大观镇煤矿
重庆松岭建筑工程公司

贵州省

贵州省安顺地区乡镇企业局
贵州省纳雍县乡镇企业局
贵州省习水县平南联合煤矿

云南省

云南省乡镇企业局安全处
云南省罗平县富乐铅锌矿
云南省昆明市官渡区乡镇企业局

陕西省

陕西省略阳县乡镇企业局
陕西省咸阳彩虹包装箱厂
陕西省西安新秦塑料厂

甘肃省

甘肃省天水市乡镇企业局
甘肃省成县乡镇企业局
甘肃省肃南裕固族自治县皇城矿山管理站

青海省

青海省大通县良教乡白崖村煤矿

宁夏回族自治区

宁夏吴忠市木材厂
宁夏西吉县城关镇建筑公司

新疆维吾尔自治区

新疆尼勒克县胡吉尔台煤矿
新疆洛浦县丝绸厂

全国乡镇企业优秀安全管理工作者名单

农业部

郑宗道　农业部乡镇企业局

北京市

罗富强　北京市海淀区经济委员会
徐　平　北京市通县乡镇企业局
张学银　北京市大兴县乡镇企业局
史云峰　北京市昌平县乡镇经济委员会
康德文　北京市门头沟区妙峰山乡安全办公室

天津市

李守恒	天津市乡镇企业局
杜继钦	天津市蓟县乡镇企业委员会
李　仲	天津市武清县乡镇企业局
赵鹤年	天津市津南区乡镇企业委员会
沈凤贵	天津市西青区乡镇企业委员会
卢玉洪	天津市东丽区乡镇企业委员会
张宝禄	天津市宁河县乡镇企业局

河北省

冯晓海	河北省石家庄市乡镇企业局
孙文波	河北省沧州市乡镇企业局
贾方臣	河北省衡水地区乡镇企业局
刘建忠	河北省保定市乡镇企业局
赵铁城	河北花炮安全质量监督检测站
张振江	河北省乡镇企业局
郭玉柱	河北省玉田县乡镇企业局

山西省

闫逸民	山西省乡镇企业局
王桂芳	山西省乡镇企业局
王旗海	山西省阳泉市乡镇企业局
陈焕文	山西省忻州地区乡镇企业局
任素珍	山西省清徐县乡镇企业局
牛金奎	山西省洪洞县乡镇企业局
王建中	山西省晋城市郊区乡镇企业局
王解放	山西省永济市乡镇企业局

内蒙古自治区

刘闻黎	内蒙古包头市乡镇企业局企业管理科
菅吉祥	内蒙古伊克昭盟达拉特旗乡镇企业局
李文喜	内蒙古赤峰市宁城县大城镇企业公司

辽宁省

尤立卿	辽宁省抚顺市乡镇企业局
霍汉章	辽宁省铁岭市乡镇企业局
桑奎印	辽宁省营口市乡镇企业局
靳德祥	辽宁省朝阳市乡镇企业局
王敬海	辽宁省沈阳市乡镇企业局
景　岳	辽宁省沈阳市五三化工厂
周德山	大连市金州区乡镇企业局
孙盛宏	大连市乡镇企业局
张永国	大连市旅顺口区乡镇企业局
姜广军	大连市瓦房店市乡镇企业局

吉林省

张泽群	吉林省长春市乡镇企业局
袁兆国	吉林省梅河口市乡镇企业局
吕兴洲	吉林省松原市乡镇企业局
胡才恩	吉林省四平市乡镇企业委员会
桑国忠	吉林省乡镇企业局
张振瀛	吉林省长春市郊区乡镇企业局

黑龙江省

李成文	黑龙江省大庆市乡镇企业局
侯凤林	黑龙江省佳木斯市乡镇企业局
徐廷武	黑龙江省伊春市乡镇企业局
祝绍江	黑龙江省松花江地区乡镇企业局
刘成礼	黑龙江省双鸭山市乡镇企业局
付东江	黑龙江省牡丹江市乡镇企业局

上海市

朱富根	上海市嘉定区江桥镇工业公司
秦德龙	上海市浦东新区龚路实业总公司
张　彪	上海市兴隆织布厂
张顺兴	上海新泾机械厂

江苏省

洪东生	江苏省镇江市乡镇工业局
程国梁	江苏省徐州市乡镇企业局
吴贵平	江苏省南京市乡镇企业局
乔学同	江苏省扬州市乡镇工业局
杜中荣	江苏省淮阴市乡镇企业局
陈法根	江苏省宜兴市计划经济委员会
周　俊	江苏省太仓市乡镇工业局
李长之	江苏省东海硅微粉厂
闻金大	江苏省常州市帘子线厂

浙江省

丁仲槐	浙江省新昌县羊毛衫厂
江梦龙	浙江省金华劳动防护工具总厂
杨德树	浙江省苍南县芦浦镇企业站
居秉方	浙江省长兴后洋第一石矿
屈道荣	浙江省台州地区乡镇企业局
顾世明	浙江省上虞市东关镇乡镇企业总公司
童长亮	浙江省开化县乡镇企业局
王志华	浙江省黄岩市联合化工厂
徐信富	宁波市北仑区乡镇企业局
单根章	宁波市慈溪市三北镇企业管理办公室

李关芳　宁波市奉化市乡镇工业局

安徽省

沈　亮　安徽省乡镇企业局
王建军　安徽省亳州市乡镇企业局
霍宗敏　安徽省六安市乡镇企业局
金问兴　安徽省休宁县乡镇企业局
王世松　安徽省淮北市房庄煤矿
胡炎庆　安徽省泾县上梁东煤矿
仉文山　安徽皖江制药有限公司
檀传旺　安徽省东至县江南面粉厂

福建省

王玉连　福建省宁德地区乡镇企业局
李汝梅　福建省莆田市乡镇企业局
吴南木　福建省南靖县乡镇企业局
姜桂芳　福建省龙岩地区乡镇企业局
丘昌诚　福建省泉州市乡镇企业局
郑世义　福建省福州市乡镇企业局
高荣美　厦门市杏林建筑安装公司
李秉生　厦门市同安县乡镇企业局

江西省

万　明　江西省抚州地区乡镇企业局
丁伯荣　江西省波阳县乡镇企业局
阳洪庆　江西省彭泽县乡镇企业局
张儒才　江西省大余县乡镇企业局
邓正云　江西省萍乡市杨梅岭水泥厂
彭启明　江西省分宜县湖泽石灰石矿

山东省

李玉芳　山东省乡镇企业局
徐　圣　山东省淄博市乡镇企业局
戚广瑶　山东省泰安市乡镇企业局
张春盛　山东省东营市乡镇企业局
孙　杰　山东省济宁市乡镇企业局
王苏平　山东省临沂地区乡镇企业局
穆玉珂　山东省招远市乡镇企业局
周建勇　山东省文登市平板弹簧厂
张丙银　山东省聊城嘉明实业有限公司
迟玉光　山东省日照工贸合营日照抽纱品总厂
王启宝　青岛市市南区农业经济委员会
范敦成　青岛市胶州市乡镇企业局
刘炳君　青岛市平度市乡镇企业局

河南省

钱秋忠　河南省乡镇企业局
周修禄　河南省郑州市乡镇企业局
梁承超　河南省信阳地区乡镇企业局
张跃军　河南省安阳市乡镇企业局
侯文卿　河南省新密市乡镇企业委员会
丁星刚　河南省南阳地区乡镇企业局

湖北省

熊　飞　湖北省荆州地区乡镇企业局
刘本读　湖北省沙市市乡镇企业局
韩飞跃　湖北省武汉市峤口区农委乡村企业科
方农丰　湖北省黄石市乡镇企业局
赵　钢　湖北省蒲圻市乡镇企业局
王德顺　湖北省天门市乡镇企业局
邵　宏　湖北省鄂州市旭光油厂办公室
张宗华　湖北省孝感市广厦实业总公司

湖南省

何正明　湖南省长沙县螺丝塘建筑材料厂
吴艳达　湖南省浏阳市鞭炮烟花管理局
陈正恒　农业部花炮质量监督检测中心(湖南)
刘栋清　湖南省常德市乡镇企业局
焦贤义　湖南省株洲市乡镇企业局
李学法　湖南省嘉禾县竹山下煤矿
赵世昌　湖南省乡镇企业局

广东省

吴锦文　广东省惠阳双新水泥厂
孔庆明　广东省珠海南屏镇乡镇企业办公室
欧阳明　广东省肇庆市乡镇企业局生产科
徐继锋　广东省广州市乡镇企业局
江耀光　广东省茂明市茂南区乡镇企业局
麦润光　广东省东莞市长安镇安全生产委员会办公室
雷洁颜　广东省中山市信城电器线材厂
黄怀宪　广东省江门市郊区乡镇企业办公室
李贤佳　广东省南海市中美玩具厂

广西壮族自治区

韦洪烈　广西钦州地区乡镇企业局
梁家英　广西梧州地区乡镇企业委员会
廖永才　广西南宁市乡镇企业局
韦进海　广西容县乡镇企业委员会

巫桂生 广西象州县重晶石矿场
彭 伟 广西平乐县花炮厂

四川省

钟国泰 四川省资中县老鹰岩煤矿
唐千文 四川省开县大堰煤矿
何泽华 四川省珙县附城煤矿
韩兴伦 四川省绵竹县马槽沟煤矿
杨启惠 四川省郫县植物油厂
彭 才 四川省荥经县乡镇煤炭管理局
何文权 四川省涪陵地区乡镇企业局
蒲泳安 四川省南部县第二建筑工程公司
王天一 四川省盐亭县第四建筑工程公司
李兴成 四川省成都桂湖实业有限公司
黄培中 重庆市乡镇企业局
肖兴禄 重庆市北碚区乡镇企业局
周天荣 重庆市乡镇企业局
王儒惠 重庆市江北县乡镇企业委员会

贵州省

杨国勋 贵州省安顺地区乡镇企业局
饶为伦 贵州省铜仁地区乡镇企业局
胡伦祖 贵州省瓮安县乡镇企业局救护队
杨启义 贵州省黔西南州乡镇企业局
王多城 贵州省贵阳市乡镇企业局
李泽源 贵州省黔东南州乡镇企业局
韩良荣 贵州省六盘水市乡镇企业局

云南省

姜锡武 云南省乡镇企业局
杨有明 云南省安宁县乡镇企业局
刘正才 云南省曲靖地区宣威市乡镇企业局
王效忠 云南省石屏磷酸盐厂
李吉华 云南省江川县翠峰花炮厂
罗绍雄 云南省弥渡县城乡集体企业局
张方昌 云南省文山州城乡集体企业局

陕西省

郑景库 陕西省铜川市乡镇企业局
汪 林 陕西省安康地区乡镇企业局
杨晓钟 陕西省西安市新城区农副业管理局
张彦才 陕西省渭南市乡镇企业局
路怀礼 陕西省神木县乡镇企业局
郭秉琪 陕西省武功县乡镇企业局

甘肃省

马进良 甘肃省夏河县兰夏绒毛总厂
谢忠爱 甘肃省酒泉市石油机械配件厂
孙吉善 甘肃省永昌县焦家庄莹石矿
马世荣 甘肃省临夏市乡镇企业局
梁进录 甘肃省崇信县赤城乡煤矿
王兴红 甘肃省嘉峪关市炭黑厂

青海省

朱 鹏 青海省乡镇企业局企业处
妥有良 青海省门源县乡镇企业局
石振京 青海省乡镇企业局企业处

宁夏回族自治区

马万银 宁夏中卫县一碗泉石膏矿
姜生国 宁夏永宁县福利玻璃器皿厂
王掌民 宁夏石嘴山市乡镇企业局
杨 林 宁夏自治区乡镇企业局

新疆维吾尔自治区

热扎克·热谁都力 新疆托克逊县伊拉湖乡联合煤矿
高远华 新疆和丰县布斯屯格二五三煤矿
涂炬明 新疆乌鲁木齐县煤炭企业集团总公司
阿布拉·阿吉 新疆喀什市恰萨建筑工程公司
艾沙江 新疆伊宁市乡镇企业局

安全管理先进集体复评名单

天津市乡镇企业管理局
河北省栾城县乡镇企业管理局
山西省乡镇企业局安全环保处
吉林省长春市宽城区奋进乡安全防火办公室
黑龙江省齐齐哈尔市乡镇企业局
浙江省开化县乡镇企业局
福建省邵武市乡镇企业局
福建省福清市乡镇企业局
江西省南昌市乡镇企业局生产计划科
山东省招远市乡镇企业局
山东省寿光市留吕福利棉纺织厂
河南省新密市乡镇企业委员会
湖北省钟祥市乡镇企业局
湖南省株洲市乡镇企业局安全环保科
广东省潮州市庵埠镇工交办公室
广西玉林市乡镇企业委员会
四川省南川市乡镇企业局

四川省崇州市乡镇企业局
四川省南充市乡镇企业局
云南省江川县烟花爆竹生产安全管理委员会
陕西省铜川县乡镇企业局
陕西省凤翔县乡镇企业局
甘肃省华亭县乡镇企业局
甘肃省平凉地区乡镇企业处
甘肃省乡镇企业局
重庆市北培区乡镇企业局
大连市旅顺区乡村工业局
青岛市崂山区乡镇企业局安全科
宁波市北仑区乡镇企业局

优秀安全管理工作者复评名单

张鸿鹏　天津市双街乙炔气厂
翟会考　河北省辛集市工业管理局
吴品升　河北省宣化县水暖设备工业公司
赵一鸣　山西省阳泉市乡镇企业局
沈玉桥　辽宁省喀左县乡镇企业局
李国升　吉林省德惠县乡镇企业局
赵永奎　上海市嘉定区乡镇工业局
周尔良　上海市郊县工业局
阙潜根　江苏省吴县木渎镇农工商总公司
贾　静　江苏省南京市雨花台区计划经济委员会
周　鸣　江西省进贤县乡镇企业局
黎其武　湖北省荆门市乡镇企业局安全科
苏国强　湖南省长沙市乡镇企业局建材管理站
陈国华　广东省广州市乡镇企业局
李天滚　广西横县鳌山水泥厂
李　祺　广西博白县乡镇企业委员会
刘刚书　四川省绵竹县天地乡连二坡煤矿
胡德洪　四川省彭州市乡镇企业委员会
王兴国　四川省旺苍县三房沟煤矿
王怀元　陕西省咸阳市乡镇企业局
刘兴铭　陕西省汉中地区乡镇企业局
李辉业　青海省大通县矿产开发服务站
常贤廷　大连市普兰店市丰容企业集团勃兰实业总公司
伊建明　宁波市鄞县乡镇企业局

【群策群力　综合治理　实现安全生产】　1994年9月24日，全国乡镇企业百名安全管理先进集体和两百名优秀安全管理工作者致全国乡镇企业职工题为“群策群力　综合治理　实现安全生产”的公开信。主要内容为：

在各级党政领导和广大乡镇企业职工的大力支持下，我们以对人民高度负责的精神，坚持“安全第一，预防为主”的方针，为乡镇企业的安全生产做了应做的工作。农业部授予我们“全国乡镇企业安全管理先进集体”和“优秀安全管理工作者”的荣誉称号。然而，成绩和荣誉只能说明过去，只能更加激励我们进一步努力工作，进一步抓好安全生产。我们在荣誉面前更感到责任重大。我们决心以此作为新的起点，继往开来，大力发展乡镇企业，努力实现安全生产，同时提出如下倡议，愿与全国乡镇企业战线的广大职工共勉。

强化安全意识。安全生产，人命关天。我们一定要做到一切为了人民的生命安全着想，始终不渝地坚持“安全第一，预防为主”的方针，坚持“管生产必须管安全”的原则，坚持安全与生产同时计划、布置、检查、总结、评比，真抓实干。切实解决重生产轻安全和思想麻痹两大忧患，正确处理安全与生产、安全与效益的关系，坚持以安全促生产，以安全求效益，以安全兴企业，以安全保稳定。

增强法制观念。坚持以党和国家安全工作的法规、规程、标准和方针、政策为指针，规范安全工作行为，切实解决安全生产中的实际问题，真正做到有法必依，执法必严，违法必究。

把安全工作落实到生产第一线。企业必须健全各项安全生产操作规程，建立安全目标考核制度，落实安全生产责任制。企业要加强班组安全建设，开展企业安全评价，进行全员安全教育，发挥安全监督作用，做到“安全生产，人人负责”，形成“人人管安全，安全保人人”的良好局面。

实行安全否决权。企业要充分发动群众，坚持开展反“三违”活动。杜绝违章生产、冒险作业，确保安全生产。在安全问题上，做到干部、工人一样严格要求。不论发生了什么事故，都要认真寻找原因，依法追究事故责任者。凡是发生了事故的单位，年度内均不得评为任何先进。

突出抓好综合治理。积极参加乡镇企业安全生产综合治理活动，切实做好各项安全生产基础工作；以加强事故多行业的安全建设和开展群众性的普查、治理事故隐患为重点，搞好各行各业的安全技改工作。隐患不除，后害无穷，放纵隐患，就是对人民的犯罪。为了兴业保民的大计，一定要根治隐患，实现安全生产。

【全国乡镇企业劳动安全卫生工作会议】　1994年9月22日至24日，全国乡镇企业劳动安全卫生工作会议在重庆市召开。这次会议的中心议题是：总结交流乡镇企业劳动安全卫生工作经验；研究乡镇企业劳动安全工作所面临的形势和任务;部署全国乡镇企业劳动安全卫生工作。

会上,农业部副部长万宝瑞作题为"加强综合治理,做好劳动安全卫生工作"的报告;农业部表彰129个全国安全管理先进集体和229名优秀安全管理先进个人;聘任400名农业部部级安全监督员;修订《全国乡镇企业安全生产目标考核管理办法》、《乡镇企业防火管理规定》、《关于加强乡镇企业职业卫生管理的意见》等三个法规文件。 (郑宗道 王秀忠)

◀环境保护▶

【废物最少化】 "废物最少化"是一项削减废物的制度。废物最少化包括削减废物源和废物循环两个方面。具体指在可行的范围内,减少产生或随之处理、贮存、处置的有害废物量。它包括产生进行的削减废物源和循环工作,这些工作导致有害废物总量与体积减少;有害废物的毒性降低,或两者兼而有之。废物最少化所涉及的环节多,应用范围广,企业对废物最少化技术的选择应根据自身情况强调实用、经济。

【乡镇企业推行废物最少化的必要性】 乡镇企业污染源数量大、分布广,随着污染程度的加剧,污染范围的扩大,环境问题日益突出。采取废物最少化技术的途径控制乡镇企业污染具有全局性和战略性意义。

乡镇企业实施废物最少化的潜力大。通过实施废物最少化,既可在生产过程中大大削减废物,减轻末端涌现的负荷与难度;又可促进乡镇企业技术进步,扶持乡镇企业发展。

实施废物最少化既可取得显著的环境效益,又可取得明显的经济效益,真正做到在宏观与微观上、在企业与社会上,在近期与长期上,环境效益与经济效益的协调统一。

【乡镇企业推行废物最少化的可行性】 国家制定的法规与政策贯穿了系统完整的废物最少化思想,包括采用无废、少废工艺、技术、设备、产品,把污染物消除在生产过程之中,提高资源、能源利用率,大力发展和利用无污染或少污染的能源,综合利用能源和资源,综合利用"三废"等。在乡镇企业推行废物最少化有一定的法律基础与政策基础。

国家环境保护局自然保护司负责统一监督管理乡镇企业的环境保护,各省、地县环境保护部门负责统一监督管理本辖区乡镇企业的环境保护。农业部乡镇企业局及各地区相应的机构负责乡镇企业的环境管理工作。乡镇企业的环境保护在全国由农业部乡镇企业局管理,在地方由乡镇企业局管理。银行、工商行政、财政税务、计划、土地、卫生、城建、公安等部门又按各自的职责分别进行专项管理。这些比较完善的管理、监督体系,是推行乡镇企业废物最少化的有利条件。

此外,乡镇企业在经济、人才、技术方面已具备推行废物最少化的基础。

【乡镇企业推行废物最少化成效】 ①烟台市龙口市唐家泊电镀厂镀铬车间漂洗水基本实现无排放。该厂是一家村办企业,1982年建厂,厂内设有镀铬、镀锌、表壳硬铬、磨光等4个车间。1991年镀铬产量为228万平方米,耗用铬酐803千克,日产含铬的漂洗水0.36立方米和清洗水1.5万立方米,经处理后排放。该厂应用废物最少化技术措施有:改高铬高温电镀为低温电镀;漂洗水和清洗水实现完全闭路循环,基本无排放。在管理措施上,增加操作人员,从事漂洗水闭路循环;制定严格的规章制度和操作程序。实施废物最少化后,全厂每年减少六价铬流失231.6千克,即节约铬酐用量445.2千克;同时减少947.9千克焦亚硫酸钠和667千克氢氧化钠等处理六价铬的药剂用量,相应减少处理后物泥的排放。还可节约部分水、电、气、煤。环境效益和经济效益明显。②江苏省无锡县钱桥制革厂实施废物最少化系统工程。该厂是一家镇办企业,1984年建厂。该厂废物最少化方案是:大转鼓代替小转鼓;引入宽尺寸、先进的剖皮机和挤水机;废皮屑综合利用;肉渣、脂肪作肥料;废铬液生产铬黄、铬绿;碱回收铬废水改造工程方案;制革综合废水治理改造工程方案。实施废物最少化企业投入251.9万元,每年获利566.81万元;节约用水9万吨,回收24吨红矾,减少废料2 100吨,废渣450吨,综合利用1 000吨含铬废皮屑,COD的排放量减少380吨,悬浮固体排放量减少369万吨,硫化物(以硫计)排放量减少1.61吨。

(李俊岭)

东西合作

·专　　文·

东中西部地区乡村集体企业主要经济指标对比分析

◀示范工程▶

组织实施

目的意义

目标

任务

政策措施

成效

全国乡镇企业东西合作示范工程座谈会

第一批全国乡镇企业东西合作示范区名单

◁示范区选介▷

黑龙江省牡丹江市江南乡镇工业小区

黑龙江省望奎县先锋工业小区

湖北省枝城市松木坪示范工业小区

◀东西合作经验介绍▶

四川省井研县

河南省林州市姚村镇

专 文

东中西部地区乡村集体企业主要经济指标对比分析

农业部乡镇企业局

东中西部地区乡村集体企业发展特点

*东部地区发展速度减缓，向高效益方向发展。*1994年，东部地区乡村集体企业72万个，比上年增长7.46%，增幅比中、西部地区分别低2个百分点、2.54个百分点；占全国的比重由1993年的44.37%下降到43.75%。企业人数比上年增长17.1%，增幅比中、西部地区分别低2.2个百分点、4.9个百分点。东部地区乡村集体企业资产总量为11 151亿元，比上年增长33.61%，中、西部地区的增长速度分别达41.07%和48.61%。东部地区乡村集体企业固定资产、营业收入、利润总额占全国的比重比上年分别下降0.89个百分点、2.55个百分点、1.80个百分点。

1994年，东部地区乡村集体企业实现营业收入17 741亿元，每个企业实现营业收入比上年净增71.19万元；中部地区每个企业营业收入比上年增加30.2万元，西部地区为19.08万元。东部地区每个企业实现利润总额13.17万元，比中、西部地区分别高8.66万元、9.62万元。

*中部地区主要经济指标在全国的比重上升，呈强劲发展势头。*中部地区乡村集体企业个数、职工人数、企业资产总量、营业收入、总产值、利润、税金等经济指标占全国乡村集体企业的比例都有所提高，且比重增长量均高于东、西部地区。营业收入，中部地区的比重由1993年的23.24%上升到1994年的25.99%，上升2.75个百分点，东部地区下降2.55个百分点，西部地区下降0.2个百分点。利润总额，中部地区的比重由1993年的24.8%上升到1994年的27%，增加2.2个百分点，东、西部地区分别下降1.8个百分点、0.4个百分点。上缴国家税金总额的结构比例变化更明显，1994年，中部地区实现的增值税、营业税及附加和所得税占全国的比重达25.12%，比1993年增加4.59个百分点，比西部地区的比重多增4.28个百分点，东部地区的比重比上年下降4.9个百分点。中部地区的固定资产总量、资本金总量在全国的比重也明显提高，其存货周转率、应收帐款周转率、资本收益率、总资产利税率也都高于东、西部地区。

*西部地区投资力度明显加大，但经济效益上升缓慢。*1994年，西部地区乡村集体企业全年完成固定资产投资133亿元，比1993年度净增111亿元，增长404.55%，远远高出中部地区18.67%、东部地区9.81%的投资增长速度。西部地区固定资产投资力度加强，使其企业个数、职工人数、资产量、固定资产原值的增长速度均高于东、中部地区。1994年，西部地区乡村集体企业净增1万个，比上年增长10%；职工人数净增66万人，比上年增长23%，均高于东、中部地区的发展速度。西部地区固定资产拥有量1994年比1993年增加104亿元，增长49.29%，比中部地区高8.02个百分点，比东部地区高12.35个百分点。西部地区资产总量增长速度比东、中部地区分别快15个百分点、7.54个百分点。

从西部地区乡村集体企业个数与职工人数增长的关系看，企业个数增长相对小于职工人数增长，说明西部地区大多为劳动密集型企业。1994年，西部地区利润总额增长速度分别比东、中部企地区低13.16个百分之百分点、28.95个百分点，西部地区乡村集体企业经济效益提高的速度较为缓慢。

东中西部地区乡村集体企业发展的主要差距

*企业规模和发展基础差距。*到1994年底，东部地区乡村集体企业自有资金总量达4 016亿元，相当于中部地区的3.41倍，是西部地区的17.77倍；平均每个企业自有资金，东部地区为55.78万元，中部地区为14.54万元，西部地区为20.55万元。1994年年末银行贷款余额东、中、西部地区分别为2 099亿元、799亿元、160亿元；平均每个企业贷款规模，东部地区为29.15万元，中部地区为9.86万元、西部地区为14.55万元。1994年，企业固定资产拥有量，东部地区为4 638亿元，中部地区为1 661亿元，西部地区为315亿元；平均每个企业固定资产拥有量，东部地区为64.42万元，中部地区为20.51万元，西部地区为28.64万元。企业自有资金、银行贷款规模和固定资产拥有量是企业发展的最基本条件，东中西部地区在这三方面的差距，是乡村集体企业发展的基础差距。

*发展速度差距。*1994年，中、西部地区乡村集体企业个数、职工人数、规模、效益同历史比，增长幅度高于东部地区，但从整体规模速度上横向比，其速度差距仍然很大。从企业资产总量看，1994年，东、中、西部地区分别比上年增长33.61%、41.07%、48.61%，中、西部地区比东部地区分别快7.46个百分点、15个百分点，但东部地区整体基础分别是中、西部地区的3.43倍、17.37倍，东部地区每增1个百分点，其绝对值是111.5亿元，中、西部地区每增1个百分点仅分别是32.5亿元、6.4亿元。按西部地区1994年资产总值实际增幅高于东部15个百分点计算，西部地区1994年

资产量增加64.8亿元，仅为东部地区增加1个百分点的58.1%。用东、西部地区1994年资产净增量(东部地区为2 085亿元，西部地区为210亿元)与全国1993年资产总量计算增长速度，东部地区为25.31%，西部地区仅1.89%。中西部地区的发展速度从整体规模上看仍慢于东部地区。

效益差距。1994年，乡村集体企业创造总产值(现价)，东、中、西部地区分别为22 243亿元、7 560亿元、863亿元。向社会提供工业产品总量，东、中、西部地区分别为19 410亿元、5 545亿元、560亿元。上缴国家各种税款，东、中、西部地区分别为767亿元、271亿元、41亿元。净利润，东、中、西部地区分别为799亿元、314亿元、34亿元。提供支农建农、农村道路修建、民办学校教师工资等补助性支出，东、中、西部地区分别为17亿元、8亿元、1亿元。支付职工工资，东、中、西部地区分别为1 024亿元、522亿元、87亿元。每个职工年均工资收入，东、中、西部地区分别为3 074.65元、2 420.03元、2 464.59元。

造成东中西部地区乡村集体企业发展差距的主要原因

造成东中西部地区差距的因素很多，除历史、地理、交通、通讯、环境等原因外，还有以下几个重要因素：

缺乏人才是中西部地区发展滞后的根本原因。在全国乡村集体企业中，具有大专以上学历人员66.4万人，东、中、西部地区分别为45.3万人、17.5万人、3.6万人。西部地区68.1%的乡村集体企业没有大专以上学历人员。全国乡村集体企业有55.7万人具有中级以上专业技术职务，东、中、西部地区分别为31.9万人、20.7万人、3.1万人。中西部地区人才匮乏，丧失许多发展机遇。

资金投入严重不足是中西部地区发展滞后的重要原因。中西部地区社会经济基础差，当地财政收入少，又没有用足用活国家许多优惠政策，导致企业底子薄，资金投入严重不足。1994年，乡村企业固定资产投入，东、中、西部地区分别为1 768亿元、642亿元、133亿元；每个企业新增固定资产投资，东、中、西部地区分别为24.56万元、7.93万元、12.09万元。截止1994年底，中部地区资本金规模为909亿元，年内增加334亿元；西部地区为183亿元，年内新增65亿元；东部地区为2 984亿元，年内新增822亿元。银行贷款规模，中部地区比东部地区少61.39%，西部地区比东部地区少92.36%。中西部地区企业自我积累能力差，1994年中、西部地区企业平均净利润分别为3.88万元、3.09万元，除补助社会性支出、分配外来投资股利等减利因素，留给企业增加资本的资金所剩无几。中西部地区企业1994年增加的资本金大多数来源于外部投资。

中西部地区经营机制落后，管理水平差。中西部地区大部分企业仍然采用目标管理、集体和个人承包等经营模式，未能走上自主经营、自负盈亏、自我约束、自我发展道路。一些地方在用人上任人唯亲，一些企业在企业经营和利润分配上受制于行政领导。相当一部分企业凝聚力、市场竞争力、资金筹措力和自我发展能力低。中西部地区企业整体管理水平受人才因素和社会环境的影响明显落后于东部地区。一些地方仍存在重发展、轻管理，重产值、轻效益的现象。企业职工的质量意识、效益意识较差。

缩小差距，实现经济均衡发展

实行有效的政策扶持。落实《国务院关于加快发展中西部地区乡镇企业的决定》；继续对中西部地区实行税收优惠政策；适当放宽中西部地区在开发自然资源和出口管理上的一些政策。

加大东西合作示范工程力度。将东西合作示范工程作为发展乡镇企业工作重点来抓，列入各级政府的目标管理考核内容，定期考评。采用适当的行政手段促进东西合作示范工程尽快实施。从人才、项目、贷款、税收、利润分配等方面给予优惠，为合作工程实施创造宽松环境。中西部地区制订相应的优惠政策，搞好基础设施和投资环境，主动与东部地区联系合作。抓东西合作示范工程试点，推广经验，带动全局。

以推行股份合作制和股份制为中心，加快中西部地区企业改革步伐。对规模较大、基础较好、效益较高的企业进行股份合作制或股份制改造；对于条件暂不成熟的企业，创造条件，尽早转制；对规模小、素质差、盈利无望的企业，采用联合、兼并、租赁、转让、拍卖等形式，使其尽可能地发挥效益。

◀示范工程▶

【组织实施】 乡镇企业东西合作示范工程是组织全国乡镇企业东西合作的试点、示范工程。为缩小东中西部地区经济发展上的差距，1993年9月国各院召开的全国乡镇企业工作会议正式提出组织实施"乡镇企业东西合作示范工程"。这是我国乡镇企业发展史上的一件大事，对于促进我国乡镇企业的发展，尤其是中西部地区乡镇企业的发展将会产生积极的示范和导向作用。

1994年2月1日农业部向国务院上报《关于实施〈乡镇企业东西合作示范工程〉的请示》，提出《乡镇企业东西合作示范工程》方案。"方案"中提出了乡镇企业东西合作示范工程的意义、目标任务、保障措施。之后，国务院办公厅将《乡镇企业东西合作示范工程》方案批转各地贯彻执行。

【目的意义】 乡镇企业东西合作是党中央、国务院加快中西部地区经济发展战略的重要组成部分。乡镇企业东西合作利于促进中西部地区乡镇企业的发展和农村经济的振兴。通过乡镇企业东西合作，促进全国东西合作的全面开展，把东部地区先进的技术、科学的管理、雄厚的经济实力与中西部地区丰富的原材料、能源和劳动力资源优势结合起来，进一步提高中西部地区乡镇企业的技术素质、管理水平和经济效益，变资源优势为经济优势，逐步把东西合作引导成为一种广泛的、自觉的、有序的经济活动。

乡镇企业东西合作是实现东部地区产业结构、产品结构和企业组织结构调整的有效途径。我国东部地区经济经过十几年的发展，已进入一个战略调整阶段，传统的、高能耗的、劳动密集的产业和产品以及小规模生产经营方式逐渐失去优势，需重新优化配置生产力要素，发展技术密集型企业和资金密集型产业，实行规模化、专业化、社会化生产经营，拓宽市场领域，与国际经济接轨。通过东西合作可有序地完成这一战略调整，为东部地区提供更广阔的经济发展空间。

东西合作是安置农村剩劳动力的治本之策。坚持以就地转移为主，适量、有序的跨地区转移是党和国家安置农村剩余劳动力的方针。乡镇企业转移农村剩余劳动力的任务相当繁重，东部地区对中西部地区农村剩余劳动力的吸纳能力明显减弱，中西部地区农村剩余劳动力仍然大量向东部地区流动，形成“民工潮”，这已成为影响社会稳定的一个重要因素。开展东西合作，发展中西部地区乡镇企业，不仅为中西部地区经济发展注入活力，也为中西部地区剩余劳动力的安置提供一条出路。

东西合作也为中西部地区农村小城镇建设、乡镇企业整体素质的提高及国有大中型企业的改组改造提供经验。乡镇企业东西合作示范工程是促进中西部地区经济发展的重要产业政策。

【目标】 ①把乡镇企业东西合作、优势互补、共同发展引导成为一种广泛的、自觉的、有序的群众性活动。到2000年，中西部地区乡镇企业总产值达到63 000亿元，年均增长30%；利税总额达到3 500亿元，年均增长25%。1 000个示范项目，每年给中西部地区乡镇企业增加产值1 000亿元，利税150亿元，成为推动中西部地区经济发展的主力。②通过全国乡镇企业东西合作，吸纳转移农村剩余劳动力1 000万人，中西部地区农村剩余劳动力的50%被乡镇企业吸收，其中东西合作示范工程转移农村剩余劳动力50万人左右。农民收入水平大幅度提高，其中示范区内农民人均纯收入水平达到沿海发达地区农民人均收入平均水平。③通过东西合作，在中西部地区形成一批上规模、上水平、集中连片开发的工业小区和新型的小城镇。乡镇企业产值过亿元的小城镇增加1 000个以上，通过东西合作年投入到中西部地区资金总额超过1 800亿元。农业部命名的124个乡镇企业东西合作示范区，平均产值超过10亿元，平均利税超过1亿元。④中西部地区乡镇企业厂长(经理)和主要工程技术人员素质大幅度提高，新技术、新产品、新工艺广泛得到重视和应用，外向型经济上升为中西部地区乡镇企业的重要组成部分。

【任务】 1995年至2000年为组织实施乡镇企业东西合作示范工程和全面推进乡镇企业东西合作的关键时期。示范工程要完成的任务有：①根据国家产业政策、区域优势和效益原则，确立1 000个东西合作示范项目，为中西部地区乡镇企业的发展与提高起示范和导向作用。②国家各部委的“星为计划”、“火炬计划”项目在同等条件下，优先支持乡镇企业东西合作示范项目。由国家科委和农业部共同在中西部地区乡镇企业组织推广1 000项经省、部级以上鉴定、成熟的新技术和新产品，其中一半以上的项目要形成一定的经营规模。③在充分协商的基础上，组建100对对口双边合作市、县，为发展乡镇企业开展经济、技术、商贸、劳务等合作。④采取各种形式，包括代培养、带班学习或中西部地区就地培训等，为中西部地区培养1万名技术骨干和厂长(经理)，造就一批懂技术、会管理、善经营的乡镇企业人才。⑤开展干部交流。

【政策措施】 各级政府和有关职能部门加强对乡镇企业东西合作的领导和支持；中西部各省、区创造良好的合作环境，制定能够吸引合作对象的优惠政策，并简化审批手续。东部各省、市把支持加快发展中西部地区乡镇企业作为一项重要任务。

农业部成立东西合作示范工程领导小组及工程顾问组，邀请各部委领导及社会知名人士作为工程顾问。领导小组下设全国乡镇企业东西合作示范工程办公室。

根据国民经济发展总体规划和《国务院关于加快发展中西部地区乡镇企业的决定》要求，制定总体规划、实施细则并组织实施。中西部各省、区结合当地的实际情况，制定本地区东西合作规划，提出具体目标、政策、措施、示范项目及分年度执行计划。组织省际间、省内发达地区与欠发达地区间不同层次、不同范围的合作，全面推进乡镇企业发展与提高。

自1995年起，从100亿元中西部地区乡镇企业专项贷款中每年安排不少于5亿元的贷款用于工程项目。工程项目按照项目管理的要求，由农业部根据国家产业政策负责协调；农业银行按贷款管理规定评估论证，按贷款审批权限审查决策，按项目安排资金。

中央财政和各级财政每年用于支持乡镇企业的资金优先安排东西合作示范工程项目；采取多种途径筹集工程经费。各级财政安排一定数额的专项经费用于示范项目主要管理人员、技术骨干的培训和项目库建设。

对工业小区和示范项目中高科技和外向型乡镇企业适当放宽获得进出口经营权的条件。

建立考核制度，定期表彰、奖励作出突出贡献的地区、部门、企业和个人。

【成效】 乡镇企业东西合作示范工程自提出以来，各地积极支持和响应，东西合作开展得主动、扎实、有序。

各级地方政府加强领导，提出本地区的实施规划和意见。中西部地区20个省、区明确组织实施工程的领导部门和机构，东部地区的浙江、江苏、天津等省、市乡镇企业局成立“乡镇企业东西合作工程领导协调小组”，加强与中西部有关省、区间的交流与合作。浙江省各县市推荐1—2个东西合作项目。天津市与黑龙江省本着互惠互利的原则，自愿结成东西合作伙伴，召开工作会议，成立协调小组，提出具体的合作内容与措施。全国有8对省、区建立协作关系。北京等10多个省、市对口支援西藏。河南省永城县是江苏、河南两省东西合作的首批试点县，县委、县政府把东西合作作为全县第一位的工作来抓，成立以县委书记为组长的领导小组。山东省计划组织300个乡镇骨干企业、200个市地级集团、100个省级集团与中西部地区对口单位结对子，把这些骨干群体的技术、信息、资金、产品等优势与中西部地区的资源、市场、劳动力等优势地结合起来。烟台市180多个乡镇企业与中西部地区横向联合、异地办厂，投入资金1.8亿元，建成1 000万元以上的项目22个。

中西部各省、区根据东西合作工程的实际需要和有关条件，组织申报乡镇企业东西合作示范区157个，东西合作示范项目300多个。

农业部在中西部地区已建乡镇企业小区的基础上，择优批准124个全国乡镇企业东西合作示范区。这批示范区基础实施建设较为完善，有完整的小区建设规划，投资环境好，地方政府为示范区的发展制定扶持政策。湖北省枝城市对松木坪镇示范区制定10条扶持政策；四川省新都县委、县政府作出“关于支持四川新兴集团公司高科技工业园区加快发展的决定”，成立以副县长为首的工业园区领导小组，扶持政策具体，便于操作。

初步选定100个第一批东西合作示范项目。这批项目总投入33.7亿元，其中固定资产投入23.8亿元。资金来源中，中西部地区投入8.7亿元，东部地区投入9亿元，地方配套资金2亿元，申请工程贷款13.7亿元，项目投产后可新增产值108.8亿元，新增利税27.7亿元。

示范工程得到东部地区乡镇企业家和企业的支持和响应。浙江万向集团公司董事长鲁冠球提出的西进计划引起社会的很大反响和广泛关注。江苏省江阴市华西村出资100万元无偿为西部地区培训技术骨干，第一期培训班于1994年3月开学，来自陕西、甘肃、宁夏、山西等省、区的100名乡村干部经过4个多月的学习。天津市大邱庄万全集团与新疆生产建设兵团乌鲁林齐农场管理局联办新疆万新工贸总公司，1994年3月联营创建年产4万吨钢材的轧钢生产线，总投入2 000万元，同年8月投入试生产。江苏省江阴市碟美集团扶持山西大寨村创办中国大寨羊毛衫厂，使大寨村人均收入1993年增长200元，1994年又增长400元；与大寨的合作，也促进了碟美集团的发展，1994年该公司实现产值2.6亿元，连续二年跻身于全国乡镇企业500强之列，成为加强中西部乡镇企业合作的一个典范。

【全国乡镇企业东西合作示范工程座谈会】 1994年10月12—14日，全国乡镇企业东西合作示范工程座谈会在湖北省枝城市松木坪镇举行。参加会议的有国务院有关部委的代表，中西部地区和部分东部地区的省、区、市乡镇企业局负责人，有关县(市)和第一批全国乡镇企业东西合作示范区的代表及在全国乡镇企业东西合作工作中做出显著成效的企业代表共计120人。

会议分析了乡镇企业东西合作面临的新形势，总结东西合作和示范区建设的经验，提出下一阶段的工作思路。会议公布四川省新兴集团公司高科技工业园区等66个第一批全国乡镇企业东西合作示范区名单，组织经验交流。

(戚惟恺)

第一批全国乡镇企业东西合作示范区名单

山西省

万荣县农副产品加工区

内蒙古自治区

赤峰市松山区桥西乡镇企业示范小区
呼和浩特市白庙子乡镇企业示范区
包头市郊区乡镇工业小区
赤峰市平庄乡镇企业示范小区

吉林省

敦化市江南乡东西合作示范区

黑龙江省

望奎县先锋工业小区
齐齐哈尔市龙南工业小区
大庆市龙凤乡镇工业小区
牡丹江市江南乡镇工业小区
佳木斯市模范工业小区

安徽省

安庆市潜山县彭岭工业小区
郎溪县梅渚镇高科技工业小区
天长市铜城工业小区
界首市城东工业小区
合肥市花冲工业区

江西省

南昌县乡镇企业东西合作示范工业小区
万载县鹅峰工业经济小区
南昌市郊区乡镇企业科技园区
玉山县城西乡镇工业区
新余市城东乡镇工业小区

河南省

西平县环城示范工业小区
永城县城关镇示范工业小区
沁阳市沁北赵寨工业小区
禹州市城关镇工业小区
林州市姚村镇工业区

湖北省

钟祥市胡集工业小区
谷城县石花工业小区
枝城市松木坪示范工业小区
汉川县马口示范工业小区
江陵县岑河镇工业小区

湖南省

株洲市郊区兴隆重工业小区
长沙县江背工贸小区
娄底市高溪工业小区
祁阳县黎家坪乡镇工业小区

广西壮族自治区

浦北县寨圩镇示范工业小区
北海市郊区乡镇企业园
柳州市高新技术示范区

四川省

新兴集团公司高科技工业园区
广安县前锋示范工业小区
井研县研城工业小区
成都市乡镇企业高科技示范小区
蓬安县乡企示范工业小区
夹江县黄土示范小区
重庆市乡镇企业科技城

贵州省

遵义工业小区
贵阳市金关工业小区

云南省

玉溪市师旗工业小区
昆明市乡镇企业城

陕西省

泾阳县吉元乡镇企业示范区
岐山县蔡家坡镇工业小区
三元县大程镇工业示范小区
宝鸡县虢镇工业小区
黄陵县店头镇工业小区

甘肃省

永昌县乡镇工业小区
武威市城东区工业小区
临泽县工业开发区
白银市白银区示范工业小区

张掖市东北郊经济新区

青海省

西宁市城北城北严小示范工业小区
民和县川口工业小区

宁夏回族自治区

青铜峡市峡口民族经济开发区
银川良田工业小区

新疆维吾尔自治区

乌鲁木齐县八家户示范工业小区
巴州西尼尔乡企工业区
乌鲁木齐农垦乡企工业小区

◁示范区选介▷

【黑龙江省牡丹江市江南乡镇工业小区】 牡丹江市江南乡镇工业小区地处黑龙江省牡丹江市郊区兴隆镇。是1992年末开始筹建的省级乡镇工业小区。小区已与126个投资者达成投资建企业协议，其中1993年建成投产的50个；1994年签订协议76个，建成投产的43个，正启动的23个，待启动的10个，累计完成投资6.240万元。1994年小区企业产值达到1.2亿元，实现利税800万元。

小区通过采取以内招外的办法，开展东西合作项目。1994年11月和山东牟平西关村明珠商行达成合作协议，建一座黑龙江省最大的游泳馆，一期工程占地1.4万平方米，投资1 400万元。

江南工业小区被列为全国乡镇企业东西合作示范区后，黑龙江省政府、牡丹江市政府为其制定了一系列扶持政策。为确保各项政策落实到位，兴隆镇政府还做出如下规定：凡是示范区审定的项目，成员部门在规定的权限内开一路绿灯，为投资者办理各种手续，并力求简化；在办理手续的收费标准上，一律按最低标准征收，特殊情况可以缓收；凡经示范区确定的新建企业或项目，享受免征所得税2年，增值税1年的待遇，免征期满后，可减半征收所得税2年；凡在示范区内兴办企业的单位和个人，从立项开始，需办的各种手续，由示范区派专人负责办理，为投资者提供各种无偿服务；在收取土地管理及使用费方面，按国家规定优惠30%—50%。 （江南工业小区管理委员会）

【黑龙江省望奎县先锋工业小区】 先锋工业小区进区企业19个，小区企业固定资产总额达3 846万元，1994年实现产值19 110万元，利税1 822万元，分别比上年增长140%和116%。

望奎县委、县政府成立先锋工业小区开发建设领导小组，健全和强化领导指挥系统，组织协调各部门形成合力，进行有效服务，为小区健康发展提供可靠保证。领导小组全面负责工业小区的宏观调控，指导监督，定期召开办公会议，解决研究和协调解决重点问题。

为吸引外地外乡镇到先锋工业小区办企业，小区内对土地审批、办证、技术指导，外来人员的建房、子女入学和户口，对引进项目、资金、技术的有功人员的奖励，各项减免等方面都制定了优惠政策。

随着小区开发和建设的快速启动，1994年成立工业小区科技开发咨询部，职责是项目考察论证、技术服务指导、资金引进评估，确保项目的高科技、高起点和高效益。和大专院校、科研单位实行挂网联系，建立长期稳定、密切合作的关系，还同北京、哈尔滨、黑河、大庆、大连、广州、福建等地建立信息网络。

对企业发展和小区开发建设所需资金，除内部筹集、自我投入，股份吸纳等办法解决外，还争取和引进外部资金。1994年总共投入资金8 030万元，其中企业自筹1 870万元，吸纳股金320万元，争取银行资金3 970万元。1994年共上项目6个。1994年10月新上亚麻湿纺扩建工程，总投资5 980万元。

（先锋工业小区）

【湖北省枝城市松木坪示范工业小区】 该区从资金、技术、人才、项目等方面制定优惠政策，促进乡镇企业东西合作示范工程的开展。

为给松木坪示范区创造一个好的投资环境，1994年9月10日，宜昌市政府主持召开支持松木坪建设全国乡镇企业东西合作示范区的专题办公会，提出“统一规划，滚动发展，配套建设，形成特色”的思路和原则；通过了对松木坪示范区的五项扶持措施：把示范区的昌鹤医药、亚松水泥和利达铝材三个企业的技改项目列入全市30条重点技改生产线，扶持加快发展；按照“谁投资、谁受益”的原则，支持示范区的基础设施建设，贯通示范区10千米的省级公路；1995年至1997年，宜昌市政府和枝城市政府每年分别无偿投入100万元资金用于示范区基础设施建设；实施11万伏变电站建设；金融部门对示范区企业贷款实行重点倾斜，在正常项目贷款之外，农业银行从1995年到1997年每年另给300万—500万元机动切块资金，扶助企业发展。

枝城市委、市政府，松木平镇委、镇政府对松木坪示范区专门制定一系列优惠政策，扶持其快速发展；派出机关干部到示范区任职；全方位协助解决示范区内的资金。（枝城市乡镇企业局）

◀东西合作经验介绍▶

【四川省井研县】 从1984年起，井研县乡镇企业立足县情，放眼全国，把向东部地区开展经济技术合作作为突破口，走出一条东西合作共同发展的路子。到1993年，开展合作项目45个，年产值达45 182万元，占全县乡镇工业产值的58%。在开展东西合作过程中，主要采取以下合作方式：

*开展技术联合，推进技术进步。*井研县在发展乡镇企业过程中，根据当地劳动力多、农副产品资源丰富、初加工产品多，但劳动力素质不高、延伸加工增值少、产品技术含量低的情况，开展东中西部地区的技术联合，实施单项技术、综合技术、关键技术联合的形式，实行技术入股、分税分利等办法。先与江苏省吴江市、浙江省杭州市开展单项技术联合，到1993年建成缫丝厂3个，缫丝能力15 200绪；建丝织厂28个，织机2 365台，年产各类丝织品4 000万米。在此基础上，发展综合技术和关键技术的联合，相继建成印染厂4个，年印染能力3 000万米，年生产丝织服装60万件(套)。一批科技含量高的丝绸制造和后处理新技术从江苏、浙江等地引进进研县。十年的技术联合，推进了企业的技术进步，厂丝商检年均品位在$2A^{+60}$以上，丝织品一、二等品率达80%以上，真丝绸炼白质量处于四川省领先地位。

*联合开发新产品，扩大产品覆盖面。*井研县乡镇企业起步较晚，拳头产品较少。为更好地发挥资源优势，加快新产品开发步伐，向经济发达地区"借脑袋、借技术、借设备"，联合开发新产品。在联合开发新产品中，拿出优势项目，引进发达地区的新产品进行中试，中试定型后，形成批量生产。利用本地丰富的蚕蛹资源，与辽宁生化制品科研部门联合，开发出新一代的保健饮料"维灵康"产品，取得较好的经济效益；县丝绸厂同吴江市新华丝织厂联合开发出较高档次真丝绸和化纤织物新品种；在柑桔产品、畜禽食品和机械产品的深加工联合开发方面都取得较好效果。1984年以来，联合开发的产品达24个，其中荣获部、省优的产品有13个。

*开展人才交流培训，提高企业整体素质。*针对东部经济发达地区经济技术发展速度快、技术人才密集，但普通劳动力、一般技术工人缺乏的状况，井研县采取"走出去，请进来"的办法，开展人才的培训和交流。从1985年起，每年将企业的管理干部和普通工人送到苏州丝织工学院、吴江市新华丝织厂、杭州丝绸印染厂等进行短期或长期学习和培训。聘请经济发达地区的管理技术人才到井研县举办培训班，有的还担任厂长，实行传、帮、带，帮助提高全县乡镇企业的管理水平和技术能力。实施联合后，全县乡镇企业系统送到经济发达地区培训的技术工人达1 250人，送到大中专院校、科研部门培训的近400人。聘请、引进管理技术人才108人。

*实施资金、设备联合，增强发展后劲。*井研县乡镇企业发展初期，存在着规模小，资金、设备不足的问题。为使乡镇企业发展上规模、上档次、上水平，采取"借鸡生蛋"的办法，与经济发达的吴江、杭州、上海、深圳等地开展资金、设备联合，制定优惠办法，吸引对方资金、设备的投入，实行入股分利。十年来，共引进资金(含设备折资)14 800多万元，促进了企业设备的更新、规模的扩大、经济效益的提高。1992年，全县7个丝织厂与吴江市、杭州市的丝织设备厂开展设备投入联合，共吸引设备投入650台(套)，设备投入折资近1 000万元。

*加强信息联合，拓宽合作空间，提高应变能力。*井研县地处内陆，对信息的了解和把握颇受局限，给乡镇企业的发展带来诸多不利。全县乡镇企业把加强信息联合，拓宽合作空间，提高应变能力作为合作的一个重要内容。采取全方位、多层次、多形式的办法开发信息资源。一方面，主动与沿海、沿边及经济发达地区的市县结成友好关系，通过经常性互访、定期交流、举办经济技术合作交流会，利用现代通讯手段等方式及时传输，反馈各方面的信息。另一方面，直接到东部和其他经济发达地区建立办事处6个、窗口企业30多个和销售网点近1 000个。通过信息交流，密切了合作关系，拓宽了合作领域，加速了合作步伐。全县乡镇企业共引进项目45个，资金1.48亿元，创税利2.7亿元，协进、协出物资金额9.8亿元。

井研县乡镇企业在十年的合作发展中，打破狭隘、封闭的地域观念，树立大市场、大流通、大生产的观念，自觉地把县域经济发展融于全国经济大循环之中，实现较快、较好地发展；营造宽松的合作环境，在投资、人才、技术、信息、新产品开发、利益分配等方面制定和完善一系列优惠措施和办法，合作吸引力加强，合作伙伴越来越多；从1984年起，建立经济合作小组，各乡镇建立经济合作办公室，对合作中的重大问题进行统筹、协调和指导，对合作的重点项目实行县级领导挂帅，经济主管部门及各乡镇领导具体组织实施，层层实行项目目标责任制，保证合作的顺利进行、高效运转；采取"扬长避短，优势互补"的思路，拿出优势资源、优势项目进行合作，选准合作起步点；找准合作的结合点，以点带面全面推进乡镇企业东西合作的发展。

（李应延）

【河南省林州市姚村镇】 姚村镇通过与东部地区大中型企业、科研单位“攀亲结缘”，加强人才技术合作，使横向经济联合向深度广度延伸，乡镇企业得到较大发展。

姚村镇有汽车配件企业35个，生产60个系列420多个品种，成为全国较大的汽车配件生产基地。70%的企业分别与第一汽车制造厂、第二汽车制造厂、柳州汽车制造厂、郑州轻型汽车制造厂、南京汽车造厂等国有企业及科研单位建立密切的联营合作关系，使产品质量、技术档次大幅度提高。1993年，全镇横向经济联合产值达到4.15亿元，占全镇工业产值的50%以上。广泛深入的横向经济联合，使技术力量、管理水平、产品质量等各方面都有明显提高和发展，科技含量大幅度提高 。

姚村镇潜水电机厂瞄准国内市场需求，投资1 000万元，与海南新大洲摩托车厂共同开发研制具有90年代先进水平的新型摩托车，建成年产30万辆摩托车生产线。定角实业总公司新上年产1万辆新型载重汽车生产线；天河汽车配件厂新上年产5 000辆现代化汽车改装项目；南牛、柳滩村新上的建筑机械生产线具有较新的机械设备求和较高的技术水平；天河建工贸集团总公司买下“汽车半挂牵引鞍座”国家级专利，独家生产；柳林天河制药厂投资390万元，利用我国生物工程研究成果，引进具有国际80年代后期先进水平技术设备，研制生产中华纯鳖粉胶囊；特种防水卷材厂运用高新技术和设备，生产的防水柔性建材，质量达到国际水平；现代化工建材厂生产的彩色玻形瓦是国家重点推广的取代石棉瓦的国家专利产品。这些企业通过实行长期的外引内联，纵横合作，都具备较高的技术装备和管理水平，经济效益显著。

为了大量引进人才，姚村镇制定《关于大力引进各路人才，促进科技进步的实施办法》，每年从大专院校、科研单位引进各类技术人才。1994年从北京大学、郑州工学院、河南财经学院等大专院校聘请100余名大专毕业生。对企业引进聘来的技术人才，设法为其提供良好的工作、生活环境和优厚的福利待遇。全镇共引进各类人才820人，其中有高级职称的45人，有中级职称的180人，有初级职称的220人，技工巧匠370余人。

人才和项目的引进，增强了姚村镇乡镇企业开展东西合作的后劲。 （林州市姚村镇政府）

专题文章

乡镇企业的活力与希望

何 康

乡镇企业是一个包容多种经济成分、多种经营方式、多种产业于一体的综合性经济。改革开放以来，我国乡镇企业一直保持着旺盛的生命力，其根本原因在于它运用了市场机制。

从经营机制上说，乡镇企业从诞生之日起就与市场结下了不解之缘。在计划经济体制下，生产什么，生产多少，谁来销售，价格多少，统统由政府决定。而乡镇企业遵循市场经济的原则，一切以市场为取向，它资金自筹，项目自选，基建自搞，原料从市场中来，产品到市场中去，在市场竞争中发展壮大。在生产经营上，独立自主，自负盈亏。在用人上，干部能上能下，职工能进能出，各种生产要素由市场来配置使用。

从动力机制上说，80年代初，乡镇企业最先引入了农业联产承包责任制的经验，实行"五定一奖"(定人员、任务、资产、利润、消耗，超利润奖励)。1984年，乡镇企业又开始创造了"一包三改"的经验，把改革从单一的经营承包推进到干部、劳动和分配制度的综合改革。1991年，乡镇企业又将经营承包推进到生产要素领域，总结和推广"生产要素承包、资产滚动增值"的经验，开始触及产权领域。近几年，以股份合作制为重点的产权制度改革，取得良好的效果。乡镇企业的发展过程也是不断弘扬改革精神、丰富改革内容、创新改革形式的过程。而不断深化的改革使乡镇企业在机制上形成了相对优势，推动了乡镇企业持续快速发展。

从管理机制上说，乡镇企业从实行"家长式"传统管理到实行"经验型"管理，一直到现在的主要实行"制度化"管理，从而逐步建立起正常的生产和工作秩序，推动企业不断发展。

乡镇企业就是这样在市场竞争中经受优胜劣汰的考验，并逐步形成一整套成功的运行机制："没有铁饭碗可端，没有铁拐棍可拄，没有铁工资可拿，没有铁板凳可坐。"

随着社会主义市场经济体制的建立，乡镇企业必须进一步解放思想，坚持和深化改革，继续保持和更好发挥乡镇企业的先导作用，使乡镇企业更加充满生机和活力。有党和国家政策路线的指引，有亿万乡镇企业职工，有成千上万的乡镇企业家，有乡镇企业多年形成的运行机制，有各级政府的扶持，有全社会的帮助，乡镇企业会更加辉煌。

关于乡镇企业几个热点问题

齐景发

环境污染问题。环境保护是我国的一项基本国策，农业部对这项工作一直十分重视。1985年农业部组织全国乡镇企业环境污染状况的调查。1990年农业部又与国家环保局组织第二次全国乡镇企业环境状况的调查。1990年的调查结果表明，乡镇工业排放废水18.3亿吨，占全国工业废水排放总量的6.7%；排放废气1.22亿标立方米，占全国工业废气排放总量的12.9%；废渣产生量为1.15亿吨，占全国工业废渣产生总量的16%。

近几年来，乡镇企业环境管理和污染治理工作得到加强。1985年乡镇企业环境保护工作还处于起步阶段，很多工作还是空白。到1990年，全国乡镇企业有各类环保人员11万人；环境影响评价和"三同时"(环境保护与主体设施同时设计、同时施工、同时运转)制度的执行率分别达到22.7%和14.45%；拥有各类污染处理设施7.5台(套)，改造锅炉和炉窑1.3万座。

不可否认，尽管乡镇企业的污染量不大，但由于乡镇企业点多面广，遍布在广大农村，因此防治污染的工作量也很大，任务很艰巨。研究对策，采取措施，进一步抓好乡镇企业环境保护工作势在必行。

社会主义市场经济体制建立对乡镇企业来说意味着什么？社会主义市场经济体制的逐步建立，它对企业来说意味着参与竞争，优胜劣汰；社会主义市场经济体制的建立和完善，不仅为乡镇企业的发展开辟道路，同时要求乡镇企业进一步适应建立社会主义市场经济体制的需要。在这样的条件下，乡镇企业应采取什么样的对策呢？

一是要树立大市场观念。乡镇企业只有从大市场、大流通的角度去决策，才能把握市场，占领市场。要进一步增强竞争观念。市场竞争表现在质量、价格、服务等方面的竞争，而竞争背后是技术、管理、人才、信息、购销渠道的较量。乡镇企业不能认为自己是"过来人"，一切轻车熟路。在市场经济面前，应做"小学生"，不认识这一点，就有被淘汰的危险。

二是壮大乡镇企业骨干企业、企业集团和企业群体。乡镇企业过去靠船小调头快的优势占领市场，在市场经济条件下要发挥船大顶风浪的规模和群体优势，才经得起风浪。

三是深化改革，完善企业的经营机制。通过改革使企业的经营效果同每一个职工的切身利益直接挂钩。同时，要保持相对独立的经营自主权。要在明晰产权、建立岗位责任制等方面下功夫。

四是要依靠科技,重视人才。依靠技术进步,是乡镇企业实现由量的增加到质的飞跃的根本性战略措施。从整体上讲,还有相当数量的乡镇企业仍然处于技术水平低、产品质量差、管理落后、经济效益不理想的状况。因此,应长期抓科技、增加科技投入,抓好技术改造和新产品开发,大力发展名优产品和高附加值、高技术含量、高创汇产品。人才是科技的载体,没有人才,也就没有科技。与国有企业和国外企业相比,乡镇企业最大弱势之一就是人才缺乏。1993年,我国乡镇企业每亿美元国民生产总值拥有高校毕业生160人,而国有企业是1 304人,美国1981年就达到1 457人。因此,要加快乡镇企业的人才培养和引进。

五是大力发展外向型经济。要注重改善软环境,使招商引资的政策更优惠一些,效率更高一些,信誉更好一些,对外商吸引力更大一些;另一方面,要下力气改善硬环境。

产品质量问题。近些年来,各地注意把乡镇企业质量工作放在整个企业经营管理的中心环节来抓。加强企业标准、计量、产品检验等质量管理基础工作;在乡村骨干企业中普遍推行全面质量管理;群众性质量管理活动蓬勃开展;有计划、有组织地开展乡镇企业职工的质量教育培训;逐步建立质量监督体系,加强乡镇企业产品的监督检查等工作,使乡镇企业产品质量总水平上了一个新台阶。

从总体上看,乡镇企业产品质量和服务质量是随着乡镇企业的发展壮大而逐步提高的。但也存在着一些质量问题不容忽视。一些企业质量意识淡薄,在经营指导思想上,重速度、轻效益,重数量、轻质量,重发展、轻提高,放松了质量管理工作;有的在不具备生产合格产品的条件下,仓促上马;有的不按标准生产,无标生产的现象也较为严重;产品质量稳定性差,抽查合格率低;企业技术装备落后,产品档次较低;一些涉及人们生命财产安全和身体健康的产品质量问题突出;一些企业特别是一些个体、私营企业生产、销售假冒伪劣产品的行为屡禁不止,严重损害了消费者利益和乡镇企业的声誉。为解决这些问题,应从提高质量意识、加强领导、加强企业内部管理入手。

党组织建设问题。改革开放以来,乡镇企业所取得的巨大成就,是在党的基本路线和一系列方针政策的指引下,在各级党组织特别是农村各级党组织的直接领导下取得的。但是,乡镇企业中党员数量少,约占全体职工总数的1%,个体、私营企业中的比例更低;党的力量薄弱,组织建设跟不上,党组织不健全,乡村集体企业中只有24%建立了党组织,个体、私营企业有党组织的仅占0.16‰;党组织的地位和职责不清;工作方法和活动方式与乡镇企业结构复杂、机制灵活、党员和职工流动性大的特点不适应。这些是乡镇企业党的工作中的突出矛盾,与乡镇企业迅速发展的形势很不适应。要扭转这种局面,应抓好以下几方面:做好党员发展工作,壮大党的力量。在乡镇企业发展的同时,应积极慎重地把乡镇企业中的优秀分子吸收到党内来,壮大党员队伍。发展的重点应放在企业经营者、生产技术骨干和优秀青年职工上。

有条件的乡镇企业要建立党组织。乡镇企业在具备一定数量的党员以后,要适时建立党的组织。建乡镇企业党组织的原则应该是有利于保证和促进乡镇企业的改革和发展,有利于对党员的管理教育,有利于发挥党组织的战斗堡垒作用和党员的先锋模范作用。

赋予乡镇企业党组织应有的职能。乡镇企业党组织要贯彻执行党的路线、方针、政策和上级党组织的指示精神,执行国家的有关法律法规;对企业发展的长远规划、年度计划、重大建设开支、干部任免等重大问题进行决策;支持厂长(经理)指挥生产、抓好经营、加强管理;抓好思想政治工作、党组织自身建设和领导班子的思想作风建设以及其他群众组织的领导工作。

如何再造乡镇企业新优势

宗锦耀

随着社会主义市场经济体制的建立与完善,国家税收、金融、外贸、投资体制等方面的一系列改革措施的出台,国有企业加快转换经营机制,我国对外开放的扩大,国内市场和国际市场越来越融为一体,这些都使乡镇企业竞争的范围、对象、领域发生了重大的变化。在这种形势下,乡镇企业的一些矛盾、问题和困难显露出来,主要表现在:乡镇企业自身素质不高与大市场竞争激烈之间的矛盾;乡镇企业不断发展和提高与资金紧缺的矛盾;提高经济效益与增本减利因素增加之间的矛盾;乡镇企业机制相对减弱与要求建立现代企业制度之间的矛盾;企业布局不尽合理与农村工业化、城市化协调发展要求之间的矛盾。乡镇企业经受着自身约束、资源约束和市场约束三重困难和问题,面临着新的挑战、新的考验。解决这些困难和问题的出路只能是在注重效益的前提下继续加快发展,加快提高,在发展和提高中化解矛盾,转化困难,解决问题,再造新优势,再创新业绩。

继续深化改革,再造机制优势。乡镇企业的发展过程,也是不断弘扬改革精神,完善改革内容,创新形式的过程。在体制上，要继续发扬“生产要素从市场中来，产品到市场中去”的优势。乡镇企业一方面资金严重短缺，另一方面现有企业的生产能力有许多不能正常发挥。要通过联合、改组、租赁、兼并、破产、盘活存量资产，优化资源配置，促进生产要素合理流向高效益企业。要把提高效益的着眼点放到盘活存量资产上，不需要注入太多的资金，时间短，见效快，收益大，大有潜力可挖。在企业组织结构上，或通过“聚核”，组建企业集团和企业群体，形成规模效益；或通过“裂变”，在企业内部划小核算单位，实行专业化大分工生产，形成分工效应。在所有制结构上，要继续实行“多轮驱动，多轨运行，使不同所有制企业放开发展”，不看成分看发展。在完善机制上，最核心、最关键的是要同企业的每一个人的切身利益直接挂钩，真正做到没有“大锅饭”、“铁饭碗”、“铁交椅”、“铁拐棍”。在产权制度改革上，要尊重农民的创造，进行股份合作制、股份制的试点，积极扶持，正确引导，总结经验，逐步规范，不要一哄而起，不搞一个模式，提倡创新改革形式。通过产权制度改革使“耕者有其田，工者有其股”，形成利益共同体和命运共同体。

*继续扩大对外开放，再造开放优势。*90年代及其以后乡镇企业的加快发展、加快提高，仅仅依靠国内市场资源是不够的，需要进一步开发利用国际市场资源，并有效地将国内外两个资源的优势结合起来。扩大对外开放是乡镇企业不断依靠市场的必然结果，是能够更大限度地利用国际市场资源继续发展壮大的。对产品主要销售国内市场的乡镇企业，也要树立国际市场竞争的观念，并在尽量短的时间内完成“调整”目标，要继续实行外资、外贸、外经一齐上的战略，按照国际市场要求和国际惯例组织生产和经营，不断提高产品质量和档次。

*继续坚持以经济效益为中心的道路，再造效益优势。*要建立乡镇企业经济效益指标考核体系。以产品销售率、销售利润率、成本利润率、资金利税率、流动资金周转率、劳动生产率等指标来评价乡镇企业发展和经营状况，引导其提高经济效益。要强化企业管理，向管理要效益。乡村企业要严格按照七项基础工作（标准、计量、定额、信息、基础教育、规章制度、班组建设）的要求，自找差距，对号达标。同时，要重点抓好质量、财务、安全、环保、现场等专项管理工作。要强化乡镇企业质量工作，真正树立起“质量第一”的观念，把质量工作摆上突出位置，逐级建立起严格的质量工作责任制。要推动科技进步，向技术改造要效益。

*继续调整产业结构和产品结构，再造结构优势。*要坚持多业并举，发挥优势，不论产业看市场的原则。根据国家产业政策和市场导向，因地制宜地确立当地的主导产业和主导产品，在此基础上发展相关产业和相关产品，建立合理的产业结构和产品结构，实现一、二、三产业协调发展，基础产业、基础设施与加工产业协调发展，支柱产业、高新技术产业与传统产业协调发展，各种产品的规模化生产与专业化分工协作有效配置，从而提高乡镇企业综合经济效益。产品结构调整的着眼点是进行针对市场的适应性和开发性调整，大力发展高技术含量、高附加值、高创汇、高效益的产品，确立产品名牌战略。

*继续实行相对集中连片发展，再造布局优势。*乡镇企业要逐步向工业小区和小城镇集中，节约土地，节省投入，提高公共设施的利用率；实现不同产业的优化配置，带动第三产业的发展；加快信息传递和企业间的互助互促，提高企业素质，产生集聚效益。对工业小区和小城镇建设应统筹规划，合理布局，分类指导，分步实施。

工业增长与结构变动对乡镇企业的影响

胥和平

中国工业增长的动因和结构变动的方式正在全面地经历一次意义深远的变化，这些变化将对乡镇企业的增长与结构变动产生重大影响。

工业增长特征

*以投资品需求为主带动的高速增长。*80年代中国经济在消费品需求带动下，使相当一部分乡镇企业赢得发展的最佳机遇，走完最初的成长道路，为以后的发展奠定了基础。进入90年代以来，消费品保持供大于求、价格相对稳定的状态，相对投资品增长而言，呈现平缓增长趋势。这种情况直接影响到乡镇企业的投资方式和产业进入方式。基础产业和加工工业的产品比价趋于合理，为乡镇企业进入基础产业创造了更好的条件。地区结构由趋同开始转向趋异。由于加工工业普遍不再是收益率较高的行业，而有较大潜力的新加工工业及其产品存在着明显的技术和规模壁垒。在这种情况下，原来那种在投资规模、技术水平和产品档次都很低基础上的“遍地开花”，会受到较多约束。

*加工工业的产品与技术更新进入持续的动态过程。*从设备更新周期和工业消费品的需求变动趋势看，我国加工工业已经进入新的一轮更新周期。由于加工工业已经处于供大于求的市场环境，那种根据划分“长线”、“短线”来决定产业和企业发展战略的思路，逐渐

失去有效性。因为在市场经济条件下，价格机制发生正常作用时，"短线"和"长线"现象不会长期存在。因此，一方面是代表旧质的生产能力的闲置，另一方面是不断投资形成的新生产能力；"长线"与"短线"产品陷入一种动态结构的变动之中。这意味着乡镇企业的成长重心将会有一定的调整。对许多乡镇企业来说，刚刚完成成长的最初阶段，一部分生产技术和产品就可能成为"长线"，已经面临更新技术与产品的紧迫要求。

存量结构调整的难度增加。由于一般加工工业转入投资品领域受到资产专用性方面的制约，限制了通过调整资产存量的方式来调整产业结构，尤其在轻纺、电子工业和能源、交通运输行业之间，设备、技术管理几乎没有通用性，资产互逆性很低。在加工工业内部虽存在一定的调整空间，但由于资金、技术方面的限制，又进一步强化了资源配置刚性，仍限制着行业间的调整。同行业内部不同的产品背后，可能是差别极大的生产设备和技术装备，产品类型、品种的调整都可能要求进行大量的设备更新，原有的通用设备很难形成有竞争力的生产能力。

城乡市场结构的二元化格局。由于城乡经济及区域经济的非均衡性，市场结构的二元化特征非常明显，城乡间市场需求有很大的异质性。在城市已经失去需求的某些产品和技术，在农村市场仍有极大的潜在的市场需求。这将实际决定乡镇工业发展水平的不平衡性，以及产品和技术的多样化选择。

产业组织特征

在竞争比较充分的某些行业中，大企业和企业集团的作用明显增强，大企业成为主导的时期到来。主要表现为：非价格竞争，诸如产品质量、产品更新能力、广告宣传能力、售后服务等，成为最重要的竞争手段，而这些手段又是实力不足的中小企业所不能承受的；大企业在横向和纵向两方面扩张，大中小各类企业开始建立起合理的分工与联系。这些特征表明，我国由大企业引导作用形成的增长态势和体制条件开始出现，产业组织结构开始具备"自动"趋向合理的可能性。

但在一些规模效益并不明显、市场竞争不激烈、产品差异明显、广告作用不大、售后服务要求不高的行业中，中小企业仍是主要生产能力，是决定发展速度的重要力量。

企业制度变化

现代企业制度的建立已经成为中国经济改革的突破口，将对市场组织方式产生影响，使产业组织方式发生革命性变化。大多数国有企业通过以法人产权制度、有限责任制度和科学管理制度为基本内容的现代企业制度改革，焕发出国有企业应有的活力。在这种情况下，以中小企业为主体的乡镇企业受到组织制度方面的挑战。现代企业制度的建立，对企业的资产性质和技术素质本身有相当高的要求。那些技术素质较低、规模很小的企业，怎么建立现代企业制度？特别是一些刚刚起步的乡镇企业，怎么建立、完善企业法人制度和科学管理制度？如何完善和健全我国广泛存在的农民股份合作制企业？这些仍是乡镇企业组织制度创新的重点。

工业增长点的转移

进入90年代，中国经济发展中最引人注目的趋势之一，是由于非国有经济的高速增长所引起的中国经济运行和增长方式的改变。它表明，政府拥有的经济动员非国有企业（特别是中小企业）的高速增长的方式实现的。乡镇企业经济运行情况对发展国民经济具有举足轻重的意义，已经成为国民经济的主体。这此非国有企业具有更大的资产投向的主动性，可以在新的技术基础上形成新置资产，因而可以获得更高的投资收益。

有关的乡镇企业增长政策

中国工业增长与结构变动的上述特点，将引起有关乡镇企业增长政策的相应变化。

制定产业政策。在产业结构调整的政策着眼点上，乡镇企业将成为结构调整的重点之一。特别是在城乡关系协调、城乡产业分工、城乡市场的衔接等问题上，将是新的产业政策设计的重点。

速度政策。宏观管理的中心是经济运行监测问题，工作的重点是总量协调，而不是速度监测和速度控制。乡镇企业的增长速度是在市场机制下由国民经济总体运行状况所决定的，试图单独控制其增长速度的意义不大。

实施促进和保护中小企业发展的政策。由于规模性质所限，即使在市场经济发达的国家中，中小企业也具有许多劣势，政府在中小企业的扶植和服务方面应该发挥更大的作用。发达国家在对中小企业提供信息、技术、风险性资金等服务，建立技术协调、高技术风险组织，以提供促进中小企业成长的政策，维持平等的竞争环境等方面，都有大量经验可供借鉴。

乡镇企业应采取有差异的市场战略。依据中国城乡市场的异质性、国际产业结构的调整和产业重心的转移，选择适当的技术结构与产品结构，积极开发农村市场和国际市场。在多数地区，不要过早地结束劳动密集型产业，可适当延长劳动替代资本的发展时期。

无锡乡镇工业跨世纪的战略选择

张寿正

进入90年代，无锡市乡镇工业凭借改革开放提供的大舞台，以其灵活的机制、扎实的基础，迅速适应和利用治理整顿，以改造传统工业、发展现代工业为主线，量态积累与质态提高齐头并进，形成在较大规模基础上超常规、跨跃式的发展态势，成为全国乡镇企业发展的排头兵，并开始构造21世纪的战略新优势。

构造新世纪无锡乡镇工业的战略优势，最关键的是要站在建设有中国特色社会主义和赶超世界先进水平的新高度，以极大的责任心与紧迫感，抓住机遇，最大限度地利用现实的和未来的各种主客观条件，不断地推进乡镇工业上水平、上台阶。为此，须实施以下战略：

大解放的思想战略。在生产力发展、生产关系变革、社会条件改善等方面有大的突破，进一步解放思想，更新观念；敢闯敢试敢冒，敢为人先；实事求是，一切从实际出发，根据自己的市情、县情、镇情、村情、厂情，因地因时制宜；尊重群众和基层干部的首创精神，保护和调动他们发展乡镇工业的积极性和创造性。

大力度的改革战略。无锡乡镇工业改革的中心任务是率先全方位地与国外市场接轨，按照社会主义市场经济体制的框架，不断完善发展机制，包括建立以公有制为主体的多种经济成分并存的所有制结构；适应市场经济要求，产权清晰、权责明确、政企分开、管理科学的现代企业制度；与国内外市场相衔接的有利于引进和输出的资源配置机制；以按劳分配为主体，效率优先、兼顾公平的收入分配制度和多层次的社会保障制度。实现上述改革任务，首先是加快产权制度改革，实行乡镇工业制度创新和组织重建，以解决与克服乡镇村社区集体企业缺乏风险责任和自我约束机制，经营承包者负盈不负亏、干部能上不能下、企业能开不能关的问题。乡镇工业产权制度改革的主要目标：变模糊产权关系为明确的产权关系；变集中单一的产权结构为分散多元的产权结构；变僵化封闭的产权体制为开放流动的产权市场；确保集体资产保值增值，不暗中流失。

全方位的市场战略。发展、决策思路从产供销转向销供产，以市场为导向开办企业、开发产品、组织生产，以销促产，以销定产。开发市场的重点以组织生产要素转向产品销售；从推销产品转向开发市场，引导消费；从一般性原辅材料的组织转向人才、技术、产品、信息等特殊生产要素的组织。扩大市场区位，加快国际化步伐，全方位、多渠道、多形式、多层次地走向世界，积极参与国际市场的分工、协作和竞争，加入国际生产要素交换、流动和配置，把无锡乡镇工业经营活动的各个方面、各个环节、各个层次，尽可能多地扩大、延伸到国际经济技术分工、协作的各个领域中去，广泛地组织和培养中外经济技术交流、合作的联结点和生长点，有效地建立起以国内外市场为依托的外向带动、内外结合的生产要素流动的双向循环机制，从而不断地吸收当代世界物质文明和精神文明的成果，促进自身产业结构的优化和技术管理水平的提高。

多元化的投资战略。一是投资主体多元化。在明确产权界定的前提下，从单一的社区集体转向多元主体，鼓励乡镇、村、村民小组、个体、联户等各个层次投，各种产业、各种类型的企业自筹资金投，发展“三资”企业利用外资投，与城市大厂、科研单位、商贸、金融机构发展联营一起投，组建股份合作企业吸引农民、职工投等，形成社会化、多元化的投资主体。二是投资来源多元化。乡镇村社区集体及其所属企业，作为投资的主要力量，要广开聚资投资渠道。在农村搞集资、以劳带资、合资经营；成立乡镇合作基金会，集中管理、融通各种税费和闲散资金；建立产权市场，推行兼并、拍卖、租赁，使现有资产流转起来。在企业加强成本核算，健全财务制度，搞增收节支，用活资金，加速周转，提高积累和投资能力。在外部，继续扩大借贷，扩大横向拆借，联合引资。三是投资形式多样化。在所有制构成上，独资投、合资投、股份合作投；在投入内容上，资金投，各种生产要素作价投，特别要鼓励人才、技术、专利、产品作价入股，土地有偿使用投股，或租赁或作股。在投入方式上合股新办，增量扩股，存量转换，横向经济联合，组建企业集团。

高起点的科技战略。以盈利为目的，以市场为导向，大规模地引进国内外的高新技术和适用技术，由“硬件”引进为主转变为“软硬兼顾”，开发职工智力带动和促进科技进步与技术改造，极大地提高乡镇工业的发展水平。在工作上，利用现有基础和后发优势，有选择地发展一批在国内甚至在国际上具有先进水平的项目，尽可能地采用国际国内一流水平的设备、技术、专利，以缩短与发达国家的差距，在国内同行业中占领先地位。通过技术改造，科技进步，推进行业结构的调整和产品的开发创优、升级换代。提倡自办技工贸一体的科研所，使之成为乡镇工业引进高新技术的桥梁、开发新产品的基地和培养中高级人才的摇篮。在办法上多形式，与科研单位、大专院校、城市大厂挂钩联营，引进技术、人才和管理，充当科研单位的中试基地，联合开发新产品、新技术，筹建新项目，购买专利；大力发展

外向型经济，以兴办“三资”企业带动产品、项目、技术、管理的更新改造，不断增强竞争能力和发展后劲。

创名牌的发展战略。通过提高经营者、产品和企业的水平，最大限度地满足市场的需要；实施科学的广告、商标策略，宣传和扩大知名度；讲究信誉，恪守商业道德，形成良好的市场形象；不断创新开发，形成特色等，创造出各种各样的名牌来：名牌企业家、名牌产品、名牌商标、名牌企业、名牌村、名牌乡镇等。这些名牌，以名牌企业家为核心，名牌产品为基础，构成一个面广量大、基础扎实的名牌群体，最终形成整个区域的名牌形象，从而提高无锡乡镇工业在国内外的知名度和竞争力。

多多益善的人才战略。较好地解决发展与人才资源紧缺的矛盾。要提高对人才重要性、紧迫性的认识，破除任人唯亲、嫉贤妒能、封闭狭隘的人才观；推进人事制度、就业制度的改革，建立起能进能出、能上能下、双向选择、优化组合的人才流动机制；广开才路，以解决紧缺人才和培养中高级跨世纪人才为重点，以建立政治素质好、业务水平高、专业齐全、结构合理的职工队伍为目标，采取引进外来人才和培养本地人才相结合，派出去深造和请进来办班相结合，扩大数量和提高质量相结合，选拔和重用相结合，在职教育和学历教育相结合等行之有效的办法，提高和改善职工队伍的素质，特别是提高各类中高级人才的比重。

高效率的管理战略。改变重发展轻管理的观念，改变乡镇工业管理薄弱的状况，全面加强经营管理，提高运转效率和效益。加强决策、投资、基建、生产、供销、分配等各个环节的管理，加强资金、物资、劳动力、土地、知识产权、资产、财务等各种内容的管理。乡镇工业管理的机构设置、人员配备、管理内容和方法要适应市场，依照国际惯例，加以调整与完善。机构要精减，人员要精悍，职能要明确。要严格与严肃财经纪律，切实加强财务管理，防止集体资产的流失。要博采众长，广泛运用各种现代管理的观念和方法，借鉴国内外企业管理的成功经验，采用电脑等先进管理手段，并与经济承包制结合起来，形成具有杂交优势和适合实际的高效率的管理制度和管理方法。

滚动式的调整战略。以调整促发展，在发展中不断调整，有利于扩大增量，搞活存量，淘汰落后，培育先进，优化结构，增强战略优势。通过滚动调整，改善纺织、丝绸、机械、工艺、食品、轻工等传统支柱行业，开发和培育电子、医药、化工、生物等新兴主导产业，重视和加强发展能源、原材料等基础行业，使行业结构比较适应无锡发展工业“两头”在外的实情。在产品结构上，要不断创新创优创汇，在“高、精、尖、名、特、优、冷、空、缺”上做文章，开发高技术、高产出、高附加值、高创汇、高效益、低消耗、低能耗的产品。在企业组织结构上，该合则合，建设一批重点骨干企业，发展一批企业集团；该分则分，对一些摊子过大、管理成本超过交易成本的企业进行合理分解，引导其走专业化、社会化道路。在市场结构上，发展外向型经济和与现有乡镇工业相配套的行业与产品，增强开拓市场的能力。在区域经济结构上，一头抓重点乡镇村的发展，发挥其领头雁、排头兵作用，一头抓集体经济薄弱乡镇、村及弱小亏企业的转化，变劣势为优势。

社会化的环境战略。为适应乡镇工业发展和农村城市化的需要，乡镇和部分经济发达村要规划兴建工业小区，引导乡镇工业相对集中，配套建设和全面改善交通、运输、通讯、电力、供水、供气等基础设施，结合小城镇建设，发展商业物资流通，兴建专业市场，开发科技、信息、旅游、房产、地产等第三产业，发展和提高文教、卫生等社会事业，形成能为乡镇工业发展创造越来越多的外部条件的社会化服务体系。推进乡镇机构改革，通过建立健全乡镇集体经济组织，明晰产权，理顺政企关系，杜绝对集体资产的平调和侵吞。市、县政府机构改革要按照大社会、小政府的模式加快进行，改善对乡镇工业的管理，主要是政策管理和宏观指导。

大融合的文化战略。发扬勇于开拓创新，不甘落后，精于计算，重文、重教、重才等精神，在坚持马列主义文化的前提下，大胆地大量地虚心向国内外的其他文化学习，借鉴人类文明创造的合理内核，吸纳其他文化的精华，使无锡农村的文化结构更加完善，促进乡镇工业的发展。

乡镇企业股份合作制问题探讨

陈剑光

推行和完善股份合作制，是乡镇企业深化改革的一项重要内容，也是乡镇企业加快发展、加快提高的一个重要举措。但就总体而言，发展中问题还不少，仅就几个具体问题进行初步探讨。

股份合作制与其他几项改革措施的配套推行。推行股份合作制是乡镇企业产权制度改革的最主要、最有效的形式之一，但它不是万能的。股份合作制没有产权界定的功能，相反，没有产权的明晰化和分散化，就没有真正的股份合作制；它解决不了“两权”分开后经营者对新的产权拥有者的责任问题，仍需通过引用承包等各种形式的责任制来明确；微利、亏损企业主要是通过企业兼并、拍卖来实现产权转让，在这些企业中直

接推行股份合作制还有较大困难。条件不具备的企业应继续完善承包制的工作，逐步在资产股份化、经营承包化、职工股东化、工资组合化上下功夫，把完善承包制作为推行股份合作制的一个手段，待条件成熟后过渡为股份合作制。对已实行股份合作制的企业可根据需要采取其他改革措施。各项改革措施相互补充，逐步完善，是向现代企业制度过渡的必经之路。有条件的企业应直接组建成有限责任公司、股份有限公司等现代企业组织形式。

产权和无形资产评估。在股份合作制企业中，经营权与所有权的最终处分权是分离的，经营者对法人财产所有权享有占有、使用和不改变最终所有权的处分权，享有收益权并可以用来偿还债务和承担盈亏责任。实行股份合作制，所有权将经营权分离出去后，仍将保留收益权和处分权；产权是一种行为权，即利用企业资产进行生产经营活动，以实现资产的增值，这种行为权是由所有权派生的一组权利，强调的是对财产的实际占有权、使用权、收益权和处分权。产权与所有权的区别在于，所有权是指人与权利客体之间的法律关系，它强调的是对物的归属关系；而产权则是人与人即经营者与所有者之间的经济关系，它强调的是对物的经营(或利用)关系。因此，在股份合作制实践中，除要界定产权外，还应注意所有权、经营权的界定，真正做到政企分开、“三权”分开。

乡镇企业组建股份合作制，对无形资产的评估，通常按购入成本或其形成时所耗费的实际成本及具有的获利能力重估。尤其要重视技术作价的问题，应做好市场调查、经营匡算、技术考证等工作。

乡村股、企业股产权仍有一定虚拟。乡村集体股的设置主要是考虑历史的原因。这个股种真正的所有者是全乡村农民所有，但实际行使股权的大多是乡村行政干部，从这个意义上讲，产权仍然存在一定的虚拟性。这种股的分红作为生产发展资金，也与股份合作制企业红利分配前提留公积金、公益金和生产发展基金相重合。一般说来，因这种股份额最大，反而使乡村行政干部干预企业经营合法化。这都有悖于实行股份合作制的初衷。跨越这一障碍的办法，一是将乡村集体股作为优先股，集体经济组织只凭此获取红利，不参与经营，这样可确保乡村各项事业有一个稳定的收入来源。有的地方将其分解为入股资产与借入资金，是不足取的。二是对这种股份在进行清产核资、现行市价评估、制定招标办法的基础上，采取拍卖方式，转让股权。乡村集体经济组织对拍卖后货币化的资产作为生产资金用于扩大再生产和农村建设事业，对企业的管理也将从生产管理转向对资产的管理，确保资产的安全、流动、增值。三是对村办企业可直接将这种股量化到农民，至于乡一级，有的地方根据资产利润率、企业经营状况、产品结构等因素，将全乡企业重组成几个大致相同的企业群，再将全乡的村分成几片，每个片选择挂靠一个企业群，将资产、债权债务量化到挂靠片的社区内农民。四是将这种股虚拟化并承包给企业职工，以承包收入返回到职工的股份中，一方面逐步加大其股份，另一方面将乡村股逐步转归企业职工股。五是将这种股租赁给经营者，实行公有民营，用租赁费和租赁收入逐步将该股种转归经营者所有。

对于企业股，与乡村集体股一样存在产权虚拟问题，可参照上述办法逐步过渡为企业职工股。对于国家减免税等方式形成的企业资产，是国家实际已放弃的一种所有权，改制前形成的这一资产，归企业集体所有，改制后形成的，为企业不可分割的公共积累，属全体股东共有。

债权债务、银行贷款、沉淀资金、闲置设备的处置。对于债权债务应由乡村集体经济组织统一管理，原则上不应向新企业转移，集体股可用红利进行债务补偿。对于银行贷款，一是经股东同意，可以转为改制后企业的贷款，用利润偿还；二是作为乡村股的一部分，以其红利逐步偿还。对于沉淀资金和闲置设备应由改制后的企业无偿接收并保管，但资产所有者仍属乡村集体经济组织，不应向新企业的几个股种“搭车”。

一些股份合作制企业转轨不转制以及外部管理体制没有相应改革。实行股份合作制不仅是为了解决资金问题，也不仅是为了扩大生产规模，它的本质意义是为了完善企业的运行机制。股份合作制是集企业产权制度、经营管理制度、资金筹措制度、劳动合作制度于一体的一种新的企业组织制度。在推行的过程中，应避免走形式，避免出现转轨不转制的问题，力争形成企业拥有全部法人财产权，有自主经营的权利；企业除纳税、还贷、分红外，以其全部法人财产作为自负盈亏的基础，形成法人财产的损益机制；企业职工随着入股份额的增多，逐步与企业结成利益共同体，企业财产的保值增值，人人有份，人人过问，增强企业的凝聚力；所有权归股东，决策权归董事会，经营权归厂长(经理)，厂长(经理)接受职工、股东会、董事会、监事会监督，各部门各司其职，各负其责，相互制约，强化竞争机制，不吃“大锅饭”，根治资产虚增、企业虚胖的弊端。

股份合作制企业的机制优势的发挥，要有外部管理体制的配套改革作保证。不同的经济管理体制，决定着不同的经济运行机制。推行股份合作制后，乡政府和村委会以及集体经济组织应采用全新的思维和行为方式，从过去直接参与企业管理、生产、经营的方式，逐步转移到进行管理上来。乡镇企业行政主管部门应履行对股份合作制企业实行指导、管理、监督、协调和服务的职能，乡镇股份合作制企业没有改变乡镇企业的本质特征，应按《中华人民共和国乡村集体企业条例》的规定履行义务。

实现五个结合 深化乡镇企业股份合作制改革

江士荣　朱枝富　崔爱国

推行股份合作制与转变政府职能相结合，创造转换经营机制的外部环境。企业并不是想转换经营机制就能转换机制，也不是实行了股份合作制就能转换机制，转换机制的一个前提条件是政府转变职能，政企分开，落实企业自主权。就市、县政府而言，要解决好部分乡村干部视给企业“还权”为“失权”的认识误区，要通过股份合作制的规范化操作来约束政府对企业的直接干预，对已改制为股份合作制的企业，不能过多干预其内部事务。就乡政府、村委会而言，要用经济杠杆和法律手段来管理企业，支持股份制企业按章程办事，按制度运行。本着“小政府、大服务”的方向，政府要搞好区域内经济发展规划、基础设施建设、产业政策落实、产业结构调整等；随着股份合作制企业的增多，保障集体资产的安全、增值。乡政府可建立乡镇企业控股集团公司，派出代表担任股份合作制企业的董事或董事长，以集体资产所有者的身份，参与企业重大决策；可建立集体资产管理机构，负责明晰产权，并对集体资产的经营进行监督，以保证集体资产保值、增值，不受侵害。通过职能转换，为股份合作制企业创造转换经营机制的外部环境。

推行股份合作制与转换企业经营机制相结合，增强转换经营机制的内在动力。一是改现行的定向募股、内部集股为开放式募股。乡镇股份合作制企业可试行设优先股，吸引企业外社会法人、个人入股；对企业所需的科研院校的专利技术等，可以股份的形式吸入；对社会上闲置的、而企业又急需的设备、厂房等也可以股份形式参与，扩大“股金”的内涵。通过开放式募股，优化股份构成，形成多主体关心、支持、监督企业发展的新机制。二是把发展个体私营经济与推行股份合作制有机结合起来，扶持个体、私营企业。个体私营业主不但有资金，而且还有较强的经营管理能力。通过发展股份合作经济，把个体私营业主特别是经营能人吸引到乡镇企业中来，给乡镇企业增添新的活力。采取优惠政策吸引个体私营业主参股、投大股，只要其参股达到一定的比例，可担任企业董事会、监事会成员之职；有经营管理能力、有开拓精神的，鼓励其争当控股核心或委以企业厂长（经理）之职。三是进一步明确企业股的产权。职工占有的股份越多，自觉搞好生产经营、参与管理的积极性就越高，股份合作制的功能就越容易充分发挥。乡镇股份合作制企业普遍设置了比重较大的企业股，这实际上会导致企业厂长（经理）不受监督，企业所有仍是一种软约束。企业股应根据“谁投资、谁所有、谁得利、谁担风险”的原则，进一步明晰其产权关系。通过多途径改革，在总体上形成集体股与职工股各占一半的股权结构，使职工与企业真正做到联股联利联心，为企业增活力，为转换机制创造良好的内在条件。

推行股份合作制与建立企业厂长（经理）竞争机制相结合，创造转换经营机制的组织保证。一个企业经营的好坏与企业厂长（经理）的事业心、责任心和经营管理能力紧密相关。对企业来讲，选一个好的厂长（经理），在某种程度上比实现一项改革措施更为重要，乡镇股份合作制改革要取得成效，建立起一支优秀的企业家队伍和企业厂长（经理）阶层的竞争机制是重要的保证。乡镇股份合作制企业的厂长（经理）应在竞争招标的基础上由董事会负责考察、聘用，副厂长级干部由厂长招聘、中层干部竞争聘用，优胜劣汰。建立起与现代企业制度相适应的企业家队伍和机制为企业转换机制、提高效益，提供有力的组织保证。

推行股份合作制与优化区域产业结构相结合，发挥优化配置资源的功能。乡镇企业推行股份合作制应充分发挥优化配置资源的功能：一要确立起乡镇改股的原则。新办企业财产界定清楚，规范操作难度小，应原则上推行；效益好的企业吸引力大，职工信任感强，可引入“入股自愿、同股同利、风险共担”机制，优先推行；亏损企业如系产品有市场，因管理不善或资金周转困难等原因的，可通过实行股份合作制能扭亏为盈；对产品无市场、不符合产业政策等的企业，要限制其实行股份合作制，进行关、停、并、卖。二要以改股、扩股为纽带组建企业集团。在资金紧张的情况下，通过实行股份合作制盘活存量资产，以改股为纽带，加大兼并、联营力度，组建起一批跨行业、跨区域、跨所有制的企业集团、联营企业。三要逐步试行股权转让制度。可在县、乡范围或企业内部试行企业职工股权转让制度，把股权搞活，解决股权持有者需要现金难兑现、资金较多的单位和个人不能及时找到投资渠道的矛盾。促进股权流转机制的形成，创造优胜劣汰、合理配置生产要素、优化产业结构的环境。

推行股份合作制与健全企业内部责任制相结合，构筑强有力的约束机制。一方面继续完善企业内部各项承包责任制，把企业职工的工效挂钩、按劳取酬与按股分红相结合，职工收入以按劳分配为主，不应用股份合作制来否定承包责任制。另一方面把股份合作制的内部监督与责任制的考核相结合，建立健全企业监督体系。股份合作制企业要建立监事会，加强民主管理和民主监督；健全会计制度，实行财务公开，提高生产经营的透明度和职工参与度；县、乡政府对股份合作制企业实行定期审计制度，发现问题及时解决。通过配套改革，使股份合作制、责任制相结合，股东的利益、责任相统一，构筑乡镇股份合作制企业强有力的约束机制。

乡镇工业小区和小城镇建设的思考

潘利兵

布局较为分散、企业规模偏小一直是乡镇企业难以充分发挥集聚效益和规模效益，影响进一步发展提高的因素。大部分乡镇工业未能很好地接受城市工业的辐射效应，成为整个工业经济运行的有机环节，反而与城市工业严重“同构”（结构相似系数在0.8左右）。这些矛盾和问题，已经不可能通过农村自身得到解决，需要通过城乡一体化发展，在更大范围内进行协调完善才能解决。乡镇工业小区、小城镇的建设能够起到吸纳农村剩余劳动力，加快农村工业化进程，提高农村城市化水平，促进乡镇企业上档次、上规模、上水平，克服乡镇企业的封闭性、分散性、重复性，改善乡镇企业的浪费和环境污染状况，带动农村经济的全面发展，推动农业规模经济的形成，促进社会、经济大环境的健康协调发展等作用。

我国有农村小城镇5万多个，建成或在建中的各种乡镇工业小区近4万个。乡镇工业小区和小城镇是农村商品的集散地，连接着城乡两个市场，在城乡商品流通中发挥桥梁和纽带作用；它已经成为发展乡镇企业的大基地，为乡镇企业的发展提供资金、人才、技术、市场等各方面的支持，它们的出现体现了乡镇企业发展正从量到质发生飞跃。乡镇企业产值超亿元的小城镇占全国乡镇总数的10%以上。同时它促进了农村剩余劳动力的合理分流，为剩余劳动力提供出路，减轻对大中城市的压力和冲击。

乡镇工业小区、小城镇建设还为农民带来城市文明，丰富和活跃了农民的文化和精神生活。乡镇工业小区和小城镇正成为农村政治、经济、文化的中心，它对周围农村乃至城乡经济的协调发展发挥出重要作用。但是，从全国总的情况来看，乡镇工业小区和小城镇建设的综合水平还较低，发展还不足，东、中、西部地区分布不均匀。主要表现在：一是大部分乡镇工业小区和小城镇内集聚的非农产业少，缺乏非农产业的支持。最突出的是全国乡镇企业的80%仍然分布在自然村落，12%分布在小集镇，只有8%分布在各类乡镇工业小区和小城镇里。二是人口少、面积小。小城镇的总人口不到农村总人口的15%，全国一个小集镇的平均人口在2 000人左右，平均面积只有0.4平方千米左右。三是乡镇工业小区和小城镇的基础设施落后。四是面积、人口均占全国2/3的中西部地区，乡镇工业小区和小城镇数量却少于东部。这些问题的存在同时造成一系列后果：城市化进程滞后于工业化进程，降低了就业的连锁效应，影响农村剩余劳动力更多、更有效地转移；影响乡镇企业的进一步发展和提高，特别是在中西部地区，乡镇企业的分散格局十分明显，导致不少企业规模效益低，基础设施重复建设，环境污染、滥占耕地、信息不灵、交通不便等问题。

造成我国乡镇工业小区和小城镇建设发展滞后的原因有：一是在计划经济体制下，国家通过工农产品价格剪刀差等方式将农业积累转化为工业积累，对农业和第三产业的投资较少，使农业生产率提高缓慢，农民从事非农业劳动的机会大大减少。而工业吸纳农业劳动力的能力又极其有限。这就逐渐形成“城市办工业、农村搞农业”的二元经济结构。农村实行家庭联产承包责任制之后，乡镇企业得到发展，但由于户籍管理限制农村人口进入城镇，又形成“市民住城镇、农民不进城镇”的二元社会结构。随着乡镇企业的发展壮大，“二元经济结构”被突破，但“二元社会结构”则未作大的调整。这就形成乡镇工业布局分散，小城镇建设缺乏规划，既非城镇居民、又非专门从事农业的城乡两栖离农人口大量出现。二是未能把以乡镇工业为重点的非农产业的发展和乡镇工业小区和小城镇建设很好地结合起来。乡镇企业发展初期，“村村点火，户户冒烟”、“遍地开花”，加上农村社区利益、财政体制、企业职工的亦工亦农、户籍管理制度等客观因素的制约，使得乡镇企业、非农产业的集聚发展受到影响。

要加快乡镇工业小区和小城镇建设，一是要把乡镇企业发展和乡镇企业工业小区和小城镇建设结合起来。乡镇企业发展的实践证明，乡镇企业是小城镇建设的主要推动力，乡镇企业的集中连片发展，尤其是乡镇工业小区建设，不仅促进了小城镇能源、交通、通讯等基础设施建设，而且还促进了小城镇商业、服务业、文化教育、卫生等事业的发展。乡镇企业为小城镇建设提供合理人员和资金，使小城镇发展有了稳定社会经济基础。而乡镇工业小区和小城镇建设又促进了乡镇企业及第三产业的发展，为乡镇企业搞好规模经营，提高规模效益，进一步发展提供了条件。应通过继续深化乡镇企业体制改革，推行乡镇企业股份化和集团化，对乡镇企业的产权制度和组织制度进行改革，消除地方政府对企业的行政干预，推动企业资产跨地区自由流动和组合。二是用改革办法促进乡镇工业小区和小城镇建设的发展。改革投资体制，改革投资单一化的状况，开辟多渠道筹集建设资金的新路子；建立小城镇建设的多元化投资机制，国家、集体、个人一起上；重点挖掘农村的资金潜力，将农民希望进城生活就业的欲望与其手中的资金结合起来；要制定优惠政策，吸引企业、农民自带资金到城镇投资，把投资和农民身份转化、定居和利益保障挂起钩来。改革户籍管理制度，逐步建立城乡户口一体化管理制度。改革流通体制，培育市场，带动乡镇工业小区向小城镇转化，促进小城镇的建设与发展；打破生产和流通分割及人为造成的地区封锁、部门分割的旧格局，发展多形式、多层次的市场体系，形成大市场、大流通、大循环的新格局。改革社会保障体制，消除进城镇农民的后顾之忧；建立适合小城镇发展的新的住房制度、医疗制度、劳动就业制度、教育制度等社会保障体系，为鼓励农民进城镇创造条件。改革土地管理制度，实行集中、统一、连片开发，以利于乡镇工业小区和小城镇发展过程中土地的集约使用；对乡镇工业小区和小城镇建设用地，应采用有偿使用的原则，并尽可能采取拍卖、招标的方式；探索建立农民进城镇身份转变后原有耕地的流转制度，促进土地的规模经营，提高农业现代化水平。

发展乡镇工业小区和小城镇建设应从实际出发，量力而行，循序渐进；以提高经济运行质量为轴心，以改革为动力，推动小城镇建设的健康发展，加快农村工业化、城市化和现代化进程，促进一、二、三产业的互动发展，实现农村经济和社会的全面协调发展；实行小政府、大社会，政府在小城镇建设方面应把工作重点放在统筹规划、掌握政策、依法行政、组织协调、提供服务、检查监督和基础设施建设上；运用市场经济机制，培育和塑造合格的市场竞争主体，使乡镇工业小区和小城镇内所有的生产者、经营者，都以市场为导向；鼓励兴办、领办高起点的乡镇企业、企业集团，培育一批规模大、实力强、效益好的骨干企业，用以构筑乡镇工业小区和小城镇建设发展的经济基础，走出一条与城镇建设配套发展的新路子。

乡镇企业政策之我见

李 慧

产业结构政策。乡镇企业产业、行业发展根据国家产业政策进行调整，产业结构趋向合理。但一些地区的产业、行业和企业的发展还带有一定的盲目性，结构性矛盾仍不同程度的存在。

乡镇企业的发展方向的重点应放在开发利用当地资源、农副产品加工、建材工业、支农工业和劳动密集型第三产业。在合理规划和开发资源的前提下发展采矿业，发挥劳动密集和传统工艺的优势，发展为大工业加工配套产品、出口创汇产品和城乡人民生活必需品。

结构调整的重点，一是加快进行产品结构的适应性和开发性调整，生产适销产品，确保一批支农、与重点企业配套、出口创汇、畅销的名特优新产品和人们生活必需品的生产；扶持一批为大工业配套、替代进口产品、利用当地农副产品和资源的深加工产品、节能降耗新技术产品、补缺的基础工业产品；投产一批市场畅销的高新技术产品；并转一批滞销积压、高能耗、高原材料消耗的产品，以及国家明令淘汰、生产过程污染严重又一时无法治理的产品。二是调整企业组织结构，发展工商、工农、工贸横向联合，朝小而专、高水平、小商品大市场的方向发展。推动专业化、社会化协作生产，建立各种形式的企业集团的经济联合体。

重视工业小区的建设，适当集中分布。改变一些地区乡镇企业布局过于分散的局面，解决占用土地多，基础设施投资大，企业人才、信息、技术交流和商品流通不畅的问题，以利于防治环境污染和发展农村小城镇建设。

协调城乡关系，实行城乡合理分工，发挥各自优势，逐步实现城乡一体化、贸工农一体化。

调整地区经济结构。根据不同区域的经济特点，实行分类指导，加快技术改造。致力于发展“两高一低”（技术起点高、附加值高，能源、原材料消耗低）产品、高新技术产品及出口创汇产品，逐步实现从劳动密集型产业向劳动技术密集型产业的转变。

加快发展为城乡生产、生活服务的第三产业。发展农业产前产中产后服务，兴办农副产品的储藏、保鲜、运输业，促进农副产品的流通；继续发展建筑业、商业、饮食服务业及信息产业。

技术进步政策。乡镇企业的科技进步，应以提高产品质量、开发新产品为启动，把重点放在国家产业政策鼓励的产业、行业和产品上。推广新技术，充分利用科技成果和专利技术；加速人才开发；推进技术改造，

采用先进适用技术、工艺和设备;推动国外先进技术的引进、消化与吸收,按国际标准和国家标准组织生产。

为提高企业职工的文化技术水平,各级政府应把乡镇企业的人才培养纳入教育发展规划,大中专毕业生每年应有一定数量分配给乡镇企业。教育部门应面向乡镇企业开展各种形式的教育,为企业培养各类专业人才。各地应制定科技进步奖励办法,奖励和表彰有突出成果的科技人员。鼓励和支持科技人员承包、租赁、领办、创办乡镇企业。允许乡镇企业参照国家颁布的标准评定技术人员的职称,发给证书,由企业给予应有的待遇。

提倡乡镇企业与科研单位、大专院校建立联系,加快科研成果转化。建立、完善企业内部技术进步机制,把技术进步指标纳入承包经营责任制,开展群众性的合理化建议和技术革新活动。

建立促进乡镇企业技术进步的服务体系。要打破部门、所有制、地区的界限,采取多层次、多形式的纵向或横向联合,发挥整体优势,动员和组织社会力量,为乡镇企业提供信息、培训、咨询等服务。

外向型经济发展政策。各有关部门和地方,应把发展乡镇企业外向型经济作为一项有战略意义的工作来抓,创造有利条件,扶持乡镇企业发展出口创汇,吸引更多的外资和先进技术。

为适应国际市场的变化和我国外贸体制改革的新要求,乡镇企业外向型经济应由过去重视"量"的发展向重视"质"的提高转变;由初级产品的简单加工向高档次、高质量、精加工、深加工转变,提高产品附加值;瞄准国际市场需要,有针对性地生产;在巩固和发展亚太市场的同时,开拓北美和西欧等市场;开展按国际标准和国际认可的通用标准组织生产;在发展劳动密集型产品出口的同时,注意扩大技术密集型、高附加值和高新技术产品的出口;引导和扶持企业向规模经营、集团群体、小商品大批量的方向发展;充分发挥出口商品生产基地作用;进一步加强与外贸部门的合作;开展来料加工、补偿贸易,利用收购贸易、代理贸易、边境贸易的形式发展出口创汇。

区域发展政策。我国沿海和中西部地区经济发展的不平衡,很大程度表现为乡镇企业发展上的差距。应把加快发展乡镇企业作为中西部地区经济工作的一个战略重点。中西部地区县城二、三产业的发展,除国家统一规划开发的工程和项目外,要逐步转到以发展乡镇企业为主的轨道上来。

实行适应中西部地区经济发展要求的产业政策。面向国内外市场,立足当地资源优势,适合发展什么就发展什么,不受规模大小的限制。提倡不同组织形式的乡镇企业共同发展,在那些贫困落后、集体经济薄弱的地区,可以放手发展个体、私营和股份合作制企业。创造有利于开发资源的投资环境,加强与经济发达地区的经济联系,利用一切可利用的技术、资金,做到优势互补,以东带西,共同发展。

产权关系政策。乡镇企业产权制度改革应以发展股份合作制或股份制为重点。通过改革,使各种生产要素在不同地区、不同行业、不同企业、不同所有制之间合理流动和优化组合;使股份合作制、股份制、承包制、租赁制、兼并、联营等各种经营方式得到完善和发展;使企业真正成为自主经营、自负盈亏、自我约束、自我发展的企业法人实体和市场竞争主体。

乡镇企业产权制度改革的主要内容有:产权的界定与明晰化;产权的有效流转;产权的最终实现;产权的管理和监督。产权界定与明晰化是乡镇企业产权制度改革的基础。应在做好资产评估、产权界定并进一步明晰化的基础上,吸纳新的股份,形成财产多元化的组织形式。

投资政策。对发展乡镇企业所需的资金,在主要依靠农民自筹和乡镇企业自身积累的基础上,各级政府应给予必要的支持。各级都应逐步建立乡镇企业发展基金,基金由各级财政部门共同负责筹集,制定管理办法,协商分配,按照国家产业政策和当地实际情况,择优投放,有偿扶持,限期使用,到期收回。

工业小区政策。科学规划、合理布局,以交通、基础设施和有一定工业基础的乡镇为启动点,建设工业小区。放宽县城和县以下集镇农民常驻地户口迁移政策。对工业小区建设用地,采用政府统一规划、征地、开发、出让的办法。

筹集资金、加速发展工业小区。可以地价作为启动资金,小区原有企业所交纳的税费,作为开发基金;适当提高城市维护建设税的税率,集中用于小区的基础设施建设;银行、信用社应设立小区贷款项目,依靠项目引进资金、县乡财政拆资金、进厂职工带资金、股份合作筹资金等。

制定具有吸引力的地方性招商引资政策,鼓励异地开发、村社之间联合投资经营;允许机关干部、科技人员到小区创办企业等。

环境保护政策。把握经济建设与环境保护协调发展的原则,乡镇企业行政主管部门既要抓乡镇企业发展,也要抓农业生态的保护。随着乡镇企业的发展,在其支农、建农的资金中逐渐加大对环境保护的投入,建立环境管理网络和环境目标责任制管理办法。对不同地区,不同发展阶段的乡镇工业企业要制定不同发展阶段的环境标准,提出不同的环境目标,使环境目标与乡镇工业生产力的水平紧密结合。推广环境保护的成功经验，借鉴世界中小企业发展和环境管理的有效方法，对于浪费资源、严重污染环境，且难以治理的产业不再发展，已建成的企业要逐步关、停、并、转。

依靠科技进步做好乡镇企业的环境保护工作，制定控制重点行业污染的技术改造政策，提高防治污染的能力。

按照规定执行排污超标收费制度。对主要污染行业通过建设有经济效益的污染治理示范技术，调动企业治理污染的积极性，吸引金融和信贷部门把资金投向防治污染的技术改造。

建设乡镇工业小区，以实现对能源、水源的集中供应和梯级利用，实现对污染物的集中控制和处理。

加强内外合作与交流是解决乡镇企业发展与环境问题的重要手段。解决环境问题需要各部门、地区和国际间的合作。

梗阻清除 物畅其流

——乡镇企业压缩二项资金占用的调查

过林兴 吴鑫昌

1994年，通过对江苏省无锡县摩托车厂、特阔棉印厂、新华针织制衣厂和宜兴市新兴化工集团等11家乡镇企业的应收帐款、产成品两项资金占用情况的调查，看到这11家企业在新的形势下，奋力拓展市场，运用灵活的营销手段，发挥自身优势提高资金利用率，在压缩二项资金占用上取得较好的成效。

1994年1月至8月，这11家乡镇企业的二项资金占用6 739万元，占流动资金的19.66%，占年产品销售收入只有3.22%，流动资金周转天数43天，年资金利税率39.15%，资本金利润率60.39%，显示出较强的创利税能力。他们的做法和特点是：

产品具有市场竞争力。调查发现，这11家企业都能把开发适应市场、满足各种层次需要的产品作为发展的方向。查桥摩托厂建厂以来，坚持依靠科技进步，注重产品开发，年年增加花色品种，广泛适应大众化、多层次的需要，产品在市场上十分抢手。客户预交货款，排队等货，成为一个产品不在厂内过夜的企业。

质量好，档次高，更是产品在市场上具有竞争力的保证。无锡县特阔棉印厂一直注重提高产品档次和质量，以赶超世界水平为标准，走内涵扩大再生产的路子，建厂以来，进行3次大规模技改，每次技改都使产品质量和档次提高一步，经济效益上一级台阶。他们作为“特阔15套色印花布”的生产厂在国内独此一家，其他“特阔印染布”品种的一等品率居全国同行榜首。从帐面反映，该厂应收款只有5万元，二项资金仅占流动资金的2.1%。

营销手段灵活。“宁肯薄利现款，不愿厚利欠款”已成为这些企业领导的共识。华西申华线材厂至1994年8月底，已实现销售收入2亿元，而二项资金只占年销售收入的1.55%。

在不予赊销的前提下，江阴新华针织制衣厂以灵活多样的策略，全力拼抢市场，扩大销售。他们独出新招，如客户因花色、规格不对路，可以来厂调换，对于销售不畅的产品也可以更换，使客户消除后顾之忧，乐于接受该厂产品。

提高经营决策水平，造就综合竞争优势是压缩二项资金占用的有效手段。无锡县电线厂指导销售人员多跑大市场，接触大客户，改变过去接触的“经营部”、“个体户”之类客户多、应收款多、销售费用多的状况，与全国各地的市级机电公司、大中型企业及外贸公司建立长期的业务关系。该厂每月销售收入达2 000多万元，相当于1991年全年的销售量，但应收款大幅度下降，仅占销售收入1%左右。

发展外贸出口。在被调查的11家企业中，有6家是外贸出口重点企业，其出口产品销售值为营业收入的78.22%。这些企业与外贸部门打交道，基本上不会形成应收款回不来和产品库存积压现象。他们结算信用度好，结算制度严格。只要质量和交货期符合要求，手续齐全，货发出后就及时结算清。

扩大产品出口，还有利于企业盘活资金。特阔棉印厂由于注重国际市场的需求变化，按照外贸部门的订单制定生产计划，产品93%出口，基本做到没有库存积压，资金运转率提高，企业的流动资金也比较宽松。该厂实施第四次扩建和技改后，企业的装备水平和产品档次进一步提高，发展后劲增强。

管理制度严格。由于有严格的制度作保证，这些企业以前拖欠下来的应收款明显下降，新的应收帐款和库存产品得到有效控制。对于历史陈欠的应收帐款，不少企业采取严格措施，组织力量催收。江阴市第四织布厂从1994年3月起组织专门力量，采取措施催收应收款，至6月底收回420.56万元，占原有二项资金总额的57.4%。无锡县毛巾厂对多年遗留下来的应收款，组织人员分类清理，责任到原当事人，限期收欠；对欠款数额较大的重点户、“钉子户”，专门聘请律师，运用法律程序解决；至1994年8月底，应收帐款比年初降低423万元，降低额占原有总款的78.9%。

严格的制度为促进资金的回笼起到保证作用。在这11家企业中，对此都有明确的规定。江阴新华针织制衣厂规定“一手交钱，一手交货”的原则，把销售人员的报酬与销售额、资金回笼额挂钩，按产品销售帐款的1%结算差旅费、1%支付工资、1%发给奖金。这就切实堵住了产生应收款的“源头”，成为一个无应收款企业。

乡镇企业资金紧张的矛盾十分突出，如能压降二项资金，调整流动资金结构，提高资金利用效果，那么，乡镇企业的经营状况必然会有一个质的提高。

江苏省武进县乡镇企业负担调查

沈建华

江苏省武进县是“中国农村综合实力百强县”之一，乡镇企业总产值占全县工农业总产值的3/4。然而，1994年，由于乡镇企业负担普遍加重，发展后劲大大消弱。1994年，该县乡镇工业实现利润39 761万元，比上年下降37.61%；亏损企业由1992年8月的282个增加到459个；亏损企业亏损额9 857万元，分别比1992年和1993年增加240.24%和119.04%。有的企业已经到了不堪负重，难以发展的地步。

与前几年相比较，税制改革以来，乡镇企业的税负有增有减，但税收总体负担明显加重。1994年，武进县乡镇工业税收总体负担是118 686万元，比上年增长28.83%，而同期经济效益下降的幅度，超过税负增长的幅度。

由于税制结构的变化，纳税环节的改变，产品之间、企业之间的税收负担也发生一些变化，同时新税法规范了所得税税前列支的项目和标准，乡镇企业原来可以进入成本的经营费用，可以税前列支的许多社会性支出，有部分为新税制所不允许。因此，对乡镇企业来说，计征所得税的税基有所扩大，并且，乡村企业在承担同样税负的同时，还要向乡村集体经济组织上交相当比例的利润，乡村企业的税负实际高于其他所有制企业。

新旧税制转换后，乡镇企业同其他企业名义上同等税负下公平竞争，但是，过去社会性负担是通过扶持乡镇企业发展的许多优惠政策来曲线弥补的，而现在一些优惠政取消，企业的社会负担却逐步加重。1994年，武进县乡镇工业建农基金、地方教育费附加、上交乡村利润和税前10%的社会性支出等四项社会性负担为25 977万元，比上年增长23.78%。武进县乡镇企业1994年度缴纳的各种收费近50种，全县持有“红头文件”可向乡镇企业收费的县级行政机关有20多家，其中交通局收费10种，工商局收费5种，土管局收费7种，公安局收费8种。由工商局向企业征收的“年检费”，从50元“附加”到180元。由税务部门代征的乡镇企业管理费，全县从1993年的1 000万元增加到1994年的6 000万元。

调查中发现，乡镇企业，特别是经济效益好的乡镇企业，承受的各种摊派名目繁多。武进县横山桥镇，有镇村办企业143个，1994年销售收入11.3亿元，用于镇敬老院、中小学校、镇村路道、政府大楼、镇自来水厂等建设的社会性支出达8 816万元。在这笔支出中，属于合同内按政策规定支出的，仅占30%左右，其他均是与企业“商量”，成以各种名目摊派的。

还有许多该上面支出的费用，部门承担的开支，也以种种借口、名目，向乡镇企业摊派。一些政府机关、有权部门，为了少花钱多开会，常常把一些较大型的会议放到经济效益较好的乡镇和企业去开，吃好住好不算，还要带些“纪念品”走；一些有权部门的干部，经常到企业吃喝；一些行业管理部门向企业强行推销与企业无关的产品；一些实在没有服务名目和手段的部门，对企业进行所谓“顾问”服务，名义上是为企业出谋划策，实质上是收取“顾问”费用，要是企业不从，在办事过程中往往要受到种种卡压。近两年，乡镇企业的负担不仅未减轻，还逐年增加，减轻负担的阻力重重。乱摊派和乱收费，关键是部门利益作怪，也是减轻负担的阻力所在。

要切实减轻乡镇企业负担，除要加快乡镇企业的产权制度改革，提高企业抵御负担的能力，加快政府机构改革，精简超编冗员外，应尽快从法律的制订和严格执行上界定乡镇企业负担的范围和标准，规范乡镇企业收费工作，使对乡镇企业收费工作的管理和监督长期化、正常化、法制化。唯有如此，乡镇企业才能走出负担不断加重的怪圈，加速自我积累，增强发展后劲，加快发展步伐。

发展乡镇企业外向型经济的思路

卢永军

随着乡镇企业外向型经济的发展，乡镇企业出口创汇能力不断增强，在全国外贸经济中的地位显著提高；创汇大户大批涌现，出口规模进一步扩大；利用外资渠道拓宽，乡镇“三资”企业发展势头强劲；跨国经营兴起，境外设点办厂大量增加；对外贸易日益扩大，获得进出口经营权的企业增多；贸工农出口商品基地建设成效显著，外向型企业集团大批形成；外向型企业布局趋向合理，出口产业和产品结构逐步升级。

但是，在国际市场竞争日益激烈的新形势下，由于乡镇企业外向型经济发展的时间不长，经验不足，企业自身素质还不能完全适应外部环境的变化，在发展中仍然面临着一些不容忽视的困难和问题。服装、纺织、工艺品、机电等一些出口行业，面临着原材料价格上涨，生产成本大幅度上升，外贸收购价格变化不大，出口效益下降；由于人民币汇率等原因，使出口企业盈利减少；受资金制约，一些合资合作项目中方配套资金不到位，影响外商投资的积极性，一些出口企业生产经营活动不能正常开展；一些乡镇外向型企业还不适应国际经济通则的运行要求；适应乡镇外向型企业发展的人才奇缺，成为乡镇企业外向型经济发展的制约因素；一些乡镇出口企业缺乏应变能力，难以根据国际市场变化，适时进行企业技术改造、设备更新、改进工艺流程，出口创汇后劲不足；总的来说出口渠道比较单一，信息不畅，难以正确分析、预测和驾驭国际市场。

乡镇企业外向型经济要有一个大的发展，很重要的一点，就在于正确认识和适应新形势，抓住机遇，扩大开放，发挥自身优势，克服自身弱点，主动迎接挑战。乡镇企业外向型经济发展应在注重质量和效益的基础上，实现乡镇企业沿海、沿江、沿边和内陆“大开放”的新格局，实施以出口为主，外贸、外资、外经一起上的“大经贸”战略，充分利用国内国际两个市场、两种资源，优化资源配置，调整出口产品结构，建立起与国际市场和国际惯例相适应的经营和管理机制，使更多的乡镇企业参与国际竞争和国际经济、技术合作与交流，推动乡镇企业外向型经济向更大规模、更高水平发展。

*提高出口产品质量和档次，增强出口创汇能力。*抓好出口商品的质量，以质取胜，同时大力开发深加工产品，加快出口商品向制成品、精细产品、名牌产品转变，提高出口商品的档次和附加价值，培育出口创汇的支柱产业和拳头产品，鼓励、扶持出口骨干企业向集团化、多元化和跨国经营方向发展。提高企业和产品的信誉、知名度、产品质量，改进产品性能、款式、包装、装璜、售后服务等。各地情况不同，国际市场需求层次也有差别，乡镇企业应利用各自的优势，多渠道、多方式、多层次增加出口创汇。

*改善投资环境，加大招商引资力度。*总结乡镇企业利用外资工作取得的经验，找出存在的问题和差距，创造良好的投资环境，以提高招商引资的水平。中西部地区，更要敢于让利，以更加优惠的政策吸引外资，加快招商引资的步伐。

*改善经营管理，建立与国际市场和国际惯例相适应的经营管理机制。*学习掌握国际惯例，逐步熟悉外经、外贸、外资方面的业务知识，使企业经营管理尽快走向科学化和现代化，并与国际化生产经营相适应。按照国际惯例的要求，改善企业的经营管理，特别是依照国际惯例，健全规章制度，运用国际先进的管理手段和办法，改善企业的管理。强化国际化经营法制观念，学会用国际惯例处理跨国经营中的业务纠纷，保障企业在从事国际事务活动时的信誉和合法权益。

*加强自营进出口生产企业的管理，推进外向型企业集团的发展。*企业获得进出口经营权之后，要注意提高经营管理水平。鼓励和扶持获得外贸进出口权的乡镇企业，在自愿的基础上，以资产或产品为纽带，组建企业集团或各种不同类型的联合体，开展各种形式的联合、合作，组织和带动相关产品出口，增强企业在国际市场上的竞争力。加强协调，帮助解决困难，保证自营企业生产和经营活动正常进行。

*鼓励有能力的乡镇企业到境外设点办厂，实行跨国经营。*利用熟悉的渠道，选择好国家和地区，把自己在技术、设备、人才、信息等方面的优势向境外扩散。

*结合实施东西合作工程，加快出口产品结构的调整。*乡镇企业要参与国际产业大分工，利用自身优势，发展“高、大、外”产业和产品，要在提高标准化生产技术的基础上，吸收先进的生产技术，并使之转化为现实的生产力。东部沿海地区乡镇企业应积极吸收国外转移的有利于我国发展的高科技产品或产业。创造条件，加快乡镇企业由东向西的梯度转移，促进东中西部经济协调发展。

*加快外向型经济人才的培养。*强化外向型经济人才的培养，是乡镇企业面临的一个非常迫切的任务。应抓紧对涉外企业、出口创汇企业的人才培训，造就一批有技术管理专长的劳动者，培养出一支高质量的外经外贸专门人才、企业中层经营管理人才和企业家队伍，以适应参加国际竞争、开拓国际市场的迫切需要。

*发挥沿海、沿江、沿边的区位优势，全方位扩大开放。*通过这些地区对国外人流、物流、信息流、资金流的集散功能，带动和辐射其他地区外向型乡镇企业的发展，并逐步建立其产业和技术在区域间相互传递的运行机制。

*继续加强合作，争取更多的关心和支持。*乡镇企业外向型经济的发展，离不开外经贸、计划、财政、金融、经贸等部门的支持和关怀。特别是不少中小乡镇企业发展外向型经济的初期，既缺少信息，又无出口渠道，通过发展工贸、技贸联合，可以利用乡镇企业机制灵活的优势，依托外贸部门的国际市场信息和出口渠道，从而打开国际市场。

乡镇企业走出国门的新天地
——赴柬埔寨考察后的思考

殷乐信

乡镇企业的外向型经济发展大体经历了加工服务——引进提高——外贸自营几个阶段。乡镇企业走向国际市场的势头不减，但遇到的问题也不少。中国乡镇企业协会为探索一些新的渠道，组织一个小组去柬埔寨考察，得到一些新的启示。

发展中国家的机遇。近些年来，乡镇企业比较注重向美国、日本、欧洲等发达国家和地区发展，主要目标是输出产品，引进资金、技术、设备。这是乡镇企业发展外向型经济的一个方面。乡镇企业面对的这一市场，竞争的难度是相当大的，要求不断扩大出口量，大量引进他们的资金、技术、设备，却遇到不少障碍。一些企业做了大量工作，期望值很高，但成功率很低。

而一些发展中国家，特别是经过多年战乱，近年恢复和平的南非、中东、印度支那等地区，为乡镇企业发展外向型经济提供了一些值得注意的新的机会。这些地区的发展中国家的共同特点是：战后恢复建设任务量大，有的甚至是百废待兴；有比较丰富的资源可供开发利用；市场需求旺盛，如柬埔寨90%的消费品和生产资料都从国外进口；消费档次与我国接近，乡镇企业的产品质量水平比较适合；要求引进的替代进口产品和出口产品生产加工能力的需求量都比较大，行业多样，领域广阔；要求引进高新技术的同时，对实用技术方面属空白或水平偏低的，也积极要求引进。这些国家大都与我国有较好的友谊关系。

这些国家为发展本国经济，在吸引外资、引进技术设备方面，制定了相当优惠的政策、法令。柬埔寨颁布的《投资法》规定：外商在柬埔寨投资可享受长达8年免税；生产出口产品的企业免征原料、设备进口税和产品出口税；外资企业职员、技术人员和家属可申请居住权；外汇可自由汇兑；国际上有26个发达国家对柬埔寨提供关税优惠权，对其4 000多种产品进口不要配额。南非对外国人投资出资比例没有限制，产品外销市场自由，还可申请政府出口补贴；外资购买土地、厂房、住宅不动产没有限制；移民自由，投资人获准投资后，其执行股东、主要管理人可申请永久居住，可享受免缴关税的优惠。

面对发展中国家的一些情况，乡镇企业发展外向型经济，应有新的选择。从乡镇企业总体发展水平看，打入上述情况的发展中国家，会更适合，机遇会更多，成功率会更高。

引进来与打出去并重。乡镇企业发展外向型经济，引进国外资金、技术和设备是一个方面。也应当看到，乡镇企业发展到现阶段，在资金实力和技术水平上，都具备打出去的条件。应向适宜的地区和国家，输出资本、技术、设备和管理，利用国外的各种资源和市场，向更高层次的外向型经济发展。一是不少发展中国家，有这方面的需求。以柬埔寨为例，国家只有3 000家工厂，其中100人以上的工厂仅有100家，绝大多数是作坊式的小厂；在木材、木器加工、塑料制品、轮胎乳胶、造纸、印刷、食糖加工、皮革箱包、服装、编织袋、调料、硬纸板包装箱、食品加工、建材、集成电路板等都有与中国合作的意向。二是乡镇企业有输出的能力和需要。由于重复建设、原材料短缺或市场饱和，一些企业存在着开工不足甚至设备闲置问题。如果有适宜的国家和地区需要类似的加工工业，以设备和技术作为投资进行合作，是极为有利的。三是“借窝下蛋”，在国外建出口产品基地。一些发展中国家制定了进出口优惠政策，产品在其加工生产出口，十分有利。以这类国家作跳板，建加工基地，做转口贸易，市场更加广阔。

论中国乡镇企业科技进步服务体系建设及宏观管理

石孝义　高耕夫

乡镇企业在市场竞争中不仅受到众多经济因素的影响，而且受到许多非经济因素的影响，但依靠科技进步则是至关重要的。

乡镇企业科技进步服务体系是乡镇企业科技信息咨询服务体系、科技人才开发与培训服务体系、企业诊断服务体系、新科技(产品)开发服务体系、质量监督与检测服务体系、资金融通服务体系、供销服务体系等各类服务体系的总称。本文重点探讨乡镇企业科技进步服务体系建设及宏观管理战略对策问题。

乡镇企业科技进步的动力特征，对服务体系建设及宏观管理的客观要求。乡镇企业在发展中形成自己的经营机制，与此相适应，也产生了乡镇企业科技进步的动力机制。科技进步的动力机制是指与经营机制相配套的企业科技进步系统的启动，随着生产发展保持正常运行的动力源功能的各种因素之间的系统化联结方式。这种动力机制是由乡镇企业自身机制决定的，同时又决定着乡镇企业的素质和活力。乡镇企业科技进步行为其主要特征是：追求企业的生存与发展是乡镇企业科技进步的原动力；乡镇企业科技进步的驱动力是社会需求与占领市场份额，获取利润最大化对乡镇企业科技进步具有最大的诱惑力；乡镇企业家的科技进步欲望，产生基本的保障力；政府部门正确的方针政策和社会经济科学的发展是乡镇企业科技进步的外部环境动力。

乡镇企业科技进步动力特征对服务体系建设及宏观管理的客观要求是：根据乡镇企业内部动力建设各种服务组织，乡镇企业科技进步的原动力来源和特点要求建立与之相应的各类服务组织，以满足企业内部的各种需求。根据乡镇企业外部动力特征，分地域建设各类服务体系。东部沿海和大城市郊区各类服务体系比较完善且初具规模，应抓紧时机，加速该地区服务体系的建设，并尽力鼓励该地区的服务体系为中、西部乡镇企业的协调发展作出应有的贡献；西部欠发达地区科技进步服务体系的建设应从宣传教育入手，由政府扶持，搞好示范，以点带面，逐步完善；中部地区对服务体系建设应因势利导，逐步健全与完善。

乡镇企业科技进步服务体系建设及宏观管理状况。随着乡镇企业的发展，各类科技进步服务组织与服务体系应运而生。按经营方式可分为：国营型、股份型和民营型三类；按服务范围可分为：信息咨询型、经营诊断型、技术（产品）开发型、质量监测型、技术监督型、投资融资型、教育培训型、物资保证型等。根据投资渠道、所有制形式，从加强宏观管理角度出发，可分为以下六种类型：①国有国营型。由国家主办，投资主渠道是国家财政或地方财政拨款，法人由各级政府任命，编制属于国家或地方政府主管部门的分支机构。如国家科委的信息中心、生产力发展中心、科学技术发展中心、科学技术促进发展中心、培训中心；农业部的信息中心、培训中心；省、地、县、乡级政府乡镇企业主管部门的各类相应机构等。②国有民营型。由国家或地方各级政府的财政部门出资助建，所有权属国家或各级政府，经营管理由集体或个人承包。③集体经济组织类型。主要形式有：农民进城办科研所；民办咨询服务企业诊所；农村党员实用技术培训机构；产销结构联锁型等。④家庭科技服务型。以一家一户为主体，从事科技服务。⑤个体经营型。以“技术经纪人”身份出现，他们大都参加技术经纪人组织，从事技术经纪实务个体活动。充当专利技术经纪、非专利经纪、科技开发项目经纪、技贸结合交易经纪、技术招标与投标经纪、国际技术合作经纪等。⑥股份合作制类型。是综合上述五种类型中的固定资产与流动资产、有形资产和无形资产，通过评估折合成股金，实行股份合作制运行方式，形成各种新型的股份合作制服务体系。

不同类型的服务体系的产生与发展，均有其特定的历史背景，适应于不同的环境条件，也适用于不同的客观管理方式。① 国有型服务组织。它是国家和各级政府主管部门以及各企业对乡镇企业科技进步宏观调控的主管机构，是贯彻落实国家各类有关科技进步法规与政策的主渠道，它对其他各类管理体系具有示范与指导作用，也是国家获得社会效益、生态效益和经济效益的有效途径之一。随着改革开放的深入，这部分机构的人员越来越少。其发展趋势是强化服务功能，健全服务体系；逐步与政府主管部门脱钩，成为独立自主、自负盈亏的经济实体，或向国有民营方向转化。②集体型服务组织。集体型（含股份合作制）是形式多样、面广量大的一种类型，已初具规模，是各类服务组织或服务体系的主要发展方向。各种民营科技服务体系的建立，减少了新品种、新技术推广环节，加快了科研成果转化为现实生产力的速度。国家对这类服务体系的管理只给予政策导向，促其健康成长，将其推向市场。③个体型服务组织。个体型服务组织的建立，对加速科技进步、使科学技术进入生产和流通领域起到推动作用。他们在技术市场上都不同程度地充当技术交易的经纪人角色。国家对这类服务组织的管理，应尽量将他们组织起来形成网络系统，实行规范化、法制化管理。

推进乡镇企业科技进步服务体系建设及宏观管理的制约因素。加强乡镇企业科技进步服务体系建设与宏观管理决策，存在来自各方面的制约因素：① 企业资金的制约。由于企业资金支付能力弱，对科技进步服务体系建设的需求欲望不高，更谈不上如何加强其管理。②经济规模的制约。乡镇企业的规模过小，其单位产品的平均成本高于国有工业企业，投入产出达不到期望的经济效益，制约着乡镇企业科技进步服务体系的建设。③技术市场的制约。技术市场不规范，发育不健全，真正意义上的竞争格局尚未形成，优胜劣汰的市场机制尚未完全确立，市场调节还没有足够的力量直接推动科技进步服务体系的确立与完善。对某些地区的乡镇企业来说，认为没有科技进步服务体系无关紧要，不愿在这方面搞投入。④人员素质的制约。乡镇企业决策层和管理层人员素质不高，缺乏预见性和科学性，对管理对象无法运用现代管理方法进行科学管理，加之利益机制的驱动，存有短期行为。往往形成信息不灵，决策不准，有的上当受骗，对完善和发展乡镇企业科技进步服务体系缺乏信心，甚至存有戒心。⑤社会因素的制约。在一些地方，社会诸方面的些因素还不时地对乡镇企业科技服务体系建设的需求与增长起着制约作用。当地人的伦理道德和传统影响，经济发展水平、教育水平、文化水平偏低，都直接制约着企业科技进步

服务体系及管理的需求。

乡镇企业科技进步服务体系建设及宏观管理的战略。随着乡镇企业的进一步发展，与之相配套的科技进步服务体系建设的战略方针应是：从单纯的靠外延扩大再生产转变到内涵扩大再生产与外延扩大再生产并重，尽快转向主要依靠科技进步，强化服务体系建设；全面展开以科技进步为主体，以建立服务体系为中心环节，提高产品质量、职工素质、企业的整体素质和企业的发展活力与后劲。

诱导生产领域的技术需求，促进科技进步服务体系的建设。为建设企业科技进步的主导地位创造条件，对于企业来说，科学技术的作用归根到底在于提高产品的技术含量，以科技进步为主体，就须有与之相适应的服务体系为之配套。强化人才开发意识，加速人才培养，提高服务水平。建立健全乡镇企业科技进步服务体系建设的内在动力机制，建立起一整套与企业科技进步服务体系建设相适应的管理体制。建立健全科技进步服务体系开发机构，确立技术成果应用的载体，确立企业的科技进步与技术开发的主体地位。

采取“一条龙”办法，全面系统地把科技攻关、新产品开发、新技术引进和企业的技术改造、服务体系建设等有机结合起来，加快科技成果转化为生产力和引进技术国产化的步伐。

运用经济杠杆，形成对企业科技进步服务体系建设的推动政策。国家在税收和信贷上对乡镇企业从事科技进步服务体系的建设给予扶持。科技进步服务体系建设投入主体是企业，企业应通过各种途径筹措资金，建立科技进步服务体系发展基金。

把科技进步服务体系建设纳入农村整体经济发展规划。在制定地区国民经济发展规划时，把经济、科技和科技进步服务体系的建设作为一个相互联系的整体来考虑。各级政府把乡镇企业科技进步服务体系的建设与国有工业企业科技进步服务体系建设统筹安排，统一规划、分级管理、分步实施。

强化法律意识，依法保障和推动科技进步服务体系的建设。

加强乡镇企业科技进步服务体系建设及宏观管理的对策。我国乡镇企业科技进步支撑服务体系应是以县为中心，乡为纽带，村为基础，纵横联通、上下协调的网络结构体系。国家、省、地区各级主管部门应对该网络加强宏观管理，用各种调控手段，向正确方向引导。

制定政策，创造良好的发展环境。自筹资金、自愿组合、自主经营、自负盈亏、自我发展、自我约束应是发展服务体系建设的主导方针。这既符合我国国情，又适应整个乡镇企业的发展机制。

加强技术市场建设。市场经济体制的建立和逐步完善，对科技市场的需求愈来愈迫切。通过技术市场的建立，为科技成果的交易、中介、评估、仲裁到信息咨询提供全套服务。

加强信息网建设和网络化管理。对乡镇企业各种服务体系的建设，应定目标、定工作任务、定协作关系、定人员职责，包投资、包服务项目、包服务质量、包实施日期、包经济效益、包奖惩等，层层落实承包内容，层层签订责任书，到期兑现奖惩。

强化组织保障体系、技术保障体系、资金保障体系、政策保证体系等各种保障体系，促进乡镇企业科技进步服务体系的建设和发展。

横店集团企业文化探秘

蒲心文

横店集团成功之因素很多，而横店集团企业文化则对其具有较深层的影响。

以“和”为核心的管理文化。横店集团从无到有，从小到大，首要之文化奥秘就是继承与弘扬中华民族以“和”为核心的传统文化，倡导和推行集体主义、共同富裕的管理体制文化传统。

横店集团管理文化模式特点有六个，也是对传统家族文化的发展与创新。其一，政企分离。横店集团是一个完全独立于政府外的产权主体、经济主体、效益主体，享有生产经营的一切自主权。其二，分配上实行多种多样的责权利相统一。其三，在人与人的关系上，集团成员上下都是一种共同劳动，民主平等互助关系；孕育出一种群体“和谐”“融洽”之动力。其四，比较完善的保障制度体系。如建立职工退休基金会、退休职工医疗保险基金会、职工特殊困难补助基金会。使职工有安全感、归属感、保障感。其五，在继承中国家族式管理文化精华的同时，又吸收西方法制传统文化，实现以法治厂，法制与德治双管齐下。其六，把中国文化传统和共产主义理想结合起来，兼蓄市场经济文化意识。

弘扬工商立市的地域传统文化。横店镇有悠久的工商立市的地域文化传统。由于横店地区地瘠且少、人多，为了求生存，农民历来有男耕女织、农工兼顾；拜师学艺、从艺谋生的重视手工技艺的传统。可以说“无工不富，无商不活”早已是横店人的文化与传统，是滋润现代横店人率先走出田野创办横店乡镇企业、率先把产品打入国内外市场的深层文化基础。

“非高科技不上”的科技文化。横店集团经济的超速发展，最有决定意义的是横店“非高科技不上”的科

技文化。具体表现为：①"非高科技不上"的科技文化价值观，是横店集团经济超速发展的最关键文化诀窍。在"非高科技不上"价值观指导下，采取一系列大上高科技项目的措施。仅1992年实施45个技改项目中，30多项属高新技术开发项目，投资比例占80%。②以高投入，换取高科技产品，敢冒大风险的高科技开发精神。③重点引进"高技术"、"高学历"、"高管理"人才的战略，使高科技有高级人才作保证。

*"人才就是财神"的人才文化。*横店集团经济腾飞，人才文化起着重要影响。集团总裁徐文荣的人才价值观主要闪光点是："人才是财富的源泉"、"科技人才留不住，就会阻碍生产力发展"、"人才是最重要的经济资源，价值很高"、用"双向选择，双方议价，法律保证"的方法吸引人才。

在横店人才价值观指导下，形成了一系列人才战略。包括企业初期的"借用人才战略"、中期的"借梯子摘桃子"的引进人才战略，"借塘养鱼"的大学代培人才战略，"养蚕吐丝"的自办大学培养人才战略的四步曲，以及市场机制下"双方议价"的高薪买人才战略。

*"教育，是企业发展的最终源泉"的教育文化。*横店集团成功的又一文化奥秘，便是"教育，特别是企业教育，是企业发展的最终源泉"的企业教育价值观的文化力量。

在这一教育价值观的引导下，横店集团从企业初期到现阶段采取了：①初期借助聘请技师，短期自我技术培训为主，外出技术培训为辅战略。②中期外托大学培训，自办技术学校，大专函授班培训的战略。③90年代大力投资兴办层次、门类系统化、正规化的大中小普通教育、成人教育的工业专门教育。④设立教育基金会，发放一系列奖学、贷学制度，实现奖学、奖教、助学战略。已兴办1所乡镇企业大学——横店大学，1所工业技校，1所大专函授班，4所中学，24所小学，1所党校，1所团校，形成集高教、普教、幼教、成教、职业技术教育一体化的教育培训中心。

1994年乡镇企业专题文章索引

深化改革

1. 浅议乡镇企业的改革与发展
   朱　泽　《中国乡镇企业报》　1994.1.21
2. 关于完善乡镇企业产权制度问题的初步思考
   朱绍毅　滕　达　《农业经济》　1994.1
3. "苏南模式"又一重大突破
   ——苏州乡镇企业试行股份合作制的基本作法
   盛中民　《改革月刊》　1994.1
4. 推进乡镇企业内部制度改革
   肖更平　刘　斌　《经济日报》　1994.1.23
5. 再造乡镇企业的机制优势
   燕国明　《厂长经理日报》　1994.1.27
6. 股份合作企业应培植控股核心层
   花桂年　杨群义　《中国农业会计》　1994.2
7. 试论乡村企业产权界定和股份合作制建设
   王明钢　赵玉良　《农村经济研究》　1994.3
8. 全力推进乡镇企业的产权制度改革
   李万林　阎生延　《甘肃社会科学》　1994.2
9. 乡镇企业实行股份合作制中的问题与对策
   许事云　《江苏农村经济》　1994.3
10. 乡镇企业产权制度改革的思考
    张建国　《企业管理》　1994.5
11. 乡镇企业推行股份合作制要规范有序
    王永存　《山东金融》　1994.4
12. 乡镇企业产权界定中的分歧与完善
    勾承建　《农业经济问题》　1994.5
13. 乡镇集体企业产权交易中需要把握的几个环节
    盛炎明　《上海改革》　1994.5
14. 完善股份合作制企业运行机制之我见
    柏志英　《经营与管理》　1994.6
15. 明晰产权关系再造乡镇企业新机制
    张廷辉　《理论界》　1994.6
16. 乡镇企业推行股份合作制的基本方法和步骤
    朱道一　《云南乡镇企业》　1994.7
17. 全国推行股份合作制中值得注意的几个问题
    钱志明　《江苏乡镇企业》　1994.7
18. 以推进股份合作制为突破口，加快乡镇企业产权制度改革
    钱信浩　《学习与思考》　1994.8
19. 乡镇集体企业产权明晰化的归宿
    颜春友　《浙江经济报》　1994.8.17
20. 股份合作制改制的实践与思考
    蒋妥会　《乡镇企业》　1994.8
21. 论乡村企业产权制度变革中的农村金融工作
    刘德传　《城乡经济》　1994.9
22. 对深化乡镇集体企业改革的思考
    钟光亚　《市场与发展》　1994.9
23. 乡镇企业的所有制改革
    杰弗里·萨克　《中国农村经济》　1994.10
24. 坚持改革开放促进乡镇企业持续健康发展
    万宝瑞　《中国乡镇企业》　1994.10
25. 乡镇企业股份合作制的完善问题

汪林森 《江苏农村经济》 1994.10
26. 乡镇企业产权明晰化的脉络框架
颜春友 《改革月报》 1994.11
27. 试析乡镇企业产权制度改革中贷款债务“悬空”现象
《金融研究》 1994.11
28. 乡镇企业实行股份合作制若干消极行为探讨
孟凡玉 《施工企业管理》 1994.11
29. 股份合作制是个大突破
崔之元 《中外管理》 1994.11
30. 从国际经验看中国乡镇企业的产权改革
斯蒂芬,C.史密斯 《中国农村经济》 1994.11
31. 论乡镇企业产权制度和经营方式的创新
余新楷 《求实》 1994.12

企业管理

1. 乡镇企业管理机制变革尝试
陈静波等 《企业技术进步》 1994.1
2. 万向集团的品牌战略
霍心一 《中外管理》 1994.1
3. 对乡镇企业职工积极性及相关问题的调查
李小莉等 《兰州学刊》 1994.1
4. 村办企业管理模式探讨
贾 永 《河南统计》 1994.3
5. 浅谈乡镇企业的集团化经营策略
龚央维 《企业经济》 1994.2
6. 加强劳动管理 发展乡村企业
谢小菲 夏任平 《湖南社会科学》 1994.2
7. 佛山乡镇企业家的市场营销观念浅析
段齐昌 《佛山大学学报》 1994.3
8. 如何当好乡镇企业的厂长
钱玉堂 《厂长经理日报》 1994.7
9. 以人为中心的开明管理
袁勤生 《党建文汇》 1994.7
10. 乡镇企业经营机制退化现象的深层思考
伏思进 《农村经济与技术》 1994.8
11. 推进乡镇企业经营国际化的一条捷径
金玉成等 《中国纺织》 1994.8
13. 乡镇企业厂长的苦衷与对策
张坤华 何 峰 《党政干部论坛》 1994.10
14. 当前乡镇企业决策失误面面观
古 超 《地方政府管理》 1994.10
15. 乡镇企业亏损的原因与对策
王爱菊 《企业活力》 1994.10
16. 浅析乡镇企业的经营艺术
吴国光 《厂长经理日报》 1994.10.6
17. 乡镇企业用人机制常见病
秦尊文 张宇轩 《乡镇经济研究》 1994.10
18. 论乡镇企业无形资源的开发
叶文涛 《乡镇经济研究》 1994.11
19. 加强审计监督,促进乡镇企业发展
王 刚 《农业经济研究》 1994.11
20. 要加强乡镇企业财务管理
刘民胜 《广西农村金融研究》 1994.11
21. 如何完善承包经营责任制
中共吴江市委农工部 《苏南乡镇企业》 1994.12
22. 完善乡镇企业责任制要处理好“六个不适应”
孙裕贵 《江苏乡镇企业》 1994.12

科技进步

1. 乡镇企业技术开发中的几个问题
薛 韬 刘成龙 《软科学》 1994.1
2. 乡镇企业家亟需提高自身素质
鲁冠球 《浙江经济》 1994.2
3. 关于科技进步与乡镇企业效益的研究
黑龙江省农业中心 《农村展望》 1994.3
4. 乡镇企业的进步与情报管理
袁晓鹏 《现代情报》 1994.1
5. 乡镇企业应积极开展标准化工作
贺星岳 郭 薇 《厂长经理日报》 1994.3
6. 乡镇企业布局的问题与对策
淳光华 《企业经济》 1994.3
7. 广东省乡镇企业质量管理工作的发展、现状及对策
洪绍基 《质量管理》 1994.4
8. 乡镇企业必须依靠科技进步
陈实光 《企业技术进步》 1994.6
9. 当前乡镇工业企业标准化工作存在的问题及对策
冯德方 《中国乡镇企业》 1994.7
10. 乡镇企业引入高新技术的途径与对策
李百汉 《山东金融》 1994.8
11. 乡镇企业的项目选择与项目研究
蒋绍田 《安徽经济报》 1994.8.18
12. 乡镇企业科技进步必须社会化
汪建国 《农村经济导刊》 1994.7
13. 乡镇企业靠科技发展的一些现实途径
钟启泉 柯家庆 《广西日报》 1994.9.22
14. 提高企业素质加快生产发展
沈劲生 《农村经济导刊》 1994.11
15. 创建科技型企业提高乡镇企业素质
万大发 《中国科技产业》 1994.12

16. 论乡镇企业的技术创新
童铁山 陈恢忠 《大众企业管理》 1994.12

外经外贸

1. 乡镇企业国际化经营初探
郑少红 王涛俊 《发展研究》 1994.1
2. 乡镇企业如何面对“复关”
王乐忠 《工人日报》 1994.2.7
3. 参与国际竞争:战略与对策并重
刘 龙 《江海学刊》 1994.1
4. 外向开拓是高层次发展乡镇企业的必由之路
高顺昌 《乡镇经济研究》 1994.3
5. 加速乡镇企业与国际市场对接
王伯祥 《中国农村经济》 1994.3
6. 面对“复关”:我国外向型乡镇企业的抉择
王福生 张天刚 《国际经贸研究》 1994.1
7. 乡镇“三资”企业发展中存在的问题及对策
李建平 《企业经济》 1994.1
8. 论“复关”后我国乡镇企业的出路
马哲实 《财贸经济》 1994.4
9. 加快发展乡镇企业外向型经济
林定根 《中国乡镇企业报》 1994.5.25
10. 乡镇兴办中外合资企业的难点透视
曹利华 《厂长经理日报》 1994.6.2
11. 乡镇企业外引投资应把好“五关”
吴念东 《厂长经理日报》 1994.5.12
12. 乡镇合资企业亟待步出引资误区
吴念东 《中国贸易报》 1994.5.2
13. 乡镇企业如何投资兴办境外企业
余昌彬 周光华 《农民日报》 1994.11.8
14. 苏州市乡镇工业发展外向型经济的经验
陈佐侣 郝国明 《江苏乡镇企业》 1994.10
15. 乡镇“三资”企业隐形问题的对策
李建平 《乡镇经济研究》 1994.11

中西部地区乡镇企业

1. 西部乡镇企业如何腾飞
庚德昌 张 军 《中国科技论坛》 1994.1.
2. 把民族地区乡镇企业推上一个新台阶
张定龙 《民族团结》 1994.1
3. 发展我国中西部乡镇企业的对策
王晴川 《经济管理》 1994.1
4. 落后地区乡村企业的发展
熊先根 《经济地理》 1994.1
5. 江西欠发达地区乡镇企业发展模式的比较研究
黄新建 《农村发展论丛》 1994.2
6. 贫困地区发展乡镇企业的思考
刘建华 《贵州农村金融》 1994.3
7. 贫困地区乡镇企业发展面临的难点及对策
董振翠 《湖北财政研究》 1994.5
8. 中西部乡企发展金融方略
宋万义 《山西经济日报》 1994.5.13
9. 瞄准制高点进入快车道:中西部地区加速发展乡镇企业的对策
王文学 《中国农村经济》 1994.8
10. 试论西部民族地区变化与发展战略
伊力哈术·托合提 《中国乡镇企业报》 1994.8.5
11. 发展股份合作经济促进山区综合开发
吴宗源 《农村经济与技术》 1994.11
12. 贫困地区乡企发展的新思路
王继昌 《发展》 1994.12
13. 加大力度,促进山区乡镇企业腾飞
余国云 《乡镇企业》 1994.12
14. 谈实现民族地区乡镇企业发展的对策
钟松发 《民族工作》 1994.12

问题探索

1. 个体私营经济与“苏南模式”碰撞的思考
姚国光 黄秉生 《新华日报》 1994.1.21
2. 甘肃省乡镇企业宏观经济模型及预测分析
萨学思 刘信生 《西北师大学报》 1994.1
3. 论乡镇企业微观布局的适当集中
宫秀芬 《社会科学辑刊》 1994.1
4. 财税体制改革对乡镇企业的影响及对策
李自久 《河北日报》 1994.3.11
5. 社会主义市场经济下如何加快福建乡镇企业的发展
胡建荣 《发展研究》 1994.2
6. 社会主义市场经济条件下甘肃乡镇企业发展战略探讨
赵廷毅 张存刚 《甘肃社会科学》 1994.1
7. 新疆铁路沿线地区乡镇企业发展问题探讨
黄 俊 《新疆社会经济》 1994.1
8. 乡镇企业调整结构的现实途径
陆燕池 《决策借鉴》 1994.1
9. 中国乡镇企业环境管理区划研究
徐海根 吴焕忠 《中国环境科学》 1994.1
10. 发展乡镇企业要与小城镇建设相结合
李祥智等 《奋进》 1994.3

11. 乡镇企业:在高速增长的背后
罗必良 王玉蓉 《农业现代化研究》 1994.2
12. 乡镇企业发展战略转移
江 林 高小斯 《经济研究》 1994.4
13. 乡镇企业组织制度的比较研究
张晓山 《中国农村经济》 1994.4
14. 跨世纪的选择:乡镇企业长期发展的思考
黄炳泰等 《农业经济问题》 1994.5
15. 乡镇工业发展政策导向研究
陈乃醒等 《中国工业经济研究》 1994.5
16. 中国乡镇企业的发展战略问题
孙德林 常忠武 《财会研究》 1994.5
17. 浅析乡镇企业文化建设
潘乃樾 《中国乡镇企业报》 1994.6.24
18. 乡镇企业资产不实的情况应引起注意
王万金等 《厂长经理日报》 1994.6.23
19. 乡镇企业产权改造应处理好的关系
王槐荣 《农业经济导刊》 1994.6
20. 乡镇企业如何再上新台阶
陈乃醒 《光明日报》 1994.7
21. 乡镇企业模式多样化好
晓 亮 《中外管理》 1994.7
22. 用新思路解决乡镇企业大发展中的难题
王林森 《企业经济》 1994.7
23. 乡镇企业实施新税制的现状
张建国 《经济学消息报》 1994.7.21
24. 乡企兼并路难行
朱 沙 《厂长经理日报》 1994.8.28
25. 乡镇企业用好用活新的税收政策的途径
夏 军等 《江苏农村经济》 1994.8
26. 调整乡镇企业发展战略
王会平 《中国国情国力》 1994.8
27. 乡镇企业与社会主义市场经济
洪绂曾 《特区经济》 1994.9
28. 乡镇企业的现状与发展趋势
王洛林 《经济学动态》 1994.11
29. 让农民参与和共享工业文明
江小涓 《中国乡镇企业》 1994.11
30. 乡镇企业与新税制
胡道新 《企业管理》 1994.11
31. 发展乡镇企业要"五破""五立"
黎 池 《苏南乡镇企业》 1994.11
32. 认清必由之路 坚持发展提高
宗锦耀 《中国乡镇企业报》 1994.12.2
33. 试论市场经济条件下乡镇企业发展中的问题及对策
刑立法 《探索求实》 1994.12
34. 搞活乡镇企业 盘活信贷资金
田洪兵 姚玉法 《江苏农村经济》 1994.12
35. 乡企投资产业选择低度化问题分析
陈 俊 《经济学消息报》 1994.12
36. 关于发展乡镇企业的思考
李风云 《吉林农村金融》 1994.12
37. 动力与行为:中国乡镇企业发展的理性审视
李成贵 《经济纵横》 1994.12
38. 乡镇企业发展与农村就业
庚德昌 《中国农村经济》 1994.12

(贺军伟)

先进县市

内蒙古自治区赤峰市元宝山区
浙江省义乌市
安徽省亳州市
江西省信丰县
湖北省老河口市
湖北省武穴市
广西壮族自治区北流市
贵州省六盘水市钟山区
甘肃省兰州市七里河区
宁夏回族自治区吴忠市
大连市金州区

内蒙古自治区赤峰市元宝山区

元宝山区是1994年经国务院批建的赤峰市市辖区，地处辽宁、内蒙古、河北接壤的三角地带，辖8镇2乡、3个街道办事处、58个村，人口26万人，其中农业人口11万人。

1994年，元宝山区委、区政府按照思想一盘棋、城乡经济社会发展一体化、产业结构发展一条龙的“三一”战略思路，以经济管理上规模、产品上档次、经营上水平的高科技、高附加值、高效益的“三上三高”为目标，实施以全区上下总动员为基本手段，以打破城乡、地区、所有制界限，促进各种经济互为融通发展为基本内涵的乡镇企业“总体战略”，全区乡镇企业呈现快速健康发展态势。

赤峰市元宝山制药厂

1994年，元宝山区乡镇企业实现总产值22.40亿元，比上年增长68.1%，占全区农村社会总产值的94.2%；其中工业产值7.68亿元，比上年增长51.4%。完成总收入23.27亿元，比上年增长71.1%。实现可分配利润1.68亿元，比上年增长39.2%。完成国家税金1.18亿元，比上年增长58%。从业人员达68 090人，占全区农村劳动力的128%。全区农村人均从乡镇企业获得收入1 281元，占农村人均收入的91.5%。乡镇企业税后利润用于以工补农，农村文化、教育、福利、小集镇建设资金达1 935万元。

元宝山区乡镇企业以煤炭、建筑、建材、交通运输四大支柱产业为主体，通过调整产业结构，向轻纺、化工及农副产品加工拓展。到1994年，全区乡镇企业形成固定资产5.7亿元。乡镇工业形成煤炭、建材、电力、冶金、轻纺、化工、农副产品加工等骨干行业，能生产加工40余种大宗产品的能力。开发生产能量型康复器、宝石领带、金力酒、土霉素碱、羊绒衫等高科技含量、高附加值的出口创汇产品，出口交货值达4 500万元。

元宝山区乡镇企业集聚效益初步形成。开发、建设工业小区7个，平庆乡镇企业小区被列为全国东西合作示范区和全国乡镇企业示范区。各小区实现产值占全区乡镇企业总产值的50%以上。全区乡镇企业产值超5亿元的乡镇2个，超亿元的村4个。采取集中投入，以强化龙头企业为核心，通过兼并、联合、控股等手段，将分散的生产要素和企业单体优势进行优化组合等方式，扩大企业规模。1994年，全区产值超1 000万元的企业有15个，形成以木材加工系列、纺织品系列、肉鸡系列、制药系列等为主体的产值超5 000万元的企业集团4个。

元宝山区乡镇企业在发展的同时，培养造就了一支科技管理队伍。乡镇企业技术人员占职工总数的5%，涌现出67名各级政府命名的企业家。与农业部乡镇企业干部管理学院联合创办元宝山乡镇企业大学，实现全国信息联网，提高了全区乡镇企业人才培训水平和信息开发水平。

（彭云志　马有适）

浙江省义乌市

义乌市乡镇工业产值从1991年的14亿元上升到1994年的112亿元，实现连续三年翻三番，并实现销售收入、利税、固定资产等同步增长。

从1992年以来，义乌市乡镇企业通过推行以股份合作制为主要内容的产权制度改革。一方面乡镇集体企业股份合作制改造全面推开；另一方面引导个体私营企业实行股份联合，促进发展。至1994年，全市组建股份制企业726个（包括393个股份合作企业和247个有限责任公司），属于乡镇办集体企业进行股份制改造的457个，新增股本金超过2亿元。还对79个“微、小、亏”集体企业进行拍卖、租赁、兼并，收回资金1 267

义乌衬衫厂

万元。

至 1994 年，全市 14 个乡镇工业小区和两个工业基地落实开发2 930亩，投入 4.1 亿元，进区企业达 978 个，已竣工投产企业 190 个，形成 13.5 亿元生产能力。大陈工业区被农业部命名为全国乡镇企业示范区。

义乌市发挥拥有 2.4 万个摊位，年成交额超 100.亿元的中国小商品城市场优势和具有 10 万之众经商者的资金、信息、技术等特定优势，引商转工发展个体私营工业。全市个体私营工业户 1994 年发展到12 041个，比上年净增3 714个，其工业产值比上年增长 118.7%。

1994 年，全市乡镇企业技改总投资达 3 亿元，乡镇企业的科技含量提高，促进企业上规模上水平。浙江宏业集团公司、义乌衬衫厂产值分别超亿元，年产值超1 000万元的企业从上年的 20 个发展到 40 个。年产值超5 000万元的工业村有 38 个，其中超亿元的村 12 个。全市乡镇企业开发省级新产品 11 个。

1994 年，义乌市乡镇企业出口产品交货值突破 5 亿元，比上年增长 92.54%。外贸生产企业从 1993 年的 29 个发展到 57 个，其中交货值超亿元的企业 2 个，超1 000万元的 9 个。全年有 10 个企业达成利用外资的意向，总投资 706 万美元，其中引进外资 218 万美元。全市累计创办“三资”企业 33 个。义乌衬衫厂在美国创办独资公司。

（义乌市乡镇企业局）

安徽省亳州市

亳州市位于安徽省西北部，西、北、东三面与河南省接壤。全市辖 3 个市区、26 个乡镇，人口 130 万人，其中农村人口 110 万人。

亳州市 1986 年被国务院批准为国家级历史文化名城，1991 年被安徽省政府列入全省综合改革试点市和计划单列市。京九铁路，105、311 国道和 604 省道穿越市境，是上海经济区和西北各省物贸交流的通道，水上交通方便。亳州市是全国优质棉、优质茧和优质烟生产基地；市内投资 3 亿元，占地 300 亩的中国中药材交易中心是集药材交易、信息发布、期货贸易、科研、医疗、深加工、文化娱乐为一体的东方“药城”。

自 1992 年以来，亳州市国民生产总值位居全省第一，综合经济实力位居全省第二。1994 年实现乡镇企业总产值 70 亿元。

亳州市乡镇企业起步于 70 年代，当时全市只有公社铁木社和大队办机械维修站，总个数为 429 个，从业人员6 000余人，年总收入 700 余万元。到 1987 年，乡

亳州市金刚石总厂

镇企业发展到 700 余个集体、私营企业和25 000个生产专业户，年产值 3.4 亿元，从业人员 8.9 万人。有“三来一补”、养殖、农副产品加工、建筑建材等劳动密集型企业。

1994 年，亳州市乡镇企业以深化改革、推行股份合作制为动力，以加强企业管理、内涵改造为重点，以加快工业小区、集团公司建设为突破口，一手抓发展，一手抓提高。全市乡镇企业形成医药、化工、机械、酿造、农副产品深加工、建筑建材、制革、彩印、玻璃制品、桐木拼板、工艺美术、电子、人造金刚石等门类齐全的新格局。乡镇企业发展到15 209个，从业人员 27.43 万人，实现营销收入 73.27 亿元，利润 12.9 亿元，税金 1.3 亿元，出口产品交货值 2.8 亿元，固定资产总投入 20 亿元。

1994 年，亳州市发展乡镇企业的做法：

加强领导。亳州市委、市政府及各级党政主要领导亲自挂帅抓乡镇企业；各有关职能部门帮助乡镇企业出主意、想办法、谋对策，联系项目、技术，引进资金、人才，搞评估论证，形成发展乡镇企业的合力。

抓两头，促中间，整体推进。1994 年，亳州市乡镇企业结合省“1235”工程、地区“123”工程，开展“双 6 双 20”和“亿元”工程活动。对列入工程的 6 个乡镇、6 个工业小区、20 个重点村、20 个骨干企业加强管理和指导，在政策、投入上给予倾斜，重点扶持。制定八项指标，由市政府向乡镇企业领导小组签订责任状。对基础较差的乡镇，市政府专门召开座谈会、现场会，组织其人员外出考察，帮助其制定发展规划，因地制宜地利用本地资源发展加工工业。通过抓两头，带动中间发展。

抓基础管理，激发企业活力。亳州市乡镇企业在开展“质量、品种、效益”活动的基础上，引导企业从外延扩大为主转向以内涵改造为主，从速度效益型转向管理效益型，从粗放管理型转向科学管理型，从一般产品型转向名牌效应型。搞好七项基础管理和五项专项管

理,深化 TQC 活动,提高经济效益和运行质量。建立和完善 50 项近 300 条管理制度,骨干企业达标率 100%。1994 年底,全市 500 多个的骨干企业达到或接近省级先进基础管理水平。45 个产品分获国优、省优等称号。

奖惩兑现。亳州市委、市政府 1994 年初制定《亳州市 1994 年乡镇企业总结评比及奖惩办法》、《关于继续执行市六大班子、市直党政机关分包乡镇企业制度的通知》等文件,规定不管任何职别、任何人,完成任务者奖,完不成任务者罚。每季度由市委书记、市长带队,市有关部门负责人、各乡镇党政一把手参加,对乡镇企业检查一次,作为年终总评依据。后进乡镇挂黄旗,在电视上暴光;先进乡镇发奖金,奖红旗。

重科技,上水平,提高乡镇企业整体素质。建立市、乡、村、企业科技发展基金;鼓励企业依托科研机构,推进科技进步;对做出突出贡献的专业科技人员实行重奖;鼓励企业购买专利和委托科研机构开发新产品;引进管理干部和科技人才;加快企业职工队伍培训。通过以上办法,全市乡镇企业整体素质得到提高。

(时思玉)

江西省信丰县

信丰县位于江西省南部,毗邻广东省。全县辖 24 个乡镇,总人口 60 万人。

1993 年以来,信丰县把发展乡镇企业作为振兴全县经济的突破口来抓,全县乡镇企业连续两年得到高速、高效增长。1994 年,全县乡镇企业实现总产值 15.04 亿元,其中工业产值 7.95 亿元,分别比上年增长 216.8%和 207.6%,增长速度列全省第一。完成利税总额 3.1 亿元,比上年增长 252.4%;其中上缴税金 7 754万元,比上年增长 219.1%,占全县财政收入的 40%以上。

1994 年,信丰县发展乡镇企业的主要经验是:

抓宣传发动,进一步解放思想。组织乡镇企业"宣传月"活动,开辟"乡企天地"和"乡企之声"广播电台栏目,宣传大力发展乡镇企业的意义。先后召开全县干部大会,乡镇企业汇报会、工作会、调度会等,专项研究和解决乡镇企业发展中的问题;组织有关单位领导到外地对口考察学习。县政府出台《关于进一步放开搞活经济的若干规定》等文件,提高各地大抓乡镇企业的积极性和主动性,全县上下、乡镇之间出现自我加压、你追我赶的局面。

抓龙头支柱,形成区域经济特色。信丰县乡镇企业根据丰富的石灰石、煤炭、花岗岩、陶土、竹木等资源优

信丰县小江水泥厂

势,重点抓以水泥、板材为龙头的建材业,以煤炭、稀土为龙头的采掘业,以食品加工和家具为龙头的农林产品深加工业,带动第三产业发展。通过新上、扩建和改造,全县乡镇企业水泥生产能力达到 90 万吨,煤炭年总产量达 80 万吨,开发 10 多种麦饭石系列食品,兴办 30 多个家具厂。在 105 国道和京九铁路沿线兴建 9 个工业小区,一批以建材城、家具城为龙头的专业市场崛起。

抓融资,加大对乡镇企业的投入。1994 年,信丰县乡镇企业以推行股份合作制为突破口,多方筹资,加大投入。筹资渠道有:银行贷款;建立基金,县财政安排 100 万元,各乡镇建立专项基金 500 多万元;入股投资,全县吸纳股金 1.2 亿元;招商引资,引进县外资金 1 100万元;用活专款;入厂带资,由此集资 500 多万元;聚集闲资,仅筹集外出打工人员资金近 900 万元;"打捞"沉淀资金2 000万元;补偿贸易,解决资金1 500万元;租赁设备。1994 年在上年投入 1.3 亿元的基础上新增固定资产投入 2.6 亿元。

抓政策落实,优化发展环境。1994 年,信丰县制定 50 条关于进一步放开搞活经济的若干规定,进一步优化乡镇企业发展的外部环境。"50 条"出台后,在外打工人员纷纷携带资金回乡办厂;职工踊跃投资入股,六个地处偏远山区的乡镇筹资2 000多万元,到 105 国道沿线办起建筑陶瓷、家具、蓄电池、电极板等企业。

抓人才、技术,提高企业整体素质。1994 年,信丰县乡镇企业专业技术学校举办 11 期培训班,轮训 664 名企业骨干人员;县乡镇企业局与省、地大中专院校签订长期的培训合同,输送 124 人到大中专院校学习;组织职工参加函授教育和高等教育自学考试。乡镇企业开发的麦饭石酱萝卜、白水泥等产品被评为省、地新产品。大阿水泥厂、小江水泥厂等获省 QC"优秀成果奖"。全县乡镇企业中有 7 个省乡镇一级企业,1 个省乡镇二级企业。

*抓管理、转制，增强企业活力。*信丰县乡镇企业在加强企业七项基础管理和五项专项管理基础上，重点抓现场、质量、成本、财务等四大管理，指导企业建立和完善规章制度。开展企业效益年活动，促使企业走向制度化、标准化、科学化和低消耗、高效益的管理轨道。在总结和推广铁强建材有限公司股份制改造的基础上，对规模大、管理基础和经营状况较好的企业进行股份制公司化改造；对一些小型、微利和亏损企业，实行拍卖、租赁、兼并。

（吴秋明）

湖北省老河口市

1994年，老河口市乡镇企业完成总产值（现价）59.7亿元，其中工业产值39.4亿元，分别比上年增长122%和157%；实现利税总额8.04亿元，比上年增长197%。全市11个乡镇年总产值过亿元，其中过5亿元的5个，过10亿元的1个；营业收入过亿元的村3个，过1 000万元的村91个；营业收入过1 000万元的企业49个。连续两年被评为湖北省乡镇企业“十强县市”。

1994年，老河口市乡镇企业主要抓以下工作：

*推进产权制度改革。*推行股份合作制，进一步转换企业经营机制，1994年全市乡镇企业新发展股份合作制企业245个，股金总额2 575万元。推行以“国家（集体）转让产权，企业转换机制，职工负债经营”为核心内容的产权制度改革，全市选择21个乡镇企业试点。首先进行宣传发动，使各级领导和职工认识其必要性；其次是组成资产清理小组，对企业有形资产、无形资产、债权债务进行清理、评估，界定产权；然后以个人买断、一人牵头合伙经营、组建股份制企业等形式进行产权转让。21个试点企业中，个人买断的11个，一人牵头合伙经营的6个，组建股份制企业的1个，恢复个体企业的1个，把部分资产转让给全厂职工的3个。

老河口市天马制衣公司生产车间

*开展“挂靠联引”活动。*老河口市乡镇企业通过“挂靠联引”，攻克资金难点，促进产品更新换代，提高产品档次和经济效益。孟楼镇在1993年引进5个企业的基础上，1994年与台商合资，兴建金银首饰公司。光化办事处塑料三厂利用本厂厂房与浙江一家企业合资新上编织袋生产线，1994年新增产值2 029万元，利税434万多元。洪山办事处电器附件厂与第二汽车制造厂联合，壮大企业规模，1994年创产值2 034万元，利税187万元，分别比上年增长96.52%和28.96%。仙人渡镇通过兼并联合，1994年有1个企业产值过5 000万元。

*加大投入力度。*1994年，全市乡村工业企业固定资产投入10 588万元，比上年增长172%，新上技改项目164个。仙人渡镇根据企业特点，突出重点上规模、上档次、上效益，培植和发展一批小型“巨人”企业。

*建立激励机制。*1994年，老河口市四大领导班子的27名成员分别包全市15个乡镇，联系15个重点乡镇企业；15个乡镇的240名党政领导成员，分别包230个村和369个乡办企业。对市、乡两级包点领导实行评分制，一月一通报，半年一考核，年底总评兑现，并将情况作为考核其政绩的重要内容之一。开展竞赛活动，将15个乡镇分为三赛区，对企业产值、利税等五项综合指标进行考核，每月将其指标完成情况在报纸、电台、电视台公布，形成竞赛格局。1994年，市委、市政府对“十强企业”、“十强村”、11名“优秀乡镇企业家”、10名“发展乡镇企业优秀领导者”、10个“支持乡镇企业发展先进市直部门”予以表彰奖励。

（黄景智　葛天平）

湖北省武穴市

武穴市位于长江中游北岸、鄂皖赣三省交界处，全市人口69万人。

1994年，武穴市乡镇企业完成总产值51.2亿元，实现销售收入52.7亿元，分别比上年增长135%和156%。

*因地制宜，发展一业一品的区域经济。*武穴市乡镇企业最大限度地发挥资源优势和区位优势，将发展的起点建立在沿江、沿路、沿山的集中开发上。依托浦东、三峡开放开发，在沿江一带发展“两头在外”企业；在公路、铁路沿线一带发展工业；依托丰富的自然资源，在沿山一带发展采矿业和土特产品加工业。使资金、劳动力、场地、设备、技术等生产要素有效组合，大量发展优势产业和产品，形成有特色的区域经济。全市已构建出城东医药化工区、城西建材工业区、城北机械工业区、内腹小五金工业区、北部农副土特产品加工区；有9个

乡镇、100多个村形成一乡一业、一村一品，如田镇的建材、武穴的化工、大法寺的石灰、花桥的五金等，其中武穴已成为世界最大的喹乙醇生产基地，产量占世界产量的四分之一，花桥镇成为全国最大的木螺钉之乡，年产木螺钉70亿颗。

创名牌，出精品。武穴市乡镇企业把创名牌、出精品，搞优生繁育、系列开发作为加快乡镇企业发展和提高的一项战略措施。全市有60多个产品获省优、部优称号。依托名优精品，发动乡镇、村搞横向拓展、纵向延伸，兴办配套企业，开发相关产品。全市围绕获国家银质奖的R175柴油机，获部优称号的核黄素、喹乙醇、螺纹机，获省优称号的混流工业泵、汽车活塞、水泥、酥糖等，兴办500多个乡镇企业，各种配套产品或相关产品发展到370多个种类，年产值占全市乡镇工业总产值的60%以上，形成相当规模的产业链。武穴办事处二里半村抓住征地机遇，用本村土地换配套项目，1987年投资40万元，建成生产喹乙醇的小厂，当年实现产值71万元，利润12万元，通过几年来的滚动发展，开发出10多个新产品，1994年实现产值1.95亿元，利税1 816万元，出口创汇800万美元，产品自营出口32个国家和地区，成为全省乡镇企业"十强企业"。全市各乡镇围绕医药化工产品，先后办起五里村兽药厂、下官村兽药厂、燕江化工厂、吴谷英医药助剂厂、前荣化工厂等20多个企业，产品达150多个品种，年生产能力20多亿元。

骨干推动，发展以大带小的企业群体。武穴市抓住一批产品技术档次高、市场销售形势好的骨干企业，实行以大带小、以城带乡、国营带集体、集体带个体的办法，形成一厂变多厂、多厂产一品的企业群体。同时将国有大企业的产品、零配件向乡镇企业扩散、转让，使一批成员厂或生产车间在乡镇企业中应运而生。国家大(二)型企业广济动力机总厂生产的R175型、375型柴油机，由于批量不够，及时将水箱、紧固件、半轴、齿轮箱等128个零配件向乡镇、村扩散，使柴油机批量由1万台扩大到12.7万台。与之配套的下官村动力机配件厂，配套生产曲轴、飞轮、变速箱等，年生产规模达4 000万元。

联合扩张，发展股份合作制企业。武穴市乡镇企业发动农民自愿投资入股，兴办股份合作企业，打破地域、成分界限，实行生产要素的优化组合，发展多种形式的联合体。全市乡镇企业中股份合作企业856个，吸纳股金9 588万元，参股人数达2.8万人。花桥镇1991年前只有1个生产木螺钉母机和2个生产木螺钉的企业，该镇抓住生产木螺钉母机的优势，采取资金入股、设备折股、技术参股、合伙凑股、老厂扩股、多方合股的形式，使公私合作、股东联营、多元共有、横向参与的厂中厂、厂外厂、父子厂、兄弟厂、联户厂迅速发展，两三年时间兴办股份合作的小五金企业56个，吸纳股金2 700万元，产品由木螺钉发展到钢钉、鞋钉、自攻钉、活页、风钩、带钢等25种。

(舒建成　葛天平)

广西壮族自治区北流市

北流市位于桂东南，与粤西毗邻。全市辖23个镇，总人口105万人。

北流市有丰富的金、银、铜、铁、高岭土、石灰石、花岗岩、稀土、石英、硫磺等矿产20多种，矿床50多处。石灰石储量达50亿立方米，高岭土储量2 000万方立米。盛产40多种果品，荔枝年产量1.6万吨以上，是全国荔枝生产基地。

改革开放以后，北流市乡镇企业得到高速发展，形成以水泥、陶瓷、建筑、采矿、食品、制药、冶炼、造纸、运输、服务等十大行业为主的乡镇企业体系。1994年，全市乡镇企业营业收入达67.08亿元，实现利税4.02亿元，完成工业总产值(现价)34.27亿元，分别比上年增长72%、35%和36%。营业收入、利税分别比1990年增长16倍和10.6倍。

传统产业长盛不衰。水泥、陶瓷是北流市乡镇企业的两大传统和骨干产业。全市有22个乡镇水泥厂，年产525#普通水泥和特种水泥510万吨；拥有10个乡镇陶瓷企业，生产荷口汤盆、茶具、餐具等系列日用瓷产品以及墙地砖、园林瓷、卫生洁具瓷等系列建筑陶瓷产品，年产日用细瓷6 000万件，建筑瓷砖108万平方米，园林瓷800万件。个体铸造业渊源流长，仅民乐镇就有铸造厂58个，主要生产钢球和机械铸件，年产值达3.1亿元。

支柱行业步入国际市场。承揽建筑工程是北流市

北流市第六瓷厂

乡镇企业的一大行业，全市共有24个乡镇建筑工程公司，近10万名建筑工人在17个省市施工，并到索马里、越南等国家承建工程。1994年，全市乡镇建筑安装收入13.91亿元，占全市乡镇企业营业收入的21%。

第三产业崛起。北流市乡镇工业的发展，带动交通运输、商业、饮食服务业等第三产业的兴起。1994年，全市乡镇企业第三产业营业收入16.48亿元，占全市乡镇企业营业收入的25%。

资源深加工行业潜力大。北流市有丰富的亚热带作物资源，全市食品饮料行业发展已形成规模。有中外合资广西北流矿泉饮料公司生产的清湾牌矿泉水及其系列矿泉饮料；广西北流市老田食品工业公司引进美国技术生产的伊面系列产品；新丰镇罐头食品厂生产的荔枝、菠萝、山楂等罐头食品；北流玉峰酒业有限公司生产的蛇酒、蛇胆酒等。

科技含量较高的新兴行业和"三资"企业发展快。制药是北流市乡镇企业的新兴行业，生产水平起点高，产品质量好，生产规模大。全市乡镇制药厂有4个，其中兽药厂3个。生产禽病一粒丸、一片康、止疴大霸王等38个系列禽畜药的广西北流神通集团公司，兴办仅3年，已拥有固定资产1 288万元。该公司集科、工、贸、农于一体，集制药、化工原料、包装装璜、饲料生产于一身，开发产品38个，产品覆盖21个省、市、区，1994年实现产值1.08亿元，创税利4 833万元。全市有乡镇"三资"企业49个，总投资2.18亿元，其中引进外资1 336万美元。

1994年，北流市以发展能人经济为突破口，加大乡镇企业的投入力度。市委、市政府召开发展经济能人座谈会，出台《加快发展个体私营企业的决定》和《发展个体私营企业优惠政策》，采取多渠道、多形式筹措资金，增加投入，把卫星城镇建设和发展乡镇企业结合起来，以开发工业小区为龙头，发展能人经济，推进乡镇企业发展。全市乡镇企业新上项目及技改项目达379项，投入资金3.74亿，比上年增长1倍多。通过试点，采取推行股份制和股份合作制、兼并、拍卖、租赁、承包等形式，全市乡镇企业产权制度改革得到顺利进行。

1994年，全市乡镇企业系统有503人参加TQC统考，及格率达100%。获自治区及广西乡镇企业系统QC成果奖各1项，先进奖4项，地区优秀QC成果奖4项，先进奖1项。各企业聘请的"五大"毕业生和自学考试毕业生达303人。全市乡镇企业系统中专（含高中）以上文化程度的职工21 598人，获得初级技术职称的2 273人，获得中级技术职称的302人，获得高级技术职称的6人。

（北流市乡镇企业委员会）

贵州省六盘水市钟山区

钟山区是1988年国务院批准增设的市辖县级行政区，辖2个街道办事处、6镇2乡，人口36万人，是六盘水市政治、经济、文化、交通中心。

改革开放以来，钟山区乡镇企业呈现出强劲的发展势头。1994年，全区乡镇企业完成总产值32 580万元，比上年增长58%，占全区国民生产总值的30.6%，为1990年的5.05倍；实现总收入30 074万元；实现利润4 288万元；上缴税金1 650万元，占全区财政收入的69%；农民人均纯收入来自乡镇企业部分680元，比上年净增160元。

钟山区乡镇企业发展的经验有：

统一认识，加强领导。面对钟山区经济发展落后的状况，区委、区政府通过广泛的调查研究和分析，认为钟山区经济要发展，就必须下大力发展乡镇企业。区委、区政府明确规定，区、乡两级党委、政府第一把手要亲自抓乡镇企业，人大、政协和有关部门的主要负责人要重视、关心、支持乡镇企业；把发展乡镇企业指标层层分解，落实到人，年终考核，对工作出色者给予奖励。全区上下认识统一，领导重视，部门支持，形成一个大力发展乡镇企业的良好气候。

引进资金、技术和人才，加大发展力度。区委、区政府为乡镇企业创造条件，吸引资金、技术和人才。区内开通程控电话，扩建主要公路干线；贵昆铁路干线自东向西横穿区内2个办事处、5个乡镇；水城至大湾铁路支线连通3个镇，铁路总长102千米，有大站2个，小站17个；西南最大的货运编组站座落在区内。钟山区连通云、贵、川、桂四省的铁路交通。近几年，区委、区政府出台一系列优惠政策，对外地来区兴办企业者，在土地征用、资金投入、工商、税务等方面予以倾斜，吸引一大批来区兴办乡镇企业的投资者，仅1994年就投入资

钟山区冶炼厂化验室

金7 188万元。

*多轮驱动，发展个体私营和股份合作制企业。*在所有制形式上，推行多种所有制并存，发展乡办、村办、联办企业；鼓励中外合资、独资和股份合作制企业发展；允许“一厂两制”、“一厂多制”；鼓励工商结合、工贸结合，形成贸工农一体化、产供销一条龙的发展格局。

*加强企业内部管理。*钟山区委、区政府在抓乡镇企业发展的同时，注重加强现有企业的管理。区委先派一批德才兼备的人员充实乡镇企业管理队伍，每个乡镇建立乡镇企业管理站，配备专人，提高企业管理水平。加强产值在50万元以上骨干企业的管理，帮助企业搞好全面质量管理、基础管理、安全管理、财务管理、环保管理，用制度来规范和引导企业的生产经营活动。帮助停产、半停产企业分析问题，克服困难，使其尽可能恢复生产。

（钟山区乡镇企业局）

甘肃省兰州市七里河区

1994年，七里河区有乡镇企业1 783个，其中乡办企业68个，村办企业220个，联户、个体企业1 495个；从业人员27 974人，占全区农村总劳动力的52%。完成总产值120 867万元，实现销售收入132 690万元，创利税15 688万元，分别比上年增长53.6%，95%和55.7%；职工人均工资3 074元，全区人均纯收入中来自乡镇企业的部分占67.1%；乡村工业产值利税率达到12.23%。全区8个乡镇中，企业产值过3亿元的1个，过2亿元的2个，过亿元的2个；1 000万元以上村29个；上亿元的企业1个，过1 000万元的企业11个，过100万元的企业138个。名列全省十强县之首。

*抓项目，求发展。*七里河区把项目工作摆在乡镇企业工作的首位。大力兴办企业，增添市场需要的新产品；积极挖潜，对现有企业或技改、或扩建，充实优势行业，增强市场竞争能力。与兰州市科研单位、大中专院校建立联系，加强项目库的建设、参与，协调全区拟上项目的筛选、论证，形成管理、指导、服务一条龙体系。1994年，全区乡镇企业建成项目77个，其中新建项目50个，技改扩建项目27个，总投资1.02亿元，当年新增产值1.7亿元，占全区乡镇企业总产值净增数的40%。

*抓资金，保落实。*争取专项贷款和扶贫资金；促进横向联合，招商引资；挖掘潜力，自我筹集；动员社会广泛集资。坚持保重保主的原则，与重点骨干项目相挂钩，确保大发展的需要，培植新的增长点。1994年全区乡镇企业落实投入资金1亿元左右。

*抓改革，添活力。*抓经济形式的改革，推行股份制和股份合作制；抓企业的优化组合，或组建企业集团、或组建行业协会。要求新办企业都实行股份制或股份合作制，对有条件的老企业予以改制。对拟租赁、拍卖等小、微、亏企业进行与骨干企业嫁接，增强企业的活力。1994年，全区乡镇企业新建或改制股份合作制企业102个，股本金总额1.47亿元。建成企业行业协会1家，使全区铸造行业朝行业化管理、协作化生产、统筹化经营方向发展。

*抓管理，增效益。*全区乡镇企业管理工作以“提高企业效益为中心，抓管理练内功，促使乡镇企业上规模、上水平、增效益”为思路。在基础较差的企业中，创造条件，开展基础管理达标；在基础较好的企业中，推行现代化管理方法。1994年，有8个企业取得基础管理达标合格证，2个企业通过TQC验收。

*抓人才，打基础。*开展与大专院校、科研单位的横向联合，开展有偿服务；通过人才市场等渠道招聘、引进；抓好人才的培训和培养；制定用人政策，大胆使用人才，放手重用人才，重奖有功人才。1994年，全区乡镇企业举办培训班16期，培训专业人员324人次，招聘、引进技术人员70余人。

*抓安全，促生产。*强化企业安全意识，安全生产以预防为主；针对全区煤矿、建筑、铸造等行业的专业要求，健全安全生产操作规程；建立安全目标考核制度，落实安全生产责任制；抓落实、抓执行，做到违章必究。1994年举办两期安全管理学习班，以增强有关人员的业务素质，评出安全标准化班组27个。

（七里河区乡镇企业局）

宁夏回族自治区吴忠市

吴忠市地处宁夏平原引黄灌区。自古以来，农业是吴忠市经济结构的主体，随着经济的不断发展，市委、市政府提出“若要富，必须在发展乡镇企业上迈大步”的思路，把发展乡镇企业作为振兴经济的突破口。1979年到1987年是吴忠市乡镇企业起步到逐步发展阶段。乡镇企业总产值由1979年的803.6万元增加到1987年的8 680.8万元，每年以34.6%的速度递增。1988年到1991年是提高巩固阶段，1991年乡镇企业总产值达13 629.6万元。1992年以后进入快速发展阶段。1994年，全市有乡镇企业7 790个，是1984年的1.8倍；从业人员达29 630人，是1984年的2.4倍，占全市农业劳动力总数的48%。完成乡镇企业产值5.4亿元，占全市国民生产总值的72.9%；其中乡镇工业产值3.2亿元，占全市工业总产值的68%。上缴国家税金 2 553 万元，实现利润总额 2 380 万元，分别比 1990 年增长 312%和 177.2%。乡镇企业为农民提供的工资性收入达4 133万元，农民纯收入中来自乡镇企业的部分占 24.3%。

1994 年全市乡镇企业固定资产原值净增19 091万元，比上年增长 194.8%。近 3 年完成固定资产投入 23 048万元，比 1992 年前历年投入的总和还多。投入来源中引进外资占 23.5%，自筹占 15%。

吴忠市乡镇企业发的经验是：

*解放思想，放手发展乡镇企业。*1979 年初，吴忠市许多人对兴办乡镇企业疑虑重重。市委、市政府认为只有把农村剩余劳动力大批转移出来，发展乡镇企业，走农村工业化的道路，才是振兴经济的希望所在；引导人们树立“无工不富”、“无商不活”的新观念。至 1987 年的 8 年间，全市发展乡镇企业4 915个。1987 年产值达 8 680.8万元，争得全市经济的一席之地。1988 年治理整顿期间，面对市场疲软等严峻的考验，乡镇企业是否有新的作为？市委、市政府反思创办乡镇企业的历程，感到乡镇企业是全市经济的“台柱子”，提出“坚定、清醒、有作为”的工作指导思想和“巩固、提高”的工作方针，有效地促进了乡镇企业的发展。到 1991 年，全市乡镇企业总产值达13 629.6万元，成为全市经济的重要组成部分，为后来上大项目打下坚实的基础。1991 年后，进一步清除一切不利于经济发展的思想障碍，提出“大高外”的发展战略，乡镇企业步入高速发展时期，在全市经济中占其三分之二。

*多轨运行、多轮驱动，全面发展乡镇企业。*吴忠市在发展乡镇企业的道路上，实行乡办、村办、联办、户办以及股份制企业、联营企业、外商投资企业一齐上。不限比例，不限速度，能发展多快就发展多快，能发展什么就发展什么。在项目的选择上，敢于突破低标准，利用资源优势和依靠优惠政策，克服资金、技术、人才等方面的困难，集中力量上高新技术产业，上大项目。大型项目主要是在原有企业的基础上，加大技改力度，滚动式发展起来的。为加强对项目的宏观管理，成立由主管市长牵头的“项目审批领导小组”，对项目集体审批，本着项目“前期论证要细、建设速度要快”的原则，做到项目落实到人，各有关部门到位。在上“大高外”项目的同时，鼓励各乡村创办投资少、见效快的小型项目。近几年，全市每年的新上、技改项目 50 个以上，做到见效一批，新上一批，储备一批。扶持个体私营经济的发展，为其发展创造条件。1994 年全市个体私营企业7 513 个，从业人员17 845人，分别是 1984 年的 1.8 倍的 3.1 倍；完成产值22 367万元，占全市乡镇企业总产值的 40.9%。全市乡镇企业中，乡办企业 100 个，村办企业 141 个，联办企业 36 个，个体企业7 513个，形成多轨运行、多轮驱动的局面。

*实行分类指导，重点突破，整体推进。*结合“八五”规划，根据各乡镇的情况，把全市 16 个乡镇分为三类地区，确定一批强乡、强村、强企业，要求一类地区首先突破，率先发展，带动全市乡镇企业的发展。到 1994 年，一类地区的 5 个乡镇，乡镇企业总产值占全市的 61.2%，有 1 企业个产值超亿元，4 个超5 000万元；重点骨干乡镇企业占乡镇企业总数的 18.6%，创产值 21 129万元，占总产值的 38.6%，有 10 个企业产值超 1 000万元。二、三类乡镇得到长足发展。全市消灭了乡镇企业空白乡。

凭借农业资源比较丰富的条件，依托农副产品基地，引导加工工业向精加工、深加工、提高附加值的方向发展，搞资源的系列开发利用，拓宽发展领域。这些年来，全市把加强龙头企业建设作为发展乡镇企业的重要环节来抓，集中资金，扩建和新上一批龙头企业。全市农业六大支柱产业中，粮、奶、肉、菜、果五大产业都有龙头企业，其产值占乡镇工业总产值的 41.3%。

*培养人才，为企业发展添潜力。*80 年代中期，市委、市政府制定优惠政策，启用能人 30 多名，招聘各类能人 100 多名。在人才的管理上，大胆使用现有人才；通过举办培训班、选拔优秀人才到大中专院校代培等形式，培养人才 200 多人；对在乡镇企业发展中做出突出贡献者，市政府每年进行表彰；保护企业家的合法权益不受侵犯，保护其正当经营不受干扰，为其健康成长创造良好条件。

（吴忠市市委、市政府）

大连市金州区

1994 年，金州区乡镇企业实现总产值（现价）201.84 亿元，比上年增长 95.6%。全区有 1 个镇乡镇企业产值超 20 亿元，2 个镇超 15 亿元，9 个乡镇超 10 亿元，2 个乡镇超 8 亿元，39 个村超亿元，其中 18 个村超 2 亿元。全区乡镇工业总产值（1990 年不变价）实现 101.55 亿元，比上年增长 79.8%。全区乡镇企业实现利税总额 28.48 亿元，比上年增长 82.8%。乡村工业销售收入 64.4 亿元，比上年增长 65.2%。工业利税 12.42 亿元，比上年增长 77.4%。乡镇企业出口产品交货值 21.65 亿元，比上年增长 80%。

1994 年，金州区发展乡镇企业的举措有：

*抓重点，实现乡镇企业高速发展。*以抓村级企业为重点，在全区 192 个村中排列出名次榜，激发村与村之间比赛的劲头，投资的去向也多数向村级企业倾斜，使

村办企业总产值实现92.42亿元，占全区总产值48.5%。以抓骨干企业为重点，狠抓“三项工程”(企业总产值“龙虎工程”、企业利税“效益工程”、企业固定资产投资的“投入工程”)，组织实施“三上工程”(上规模、上水平、上外向型项目)。以抓出口创汇大户为重点，企业产品出口交货值500万元至5 000万元的69个。1994年，全区产值超1 000万元的乡镇企业由上年的110个上升到207个，其中超亿元企业22个；亿元村由15个增加到39个；村级企业产值平均由上年3 708万元上升到7 930万元。

抓投入，增强企业发展后劲。1994年，金州区乡镇企业广开资金来源渠道，筹措投入资金。全年新上改造项目287个，实际投资124 087万元，其中贷款14 273万元，引进资金65 194万元，自筹资金44 325万元，投资额500万元以上项目109个，其中1 000万元以上项目41个，3 000万元以上项目6个。这些项目规模大、档次高、效益好。如大连进道集装箱有限公司、先进林木集团公司企业总产值均突破2亿元；大连日发光明家具有限公司开业仅半年，出口产品交货值就达756万元。

抓开放，发展外向型经济。各乡镇以11个经济开发区为龙头，加速基础设施建设，组织招商引资和外贸出口活动，发展外向型经济。在招商引资中，通过多渠道吸引外资，特别是通过出国招商成效好。1994年，新办“三资”企业110个，比上年增长74.6%，总投资16 852万美元，协议引进外资9 688.4万美元，分别比上年增长104%和226%。在招商引资同时，外贸出口发展也快。出口企业中有9个超5 000万元，8个村超5 000万元，2个村超亿元。全区乡镇企业新建立横联项目133个，比上年增长20%，引进资金29 434万元，比上年增长3%。

抓改革，推行股份合作制。1994年，金州区乡镇企业在不断完善企业承包经营责任制同时，以推行股份合作制为中心，进行产权制度改革试点。全年新设立股份合作制企业317个(乡村160个，联户157个)，其中新办187个，改组130个。股金总额达14 700万元，其中募集个人股金7 380万元。

抓调整，全方位发展经济。加速乡镇企业内部产业结构、经济成分结构调整，是金州区乡镇企业1994年重点工作之一。一、三产业和民营经济成为全区乡镇企业发展新的增长点，在1994年的总投入中，一、三产业占1/3。一批具有相当规模的养殖业、商贸业项目迅速崛起。全区乡镇企业中第三产业产值比重由上年的10.8%上升到18.3%。民营经济起点比较高，如大连金亮企业集团、大连云鹏有限公司、云河实业公司、金盛水产品有限公司等民营企业，已成为当地乡村骨干企业。全区民营经济比重由1993年的20%上升到29.7%。

(马广良)

明星乡镇

内蒙古自治区包头市郊区河东乡
浙江省杭州市上塘镇
安徽省合肥市郊区常青镇
江西省德兴市泗洲镇
广西壮族自治区合浦县廉州镇
贵州省遵义县龙坑镇
贵州省六盘水市平寨镇
宁夏回族自治区青铜峡市峡口镇
大连市普兰店市丰荣办事处
宁波市宁海县城关镇

内蒙古自治区包头市郊区河东乡

河东乡位于包头市东郊，北起阴山山脉，南到黄河，属城郊结合部，京包铁路、110国道、民航机场座落境内。全乡辖16个村，人口15 600人。

河东乡乡镇企业在全乡经济中占主导地位。从1991年起，河东乡提出“一手抓发展，一手抓提高，引进开发，形成规模”的发展方针，新上以富华大酒店、环球大酒店、选矿厂等一批投资款100万元至1 000万元的项目，当年实现总产值9 600万元，比上年翻一番。

1992年，河东乡抓住机遇，新上一批重点项目。如投资1 510万元的转龙液酒厂分厂，投资350万元的南海水上游乐园等。村办、个体办企业得到快速发展。全乡村村都有新上项目，有5个村填补了没有村办企业的空白；个体私营企业新上89个。到1992年末，全乡共投资4 185万元，新上项目37个，其中投资100万元以上的有8个；乡镇企业发展到1 285个，其中乡村办41个，联办36个，个体办1 208个；从业人员7 500人；实现利税1 000万元；财政收入310万元；乡镇企业人均纯收入1 190元；乡镇企业总产值达1.3亿元，成为包头市第一个亿元乡镇。

从1993年开始，河东乡从正确处理发展速度和效益的关系、发展股份制企业、负债经营、让利发展、引进资金和人才、启用能人、建立健全激励机制等七个方面开展解放思想教育。结合制定目标措施，及时调整经济发展战略方针，即主攻工业，加强农业，大力发展第三产业。1993年，全乡乡镇企业产值达3.98亿元，比上年增长126%；股份合作制企业98个；房地产开发15万平方米；吸引人才89人；引进资金8 000余万元。被农业部授予“全国发展乡镇企业先进乡”称号。

1994年，河东乡党委、乡政府在筹措资金、加大投入方面采取五条措施：制定招商引资优惠政策，包括土地优惠、合作让利、引资奖励、免收管理费等措施，吸引投资；与金融部门合作，无偿提供土地和储蓄门点，争取信贷资金；推行股份合作制经济，调动企业的生产积极性；强化企业内部管理，挖潜改造，更新设备，革新技术，提高产品质量，增加经济效益；走出去请进来，跨地区跨行业联合兼并，扩大生产经营规模。河东乡第二建筑工程公司与房地产开发公司，联合兼并包头市第四副食品厂，是包头市首家乡镇企业兼并国有企业。采取让利优惠，鼓励发展个体经济，到1994年，全乡个体工业企业达123个，完成总产值2.9亿元，实现利润4 200万元，上缴税金360万元。

河东乡乡镇企业的发展推动全乡经济的发展。

河东乡俊峰炼铁厂外景

1994年，全乡实现社会总产值5.98亿元，其中乡镇企业总产值5.7亿元；利润6 180万元；完成税收800万元；全乡人均纯收入2 300元。各项经济指标均达到小康标准，成为内蒙古自治区第一个小康乡。

（张　伟　高玉福）

浙江省杭州市上塘镇

上塘镇位于杭州市北端，离市中心1.5千米，京杭大运河和320国道线贯通境内。全镇11村，3个居民区，186个镇、村企业。

近几年来，上塘镇实施以工业为主体、第三产业和外向型经济为两翼的经济发展战略，全镇经济建设以每年翻一番的速度发展。已形成机械五金、塑料制品、造纸印刷、建筑建材、电子仪表、轻工服装、商业服务、市场经营等八大行业，拥有企业固定资产2.13亿元，自有资金2.7亿元。1994年，上塘镇完成工业总产值10.95亿元，比上年增长137%；销售收入12.8亿元，比上年增长88.5%；实现利润1 898万元，比上年增长

上塘镇镇政府办公楼

60.8%。上塘镇跻身于浙江省经济百强乡镇(位居第五名),为杭州市经济综合实力十强乡镇(第三名)。全镇有省级集团公司3个,有年成交额30亿元以上的中国杭州通信器材市场,有年成交额超亿元的杭州灯具市场、杭州上塘综合市场等专业性的市场,有产值超亿元的企业2个、引进外资的企业28个,协议引进外资1 600万美元。

(上塘镇政府)

安徽省合肥市郊区常青镇

常青镇位于合肥市新老城区之间。全镇有19个村,人口65 000人。镇内有中国科技大学、合肥工业大学、安徽大学等17所高等院校,江淮汽车制造厂等45个国有企业。

常青镇自1991年起,连续四年为安徽省第一镇。1994年,全镇乡镇企业总产值达24.1亿元,利税26 978万元,上缴税金2 214万元,企业职工16 500人。

党的十一届三中全会以后,常青镇经济发展经历三个阶段。第一阶段从1978年至1983年,由传统农业向商品经济过渡,1983年乡镇企业总产值达1 485万元。第二阶段从1984年至1989年,1989年企业产值跨过亿元。第三阶段从1990年1994年,全镇企业产值、利税、财政收入等12项经济指标位居全省榜首。

常青镇企业经济发展的主要做法和特点:

坚持共同治富,大力巩固、发展、壮大集体经济。十一届三中全会以后,常青镇党委把征地费3 500万元集中起来办企业,通过滚动发展,逐步壮大,1994年全镇企业固定资产原值达7.8亿元。创业之初,号召全镇干部以为集体奉献为荣,"低工资、广就业",镇属企业职工的年收入开始10年均不到1 500元。

大力发展第三产业。常青镇以发展第三产业为突破口,多方位为城市服务,密集型安排劳动力就业,让

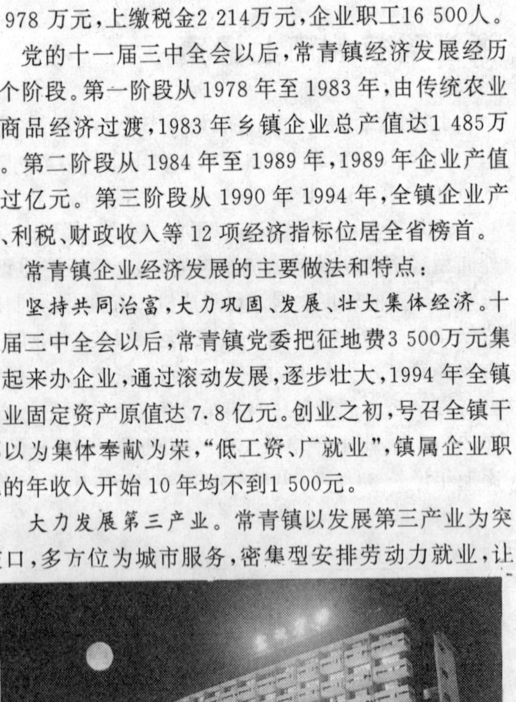

常青镇兴办的合肥望江宾馆

无地农民走向市场,锻炼生产、经营能力。率先办起全省第一家农民宾馆——"望江宾馆",之后南苑饭店、桐江饭店等8个旅馆相继开业,总投资6 800万元。全省第一家农民商店——合肥青云楼百货商店建入合肥市市中心,随后曙光商厦、步瑞琪商厦、安徽建材商城等6个商厦建成,总建筑面积4 800平方米,总投资7 500万元,年营销额3.5亿元。在合肥市金寨路等建立19个农贸、竹木、沙石、水果等批发零售市场。到1994年底,第三产业占乡镇企业营业收入的45%。

坚持"以工补农",把"菜篮子工程"作为发展经济的前提。先后投资2 800万元办起全省第一家乡办鸡场,建立10个副食品基地。自1985年以来,鲜鱼、鲜奶、鲜蛋的年均产量都突破50万千克,年产蔬菜903.4万千克。

稳步兴工,慎重决策。常青镇工业发展分三步:第一步建起5座轮窑厂,年产砖2亿万块;一个3万纺锭的安纺三厂。因管理人才少,职工素质低,主要靠劳力起步。第二步走出镇门,大搞横向联合,当大工业配角,互惠互利。自1982年以来,先后为美菱牌冰箱、上海凤凰牌自行车等24个国有工厂生产零配件,借此机会培养锻炼一批管理人才和技术骨干。第三步依靠自身,主攻名牌。自1991年以来,共筹措4.2亿元资金,完成313个技改和新上项目,主攻项目和产品共18个。与安徽农学院开发的银光塑料降解膜,填补国内空白,荣获国际科技发明金奖,具世界领先水平;与中国科技大学联合开发的AH低温粘合剂,荣获国家"85科技星火博览会金奖"。兴办"三资"企业7个,引进外资350万美元,1994年出口创汇6 700万元。

注重人才,科技兴镇。主要措施有:到院校请专家、聘人才,先后与中国科技大学、化工部第三设计院、中国水泥研究院、合肥工业大学等11所大专院校联合,引进科技项目23个。高薪聘请人才,通过制定科技兴镇奖励办法和《发展乡镇企业20条规定》,全镇引进助理工程师以上的科技人才230名。大力培养人才,1981年常青镇办起全省第一所职业中学;1991年与合肥工业大学联办全省第一所镇办大专班,培养大学生249名,中专生2 750名;送出培训技术人员2 850名。启用能人,重视真才实学,不拘一格择用。

深化产权制度改革,加快转换机制。1994年,常青镇组建起纺织印染、房地产开发、建筑安装、石油化工、商业贸易、建材等6个企业集团;开发庐西、光明、朝阳、卫岗、青年、"三资"企业等6个工业小区;全镇兴办股份合作制企业153个。

(来维宏)

江西省德兴市泗洲镇

泗洲镇辖3个村、5个居委会，总人口32 000人。亚洲最大铜矿——德兴铜矿座落镇境内。近几年，泗洲镇发挥自身优势，走工业兴镇之路，大力发展乡镇企业，促进了全镇经济的发展。

1994年，泗洲镇完成乡镇企业总产值3.96亿元，比上年增长85.7%，占全镇社会总产值的98.8%；乡镇企业上缴税金1 194万元，比上年增长51%，占镇财政收入的55%。人均纯收入2 400元，其中90%来自乡镇企业。先后被评为全省十佳乡镇和全省综合实力十强乡镇，并被列为全省乡镇社会发展综合实验区之一。

泗洲镇乡镇企业发展的主要做法和经验是：

*依托矿山发挥优势，走工业兴镇之路。*泗洲镇依托德兴铜矿而建立，但建镇初期，依然是一个经济基础脆弱的农业镇。随着铜矿三期工程上马，土地被大量征用，全镇经济更加困难。镇党委经过调查分析，提出把工作重点从单纯抓农业转变到抓乡镇企业上来，围绕矿山生产、生活需要，发展铜材加工和矿山服务业。1987年，泗洲镇第一家工业企业——德兴铜材线缆厂建成投产，当年实现利税40万元。接着，铜中矿加工厂、抗磨钢球厂、海棉铜加工厂等一批企业相继建成，初步形成以铜材和铜材加工为龙头，涉及金属压延、矿采选、冶炼、金属制品和交通运输、建筑、饮食等十多个行业的经济格局。

*抓住机遇，实现跳跃发展。*1992年，泗洲镇率先进行改革试点，与市委、市政府签订经济发展目标责任状，层层落实责任，进行自我加压。当年实现总产值8 546万元，财政收入597万元。1993年，镇党委提出更高的目标。通过找资金，抓项目，当年投入资金3 500万元，新上项目19个，乡镇企业总产值突破2亿元，达到2.14亿元，财政收入1 343万元。

*"一引二联"，借梯上楼，抓技改上规模。*一引，就是采取优惠政策，引进人才、技术和资金。几年来，泗洲镇先后从上海、四川、湖南、江苏、浙江、福建、辽宁等地引进高中级技术人才72名，引进资金740多万元，开发新技术、新产品13项。二联，就是依托优势，优惠互利，开展横向联合。近几年兴办的10多个规模较大的乡镇企业，都是通过与国有大中型企业联合建成的。1994年，通过与湖南湘潭电缆厂、德兴铜矿精尾综合厂、大茅山铜矿等10多个省内外企业联姻，引进高中级技术人员9人，新技术4项，投入资金700多万元，对铜材线缆厂等5个重点企业进行技术改造，由于技改新增的产值达3 000多万元，利税400多万元。

*转换机制，保持企业活力。*1994年，泗洲镇乡镇企业开展以推行股份合作制为重点的企业改革。通过对23个企业进行股份合作制改造，吸纳个人股金200多万元；对12个企业进行拍卖和租赁，回笼资金318万元。通过转制，一些微利企业的经济效益提高，原来亏损的企业一举变亏为盈。尤其是改革后的铜中矿加工厂，实现产值1 500万元，利税400万元，产值利税率高达26.67%。

（程金寿　李长根）

广西壮族自治区合浦县廉州镇

廉州镇是合浦县政府的所在地，以盛产优质珍珠而闻名。廉州镇下辖7个居委会、22个村，总人口140 060人，其中农业人口56 026人。1994年，全镇有乡镇企业8 822个，从业人员43 918人，乡镇企业营业收入16.14亿元，实现利税总额6 616万元。是全国乡镇企业先进集体和广西百强镇之一。廉州镇发展乡镇企业主要抓以下几项工作：

*因地制宜，挖掘传统产业的市场潜力。*廉州镇是广西的烟花爆竹之乡，生产技术纯熟，品牌在国内市场有名。对于这一传统产品，廉州镇注重提高产品质量，开发生产品种，做到"我有别人没有，别人有质量不如我"的发展态势。烟花爆竹生产每年以10%以上的速度稳步增长，并促进了印刷、纸箱、塑料包装等产品的生产，1994年产品营业收入达8 500万元，成为全镇乡镇企业的重要产业。

*发挥地理优势，抓好第三产业发展。*廉州镇离北海机场16千米，是各地车辆通往北海市的必经之路。随着地区间的贸易不断加强，廉州镇每天贸易人流量近10万人次。廉州镇充分利用地处沿海都市城乡结合部的有利优势，鼓励各种不同经济成分和来自各地的经

廉州镇生产的烟花爆竹

济能人兴办第三产业，使全镇第三产业迅速兴起。镇内有各类商业机构1 813个，10个贸易市场，旅社、宾馆30多个。1994年，全镇第三产业营业收入97 028万元，占全镇乡镇企业的65.21%，成为乡镇企业的支柱产业。

*科技兴企，促进外向型经济的发展。*90年代以来，廉州镇坚持以科技兴企，提高产品的科技含量，把外向型经济作为乡镇企业上新台阶的突破口来抓。镇政府加大对外向型经济工作的领导，主动牵线搭桥，帮助乡镇企业引进外资、先进设备和技术，拓宽集约经济规模，鼓励乡镇企业发展外向型经济。对烟花爆竹、工艺制品、珠宝首饰等传统产品进行技术改造，拓宽出口前景。近二三年来，全镇共投入乡镇企业技改资金1 320万元，增强企业的出口创汇能力。有烟花爆竹、皮革、编织、食品、工艺美术、珠宝首饰等上百种产品，出口38个国家和地区。1994年，全镇乡镇企业出口产品交货值达8 468万元。

*因势利导，扶持市场看好的乡镇企业生产。*近年来，不少国内外客商到北海、合浦投资，促进了一些相应行业的发展。廉州镇抓住这一发展机遇，因势利导，主动出击，采取“引鸟筑巢”的发展战略，把一些外来资金引导到投资少、见效快，当地建设市场急需的建材、陶瓷、日用化工、编织等行业，加速乡镇企业的发展。仅建材和建筑两行业，1994年营业收入达14 619万元。

（廉州镇乡镇企业办公室）

贵州省遵义县龙坑镇

龙坑镇是1992年组建的新镇。全镇17个村、2个居委会，人口33 344人。镇所在地距遵义县县城5千米，离遵义市13千米。210和326国道线、川黔铁路、贵遵公路纵贯全镇。

党的十一届三中全会后，龙坑镇抓住机遇，发挥优势，以乡镇企业为突破口，以集镇建设为依托，以工业小区为载体，发展全镇经济。1992年全镇乡镇企业总产值为3 751万元，1993年达7 127万元，1994年突破亿元，达10 545万元，成为遵义县第二个亿元乡镇。1994年被遵义县委、县政府授予乡镇企业考评一等奖和“发展乡镇企业优秀镇”称号。

龙坑镇新黔实业开发公司一角

1994年，龙坑镇有乡镇企业885个。主要有汽车制造、冶金、铸造、化工、白酒、水泥、砖瓦、金属镁、生铁、保健酒、腈纶毛毯、纸、防水材料等行业和产品。

龙坑镇发展乡镇企业的主要做法是：

*深化认识，加强领导。*龙坑镇把发展乡镇企业作为“奔小康”战略重点来抓，仅1994年镇党委、政府就召开36次专题会讨论乡镇企业发展问题，制定兴办经济开发区的各类优惠政策，成立乡镇企业领导小组，调整充实乡镇企业密集开发区管委会，镇委书记、镇长主要精力投入乡镇企业主战场。建立目标管理责任制，把发展乡镇企业作为各级干部考核的主要内容。镇属各部门为乡镇企业发展创造宽松环境。近两年共引进项目140多个，引进资金9 297万元。全镇乡镇企业以镇内13个国有企业为依托，加强横向联合，企业规模不断壮大。

*以集镇建设为依托，兴办工业小区。*龙坑镇注重把发展乡镇企业与集镇建设结合起来，创造条件吸引投资者。重点抓以乡镇企业为主体的工业密集开发区，以新老街为中心的商业、第三产业和高新技术开发区，以共青湖为中心的旅游度假开发区三个小区的开发。配合小区的建设，集资45万元建成中桂输电线路改建安装工程；投资326万元新建龙坑综合贸易市场；集资45万元开通程控电话；全镇水、电、路、通讯等基础设施全部竣工；制定土地使用、税收、引资奖励等优惠政策。1993年，全镇筹资650万元改造马家湾新老街，新上10万元以上项目24个，总投资2 836万元，其中引进镇外资金2 126万元，新增产值5 000余万元，税利400万元。1994年兴办共青湖旅游度假村、遵义炭素厂、遵义电渡厂、贵州新源科贸实业有限公司等116个企业，增强乡镇企业发展后劲。

*深化改革，强化管理，提高经济效益。*龙坑镇针对乡镇企业点多面广、行业齐全、规模不等、管理粗放、形式单一等问题，采取：①以改革为动力，理顺产权关系。两年来，新办和改造股份合作制企业30个。②完善承包经营责任制。由于撤、并、建改变了企业隶属关系，乡镇企业原有承包合同发包人发生变化。对此，龙坑镇重新修订补充承包内容，完善承包经营责任制，促进乡镇企业健康发展。③加强管理。着重抓七项基础管理，建立健全规章制度和考勤考绩办法，做到用人有定员、劳

动有定额、上岗有条件、岗位有职责、业绩有考核、报酬有差别，调动职工的积极性。

以科技进步为先导，提高企业整体素质。龙坑镇重视科技管理人才，启用一批善经营懂管理的人任厂长（经理）；主动与国家科研单位、大专院较、国有大企业攀亲结友，引进科技人才。两年来，全镇引进厂长、副厂长 46 人，高级会计师 2 人，教授、副教授 2 人，工程师 22 人，一般科技人才 240 人；派出对口培训 151 人，乡镇企业自己培训2 270人次。开发了复合饲用酶制剂、的确神补酒、蛋白酶等新产品。贵州新源科贸实业有限公司生产的"状大宝"获"94 全国星火科技精品"金奖；的确神公司生产的的确神补酒获第五届亚洲太平洋地区国际博览会金奖、中国名牌产品奖、中国最佳质量保健精品奖。

（遵义县乡镇企业局）

贵州省六盘水市平寨镇

平寨镇地处六盘水市六枝特区所在地。安水公路、贵昆铁路穿过境内，镇内有中央、省、特区大中型企业 20 余个，是六枝特区经济、政治、文化、科技和交通运输中心。全镇辖 33 个村、36 个居委会，总人口118 362人，其中农业人口46 147人。

党的十一届三中全会以来，平寨镇乡镇企业得到快速发展。到 1994 年，全镇完成乡镇企业总产值10 596.11万元，比上年增长 39.67%；缴税金 754.1 万元，比上年增长 96.64%；实现纯利润 851.64 万元，比上年增长 164.4%；从业人员10 095人，比上年增长53%。成为六盘水市第一个乡镇企业总产值突破亿元的乡镇。

平寨镇发展乡镇企业的主要经验有：

统一思想，提高认识。近年来，平寨镇把农村经济工作的重点转移到发展乡镇企业上来，一抓到底。全镇把乡镇企业各项经济指标作为镇、村干部的考核内容，年底兑现。全镇上下形成大力发展乡镇企业的共识，形成干部重视乡镇企业，群众兴办乡镇企业的局面。镇党委、政府一把手亲自抓乡镇企业，实行镇干部包村、村干部包组的岗位责任制，主要精力投入发展乡镇企业主战场。近年来相继兴办碳素厂、砂砖厂、竹木工艺厂、冶炼厂、铸造厂、煤厂、炼焦厂、蜡染制品厂等企业。

尊重知识，尊重人才。平寨镇通过制定优惠政策，吸引镇内外各类人才来镇兴办、领办、承包乡镇企业；积极培养乡土人才，启用能人管理乡镇企业；有组织、有计划地选派有能力、善管理的干部领办乡镇企业；聘用离退休人员、自学成才人员到乡镇企业任职。通过这些办法缓解乡镇企业人才紧缺的矛盾，促进乡镇企业发展。

加强对现有企业的管理。平寨镇对现有企业进行分类排队，对产品市场好的企业，在资金、政策、领导精力上给予倾斜；对生产不景气的停产、半停产企业，帮助其恢复生产，并帮助企业加强基础管理、财务管理、产品质量管理等工作，提高企业整体素质。

抓项目建设，加大发展力度。平寨镇在发展乡镇企业中，实行多轮驱动、多轨运行方针。放手发展个体私营经济；主动向上级报送项目，寻求扶持；找有资金的单位争取联办；了解项目的进展情况，掌握主动权。在项目选择上，因地制宜，农工商结合、大小结合、土洋结合，以短、平、快项目为重点。1994 年，全镇新上项目 25 个，投入资金1 000多万元。

改善投资环境，吸引资金。平寨镇党委、政府制订《关于加快乡镇企业发展的决定》，对来镇兴办乡镇企业者，手续从简，并给予奖励，并对其生活上照顾、工作上支持。筹措资金修道路、架设高压线等，改善投资硬环境。

（六盘水市六枝特区乡镇企业局）

宁夏回族自治区青铜峡市峡口镇

1994 年，峡口镇创工农业总产值 1.58 亿元。其中乡镇企业总产值达11 800万元，比上年增长 30.3%；总收入11 626万元，比上年增长 21.3%；实现利税1 043万元，比上年增长 48%。峡口镇被农业部列为全国乡镇企业东西合作示范区。

1994 年，峡口镇乡镇企业的发展坚持以提高经济效益为中心，以上质量、增品种、降消耗为重点的指导思想，主要抓以下几方面的工作：

推进和深化全面质量管理，提高产品质量。全镇各企业都配备专职的质量检验和监督人员，严把质量关。乳制品厂一贯狠抓产品质量，1994 年在市场形势好转的时机下，以质量优势打开销路，不仅偿还了贷款，还扭转亏损局面，其奶粉在北京、天津、杭州、福州、郑州等地占有一定市场。

狠抓内部潜力，紧抓生产管理。各企业把节能降耗工作作为挖潜力、增效益的重要突破口，从降低成本入手，狠抓内部管理。

在基础管理上，加强生产调度、设备管理、财务管理和成本管理，从严控制车间经费和企业管理经费支出，节约原材料，降低生产成本。对设备实行挂牌管理，保证设备的正常运转。在企业中推行设备与产品保险，节省正常的生产性开支。各企业 10 天召开一次经济分析会，对车间进行综合检查和考核，及时解决生产中的实际问题；财务部门每月分析成本升降的原因，把生产成本控制在最低水平上。

紧跟市场导向，加强营销工作。全镇企业把企业自救、商品信息、灵活经营、强化应变能力、注重技术改造作为重点。组织参加定货会、展销会；入编《宁夏乡镇企业》宣传画册，录制《峡口纪实》录像片，展示企业形象。适时捕捉信息，开展灵活经营，进行易货贸易，清理“三角债”。对销售人员实行“定销售、定收款、定费用”的销售承包责任制，调动销售人员的积极性。在北京、海口等地建立信息网络，设立办事机构，搜集信息。

从企业配套入手，抓好系列生产。峡口镇以带动和促进农业现代化为着眼点，把建设本地区农业现代化系统工程作为发展乡镇企业的根本目标。对镇、村、队，国家、集体、个人，农、林、牧和工、贸、运以及教育、文化、科技等方面统盘考虑，合理配置和调整内部结构，使之形成一个互为依存、互为作用，按照自然规律和经济规律良性循环、健康发展的运行机制。一个以镇办骨干企业为龙头，村队、个体和农户网络为基础的农村市场经济体系初具规模，形成以奶粉厂为主体的奶牛饲养、牛奶和奶制品加工体系；以皮革厂、毛纺厂为主体的养羊、养牛和羊毛、皮革、服装加工体系；以油脂化工厂为主体的经济作物种植、油料深加工体系；以焦化厂为主体的冶金、种植、养殖综合体系；以建筑公司为龙头的建筑、建材、水泥制品和车辆运输体系；以鸿乐府批发市场为龙头的商贸、运销、饮食、服务市场流通体系。

转换经营机制，加快发展步伐。峡口镇制定《企业承包经营实施条例》，与10个骨干企业签订《承包经营合同》。在企业职工中实行合理风险抵押和目标管理责任制，激发职工的责任心，调动各方面的积极因素。在条件成熟的企业中进行股份合作制的改革。

（峡口镇镇政府）

大连市普兰店市丰荣办事处

丰荣办事处位于辽南地区中部，地处普兰店市市府所在地。全处辖11个村、5个居民委员会，总人口12.8万人，其中城市人口8万人、农村人口4.8万人。长大铁路、哈大公路、沈大高速公路贯通境内，距大连市中心和大连经济技术开发区分别为65千米和35千米。

1994年，全处乡镇企业总产值达33.6亿元，比上年翻一番，居大连市145个乡镇的第四位。其中乡镇工业产值17.9亿元，比上年增长77.2%，居大连市乡镇第二位。实现利税总额4.46亿元，比上年增长82.1%。人均收入2 367元，比上年增长317元。被评为辽宁省乡镇企业明星乡镇。

乡镇企业的崛起，是丰荣办事处经济腾飞的重要基础，并成为根本经济支柱。全处拥有乡村集体企业325个，资产总额3.2亿元。工业以服装、建材、化工、机械和食品加工为主导产业。有23项产品获大连市以上优质产品称号。其中大雪牌啤酒被评为全国最佳明星啤酒，获世界金奖；D85推土机液压阀组，获部优和国家“星火”科技三等奖；西装和皮装出口十几个国家和地区。

丰荣办事处乡镇企业发展的主要经验有：

狠抓解放思想，更新观念。丰荣办事处从1991年开始，每年组织各村和企业负责人，到江苏、浙江和本省等发达地区进行考察学习。站在外地看自己，对照先进找差距。每年都结合外地经验，围绕一个主题开展一次解放思想大讨论，促进思想观念产生新的飞跃，强化市场经济意识、竞争意识、权力与责任意识。在全处形成“要我抓”为“我要抓”的新局面，不断加大投入，加快发展。1992年，全处投入资金5 500多万元，新建改建项目87个；从1991年到1994年，共投入资金2亿多元，兴办新企业147个。

用目标选班子，靠班子保目标。丰荣办事处在各级领导班子的选拔时，坚持变“伯乐相马”为“赛场选马”，向班子建设要速度和效益。全处确定到“九五”期末的“131”工程（即农民人均收入达到1万元，村级收入300万元，处级财政收入1亿元）时，把指标逐年分解到各村和企业，谁能完成指标就给谁的“位子”，签订责任状，交风险抵押金。完不成指标的就让“位子”，先后调整了29个村和企业的领导班子。在选好企业领导人的基础上，重视业务培训，提高企业领导人的管理水平，并重奖发展乡镇企业的有功之臣。从而，调动了处、

丰荣办事处

村干部抓好乡镇企业的积极性。1994年,全处各村企业产值超3 000万元,其中有3个村超2亿元,有7名厂长(经理)被评为省、市明星企业家。

用改革的办法解决遇到的问题。丰荣办事处围绕重树乡镇企业优势,进行四项重大改革:一是联合全处325个集体企业,组建大连丰荣企业集团,发挥群体优势,增强竞争能力。二是对企业进行"拆船造舰",按照扶持大的、改造差的、兼并小的、甩掉"瘫"的、开发新的思路,重新搭配生产资料,合理配置生产要素,充分发挥存量资产的作用。全处兼并和合并"微、小、亏"企业23个,盘活存量资产5 000多万元,增加产值2.2亿多元。三是推广股份合作制,全处有股份合作制企业96个,吸纳股金3 300多万元。四是推行集体资产有偿使用制度,对集体企业重新进行资产评估,企业经营者按一定的比例,先交纳资产使用费,后承包企业,解决"集体负债,个人发财"的问题。

(孙 健 夏 舜)

宁波市宁海县城关镇

宁海县城关镇地处浙东象山港尾,三门湾畔,是上海经济开发区连接浙东南的水陆交通枢纽。全镇辖110个村、9个居民区,人口近13万人。1988年被批准为对外开放城镇,连续三年进入浙江省综合经济实力百强镇行列,连续二年进入宁波市综合实力20强镇行列。

近几年来,城关镇把工业经济当作"第一经济"来抓,坚持改革和重点并举,集体和私营共抓,投入和效益兼顾的工作思路,促使全镇经济超常规发展。1993年全镇工业总产值达10.4亿元,销售收入9.4亿元,利税1.7亿元,居宁波市各乡镇第一位。1994年全镇实现工业总产值17.09亿元,销售收入16.3亿元,利税2.23亿元。

城关镇镇政府办公楼

城关镇有镇、村、个体私营企业1 300多个,形成以针织服装、五金机械、塑料橡胶、家用电器、模具加工、汽车配件等六大类工业加工行业。

城关镇工业经济的发展主要抓以下方面的工作:

以加快发展骨干企业为主攻目标,促使全镇工业经济发展。几年来,以宁波一休集团股份有限公司、宁波万安股份有限公司等为代表的一批重点骨干企业,为全镇工业经济的发展挑重担,形成全镇工业经济的主骨架。为扶持这些重点骨干企业,增强其实力和后劲,镇委、镇政府从几方面给予引导:①增大投入,扩大规模。近年来,全镇固定资产投入近3亿元,其中1993年、1994年镇村企业新建、扩建等技改项目50项,完成投入1.45亿元。这些投入资金主要集中在重点骨干企业上,促使其上规模、出效益。1994年,全镇19个产值超1 000万元的重点骨干企业产值达6.3亿元,占到全镇工业总产值的37.2%。②提高产品科技含量和档次。城关镇围绕高水平、高档次、高科技含量来抓好重点骨干企业产品结构调整开发,提高产品技术含量,提高企业技术装备和生产工艺水平。如意机械有限公司生产的西林牌手动液压搬运车在国内同行业中首家获得"GS"认证;万安股份有限公司的万安牌YSF—1型瓶阀在国内同类产品中获唯一的国优银奖。几年来,城关镇集中推出一批起点高、效益好、科技含量高的技改项目,反复论证,组织实施。③发展外向型经济。1994年,全镇有外贸生产企业20个,实现外贸收购值1.31亿元,比上年增长80%。在发展外向型经济中,拓展出口渠道,提高产品质量和档次,改善出口产品结构;尽力把重点企业,效益好的产品推出去,全镇重点骨干企业的外资嫁接面达80%以上。全镇有"三资"企业32个。④引导企业从速度型向效益型转变,提高整体素质。主要抓企业内部管理、七项基础达标和安全生产目标考核,提高经济效益。

狠抓个体私营企业。城关镇个体私营企业是全镇工业经济的主要增长点之一。1994年,全镇个体私营企业工业产值达8.29亿元,占全镇工业总产值的48.5%。城关镇促进个体私营经济发展的办法有:在政策上放开,在审批项目、征地、贷款、奖励政策上和集体企业一视同仁;广开渠道,吸引外地企业家到城关镇兴办实业,兴建占地300亩的个体私营工业小区,设立人才交流服务站;引导、扶持个体私营企业上规模、上档次,全镇产值超1 000万元的个体私营企业有4个。

抓好企业产权制度改革。至1994年,全镇61个镇办集体企业,有56个完成转制工作,其中改组成股份有限公司的有2个,股份合作制的有3个,由现任厂长有偿转让的有37个,属挂牌企业摘牌的有14个。转制过程中，根据企业性质、规模、经营状况，选择不同的转制办法：对净资产在1 000万元以上的企业，创造条件组建集团；净资产在200万—500万元的企业，主要通过资产评估，按股份合作制或转让后重组股份合作制；净资产在200万元以下的企业搞拍卖或转让。1994年，全镇转制企业新增投入近5 000万元，多家企业产值翻番递进。

强化服务，促进全镇经济全面发展。①城关镇委、政府转变观念和转变职能，强化为企业服务，树立"大城关、大目标、大投入、大规模、大发展"的观念，在企业厂长（经理）中营造争上游意识，促使全镇工业生产向大投入、大规模发展。镇委、政府领导亲自为企业在引资金、引项目上出谋划策，建立联系重点村、重点企业、重点工程制度。1993年、1994年，镇工业办公室通过拆借、发行债券等办法为企业筹集资金，其中拆借资金达1 537万元，向企业发放贷款2 782.5万元。②创造有利于经济发展的软、硬环境。近年来，全镇组织多项教育，加强企业精神文明建设和职工培训；加强对投资环境的改造，着重抓道路、通讯、教育等基础设施的建设，1993年、1994年在这方面累计投入1 650万元。③扩权放权，运用激励机制，促进经济发展。自1993年以来，镇委、镇政府在征地、基建和技改项目审批、引进外资等方面为企业开绿灯；对14位有突出贡献的企业厂长（经理）给予重奖；1994年通过开展创建"亿元千万"工程活动，对年工业产值达1 000万元以上的村党支部书记、村主任、合作社社长实行奖励；对引资金、引项目有功的人员按引进的数量和质量进行奖励。

（陈剑飞　李　元　董其岳）

优秀企业

【1000家全国最佳经济效益乡镇企业倡议书】 1994年11月13日，受到农业部表彰的1 000家全国最佳经济效益乡镇企业向全国乡镇企业发出题为"把乡镇企业的发展切实转到以提高经济效益为中心的轨道上来"的倡议：

*牢固树立以经济效益为中心的观念，把经济效益放在第一位。*坚持一手抓发展，一手抓提高，坚持速度与效益的统一。要按照农业部乡镇企业局制定的经济效益考核指标评价企业的生产经营活动成果。不以产值论英雄，而以效益论高低。努力实现由速度效益型向质量效益型、由粗放经营向集约经营转变。

*不断开拓市场，创造市场。*以市场为导向，搞好市场预测，优化产品结构，完善经营机制，提高企业产品市场占有率和企业竞争力，学会在市场经济汪洋大海游泳的新本领。

*苦练企业内功，实现管理现代化。*强化企业管理是提高企业经济效益的客观要求，我们要狠抓管理增效益，不断学习和借鉴先进管理经验。切实抓好基础管理，搞好专项管理和推行现代化管理。要进一步完善乡镇企业财务制度，提高财务管理水平，改善资金营运效果。同时，要下大气力提高产品质量，争创"中国乡镇企业名牌产品"和国内、国际名牌，向质量要效益。

*大力推进科技进步，增加产品科技含量。*十分重视科技，重视人才，向第一生产力要效益。积极引进、采用先进技术、先进工艺和先进设备，搞好技术改造，推进科学技术与乡镇企业结合，促进科技成果的转化，开发高技术含量、高附加值和高效益的产品。

*继续发展外向型经济，增加出口创汇。*要立足国内市场，开拓国际市场，抓住机遇，积极参与国际市场的竞争，勇于到国际市场去"大闹天空"，为国家增加外汇收入。

全国最佳经济效益乡镇企业

1 广东科龙电器股份有限公司
2 天津尧舜(集团)公司
3 广东美的集团股份有限公司
4 山东烟台市牟平县明珠总行
5 山东清河集团
6 江苏华西集团公司
7 天津津美集团公司
8 天津津海集团公司
9 天津万全集团公司
10 山东万通达企业集团总公司
11 江苏太湖钢铁集团公司
12 成都市双流高频焊管厂
13 山东新牟国际集团公司
14 广东南海市罗南陶瓷企业集团
15 江苏鹰翔集团公司
16 成都恩威集团公司
17 成都联益(集团)公司
18 广东珠海市湾仔工业集团公司
19 江苏三房巷实业集团总公司
20 浙江金轮集团公司
21 吉林四平市红嘴集团总公司
22 山东丛林集团公司
23 浙江横店集团公司
24 江苏双良集团公司
25 江苏无锡市新纺合纤厂
26 江苏阳光集团公司
27 河北唐山贝氏体钢总厂
28 江苏丹徒县龙山鳗业联合公司
29 江苏艺龙集团公司
30 江苏沿山实业集团总公司
31 四川省德阳市钢铁厂
32 广东南海市东村陶瓷集团
33 江苏无锡县雪浪初轧厂
34 上海浦东航头(集团)股份有限公司
35 黑龙江省阿鞍联营中型轧钢厂
36 江苏吴县木渎水泥厂
37 广东爱德电器集团公司
38 大连特钢厂
39 江苏无锡县江南钢铁公司
40 大连冶金轴承厂
41 广东顺德市蚬华电器工业(集团)公司
42 江苏春洲旅行车(集团)有限公司
43 山东宏祥电器集团总公司
44 浙江万向集团公司
45 山东兴华集团总公司
46 江苏无锡市摩托车厂
47 山东邱家水产集团总公司
48 山东威海木工集团公司
49 江苏苏州市通信电缆总厂
50 青岛农工商总公司
51 辽宁辽东农工商实业总公司
52 上海嘉宝实业股份有限公司
53 天津市宏利集团公司
54 中国春风实业集团
55 山西省太原市清徐县赵家堡暖气片工业公司
56 广东佛山市张槎古灶瓷厂
57 大连市金州区第一建筑工程公司
58 山东崖头集团总公司
59 江苏阳桥(集团)公司
60 大连亿达总公司
61 江苏张家港市沙洲纺织印染公司
62 浙江绍兴县小小企业总公司
63 广东宏丰陶瓷企业集团公司
64 山东环渤海集团总公司
65 山东济南通讯电缆厂
66 上海远东金银饰品厂
67 广东东莞福安纺织印染有限公司

68 广州市白云松洲街河沙汽车运输队
69 上海汽车空调器厂
70 深圳市保安区龙华镇经济发展总公司
71 山东文登通讯电缆集团公司
72 江苏夏联集团公司
73 云南昆明市呈贡钢厂
74 上海霞飞日用化工厂
75 江苏三洲冶金(集团)公司
76 广东容声电器股份有限公司
77 江苏扬州少女之春日化公司
78 辽宁瓦房店市老虎水泥工业公司
79 广东兴发铝型材集团公司
80 浙江雪豹集团公司
81 辽宁鞍山市第二轧钢厂
82 河南省中原工贸公司
83 山东烟台新华集团公司
84 吉林金士百啤酒集团公司
85 上海海欣股份有限公司
86 山东省寿光市侯镇福利胶合板厂
87 浙江圣达保健品有限公司
88 江苏永钢集团公司
89 江苏无锡邮电电缆厂
90 江苏无锡县锡南轧钢厂
91 天津市宏发集团公司
92 辽宁大杨企业集团
93 江苏镇江市电器设备厂
94 江苏银洋集团公司
95 吉林四平市红嘴钢铁集团公司
96 湖北幸福集团公司
97 山东东营市广饶县大王企业集团总公司
98 浙江省定海纺织机械厂
99 江苏宜兴市绢麻纺织印染实业总公司
100 珠海市永隆集团公司
101 江苏花园实业集团公司
102 江苏虹雨集团公司
103 大连经济技术开发区大孤山建筑工程总公司
104 江苏飞球节能材料集团公司
105 江苏吴江市金杨集团公司
106 广东省恩平市沙湖水泥厂
107 江苏苏州市吴江特种电缆厂
108 江苏奥普集团公司
109 浙江省穗轮实业公司
110 江苏新兴化工集团
111 江苏彩雯丝绸集团公司
112 山西省太原市清徐县同戈站暖气片厂
113 江苏无锡太湖锅炉集团公司
114 江苏华润集团公司
115 广东南海市罗南建陶实业公司
116 浙江省江南通信电缆厂
117 山东大兴华实业集团有限公司
118 江苏张家港市西城经济联合总公司
119 山东省昌邑市铸造集团总公司
120 江苏宏宝集团公司
121 山东复兴集团公司
122 广西南丹县龙泉矿冶总厂
123 江苏牡丹客车厂
124 广州百事可乐汽水厂
125 山东大发达集团总公司
126 广东花都市新华水泥一厂
127 上海佳丰食品厂
128 江苏张家港市南城经济联合总公司
129 天津华隆集团公司
130 辽宁海城市英落后英矿产品实业公司
131 广东神州燃气具联合实业公司
132 山西省晋城泰森总公司
133 河北唐山市半壁店钢铁集团公司第一炼钢厂
134 江苏张家港市沙洲客车厂
135 浙江宁波海天机械制造有限公司
136 浙江临海市新华集团公司
137 江苏无锡县南方悬挂输送机厂
138 大连特殊钢总公司
139 安徽省良友建筑工程总公司
140 江苏新伍集团公司
141 安徽宁国耐磨材料总厂
142 广东中山市港口风扇总厂
143 成都建工机械股份有限公司
144 广东兰昌实业总公司
145 上海望春花实业股份有限公司
146 天津港田集团公司
147 浙江宁波引发企业集团公司
148 河南洛阳市环球实业总公司
149 江苏无锡县丝绸印染总厂
150 广东省恩平市大槐水泥厂
151 江苏申洲毛纺(集团)公司
152 广东今日(集团)有限公司
153 江苏金三角建材集团公司
154 广东三水市河口开发区企业总公司
155 青岛仙家寨工贸企业总公司
156 河南省新乡县刘庄农工商总公司
157 江苏金峰集团公司
158 福建省黎明企业集团公司
159 河南焦作市客车厂
160 浙江象山县第二建筑工程公司
161 哈尔滨团结实业总公司
162 山东大同集团公司
163 河北邯郸市第一轧钢厂
164 河北省武安市中原炼钢厂
165 辽宁鞍山市第九建筑工程公司
166 江苏江阴模塑集团总公司
167 广东上元建筑陶瓷总厂
168 杭州兴隆工贸实业总公司
169 江苏伟丰集团公司
170 江苏吴江市光电通信线缆总厂
171 沈阳望花集团股份有限公司
172 山东烟台南山集团公司
173 山东得利斯集团总公司
174 上海亿腾集团公司
175 上海奇安特金海鞋业有限公司
176 江苏张家港市东城实业总公

司
177 山东旭春集团总公司
178 广东省顺德市珠江金纺集团公司
179 辽宁鞍山市第八建筑工程公司
180 江苏无锡太湖锅炉厂(洛社)
181 江苏无锡县前洲三前轧钢联营厂
182 江苏镇江市电力设备厂
183 江苏巨桥集团有限公司
184 江苏常州市第二电线厂
185 江苏无锡市梁溪塑料泡沫材料厂
186 浙江万马集团公司
187 天津市华盛石油化工实业总公司
188 浙江省星星电器工业公司
189 浙江万达集团公司
190 浙江万事利轻纺工贸集团公司
191 山东文登市泽库镇水产总公司
192 江苏无锡县特种钢管厂
193 大连凌水轧钢总厂
194 天津市环球企业集团公司
195 山东振龙集团公司
196 广东南海市南庄杏头建筑陶瓷厂
197 广东锻压机床厂
198 江苏神鹰集团公司
199 广东梅雁企业(集团)股份有限公司
200 江苏飞达橡胶集团公司
201 天津市大站集团公司
202 山西安泰国际企业(集团)股份有限公司
203 江苏力强集团公司
204 山东耶利亚服装集团总公司
205 广西北流市第三水泥厂
206 山东省沂滨水泥厂
207 青岛崂山仲村企业集团公司
208 山东华夏实业集团总公司
209 山东泰昆集团总公司
210 浙江省黄岩市市政工程公司
211 浙江绍兴县第三建筑工程公司
212 山西晋城来义企业总公司
213 广东南海市永南玩具制品有限公司
214 浙江苏泊尔有限公司
215 广州市白云区竹料建筑工程公司
216 广东祥兴装饰砖厂
217 福建省洪山企业集团公司
218 天津大亨(集团)公司
219 江苏无锡县大桥锻压机床厂
220 江苏新长江实业集团公司
221 江苏旋力制管(集团)公司
222 山东华昌企业集团总公司
223 广东高明市西江水泥厂
224 山东鸿达建工集团公司
225 江苏南京宁峰水泥厂
226 广东省三水市南边水泥厂
227 江苏无锡远东集团公司
228 大连金港房地产开发公司
229 山东临沂工业搪瓷股份有限公司
230 河北廊坊源兆通信器材有限公司
231 江苏太仓市香塘鞋厂
232 浙江桐乡市越丰制革厂
233 珠海经济特区前山工业集团公司
234 江苏张家港市南丰建筑工程公司
235 浙江宁波市雅戈尔(集团)股份有限公司
236 江苏省泰兴减速机厂
237 大连前革水泥厂
238 广东南海市南庄永利高级墙地砖厂
239 浙江兆山水泥总厂
240 江苏江阴市大阪洋呢集团公司
241 江苏康博集团公司
242 中国标准缝纫机公司菀坪缝纫机厂
243 江苏奇力集团公司
244 江苏无锡县铜材五厂
245 广东省梅县白渡水泥厂
246 江苏武进县芙蓉电子实业公司
247 上海矽钢片厂二分厂
248 北京韩村河建筑集团总公司
249 浙江玲珑纸业集团
250 浙江茉织华制衣有限公司
251 江苏无锡市太湖毛纺厂
252 广东乔士集团公司
253 浙江萧山义桥水泥厂
254 浙江宁波三星集团公司
255 广东顺德市万和企业集团公司
256 河北霸州市胜芳镇东升工业公司
257 浙江印染机械制造公司
258 江苏江阴市华士实业总公司
259 广东省云浮市云城水泥厂
260 江苏六通机械(集团)公司
261 江苏太仓市雅鹿服装厂
262 上海恒大工业公司
263 广东省中山市天星电子厂
264 四川兴达商贸物资发展总公司
265 广东省三水市广乐染织厂
266 江苏华纺(集团)公司
267 天津市芦台永兴企业集团
268 山东裕源集团总公司
269 江苏苏杭电路板集团公司
270 四川省达川市钢铁厂
271 浙江芳华日化集团公司
272 江苏共能集团公司
273 北京市兴苑集团公司
274 山东省济宁市味精厂
275 广东南海市恒发建陶厂
276 江苏银铃集团公司
277 广东花都新青水泥厂
278 江苏民生压力容器制造公司
279 江苏永丰集团公司
280 河南飞孟金刚石工业有限公司
281 上海三联汽车线束公司
282 广东大进集团公司
283 济南圣泉集团股份有限公司
284 广东恒丰企业集团公司

285 江苏无锡市自行车二厂
286 广东花都市巴江水泥厂
287 浙江省东阳市磁性器材总厂
288 山东晶玉石材有限公司
289 沈阳市双喜股份有限公司
290 广东汕头市金砂企业集团公司
291 江苏中外合资宜兴利达化学有限公司
292 江苏湖风集团公司
293 邮电部成都电缆厂双流热缩制品分厂
294 河北省霸州市华进工业公司
295 江苏太湖绢纺集团公司
296 浙江铁鹰(集团)公司
297 广东南海永华高级墙地砖厂
298 浙江山鹰建材集团公司
299 江苏中华多宝集团公司
300 四川新兴集团公司
301 江苏正方集团公司
302 河北邯钢总厂磁山钢铁厂
303 江苏如东县常青实业公司
304 江苏无锡雅西摩托车厂
305 山东只楚集团总公司
306 浙江温岭市鸿达塑料工业公司
307 江苏中港化纤纺织(集团)公司
308 江苏常熟市轧钢厂
309 河北唐山市第四轧钢厂
310 江苏富丽化工集团公司
311 广东南海市龙津陶瓷实业总公司
312 上海马桥电缆厂
313 江苏苏州丝绸机械厂
314 江苏南洋电器集团公司
315 河北长天集团公司
316 江苏新亚机械集团公司
317 江苏香山集团公司
318 江苏通州市先锋腈纶毛纺染织厂
319 江苏徐州利国磁性材料厂
320 河南省定角实业总公司
321 浙江省兰溪市灵洞水泥总厂
322 山东荣达橡胶制品有限公司
323 江苏江阴市澄南实业公司
324 江苏昆山市镀锌钢管总厂
325 江苏东方石油化工集团公司
326 河北唐山军柏钢铁集团公司
327 江苏省溧阳市南渡水泥厂
328 北京海通集团公司
329 浙江萧山市特种电线电缆厂
330 浙江上风集团公司
331 广东南海上元陶瓷实业公司
332 江苏无锡县洛社印染厂
333 上海大顺人造毛皮有限公司
334 江苏张家港市第一轧钢厂
335 河北省唐山市半壁店钢铁集团公司第二轧钢厂
336 浙江天女集团公司
337 江苏长江润发集团公司
338 江苏江阴市第二化纤厂
339 江苏江阴市第一化纤厂
340 山东省兖州市造纸厂
341 大连华农食品工业有限公司
342 大连鑫泰实业总公司
343 山东省鲁净集团总公司
344 成都带钢厂
345 浙江南阳造纸厂
346 江苏富昌集团公司
347 江苏张家港市杨舍建筑材料厂
348 浙江宁波有线电厂
349 山东昌乐县平原建筑公司
350 河北保定市长城汽车工业公司
351 江苏宜兴市循环水设备厂
352 河北唐山市钱营钢铁总厂
353 江苏无锡市电力变压器厂
354 江苏吴县第三钢铁厂
355 浙江杭州老板电器实业公司
356 江苏张家港市涤纶长丝厂
357 广东花都市花东镇水泥厂
358 山东省临沂市第三水泥厂
359 江苏镇江市长江水泥厂
360 大连红旗水泥制品厂
361 江苏金钥匙(集团)公司
362 大连经济开发区城市建设发展股份有限公司
363 江苏灵丰集团公司
364 广州迪卡彩印有限公司
365 江苏信达物贸集团公司
366 山东甸柳集团总公司
367 江苏大东有限公司
368 四川省德阳市八角水泥厂
369 北京通华企业集团公司
370 广东省蕉岭县福岭水泥厂
371 浙江大东亚塑胶集团公司
372 深圳金岗电力公司
373 山东文登市装饰布厂
374 江苏宜兴市吸音材料厂
375 上海富强胶鞋厂
376 上海市东沟商业机械厂
377 广东南海市九江汽车实业(集团)公司
378 江苏无锡县交通设施厂
379 青岛电力电线电缆厂
380 济南双凤集团总公司
381 上海昂立生物食品厂
382 广西博白津罐头饮料食品实业有限公司
383 江苏美迪洋集团公司
384 江苏红豆集团公司
385 浙江宁波市华茂集团总公司
386 江苏张家港市丝绒一厂
387 浙江波塞冬集团公司
388 河南省白云企业集团总公司
389 浙江亚太机电集团公司
390 山东荣城市蛔江渔业公司
391 江苏常州市创成塑料机械有限公司
392 江苏无锡县大桥有色金属总厂
393 江苏吴江医疗保健品总厂
394 江苏森达集团公司
395 福建省龙岩市红坊水泥厂
396 天津市天意集团公司
397 浙江天台轮胎厂
398 江苏江阴市华润工业供销总公司
399 江苏山观钢管集团公司
400 浙江龙盛集团公司
401 广东恒丰高级墙地砖厂
402 广东南海市和顺水泥厂
403 江苏南通市特种车辆厂

404 江苏姜堰市钢瓶厂
405 大连湾水泥厂
406 山东临沂柠檬酸厂
407 浙江宁波一休集团股份有限公司
408 江苏泰隆减速机(集团)公司
409 山西清徐煤炭气化总公司
410 广东中山市电饭锅厂
411 浙江余姚市电缆交接箱厂
412 上海凯托纺织制衣公司
413 新疆乌鲁木齐八家户农工贸总公司
414 江苏无锡市鑫达实业公司
415 广东南海市平洲水泥厂
416 山东省肥城市设备安装工程公司
417 山东通和建筑安装装饰集团总公司
418 山东招远市河西金矿
419 甘肃兰州黄河企业集团公司
420 山东菏泽市沙土酿造厂
421 浙江桐乡市嘉河织造厂
422 辽宁庄河市北海塑料编织厂
423 广东省佛山市石角棉织厂
424 江苏南通绣衣时装(集团)公司
425 广东省东坡水泥厂
426 江苏吴县好来日用化学品厂
427 山西省晋城市北板桥企业总公司
428 山东蔚阳集团总公司
429 江苏常州市减速机厂
430 江苏吴江源纺服装有限公司
431 江苏宜兴市凯利化工厂
432 浙江宁波市向阳电讯元件实业公司
433 成都三强实业公司
434 甘肃榆中县甘草水泥厂
435 广东省梅县金石企业集团石扇水泥厂
436 辽宁鞍钢万发集团公司
437 江苏如皋市客车总厂
438 江苏丹阳市塑料化工厂
439 广东风度企业集团公司
440 江苏苏州市吴县枫桥镇水泥厂
441 沈阳市北方科工贸集团公司
442 江苏江阴市黄山船舶配件厂
443 吉林四平九圆企业集团总公司
444 浙江省江山市何家水泥厂
445 河北古遂醉酿酒总公司
446 上海华申丝绸有限公司
447 山东省融海集团公司
448 江苏张家港市氧化铅厂
449 浙江诸暨上峰水泥总厂
450 上海沪中日用化学品厂
451 江阴市被单厂
452 江苏省张家港市轧钢二厂
453 浙江绍兴县第二建筑工程公司
454 湖北省钟祥市当桥实业总公司
455 江苏省溧阳市湖东水泥厂
456 北京蔬菜食品速冻公司
457 山东东营市纸业集团股份有限公司
458 成都长城床垫厂
459 江苏省铜山县利国铁厂
460 黑龙江兰西亚麻纺织工业联合总公司
461 福建省大田县上京水泥厂
462 浙江伟星实业公司
463 江苏溧阳市上沛建材总厂
464 江苏张家港市型钢厂
465 河北新华电缆厂
466 贵州锦屏县木竹工艺公司
467 江苏姜堰市精锻齿轮厂
468 辽宁辽阳五金企业集团总公司
469 广东南山企业集团公司
470 广东番禺市市桥轧钢联合总公司
471 浙江兰溪市西山寺水泥厂
472 江苏省吴县印染厂
473 江苏张家港市客车总厂
474 浙江省兰溪市第五水泥厂
475 山东登峰焊接集团总公司
476 广西壮族自治区贵港市第三水泥厂
477 广东中山保达仿皮制品有限公司
478 江苏萃隆铜业集团公司
479 河南省凯祥企业有限公司
480 浙江湖州市江南工贸总公司
481 杭州钱江变压器厂
482 北京优美日化企业集团公司
483 广东顺德市华星饲料厂
484 杭州锦江集团公司
485 上海海岛加油机械厂
486 江苏无锡县高频焊管厂
487 江苏远舟集团公司
488 福建省永安市坑边水泥厂
489 山东日益木制品有限公司
490 江苏无锡县轧管厂
491 北京市华东汽车配件厂
492 山东淄博田庄建工实业股份有限公司
493 广东康宝电器厂
494 浙江桐乡河山绢纺厂
495 大连市金州区滨石畜牧联营公司
496 浙江宁波大中实业总公司
497 福建省大田县太华水泥厂
498 江苏电缆厂
499 江苏华菱(集团)公司
500 山西晋城市郊区南马匠企业总公司
501 云南省新平钢铁厂
502 天津振华集团公司
503 江苏江阴市古塘实业公司
504 山东济宁张山水泥厂
505 杭州市武林绝缘材料厂
506 济南古城实业总公司
507 山东荣城市成山卫渔业公司
508 辽宁瓦房店轴承经贸中心
509 广西横县西津联营厂
510 江苏江阴市第二化工总厂
511 深圳新安实业股份有限公司
512 山西省交口县钢铁公司
513 山东鸢都化工集团制盐总公司
514 江苏张家港市第二建材机械厂
515 成都通力电器集团公司

516 广西源安堂制药厂
517 河北亚龙线缆有限公司
518 山东潍坊市钢铁厂
519 云南安宁县云安炼铁厂
520 江苏倪家巷集团公司
521 山东潍坊市乐化油漆厂
522 江苏常熟市莫城食品机械厂
523 江苏华喜毛纺集团公司
524 广东省廉江市石城水泥厂
525 云南省玉溪市莲池水泥厂
526 江苏太仓中岳服装有限公司
527 江苏宜兴市杨巷水泥厂
528 山东省招远市灯具厂
529 广东化州县下郭工贸实业总公司
530 成都金牛农机企业集团公司
531 上海山阳工程建设(集团)公司
532 江苏江阴市璜土对外经济贸易服务公司
533 山东牟平县新建炼铁厂
534 济南市麦芽厂
535 江苏苏州市金龙建材厂
536 成都市双流长城冶金企业公司
537 杭州杭宝工贸实业公司
538 江苏江阴市第二合成化工厂
539 成都蓉新实业股份有限公司
540 浙江汽车仪表厂
541 江苏飞宇集团公司
542 江苏吴县枫桥镇采矿石料厂
543 安徽芜湖市微型汽车厂
544 山东省昌邑商标厂
545 浙江省萧山市第二建筑工程公司
546 上海勤劳洗衣机箱体厂
547 杭州西子电梯厂
548 北京京兰床俱有限公司
549 江苏无锡县钱桥焊接管厂
550 浙江桐乡市河山绢麻厂
551 江苏港洋集团公司
552 北京市兴达企业集团公司
553 山西省河津振兴实业集团
554 浙江省东阳市有机化工总厂
555 江苏无锡市环湖电炉厂
556 江苏吴江富士涂料厂
557 北京市营力集团公司
558 辽宁海城市西洋耐火材料公司
559 山东荣城市斥山渔业公司
560 江苏江阴市特种油品厂
561 山东方圆集团公司
562 浙江远东化纤纺织印染总厂
563 山东金河纺织集团总公司
564 江苏江阴市初轧厂
565 浙江诸暨市成套建筑材料厂
566 江苏无锡县复合肥料厂
567 天津市双街钢管实业总公司
568 江苏马北太利集团公司
569 河北清州铸物有限公司
570 江苏无锡县钢窗厂
571 辽宁丹东市四兴耐火材料集团公司
572 浙江大光明集团公司
573 江苏昆山市阳澄水泥厂
574 江苏太仓市塑料制品三厂
575 山东宏大企业集团总公司
576 江苏江阴东方建筑集团公司
577 广州市新市镇泰玩具厂
578 浙江余姚市电讯设备厂
579 江苏通州市开关总厂
580 江苏通州市刺绣厂
581 河北省三河市搪瓷厂
582 山东省文登市建设机械厂
583 江苏张家港市闸上实业总公司
584 北京华玉电子有限公司
585 江苏中大集团
586 山东淄博起凤建工实业股份有限公司
587 浙江宁波慈兴轴承有限公司
588 北京市京海龙企业集团公司
589 浙江申越富式塑料制品有限公司
590 安徽省宿县地区防腐保温工程总公司
591 山东威海文隆电池有线公司
592 广西灵山县檀圩镇水泥厂
593 浙江金洲企业集团公司
594 江苏无锡大通化纤公司
595 上海浦江缆索厂
596 上海交通大学南洋靖江化工机泵阀门厂
597 江苏无锡市电讯元件厂
598 广东省蕉岭县文福路亭联营水泥厂
599 江苏张家港市特种轧钢厂
600 山东山海连杆集团总公司
601 江苏无锡县精纺厂
602 江苏晨风丝绸集团公司
603 福建省石狮市石狮林边玩具塑料厂
604 浙江桐乡足佳(集团)公司
605 浙江绍兴沙发布厂
606 江苏张家港市西苑工贸实业总公司
607 河北秦皇岛汽车装配有限公司
608 江苏江阴市西郊拆船厂
609 江苏鲲鹏塑料地板集团公司
610 吉林省银瀑啤酒厂
611 广东华丽电镀工业公司
612 上海九龙铜材实业公司
613 广东梅县桃尧水泥厂
614 广西特多收发展公司
615 江苏靖江市工业搪瓷厂
616 江苏无锡县电站除灰设备厂
617 山西吕梁地区冶金有限公司
618 江苏上太电梯导轨厂
619 江苏江阴市工程塑料厂
620 江苏秋艳集团
621 浙江富亭饲料有限公司
622 广西黑五类食品集团公司
623 江苏常熟市藕渠装饰用品厂
624 上海民健实业总公司
625 北京市云乐汽车部件制造企业集团公司
626 江苏无锡县振新轧钢厂
627 山东振兴集团总公司
628 江苏太仓第三棉纺厂
629 青岛飞龙工业品公司
630 江苏江阴市向阳实业总公司
631 山东省荣城市灯具厂
632 山东临沂华蒙食品集团公司
633 河北唐山天海金属制品工业

公司
634 杭州美时年电缆有限公司
635 河南黄河金刚石有限公司
636 山东龙口市环驰橡胶集团公司
637 浙江宁波市江东三元塑料机械厂
638 江苏无锡丰元集团公司
639 青岛泰发集团公司
640 福建省连江县贵安养鳗场
641 浙江余杭市丝绸绣服厂
642 江苏盐城大丰县三龙丝绸总厂
643 浙江联丰集团公司
644 江苏贝贝集团公司
645 浙江海盐金达丝绸(集团)有限公司
646 安徽省繁昌县第二水泥厂
647 江苏张家港市洗涤机械厂
648 江苏吴江除尘设备厂
649 江苏鑫城印刷集团公司
650 广西北流市新城水泥厂
651 江苏宜兴市第二水泥厂
652 上海市徐行化工厂
653 上海七宝房地产开发公司
654 珠海华声实业(集团)股份有限公司
655 江苏市冶金机械厂
656 江苏无锡市电力设备厂
657 山东文登建筑机械集团公司
658 河北省玉田县锯业总公司
659 山东省兖州市合金钢厂
660 江苏江阴市腈纺厂
661 山东省文登市第一建筑机械厂
662 广西天天可食品有限公司
663 浙江省绍兴人造革厂
664 山东省昌邑县北洋实业总公司
665 河北唐山锰钢产品制造厂
666 浙江省萧山第二水泥厂
667 江苏张家港市鹿苑经贸实业总公司
668 江苏无锡县铸铁管厂
669 广东佛山市石湾区张槎联益陶瓷厂
670 山东寿光市上口镇建筑公司
671 广东三水市乐华陶瓷有限公司
672 山东潍坊墨龙实业总公司
673 山东威海市通用机械厂
674 上海金达服装实业公司
675 江苏飞腾打字机集团公司
676 吉林省梨树县铁塔厂
677 浙江长兴县洪桥水泥厂
678 山东烟台合金炉管厂
679 江苏希达空调净化设备总公司
680 河北廊坊市腾达铝制品厂
681 江苏江阴市璜土第五合成化工厂
682 江苏无锡市河埒养殖场渔工商联合企业
683 江苏张家港市第二通用机械厂
684 上海申光毛绒实业有限公司
685 河北丰润县第三异型轧钢厂
686 上海大江有限公司新桥分公司
687 江苏江都线路器材总厂
688 江苏宜兴市建材机械厂
689 河北武安市磁山工业公司炼铁厂
690 江苏无锡县建筑机械设备厂
691 浙江宁波市大富豪电器总厂
692 杭州崇杭机械集团公司
693 江苏华翔集团公司
694 河南洛阳市新生(集团)总公司
695 广东省三水市青岐水泥厂
696 广东省三水市北江水泥厂
697 广东高要市金利水泥厂
698 浙江飞跃缝纫机工业公司
699 山东顺裕集团总公司
700 浙江临海风帆伞厂
701 江苏无锡市绵绸厂
702 江苏无锡县东方铜材厂
703 河北丰南市第三水泥厂
704 河南省安阳县炼铁厂
705 广西横县东门水泥厂
706 河北启发纺织工业有限公司
707 辽宁辽阳市八达水泥总公司
708 江苏宜兴市十里牌水泥厂
709 山东荣城市蜊江养殖场
710 安徽东方实业有限公司
711 广西北流市西神水泥厂
712 江苏洋霸集团公司
713 天津市残联曙光有色金属制品厂
714 江苏常州凯达冶金机械设备有限公司
715 山东威海市宝利渔具有限公司
716 山东文登市建筑机械厂
717 山东牟平县西直格庄金矿
718 山东济南青花岗石集团总公司
719 江苏镇江市胶鞋厂
720 青岛市沧口区建新废钢渣再生加工厂
721 江苏苏鑫装饰集团公司
722 河北唐山富豪集团公司
723 江苏徐州耐可特果茶有限公司
724 江苏申达包装集团公司
725 江苏菊花味精集团公司
726 河北省青县渤海钢材总厂
727 广东南海市宏兴陶瓷厂
728 河北省黄骅市渤海工业公司
729 浙江南浔水泥厂
730 河北省迁安县木厂口球团厂
731 上钢一厂张家港市钢管联营总厂
732 河北邯郸县北寨张轧钢厂
733 江苏武进县交通建设工程总公司第二分公司
734 浙江稽山印染厂
735 山东临沂市物资站
736 成都双流冶金总公司
737 广西平乐县蚊香厂
738 河北省涉县符山钢铁厂
739 江苏溧阳市庆丰化工厂
740 江苏太仓市第一水泥厂
741 江苏国达集团公司
742 山西省交口县解家坪铁厂

743 山西大同市七峰山钢厂
744 广东潮阳市谷饶上堡鸿光服装针织厂
745 江苏风神空调股份有限公司
746 江苏南通印铁烘房制造厂
747 山东鲁南船业集团总公司
748 浙江奉通机电集团公司
749 广东潮阳市司马浦机绣服装厂
750 山东省济南市压力容器厂
751 江苏金辉集团公司
752 浙江赐富化纤有限公司
753 广州市沙河玻璃工艺制品厂
754 广州市登峰大酒店
755 山东招远市黄金电缆厂
756 山东威海医用高分子制品总厂
757 河北省深县津深联营颜料化工厂
758 江苏苏州大鹏集团公司
759 河南中州企业集团
760 江苏无锡市第二丝织厂新安联营厂
761 山东省滨州市天华企业集团总公司
762 江苏张家港市花园工贸实业总公司
763 浙江慈溪市翔龙实业总公司
764 山东淄博市周村鲁萌实业公司
765 山东济宁市水利钻探机械厂
766 上海三达服装有限公司
767 江苏常熟协顺纺织制衣有限公司
768 济南市镁碳砖厂
769 河北长胜电线电缆公司
770 江苏靖江冶金机械总厂
771 山东省建材市场
772 江苏省铜山县阀门厂
773 浙江桐乡市民合绢纺厂
774 江苏丹阳市锁厂
775 山西翼城县封比铁厂
776 江苏昆山协孚人造皮有限公司
777 江苏无锡市光明毛条总厂
778 兰州机械研究所无锡换热设备厂
779 山西省繁峙县钢铁厂
780 山东三佳集团公司
781 重庆市华蓥山建材建筑总公司
782 山西省晋城大华实业公司
783 广西玉林市福锦服装公司
784 广州市萝岗制药厂
785 江苏吴江炼油厂
786 河北京利毛纺厂
787 山东胶南市红桥工业总公司
788 江苏江阴市绿园工贸实业总公司
789 江苏江阴市汽车专用板厂
790 江苏恒达矿棉吸声板厂
791 成都八一家俱实业公司
792 广东南海市平洲电子厂
793 广东南海市盐步水泥厂
794 浙江良辛时装有限公司
795 天津市小康川野摩托车厂
796 江苏华芳实业公司
797 大连经伟实业总公司
798 浙江绍兴甬越工贸联营纺织厂
799 湖北省通城县砂布厂
800 济南金菱造锁有限公司
801 南京中山铁路车辆配件厂
802 江苏无锡市江南电缆厂
803 江苏无锡县精密机床制造厂
804 江苏神马集团公司
805 广东粤海钢瓶厂
806 浙江嘉善县汾武铁厂
807 江苏省溧阳市金山水泥厂
808 福建泉州精益集团公司
809 江苏天工实业总公司
810 山东淄博天宝实业公司
811 河北武安市东山炼铁厂
812 浙江宁波华信模塑制造公司
813 江苏无锡县电子材料厂
814 广西容县永兴实业总公司
815 山东省兖州市拖拉机配件厂
816 浙江宁波罗蒙制衣总公司
817 山东省淄博德发实业集团
818 浙江湖州纺织服装企业集团公司
819 广西合浦县公馆水泥厂
820 河北省青县锦斋枣制品厂
821 大连市金州区二十里堡水泥厂
822 浙江省鄞县煤气用具厂
823 江苏江南塑料集团
824 江苏无锡县鼓风机厂
825 上海电机厂铸造二分厂
826 山东淄博市王村企业集团(控股)总公司
827 上海三贤轧钢厂
828 云南省玉溪市刘总旗水泥厂
829 江苏张家港市城市建筑工程公司
830 河南鞋城皮革(集团)总公司
831 河北恒利集团公司
832 上海大桥实业总公司
833 吉林省梅河口市啤酒厂
834 江苏南通朝阳纺织集团公司
835 山东龙口市诸由毛巾厂
836 江苏宜兴市湖父水泥厂
837 青岛同和集团公司
838 河南省泗沟工贸总公司
839 江苏江阴市机械模型厂
840 江苏张家港市双龙实业总公司
841 成都市新都天元集团公司
842 江苏虎豹集团公司
843 天津市登峰旅游用具集团公司
844 浙江华丰企业集团公司
845 江苏常熟通达集团公司
846 江苏无锡海达船用橡胶制品有限公司
847 广东固力制锁(集团)公司
848 山西河津市高家湾农工商企业集团总公司
849 江苏宜兴市耐火材料厂
850 山东淄博市周村丝绸厂
851 浙江依多金企业集团公司
852 江苏无锡市八达化工厂
853 北京市通县医疗器械厂
854 广东中山市中横实业集团公司

855 山东省济宁兽药厂
856 浙江省德清县钟管印染总公司
857 浙江湖州市塘南绸厂
858 江苏无锡华燕化纤有限公司
859 青岛古镇实业总公司
860 河南郑州市少林汽车厂
861 江苏无锡县预热器二厂
862 江苏张家港市化纤机械有限公司
863 河南许昌县烟草工业设备厂
864 浙江建华集团公司
865 江苏省玛莎集团公司
866 青岛市崂山玻璃厂
867 广东三水富丽陶瓷有限公司
868 江苏无锡县第一焊管厂
869 北京市海淀区永丰冶炼厂
870 江苏无锡县锡威人造板厂
871 青岛防腐材料厂
872 江苏江阴市霞客物产集团总公司
873 江苏苏州南达水泥有限公司
874 四川省广汉市冶金化工厂
875 山东众乐企业集团公司
876 浙江塔松集团公司
877 江苏江阴市刘桥实业公司
878 上海海腾电缆厂
879 青岛市沧口区刘家工业总公司
880 江苏丹阳市彩电配件股份有限公司
881 黑龙江龙江县庆华实业总公司
882 安徽马鞍山市当涂初轧厂
883 吉林德惠市万宝轧钢厂
884 广东三水金兴制罐有限公司
885 杭州精诚电器工业公司
886 山东淄博涤纶厂
887 江苏江阴市东风助剂厂
888 北京新兴企业集团公司
889 江苏张家港市重型机械锻造厂
890 山东华仙集团总公司
891 广东白云五建一分公司
892 广东太和镇房地产开发公司
893 山东省肥城市安装工程公司
894 江苏江阴市宏达实业总公司
895 山东临沂市梅埠乡水泥厂
896 青岛建新工业总公司
897 吉林省东丰啤酒工业集团公司
898 江苏吴江市东方印染总厂
899 山东招远市玲南金矿
900 江苏常州市第三水泥厂
901 河北石家庄市新星运动鞋厂
902 山东华盛集团
903 山东潍坊坊子区坊子煤炭实业公司
904 江苏宜兴市第三水泥厂
905 辽宁海城市铧峪镁矿
906 广东祥兴纸类制品厂
907 江苏宜兴市东方电缆厂
908 江苏云达集团公司
909 浙江宁波兴业集团公司
910 青岛市广源发集团公司
911 安徽金寨县乡镇企业丝绸集团
912 江苏无锡市煤矿机械辅机厂
913 江苏溧阳锅炉设备安装工程公司
914 青岛大枣园集团公司
915 江苏江阴市伊马电工股份合作公司
916 大连市金州区阿尔滨建设服务总公司
917 浙江桐乡制革厂
918 江苏江阴市灯芯绒厂
919 湖北省汉川县钢丝绳厂
920 上海市竖河电器元件厂
921 山东省泗水县腾达集团总公司
922 安徽芜湖市拆船工贸总公司
923 大连油漆厂一分厂
924 山东荣城市崖西建筑工程公司
925 江苏宜兴市紫砂工艺五厂
296 广东南海立昌家用电器有限公司
927 浙江凤鸣集团公司
928 江苏常州市东方电缆厂
929 江苏通州市厨房设备厂
930 山东淄博市临淄华兴工贸实业总公司
931 山东省昌乐县红河建筑公司
932 山东省淄博宝沣股份有限公司
933 山东兖州市东岳机床工具厂
934 浙江绍兴第二印染厂
935 江苏江阴市南方工业供销公司
936 广东省三水市河口水泥厂
937 浙江慈溪市燃气安全用具厂
938 江苏新鸿集团公司
939 浙江湖州市黄龙企业集团公司
940 广东太平洋陶瓷工业有限公司
941 广东省台山市白沙水泥厂
942 山东省肥城市工业设备安装工程公司
943 安徽省繁昌县荻港水泥厂
944 天津市静海县中满联营轧钢厂
945 上海海利玩具有限公司
956 山西省襄垣县五阳焦化厂
947 河北丰润县第二异型钢厂
948 江苏江阴市澄东燃料物资公司
949 山东淄博星海(集团)股份有限公司
950 山东威海光威渔具集团公司
951 广东省乐昌市长来水泥厂
952 浙江宁波市嘉乐制衣有限公司
953 山东省淄博空调设备实业股份有限公司
954 江苏昆山市丝路达印染服装集团公司
955 河南金星啤酒厂
956 浙江绍兴县第四水泥厂
957 山东济宁市浸出油厂李营分厂
958 浙江卧龙电机工业公司
959 福建省晨光集团公司
960 江苏苏州华泰有限公司

961 广西北海市合浦县龙联水泥厂
961 辽宁丹东市红星开关厂
963 珠海经济特区长隆经济发展总公司
964 山东仙阁建筑陶瓷集团公司
965 江苏无锡县油箱厂
966 山东长恒集团公司
967 四川元亨集团公司
968 江苏吴江市平望镇染料化工厂
969 山东鸢都化工集团福利塑料编制厂
970 山东乳山市第二水泥厂
971 江苏无锡县钱桥钢管厂
972 河北省武安市中原钢厂
973 安徽马鞍山市当涂轧钢厂
974 江苏省句容县汽车锁厂
975 江苏江阴市特种线材厂
976 黑龙江林口县石材总公司
977 广西南宁市北湖水泥厂
978 北京中燕实业集团公司
979 北京东华企业集团公司
980 广东省化州县同庆海利轧钢厂
981 广西博白县博河汽车运输公司
982 北京市华美企业集团公司
983 广东番禺市石楼机械厂
984 山西五台县东冶镇建筑安装工程总公司
985 广东南海市协和高级墙地砖厂
986 山东文登市啤酒厂
987 宁夏龙华工贸(集团)公司第一铁合金厂
988 陕西省城固县东方精制食品厂
989 江西东方制药厂
990 江西山河集团公司
991 新疆库尔勒市东方实业总公司
992 陕西西电公司眉县钢铁厂
993 广东佛山市张槎针织厂
994 江苏省乡镇企业经济发展公司
995 内蒙古呼和浩特玛钢工业总公司
996 江苏省泰丰染料有限公司
997 江苏省江都钢圈总厂
998 海南石琼建筑工程公司
999 湖南省长沙县朗梨汽车车身总厂
1000 青海西宁城北福利铁合金厂

◀优秀企业介绍▶

呼和浩特玛钢工业总公司

呼和浩特玛钢工业总公司位于呼和浩特市郊区西菜园乡。该公司是在呼和浩特市玛钢厂的基础上发展起来的,前身是西菜园农机修配厂,创建于1958年。当时只能生产简单的镰刀、锄头,后来又生产出磨粉机、饲料粉碎机等机产品。小厂几经停产、下马、分家的折腾。通过开发适销对路的新产品和30多年的发展,公司1994年完成产值4 873万元,创利税224万元。

呼和浩特玛钢工业总公司

该公司通过不断地进行技术改造和扩建规模,具备生产万吨以上可锻铸铁的能力。主要产品可锻铸铁钢圈获呼和浩特市科技进步三等奖,为内蒙古自治区和农业部优质产品;呼和牌可锻铸铁管件获市科技进步二等奖,产品出口法国、土耳其、台湾等十几个国家和地区。1993年底,公司又开发微型轿车项目,填补了内蒙古自治区的一项空白。

在企业的建设发展中,该公司注重管理效益。狠抓标准、计量、定额、信息、规章制度、班组建设等企业管理基础工作,以及质量、资金、成本、物资、设备、安全等企业专项管理工作。不断加强现场管理,使企业摆脱小生产方式,走向科学管理轨道。在管理体制上不断改革、提高:从1978年的"四定一奖",即定人、定岗、定责、定酬、超奖,到1985年的"统一管理,责任到人,定额计件,超奖欠罚";从1993年的"统一领导,分级管理,车间核算,自负盈亏"到1994年的"统一领导,目标管理,分层考核,奖优罚劣",从"经验型,家长式"管理走向科学管理轨道。公司还设立企业管理科,管理核心以人为本,充分调动职工的积极性、主动性和创造性。

在人才问题上,该公司坚持不懈地开展职工教育,提高职工素质,促进公司加快发展。早在80年代初期,就有针对性地组织铸造、退火、模具等职工学习技术业务,使95%的职工得到培训。从1985年起,与呼和浩特市28中学联办职业高中班,有8个班、400多名青工受到岗前正规的职业教育。1991年与内蒙古、呼和浩特市电大联合办学,投资22万元开办一个乡镇企业管理、两个机械制造电视中专班，进行系统的学历教育。相继又办起电大基础学院大专班，有66名职工分别进入经济管理和机械制造班学习。

该公司通过推行股份合作制、完善企业管理制度、实行工效挂钩的分配办法等一系列改革，走向健康发展之路。公司拥有6个经济实体，占地十多万平方米；有铸造、热处理、机械加工、理化测试等设备近400台(套)，固定资产1 700多万元。连续5年被评为呼和浩特市“小型巨人企业”；1990年被评为自治区级先进企业；1991年被评为全国乡镇企业系统先进企业；被列为内蒙古自治区百强乡镇工业企业之首；1994年跨入全国最佳经济效益乡镇企业行列。

（王巨臻　孟景东）

宿迁市丝绸工业集团股份合作公司

宿迁市丝绸工业集团股份合作公司位于江苏省宿迁市侍岭镇，前身是1986年以115万元贷款创建的小型缫丝加工厂。八年来，通过加大投入上规模，强化管理增效益，企业得到高速发展。公司由过去单一的小型缫丝加工厂发展成为拥有缫丝、织绸、炼染、丝绵、副产品加工和蚕茧收烘五厂一站的茧丝绸一条龙企业集团。1994年，公司拥有建筑面积12.9万平方米，职工2 800人，企业资产4 600万元；全年实现产值1.128亿元，销售收入1.014亿元，出口创汇8 448万元，税利689万元，首次实现产销双过亿，经济效益跨入全省同行业先进行列。企业生产规模、创汇能力、经济效益等经济指标比1987年投产初期扩大40倍。先后获得过农业部、经贸委、省、市授予的“出口创汇先进企业”、“排头兵企业”、“文明企业”、“明星企业”等称号。

加大投入，发展规模经济。1987年公司创建投产初期，仅有120部立缫车，年产值不足300万元，全部资产是银行贷款，刚投入生产就面临国家宏观调控，企业举步维艰。围绕企业的生存和发展，公司制定自我积累、加大投入，以集团效应提高规模效益的发展路子，利用自身技术、管理的优势，形成积累—投入—再积累—再投入的良性循环。两年间，企业在困境中得到生存和较快发展，立缫车由120部扩大到360部，积累能力增强，生产经营规模扩大。1990年围绕企业向规模效益型发展，公司组织中层以上干部六下苏南、杭、沪，到几十个乡镇近百个先进企业参观学习，进行市场调研和项目的考察论证。在当时全国性丝绸行业滑坡的低潮中，公司利用自我积累投入280万元兴建丝织厂，10个月建成投产，此时丝绸市场由疲转旺，18个月就全部收回投资；在丝绸市场走俏时，利用原有仓库进行改造，边培训职工，边安装设备，18天时间43台织机就投入生产，两个月收回全部投资。由于抓机遇，抢时间，加大投入，企业积累投入能力不断增强，发展加快。从1990年到1994年，公司积累投入4 000多万元，扩大缫丝规模，兴建丝织厂、丝织二车间、丝绵厂、福利厂、炼染厂、岭西分厂和蚕茧收烘站。1994年，利用自身积累和股份合作制的优势，发动职工配股筹集资金投入400万元，对缫丝厂实施四组自动缫技改，提高科技含量和自动化程度，降低成本消耗。继而又投入2 000万元，兴建可容装208台织机的丝织三车间，使丝绸织造能力提高1.5倍，实现产品花色品种系列化，形成丝、绢、绸、缎、绉、纺6大类30多个品种。

注重智力投资，重视人才开发。几年来，公司从无锡市等地聘请十多名专家、教授，对职工进行全方位培训；挑选60多名青年职工到苏州丝绸大学、苏州丝绸工学院等大专院校深造；委托同行业大型企业代培18批4 200多人次；自办培训班、轮训班26期培训1万多人次。公司拥有制丝、织造、印染、化工、机电自动化、纺织机械等大、中专技术人员70多名，自学函授结业生140多人，获得工程师、会计师、经济师等职称的30多人，各类岗位技术骨干1 700多人。八年间用于智力投资达380多万元。

进行岗位练兵，建立技术激励机制。公司每年在企业内部举行操作技术大比武、大练兵和岗位技术测定活动，年终把每个职工全年的实绩与季度测定综合总评，进行分类定级，对一类骨干重点培养，二类职工加强培训，三类职工脱岗培训，达标上岗。实行不同技术种类计发不等的技术津贴的激励机制。同时，根据年初制定的目标对各部门承包的操作技术升级率进行考核奖惩，激励职工苦练基本功、学技术、比奉献的热情，提高全员的业务技术素质。

坚持科技进步，抓好产品创优。公司围绕科技进步和提高产品质量，加快技改步伐，更新改造一些落后的

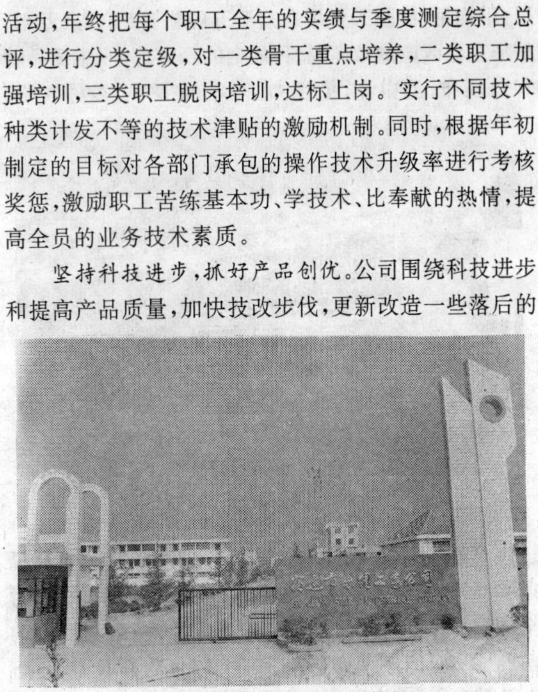

宿迁市丝绸工业集团股份合作公司

制丝和织造设备，新上自动化程度较高的设施，开发科技含量和附加值较高的新产品，增强产品竞争力和提高企业的经济效益。1994年出口60多吨白厂丝，仅此一项增加效益200多万元。

深化企业改革。1993年底，公司实行股份合作制改造，，把企业历年积累界定30%作为职工权益股，按工龄长短、责任大小、贡献多少量化，按1∶1带资配股。正、副经理入股10万元以上，车间主任以上干部入股1 000元以上。

实行岗位计效工资制。根据年初制定的效益目标，以经济效益为主体，各种经济技术指标为辅，层层分解，落实到各部门、各职工头上，以劳动创造的效益为依据进行工资分配。按效计酬机制把职工的利益与产量、质量、消耗和效益紧密挂钩，使职工从劳动创效中合理取酬，工资档次拉大。

（朱书俊　程旭之　朱　烈）

盐城一帆集团公司

盐城一帆集团公司于1994年5月成立，主要有阜宁县帆布厂、阜宁县纺织漂整厂、阜宁县帆布制品厂等企业组成，是江苏省明星企业和省外贸帆布定点企业。公司有1 200名员工，固定资产近2 000万元；拥有拼捻、织造、漂整、轧染、帆布制品等五条生产线，年产鞋用、服饰用、橡胶工业用系列五五牌帆布1 500余万米，是华东地区产量最高、品种最全的厂家之一。主要品种有白坯布、漂白布、染色布、印花布等40多种规格。

盐城一帆集团公司

1994年公司产值、销售双过亿元，产销率100%，利税近600万元；成为国家中型企业；被中国纺织总会列为全国第一个产业用纺织品生产开发基地；公司开发的凹凸、提花、麻丁系列帆布荣获全国优秀新技术奖；跨入盐城市50强规模效益先进企业的行列。

（盐城一帆集团公司）

安徽省繁昌县荻港金刀水泥集团公司

安徽省繁昌县荻港金刀水泥集团公司成立于1994年1月。年生产能力42万吨，有四条水泥生产线和一条熟料生产线，为安徽省内最大的乡镇企业水泥生产企业，系国家建材局首批颁发的生产许可证单位。

集团拥有11个成员企业，7 000多万元固定资产，1 800名员工，300多名专业技术人员。1994年实现收入8 200万元，利税1 100万元，企业总产值1.1亿元，首创芜湖市乡镇企业产值逾亿元的记录，荣获"全国最佳经济效益乡镇企业"称号。

集团的前身为1978年创建的荻港水泥厂，当时仅靠2台小磨机和一座土立窑起家。1984年将2 000吨的小土窑改建成4.4万吨的机立窑；1987年上一条8.8万吨半条水泥生产线。通过挖潜改造，改善工艺条件，产品质量稳步提高，1988年、1989年分别被农业部乡镇企业司授予"质量良好企业"和"质量优胜企业"称号，1990年被安徽省政府命名为"明星企业"。

步入90年代，荻港水泥厂完善8.8万吨线的水泥配套工程，当年的企业收入、税收跃上全县乡镇企业的榜首；1992年，自筹资金新上一条7万吨熟料生产线，当年收回投资成本，产值递增417万元，利税递增164万元；1993年8月，与台商合资兴办10万吨芜湖华龙水泥有限公司。1994年1月，以荻港水泥厂为核心企业的"金刀水泥集团公司"成立。

金刀集团的水泥生产自动化程度高，检测手段实现量值传递的标准化、数据处理微机化，在"水泥国家标准"的基础上，制定严格的内控指标。配料系统采用电子秤微机配料、闭流、机械倒库和磨头烘干；立窑采用变频调速和偏火自动控制系统；制成采用电子秤微机配料、闭流和国内先进的磨仓改进技术，各烟尘排放点安装电收尘。

在企业管理上，金刀集团建立集体决策模式，注重培养决策者的管理技能，把权力下放给中层管理人员，让他们成为协助者，而不是单纯的生产执行者；沟通决策者与员工的关系，形成以人为中心的管理模式；重视人力资本的投资，在工资、住房、任职各方面礼遇贤士；注重信息开发与研究，让公司信息公开化和透明化。

为了提高职工整体文化素养，丰富其业余文化生活，金刀集团建起图书阅览室、职工之家、业余学校等文化场所。年年举办篮球赛、羽毛球赛、乒乓球赛、拔河赛、田径赛等各项体育竞技活动。

（时思玉）

上高县瓷厂

上高县瓷厂是一家以生产釉面砖为主的乡办企业，始建于1970年。1994年，全厂有固定资产4 000万元，职工1 263人；完成工业总产值4 063万元，比上年增长83.6%；实现利税1 449万元，比上年增长229.3%，其中上缴国家税金642.2万元，是江西省乡镇企业第一家利税超1 000万元的企业。各项经济指标在全省同行业中名列榜首，被农业部授予"乡镇企业发展好，对社会贡献大"的先进企业。

实行动态管理，向人要效益。该厂立足调动人的积极性，推进企业内部人事、劳动和分配三项制度改革。干部实行能上能下的聘任制。所有干部一律竞争上岗，连续三个月完不成产量、质量和效益指标的，要从干部岗位上撤下来，1994年全厂有7名中层干部因不能胜任岗位工作被撤职。按照德才兼备原则，从职工中破格选拔能人充实各级领导岗位。职工实行能进能出的合同制。凡在合同期内不能履行合同义务的予以辞退，1994年因违反劳动纪律、质量意识差等辞退职工69名。利益分配实行能高能低的分配制。采取联责、联产、联质、联耗、联效的计酬法，拉开工资档次。

实行滚动管理，向规模要效益。近几年，该厂严格控制非生产性开支，把资金全部集中用于技改和投入生产，促进企业上规模、上水平。1994年上半年，投资160万元进行技改，增加60万平方米的生产能力。8月又投资1 600万元，扩建年产200万平方米釉面砖生产线；兼并彩釉砖厂，投入280万元进行转产改造。在新建、扩改项目上，使有限的资金发挥出最大的效益。在选购设备前，向全国20多家陶瓷机械生产厂家发出询价函，邀请西北设计院陶瓷技术专家论证，按质定价，择优选购，节约开支80多万元。在新窑炉的选型上，采取公开招标的办法，节约资金110多万元。

实行定额管理，向管理要效益。在厂内实行物资管理资金化，对产品实行"五联"(联责、联产、联质、联耗、联效)，以车间、班组、机台为单位，实行目标成本管理，把物质消耗、产品质量和个人利益结合起来，增强职工的节能降耗意识。1994年在原料价格上涨的情况下，每平方米釉面砖成本下降0.3元，创效益60余万元。釉烧车间通过定额管理后，出瓷率提高11.6%，优等品率提高29%，万片耗煤量降低到0.7吨，仅耗煤一项节约资金近500万元。在设备管理上，实行机修人员定产量、定质量、定消耗、定修理工时，包设备完好的"四定一包"责任制，同时每月进行三次大检查，连续三次不合格调离机修岗位，在规定修理工时内没修好影响生产的，要承担该工序和下道工序的工资、折旧和效益损失，促使机修人员提高技术，降低费用。

实行全员管理，向质量要效益。在厂内成立"质量分析委员会"，设立质管科，各车间配备专职质检员，厂领导分头跟班管生产，并订制度约束全体职工，使道工序、每个岗位、每项操作有章可循。从原料进厂到产品出厂，每道工序之间实行"买与卖"的运作方式，哪道工序达不到厂定标准，下道工序可拒绝"购买"，形成上下相连、环环相扣的工序质量管理链。1994年，产品合格率达97%，一级品率达75%，分别比上年提高3个和4个百分点；主导产品昆宇牌白色釉面砖获"省优"、"部优"和"国家A级产品"称号，成为同行业名牌产品。

（李文美）

中国宏祥集团

中国宏祥集团是山东省莱州市丁家村的村办集体企业，1994年12月晋升为国家级企业集团。集团有固定资产2.471亿元，职工2 400人，拥有四大骨干企业、六厂、八公司共38个经营单位，是一个中外合资、以家用电器为主的大型集团企业。1994年完成工业产值6.72亿元，实现利税8 064万元。1994年列全国500家最大乡镇企业第十三位。

集团四大骨干企业为：山东宏祥多田压力容器有限公司(钢瓶厂)，与台湾燃气用具厂家多田公司合资，年产液化石油气钢瓶200万支；山东宏川制冷设备有限公司(电冰柜厂)，与韩国松川公司合资，年产冰柜、冰箱30万台；山东宏祥多田燃气设备有限公司(热水器厂)，与台湾多田公司合作，年产多田牌热水器60万台；山东宏意空调器有限公司(空调器厂)，与意大利AMS公司合资，引进90年代世界最先进的"两器"生产线和检测设备，年产窗式、壁挂分体式和柜式空调36万台。

中国宏祥集团

六厂为:农用汽车厂、新产品试验厂、阀体厂、厨房成套用品厂、液检站、钢瓶附件厂。

八公司为:建筑工程公司、东亚国际经贸公司、中东国际经贸公司、欧非国际经贸公司、农材公司、经贸公司、交运公司、房地产开发公司。

十年前的丁家村,是一个"吃粮靠统销,花钱靠救济"的穷村。1982 年,在村党支部书记丁焕相的带领下,以当地滑石、菱镁石为依托,建起滑石粉厂和轻烧镁厂,以后又相继建起了理石厂、涂料厂等七个项目。经过几年的滚动发展,1985 年全村实现工业利润近 50 万元,1986 年又乘势而上,建起莱州市压力容器厂,当年便实现产值 、利润双翻番,全村人均收入超过1 000元。有了成就,董事长丁焕相等一班创业者并没有满足,他们正确估价形势,重新确立"高起点、大规模、大覆盖、大效益"办企业的思路,以钢瓶为基础向家用电器行业跨进。从 1987 年到 1989 年,投资4 500万元,对钢瓶生产线进行扩建和技术改造,使生产能力达到年产 200 万支,并新上燃具灶具产品。1990 年到 1993 年投资3 700万元,新上冰箱、冰柜产品;投资3 200万元,开发燃气热水器产品;投资7 000元,新上空调器产品,初步形成宏祥集团的四大骨干产品群。为在电器产品竞争日益激烈的市场中高人一筹,宏祥人把眼光瞄准国外先进的技术和同类产品,引进韩国松川公司的冰箱、冰柜生产技术,台湾多田公司的热水器生产技术,意大利的空调器生产技术。其中,引进国际最先进的的意大利空调蒸发器、冷凝器"两器"生产线,国内独有,世界也仅有三条。先进的生产技术设备,保证了产品上档次、上水平,在 1993 年全国举办的中华精品展览会上"宏祥"液化石油气钢瓶、冰箱、冰柜、热水器、空调器获得四项金奖;同年,冰箱、冰柜、热水器、空调器又荣获北京国际家电产品和技术装备博览会四项金奖。各种空调器均通过国家技术监督局抽检;热水器、电水器、电冰柜、空调器取得国家认证,其中冰柜、空调取得国际"CB"测试证书。

宏祥集团以高科技带动战略,开发新产品和高新技术产品,引进各类先进设备,提高集团的科技素质和整体装备水平。通过强化企业管理,推行ISO9000系列国际质量管理体系,与国际市场接轨;同时依托名牌产品,实施 CIS 企业形象工程,积极开拓国内外大市场。

(中国宏祥集团)

山东新牟国际集团公司

山东新牟国际集团公司

山东新牟国际集团公司,是全国人大代表、全国劳动模范、全国优秀乡镇企业家、全国扶贫状元常宗琳带领烟台市牟平区宁海镇新牟里村农民兴办的国家级、多行业、综合性企业集团。集团拥有纺织、冶金、化工、机械制造、建筑安装、海上运输、农牧业、商业服务、房地产开发、旅游、科技开发等 13 个行业,87 个企业。其中,固定资产超 1 000 万元,利税过 100 万元的骨干企业 29 个,"三资"企业 14 个,产品 70%以上外销的出口创汇企业 12 个,海外企业 4 个。1994 年,集团固定资产总值 6.2 亿元,实现总收入 10.5 亿元,纯收入 9 750万元,完成出口产品交货值 1.56 亿元,创汇 2 560万美元。

十几年来,新牟国际集团公司联系新牟里村实际,实施不同时期的不同发展战略,走过初创、提高、腾飞三个阶段,推动集体经济连续登上三个台阶。

在第一阶段中,制定并落实"审时度势,不失良机,自力更生,艰苦奋斗,从零开始,发展工副业"的战略,为企业的稳定提高奠定基础。

党的十一届三中全会以前,新牟里村是胶东出名的穷村。全村 200 户人家,1 000多人,捆在 300 来亩地里搞饭吃。公共积累不足 10 万元,人均分配说是 60 元,仅能兑现 10%。

党的十一届三中全会以后,村里从组织地板车运输队、装卸队开始,依靠原始的资金积累,先后办起小饭店、小旅馆、小缝纫、小修理铺、小修造厂等小企业,把盈利的大部分用在扩大再生产上,使企业从少到多、由小到大地滚动发展。到 1985 年,已拥有 18 个中小企业,固定资产总值达2 650万元,年产值5 000万元,利税1 250万元,人均分配2 500元,成为全国的"先富村"。

在第二阶段中,制定并落实"以出口创汇为导向,以发展横向经济联合,引进外资和先进的设备技术为手段,改变单一的内向型结构,努力发展外向型企业,推动企业上规模、产品上档次、管理上水平、效益上阶梯"的战略,快速完成产业结构的转轨变型,经济效益稳步提高。

发展横向经济联合走在全国乡镇企业前头。早在1980年,村里就与呼和浩特铁路局联合兴办铁路建材厂,以后又与国有大型企业呼和浩特机床附件厂联办牟平分厂。到1985年,跨地区、跨行业、跨所有制的联合企业已有6个,产值占总产值的80%。

在吸收利用外资方面起步较早。1986年,以补偿贸易的方式,从英国引进价值346万美元的现代化毛纺设备,兴办产品全部外销的毛纺厂。近几年,通过优化投资环境,先后吸收利用外资近3 000万美元,兴办14个中外合资(合作)企业。这些企业设备、技术、工艺先进,产品附加值较高,产品70%以上外销。通过自筹与利用外资相结合的方式,购置四艘大吨位货轮,办起全国第一家农民经营的海运公司,从事烟台、青岛到日本、香港及东南亚各地的海上运输,大大强化了创汇活力。

外向型经济的发展,使新牟里村连续多年为"全国出口创汇第一村"。

在第三阶段中,制定并落实"以高科技为先导,以扩大国际贸易为目标,引导企业由劳动密集型向科技密集型发展,由粗放经营向集约经营、科学经营发展,由出口中低水平的产品向出口高、精、尖产品发展"的战略,构筑"大、高、外"经济格局,推动企业腾飞。

为响应国家关于东西结合、协调发展的号召,大力组建大中型企业。1993年,集团到革命老区河北省邢台兴办一期工程投资2.6亿元的现代化钢铁公司。集团大量增加科技投入,研制高附加值、高技术含量、能够大批量生产出口或替代进口的产品,先后研制出两个填补国内空白的化工染料产品,获得"星火计划"新成果奖;另有两个新产品获得国家专利;12个产品获得省、部优质产品奖;一个产品获得法国巴黎世界产品博览会金奖。集团还从美国特利络基通讯器材有限公司引进世界最先进的设备、技术,生产出全球公认的质量最优、销售前景最好的mC² 电缆和物理发泡小线电缆,获全国第八届发明博览会特等发明奖。经过几年的努力,集团公司的高新技术产业群体,正在逐步形成。

(山东新牟国际集团公司)

山东振兴集团总公司

山东振兴集团总公司成立于1994年初,前身为蓬莱振兴实业总公司。是山东省蓬莱市司家庄村的集体企业,座落于"蓬莱阁"脚下。公司集农、工、商、贸、科研于一体,下辖化工、建材、纺织、冶金、轻工、食品、医药、电子等行业20多个工业企业,拥有固定资产1.8亿元,职工2 800多人。1994年总收入近3亿元,实现工业总产值4亿元,利润近1亿元,创汇600万美元,人均纯收入2 500元。连续多年被评为山东省、烟台市文明单位、专利先进单位。1994年被列入"山东省百强乡镇企业"行列。

十几年来,公司的发展一年一大步,步步大提高。

司家庄村的起步:富裕了的司家庄人都说多亏了"当家人"。村支部书记司继双刚上任时,还是"文革"时期,当时村里帐目上现金只有四元八角钱,群众很苦,他只有一个想法:让群众富裕起来。他带领大家搞工副业生产,通过三年的奋斗,先后组建一个12人的建筑队,一个糊水泥袋子的家庭副业,一个机电配件厂。没有钱,司继双与村干部凑;没有厂房,分散到各家各户干;没有运输工具,用平板车拉,硬是把厂子办起来。第一年盈利3万元,第二年6万元,第三年10万多元。1978年后,村里加快发展商品经济。通过落实土地承包责任制,利用剩余劳动力,一股劲办起轧钢厂、饮料厂、塑料厂、工艺美术厂、供销公司等,发展建筑业,企业滚雪球似地迅速澎大,越办越好。到1984年村里拥有9个企业,积累达600多万元,拥有流动资金200多万元,人均分配1 020元。"蓬莱振兴实业总公司"也在此时诞生。

司家庄村的发展:

敬重人才,政策兑现。1982年,司家庄村刚办轧钢厂,投产半年,亏损近万元。总结教训是,没能人,"无才业不兴"。为了救活工厂,村里从外地请到一位懂技术、会管理、已70岁的五荆山。在他的帮助下,不仅救活了工厂,而且又新上了塑料厂。仅用42天投产,当年盈利8万元,1987年突破100万元。村里对王荆山给予重奖。"村里多有几个五荆山,富得不更快?",从那时起,司继双带头学习科学文化知识。几年来,村里建起"招贤楼",用于招聘引进人才。奖励有贡献人员的资金达640万元。应聘到司家庄村的人才70多人,60%的企业中层以上负责人是外聘人员担任。

重视科技,开发专利。几年来,司家庄村靠"引、联、研",先后淘汰落后产品21种,研制、开发、引进生产的新产品32种,其中达国际水平的4种,填补国内空白的9种,属于高新技术的5种,有2种列入国家新产品鉴定计划,有2种列入省"火炬计划"和"星火计划",获省科技进步奖2种,有4种产品打入国际市场。新产品占有率52%,新产品产值率62%,新产品利税率65%。

全村累计申报专利19项,获得专利18项,引进专利9项,共实施专利21项。1994年专利产品产值率和利税率分别达31.4%和35%。

司继双主持研制的GJY-3030程控颅脑降温抢救仪获山东省科技进步二等奖；参加研制的QHT-OIG市话多功能测试仪和停水自闭水嘴分获中国专利技术博览会银奖和山东省“星火计划”银奖。

抓信息，促发展。几年来，公司先后在上海、北京、海口等大中城市设立十多个信息开发点，与部分大专院校、科研所联合成立“蓬莱市科技情报研究所”，聘请50多名具有高级职称的专家当顾问，定期邀请到司家庄村交流研讨，共同“会诊”，收到良好的效果。

（山东振兴集团总公司）

山东得利斯集团总公司

山东得利斯集团总公司创建于1986年11月。至1994年，公司拥有资产1.8亿元，员工2 000余人，是联合四省一市150余个企业组成，以生产得利斯牌系列肉制品为主，从原料供应到产品加工、销售一条龙服务的大型食品专营集团的核心层，国家大型一级企业。总公司下设快餐公司、食品公司、基地公司、北京公司、青岛实业公司、深圳公司、发展公司、服务公司、销售公司、内蒙古临河公司、牡丹江公司、郑州公司及所属23个内资企业和潍坊得利斯食品有限公司、潍坊爱斯特食品有限公司、诸城合利食品有限公司、诸城正兴调味品有限公司等4个“三资”企业。1994年创产值4.3亿元，实现利税1 800万元。公司被农业部评为全国最佳经济效益乡镇企业、“乡镇企业发展好，对社会贡献大的企业”，连续几年被国家统计局列入“中国500家最大乡镇企业”。荣获“山东省先进乡镇企业”、“潍坊市十强乡镇企业”称号。

公司创业8年来，立足于当地丰富的资源优势，围绕农副产品深加工，走贸工农一体化的路子，坚持高档次、高标准起步。先后从德国、荷兰、瑞士、日本等国家引进先进设备和技术，结合研制的工艺配方，生产高蛋白、低脂肪的得利斯牌系列肉制品。产品有圆火腿、盐水火腿、方火腿、汉堡肉、香辣肠、速冻夹心快餐系列、玉米速溶粉等8大类48个品种，年产量3.5万吨，其中萨拉米肠、富钙牛肉圆填补国内空白，盐水火腿达到国内先进水平。产品先后荣获“中国乡镇企业名牌产品”、“全国星火计划成果博览会优秀奖”等称号

山东得利斯集团总公司生产的系列产品

公司的发展壮大，带动当地农副业、畜牧业生产的快速发展。公司年加工生猪能力达到100万头，带动近10万农户通过企业步入国内外大市场，实现良性农副产品价值转化，带起3 000个从事生猪屠宰、贩运、销售专业户。公司先后与济宁、枣庄、临沂、聊城、青岛等地的80余个食品公司、冷藏厂、肉联厂建立稳定的原料供应业务关系。

公司推行现代化科学管理方法，加强基础管理，标准、计量、质量管理验收全部合格，质量稳步提高，产品合格率达100%。

公司实施学历教育与职工培训相结合、脱产学习与业余自学本相结合、走出去与请进来相结合的办法，注重人才的培养和开发，提高员工队伍的整体素质，职工中获得大中专学历或相当于中等专业水平者占总数的35%。

为使企业向大规模、高层次迈进，公司制定并实施了“双十工程”，即在省内建立10个生猪原料基地，在全国建立10个得利斯食品公司。

（山东得利斯集团总公司）

淄博轧钢股份实业有限总公司

淄博轧钢股份实业有限总公司前身为淄博轧钢厂，始建于1977年。经过十几年的挖潜改造，由一个小铁业铺发展到以热轧扁钢、冷轧钢带、冷拔钢、不锈钢冷轧钢带、农用车钢板弹簧、铆焊加工和宾馆、饭店为一体的综合性实体企业。1994年，公司拥有固定资产2 300多万元，自有流动资金1 200多万元，职工400余名，实现产值6 600万元，创利税570万元，完成销售收入5 200万元，年钢材产量1.5万吨。企业系全国乡镇企业供销先进集体、省级文明单位。

1983年以前，轧钢厂只生产热轧扁钢，产品单一，年产量不到300吨，工业产值不足200万元。王勉山厂长上任后，通过市场调查，改造原有设备，扩大生产能力，增加角钢、方钢等规格品种，年产量增至2 000多吨，实现产值1 000多万元。1991年以后，轧钢厂依靠先进的技术，发展多种产品，实现规格品种多样化、产品系列化、生产现代化，提高效益，降低成本。投资20万元对热轧加热炉进行改造，把室烧炉改造成连续式

淄博轧钢股份实业有限总公司生产的产品

加热炉，由手工加煤变成机械加煤；将轧机的电动机改制成节能型绕线电机。两项年节煤200多吨，节电3万千瓦时。通过改造轧辊孔型，使产品规格由原来的十几种增加到130余种，侧重于生产大钢厂不愿干、小钢厂又干不了的较大型规格。在生产的每道工序中，设专职质检员，保证进出原材料和产品的质量。建起化验室，保证产品质量合格率达98%以上。在巩固原有产品的基础上，投资100万元新上冷拔机、冷轧机、农用车钢板弹簧生产流水线以及电焊机等设备，生产扁钢、圆钢、角钢、农用车钢板弹簧等冷拔异型钢产品，增加产品附加值。

1991年，厂里了解到不锈钢冷轧钢带是山东省的空白产品，省内需求量大。为满足市场的需求，于1991年8月立项，专门设立不锈钢带研制办公室，号召全厂职工集资办项目，自筹资金280余万元。1992年5月两台冷轧机安装到位，8月产出不锈钢冷轧钢带，厚度可达0.25毫米以下。之后，购进切分设备，裁出宽度12毫米以上各种规格的带钢。一年试产，共产出不锈钢冷轧钢带250余吨，完成销售收入600多万元，上缴利税50多万元。通过对第二条生产线的改造，年产量提高到1 000余吨。

在人才培养方面，采取请进来、送出去，老师带徒，举办培训班等，提高职工整体素质。对聘请的工程师、专家等给予关心。企业设立"特殊贡献奖"，对做出突出贡献的人员进行重奖。公司有高级工程师3人，工程师6人，经济师12人，各类科技人才38名，大学、中专毕业生20余人。职工技术素质的提高，企业效益增长，仅改造旧设备就使产量提高30%；每吨成品的煤耗由380千克降为260千克，一年可节省费用9.6万元；科技人员自行设计的冲剪机只投资3.6万元，每年可冲剪钢1 000余吨，比人工剪钢节省4万元，提高效率3倍多。

几年来，总公司一直重视企业文化建设，把它纳入公司管理轨道，促进企业经济发展。1990年公司投资15万元，进行环境建设、文化设施建设。配备职工业余学校、民兵学习室、党员活动室、妇女之家、游艺室、舞厅、篮球场等。1991年投资10万元成立全省第一家乡镇企业军乐队。先后被评为省优秀政工企业、市级双文明建设先进单位等。

（淄博轧钢股份实业有限总公司）

广西黑五类食品集团公司

广西黑五类食品集团公司下属有5个专业食品厂、3个多元化经营公司及容州宾馆，共有职员1 800多人，企业固定资产总额1.2亿元。食品工业主要有黑色保健食品、儿童食品、老年食品、果蔬天然食品等4大系列。产品销售面覆盖全国100多个大中城市，与美国、日本、香港等国家和地区建立贸易关系。1994年，公司实现营业收入2.5亿元，创税利3 520万元。被农业部评为全国乡镇企业供销系统先进集体和全国最佳经济效益乡镇企业。是全国三大儿童食品厂家之一，广西乡镇企业首家国家大型企业。

开发潜在市场，拓展发展空间。80年代初，我国婴幼儿食品除有低档次的糕干粉外，营养食品几乎是空白。公司确定把开发婴幼儿食品作为自己的起点和发展方向，并很快形成规模性生产。高蛋白健儿粉、赖氨酸淮莲健儿粉、蛋黄糕粉等产品很快就在全国城乡打开销路。在开发儿童食品后，1989年冬至1991年，又开发老年食品八珍糊、长寿精，老幼咸宜的方便食品黑芝麻糊、黑米宝、一品粥、绿豆花生糊等。

加强培训，提高企业整体素质。公司在制定企业发展计划时，把提高企业整体素质作为一个战略目标重点来抓。针对职工80%以上来自农村，文化素质、技术业务水平较低的情况，利用两年时间，委托广西轻工学校对全体职工进行一次脱产的全员培训，培训职工792人。从1991年下半年至1993年，开办3个专业培训班：中层干部管理培训班，邀请北京大学、清华大学、北京财贸学院的教授讲课；财务人员培训班，从车间核算员到各部门核算员，以及各部门主要领导，进行一次财务基础理论和产品核算培训；营销人员培训班，进行两个月的系统培训，邀请营销专家、广告专家、心理学家讲课。

严格岗位责任制，强化成本管理。在企业生产管理中全面实行岗位责任制，各个工作岗位实行定额管理，严格规定各项指标，定额到每个岗位和个人；根据各个岗位的技术含量、劳动强度大小、岗位责任轻重等，实

农业部领导视察广西黑五类食品集团公司

行岗位工资制度；奖金与岗位挂钩，在工人中推行保底工资制，工资和奖金上不封顶。产品质量管理全面推行岗位责任制，根据产品的质量保证体系，把责任落实到各个工作岗位、各道生产工序和个人，实行产品质量层层把关；推行上道工序为下道工序服务和负责，下道工序对上道工序监督和管理等办法，不合格的半成品不能进入下道工序；把好原材料的质量关，不合格的原材料不能投入使用；对成品进行抽样检查、化验、判断，不合格的产品不能出销。强化成本管理，把产品的成本进行层层分解，落实到车间、岗位、班次和个人；实施公司月成本报表，车间、岗位、个人日成本报表制度，进行检查和监督。加强推销工作，将推销任务划分到个人，限期收回货款，按货款回笼实绩发放工资和奖金。通过上述措施，公司经济效益提高，促进发展。

（广西黑五类食品集团公司）

贵阳金关实业总公司

贵阳金关实业总公司是1992年以贵阳市乌当区金关村为基础建立起来的，距贵阳市5千米。1994年，公司实现产值6 100万元，比上年增长51%；上缴税金181万元，比上年增长56%。总公司有下企业32个，其中产值上100万元的企业17个。

1985年以前，金关村以种植蔬菜为主，没有一家像样的企业，村里无分文积累。1985年，新当选的村党支部书记陈绍祥提出“把发展乡镇企业作为农村经济发展的突破口来抓”，随即整顿和扩建当时全村唯一的企业——鞭炮厂。三次组织人员到广西学习制作技术，请技术人员来厂指导，攻克难关，使原来一年毛利不过1 000元的小厂当年就营利2万元。这为金关村乡镇企业的发展迈出第一步。1985年，利用公路征地补偿费45万元，兴办贵阳棕刚玉磨料厂，当年投资当年投产，3个月创产值30万元，第二年创产值330万元，被评为省级优秀企业。经过几年的滚动发展，相继建起磨料二厂、金关锌厂、金关模具厂、专用砂轮厂、有色金属厂等企业。之后，金关村多渠道、全方位招商引资，广纳人才。先后从福建、河南、台湾等地引资兴办8个骨干企业，总投资规模上亿元，其中最大的投资项目贵州前进橡胶内胎公司总投资4 975万元。

在金关村乡镇企业的发展过程中，缺资金、缺技术、缺人才的问题很突出。对此，金关村把眼睛盯在“引”字上。几年来，通过改良环境条件、制订优惠政策、提供优质服务，引进资金、技术和人才：①合理用地，加速基础设施建设。村里制定“统一规划，按项目征地，流动开发”的原则，土地所有权属集体，由村集体经济组织用土地所有权折价入股的方式兴办企业。对外来投资者，采取先用地，后补办手续，以便争取时间，为投资者分忧。通过改善通讯、交通、水电等硬环境，解决引进项目环境设施建设。1994年吸引资金6 832万元。②制订优惠政策，奖惩兑现。出台《关于加快发乡镇企业的若干规定》，做到让名、让利、让权给投资者和科技人才。对已出台的政策，严格兑现，对引资者、承包者和有功人员给予奖励。1994年兑现奖励资金7万元。③提供配套服务，减少办事程序。对外来投资的每一个项目，一经论证立项，就派专人配合企业办理手续；企业在建设和生产过程中遇到困难和问题，帮助协调解决，使投资者和人才集中精力投入经济建设中去。

（贵阳金关实业总公司）

贵阳花溪龙泉砖厂

贵阳花溪龙泉砖厂是1988年在小河页砖厂的基础上建起来的。1994年，全厂生产规模达4 000万块红砖的能力，创产值557.4万元，实现销售收入637.3万元，实现利税138万元。先后被评为省优质产品企业、全国烧结砖质量优胜企业、全国行检优质产品企业，1992年进入“贵州省百强乡镇企业”之列。

贵阳花溪龙泉砖厂的发展，关键是抓分配制度改革、全面质量管理和完善销售手段三件大事。在按劳分配原则下，推行全员风险抵押承包，按责任大小和岗位定风险系数，分级承包，年终兑现奖惩，调动职工的积极性。为确保产品质量，建立以质量为中心的各项管理制度，实行质量否决权，将产品质量与职工收入挂钩；全厂定期开展全面质量管理知识轮训，增强职工的质量意识，提高产品质量。产品先后获得市优、省优和全国行控行评优等产品称号。坚持搞好售前售中售后服务，对新老用户平等相待，销售工作中实行“全天候”服务。

贵阳花溪龙泉砖厂在厂长王继尧的领导下，从1993年起，实施“一业为主，多种经营”的发展方针，确立以龙泉砖厂为主厂，以烧结页岩砖为主业带动其他产业发展的战略。先后兴建3个企业：云雀牌微型轿车座椅套厂，为贵州云雀牌微轿车生产椅套，同时生产服装；金龙建材厂，主要生产水泥；龙泉塑料制品厂。通过多产业的开发，改善全厂的产品结构和经营模式，提高经济效益。

（陈　良）

咸阳彩虹包装箱厂

咸阳彩虹包装箱厂原是咸阳市秦都区古渡乡安村的一个集体企业，1990年5月与陕西彩色显像管总厂合资经营，成为彩虹电子集团公司成员单位。1994年，全厂有固定资产1 200万元，职工350人，实现产值3 007万元，利税380万元。1990年被陕西省人民政府命名为“省级先进企业”；1994年荣获农业部“全国乡镇企业安全先进集体”称号；荣获“全国包装行业名星企业”、陕西省“重合同、守信用单位”称号；取得全国包装行业一类产品生产许可证。

该厂主要生产高档瓦楞纸、箱板纸、瓦楞纸箱和泡沫衬件，为20多个厂家提供产品包装服务。产品曾荣获农业部优质产品奖。工厂建立健全各项管理制度，制定严格的操作规程和经营管理制度。企业内部管理逐步走向正规化、标准化。

该厂注重为社会公益事业做贡献。建厂以来，从利润中提取420万元上缴村工商公司，以工补农；帮助三个村整修村容，修建水泥路面，解决村民生活用水；搞智力投资，兴办教学大楼及文艺活动设施；对三个村的村民进行家庭财产保险，为近700名学生代交学费。

1992年以来，先后投资450万元建设三条造纸生产线，形成年产8 000吨箱板纸和瓦楞纸的生产能力，投产后可年增产值1 500万元，利税300万元。

（于美娟）

达尔曼实业股份有限公司

达尔曼实业股份有限公司是西安翠宝首饰集团公司与西安石油机械厂、新城农工商总公司联合发起成立的股份制公司。

西安翠宝首饰集团公司于1988年创立。在创建初期，仅有十几个人，几万元资金，租用民房，当年投产当年收效，实现产值10万元。到1993年，公司产值达12 246万元，出口创汇622万美元，创利税2 069万元。1994年，完成营业收入9 052万元，实现总产值16 622万元，利润1 953万元，利税总额2 614万元。

在公司的发展过程中，依靠技术改造，促进企业上台阶。有计划地引进先进设备和技术，使先前比较单一的宝石项链生产扩展到宝玉石项链、宝石戒面、玉石围棋、墨玉兵马俑阵容、金属镶嵌饰品、玉石雕件等六大系列1 000多个品种。通过合资合股、扩散、兼并、兴办实体，在近几年时间里，公司的生产经营扩散到深圳、桂林、珠海、东兴、澳大利亚、泰国、香港、越南等地。1992年7月，在已组建成立的13个分公司的基础上成立“翠宝首饰集团公司”，发展成为跨国集团，拥有中外合资企业2个，企业产品的85%出口。被经贸部、农业部联合授予“出口创汇大户”称号。

达尔曼实业股份有限公司是中国首饰行业中最大的股份制公司，总投资1.2亿元。公司以天然色素活性蛋白和多肽、葡萄糖酸内脂等高效益的生物工程系列产品以及高附加值出口创汇的珠宝首饰加工产品为主导产业，附设珠宝交易大厅，形成中国第一个大型的国际珠宝交易中心和生产基地。

（于美娟）

宁夏中卫常乐建筑材料集团公司

宁夏中卫常乐建筑材料集团公司是依靠当地的自然资源，以常乐瓷砖厂为核心，以煤矿、水泥厂、石膏矿、石膏粉厂为成员单位于1993年10月成立的集团公司。生产的主产品有烟煤、釉面墙地砖、耐火砖、陶瓷管、青（白）生（熟）石膏粉、普通硅酸盐水泥等。1994年，公司有职工1 607人，拥有固定资产2 092万元，产烟煤16万吨、水泥2万吨，创产值2 649万元，实现利税600万元，居中卫县乡镇企业之首。

抓认识，理思路。公司抓住我国改革开放的进一步深化和乡镇企业西进的机遇，立足当地资源优势，解放思想，开拓创新，制定“面向大市场，继续挖潜革改，增创新优势，再上新台阶”的工作思路。制定好短期经营规划和长远规划，为企业的发展奠定思想基础。

抓管理，增效益。在强化基础管理方面，建立健全一整套较为全面、系统的规章制度，制定严格的纪律和严明的奖罚措施，使企业的管理有章可循；从企业的计量、标准化、定额、信息、基础教育、班组建设等管理入手，强化企业的物资设备等专项管理；实行层层承包，完善经济责任制。在财务管理上，推行目标成本管理，严格成本核算；开展“双增双节”，压缩非生产人员，减少不合理开支，节能降耗；每月一次对财务人员进行培训，提高其素质。在质量管理上，将质量管理作为企业生产经营的核心，以市场为导向，以科技为后盾，提高经济效益；完善产品质量监控体系，从原料到产成品，层层把关，不合格的原料不进，不合格的半成品下道工序不接收，不合格的产品不出厂；重视市场信息反馈，对顾客提出的质量方面的建议和意见及时分析和整改；对职工进行培训，提高职工的技术素质，增强职工的质量意识。在销售管理方面，树立大市场观念，立足区内，开拓区外；从总经理到下属的厂(矿)长把产品的销售当作企业生产的关键环节，亲自开拓市场；组织一批善于经营的销售队伍到西北各大中城市设立销售网点，常年搞推销；加强对产品的宣传，促进销售；制定"定任务、定时间、定奖罚、定费用，联货款回收"的销售包干责任制，加速货款的回收速度。

抓发展，增后劲。为加快发展，公司立足资源优势，在挖潜改造和新上项目上下功夫，扩大生产规模。1994年8月，石膏矿筹措90万元资金在大柳树开挖4口煤井，继而石膏粉厂筹资130万元新建两条遂道窑，使瓷砖生产能力由以前的年产14万平米增至年产27万平方米。对老煤矿进行延伸，开挖新井，兴办新项目。

抓安全，促生产。公司主要以建筑材料加工和采矿业为主，行业危险系数大，为保证安全生产，在职工中开展经常性的安全教育和法制教育；制订安全生产奖罚制度；实行安全生产责任制，明确职责，责任到人；及时查隐患，补漏洞，实行领导跟班作业制；实行安全目标管理责任制，实现安全管理科学化、规范化、制度化。

在企业抓生产，增效益的同时，加强职工政治思想工作。发挥党、团组织、职代会的桥梁纽带作用，开展职业道德、厂规厂纪的教育；调动一切因素，改善和提高职工生活，为职工投资兴建娱乐室、体育场等，开展文化活动，提高福利待遇。

(宁夏中卫常乐建筑材料集团公司)

中国金轮集团公司

1994年，中国金轮集团公司发展成为一家集工业、贸易、金融、科技、服务于一体，拥有41个企业，1万多名职工，12亿元资产的国家大型一级集团企业。主导产品帘子布产量列全国第一、世界第三，摩托车、铝型材、打字机、热水器、电池、电子稳压器等几十种新优产品同时推向市场。1994年创产值13亿元，实现利税1.25亿元。

中国金轮集团公司能在这几年中迅速崛起，主要在于抓住农村工业化发展机遇，坚持高起点、大投入、快产出，立足于搞"最大的"；注重质的提高和内涵发展，坚持"以发展带动管理，以管理保证发展"的方针，以提高企业整体素质和综合竞争力为目标，着力于搞"最好的"。近几年，公司着眼"三个围绕"，在争创"一流管理"上进行大胆探索、创新，逐步形成与大企业发展相适应的、具有自身特色的管理思想和方法。

围绕规模扩张抓管理，促进企业高起点集约化发展。进入90年代后，公司坚持一手抓以市场为导向的大投入，使企业规模一年上一个台阶，一手抓规模扩张中的管理到位，实行经营观念、决策意识、经营体制的创新，从而达到企业上规模、管理上水平。①把握正确决策这个管理之根本，为规模发展实施高起点定位。公司抓住超常规发展的机遇，坚定规模经营创大业的信念，在企业几次重大发展关头，进行超前决策。80年代中期抓住国内锦纶帘子布紧缺的时机，上马这种技术难度高、工艺复杂的"重型产业"产品，为企业规模发展奠定基础；80年代末抓住国内同类产品生产厂家普遍规模不大的时机，建起锦纶二厂、三厂，占据行业规模优势；90年代初抓住乡镇企业上规模、上档次的机遇，投资上亿元，建起锦纶四厂，成为国内的"行业龙头"，上马一批新项目，形成第二、第三个支柱产业，使产品结构得到优化调整。②抓好企业规模化发展后经营管理体制创新，提高企业集约化程度。在管理体制上，形成以谋求企业发展从事资本经营的投资中心、谋求利润最大化从事生产经营的利润中心和谋求优质高产低消耗从事现场控制的成本中心为主要内容的"三个中心"管理体制。公司总部主要抓投资决策、政策指导、资产经营、监督服务，通过经济手段调控和服务于成员企业；在企业内部经营机制上，让各成员企业自主经营，在完成集团公司下达的发展速度、创新水平、积累和上缴指标的前提下，鼓励各成员企业发挥各自优势，谋求更大的发展；在分配制度上实行"按效分配"的原则。③着眼于行业规模、块状规模发展需要，探索与现代企业制度相适应的管理方式。1993年，帘子布生产企业锦纶总公司改组为宁波锦纶股份有限公司，按照规范

中国金轮集团公司外景

化股份制企业的运作方式，集团以控股的方式实施管理。为了尽快在开发区形成产业群落，采用股份合作经营方式新建成员企业8个，采用租、包和招商引资的方法，新组建企业12个，迅速形成块状规模。

*围绕开拓市场抓管理，提高企业的综合竞争能力。*一抓产品开发的管理。公司在掌握市场需求的前提下，致力于提高关键产品、主导产品的技术含量，扩大其市场容量。在帘子布行业中，开发近十个新品种，有的产品填补国内空白，有的产品先人一步投放市场。从1992年开始，实施"投资5亿元，涉及五大行业包括十几种产品"的开发计划，摩托车新品种开发生产便是其中重点。先后自行开发JL80型、JL100型、CG125型等发动机。之后，针对摩托车生产环节多、配套件多的特点，公司与邻近地区厂家开展专业化协作生产，使摩托车生产形成规模。二抓产品质量管理。几年来，公司坚持严格的质量管理，抓好TQC的运用及质量保证体系的建立，使产品质量保持在较高水平上。帘子布在同行业中名列前茅，产品十几次在全国各种质量评比中获奖，其中主要产品的质量性能部分指标超过世界有名的帘子布生产企业日本东亚公司。通过应用新技术，改进工艺装备，提高硬件质量，带动产品质量上档次、上水平。纺丝机、织布机、浸胶机等主要设备在国内同行中处于领先地位。三抓科技人才的培训、引进和管理。公司大多数中层以上干部和260多名青工经过有关大专院校的学习培训；公司的职工培训中心培训职工4 668人。根据企业规模发展的需要，从大专院校、其他企业、人才市场等引进和聘用人才。在金轮开发区工作的中高级科技人才达140名，接纳大中专毕业生202人。通过人才的培养和引进，市场开拓能力提高，近三年来，每年有6—7个新产品问世。

*围绕提高效益抓管理，增强企业发展能力。*①优化资金投向，合理配置生产要素。公司加强对成员企业资产存量和运行效果的综合评估，对市场生命力不强、且影响企业发展的产品予以淘汰，把有限的资金投放到市场前景好的项目上。先后撤消橡胶厂、农用车厂，节约近1 500万元的资金投入量，使摩托车厂、热电工程等项目进程加快。②强化积累机制，提高资产增值速度。从1990年开始，公司采用折旧20%的办法，使资产积累速度保持在40%以上。这种机制促使成员企业站在高起点上来要求自己，使企业的经济实力和效益水平得到提高。③规范资金运行制度，盘活企业资金存量。几年来，公司注重财务制度管理，严格控制费用支出，堵塞资金漏洞。在生产经营中，定期对"三项资金"进行清理，使资金变活。

（董其岳）

宁波一休集团股份有限公司

宁波一休集团股份有限公司是于1994年7月改组建立的，前身系宁海城关表带厂，当时全部家产只有2万元，1984年转产童装。经过10年创业，企业由小到大，1994年净资产发展到3 000万元，生产童装585万件套；实现产值1.7亿元，比上年增长70%；创利润2 160万元，比上年增长3倍。实际入库国家税金及教育附加费等828万元，股份分红率达28.8%，各项经济指标在国内同行中领先。公司拳头产品——"一休"童装，连续三年蝉联最畅销国产商品"金桥奖"，成为中国童装名牌。

*强化名牌意识。*宁波一休集团股份有限公司通过提高产品质量，不断开发新产品，建立良好的信誉得到市场的承认。名牌的形成，又推动企业经济的发展。公司珍惜其名牌的荣誉，保护好自己的牌子，前几年，销售人员发现市场出现湖州等地假冒"一休"商标后，立即报请当地工商部门，得到很快处理。公司通过发挥名牌的优势，产品打入国际市场。

*重视产品形象。*公司转产童装十年来，重视产品的形象，从把好质量关、开发新产品、建立良好的信誉等方面抓起。建立质量保证部，配备质检人员，有一套质量检验制度、产品奖罚制度，道道把好质量关。"一休"产品的成功之道，在于它以新取胜的经营策略。公司建成全国最大的童装设计中心，广罗一流的设计人员，童装设计融时代性、知识性、趣味性于一体，向趣味娱乐型、智力开发型、运动健康型和礼品化、系列化、时装化、配套化发展。每年设计新款式达1 000余种，做到人无我有，人有我变。

公司通过建立良好的信誉，吸引客户，使产品覆盖全国大中城市。"一休"童装成为全国名牌后，公司更重视利用名牌的优势，发挥名牌的效应。近年来，投资

宁波一休集团股份有限公司

100 万元先后在郑州亚细亚、哈尔滨秋林公司等全国20多家大中型商场，设立“一休”童装屋；通过电视广告等提高“一休”童装的知名度，扩大产品市场占有率。“一休”童装日产量达1万余件以上，销售量每年以50%以上的幅度递增。

立足童装，多元发展。1994年10月，集团公司投资600万元，创办一休饮品公司，推出一休益智力营养奶、一休矿泉水及其他儿童饮品、食品。开发一休童鞋、一休童帽、一休玩具、一休文具用品等系列产品，形成一个集儿童吃、穿、玩、用于一体的大型儿童用品生产基地。

1994年，公司与外商合资办起宁波赛云被服有限公司和雷诺士制衣有限公司，引进国外技术及先进的管理经验，提高管理水平，打开产品出口局面。

连锁经营。“一休”童装在全国有600多个销售网点，为满足销售量的增长，公司在全国几个大城市兴建10个以上“一休”童装专卖公司，走连锁经营之路。同时境外设点，打入阿联酋等海湾国家，向整个中东地区辐射。

（杨韵端 董其岳）

宁波海天塑料机械有限公司

宁波海天塑料机械有限公司属国家中二型企业，是全国塑料机械行业的排头兵。1994年，公司有固定资产7 800多万元，职工536名，完成工业总产值16 803万元，利税总额4 468万元，外贸出口1 825万元。被评为全国最佳经济效益乡镇企业、省级文明单位和技术进步企业，市明星企业。

公司主要产品是HTF系列注射量100克至20 000克的塑料注射成型机，年产量近10 000吨。海天牌塑料注射成型机，是国内同行业中较早引进世界名牌电液配件组装的塑料机械产品，经销全国各地，出口美国、印尼、菲律宾、马来西亚、沙特、阿联酋、西班牙、希腊、澳大利亚等18个国家和地区，在美国和印尼设

宁波海天塑料机械有限公司外景

立“海天”销售服务公司。

宁波海天塑料机械有限公司在国内同行业竞争激烈、进口产品威胁大的形势下，除抓好技术改造，增强企业整体实力外，在经营方针上，确立“立足国内，放眼世界”的战略目标，从1989年开始就注重抓好产品的出口工作。

先行一步，不断开发新品种。自1990年公司实行中外合资以来，逐步增加同国外同行业的接触机会，企业的主要领导人分别考察美国、意大利、日本等塑料工业比较发达的国家，走访中东及南亚一些国家和地区的客户，针对产品情况及国内同行业中发展趋向，制订“发展大中型注塑机，补齐HT系列产品”的发展方针。从主要领导到技术人员，深入市场调研，征求客户意见，每年有一二个新品种问世，先后开发500克、1 000克、3 200克、4 000克、6 300克、8 000克、10 000克、20 000克等注塑机，到1994年底基本完成注射量从100克至20 000克的HT系列产品20余种，每种规格产品有A、B、C三类熔胶筒，产品形成系列化、规格多样化。其中20 000克注塑机，是国内最大的注塑机规格之一。通过开发新产品，应用新技术，使产品在国内同行业竞争中争取主动，为打开国外销路创造条件。

狠抓质量，树立产品形象。公司全体员工树立强烈的质量意识，本职工作同质量挂钩，同企业的信誉相连。①建立检验制度。从原材料、外配件的选购到产品加工的每一道工序，质量管理科配备专职检验人员进行质量监督，并行使质量否决权。整机出厂，经过三次试车，对主要零件，经过严格测试、登记归档，确保出厂标准。产品的主要零件合格率保持99%左右，整机的一等品率达到70%以上。②确立一流的结构设计。负责技术的公司领导，多次赴美国、意大利等进行技术考察和参加短期培训，吸收发达国家先进的工艺和产品结构设计，对公司的产品进行改型和提高，在控制系统上采用德国西门子电脑。③树立优质高效的服务意识。公司坚持以良好的服务态度，售前售后为客户解决疑难。

加快技改步伐，增强整体实力。近三年来，公司共投资4 200万元、580万美元用于企业的技术改造，其中生产性投资比重达90%以上。建成一个新厂区，包括科技楼、总装车间、加工车间等；从国外引进加工中心及数控机床11台（套），新增大中型加工设备20余台（套），配备电子计算机29台。公司的现代化装备提高，整体实力增强。

千方百计，拓展国际市场。公司通过抓好新产品开发、质量管理和技术改造工作，为开拓国际市场打下基础。近年来，“海天”产品多次在国外的博览会上展出。

1994年在美国举办的世界塑料机械博览会，海天牌注塑机作为中国唯一的参展产品，得到世界同行的注目。

在国内市场上，公司开辟分厂生产小型注塑机及压铸机、油压机、电瓶铲车等其他机械产品，保持国内领先地位。在国际市场上，以大批量进入为目标；巩固印尼、中东、澳大利亚等市场，重点开拓美国市场。“海天”注塑机在美国展出三次，与MONOFLO公司签订美国独家代理及墨西哥、加拿大等国家的注塑机代理合同；在香港、巴西、葡萄牙、马来西亚、泰国等地设联络点。

（董其岳）

宁波引发企业集团公司

宁波引发企业集团公司是一个村办企业集团。1985年由邱隘镇邱二村5个工厂、一家宾馆建立邱隘引发实业公司；1992年，以引发实业公司为核心层、21个企业为紧密层、半紧密层组建成宁波引发企业集团公司。1994年，实现总产值4.59亿元，销售收入4.34亿元，利税3 500万元，分别比上年增长52%、21.6%和25%。被评为全国最佳经济效益乡镇企业

宁波引发企业集团公司发挥村办企业集团优势，在经济发展中体现以下特征：

一、二、三产业一齐抓，三个产业协调发展。确立以农业为基础、工业为重点、第三产业为主导的方针指导经济发展。农业实现导向市场化、布局区域化、经营规模化，生产、加工、销售一条龙。工业以小区为依托，上一批上等级、上规模、上水平的企业。第三产业包括房地产、贸易、商业、宾馆，门类齐全。1994年，一、二、三产业的产值分别为850万元、1.96亿元和2.54亿元。

跨出地域范围，到大中城市、到境外办企业。集团公司下属的贸易公司、房地产公司在宁波市城区开展业务，在居民区聚集的中心地段兴办大型商场；在上海青浦别墅开发区购入50亩土地，与日本客商合作建造高级别墅。在美国加利福尼亚州购入164亩耕地的永久产权，与美国富园投资发展公司合资兴办引发养鱼场。

走联营、合资企业为主的发展道路。根据村级经济的现状，克服自身人力、财力、物力的局限性，全方位加以“引进”。集团公司8个大中型企业中，合资的2个，联营的4个，联营、合资企业占主体地位。

宁波引发集团公司的发展，走过一条艰辛的路。

1980年，邱二村村只有唯一的一个小五金厂，厂房破烂，七八台老旧的仪表车床，一台报废的胶木压机。在厂长陈银儿的带领下，着手搞铝压铸。在缺少设备、资金的情况下，陈银儿到宁波拖拉机厂讨教技术，借回一台旧锅炉，经夜以继日的奋战，产品研制成功。陈银儿单枪匹马，把300个、几十千克重的产品带到杭州、上海、沈阳推销。产品打进上海，销售额达36万元。

宁波引发企业集团公司外景

接着，村里请来工程师，对原有设备进行技术改造，为杭州洗衣机厂加工10万套铝轴套。之后，兴办洗衣机附件厂、机械液压件厂，1981年全村工业产值超过100万元。

1984年2月，与宁波市住宅公司联营，创办建筑装璜厂和金属卷门厂，当年这两家厂创利25万元。

1991年初，在329国道线旁建起工业小区，20余个企业在工业小区落户。与菲律宾客商合资2 000万美元兴建一座大型钢管厂；与猴王集团联营、投资2 500万元兴建猴王电焊条厂，有二条生产线投产。工业小区和集团公司成为邱二村村办工业的中枢。农业亦作为公司的重要组成部分。

公司通过引进人才促进工业生产的发展，先后引进科技、管理人才200余人，其中具有中级以上技术职称的100余人，任厂长（经理）职务的20余人。

（董其岳　丁杏兴　薛小昌）

浙江省象山县第二建筑工程公司

浙江省象山县第二建筑工程公司是一家拥有5 000多名职工，400多名具有高、中、初级职称的工程技术和经营管理人才，1 200多台施工机械和80多辆运输工具的一级建筑企业。公司立足于上海市，在上海起家、上海发展和上海壮大。

十年前，现任总经理赖振元带领100多名象山村民和几部旧机械进军上海，承接的第一项工程是宝钢防渗墙。在5.7千米长的海岸线上施工，奋战698天，共打下9米长的大桩27 000根，缩短工期7个月，节约资金90多万元，荣获1986年国家金质奖，第一次在上海树起公司的形象。

公司顺应上海市建设的态势，抓住浦东开发和浦

西改造的机遇，以质量求生存、求发展，使企业由小到大、由弱到强。在沪先后承接中外合资华安集装箱有限公司、上海牙膏厂出口牙膏专用车间、真如集装箱中转仓库、吴淞化肥厂硝酸车间、外高桥港区、南京路丝绸大厦工程、内环线高架桥难度最大的2.1B标段、张杨路拓宽工程15标段等国家和上海市重点建设项目。1994年，在沪共承建15层以上建筑29幢，总面积63万平方米，其中包括浙江省政府在沪最大建筑项目——环球广场大厦。

公司坚持走质量兴业之路，工程合格率保持100%；优良率保持60%以上，1994年达75%。自1988年以来，在沪共创18项优质工程，8次获"白玉兰杯"奖，1项"小鲁班"奖，1项全国优质样板工程，其中1994年获"白玉兰杯"奖和"白玉兰杯"提名奖各1项；在上海市对数百家一、二级进沪施工企业综合考评中，1992年获总分第二，1993年获总分第一，1994年获总分第二；自1986年以来，连续9次荣获浙江省进沪施工企业先进单位称号，1993年被评为宁波市明星企业，1994年晋升为一级建筑企业，被评为全国1 000家最佳经济效益乡镇企业。1992年，公司完成结算产值8 000万元，1993年增至2.88亿元，1994年突破5亿元，完成利税2 600万元。

象山县第二建筑工程公司的发展经验是：

处理好三个关系。①质量和数量的关系。坚持把质量放在首位，在保证高质量的前提下扩大业务量。为实现质量和数量的同步增长，在改正施工方法、科学安排工序及加强技术装备上下功夫，提高效率、缩短工期。②质量与效益的关系。坚持以质量求效益，以效益保质量。1990年在公司一次内部质量互查中，发现一工程装饰面砖缝路不齐，不符要求，督促施工人员立即铲除，重新装修。这样虽然浪费人力物力，影响经济效益，但公司的质量信誉提高。③点与面的关系。通过抓样板、抓优质工程，使企业在质量上上层次、上水平，促进企业整体升位。

浙江省象山县第二建筑工程公司承建的
上海环球广场大厦

抓好三个优化。①优化队伍。抓基础人才培训，采取缺什么补什么，用什么学什么的原则培训急需人才；坚持当前与长远结合，普及与提高结合的方法，抓重点，带一片，对不同人员、不同工种分层次进行培训。抓专业人才的培训和引进，先后引进聘用具有各种职称的人才100余人，引进大专毕业生30多名；选送100名素质好的职工到上海市城建学院进行专业技术知识培训，委托宁波大学培养土建专业学生。抓人才的合理使用，坚持任人唯贤的方针，做到德、才、绩并举，取人之长、避人之短。②优化装备。1993年后，共投入1 600万元添置施工设备，公司累计固定资产达2 680万元，塔吊总拥有量居浙江省进沪建筑企业之首。③优化管理。制定质量目标，建立以质量为核心的生产管理体系。几年来，坚持把质量目标列入公司总体规划，制订和实施质量创优计划，将质量目标和质量责任同步展开，分解到各基层部门和岗位，建立由公司有关科室—工程队(处)—项目班子—专管人员—操作班组组成的管理网络，对后方单位和关联部门，根据质量流程将有关工作内容加以分解，明确和落实各自的质量职能，形成以质量责任制为核心的纵向管理和横向协调相结合的系统管理体系。

(张定友　董其岳)

宁波中环(集团)股份有限公司

宁波中环(集团)股分有限公司是宁波市优秀企业和重点骨干企业，是建设部中国城市车辆公司的联营成员。于1982年10月由现任总经理、全国乡镇企业家钟阿咪带领46名职工，靠5万元流动资金和12万元固定资产创办起家。至1994年，公司拥有职工1 028人，流动资金800多万元，固定资产3 865万元；具有年生产公交大客车等各种车辆1 600余辆、汽车车轮20万件、汽车制动器10万件的能力，还能生产角向磨光机系列出口产品15万台，出口修枝剪10万台，开发出口美国的独轮手推车、自动扶梯、童车等系列产品及40吨以下货车等。公司下辖十几家成员企业，包括宁波第二车辆厂、上海客车厂宁波联营厂、上海电机厂宁波分厂、中外合资宁波环球电机有限公司、中外合资宁波流水金属制品有限公司、宁波三环自动扶梯制造公司、宁波申宁起重机械厂、宁波中环物资公司、鄞县中环工贸公司、宁波中环钢球厂、鄞县中环车业有限公司、宁波保税区兴发贸易公司、宁波中环房地产开发有限公司、鄞县中环建筑安装有限公司等，都是从现有企业中以母厂带子厂逐步建立起来的。1994年，集团公司完成总产值1.13亿元，利税总额1 650万元，职工年人均收入8 000元。

加强现代化管理，走效益型之路。改乡镇企业粗放型经营为现代化管理方式，并由此步入效益型之路，是公司的成功尝试。为加强现代化管理，1987年公司择优吸收国有大企业一整套管理方法上之长处，聘请上海电机厂高级技术人才作指导，开展企业上等级、上规模、上档次的活动，重点环绕产品质量、物质消耗、经济效益，建立三项保证体系，落实各级岗位责任制。把提高职工文化素质和技术水平作为实行现代化管理的关键，派优秀职工到上海等地国有大企业培训，请高级工程师当技术顾问，办起技术文化夜校。三年多时间，用于职工智力开发投入20多万元，拥有初级职称以上的技术人才占职工总数的14%。职工素质的提高，促进产品质量的提高，成品合格率从95%上升到100%，原材料利用率由90%提高到98%。先后投入100多万元，用于工装模具、检测设备等关键生产设备的技术改造，提高产品档次。1989年，在原有设备基础上投入30万元，安装一条“磷化酸洗”浸漆烘干流水线，开发五十铃汽车钢圈，用它代替日本进口散件，提高经济效益。在开展上等级活动的三年中，1987年被评为宁波市先进企业，1988年成为浙江省先进企业，1989年被评为国家二级企业，资金利税率达50%。

关心职工生活，促进企业发展。公司具有一定经济实力之后，为职工创造优越的物资条件和丰富的文化生活，职工的生产积极性得到提高。建造400多套住宅楼，优先解决外来缺房户、新婚缺房户和有贡献的企业骨干及技术人员的住房；办起幼儿园和托儿所，解除职工的后顾之忧；逢年过节为退休的职工和生活困难的职工家属送去礼品；自1992年起，给每个职工的父母各发100元奖金；为职工配备闭路电视；1992年拨出20余万元建造多功能舞厅，丰富职工文化娱乐活动。企业关心职工，职工形成一股合力，为企业多作贡献。

宁波中环(集团)股份有限公司办公楼

关心集体，为社会多作贡献。公司以总经理钟阿咪为代表的关心集体、助人为乐行为，得到社会的颂赞。1991年钟阿咪把按照规定可得的18万元奖金，全部奉献给集体；有一年企业利润大幅度增长，按镇里政策规定，厂里可提取奖金16.8万元，平均每个职工可得400元，全体职工自愿把这笔奖金贡献出来，用于企业扩大再生产。公司经常为附近的村修建道路，为敬老院、困难户送钱送物，为学校购置仪器等教育设施、安装电风扇，购买图书、课桌椅等；1994年为当地的镇中学、成人学校捐助20多台电脑；为一所山村小学装上玻璃窗，地面浇上水泥。近10年来，公司用于助他人之难的资金达40万元。

（吴宏德　董其岳）

宁波罗蒙服饰集团公司

通过十年的发展，宁波罗蒙服饰集团公司从一个只有几十个职工、3.2万元开办费的小加工厂，成为一个以罗蒙制衣总公司为核心，下辖四个分公司(包括两家中日、中美合资企业)，有1 300名职工、6 500万元固定资产、1 000余台进口设备的集团公司。1994年完成产值2亿元，实现利润2 000多万元，连续三年成为奉化市工业企业的第一创利大户。主要产品罗蒙牌西服获省优、部优称号，1994年初摘取“首届中国十大名牌西服”的桂冠，远销全国23个省份，出口日本、美国、加拿大、香港等国家和地区。企业被评为农业部先进企业、浙江省百家“双好”企业、浙江省文明单位、浙江省先进企业、全国最佳效益乡镇企业等。

宁波罗蒙服饰集团公司的崛起，关键因素是重视创名牌，把创名牌作为企业发展的突破口。

以质量求生存。在创业伊始，就把重心放在质量攻关上，坚持以质量求生存，以质量治厂。当时没有厂房，没有设备，缺少资金，没有厂房就借用镇政府的招待所；没有设备就叫工人把自己家里的脚踏缝纫机扛来；没有资金就向银行借，向职工几十元、几百元筹集，企业因陋就简办起来。为站稳脚跟，企业全力以赴抓质量，聘请上海的服装老师傅把关，帮助职工提高水平。

宁波罗蒙服饰集团公司外景

通过几年的发展,“罗蒙”西服的质量不断提高,1985年、1986年被上海黄浦区服装公司评为优质产品;1988年罗蒙牌男西服被宁波市评为优质产品,男大衣被农牧渔业部评为优质产品;1989年男西服被评为浙江省优质产品;1990年被中纺部评为优质产品;1991年获国家技术质量监督局全国毛呢西服类质量抽查第一名。被列为浙江省重点乡镇企业。

以技改为先导,增强发展力量。1992年,投入技改资金2 000多万元,造起新厂房;1993年投入1 500万元,引进国外先进生产流水线;1994年投入2 000万元,引进德国、意大利等生产的立体整烫机、面料预缩机等世界最先进的服装生产关键设备。三年间共投入约6 000万元用来改造硬件,生产技术水平上高档次。1992年8月与日本三泰衣料株式会社,共同投资122万美元,办起中日合资宁波罗蒙三泰时装有限公司;1993年初获得中美合资富贝特制衣公司的40%股权。通过合资经营,加速进军国际市场的进程。从合资的深度上,搞好现有合资企业,挖掘潜力,扩大企业规模,改进、更新设备。公司对“三泰”进行总额200万美元的二次增资。从合资的广度上,扩大合作伙伴。1994年下半年,与日本三洋株会会社合资办起宁波罗蒙三洋时装有限公司,生产女装,填补产品空缺,扩大外销。

练好“内功”,争创名牌。从企业的实际出发,做好以人为中心的管理工作。发挥思想政治工作的作用,职工有困难、有病、有思想问题,上门看望、解决;创造良好的工作环境,提高职工待遇,解除其后顾之忧;物质、精神奖励,调动职工的积极性,增强企业的凝聚力。制订规范化、科学化的制度,使各项工作有序进行。在生产全过程中,从面、辅料入库到成品衣出厂,道道工序有严格标准,配置质检人员监督检查;实行以优质产品为核心的计件工资制,奠定创名牌的基础。通过严格的管理,以名牌为标准,塑造现代企业形象。1994年上半年,“罗蒙”西服以“质量分第一、总分第二”获“首届中国十大名牌西服”称号。

以名牌为起点,开拓市场。为使名牌发挥长效的活力,1994年公司确立新的发展战略:以评上中国名牌为起点,发挥名牌、资本、外向型经济等优势;以“罗蒙”服装为龙头,开发系列化产品;进行股份制改造,增强企业活力;做好宣传,促进营销,开拓国内外市场。

(原　杰　董其岳)

宁波宇达企业集团公司

宁波宇达企业集团公司前身是浙江省宁波宇达电子仪表厂,创建于1990年。通过走工贸结合、内联外合道路,发展成为一家集工业、贸易于一体的具有自营进出口业务的综合性跨国企业集团。

宁波宇达企业集团公司拥有地产2万平方米,注册资金2 396万元,职工400余人,其中具有大专文化程度和中高级职称的40余人。公司下属10个实业公司,3个生产厂,1个运输公司,4个中外合资公司;主要经营五金交电、电子元件、灯具灯饰、日用百货、纺织服装、化工原料、金属材料、建筑装璜材料、塑料及其制品等。公司在美国纽约、德国汉诺威、新加坡、香港等设有贸易公司,主要从事进出口贸易、房地产、成片土地开发、劳务输出、涉外服务项目和承接来料加工、来样定制、来件装配、补偿贸易以及引进技术设备,兴办中外合资合作项目等。

抓机遇,求发展。我国市场经济的建立,对当时尚处单一经济的宁波宇达电子仪表厂带来发展契机。自1990年先后在宁波市区购置三块地产建造厂房和经营公司办公楼;以工贸结合的经营宗旨,利用原宁波电子仪表厂的基础,先后创建以电器照明、化工产品、塑料制品等为3个生产厂为主的和10个贸易实业公司,在全国设立28个经营公司和经营点;以招聘人才、建立生产经营队伍取得经营效益,先后从全国各地招聘有实践经营工作能力的专业人员达100余人。

加强技改投入,增加产品科技含量。1991年至1994年,在技改项目中投入500余万元,新建厂房4 000平方米,生产条件得到改善。1994年根据生产和质量所需,从德国购置三台电能测量仪器和生产灯罩机器。技改投入的增加,产品档次提高。

增强竞争能力,拓宽国际市场。公司在站稳国内

宁波宇达企业集团公司的灯具装配车间

市场的同时，创造条件拓宽国际市场。国内兴办与外商合资经营企业，自 1992 年起在宁波、深圳先后与外商兴办 3 个合资企业，引进外资和先进管理经验；境外设窗口办贸易公司，从 1993 年起开始筹办，到 1994 年在美国、德国、新加坡、香港开办 4 个境外企业。通过开拓国际市场，出口业务扩大。

（朱承伟　董其岳）

成都电缆股份有限公司双流热缩制品厂

成都电缆股份有限公司双流热缩制品厂，是邮电部成都电缆厂专为引进美国全塑市话电缆生产线配套而与四川双流合办的专业生产通信电缆接续维护用辐照交联热收缩套管的工厂，于 1986 年建厂。工厂位于西南航空港经济开发区中心，占地 5 万平方米，投资 2 000万元，有职工 380 人，工程技术人员 63 人，是国内最大的通信电缆热缩接头专业生产基地。

工厂的产品主要有两大类：一是获得邮电部优质产品称号和四川省优质产品称号的通信电缆热缩套管，以及达到国际先进水平、符合中国通信行业标准(YD/T590)的强力纤维热缩套管。二是获四川省优质产品和成都市优质产品称号的钢管道塑料外护层补口用热缩带。

工厂自投产以来，产品相继获得成都市、四川省、邮电部优质产品称号，其中于 1992 年底研制的 RSB 型强力纤维热缩套管填补国内空白，1993 年 12 月被成都市科学技术委员会评为“火炬计划优秀项目”工厂，同时被认定为高新技术企业。

自 1986 年建厂以来，工厂共生产热缩套管 300 多万套，1994 年达 100 多万套，遍布全国的用户1 000多家，并有少量产品出口。为提高产品质量和完善售后服务，工厂狠抓质量管理，把产品质量和职工的收入挂钩，比例达到收入的 60%。在 1994 年的质量抽捡中，产品合格率达 100%，被成都市质量评比委员会授予“94’成都市质量信得过企业”。工厂除给用户培训操作人员外，还定期走访用户，为用户排忧解难，1994 年工厂在全国范围内对用户进行两次走访。

工厂自建厂起，一直注重技术投入，将大量的精力用于技术改造，同时广纳贤才。工厂不仅创造条件引进科技人员，吸引大中专毕业生，而且注意培养造就自己的科研力量和高层管理人员。厂里每年定期对职工进行科学技术和文化教育，鼓励职工自学自学成才；厂里还送一些有培养前途的职工进行职业技术培训。到 1994 年，厂里有大、中专毕业生 54 人，培训职工 400 人次。

1991 年 3 月，工厂的第一台电子加速器建成投产。这台生产热缩套管的关键设备，耗资 500 万元，将该技术直接应用于生产，使生产热缩套管的流水线全部开通，产品质量大幅度提高，工厂在技术上、生产规模上和生产能力上达到了一个新的水平。

工厂的产品由建厂初期的 RSY 型通信电缆接续用热缩套管到 CDC RSPB 钢管道外护层补口用辐射交联热缩套再到后来的强力纤维辐射交联热缩套管，走过一场漫长的探索之路。在 90 年代初期，工厂只能生产普通的热缩套管，能够用于充气电缆网络接头的强力纤维热缩套管生产技术为美国瑞侃公司独家拥有，每年需要耗费国家大量的资金购买。工厂接受邮电部下达的任务后，投入大量的外汇、精力进行研制，于 1992 年底研制成功，并在当年的 12 月 25 日通过邮电部组织的专家鉴定，认为完全可以替代进口产品，同意生产定型、批量生产。此产品已生产 1 万多套，为国家节约上 100 万美元的外汇。

作为联办企业，工厂领导班子善于把国有大企业的先进管理经验和乡镇企业的灵活经营机制结合起来，适应市场发展需要，调动职工的积极性，参照国外先进经验，建立新的厂纪厂规，使工厂的管理规范化、制度化，在全国同行业中居于先进水平，并产生良好的经济效益。建厂 9 年来，共创产值1.98亿元，实现税利 6 600万元。1994 年实现营业收入8 000万元，人均创税利 8.0 万元。

（双流县白家镇人民政府）

企业家

第二届全国乡镇企业家评选活动
第二届全国乡镇企业家评选范围
第二届全国乡镇企业家评选条件
第二届全国乡镇企业家表彰活动
1000名全国乡镇企业家倡议书
　中国乡镇企业功勋名单
　全国优秀乡镇企业家名单
　全国乡镇企业家名单

【第二届全国乡镇企业家评选活动】 1991年,农业部开展第一届全国乡镇企业家(以下简称"企业家")评选活动,表彰500名企业家,其中51名优秀乡镇企业家(以下简称"优秀企业家"),在国内外产生巨大影响。随着乡镇企业的进一步发展,一批又一批的企业家成长起来。为表彰先进,推动乡镇企业高效、持续、快速、健康发展,农业部1994年进行第二届全国乡镇企业家评选活动。

为使评选工作有效进行,1994年1月29日农业部发出《关于评选第二届全国乡镇企业家的通知》,对评选范围和条件做了明确规定。评选办法按1991年农业部颁发的《全国乡镇企业家评选管理办法》进行。

第二届评选共推荐500名全国乡镇企业家,其中推荐50名全国优秀乡镇企业家,名额由农业部统一分配。第一届已表彰的500名全国乡镇企业家,不再推荐为第二届全国乡镇企业家,但可参与第二届全国优秀乡镇企业家评选;共青团中央、农业部共同评选的第二届"全国明星青年乡镇企业家"(10名),符合条件要求的,优先列入全国乡镇企业家名额中。

同时对第一届评选的500名全国乡镇企业家(包括51名全国优秀乡镇企业家)进行复评。符合条件的,为复评合格,第二届予以认可,并视为连续两届的全国乡镇企业家;复评不合格的,第二届不予认可。

为引导和鼓励全国乡镇企业家不断奋进,对连续二届以上(含两届)的全国优秀乡镇企业家中的德才兼优、贡献特别突出者,从二届起设立中国乡镇企业功勋奖,共颁发"中国乡镇企业勋章"10枚。

各省、自治区、直辖市评选材料于1994年于7月底前报农业部乡镇企业家审定委员会办公室。

【第二届全国乡镇企业家评选范围】 乡(镇)办企业、村(村民小组)办企业、部分农民合作(合伙)办企业、个体私营企业、乡村股份合作制(股份制)企业、联营企业、企业集团及乡镇中外合资(合作)企业中担任具有法人资格的厂长(经理、董事长),均被列为第二届全国乡镇企业家评选对象。

【第二届全国乡镇企业家评选条件】 具备1991年农业部颁发的《全国乡镇企业家评选管理办法》第四条中规定的七项条件;所在企业基础管理达到农业部颁发的《乡镇企业管理基础工作办法》规定合格的要求;各项专业管理(包括质量、财务、设备、物资、安全)、现场管理、现代化管理达到本省、市、区先进水平。

企业有下列情形之一者,其厂长(经理、董事长)不能被推荐评选或继续确认为全国乡镇企业家:①产品质量不稳定或产品质量不合格的。②有排污的企业,达不到国家或地方排污标准的。③近二年内出现重大伤亡事故的。④已调出或脱离乡镇企业,不再担任厂长(经理、董事长)职务的。⑤受到党纪、政纪处分的。⑥触犯刑律受到法律制裁的。

【第二届全国乡镇企业家表彰活动】 1994年11月13—15日,农业部在北京市召开全国乡镇企业表彰会议,对1 000名乡镇企业厂长(经理)予以表彰,分别授予鲁冠球等10人"中国乡镇企业功勋"称号;授予姚德荣等100人"全国优秀乡镇企业家"称号;授予孙荫环等890人"全国乡镇企业家"称号。

农业部的"表彰决定"指出:全国乡镇企业家"带头执行党的路线、方针、政策,锐意改革,顽强拼搏,艰苦创业,促进乡镇企业不断登上新的台阶,为国家和社会作出了显著的贡献;他们努力学习,严于律己,无私奉献,带领广大农民走共同富裕的道路,在群众中享有很高的威信;他们具有强烈的市场经济意识,善经营,会管理,推进科技进步,产品质量好,经济效益高;他们坚持两个文明一起抓,注重思想政治工作和企业文化工作,充分发挥职工的积极性和创造性,造就了一支有理想、有道德、有文化、有纪律的职工队伍。这些乡镇企业家为企业、为家乡、为国家作出了不可磨灭的贡献,他们的功绩将永远载入史册。"

【1000名全国乡镇企业家倡议书】 1994年11月13日,参加全国乡镇企业表彰会议的628全国乡镇企业家,代表1 000名全国乡镇企业家,向全国的乡镇企业厂长(经理)们发出题为"戒骄戒躁 不断提高自身素质 为实现更高的目标努力奋斗"的倡议书,提出以下倡议:

树立远大理想和创业目标。乡镇企业是一项充满希望的事业。实践已经并将继续证明,它是我国农村奔小康、实现现代化的必由之路。胸怀大志的乡镇企业家们一定要自觉地肩负起这个历史重任,按照时代和人民的要求去开拓、去拼搏、去奉献,为国家富强、人民幸福大展宏图。我们要按照国家的产业政策,结合本地区、本企业实际,规划出企业近期和长远的发展目标并为之不懈奋斗。我们绝不被"小富即安"、满足现状的意识束缚手脚而停滞不前,也绝不为任何暂时的困难或挫折所动摇。我们要用自己的智慧和实际行动,把乡镇企业办得更好,在建设有中国特色社会主义的大厦上,永不停歇地添砖加瓦。

坚持正确的经营方向。乡镇企业,无论是乡村集体企业,还是联办、个体企业,都是社会主义企业。每个企业在经营过程中,都要正确处理好国家、企业、职工三者之间的利益关系以及积累和消费的关系;注意经济效益、社会效益和生态效益的统一;坚持文明生产;严格依法治厂、依法经营、照章纳税,把所在的企业办成遵纪守法的模范企业。

深化改革,增强活力。乡镇企业是党的改革开放政策的产物,不坚持改革创新,就没有乡镇企业的崛起,也就没有乡镇企业家的成功。我们应该看到,目前乡镇企业在经营机制和企业制度上还存在不少问题,主要表现在一些乡村集体企业产权关系不清,干部、职工缺乏内在的积极性;从企业内部看,有些企业管理存在"家长制"、"家族化",职工主人翁意识淡薄。这些问题,要通过不断深化改革,兴利除弊,才能再造乡镇企业灵活机制的优势,以保持乡镇企业旺盛的生命力。我们要积极稳妥地探索产权制度和企业组织制度的创新,逐步建立起适应社会主义市场经济和社会化大生产客观要求的现代企业制度。要注意把深化企业内部改革同调整优化结构、加强企业管理、推进科技进步紧密结合起来,提高乡镇企业整体素质和市场竞争能力。

高度重视产品质量和服务质量。市场竞争,是产品和服务质量的竞争。乡镇企业的产品质量和服务质量在不断提高。但存在的问题也不容回避,主要表现在一些企业质量意识淡薄,产品竞争能力不强。我们要通过具体的、深入细致的工作和建立严格的管理制度,在企业内部形成"人人讲质量,人人重视质量"的良好风尚。我们不仅要造出适销对路的合格产品,而且要创出更多的优质名牌产品,满足广大消费者不断更新、不断提高的市场需求。

发扬艰苦创业的精神。艰苦创业是乡镇企业的优良传统,是我们战胜困难的法宝之一。过去,我们取得的一切成就,无不是乡镇企业干部职工艰苦奋斗、顽强拼搏的结果。今后,我们仍要一如既往地发扬这种精神,克服前进道路上的种种困难。在任何时候,我们都要严格要求自己,自觉树立勤俭节约、艰苦创业精神,切不可追名逐利,贪图享受摆阔气。只有这样才能保持旺盛的斗志,充分调动广大干部职工的积极性,同心同德,甘苦与共,争取新的胜利。

谦虚谨慎,加强学习,不断提高自身素质。我们受到了表彰,获得了一定的荣誉,成绩首先归功于党和政府的培养教育、社会各界的热情支持、广大干部职工的共同努力。我们要始终一分为二地看待自己、看待自己所在的企业,保持谦虚谨慎的作风。我们所进行的是前无古人的事业,没有现成的公式可以遵循,要通过认真学习邓小平同志建设有中国特色社会主义的理论,学习社会主义市场经济理论和基础知识,学习党和国家有关政策法规,提高自己的思想政治觉悟,提高理论水平和政策水平。要关注国家整个宏观经济形势,跟上改革开放和国民经济发展的步伐。要努力学习现代化管理知识,用现代科学技术知识武装自己,既要注意书本知识的学习,也要虚心学习借鉴国有企业、"三资"企业以及国外企业一切先进的经验,不断提高自己的领导艺术、决策能力和组织指挥能力。

调动一切积极因素,同心同德办好企业。群众中蕴藏着极大的积极性和创造性。我们要尊重知识,尊重人才。要发扬民主作风,善于听取不同意见,团结好"一班人",通力合作。要重视职工队伍建设,深入进行职业道德、科学文化和艰苦奋斗精神的教育。我们要全心全意依靠广大职工,尊重他们的民主权利,关心职工生活。要抓好企业文化工作,培育企业精神,做到两个文明建设一起抓。

让我们以高度的历史责任感和时代紧迫感,兢兢业业,发奋进取,为促进乡镇企业加快发展、加快提高,建设有中国特色的社会主义而努力奋斗!

中国乡镇企业功勋名单

(按姓氏笔画排列)

王建章　山东兴华集团总公司董事长
尹大荣　四川新兴集团公司总经理
卢志民　吉林省四平红嘴集团总公司总裁
史来贺　河南省刘庄农工商总公司总经理
刘玉林　天津市环球企业集团公司董事长
李桂莲　大杨企业集团董事长
李培佩　上海望春花实业股份有限公司董事长
吴仁宝　江苏华西集团公司董事长
周作亮　幸福集团公司总经理
鲁冠球　万向集团公司董事局主席

全国优秀乡镇企业家名单

(按姓氏笔画排列)

第二届:

王周龙　四川省德阳市钢铁厂厂长
王洪彬　河南省中原工贸公司总经理
王景胜　山东烟台新华集团公司总经理
申礼成　河北省武安市磁山工业总公司总经理
田　雄　北京韩村河建筑集团总公司总经理
刘玉山　北京新兴企业集团公司董事长
乔金岭　河南黄河实业集团公司董事长
孙金男　江苏金猫工业集团公司董事长

任新明 云南省玉溪市大营街镇大营街办事处主任
刘模祥 江西南昌热心实业有限公司总经理
任竹君 江苏武进芙蓉电子实业总公司总经理
孙启玉 山东万通达企业集团总公司总裁
朱相桂 江苏森达集团公司董事长
肖士太 北京中燕实业集团公司总经理
陈水妹 福建福州市鼓山针织厂厂长
何占山 新疆乌鲁木齐县八家户农工商总公司董事长
邵玉峰 黑龙江省阿城钢铁集团公司总经理
陈华姣 浙江宁波一休集团股份有限公司总裁
陈秀华 宁夏兰辉汽车维修实业有限公司总经理
陈张海 浙江万达集团公司总裁
张延军 天津津海集团公司总裁
陈绍祥 贵阳金关实业总公司总经理
李德海 山东牟平县西关明珠总行党委书记
张本满 湖北武汉市红星实业发展总公司总经理
张传贵 辽宁大连华南集团总公司董事长
张国林 江苏省泰兴减速机厂厂长
张湘平 湖南望城县坪塘氧化铁颜料厂厂长
张贺林 安徽阜阳乡镇企业中专学校校长
张修基 山东丛林集团公司总经理
张振宏 天津市亚中实业公司总经理
杨玉平 兰州桃海门窗有限公司总经理
国立坚 山东青岛第十织布厂厂长
周传淞 沈阳市万泉土地房屋开发公司总经理
庞青年 浙江杭通企业集团公司总裁
周定伟 浙江伟业集团总裁
冼国梁 广东佛山市石角棉织厂厂长
冼笃信 海南腾龙企业集团公司董事长
周殿鳌 四川玻华实业股份有限公司董事长
周耀庭 江苏红豆集团公司董事长
赵开俊 安徽淮北市杭淮丝绸集团公司董事长
禹作尧 天津市尧舜集团公司总经理
赵志刚 上海华汇金属制品总公司总经理
赵希良 安徽省良友建筑工程总公司总经理
赵国卿 吉林伊通满族自治县酒精厂厂长
赵贵发 山西省太原赵家堡企业集团公司董事长
赵延年 青海省上新庄工贸总公司总经理
倪树堂 湖北省天门市陆羽实业总公司总经理
姚德荣 江苏艺龙集团公司董事长
桑　穷 西藏那曲地区双湖西亚尔公司总经理
奚云中 上海庆丰彩印总厂厂长
徐文荣 横店集团总裁
徐怀忠 四川成都联益集团公司总经理
夏道余 上海干巷汽车镜总厂厂长
黄乐夫 广东珠海市湾仔工业集团公司总经理
黄水寿 浙江大东亚塑胶集团公司总经理
曹国兴 湖南长沙县榔梨汽车车身厂厂长
梁林宝 江苏沿山实业集团总公司董事长
夏春良 山东威海木机集团公司总经理
韩　瑞 内蒙古呼和浩特玛钢工业总公司总经理
韩振国 河北唐山半壁店钢铁集团公司总经理
雷仁义 陕西省渭南市五里铺农工商总公司总经理
黎东明 广西南丹县龙泉矿冶总厂总经理
魏牛庚 江西东方制药厂董事长

连续两届：

区鉴泉 广东省顺德裕华实业集团公司总经理
王国勋 辽宁省辽阳五金企业集团总公司董事长
王菊明 浙江平湖市光明电讯变压器厂厂长
左　权 北京北方企业集团公司总经理
叶世渠 安徽东方实业有限公司董事长
纪玉君 青岛喜盈门集团公司董事长
吕全福 甘肃省榆中县甘草水泥厂厂长
刘志华 河南省京华实业公司总经理
阳治国 四川宜宾红楼梦酒厂厂长
陈人金 江苏兰陵化工(集团)公司总经理
肖水根 江苏省苏州市达胜皮鞋总厂厂长
陈尔福 四川省德阳市柏陵丝织厂厂长
陈景宝 江苏省江都线路器材总厂厂长
李如成 浙江省宁波雅戈尔集团股份有限公司董事长
李　根 广东省广州市石井水泥厂厂长
李春圃 山东清河集团总裁
李桂祥 山东罗庄集团总公司董事长
吴光英 江苏省南京港南工业炉有限公司总经理
吴志泉 湖南太平集团公司总裁
吴夏云 福建新雅联合手袋公司总经理
张金海 北京市第二汽车齿轮厂厂长
费钧德 上海界龙实业股份有限公司董事长
沈爱琴 万事利轻纺工贸集团公司总经理
杨振林 中国春风实业集团董事长
周遂记 河南省汝州市现代企业发展公司总经理
段马柱 山西利宏工程机械股份有限公司董事长
奚也频 江苏贝贝集团公司董事长
徐灿根 浙江上风集团公司总裁
郭建民 陕西省三原美乐公司总经理

常宗琳　山东新牟国际集团公司董事长
梁焕新　广西平南桂安实业总公司总经理
傅永臻　黑龙江省哈尔滨团结实业总公司董事长
温永和　河北省黄骅市大麻沽电路板总厂厂长
彭灯亮　广东省澄海五金工具总厂厂长
曾荣荀　江西南昌顺外农工商联合企业公司总经理
廉芳林　辽宁省大石桥市官屯镁矿矿长
霍宗义　河北涿州东方企业集团有限公司总经理

全国乡镇企业家名单

（省、市、区内按姓氏笔画排列）

北京市

第二届：

见立荣　北京市平谷县华阳服装厂厂长
卢　腾　北京丽华棉纺织厂厂长
朱宝忠　北京鲁克时装有限公司总经理
孙荣启　北京市怀柔县辛营服装厂厂长
刘晓东　北京市华东汽车配件厂厂长
邢仲山　北京市通县梨园镇大稿村党总支书记
朱光瑞　北京昌平县百兴防水材料制品厂厂长
陈瑞福　北京星光影视设备集团公司总经理
张子忠　北京钢顺联营楔横轧厂厂长
罗淑馨　北京市密云县服装十二厂厂长
郎德林　北京市南苑制桶厂厂长
郭利民　北京昌平南邵钢管厂厂长
曹　文　北京市顺义县张镇服装厂厂长
龚燕臣　北京市海淀区玉渊潭华玉电子技术公司总经理
傅书华　北京华德制衣有限公司董事长

连续两届：

刘长山　北京三优诚实业总公司总经理
朱瑞明　顺义县河南村服装厂厂长
李万元　北京工业锅炉厂厂长
陈福泉　北京市京鹏实业集团公司总经理
杨印环　北京暖风集团公司经理
郭　发　北京康普科技开发总公司总经理
秦士旺　顺义县高丽营毛织厂厂长
贾秀和　北京市红星小羊坊工业公司总经理
梁洪全　北京市渔阳服装厂厂长
程春博　北京市高尔夫集团公司董事长

天津市

第二届：

王熙森　天津市现代精密钢管厂厂长
刘乃兰　天津市华明集团公司总经理
庄朝荣　天津市芦台精密铸造总厂厂长
邢玉良　天津市塘沽隆圣工业总公司总经理
陈立新　天津市华隆集团总经理
张龙山　天津市大钟集团公司总经理
张印朋　天津市西青区恒兴工业公司总经理
张同生　天津市宁发集团公司董事长
张家广　天津市东塔服装集团公司经理
武振海　天津市大亨集团公司总经理
龚世权　天津市港田集团公司总经理
程　魁　天津市振华集团公司总经理
翟云奎　天津环宇集团公司董事长
蔡连海　天津市海通工贸总公司总经理
霍洪敏　天津华旗集团公司总经理

连续两届：

王孝杰　天津市大站集团公司总经理
王洪生　天津市富强集团公司总经理
王振武　武清县张大庄农工商联合公司经理
刘世忠　静海县静海镇三街农工商联合公司总经理
宋富仁　天津市西青区大寺乡大任庄农工商联合总公司总经理
杜宝山　天津市通风除尘设备厂厂长
李洪志　天津渔网集团公司董事长
孟庆明　天津市蓟县程子口农工商联合总公司总经理
周春玲　天津市化兴线材总厂厂长
柴竹金　天津市双街钢管实业总公司总经理
高庆增　宁河县芦台永兴企业集团总经理
聂秀康　天津市宏发集团公司董事长
鞠连喜　天津市白庙农工商总公司总经理

河北省

第二届：

马鸿鸣　唐山富豪集团公司总裁
王　凤　河北华夏胶粘带有限公司总经理
王长泉　中国天元散热器集团总经理
王景涛　廊坊源兆通信器材有限公司董事长
王聚山　辛集市玛钢厂厂长
田秋生　滦南县柏各庄镇农工贸联合总公司总经

理

闫福顺　河北东华化工总公司总经理

宋双来　武邑县韩庄镇工业总公司总经理

宋永恒　清河县东高企业集团有限公司总经理

陈晓峰　河北秦皇岛豪峰企业集团董事长

李文明　黄骅市渤海工业公司总经理

李长庚　河北恒利集团公司总经理

李桂如　三河市马起乏村天龙实业总公司总经理

张建庆　张家口市荣庆实业总公司总经理

张银周　石家庄市津华工业公司总经理

张继国　唐山国丰钢铁有限公司董事长

周　勤　香河矿山机械集团总公司总经理

孟庆尊　中国亚龙集团公司董事长

岳　明　河北荣华实业集团公司总经理

赵寅时　武安市青泉企业集团公司总经理

殷丙成　石家庄市荣昌企业集团总公司总经理

秦树明　河间市新华线缆集团公司董事长

贾荣昌　河北长天集团公司董事长

常守旺　张家口市通达实业总公司总经理

蔡宗信　深县津深联营颜料化工厂厂长

魏建军　河北长城集团有限公司董事长

连续两届：

王存兴　邯郸市变压器厂厂长

刘士永　石家庄市锅炉阀门厂厂长

王淑贤　河北下板城针织服装有限公司董事长

齐永昌　河北民用机械总厂厂长

庄荣昌　清河县三利联合厂厂长

张友方　容城县丽友衬衫厂厂长

李立辰　河北电线电缆厂厂长

李永怀　河北新中化学工业公司董事长

张占领　深县大堤工业总公司总经理

李进栓　衡水市曙光颜料厂厂长

吴殿芳　唐山市越河陶瓷二厂厂长

杨　斌　山海关第一实业总公司总经理

武吉龙　河北吉工实业有限公司经理

杨树欣　华北蓄电池集团公司总经理

阎建章　蠡县辛兴村党总支书记

秦少彬　唐山市第四轧钢厂厂长

高若增　中国天元散热器集团董事长

葛金柱　磁县焦化厂董事长

魏德义　保定市太行建筑设备厂厂长

山西省

第二届：

尹　厚　朔州市平鲁区东易煤矿矿长

王计所　阳泉市第三钢铁厂厂长

史民志　山西省河津振兴实业集团总经理

刘海生　洪洞县赵城北街企业集团公司总经理

刘耀堂　晋城市天鹅工贸公司总经理

江　洋　繁峙县钢铁厂厂长

杜金生　清徐县敦化暖气片工业公司总经理

李齐荣　襄垣县五阳农工商联合总公司总经理

李纯泰　翼城县北关农工贸总公司总经理

李海仓　山西省海鑫钢铁有限公司董事长

李继荣　山西北板桥企业总公司总经理

李国强　晋城市郊区南马匠企业服务总公司总经理

赵玉珍　大同市七峰山钢厂厂长

赵锁祥　太原市新固工贸总公司总经理

袁玉珠　中阳县钢源铁厂厂长

智福德　榆次市潇河铸造总厂厂长

翟焕文　晋城泰森企业总公司总经理

连续两届：

王学娃　太原赵家堡企业集团暖气片总公司总经理

乔九祟　山阴县山阴城奶粉厂厂长

李　斌　大同市云城建筑安装总公司总经理

李安民　山西安泰国际企业集团股份有限公司董事长

张金奎　山西新星矿用潜水泵厂厂长

李增虎　文水县桑村钢铁公司经理

苗　锐　大同市新中经济总公司经理

鹿英杰　翼城县封比农工商联合总公司总经理

内蒙古自治区

第二届：

马万良　乌海市黄河集团总公司总经理

亢玉强　赤峰磨料磨具集团公司总经理

王　才　通辽市通鞍线材制品厂总经理

王　凯　呼和浩特市青山锅炉化工总公司总经理

王东晓　内蒙古华蒙金河实业公司总经理

王学勤　呼和浩特市桥靠农牧工商联合公司总经理

乔　飞　包头郊区飞鹿绒毛厂厂长

陆文彩　赤峰松山建筑集团公司总经理

张跃堂 赤峰宝昌企业集团股份有限公司董事长
赵先孝 包头市昆仑造纸厂厂长

连续两届：

王　军 包头市东宝实业有限公司董事长
孙学政 赤峰八角楼实业总公司总经理
杨栓兵 清河县喇嘛湾果品加工厂厂长
黄　甫 通辽市飓力恒实业总公司总经理
嘎吉德 正蓝旗民族服装厂厂长

辽宁省

第二届：

马春歧 营口市太和实业总公司总经理
王　生 辽宁省海城中兴集团公司总经理
王学义 大连大实企业集团总经理
石家财 大连经济技术开发区大孤山建筑工程总公司总经理
冯加志 大连华鑫企业集团总经理
孙荫环 大连亿达总公司总经理
曲作祥 营口市鲅鱼圈区塑料工业公司总经理
陈　凤 盖州市暖泉绢纺厂厂长
何文龙 辽宁省土产进出口公司黑山木制品厂厂长
张文英 沈阳高压成套开关厂厂长
张绍谦 海城市牌楼滑石矿长
杨天民 本溪满族自治县天民集团公司董事长
周国栋 朝阳水泥机械厂厂长
周绪林 大连特钢厂厂长
周喜玉 大连冶金轴承厂厂长
周福仁 海城市西洋耐火材料公司总经理
娄本盛 东港市十字街建筑工程公司经理
洪振启 鞍山市第三轧钢厂厂长
徐世有 大连金华钢厂厂长
徐宝文 沈阳望花集团股份有限公司董事长
高胜春 抚顺新大工业集团总经理
董少文 鞍山市第八建筑工程公司经理
傅金良 法库县啤酒厂厂长
韩恩余 辽阳黎明企业集团总公司总经理

连续两届：

于全明 辽阳市曙光塑料厂厂长
王守彬 营口青花镁矿总公司总经理
尹作斗 沈阳市双喜股份有限公司总经理
王国珍 辽东农工商实业公司经理
王德仁 丹东市楼房造纸机械厂厂长
刘士军 海城市牌楼镁矿集团股份有限公司董事长
刘广清 沈阳市沈北实业公司总经理
孙菊花 大连大菊企业集团公司董事长
张永全 鞍山市第二轧钢厂厂长
张明玉 丹东市油泵厂厂长
杜清江 锦州鸿泰实业集团公司董事长
李德财 大连金州区中长工业公司总经理
李春颖 海城华宇工贸集团公司董事长
李崇岩 灯塔县轻工机械厂厂长
何著胜 海城市英落后英矿产品实业公司总经理
邹文莲 朝阳市北票市造纸总厂厂长
杨吉奎 大连渤海企业集团总裁
金孝发 大连鑫凌企业集团公司总经理
赵连仲 大石桥市羽绒厂厂长
赵宝贵 锦西市绥中县第四建筑工程公司经理
戴有川 沈阳玻璃钢总公司董事长

吉林省

第二届：

尹京日 吉林省东丰特耐企业集团公司总经理
卢宪臣 吉林四平金士百啤酒集团公司厂长
刘启忠 梅河口市啤酒厂厂长
孙尚德 白城市经贸实业总公司长青公司经理
任占武 吉林省城乡建设开发总公司总经理
许　斌 抚松县福兴实业股份有限公司总经理
孙连财 长春宏新企业集团公司总经理
李奎光 长春长白山实业公司总经理
张玉佳 吉林四平红嘴钢铁集团公司经理
宋广金 长春市奋进工贸公司总经理
吴法政 敦化市红利达有限公司总经理
杨　光 长春市长青工业公司总经理
高　深 吉林省农副产品进出口集团长发粮油制品有限公司经理
薄　贵 吉林省双阳建筑材料股份公司总经理

连续两届：

于　才 长春市光明农工商公司经理
刘宗远 白山市东远农工商总公司总经理
吴玉富 长春英俊企业集团公司总经理
张法政 吉林省延边朝鲜族自治州敦化市木器厂厂长
张贵斌 白城市工贸企业集团总公司总经理
武庆存 吉林市松江工贸企业集团公司总经理
高宝鸿 吉林省东丰啤酒工业集团公司总经理

黄永洲　长春市上台工贸公司总经理

黑龙江省

第二届：

王学忠　黑龙江省兴乡油脂股份有限公司总经理
王庭志　鸡西市城东冶炼股份有限公司总经理
宋显和　大庆市乳品二厂厂长
吴成鹤　齐齐哈尔市大田植物油厂厂长
岳开鹏　望奎县亚麻纺织厂厂长
徐在山　哈尔滨红光实业总公司总经理
康友田　肇东市庆昌油脂化工厂厂长
渠双喜　林口县石材总公司总经理
崔相连　牡丹江市风布厂厂长
贾洪修　佳木斯电缆厂厂长
隋秀海　牡丹江市互感器一厂厂长
靳德发　哈尔滨建国电磁线厂厂长

连续两届：

王占山　阿城市玉泉酿酒厂厂长
王贵海　双城市烟花炮竹厂厂长
孙乃奇　黑龙江省绥滨啤酒厂厂长
齐国栋　龙江县庆华实业总公司总经理
刘长久　齐齐哈尔市向阳实业总公司总经理
李其龙　牡丹江市华星企业总公司总经理
孙立春　佳木斯市常青建材集团公司总经理
陈学文　黑龙江省宋站乳品厂厂长
吴国林　大庆市让胡路区喇嘛庙镇政府钻井公司经理
高灿山　宁安市宁安镇河西村企业总公司总经理

上海市

第二届：

卫文士　奉贤县头桥电镀厂厂长
毛耀明　上海市徐行化工厂厂长
王保仁　上海第十钢铁厂纪王联营厂厂长
王妙其　上海虹桥喷漆总厂厂长
张连均　上海方城实业公司总经理
季永官　上海双田橡胶实业公司总经理
金杏荣　上海香花桥服装有限公司董事长
金金标　上海晓宝轻质建材有限公司总经理
周清泉　上海新世界电焊机厂厂长
顾九弟　上海松华涤纶厂厂长
高平三　上海市东沟商业机械厂厂长
顾宝生　上海彭浦橡胶制品总厂厂长
黄　勇　上海环洲实业总公司总经理
黄海松　上海市金山涤纶厂厂长
陶福民　上海市宝山区罗店螺帽总厂厂长
虞振国　上海信泰纺织制品有限公司总经理
蔡惠忠　上海民建实业总公司总经理

连续两届：

尤朝群　上海舒乐时装集团公司总经理
刘宝山　上海松江塔汇砖瓦厂厂长
许明金　上海市丝调进出口公司淀山湖时装厂厂长
张成冲　上海申光毛绒实业有限公司总经理
陈伯兴　上海嘉宝实业股份有限公司副总经理
李顺发　上海宝山液压工具厂厂长
袁永兴　上海市江口轧钢厂厂长
袁永林　上海海欣股份有限公司总经理
唐永明　上海市金山县枫围无纺布厂厂长
唐庆余　上海协通集团公司总裁
顾锦文　上海华银日用化学品总厂厂长
戚爱国　上海金汇实业总公司总经理
蒋德昌　上海沪汇日用化学品公司总经理
蔡福忠　上海凯托纺织制衣公司总经理

江苏省

第二届：

尹国新　江苏晨风丝绸集团公司总经理
王开领　海安县张垛丝绸厂厂长
王礼奎　江苏徐州耐可特果茶有限公司总经理
王纪焱　工贸合营江苏省句容工艺品总厂董事长
王金成　常州市第二电线厂厂长
王庚贵　泰县精锻齿轮厂厂长
冯　建　通州市第四棉纺织厂厂长
冯仁清　常州市振华绸厂厂长
刘　英　如皋市丁沪织布厂厂长
刘茂生　江苏新纺集团公司董事长
华浩兴　无锡市摩托车厂厂长
朱玉宝　江苏宏宝集团公司总经理
朱忠汉　江苏大海集团公司董事长
吴永余　扬州乐凯玩具有限公司总经理
严华荣　镇江市丹徒县化纤厂厂长
陈　铭　江苏双沟酿酒厂厂长
陈如根　江苏奇力集团公司董事长
陈殿铭　溧阳市庆丰化工厂厂长
李大美　徐州顺通金属体育用品有限公司董事长
李仰进　宿迁市丝绸工业集团股份合作公司董事长

李宗隋 江苏省赣榆县水泥厂厂长
李顺祥 江苏正方集团公司总经理
张才云 江苏彩雯丝绸集团公司董事长
罗书中 江苏华英集团公司董事长
郑志芳 江苏新亚机械集团公司总经理
范晓枫 江苏神鹰集团公司总裁
陆大荣 江苏苏晋集团公司董事长
昝圣达 通州市刺绣厂厂长
陆克平 江苏阳光集团公司总经理
姜桂庭 东台市酱品二厂厂长
凌　晨 江苏省中华柔娜集团公司总经理
顾云奎 江苏永鼎电缆集团(公司)董事长
桑海林 江苏捷凯电力器材集团公司董事长
浦惠林 无锡县雪浪初轧厂厂长
郭道鹏 江苏华鹏实业集团公司董事长
徐惠通 苏州林通染料化工集团公司总经理
曹丕成 南通友爱集团股份有限公司总经理
黄锡伦 江苏六通机械集团公司董事长
彭红明 南京洪顺实业总公司董事长
曾克宽 南京雨花钢窗厂厂长
蒋学明 吴江东方制衣集团公司董事长
程裕民 江苏少女之春集团公司总经理
夏嘉良 江苏彩华包装集团公司总经理
缪双大 江苏双良集团公司总经理
蔡兴华 张家港市西城经济联合总公司董事长
蔡桂兴 无锡太湖锅炉集团公司总经理
潘炳福 江苏秋艳(集团)公司董事长

连续两届：

王正行 徐州电器材料总厂厂长
卞兴才 江苏三房巷实业集团总公司董事长
王林云 江苏省苏洋酿酒有限总公司董事长
尤俊明 江苏虹雨集团公司总裁
冯海清 常州市西林乡工业公司经理
江小来 南京市高淳消防药剂厂厂长
华介成 无锡市色织一厂扬名分厂厂长
孙吉安 徐州市东方经济联合集团公司董事长
任建民 江苏省金湖热工仪表厂厂长
孙茂芝 江苏金象集团公司董事长
朱盛国 如东县环镇缫丝厂厂长
庄维新 江苏省溧阳市稀土总厂厂长
吴　静 中外合资宿迁龙运油脂饲料有限公司总经理
陈　林 如皋市化工二厂厂长
沈卫东 江苏珍丰集团公司总经理

陈必亮 常熟市电视机元件厂厂长
吴斌荣 镇江市眼镜总厂厂长
周国平 江苏泰山集团公司董事长
杨泉元 江苏京山电线电缆集团公司董事长
陆道君 江苏太湖锅炉集团公司董事长
昝圣明 江苏南通绣衣时装集团公司董事长
俞志伟 南京西善桥纺织实业总公司总经理
顾大友 江苏民生集团公司总经理
徐广福 镇江市电器设备厂党委书记
徐关祥 江苏鹰翔集团公司董事长
谈志仁 武进自行车配件厂厂长
耿昌明 武进铜管厂厂长
唐涌祥 江苏省无锡县西塘实业总公司总经理
倪新善 南通市缝纫机针一厂厂长
徐耀明 常州市茶山实业总公司总经理
梅正友 连云港洋浦电化有限公司总经理
曹礼华 南京晒图纸厂厂长
黄锦荣 江苏豪阳电器集团公司董事长
葛兆金 江苏省建湖县农机配件厂厂长
谢仲英 江苏蓓花集团公司董事长
谢婉珍 海安县南莫缫丝厂厂长
蓝敦华 扬州蓝光集团公司董事长
谭惠亚 张家港市沙洲纺织印染公司董事长

浙江省

第二届：

王文千 浙江印染机械制造公司总经理
任建华 杭州老板电器实业公司总经理
朱贵法 嘉兴市中华化工总厂厂长
陈　浩 杭州精诚电器工业公司总经理
陆汉振 中国金轮集团公司总裁
陈达富 浙江达富集团公司总裁
陈银儿 宁波引发企业集团公司总裁
张静章 宁波海天机械制造有限公司总经理
苏增福 玉环县压力锅厂厂长
杜成尧 嵊县双发炉具总厂厂长
李云青 黄岩市珠光彩灯厂厂长
周永川 舟山市普陀毛纺织厂厂长
郑元孟 浙江新华开关厂厂长
杨言荣 浙江春晖集团公司总裁
周绍昌 浙江山鹰建材集团公司总裁
项维清 杭州弹簧垫圈厂厂长
钭正刚 杭州锦江集团公司总经理
南存辉 温州正泰集团公司董事长
钟阿咪 宁波中环机电集团公司总裁

姚贵松　浙江天女集团公司总裁
俞敬民　浙江足佳集团公司总裁
章　义　温州海米特集团公司董事长
盛云龙　湖州市依多金企业集团公司总裁
黄正才　浙江第一工业缝纫机厂厂长
徐位吉　江山市何家山水泥厂董事长
黄来兴　浙江亚太机电集团公司总裁
章树根　兰溪市灵洞水泥总厂厂长
曹浩强　雪豹(中国)集团公司董事长
虞阿五　浙江老凤祥首饰厂厂长
赖振元　象山县第二建筑工程公司总经理
潘长旺　松阳县第二毛纺织厂厂长

连续两届：

马仕秀　浙江华天实业集团公司总裁
王永良　绍兴小小企业总公司总经理
叶志明　杭州中新工贸总公司总经理
宁炳泉　浙江南浔船牌水泥有限公司总经理
冯潮兴　浙江省义乌市板纸厂厂长
孙伟民　浙江奉通机电集团公司总裁
朱重庆　萧山市航民实业公司总经理
许瑞坤　浙江富邦皮革有限公司总裁
陈子升　浙江省缙云新华实业总公司总经理
张小赧　浙江三友纺织器材总厂厂长
吴少华　永康市城关五金厂厂长
花轩德　浙江中贝集团公司总裁
陈建成　浙江卧龙集团公司总裁
张道才　浙江三花集团公司总裁
张智林　杭州西湖离合器厂厂长
张勤昌　宁波万安阀门厂厂长
吴鹤群　浙江金鹤集团公司总裁
庞乐明　浙江庆丰集团公司总裁
杨良如　桐乡市河山镇绢纺厂厂长
金祥佐　浙江真空包装机总厂厂长
周海林　杭州富阳天线厂厂长
胡先根　宁波慈兴轴承有限公司总经理
郭加明　浙江海鸿集团公司总裁
诸建平　浙江余姚冶炼总厂厂长
蒋梦兰　浙江联丰集团公司总裁
盛荣虎　绍兴柯桥轻纺机械厂厂长
傅国定　浙江省定海纺织机械厂厂长

安徽省

第二届：

田发祥　安徽省长江超硬材料集团公司总经理
叶秀华　黄山市黟县缫丝厂厂长
刘湘盘　安徽龙盘集团公司董事长
汤　毅　安徽东方实业有限公司总经理
汪开发　无为县江坝油脂化工厂厂长
陈长乐　安徽省黄淮海农贸总公司总经理
吴本仁　安徽湖滨建筑安装总公司总经理
毕召才　繁昌县荻港水泥厂厂长
汪晓平　安徽宁国甲路通用机械厂厂长
杜应流　霍山县化工冶金厂厂长
张长印　蚌埠市家用机床厂厂长
张永卿　安徽永青日用化学品有限公司董事长
吴大香　长丰县双墩面粉厂厂长
林　迎　安徽石台煤气仪表总厂厂长
周绪发　马鞍山市濮塘轧钢厂厂长
桂绍松　霍山县外贸产品联合加工厂厂长
徐云凌　安徽省桐城玻璃纤维工业总公司总经理
廖延顺　淮南市第三玻璃厂厂长

连续两届：

丁仰振　淮北市相山区建筑安装公司经理
王世清　合肥市郊区王大郢村淝河企业集团董事长
牛玉亮　安徽达裕实业总公司董事长
方启良　贵池市牌楼供销公司总经理
朱成友　来安县半塔镇成友运输公司总经理
汪建国　安徽省桐城凸轮轴厂厂长
陈宗明　安徽省宁国耐磨材料总厂厂长
张贻森　金寨县第二缫丝厂厂长
胡光彩　芜湖县国山机械总厂厂长
郭传华　五河县乡镇企业金融所主任
曹永炎　安徽省东南茧丝绸实业总公司总经理
程恒行　马鞍山市江南机电设备总公司总经理

福建省

第二届：

邓顺增　永安市燕富水泥有限公司董事长
许定国　晋江市华桥玩具有限公司董事长
陈荣教　大田县上京水泥厂厂长
李新炎　福建龙岩工程机械厂厂长
杜水旺　福建中外合资南平大展竹木业有限公司总经理
余静娟　南安市南辉时装有限公司董事长
李文棋　莆田县华隆工业供销公司总经理
郑庭富　福建省黎明企业集团公司总裁
陈澄清　福建晋江凤竹针织漂染实业有限公司总

经理

钱光璋　福州传动机械厂厂长
黄明富　福鼎县东风压铸总厂厂长
董春宝　福建省文岭茶厂厂长
蔡土木　漳州市海新实业有限公司总经理
蔡东升　石狮市恒兴制衣实业有限公司总经理
颜万生　漳州市芗城罐头厂厂长
颜国南　厦门集美区海沧石材集团公司总经理

连续两届：

王长生　漳州市龙海九湖塑料厂厂长
许连捷　福建恒安集团有限公司总经理
宋太平　福建石狮胸罩服装厂董事长
陈庆元　福建泉州元鸿集团董事长
洪长水　紫山食品饮料总公司总经理
洪文胜　厦门同安湖头米粉面制品厂厂长
张星明　福建省顺昌德昌竹艺有限公司总经理
林　鹏　闽东联谊集团公司董事长
郑秋木　龙岩市红坊镇正业联合总公司总经理
黄开惠　福州第二阀门厂厂长
谢庭先　明溪县胶合板厂厂长
蔡剑华　福建省莆田振兴鞋业有限公司总经理

江西省

第二届：

邓正云　萍乡市杨梅岭水泥厂厂长
邓庆茂　进贤县李渡出口花炮厂厂长
方霞云　景德镇市洪源陶瓷厂厂长
江和生　乐平市橡胶制品厂厂长
朱秀云　上饶市纸管厂厂长
邹自浪　南昌县小兰农机厂厂长
李秀木　德安县丰林企业公司总经理
李信生　抚州市蓄电池厂厂长
张元珍　信丰县铁强建材有限公司总经理
罗　斌　江西高峰陶瓷集团公司董事长
周包财　江西省茶花集团董事长
欧阳效芳　赣南金达有色金属矿产品有限公司董事长
武金和　江西久安铆钉厂厂长
罗善华　万载县潭埠出口花炮厂厂长
郑森林　上高县陶瓷厂厂长
胡家南　江西山河陶瓷集团公司总经理
鄢金珠　新余市第二水泥厂厂长

连续两届：

王槐月　九江市庐山区房地产开发总公司总经理
兰万林　江西中英陶瓷有限公司总经理
李晓龙　江西长城机械厂厂长
林积新　贵溪县活性碳厂厂长
武培林　新余市金属制品总厂厂长
胡敦廉　江西省赣州虔东工业公司总经理
项勤星　遂川县秀州股份有限公司董事长
徐大龙　江西省大兴冶炼厂董事长
曾凡清　萍乡市陶瓷机械厂厂长
谢抚州　江西沙神集团公司董事长

山东省

第二届：

丁焕相　山东宏祥电器集团总公司董事长
于东顺　山东崖头集团总公司董事长
于归赫　山东鸿达建工集团公司总经理
于锡俊　济南通讯电缆厂厂长
王　峰　兖州合金钢股份有限公司董事长
王义锡　青岛面粉机械厂厂长
王文茂　荣成市石岛船舶工业集团公司董事长
王玉明　山东省滕州化工原料厂厂长
王希文　五莲县钢圈厂厂长
王勉山　淄博轧钢股份实业有限总公司董事长
王显生　菏泽市沙土酿造总厂总经理
司继双　山东振兴集团总公司董事长
刘　伟　临沂市华丰企业集团总公司董事长
刘世武　招远市东良农工贸联合总公司总经理
刘际法　山东泰安云海企业集团总公司总经理
江保安　山东菱花集团总公司董事长
朱同然　山东鸢都化工集团福利塑料编织厂厂长
孙延林　济南灵芝集团总公司董事长
闫存祥　山东骆驼巷企业集团董事长
陈宜忠　章丘市旭升企业集团总公司总经理
沈致祥　淄博万祥集团股份有限总公司董事长
张富禄　聊城嘉明实业有限公司总经理
李允轶　山东山海连杆集团总公司董事长
李建华　东营市纸业集团股份有限公司董事长
李荣春　德州东郊建筑工程公司经理
李振武　乐陵市木制工艺品总厂厂长
李敦让　山东省泰山造纸厂厂长
李庆思　济宁抗生素厂兖州淀粉分厂厂长
李洪信　山东太阳(纸业)集团总公司董事长
张维先　潍坊市电焊条厂厂长

张庆训 山东泰昆集团总公司总经理
周长琴 山东华丰印刷包装有限公司董事长
陈光威 威海光威渔具集团公司总经理
周进善 青岛崂山仰口海洋化工集团公司总经理
侯金田 山东清河集团总经理
赵和迎 泰安市衡器厂厂长
高　秀 山东方圆集团公司总经理
郭方华 青岛胶州水泥厂厂长
高树典 临沭县富民企业集团总公司董事长
聂振龙 蓬莱市渤海实业公司董事长
崔安永 青州市长城工贸总公司总经理
程元佩 淄博市淄川兴龙企业总公司总经理
褚衍伦 鲁南船业集团总公司董事长

连续两届：

王兆华 山东三佳集团公司总经理
王廷江 山东临沂罗庄镇沈泉庄村党支部书记
王志宪 梁山县大鹏企业总公司总经理
王新成 山东省临邑万力企业集团总公司总经理
王遂孚 淄博工业搪瓷厂厂长
史桂开 山东大通集团公司总经理
孙华心 山东大华实业集团总公司总经理
朱洪俊 淄博柳杭国际实业总公司董事长
吕道龙 山东大西苑集团总公司总经理
李凡聪 荷泽沙土酿造厂董事长
李世勋 山东只楚集团总公司董事长
李正庆 泰安市新星实业公司总经理
张永亮 山东省济宁兽药厂厂长
张希春 青岛飞龙工艺品公司总经理
苏寿堂 山东省乐陵市华乐工贸总公司总经理
张炳谦 山东冠洲集团总公司董事长
李培义 东营市广饶县大王企业集团总公司总经理
孟庆元 山东鸢都化工集团实业总公司总经理
郑和平 山东得利斯集团总公司总裁
苑宪章 山东国华实业集团总公司董事长
和德昌 山东省东方特种钢厂厂长
姚升平 济南市黄台企业集团书记
郝进然 博兴县寨郝农工商总公司总经理
种道山 枣庄市薛城区东仓企业集团公司总经理
袁文和 潍坊市呢绒服装厂厂长
徐汉林 滨州市凯拓实业总公司总经理
唐厚运 荣城市邱家渔业股份有限公司总经理
崔兆启 青岛星火纺机纺织集团公司董事长
董庆根 济南市压力容器厂厂长
翟守才 山东黄岗(集团)总公司总经理
臧德华 青岛市楼山织布厂厂长

河南省

第二届：

王根成 洛阳市古城机械厂厂长
白士云 巩义市第二耐火材料总厂厂长
冯玉玲 汝州市塑料工业总公司总经理
任金河 郑州市凤凰农工商开发总公司总经理
任太平 河南省虎头山化工有限公司总经理
吴天喜 镇平贾宋食品系列集团股份有限公司总经理
路明旺 郑州经济发展总公司总经理
李记拴 安阳市铝业集团公司董事长
李鸿道 河南豫中制药厂厂长
李增安 新乡市黄河水泥厂厂长
李起胜 郑州振中实业总公司总经理
李宪正 洛阳市富兴实业总公司总经理
李留法 汝州市通用铸造总公司总经理
张广田 河南省荥阳钢铁总公司总经理
周文昌 郑州市少林汽车厂厂长
杨常武 修武县粮食机械厂厂长
姚大军 河南焦作客车厂厂长
赵福光 洛阳牡丹实业总公司总经理
郝永长 辉县市第二化肥厂厂长
崔庆义 河南鞋城皮革(集团)总公司董事长
康启伦 河南周口通信电缆厂厂长

连续两届：

王发水 安阳史家河企业集团总公司总经理
王法岭 漯河五金包装集团股份有限公司总经理
李广元 河南省定角实业总公司总经理
李小达 洛阳活塞环厂厂长
李长智 河南省凯祥企业有限公司总经理
何年保 河南华宝工贸总公司总裁
张生活 河南省凤凰实业总公司董事长
张金木 郑州市金德恒实业总公司总经理
张治有 河南中州企业集团董事长
张铁山 河南金星啤酒厂厂长
杜葆华 河南豫州水泥有限公司总经理
张新亚 沈丘新亚集团股份有限公司总经理
郭中奎 洛阳市环球实业总公司总经理
曹广林 新郑县车站枣精厂厂长
常建国 禹州市中州实业开发公司经理
景银聚 巩义市碱厂厂长

靳协成　巩义市金红石总厂厂长
魏光明　河南省鸿羽股份有限公司总经理

湖北省

第二届：

万福贵　十堰市钢砂厂厂长
王进清　鄂州市长江金属建材集团总经理
卢修龙　荆门市玻璃总厂厂长
田洪先　武穴市二里半企业(集团)总公司总经理
卢光杰　襄樊市建设实业总公司总经理
石义成　沙市市带钢厂厂长
乔书祥　襄樊市第四棉纺织厂厂长
李宗元　湖北襄阳炬星纺织集团总公司董事长
周作才　湖北幸福(集团)实业股份有限公司总经理
周明炎　嘉鱼县床俱厂总经理
罗德仁　丹江口市钢厂厂长
赵竹青　武汉中胜(集团)公司董事长
赵胜茂　湖北省三梅(集团)股份有限公司董事长
徐绍元　湖北三峡工贸实业总公司总经理
郭新志　湖北省浠水十月工贸(集团)公司董事长
黄正付　湖北康达皮件(集团)股份有限公司总经理
陶忠智　江陵县岑河内衣厂厂长
黄敦海　京山县麻纺织厂厂长
熊兆康　武汉市和平镀锌总厂厂长
谭功炎　湖北省汉川钢丝绳厂厂长
谭国和　武汉市江岸石桥经贸总公司总经理

连续两届：

王少明　红安县制革制鞋工业公司总经理
王昌卿　荆门市金属喷涂厂厂长
冯学凯　武汉市江堤瓦楞纸箱厂厂长
叶昌保　洪湖市洪林集团公司总经理
安　明　湖北石花棉织厂厂长
李守荣　钟祥市双河镇砖瓦总厂厂长
张远举　湖北武当精密铸造厂厂长
陈振斌　湖北虹宇化工公司董事长
昌先炎　湖北昌盛实业集团股份有限公司总经理
杨海安　应城市强力集团公司总经理
周道福　宜昌市猇亭工贸总公司总经理
姚大银　枣阳市第二棉织厂厂长
涂方铭　沙市东岳农工商总公司总经理
鲁洪胜　武汉市白玉毛条厂厂长
鲍德荣　武汉市汉南建筑电器厂厂长

廖汉池　鄂州市华容食品饲料厂厂长

湖南省

第二届：

王霞林　株洲市汽车制动器厂厂长
刘安生　湖南桃江向阳花企业总公司总经理
刘忠建　长沙五星化建集团公司总经理
伏瑞芝　汨罗市电线厂厂长
陈根山　望城县湘江印刷厂厂长
李正东　汉寿县车辆改装厂厂长
李焕然　长沙印山实业总公司总经理
张孝贵　株洲市南方有色冶铸厂厂长
周晓明　东安县二水泥厂厂长
段发洪　湖南郴州良田水泥厂厂长
胡春国　湖南长沙江背水泥厂厂长
钟梓衡　邵阳市沙湾经济开发公司经理
唐仲奎　湖南芷江油脂化工总厂厂长
涂昌广　临澧县龙凤山水泥二厂厂长
章端祥　湖南长沙梅花车身厂厂长
蒋受会　湖南衡阳南峰车轮公司董事长
彭福民　韶山市第二工程公司总经理
谢德旺　湖南冷水江市铎山拉铸厂厂长
谭长根　长沙铸铁制品联营有限公司总经理

连续两届：

艾建勋　湖南省平江电器厂厂长
刘会臣　邵东县铁合金厂厂长
吴　奇　湖南省华发集团进出口公司董事长
张日平　湖南高溪集团公司总经理
吴同南　醴陵浦口出口花炮厂厂长
吴松意　长沙洞井建筑公司总经理
李森林　湘潭县化工厂厂长
杨仕伟　浏阳市城关出口花炮厂厂长
涂日明　湖南省果园汽车改装厂厂长
梁稳根　湖南省三一集团有限公司董事长
蒋月松　长沙果园交通机械厂厂长
彭世凤　澧县码头铺水泥厂厂长

广东省

第二届：

王必孝　汕头经济特区南洋工业城实业总公司董事长
刘汉铭　云浮市西江水泥厂厂长
刘金盛　梅县白渡水泥厂总经理
刘焕权　广东东莞雅文首饰制品有限公司董事长

刘照洪　广东平湖实业股份公司董事长
许日贵　湛江市塑胶厂厂长
陈达波　英德市英达实业有限公司总经理
何家权　广东固力制锁(集团)公司总经理
李焯明　番禺市南山工业集团公司董事长
吴德仁　曲江县南华水泥厂厂长
李念慈　珠海市永隆集团公司总经理
张万贞　罗定市恒美玻璃马赛克厂厂长
张荣基　博罗县同心制药厂厂长
罗　苏　广东兴发铝型材集团公司董事长
罗寿棉　广东珠海经济特区界涌实业集团公司董事长
林　秋　东莞市厚街镇文华制衣厂厂长
林　营　电白县爱电电器工业总公司董事长
庞兆权　佛山张槎针织厂厂长
周崇沛　开平市美娜食品厂厂长
梁　华　阳江市保时威实业有限公司总经理
黄　统　高州市长坡建材厂厂长
黄力群　汕尾市华帝山矿泉水厂厂长
梁梳九　中山市中横实业集团公司董事长
梁慈安　紫金县古竹镇工业发展总公司董事长
曾其聪　广州花都市新华水泥一厂厂长
蔡木藩　揭阳市天阳橡胶机械有限公司董事长
蔡道峰　潮州市振园运通食品有限公司董事长

连续两届：

安国清　高要市新保成汽车修配厂厂长
李达欢　新会市华侨制衣厂厂长
何昌华　清远市乐洲机械制造发展公司经理
余尚林　化州县下郭工贸实业总公司总经理
张逢新　广东省阳江工贸联营织茅五金厂厂长
岑积万　广东省开平三埠微型电机厂书记
苏祥周　增城市塑料工业公司董事长
李常友　廉江市石城水泥厂厂长
陈焕坤　中山市张家边经济发展总公司副总经理
陈景怀　陆丰县东兴实业(集团)公司总经理
张肇达　中山市马克·张实业集团公司总经理
严蕴开　蕉岭县福岭水泥厂厂长
林文芳　吴川县林屋机械厂厂长
卓木海　汕头航空工艺厂厂长
杨应林　潮州市庵埠佳味食品厂厂长
林肖娟　广东省东莞茶山服装玩具总厂厂长
杨钦欢　梅县梅雁企业(集团)股份有限公司董事长
林梓杏　惠东县黄埠皮制厂厂长
钟　利　湛江市黄略水泥厂厂长
钟浩海　广东省中外合资岭南华生工艺厂厂长
莫志林　广州市第一水泵厂厂长
崔巨垣　广州市番禺市南兴集团公司总经理
彭　明　肇庆广利烟花炮竹厂厂长
彭学周　罗定市素龙镇经济发展总公司总经理
程国浩　新会葵湖饼业股份有限公司总经理
谢耀文　梅县雁洋自行车零件厂厂长
詹益表　饶平县饶洋瓷厂厂长
谭鸿发　东莞市石碣电子厂厂长
潘强恩　深圳宝安万丰(集团)股份公司总裁
霍根华　南海县沙井镇万丰实业集团公司董事长

广西壮族自治区

第二届：

韦清文　广西黑五类食品集团公司董事长
甘树北　广西金隆集团公司董事长
邹义汉　北流市新城水泥厂厂长
汤万华　荔浦县万鹏印铁制罐厂厂长
陈修锦　横县西津联营钢厂厂长
劳朝义　灵山县檀墟镇水泥厂厂长
李天滚　横县鳌山水泥厂厂长
李有龙　陆川县第二水泥厂厂长
徐　晖　北海市中晖企业集团总裁
莫兆钦　广西源安堂制药厂厂长
秦忠平　兴安县灵渠水泥厂经理
秦保强　广西博白津宝罐头饮料食品实业有限公司经理
盘国荣　玉林市皇龙水泥集团公司董事长
彭建武　玉林市神竹宝饮料总公司经理

连续两届：

于子荣　北部湾烟花炮竹企业集团公司董事长
李　祺　广西博白县烟花炮竹总厂厂长
林伯权　广西玉林纸袋厂厂长
秦世章　灵山县第二房产开发公司经理

海南省

第二届：

王进义　通什黎苗山寨总经理
刘扬武　海南椰风食品饮料工业城厂长
苏赛珠　海口住宅公司砖厂厂长
郑有坚　海南文昌县恒达房地产开发总公司总经理
林学武　海南洋浦农贸开发总公司经理

符昌海　海南美兰国际药业城有限公司董事长

连续两届：

崔家壮　琼海市包装厂厂长
黎北树　三亚市滨海实业发展总公司总经理

四川省

第二届：

马厚富　重庆市江津实业公司董事长
刘达泉　万源市白沙水泥厂厂长
刘洪亮　重庆市华蓥山建材建筑总公司总经理
刘德森　四川龙财矿业有限总公司总经理
江士高　德阳市八角水泥厂厂长
朱光国　西昌市西溪集团股份公司总经理
任世斌　芦山县华光石材总公司总经理
陈长明　莲溪县油毡厂厂长
邹忠明　泸县第二建筑工程公司总经理
陈修琪　乐山市第五建筑公司经理
杜章生　三台县西平丝绸印染总厂厂长
李建华　崇庆县建新防水粉末厂厂长
李树全　四川省双流羽绒厂厂长
张少清　四川省自贡新特水泥股份合作公司总经理
张正达　苍溪县丝织厂厂长
罗焱明　威远县建业总公司总经理
周继璁　成都通力电器集团公司总裁
秦义德　攀枝花市前进碳黑厂厂长
游　翱　广安县华蓥山玻璃厂厂长
税尚纬　绵阳市三力股份有限公司总经理
谢福先　四川关家实业股份有限公司经理
董德寿　成都长城实业公司总经理
詹庆富　四川龙虎门窗集团总公司董事长

连续两届：

丁光银　汉源县工业总公司总经理
王学茂　成都八一家具实业公司总经理
叶　治　成都金牛玻璃钢厂厂长
刘有伦　重庆北碚宏大集团公司董事长
刘传清　开县温泉工艺厂厂长
刘志瑞　四川江源纺织有限公司经理
朱厚利　泸州印染二厂厂长
陈文兴　绵阳市新皂化工总厂厂长
张致远　四川省简阳砂轮厂厂长
周厚全　广汉市南兴工业公司总经理
周德如　成都市双流高频焊管厂厂长
周发兴　合川市太和丝绸总厂厂长
周光龙　重庆陈家桥溶解乙炔气厂厂长
赵富源　苍溪县元坝巢丝厂厂长
贾天高　四川南充亚华丝绸集团有限公司总经理
梁树高　自贡市碳素厂厂长
曾国华　四川省玉溪宾馆总经理
谢太熙　四川省射洪大榆丝绸厂厂长
彭斌茹　眉山县食品调味厂厂长
赖隆贵　西昌市西溪乡企业办公室主任

贵州省

第二届：

邓洪显　赫章县山脚冶炼厂厂长
王德民　开阳县双流黄磷厂厂长
田贵扬　贵州沿河土家族自治县乡镇航运公司经理
吴作俊　锦屏县木竹工艺公司总经理
郑廷尧　六枝特区郑家寨水泥厂厂长
武国鼎　息烽县乡镇企业公司贵州长化工厂经理
傅相国　桐梓县娄山关镇鞍山水泥厂厂长
颜学益　安龙县龙山煤矿产销公司经理

连续两届：

刘元举　贵州三山企业集团总公司董事长
张开林　上海锌厂赫章分厂厂长
张讼让　贵州遵畅实业开发公司总经理
黄自深　六盘水市联营铅锌选矿厂厂长
夏都钿　遵义县新舟造船厂董事长

云南省

第二届：

马　翔　云南新兴仁恒包装材料有限公司总经理
田飞源　大理市轧钢厂厂长
冷忠福　牟定县纤维板厂厂长
李洪生　建水县永生实业总公司总经理
张发才　曲靖县沾益水泥厂厂长
杨　明　昆明市福保彩印包装厂厂长
金长能　玉溪市北城镇莲池实业总公司总经理
赵存兰　宣威市利民粮食运销公司经理
戴　云　昆明市呈贡钢厂厂长

连续两届：

王兆龙　云南大姚石羊汽车配件厂厂长
李黎明　昆明康发家具制造有限公司董事长
梁丕宏　师宗县丹凤水泥厂厂长

西藏自治区

第二届：

布　穷　　昌都县达玛拉建筑建材总公司总经理
洛桑多吉　曲松县民采矿矿长
普　穷　　阿里地区改则县社会车辆运输联营公司经理
群培次仁　仁布县仁布乡建筑公司经理

连续两届：

强　久　　西藏日喀则市桑珠孜饭店总经理

陕西省

第二届：

王世明　西电公司眉县钢铁厂厂长
王克勤　咸阳彩虹包装箱厂厂长
冯德玉　岐山县岐星农工商总公司总经理
任兴田　渭南市秦东实业总公司董事长
许宗林　西安翠宝首饰集团公司董事长
余长庚　陕西高校木器厂厂长
李军平　长安县前进电器厂厂长
李伯虎　陕西省宇华开发实业有限集团总公司董事长
杨　侃　宝鸡宝陵建筑工程公司总经理
杨维成　延川县永洲开发集团总公司总经理
赵天祥　西安北方电缆厂厂长
赵景山　陕西省武功铁合金总厂厂长
郝进禄　陕西省桥上桥有限公司董事长
蒋　枫　陕西省汉中板纸厂厂长

连续两届：

王宏斌　城固县东方精制食品厂厂长
王周权　陕西省扶风造纸厂厂长
刘华国　西安银桥乳制品实业有限公司董事长
陈元杰　陕西省泾阳吉元线缆电器制造公司总经理
祁五泉　凤翔县水沟工商企业公司经理
陈宝元　宝鸡县宝丰农工商总公司董事长
张候华　府谷县黄河集团公司总经理
尚双印　洛南县杨河企业总公司总经理
郭世英　西安鱼化企业集团总公司董事长
郭建华　陕西省三原东周实业公司总经理
黄经济　西安大明经济实业集团总公司总经理
焦志学　陕西省泾云实业开发总公司总经理

甘肃省

第二届：

王者发　甘肃泰昌实业集团公司总经理
刘玉林　兰州市城关区五里铺农工商企业公司总经理
宋有年　张掖市第三建筑工程总公司总经理
陈进荣　和政县建筑工程公司总经理
何年胜　会宁县第三建筑总公司总经理
张严德　甘肃武威荣华工贸总公司总经理
茅德贤　成县黄渚铅锌选矿厂厂长
黄发胜　甘谷县六峰建筑公司经理
魏世杰　酒泉市第二建筑工程公司总经理

连续两届：

于国华　甘肃省酒泉河西实业公司总经理
杨文明　天水南山实业总公司总经理
杨纪强　兰州黄河企业集团公司总经理
黄　镒　甘肃省暖泉纺织集团公司董事长
黄登贵　平凉百兴实业集团公司董事长

青海省

第二届：

甘生福　西宁城北福利铁合金厂厂长
陈世雄　民和县第一铁合金厂厂长
冶廷祥　民和县川口铁合金厂厂长
庞庆义　西宁东川钢窗厂厂长
韩有发　同仁县第四建筑公司经理
韩兴旺　循化县建筑建材开发总公司总经理

连续两届：

马国庆　西宁林家崖农工商企业总公司总经理

宁夏回族自治区

第二届：

戈兆义　宁夏贺兰联营汽车修配厂厂长
刘学刚　吴忠市红旗铸造厂厂长
李荣华　宁夏龙华工贸(集团)公司董事长
杨正栋　中卫县常乐建筑公司经理

连续两届：

白雪山　银川市郊区第二建筑公司经理

新疆维吾尔自治区

第二届：

马学仁　　新疆乌鲁木齐县二工乡中营工村工贸公司总经理

朱新跃　　新疆洛浦县缫丝厂厂长

邵守谦　　新疆米泉县线路器材厂厂长

吴智晓　　新疆和硕县麻黄素厂厂长

李延杰　　新疆巴州泰昌工贸公司总经理

杨克迎　　新疆布尔津县毛纺织厂厂长

热扎克·热维都力　新疆托克逊县依拉湖乡联营煤矿矿长

热合曼·库尔班　新疆库尔勒市工贸实业股份有限公司总经理

孟继荣　　新疆泽普县棉纺厂厂长

连续两届：

冶占林　　新疆第一石油管道配件厂厂长

阿布都热依木·阿山　吐鲁番市恰特喀勒乡煤矿矿长

张旭升　　库尔勒市第一水泥厂厂长

周殿沛　　呼图壁县针织厂厂长

新疆建设兵团

李增壁　　新疆生产建设兵团农七师130团棉纺织厂厂长

杨焕林　　新疆石河子石莲糖果厂厂长

大 事 记

▲3月23日 在中央农村工作会议上，国务院总理李鹏指出："从长远发展看，提高农民收入，转移农业富余劳动力，合理疏导'民工潮'，主要依靠发展乡镇企业。当前主要是引导乡镇企业优化产业结构，提高产品质量，提高管理水平，提高经济效益。要促进乡镇企业的相对集中和连片发展，从而带动小城镇的发展。对不同的地区、不同发展水平的乡镇企业，要实行分类指导。东部沿海地区乡镇企业要上水平、上规模，向高科技、外向型发展。中西部地区和少数民族地区要因地制宜，发挥地区资源和优势，探索加快发展乡镇企业的有效途径。国务院决定对中西部地区和少数民族地区乡镇企业增加的贷款，在规模和资金上要予以保证。"

▲3月 由联合国开发计划署、世界银行与农业部共同开发的能源管理援助项目"中国乡镇工业用能效率与控制污染"的研究工作完成。

该研究项目历时一年，是由世界银行能源管理援助计划机构与农业部环保能源司、乡镇企业司共同组织，委托国家计委能源研究所承担的，主要对乡镇企业制砖、炼焦、铸造三个行业的节约能源与污染控制研究。研究结果认为，所推荐的关键技术、设备和技术改造方案符合我国有关的产业政策和技术进步的趋势，并有显著的节能和环保效益。在三个行业中推荐的项目，其投资强度和技术、设备的先进程度适合我国乡镇企业的特点，具有推广前景。

▲3月28日 农业部以农企函[1994]9号文，发出《关于浙江农业大学设立乡镇企业学院的批复》。同意农业部乡镇企业司、浙江省乡镇企业局、浙江农业大学联合发起，在浙江农业大学经贸学院的基础上设立"华夏乡镇企业学院"，作为农业部深化高等农业教育改革的试点。

▲3月31日 农业部以农企发[1994]5号文，发出《关于印发〈乡镇企业产权制度改革意见〉的通知》。对乡镇企业产权制度改革的重要性、必要性、指导思想、目标、形式、重点、难点等问题提出指导性意见。

▲4月14日 农业部以农企发[1994]6号文，发出《关于印发〈乡镇企业安全监督员管理办法〉的通知》。其目的是建立乡镇企业安全生产监督体系，加强乡镇企业安全监督员管理。设部级和省级两级乡镇企业安全监督员，依法对企业安全监督、检查和指导。

▲4—5月 由农业部乡镇企业局、中央电视台联合摄制的10集电视连续片《必由之路》在中央电视台陆续播出。该片反映改革开放以来，乡镇企业取得的成就。

▲5月30日 国家建筑材料工业局和农业部联合发出《关于印发〈水泥生产许可证换证实施细则〉的通知》。

▲6月 江苏常州振华绸厂等100个乡镇企业向全国乡镇企业发出《积极行动起来，为提高乡镇企业产品质量而努力奋斗》的倡议书。

▲6月7日 农业部以农企发[1994]13号文，向国务院办公厅上报《关于四川省高县磨盘田煤矿特大瓦斯爆炸事故情况的报告》。5月21日，四川省高县腾龙乡磨盘田煤矿发生瓦斯爆炸，死亡36人，重伤8人，轻伤8人。

▲6月8—12日 农业部乡镇企业局在江苏省无锡市召开全国乡镇企业管理会议。会议提出全国乡镇企业管理工作的任务：要以提高企业市场竞争能力和经济效益为中心，加快产权制度改革，积极进行股份制和股份合作制的试点，探索建立现代企业制度，增强企业活力；积极推动乡镇企业组建和发展企业集团，引导企业不断上规模、上效益、上水平，增强企业发展后劲和竞争能力；指导企业加强和改进内部管理，苦练内功，全面提高企业素质；稳定充实机构，培养造就一支高素质的管理工作队伍和企业家队伍。

▲6月9日 农业部与共青团中央在河南省郑州市联合召开第三届全国优秀青年乡镇企业家表彰会。农业部副部长万宝瑞作题为"光荣的称号，历史的责任"的报告。会议表彰100名青年优秀乡镇企业家，总结交流青年乡镇企业家在企业改革、发展和提高方面的新经验。

▲6月22日 农业部以农企发[1994]16号文，发出《关于表彰全国乡镇企业系统优秀质量管理工作者的决定》。授予冯建华等195人全国乡镇企业系统优秀质量管理工作者称号。

▲6月27—30日 农业部和国家技术监督局在南京联合召开全国乡镇企业质量工作会议，各省、直辖市、自治区及计划单列市乡镇企业局、技术监督局和经委主管质量工作的领导出席会议，化工部、机械部、国家医药局、中国质量协会等部门应邀参加会议。农业部副部长万宝瑞作题为"坚定不移，扎实有效地搞好乡镇企业质量工作"的报告；国家技术监督局局长李传卿作题为"动员起来，真抓实干，为提高乡镇企业质量而努力"的讲话。

会议的目的是为了加强乡镇企

业的质量工作，提高乡镇企业的产品质量和服务，推动乡镇企业加快发展，加快提高，促进我国产品和服务总体水平的提高。会议肯定乡镇企业质量工作的成绩，指出不足，提出加强质量工作的要求和措施。这次会议是技术监督部门与企业行政主管理部门第一次联合召开的质量会议。

▲7月 全国优秀乡镇企业家鲁冠球被评为“全国十大杰出职工”。

▲7月 农业部乡镇企业局和中国乡镇企业报社组织“开展异军突起15年系列宣传活动”。宣传内容包括开辟“数字中的乡镇企业”栏目、举办“乡镇企业之光”电视文艺晚会等12项，整个活动以《中国乡镇企业报》为载体展开，时间为1994年8月1日到12月31日。

▲7月26日 农业部以农企发[1994]20号文，发出《关于开展“争创名牌产品”活动的通知》。为推动乡镇企业的质量管理工作，激励企业提高产品质量和知名度，增强企业的竞争能力，农业部决定在全国乡镇企业系统开展争创名牌产品活动。

▲8月17日 农业部以农企发[1994]25号文，发出《关于印发〈全国乡镇企业财务决算制度和统计制度〉的通知》。目的是规范和加强乡镇企业财务和统计工作，初步实现乡镇企业财务与统计并轨。

▲8月18日 农业部以农企发[1994]26号文，发出《关于批准第一批全国乡镇企业东西合作示范区的决定》。在各地申报的基础上，农业部批准四川省新兴集团公司高科技工业园区等66个乡镇企业工业小区为第一批全国乡镇企业东西合作示范区。

▲9月7日 农业部以农企发[1994]27号文，发出《关于聘任农业部乡镇企业安全监督员的通知》。聘任解锡光等400人为农业部乡镇企业安全监督员。

▲9月9日 农业部以农企发[1994]28号文，发出《关于表彰全国乡镇企业安全管理先进集体和优秀安全管理工作者的决定》。授予北京市平谷县乡镇企业局安全科等100个单位为全国乡镇企业安全管理先进集体称号；授予罗富强等200人为全国乡镇企业优秀安全管理工作者称号。

▲9月15日 农业部乡镇企业局召开全国乡镇企业东西合作示范区新闻发布会，人民日报社、中央电视台等13家报社、电台、电视台的16位记者出席会议。

▲9月16日 农业部以农企发[1994]43号文，发出《关于乡镇企业局职能配置、内设机构和人员编制的批复》。批准农业部乡镇企业局人员编制67名，下设办公室（机关党委办公室）、政策法规处、计划财务处、产业指导处、企业管理处、科技教育处、质量标准处、劳动安全卫生处、环保能源处、审计监察处、外经外贸处等11个处室。

▲9月22—24日 农业部在重庆市召开全国乡镇企业劳动安全卫生会议。农业部副部长万宝瑞作题为“加强综合治理，做好劳动安全卫生工作”的报告。会议的中心议题是：总结乡镇企业劳动安全卫生工作经验；研究乡镇企业劳动安全卫生工作所面临的形势和任务；部署全国乡镇企业的劳动安全卫生工作。

▲9月24日 农业部以农企发[1994]29号文，印发《关于乡镇企业建立现代企业制度的意见》。提出要充分认识建立现代企业制度的重要意义；理顺产权关系，完善乡镇企业法人制度；建立现代企业的组织制度和管理制度；积极稳妥地开展建立现代企业制度的工作。

▲10月11日 农业部以农企发[1994]30号文，发出《关于加强对乡镇企业评比表彰工作管理的通知》。要求各级乡镇企业行政主管理部门，应加强对乡镇企业评比表彰工作的管理；加强和提高乡镇企业评比表彰工作的严肃性；制定统一的评比表彰办法；严肃评比和审批程序；提倡庄重节俭的表彰、奖励形式。

▲10月12—14日 农业部乡镇企业局在湖北省枝城市松木坪镇召开全国乡镇企业东西合作示范工程座谈会，来自中、西部地区和部分东部地区省（区）乡镇企业局的负责人、有关县（市）和第一批全国乡镇企业东西合作工程示范区的代表、在全国乡镇企业东西合作工作中做出显著成效的企业代表以及国务院有关部委的代表120多人参加会议。

▲10月17日 农业部、化工部联合以农企发[1994]33号文，发出《关于命名全国乡镇化工百强企业并授予全国乡镇化工先进企业称号的决定》。命名天津市宏发集团公司等100个企业为全国乡镇化工百强企业，同时授予“全国乡镇化工先进企业”称号；授予江苏省泰县东方化工集团公司等163个企业“全国乡镇化工先进企业”称号。

▲11月1日 农业部以农企发[1994]39号文，发出《关于表彰全国乡镇企业供销系统先进集体和优秀供销员的决定》。对全国乡镇企业供销系统190个先进集体和661名优秀供销员予以表彰。

▲11月3日 农业部与化工部联合召开全国乡镇化工企业经验交流暨表彰大会。农业部副部长万宝瑞作题为“抓住机遇，大力发展乡镇化学工业”的讲话。

▲11月5日 农业部以农企发[1994]40号文，发出《关于授予鲁冠球等十位同志中国乡镇企业功勋荣誉称号的通知》。10人是：王建章（山东）、尹大荣（四川）、卢志民（吉林）、史来贺（河南）、刘玉林（天津）、李桂莲（女、辽宁）、李培佩（女、上

海)、吴仁宝(江苏)、周作亮(湖北)、鲁冠球(浙江)。

▲11月8日 农业部以农企发[1994]38号文，发出《关于表彰1000家全国最佳经济效益乡镇企业的决定》。

▲11月10日 由中国乡镇企业报社、中央电视台经济部、中央党校国情国策研究室联合摄制的16集电视片《大路朝天》在中央电视台开播。该片反映乡镇企业的艰辛、曲折、发展、壮大的历程。

▲11月13日 农业部以农企发[1994]36号文，发出《关于表彰全国乡镇企业家的决定》。对1 000名厂长(经理)予以表彰，分别授予鲁冠球等10人"中国乡镇企业功勋"称号；授予姚德荣等100人"全国优秀乡镇企业家"称号；授予孙荫环等890人"全国乡镇企业家"的称号。

11月13日 农业部以农企发[1994]37号文，发出《关于表彰江苏省乡镇企业局的决定》。对为促进乡镇企业发展作出突出贡献的江苏省乡镇企业局予以表彰，并授予锦旗。

▲11月13—15日 农业部在北京市召开全国乡镇企业表彰会议。这是我国乡镇企业发展史上规模最大的一次会议。国务院总理李鹏给大会发来贺信；中央政治局委员、中央书记处书记姜春云、国务委员陈俊生到会并作重要讲话；国家计委等21个部委主要领导出席会议；农业部部长刘江主持会议并作报告，吴亦侠、洪绂曾、万宝瑞、刘成果、杨钟等农业部部领导出席会议；全国乡镇企业家、全国最佳经济效益乡镇企业、全国乡镇企业供销先进集体和优秀供销员代表，及各省、市、区乡镇企业局负责人共1 200人参加会议。

▲11月19日 农业部以农企函[1994]25号文，发出《关于同意设立华兴乡镇企业学院的批复》。同意农业部乡镇企业局、机械工业部教育司、吉林省和长春市乡镇企业局、吉林工业大学等联合发起，在原吉林工业大学乡镇企业学院的基础上，设立"华兴乡镇企业学院"。

▲11月27日 农业部以农企发[1994]44号文，发出《关于印发〈全国乡镇企业安全生产目标考核管理办法〉的通知》。要求各级乡镇企业行政主管部门和企业必须建立安全生产责任制，并实行安全生产目标考核制度。

11月29日 农业部以农企发[1994]42号文，发出《关于印发〈关于加强乡镇企业职业卫生管理意见〉的通知》。

▲12月1日 农业部以农企发[1994]43号文，发出《关于印发〈乡镇企业消防管理规定〉的通知》。

▲12月14日 农业部以农企发[1994]45号文，发出《关于印发国务院领导对乡镇企业安全生产工作重要指示的通知》。

▲12月18日 "堂皇杯"首届全国乡镇企业优秀歌手大奖赛获奖歌手汇报演出暨颁奖仪式在北京国安剧院举行。这次活动是由农业部乡镇企业局和中国乡镇企业报社联合主办。大奖赛评委会从全国400多名参赛歌手中挑选出40多名歌手参加复赛和决赛。

(农业部乡镇企业局)

黑龙江省

▲1月25—27日 黑龙江省委、省政府在哈尔滨市召开全省推进和完善乡镇企业股份合作制座谈会。会上省委副书记马国良就推进和完善乡镇企业股份合作制作了讲话。会议的主要任务：对全省各地推行股份合作制工作进展情况进行检查，总结交流经验，统一思想，明确任务，把股份合作制更快更好地推行起来。

▲6月28日—7月7日 黑龙江省委、省政府在哈尔滨市召开全省乡镇企业工作会议。省委、省政府、省人大、省政协、省纪检委主要领导，省直各厅局领导，市(地)、县(市)委书记和乡镇企业局长参加会议。

会议的主题是"解放思想、真抓实干，促进乡镇企业持续、快速、高效发展"。会议的中心任务：全面估价全省乡镇企业发展状况，进一步认识乡镇企业在全省经济中的地位和作用；动员全省上下采取更加扎实有效的措施，加快乡镇企业发展；总结交流经验，研究解决当前存在的问题等。省委书记岳岐峰就全省乡镇企业发展问题作了讲话，代省长田凤山作了"进一步解放思想，真抓实干，促进乡镇企业持续、快速、高效发展"的报告。

会议表彰45个市(地)、县(市、区)为1993年度"兴乡企、奔小康"先进单位，授予邵玉峰等40人为黑龙江省优秀乡镇企业家称号，授予269人为黑龙江省乡镇企业家称号。

▲8月5日 黑龙江省政府发出《黑龙江省人民政府关于发展乡镇企业若干政策的通知》。

▲8月13日 黑龙江省政府办公厅发出《黑龙江省人民政府办公厅关于印发黑龙江省组建和发展乡镇企业集团试行办法的通知》。

▲11月25日 在黑龙江省委七届三次全委扩大会议上，省委书记岳岐峰作了"解放思想，理清思路，积极开辟经济发展第二战场，如期实现翻两番奔小康的战略目标"的工作报告。报告中指出："必须把大力发展乡镇企业放在国民经济的战略地位，作为开辟经济发展第二战场的主攻方向来抓，继续实施乡镇企业跨越工程，坚持大高外与短平快相结合、数量增长与质量提高并重的方针，推动乡镇企业持续高速增长"。会议还通过《中共黑龙江省委关于开辟经济发展"第二战场"的决

定》。决定中指出："把乡镇企业作为开辟经济发展'第二战场'的主力军和翻两番、奔小康的战略重点来抓"。

（王锡恒）

江苏省

▲**4月25—27日** 江苏省委、省政府在丹阳市召开全省乡镇企业工作会议。会议主要总结全省乡镇企业近几年来发展的成功经验，研究新形势下全省乡镇企业加快发展、加快提高的基本思路，提出按照多种形式、自愿选择、因地制宜、分类指导的原则，加快乡镇企业产权制度改革，采取"改制一批、转让一批、嫁接一批、组合一批、升级一批"等形式全面展开。

▲**4月27日** 在全省乡镇企业工作会议上，第一次以省乡镇企业局名义表彰1992—1993年度250个省级明星企业和233名省乡镇企业家。

▲**11月4日** 全省千家最佳经济效益乡镇企业表彰会召开。按照年销售收入3 000万元，利税300万元的标准，对全省乡镇企业进行最佳经济效益排序，结果有959家企业入选为最佳经济效益企业。这在江苏省乡镇企业中还是第一次，为把全省乡镇企业加快发展、加快提高的重点转移到提高经济效益为中心轨道上来起到了导向作用。

▲**11月3日** 在农业部、化工部联合命名的"全国乡镇化工百强企业"中，江苏省占50个。

▲**11月13日** 在农业部召开的全国乡镇企业表彰会上，江苏省作为全乡镇企业发展最好省份受到表彰，农业部授予省乡镇企业局"为发展乡镇企业作出突出贡献"锦旗一面。农业部单独表彰一个省的乡镇企业，还是第一次。

▲**11月13日** 在全国乡镇企业表彰会上，江苏省吴仁宝被授予"中国乡镇企业功勋"荣誉称号；12人被授予"全国优秀乡镇企业家"称号；85人被授予"全国乡镇企业家"称号。

▲**11月** 在全国1 000家最佳经济效益乡镇企业评选中，江苏省有322家企业入选。

▲**12月3—7日** 江苏省乡镇企业局与省计经委、人事局、科委、外经贸委、专利局、贸促会等单位联合举办江苏省明星乡镇企业、企业集团博览会。有286个企业参展。现场成交额4.68亿元，引进人才1 254人，洽谈项目52项。

（张从军）

福建省

▲由福建省乡镇企业协会、福建省农民企业家联谊会主办的《农民企业家》报，从1994年起，更名为《福建乡镇企业报》。

▲**1月18—23日** 由福建省政府主办、省乡镇企业局组办，联合省直15个部门和9个地市共同举办的"福建省农村名特优产品展销会"在福州市举行。参展的主要是乡镇企业"百颗星"企业、"十强县"、集团公司以及重点骨干企业的名、特、优新产品，计25大类2 000多个品种。展销会期间，约有10万人次到会参观购物，现货交易1 450万元。同时，接待来自港、澳、台、日本、新加坡、马来西亚、美国等国家和地区的客商130人，签约利用外资项目700个，其中合同项目560个，总投资14.94亿美元，利用外资12.5亿美元，1 000万美元以上的项目400个，500万美元以上的项目37个。

▲**3月5日** 福建省乡镇企业局召开全省乡镇企业管理工作座谈会。

▲**4月25日** 华东六省五市（福建、江苏、浙江、山东、安徽、江西六省，上海、青岛、南京、宁波、厦门五市）在厦门市召开第四次乡镇企业管理工作研讨会。总结交流乡镇企业管理工作经验，研讨加快推行股份合作制、乡村集体企业产权制度改革、企业集团的组建和管理、建立现代企业制度等方面理论建设和实践思路，重新开创乡镇企业管理工作新局面。

▲**6月20—23日** 福建省乡镇企业局在山区贫困县——连城县召开各地市局县会议，集中研究开展'山海'协作问题，开展沿海乡镇企业发达县市与山区落后县市结对子活动。

▲**7月** 福建省乡镇企业局在石狮市召开全省乡镇企业外经工作研讨会，分析上半年全省乡镇企业外向型经济发展情况、存在问题，提出加大招商引资力度，拓展招商引次空间的措施和办法。

▲**10月** 福建省职称改革领导小组颁发《关于在乡镇企业开展考核确认中、高级专业技术职务任职资格工作的通知》，福建省乡镇企业局制定《关于在乡镇企业开展考核确认中、高级专业技术职务任职资格工作的实施意见》。

（宋学铿）

江西省

▲**1月11日** 江西省乡镇企业局发出《关于在全省乡镇企业系统开展"效益年"活动的通知》。通知提出8项考核指标。

▲**1月16—18日** 全省乡镇企业科教工作暨表彰会在南昌市召开。会议总结交流乡镇企业科教工作情况和经验，讨论布置1994年工作任务，表彰30个科教工作先进集体和60个先进个人。

▲**3月30日—4月1日** 全省乡镇企业集团和工业小区工作座谈会在南昌市召开。会议总结交流发展乡镇企业集团和工业小区的情况和经验，讨论、研究加快企业集团和工业小区发展的措施和任务。

▲**4月2—15日** 江西省乡镇企业

局分两期举办财税、金融、投资、外贸四大体制改革培训班，培训对象为县以上乡镇企业局长和省乡镇企业局副处长以上干部。

▲4月21日 江西省委书记毛致用主持召开第11次省委常委会，听取省乡镇企业局关于全省乡镇企业发展情况的汇报。会议同意乡镇企业局关于以省委、省政府名义召开全省乡镇企业表彰会和省直有关部门对口帮扶动员协调会的建议。会议要求各家银行和有关部门对乡镇企业固定资产投入予以支持。

▲5月20—22日 江西省委、省政府在德兴市召开全省乡镇企业会议。参加人员有各地市委书记、专员、市长和40多个县委书记、县长和省直有关部门负责人。会议组织参观德兴市的乡镇企业，总结交流28个城郊型和乡镇企业重点县的发展经验；表彰奖励发展乡镇企业的先进单位。会上省长吴官正作了讲话。

▲10月13—14日 江西省委、省政府在南昌召开全省乡镇企业工作会议。会议的主要内容是分析形势，交流经验，研究部署下年度工作。省委书记毛致用、省委常委张逢雨、省长助理孙用和出席会议，并分别作了讲话。

▲12月12日 江西省委、省政府在南昌市召开全省乡镇企业潜力大县会议。参加会议的有各地市委书记、专员、市长、21个潜力大县的县委书记、县长等。会议总结交流潜力大县的发展情况和经验；讨论研究进一步加快发展的办法、措施。

（李文美）

山东省

▲3月2日 山东省委、省政府在省乡镇企业局召开第八次现场办公会议，专题研究在新形势下进一步加快全省乡镇企业发展提高的问题。省委书记姜春云在会上指出："要继续把发展乡镇企业作为振兴山东经济的战略重点，加大改革力度，进一步增强乡镇企业发展活力，把乡镇企业的工作重点尽快转移到提高经济效益上来，尽快实现全省乡镇企业的第二次异军突起。"

▲7月 山东省妇女联合会、省乡镇企业局作出决定，命名杨恩英等103人为山东省优秀女农民企业家，省妇联同时命名她们为省"三八"红旗手，其中命名任荣华等10人为山东省十佳优秀女农民企业家。

▲10月 山东省政协视察团由省政协副主席王裕晏带队，就乡镇企业发展问题赴淄博、潍坊两市进行专题视察。

▲11月 在全国乡镇企业表彰会议上，山东省有1人被授予"中国乡镇企业功勋"称号，10人被授予"全国优秀乡镇企业家"称号，74人被授予"全国乡镇企业家"称号。153个企业进入全国1 000家最佳经济效益乡镇企业的行列。

▲1994年，山东省乡镇企业局会同省经委，在乡镇企业中进行高级经济师的评审工作。全省乡镇企业中有320人获得高级经济师任职资格（累计403人）。

▲1994年，《山东省志·乡镇企业志》初稿全部完成，共约13万字。

（徐田军）

河南省

▲1月18日 河南省委、省政府在郑州市召开全省乡镇企业工作会议。会议主要内容是传达贯彻全国乡镇企业工作会议精神，分析形势，总结经验，表彰先进，部署工作。

▲2月16日 河南省乡镇企业法律服务中心在河南省乡镇企业局挂牌成立。

▲5月12日 全省乡镇企业欠发达县工作座谈会在郑州市召开。

▲7月29日 河南省副省长李成玉主持召开全省发展乡镇企业外向型经济工作会议。会议就如何在全省乡镇企业系统中加快发展外向型经济进行讨论和研究。

▲10月 全国乡镇企业系统纸制品质量监督检测站在河南省成立。

▲12月 由新华社河南分社、河南省委宣传部、河南省广播电视厅、河南日报社等单位会同河南省乡镇企业局，开展评选1994年度乡镇企业好新闻活动。评出一等奖16篇、二等奖7篇、三等奖5篇。

（张洪祥）

湖北省

▲2月24日 湖北省委、省政府召开全省乡镇企业电视电话会议。省长贾志杰，政协主席回良玉，副省长王生铁分别作了讲话。会议要求全省上下迅速行动起来，推进全省乡镇企业再上新台阶。

▲4月 湖北省幸福集团实业股份有限公司生产的Palazzo（普拉索）衬衫在国家计委、质量协会等五个单位组织的"首届中国十大名牌西装、十大名牌衬衫市场确认活动"中，被评为中国十大名牌衬衫。

▲5月3—6日 全省创建亿元乡镇企业（企业集团）暨工业小区建设现场经验交流会在潜江市召开。会议围绕创建一批亿元企业，组建一批企业集团，兴建一批工业小区，发展一批农副产品加工龙头企业为目标，在全省选择110个骨干企业作为"跨世纪亿元工程"的重点，确定19个省级工业小区，提出组建企业集团和发展农副产品龙头企业的目标与措施。

▲6月9日 湖北省省长贾志杰、副省长王生铁率领省直15个部门负责人到省乡镇企业局现场办公，检查各部门贯彻落实省委、省政府《关于突破性发展乡镇企业决定》的情况，研究进一步扶持乡镇企业发展的措施。

▲**7月16日** 湖北省委、省政府作出《关于表彰1993年度全省乡镇企业“十强百家”活动的决定》，授予仙桃市等10个县市为1993年度乡镇企业“十强县市”，和平乡等10个乡镇为“十强乡镇”，幸福村等10个村为“十强村”，幸福服装厂等10个企业为“十强企业”，张本满等100名乡镇企业厂长（经理）为湖北省优秀乡镇企业家，省财政拨出57.5万元专款进行奖励。

▲**7月19—22日** 湖北省委、省政府在荆州地区召开全省乡镇企业工作会议。会议组织参观仙桃、天门、潜江、洪湖四个县市乡镇企业的先进典型；研究部署1994年及“八五”期间的工作任务；确定大发展、大提高的发展思路。

▲**10月21—23日** 全省乡镇企业产权制度改革及股份合作制试点工作经验交流会在武穴市召开。全省乡镇企业股份合作制企业发展到3.2万个，股金总额44亿多元。

▲**11月** 在全国乡镇企业表彰会上，湖北幸福集团董事长周作亮荣获“中国乡镇企业功勋”称号；23名乡镇企业厂长（经理）被评为第二届全国乡镇企业家。

（萬天平）

广西壮族自治区

▲1994年，广西甚至华南大部分地区遭受百年罕遇的洪涝灾害，在一方有难八方支援的活动中，广西南丹龙泉矿冶总厂捐款总额达351万元，是广西捐款最多的乡镇企业。

▲1994年，广西乡镇企业总收入突破1 400亿元，增长幅度超90%，发展速度继上年再居全国首位。

▲在农业部表彰的1 000家全国最佳经济效益企业中，广西有20个企业，占西部地区的58%。

▲1994年，广西乡镇企业组织实施“十百千万”工程，即建立10个科技型集团，创办100个科技型企业，开发1 000个科技型项目，培训1万人次。

（江新成）

海南省

▲**1月4日** 海南省乡镇企业局长会议召开。

▲**4月4日** 海南省副省长汪啸风在琼山市龙塘镇主持召开龙塘服装工业专业村经验交流会议。各市县分管工业工作的副市县长和乡镇企业局长参加。会议介绍推广龙塘镇服装专业村的经验，推动全省乡镇企业专业村的发展。

▲**4月27日** 海南省政府发出《表彰1993年度乡镇企业先进集体和先进个人的决定》。琼山市、澄迈县、儋州市、海口市、琼海市、文昌县、万宁县、三亚市等分获乡镇企业先进市县一、二、三等奖；琼中、定安、通什等10市县获乡镇企业总产值翻番奖。澄迈县永发镇等40个乡镇分获乡镇企业先进乡镇一、二、三等奖。海口市海秀乡秀英房地产开发公司等33个企业获先进企业称号。王业天等67人获先进工作者称号。冼笃信等26名厂长（经理）获“海南省乡镇企业家”称号。

▲至9月底，琼山市龙桥镇龙鸿管区完成乡镇企业产值10 200万元，率先成为海南省乡镇企业产值超亿元的管区。

▲**10月25日—11月8日** 海南省乡镇企业家考察团到香港、新加坡、马来西亚、泰国等国家和地区考察。这是海南省乡镇企业第一个出国考察团。

（刘滨寄）

云南省

▲**2月16日** 云南省乡镇企业局派出工作组，在玉溪市北城镇开展乡镇企业推行股份合作制试点工作。

▲**5月23—25日** 云南省政府召开全省乡镇企业工作会议。会议总结上次全省乡镇企业工作会议以来的工作，安排1994年的工作。省政府领导同各地州市政府领导签定1994年度发展乡镇企业目标责任制。

▲**6月16日—7月15日** 云南省乡镇企业局举办4期推行股份合作制培训班。

▲**7月5日** 云南省乡镇企业局派出4个工作组，到勐腊、宜良、陆良、牟定等县开展第二批试点工作，探索在边疆少数民族地区推行乡镇企业股份合作制的路子。

▲**10月10日** 云南省委、省政府发出《中共云南省委、云南省人民政府关于推行乡镇企业股份合作制的试行意见》。

▲**11月6日** 云南省政府发出《云南省人民政府关于表彰1993年度发展乡镇企业成绩显著先进单位的决定》。

▲**11月24—28日** 云南省委、省政府召开全省乡镇企业工作会议。省、地、县党委、政府的主要领导和乡镇企业局局长参加会议。会议确定新的发展目标，提出相应的措施。

（和开道）

大连市

▲**5月18日** 大连市政府召开乡镇企业外向型经济工作会议。副市长贾崇斌作工作报告，并代表市政府与各区市县长签订了责任状。

▲**6月9—10日** 大连市委、市政府在金州区召开大连市乡镇企业工作座谈会。市委书记曹伯纯、市人大主任卞国胜、副市长贾崇斌分别在会上讲话，充分肯定金州区的经验。

▲**6月14日** 大连市经委、市统计局首次按国际惯例，以企业利税总额和产品销售收入两大指标综合排序，大连冶金轴承厂在全市企业中居第18位，为全市乡镇企业之首。

▲**7月18日** 大连市委、市政府召

开大连市第五届乡镇明星企业暨乡镇企业家表彰大会。262个明星企业、65名最佳乡镇企业家、268名优秀乡镇企业家受到表彰。同时受到表彰的还有:13个“龙”镇、5个“龙”村、36个“虎”村,综合实力10强乡镇、20强村、5强村级公司、经济效益10佳企业、20家花园式工厂和10佳民营乡镇企业。最佳乡镇企业家李桂莲和市长薄熙来分别在会上讲话。

▲**8月12—15日** 第14次全国八城市(北京、天津、上海、重庆、杭州、福州、苏州、大连)乡镇企业局长研讨会在大连市召开。会议通报各市前7个月情况,交流企业改革、发展外向型经济等方面的经验。

▲**8月16日** 大连市遭受强热带风暴袭击,部分乡镇企业受损,直接损失1.3亿元,间接损失2.7亿元。

▲经过7年时间编纂,40余万字的《大连市乡镇企业志》分别于2月和11月通过了一审、二审。

▲1994年,大连市乡镇企业共6次近100人随市政府招商团分赴7个国家和地区招商,签合同80余项,合同外资额2.8亿美元。

(鲁丕亮)

附录

乡镇企业教育培训机构名录

天津市

天津市乡镇企业培训中心
通讯地址　天津市西郊区侯台村
邮政编码　300381
主要专业　中短期各类技术、业务培训

内蒙古自治区

呼伦贝尔盟乡镇企业培训中心
通讯地址　海拉尔市
邮政编码　021000

哲里木盟乡镇企业培训中心
通讯地址　通辽市
邮政编码　028000

赤峰市乡镇企业培训中心
通讯地址　赤峰市
邮政编码　024000

包头市乡镇企业培训中心
通讯地址　包头市
邮政编码　014030

巴彦淖尔盟乡镇企业培训中心
通讯地址　临河市
邮政编码　015000

内蒙古自治区乡镇企业培训中心
通讯地址　呼和浩特市
邮政编码　010010

黑龙江省

黑龙江省乡镇企业干部学校
通讯地址　哈尔滨市南岗区第二巴陵街16号
邮政编码　150001
主要专业　会计、经营管理

牡丹江市乡镇企业职工学校
通讯地址　牡丹江市东安区南市街2号
邮政编码　157000
主要专业　会计、经营管理

佳木斯市乡镇企业培训中心
通讯地址　佳木斯市永红区西林路西段517号
邮政编码　154002
主要专业　会计、经营管理

绥化地区乡镇企业干部培训中心
通讯地址　绥化市中直北路70号
邮政编码　152000
主要专业　会计、经营管理

黑河行署乡镇企业管理局培训中心
通讯地址　黑河市迎恩路19号
邮政编码　164300
主要专业　会计、经营管理

江苏省

江苏省乡镇企业管理干部培训中心
通讯地址　南京市西康路1—3号
邮政编码　210024

南京市乡镇企业干部培训中心
通讯地址　南京市光华门外石门坎114号
邮政编码　210007

农业部全国乡镇企业家培训中心暨无锡市乡镇工业干部学校
通讯地址　无锡市清扬路6号桥五星新村51号
邮政编码　214023

南通市乡镇企业教育培训中心
通讯地址　南通市青年西路17号
邮政编码　226006

苏州市乡镇工业教育培训中心
通讯地址　苏州市民治路甫桥下塘13号
邮政编码　215006

扬州市乡镇工业干部学校
通讯地址　扬州市埝泗桥路15号
邮政编码　225000

盐城市乡镇工业学校
通讯地址　盐城市黄海西路94号
邮政编码　224002

浙江省

浙江省乡镇企业科技教育培训中心
通讯地址　杭州市文三路101号
邮政编码　310013
主要专业　大专学历教育、短期培训

杭州市西湖区乡镇企业科技学会培训服务中心
通讯地址　杭州市浙大路5—1号
邮政编码　310013
主要专业　各类专业培训

杭州市拱墅区乡镇企业教育培训服务中心
通讯地址　杭州市
邮政编码　310004
主要专业　各类专业培训

杭州市江平区乡镇企业职工培训中

心
通讯地址 杭州市秋涛路288—1号
邮政编码 310021
主要专业 各类专业培训

宁波市乡镇企业成人中等专业学校
通讯地址 宁波市育才路226号
邮政编码 315010
主要专业 各类专业培训、学历教育

浙江省衢州市乡镇企业科技教育培训中心
通讯地址 衢州市政府大院内
邮政编码 324002
主要专业 各类专业培训

安徽省

安徽乡镇工业学院
通讯地址 合肥市屯溪路105号
邮政编码 230022
主要专业 企业管理、经济贸易、会计统计、国际贸易、机制工艺、机电、化工等

安徽大学乡镇企业管理学院
通讯地址 合肥市濉溪路3号
邮政编码 230039
主要专业 化工、经营管理

安徽省乡镇企业干部培训班
通讯地址 合肥市屯溪路101号
邮政编码 230022
主要专业 短期培训

安徽省乡镇企业成人中专学校
通讯地址 合肥市屯溪路101号
邮政编码 230022
主要专业 企业管理、会计统计、营销、机电、纺织、建材、服装、化工、工民建

合肥市乡镇企业职工学校
通讯地址 合肥市合巢路
邮政编码 230051
主要专业 财务会计、企业管理、化学工艺、工民建、计算机

合肥市乡镇企业成人中专学校
通讯地址 合肥市合巢路
邮政编码 230051
主要专业 短期培训

合肥市乡镇企业职工培训中心
通讯地址 合肥市合巢路
邮政编码 230051
主要专业 短期培训

淮北市乡镇企业人才开发培训中心
通讯地址 淮北市
邮政编码 235000
主要专业 短期培训

淮南市乡镇企业干部学校
通讯地址 淮南市
邮政编码 232001
主要专业 短期培训

芜湖市乡镇企业职工培训中心
通讯地址 芜湖市
邮政编码 241000
主要专业 短期培训

中国黄山市乡镇企业培训中心
通讯地址 黄山市屯溪山东路18号
邮政编码 245000
主要专业 短期培训

安庆市乡镇企业培训中心
通讯地址 安庆市
邮政编码 246003
主要专业 短期培训

六安地区乡镇企业培训中心
通讯地址 六安市
邮政编码 237001
主要专业 短期培训

滁州市乡镇企业人才培训中心
通讯地址 滁州市
邮政编码 239000
主要专业 短期培训

阜阳地区乡镇企业培训中心
通讯地址 阜阳市
邮政编码 236014
主要专业 短期培训

阜阳乡镇企业中专学校
通讯地址 阜阳市
邮政编码 236014
主要专业 企业管理、会计统计、建筑、计算机

池州地区乡镇企业培训中心
通讯地址 贵池市
邮政编码 247100
主要专业 短期培训

福建省

福建省乡镇企业干部学校
通讯地址 福州市华林路斗门四弄三号
邮政编码 350013
主要专业 贸易经济、企业管理、会计与审计

厦门市乡镇企业培训中心
通讯地址 厦门市集美区
邮政编码 361021
主要专业 企业管理、财务会计

漳州市乡镇企业人才培训服务中心
通讯地址 漳州市延安北路北端
邮政编码 363000
主要专业 企业管理

龙岩地区乡镇企业培训中心
通讯地址 龙岩市溪南军民路1号
邮政编码 364000

主要专业 企业管理

三明市乡镇企业培训中心
通讯地址 三明市刘东麒麟山庄
邮政编码 365000
主要专业 财务会计、企业管理

福州市乡镇企业培训中心
通讯地址 福州市闽江大学院内
邮政编码 350002
主要专业 企业管理、财务会计

江西省

江西省乡镇企业培训中心
通讯地址 南昌市北京东路76号
邮政编码 330029
主要专业 管理、会计、统计、工民建、机械

南昌市乡镇企业培训中心
邮政编码 330008
主要专业 管理、会计

赣州地区乡镇企业培训中心
邮政编码 341000
主要专业 管理、会计

吉安地区乡镇企业培训班
邮政编码 343000
主要专业 管理、会计

宜春地区乡镇企业培训中心
邮政编码 336000
主要专业 管理、会计

景德镇市乡镇企业培训中心
邮政编码 333000
主要专业 管理、会计、陶瓷

新余市乡镇企业培训中心
邮政编码 336500
主要专业 管理、会计

萍乡市乡镇企业培训中心
邮政编码 337002
主要专业 管理、会计

抚州地区乡镇企业培训中心
邮政编码 344000
主要专业 管理、会计

九江市乡镇企业培训中心
邮政编码 332000
主要专业 管理、会计

鹰潭市乡镇企业培训中心
邮政编码 325001
主要专业 管理、会计

山东省

山东省乡镇企业培训中心(职工中专学校)
通讯地址 济南市玉函路25号
邮政编码 250002
主要专业 企业管理、财务会计、市场营销、计划统计

山东省济南市乡镇企业培训中心
通讯地址 济南市山大北路8号
邮政编码 250100

淄博市乡镇企业培训中心
通讯地址 淄博市张店区柳泉路北首
邮政编码 255000

枣庄市乡镇企业职工中专学校
通讯地址 枣庄市市中区青檀北路89号
邮政编码 277100
主要专业 企业管理、财务会计、市场营销、计划统计、工民建

东营市乡镇企业培训中心
邮政编码 257000

烟台市乡镇企业培训中心
通讯地址 烟台市南通路36号
邮政编码 264000

山东省潍坊市乡镇企业培训中心
通讯地址 潍坊市胜利大街东首
邮政编码 261000

山东省济宁市乡镇企业职工中专学校
邮政编码 272100
主要专业 企业管理、财务会计、市场营销、计划统计

山东省泰山乡镇企业职工大学
邮政编码 271000
主要专业 企业管理、财务会计、市场营销、机械制造、建筑装璜、服装设计

山东省威海市培训中心
通讯地址 威海市乡镇企业局
邮政编码 264800

山东省日照市乡镇企业培训中心
通讯地址 日照市乡镇企业局
邮政编码 2768000

山东省莱芜市乡镇企业职工中专学校
邮政编码 271100
主要专业 企业管理、财务会计

山东省滨州市乡镇企业培训中心
邮政编码 256600

山东省德州地区乡镇企业培训中心
通讯地址 德州市新湖北路39号
邮政编码 253000

山东省聊城地区乡镇企业培训中心
邮政编码 252000

山东省菏泽地区乡镇企业培训中心
邮政编码 274000

山东省临沂地区乡镇企业培训中心
通讯地址 临沂市红旗路中段
邮政编码 276000

青岛市乡镇企业培训中心
通讯地址 青岛市湖北路17号乙
邮政编码 266001

河南省

河南省乡镇企业培训中心
通讯地址 郑州市政七街北段
邮政编码 450003
主要专业 教育培训、人才交流

河南省三门峡市乡镇企业培训中心
通讯地址 三门峡市政府大楼
邮政编码 472000
主要专业 教育培训、人才交流

河南省洛阳市乡镇企业培训中心
通讯地址 洛阳市乡镇企业局
邮政编码 471000
主要专业 人才培训

河南省驻马店地区乡镇企业培训中心
通讯地址 驻马店市光明路
邮政编码 463000
主要专业 人才交流与培训

河南省新乡市乡镇企业培训学校
通讯地址 新乡市南干道
邮政编码 453000
主要专业 人才交流与专业培训

河南省信阳地区乡镇企业培训学校
通讯地址 信阳市北环道
邮政编码 464000
主要专业 人才交流与培训

湖北省

湖北省乡镇企业培训中心
通讯地址 武汉市武昌水果湖中高家湾31号
邮政编码 430077
主要专业 财务会计、经济管理

湖北省武汉市乡镇企业培训中心
邮政编码 430022
主要专业 财务会计、经济管理

湖北省襄樊市乡镇企业培训中心
邮政编码 441000
主要专业 财务会计、经济管理

湖北省黄冈地区乡镇企业职业技术教育中心
邮政编码 436100
主要专业 财务会计、经济管理

湖北省咸宁地区乡镇企业培训中心
邮政编码 437100
主要专业 财务会计、经济管理

湖北省恩施自治州乡镇企业培训中心
邮政编码 445000
主要专业 财务会计、经济管理

贵州省

贵州省乡镇企业培训中心
通讯地址 贵阳市解放路224号
邮政编码 550002
主要专业 各类专业培训

国家和省级命名的乡镇企业集团名录

黑龙江省

黑龙江省阿城钢铁集团公司
通讯地址 阿城市北环路
邮政编码 150300
电　　话 322173 322181

黑龙江省大北企业集团有限责任公司
通讯地址 齐齐哈尔市龙沙区海山1号楼
邮政编码 161005
电　　话 430810

黑龙江省大田集团总公司
通讯地址 齐齐哈尔市新立街99号
邮政编码 161005
电　　话 420526 420529

安达市宏远建筑集团股份有限公司
通讯地址 安达市四道街北环路
邮政编码 151400
电　　话 221725 224190

黑龙江龙迪木制品集团
通讯地址 铁力市建设大街
邮政编码 116013
电　　话 32851 32414

黑龙江省向阳实业集团
通讯地址 齐齐哈尔市铁锋区树新街88号
邮政编码 161002
电　　话 515688

黑龙江省信大集团股份有限公司
通讯地址 牡丹江市西安区西三条路140号
邮政编码 157000
电　　话 227822

江苏省

江苏红豆针纺集团
通讯地址 无锡县港下镇

江苏六通机械集团
通讯地址 无锡县硕放乡

江苏威利达化纤集团
通讯地址 无锡县钱桥镇

江苏金钥匙集团
通讯地址 无锡县长安镇

江苏贝贝鞋业集团
通讯地址 张家港市西张镇

江苏华纺集团
通讯地址 张家港市塘市镇

江苏华龙集团
通讯地址 常熟市虞庄路

江苏艺龙集团
通讯地址 吴江市盛泽镇

江苏鹰翔集团
通讯地址 吴江市盛泽镇

江苏华菱集团
通讯地址 张家港市南沙镇

江苏雅鹿集团
通讯地址 太仓市鹿河镇

江苏苏晋集团
通讯地址 昆山市巴城镇

江苏中港化纤纺织集团
通讯地址 张家港市澄扬路5号

江苏大新医疗器械集团
通讯地址 张家港市大新镇

江苏秋艳集团
通讯地址 常熟市王市镇

江苏福裕集团
通讯地址 常熟市谢桥镇

江苏灵丰集团
通讯地址 常熟市何市镇

江苏旋力制管集团
通讯地址 常熟市梅李镇

江苏阳桥集团
通讯地址 常熟市阳桥经济技术开发区

江苏晨风丝绸集团
通讯地址 金坛县开发区

江苏长江电器集团
通讯地址 扬中市新坝镇

江苏菊花味精集团
通讯地址 张家港市港口镇

江苏申洲毛纺集团
通讯地址 张家港市重港镇

江苏永鼎电缆集团
通讯地址 吴江市芦墟镇

江苏章鹿集团
通讯地址 张家港市鹿苑镇

江苏光达集团
通讯地址 张家港市塘桥镇

江苏明珠集团
通讯地址 吴县湘城镇

江苏三房巷实业集团
通讯地址 江阴市周庄镇

江苏金甲集团
通讯地址 太仓市浮桥镇

江苏飞达橡胶集团
通讯地址 无锡县港下镇

江苏诚怡集团
通讯地址 无锡县港下镇

江苏金柳集团
通讯地址 张家港市泗港镇

江苏海狮机械集团
通讯地址 张家港市乐余镇

江苏梁丰食品集团
通讯地址 张家港市杨舍镇

江苏华南包装集团
通讯地址 张家港市杨舍镇

江苏港洋集团
通讯地址 张家港市泗港镇

江苏南方机电集团
通讯地址 无锡县洛社镇

江苏三马集团
通讯地址 太仓市沙溪镇

江苏银宝棉纺织集团
通讯地址 宝应县汜水镇

江苏森达集团
通讯地址 建湖县南郊建宝路

江苏天元集团
通讯地址 铜山县马坡乡

江苏泰星集团
通讯地址 泰兴市姚王镇

江苏花园集团
通讯地址 江阴市长泾镇

江苏彩雯丝绸集团
通讯地址 宜兴市

江苏神马集团
通讯地址 宜兴市扶风乡

江苏泰山集团
通讯地址 太仓市璜泾镇

江苏乐凯集团
通讯地址 扬州市平山堂西首

江苏奇力集团
通讯地址 太仓市浏河镇

江苏南洋电器集团
通讯地址 武进县礼河镇

江苏华喜毛纺集团
通讯地址 武进县横山桥镇

江苏太湖锅炉集团
通讯地址 无锡县洛社镇

江苏华鹏实业集团
通讯地址 扬中县新坝镇

江苏鑫鑫集团
通讯地址 铜山县利国乡

江苏非圆集团
通讯地址 铜山县大泉乡

江苏琴湖集团
通讯地址 常熟市琴湖路

江苏侨太集团
通讯地址 太仓市鹿河镇

江苏鹏程集团
通讯地址 太仓市新湖镇

江苏沿山实业集团
通讯地址 江阴市月城镇

江苏银洋集团
通讯地址 无锡市南门塘西三支路

江苏阳光集团
通讯地址 江阴市新桥镇

江苏银铃集团
通讯地址 江阴市北国镇

江苏国泰医药包装集团
通讯地址 丹阳市皇塘镇

江苏新兴化工集团
通讯地址 宜兴市徐舍镇

江苏银河电子集团
通讯地址 张家港市塘桥镇

江苏巨桥集团
通讯地址 张家港市鹿苑镇

江苏华鑫集团
通讯地址 吴江市八都镇

江苏利康集团
通讯地址 吴江市北库镇

江苏金蜂集团
通讯地址 吴江市庙港镇

江苏虎豹集团
通讯地址 邗江县汉河镇

江苏晶石集团
通讯地址 无锡县港下镇

江苏康博集团

江苏西塘实业集团
通讯地址 无锡县前洲镇

江苏前达纺织集团
通讯地址 无锡县前洲镇

江苏三洲冶金集团
通讯地址 无锡县前洲镇

江苏东湖丝绸集团
通讯地址 无锡县东湖塘镇

江苏双良集团
通讯地址 江阴市利港镇

江苏丰元集团
通讯地址 无锡县港下镇

江苏荷仙食品集团
通讯地址 宝应县獐狮荡乡

江苏萃隆铜业集团
通讯地址 常熟市杨园镇

江苏皓月汽车锁制造集团
通讯地址 靖江市东兴镇

江苏永丰集团
通讯地址 江阴市山观镇

江苏飞腾打字机集团
通讯地址 张家港市后塍镇

江苏神鹰集团
通讯地址 宜兴市丁蜀镇

江苏云达集团
通讯地址 无锡县华庄镇

江苏远舟集团
通讯地址 宜兴市丁蜀镇

江苏少女之春集团
通讯地址 泰兴市蒋华镇

江苏春洲旅行车集团
通讯地址 张家港市南丰镇

江苏东方集团
通讯地址 铜山县青山泉乡

江苏奔翔集团
通讯地址 江阴市要塞镇

江苏华西集团
通讯地址 江阴市华士镇

江苏通达集团
通讯地址 昆山市石牌镇

江苏华星集团
通讯地址 盐城市郊区龙冈镇

江苏华英集团
通讯地址 盐城市郊区大冈镇

江苏民生压力容器制造集团
通讯地址 靖江市礼士镇

江苏新亚机械集团
通讯地址 靖江市新桥镇

江苏捷凯电力器材集团
通讯地址 江都县砖桥镇

江苏立霸集团
通讯地址 宜兴市西门常福桥

江苏常恒集团
通讯地址 武进县魏村

江苏羊尖建筑建材集团
通讯地址 无锡县羊尖镇

江苏声乐集团
通讯地址 无锡县八士镇

江苏联峰集团
通讯地址 昆山市玉山镇

江苏正丹集团
通讯地址 丹阳市导墅镇

江苏虹雨集团
通讯地址 泰兴市刁铺镇

江苏大海集团
通讯地址 丹阳市后巷镇五星村

江苏永联钢铁集团
通讯地址 张家港市南丰镇

江苏美迪洋集团
通讯地址 常熟市赵市镇

江苏鲲鹏塑料地板集团
通讯地址 江阴市青阳镇

江苏玛莎集团
通讯地址 建湖县近湖乡

江苏马北太利集团
通讯地址 太仓市浏家港镇

江苏彩华集团
通讯地址 昆山市张浦镇

江苏金猫集团
通讯地址 吴县木渎镇

江苏大龙集团
通讯地址 盐城市郊区大冈镇

江苏洋霸集团
通讯地址 宜兴市大塍镇

江苏江南模塑集团
通讯地址 江阴市周庄镇

江苏鹏飞集团
通讯地址 海安县大公镇

江苏澄星磷化工集团
通讯地址 江阴市要塞镇

江苏丹凤集团
通讯地址 丹阳市皇塘镇

江苏飞达工具集团
通讯地址 丹阳市九墓镇

江苏太湖钢铁集团
通讯地址 无锡县石塘湾

江苏新亚实业集团
通讯地址 无锡县厚桥镇

江苏湖风集团
通讯地址 宜兴市丰义乡

江苏长江实业集团
通讯地址 江阴市夏港镇

江苏三江集团
通讯地址 张家港市南沙镇

江苏牡丹集团
通讯地址 张家港市乐余镇

江苏白熊机械集团
通讯地址 张家港市三兴镇

江苏锦绣集团
通讯地址 太仓市归庄镇

江苏华通集团
通讯地址 吴江市七都镇

江苏奥普集团
通讯地址 武进县孟城镇

江苏金峰集团
通讯地址 宜兴市丰义镇

江苏华亚集团
通讯地址 宜兴市新建镇

江苏兴达钢帘线集团
通讯地址 兴化市戴南镇

江苏世发集团
通讯地址 江都市双沟镇

江苏东正集团
通讯地址 无锡县安镇

江苏富昌集团
通讯地址 江阴市文林镇

江苏雪浪钢铁集团
通讯地址 无锡县雪浪镇

江苏吉诚集团
通讯地址 无锡县羊尖镇

江苏锡马集团
通讯地址 无锡县东亭镇

江苏人意集团
通讯地址 昆山市石牌镇

江苏正方集团
通讯地址 江宁县秣陵镇

江苏三友集团
通讯地址 盐城市郊区龙冈镇

江苏江海电容器集团
通讯地址 通州市平潮镇

江苏玉龙钢管集团
通讯地址 无锡县玉祁镇

江苏长山集团
通讯地址 张家港市杨舍镇

江苏金腾集团
通讯地址 张家港市晨阳镇

江苏雀翎丝绒集团
通讯地址 张家港市杨舍镇

江苏长江润发集团
通讯地址 张家港市港区镇

江苏友谊集团
通讯地址 张家港市兆丰镇

江苏星火集团
通讯地址 吴县渭塘镇

江苏华素集团
通讯地址 吴县东桥乡

江苏圣天食品集团
通讯地址 沛县城关街29号

江苏五星实业集团
通讯地址 无锡市郊区扬名乡

江苏先锋集团
通讯地址 江阴市要塞镇

江苏云蝠集团
通讯地址 江阴市顾山镇

江苏仉家巷集团
通讯地址 江阴市周庄镇

江苏垂虹集团
通讯地址 吴江市松陵镇

江苏荣华电缆集团
通讯地址 扬中县永胜乡

江苏新纺集团
通讯地址 无锡市郊区扬名乡

江苏新科电子集团
通讯地址 武进县洛阴镇

江苏三毛集团
通讯地址 江阴市新桥镇

江苏金鸡集团
通讯地址 常熟市大义镇

江苏申大工贸集团
通讯地址 常熟市虞山镇

江苏兰能集团
通讯地址 常熟市东张镇

江苏长江集团
通讯地址 常熟市辛庄镇

江苏三木集团
通讯地址 宜兴市都山乡

江苏晓金集团
通讯地址 宜兴市新庄镇

江苏星海集团
通讯地址 射阳县临海镇

江苏华建集团
通讯地址 泰兴市大生镇

江苏飞达电动工具集团
通讯地址 高邮市卸甲镇

江苏夏联集团
通讯地址 无锡市郊区夏家边乡

江苏雨花集团
通讯地址 南京市雨花台区江心洲乡

江苏洪蓝集团
通讯地址 溧水县洪蓝经济区

江苏苏龙绢纺集团
通讯地址 吴江市震泽镇

江苏差别化集团
通讯地址 吴江市梅堰镇

江苏华德集团
通讯地址 吴县湘城镇

江苏飞跃机泵集团
通讯地址 靖江市新桥镇

江苏力强集团
通讯地址 溧阳市强埠镇

江苏峰泉电线电缆集团
通讯地址 无锡县坊前镇

江苏雅西集团
通讯地址 无锡县洛社镇

江苏圣宝集团
通讯地址 无锡县坊前镇

江苏禾丰集团
通讯地址 无锡县石塘湾乡

江苏盐海集团
通讯地址 盐城市郊区大洋村

江苏中环集团
通讯地址 盐城市郊区环城村

江苏飞球集团
通讯地址 宜兴市张泽镇

江苏中宜集团
通讯地址 宜兴市南新镇

江苏海生实业集团
通讯地址 如东县南渔乡

江苏苏杭电路板集团
通讯地址 昆山市千灯镇

江苏港强集团
通讯地址 通州市金沙镇

江苏太湖绢纺集团
通讯地址 吴江市八都镇

江苏珍丰集团
通讯地址 大丰县大中镇

江苏虹达集团
通讯地址 大丰县三龙镇

江苏新澄特钢集团
通讯地址 江阴市月城镇

江苏安益压力容器制造集团
通讯地址 宝应县射阴湖镇

江苏明阳集团
通讯地址 无锡市梁溪路大丁村

江苏金龙集团
通讯地址 宜兴市宜城镇

江苏卫星集团
通讯地址 吴县黄埭镇

江苏京运集团
通讯地址 徐州市贾汪区大吴镇

江苏建平集团
通讯地址 徐州市贾汪区大吴镇

江苏宏华集团
通讯地址 无锡市金星路

江苏刘潭集团
通讯地址 无锡市锡澄路

江苏顺通集团
通讯地址 徐州市贾汪区大吴镇

江苏河埒渔工商集团
通讯地址 无锡市河埒乡

江苏张庄华集团
通讯地址 吴县黄桥镇

江苏金鼎电动工具集团
通讯地址 武进县湟里镇

江苏江河集团
通讯地址 靖江市新桥镇

浙江省

浙江金鹤集团
通讯地址 长兴县李家巷镇
邮政编码 313102

浙江铁鹰集团
通讯地址 长兴县煤山镇
邮政编码 313117

浙江亚太机电集团
通讯地址 萧山市石岩镇
邮政编码 311201
电 话 262711

浙江德力西企业集团
通讯地址 温州市柳市镇
邮政编码 325604
电 话 773688

浙江百花企业集团
通讯地址 绍兴市齐贤镇
邮政编码 312031
电 话 5181403

浙江三花企业集团
通讯地址 新昌县城关镇
邮政编码 312500
电 话 6021859

浙江贺村企业集团
通讯地址 江山市贺村镇
邮政编码 324109
电 话 450288

浙江雪豹集团
通讯地址 海宁市长安镇
邮政编码 314408
电 话 7411791

浙江明球企业集团
通讯地址 海宁市周王庙镇
邮政编码 314407
电 话 7533666

浙江万马企业集团
通讯地址 临安县城关镇
邮政编码 311300
电 话 9022883

浙江西子电梯集团
通讯地址 杭州市笕桥机场路62号
邮政编码 310021
电 话 5141388

浙江达富企业集团
通讯地址 温岭县松门镇
邮政编码 317511
电 话 612128

浙江庆丰企业集团
通讯地址 海盐县庆丰村
邮政编码 314300
电 话 6023622

浙江大梁山企业集团
通讯地址 宁海县城关镇
邮政编码 315600
电 话 560068

浙江天屹集团
通讯地址 临安县城关镇
邮政编码 311300
电 话 3727166

浙江江南铜管集团
通讯地址 上虞市汤浦镇
邮政编码 312364
电 话 2036317

浙江龙柏集团
通讯地址 上虞市嵩坝镇
邮政编码 312352
电 话 2019083

浙江姚冶集团
通讯地址 余姚市城关镇
邮政编码 315400
电 话 632861

浙江立马企业集团
通讯地址 兰溪市灵洞乡
邮政编码 321100
电 话 822148

浙江虎霸集团
通讯地址 江山市丰足乡
邮政编码 324100
电 话 423321

浙江卧龙机电集团
通讯地址 上虞市嵩坝镇
邮政编码 312351
电 话 2019460

浙江和平工贸集团
通讯地址 杭州市东升路 4 号
邮政编码 310004
电 话 5142746

浙江升华集团
通讯地址 德清县钟管镇
邮政编码 313216
电 话 401258

浙江欧诗漫集团
通讯地址 德清县雷甸镇
邮政编码 313219

浙江丝龙集团
通讯地址 德清县钟管镇
邮政编码 313216
电 话 401238

浙江超同集团
通讯地址 海盐县百步村
邮政编码 314312
电 话 6766877

浙江阳光集团
通讯地址 上虞市沥东镇
邮政编码 312366
电 话 2069989

浙江龙盛集团
通讯地址 上虞市道虚镇
邮政编码 312364
电 话 2012131

浙江上风集团
通讯地址 上虞市上浦镇
邮政编码 312351
电 话 2019191

浙江联丰集团
通讯地址 上虞市百官镇
邮政编码 312300
电 话 2012301

浙江兆山建材集团
通讯地址 诸暨市五一乡
邮政编码 311801
电 话 7034278

浙江广宇集团
通讯地址 绍兴市杨汛桥镇
邮政编码 312005
电 话 4069437

浙江华天集团
通讯地址 绍兴市柯桥镇
邮政编码 312005
电 话 4091637

浙江中平集团
通讯地址 余杭县临平镇
邮政编码 311100
电 话 6224898

浙江海鸿集团
通讯地址 温岭县箬山镇
邮政编码 317513
电 话 671501

浙江金达丝绸集团
通讯地址 海盐县横港镇
邮政编码 314313
电 话 6023981

浙江锦江集团
通讯地址 临安县城关镇
邮政编码 311300
电 话 3721681

浙江玲珑集团
通讯地址 临安县玲珑乡
邮政编码 311301
电 话 3723761

浙江东港集团
通讯地址 椒江市解放路 103 号
邮政编码 317700
电 话 881534

浙江恒逸集团
通讯地址 萧山市衙前镇
邮政编码 311229
电 话 2648848

浙江海龙集团
通讯地址 杭州市湖墅南路 164 号
邮政编码 310006
电 话 8066156

浙江超亚集团
通讯地址 临安县城关镇
邮政编码 311300

浙江花园工贸集团
通讯地址 东阳市花园工业区
邮政编码 322121
电 话 633012

浙江山鹰集团
通讯地址 长兴县煤山镇
邮政编码 313117

万向企业集团
通讯地址 萧山市宁围镇
邮政编码 311202
电 话 5156480

浙江万达企业集团
通讯地址 萧山市闻堰镇
邮政编码 311214
电 话 301288

金轮集团
通讯地址 慈溪市宗汉镇
邮政编码 315301
电 话 205611

浙江恒柏轻纺集团
通讯地址 绍兴市夏履镇
邮政编码 312005
电 话 461662

横店企业集团
通讯地址 东阳市横店镇
邮政编码 322118
电 话 651511

浙江足佳鞋业集团
通讯地址 桐乡市青石镇
邮政编码 314500
电 话 8522158

浙江华丰企业集团
通讯地址 杭州市石桥路 138 号
邮政编码 310022
电 话 5144591

浙江南方企业集团
通讯地址 绍兴市夏履镇
邮政编码 312026
电 话 4061888

浙江万龙工贸集团
通讯地址 萧山市城关镇
邮政编码 311200
电 话 621537

浙江万事利轻纺集团
通讯地址 杭州市机场路 195 号
邮政编码 310021
电 话 5141365

浙江海华贸易集团
通讯地址 杭州市之江饭店内
邮政编码 310006
电 话 8066604

浙江中贝企业集团
通讯地址 椒江市
邮政编码 317700
电 话 825081

浙江大光明企业集团
通讯地址 杭州市江干区五福村
电 话 6047457

浙江北天鹅企业集团
通讯地址 萧山市新塘镇
邮政编码 311201
电 话 626828

浙江海外海集团
通讯地址 杭州市上塘路 329 号
邮政编码 310015
电 话 8071818

浙江近江企业集团
通讯地址 杭州市江干区四季青
邮政编码 310016
电 话 6064462

浙江寺桥集团
通讯地址 绍兴市马安镇
邮政编码 312033
电 话 501899

浙江春晖集团
通讯地址 上虞市百官镇
邮政编码 312300
电 话 251976

浙江康桥汽车工贸集团
通讯地址 杭州市大关路
邮政编码 310015
电 话 8010210

浙江七星水泥企业集团公司
通讯地址 杭州市天目饭店二楼
邮政编码 310012
电 话 8074499

浙江建华集团
通讯地址 杭州市上塘路
邮政编码 310015
电 话 8010920

浙江伟业集团
通讯地址 杭州市彭埠镇
邮政编码 310021
电 话 6048513

浙江大东亚塑胶集团
通讯地址 诸暨市璜山镇
邮政编码 311809

电　　话　791508

浙江全塘集团

通讯地址　平湖市全塘镇
邮政编码　314204
电　　话　5800288

浙江海泰集团

通讯地址　温岭县城关镇
邮政编码　317500
电　　话　626358

安徽省

芜湖通宝汽车工业有限责任公司

通讯地址　芜湖市解放东路
邮政编码　241001
电　　话　5854636

安徽省郎溪县化工(集团)有限责任公司

通讯地址　郎溪县梅渚镇
邮政编码　242115
电　　话　791318

安徽省潜山县浩川开发公司

通讯地址　潜山县逆水乡
邮政编码　246317
电　　话　8921297

安徽扬程日化总公司

通讯地址　潜山县
邮政编码　246300
电　　话　8923560

安徽省宁国县耐磨材料总厂

通讯地址　宁国县城关乡凤形山
邮政编码　242300
电　　话　422987

安徽省宁国中鼎股份有限公司

通讯地址　宁国县中溪镇
邮政编码　242344
电　　话　474800

安徽永青日用化学品有限公司

通讯地址　蒙城县城关镇
邮政编码　233500
电　　话　623017

安徽省安庆市洲头油脂化工总公司

通讯地址　宿松县洲头乡
邮政编码　246541
电　　话　7856213

安徽省淮北市杭淮丝绸厂

通讯地址　淮北市矿山集镇
邮政编码　235047
电　　话　441041

安徽省太和县皮条孙镇塑料加工厂

通讯地址　太和县皮条孙镇
邮政编码　236600
电　　话　683017

安徽天大企业集团

通讯地址　天长市铜城镇
邮政编码　239311
电　　话　751147

安徽省旌德恒大纺织有限公司

通讯地址　旌德县孙村镇
邮政编码　242603
电　　话　822018

安徽省淮南市玻璃工业总公司

通讯地址　淮南市田家庵区安城镇
邮政编码　232038
电　　话　5676746

安徽省滁州市昌达集团公司

通讯地址　滁州市南谯区乌衣镇
邮政编码　239050
电　　话　391513

安徽省繁昌县荻港金刀水泥集团公司

通讯地址　繁昌县荻港镇
邮政编码　241226
电　　话　7892831

安徽省湖滨建筑安装工程总公司

通讯地址　合肥市天长路 64 号
邮政编码　230011
电　　话　4481284

合肥骆岗企业集团公司

通讯地址　合肥市郊区骆岗镇
邮政编码　230051
电　　话　3636131

合肥花园实业公司

通讯地址　合肥市郊区骆岗镇花园村
邮政编码　230051
电　　话　3417411

合肥淝滨实业公司

通讯地址　合肥市郊区杏花村
邮政编码　230031
电　　话　5562752

合肥杏花村企业集团总公司

通讯地址　合肥市郊区杏花村
邮政编码　230041
电　　话　5527824

合肥北方实业公司

通讯地址　合肥市郊区杏花村
邮政编码　230041
电　　话　5526531

合肥金华实业公司

通讯地址　合肥市郊区杏花村
邮政编码　230041
电　　话　5562553

合肥东方企业集团总公司

通讯地址　合肥市郊区七里塘镇
邮政编码　230041
电　　话　5528683

合肥瑶海实业集团公司

通讯地址　合肥市郊区瑶海镇
邮政编码　230011
电　　话　4484976

合肥淝河企业集团公司
通讯地址 合肥市郊区骆岗镇王大郢村
邮政编码 230018
电 话 4653114

合肥常青纺织印染总厂
通讯地址 合肥市郊区常青乡
邮政编码 230022
电 话 3632468

安徽省芜湖县农业经济实业开发总公司
通讯地址 芜湖县
邮政编码 241100
电 话 8811931

安徽省芜湖县围山机械总厂
通讯地址 芜湖县火龙岗镇
邮政编码 241131
电 话 8881141

安徽省芜湖机电设备制造总厂
通讯地址 芜湖县陶辛镇
邮政编码 241100
电 话 8811652

岳西县天堂纺织工艺制品总厂
通讯地址 岳西县天堂镇
邮政编码 246600
电 话 2173430

合肥南方实业公司
通讯地址 合肥市郊区骆岗镇
邮政编码 230051
电 话 3639014

合肥远东实业公司
通讯地址 合肥市
邮政编码 230041
电 话 5528474

合肥新华实业公司
通讯地址 合肥市郊区七里塘镇
邮政编码 230041
电 话 5525079

合肥城东企业集团总公司
通讯地址 合肥市郊区城东乡
邮政编码 230011
电 话 4483224

合肥红旗水泥厂
通讯地址 合肥市郊区城东乡
邮政编码 230011
电 话 4483965

合肥红旗棉纺织厂
通讯地址 合肥市郊区城东乡
邮政编码 230011
电 话 4483575

安徽省濉溪矿业集团总公司
通讯地址 濉溪县
邮政编码 235100
电 话 672446

安徽省巢湖市希安顿无线电总厂
通讯地址 巢湖市
邮政编码 238000

安徽省阜南县柳编集团公司
通讯地址 阜南县
邮政编码 236300

安徽省皖西同济工贸集团总公司
通讯地址 舒城县城关镇
邮政编码 231300
电 话 641331

安徽省皖阜兔毛集团公司
通讯地址 阜南县
邮政编码 236300

安徽省滁州东泰集团公司
通讯地址 滁州市琅琊区扬子办事处
邮政编码 239064
电 话 381470

安徽省合肥红旗钢球厂
通讯地址 合肥市郊区城东乡
邮政编码 230011

福建省

福建省洪山集团公司
通讯地址 福州市工业路北段
邮政编码 350002
电 话 3711106 3710212

福建省黎明企业集团公司
通讯地址 福州市白马路黎明街8号
邮政编码 350005
电 话 3719182 3719988

福建省邦辉集团公司
通讯地址 福州市六一北路280号
邮政编码 350011
电 话 7558107 7558105

福建省九龙茶果集团公司
通讯地址 福州市郊区城门镇胪雷村
邮政编码 350018
电 话 3499653 3499165

福建省东门集团公司
通讯地址 福州市六一北路280号
邮政编码 350011
电 话 7537688 7529813

福建省江盛集团公司
通讯地址 福州市国货路258号
邮政编码 350009
电 话 3273223 3656874

福建省盖山企业集团公司
通讯地址 福州市郊区盖山镇
邮政编码 350026
电 话 3435684

福建省闽鸿集团公司
通讯地址 闽侯县鸿尾乡企业大楼

邮政编码　350106
电　　话　2972809　2975258

福建省金昌果集团公司
通讯地址　福州市五一中路49号日座13层B室
邮政编码　350005
电　　话　3362122

福建省万通集团公司
通讯地址　晋江市磁灶工业区
邮政编码　362214
电　　话　5882238

福建省丰盛集团公司
通讯地址　石狮市环城东路清华大厦
邮政编码　362700
电　　话　8788097　8789096

福建省威明集团公司
通讯地址　石狮市蚶江镇威明工业大厦
邮政编码　362700
电　　话　8783548

福建省冠宏集团公司
通讯地址　石狮市九二路92号
邮政编码　362700
电　　话　8782388

福建省怡宾集团公司
通讯地址　晋江市陈埭西滨宫口村
邮政编码　362200
电　　话　5782777　5184918

福建省佳美集团公司
通讯地址　德化县龙浔镇龙南路15号
邮政编码　362500
电　　话　3523888

福建省金链集团公司
通讯地址　石狮市厝仔工业区三宝大厦
邮政编码　362700
电　　话　8589963

福建省紫金集团公司
通讯地址　龙岩市红坊镇
邮政编码　364000
电　　话　2368858

江西省

江西高峰陶瓷集团公司
通讯地址　高安市石脑镇
邮政编码　330818
电　　话　225919

江西东方企业集团
通讯地址　南昌市上海路中段
邮政编码　330029
电　　话　8330558

江西沙神集团公司
通讯地址　进贤县温家圳
邮政编码　331721
电　　话　5258188

江西省绿色工业集团
通讯地址　南昌市解放西路141号
邮政编码　330002
电　　话　844729

南昌市凯利(集团)有限公司
通讯地址　南昌市迎宾大道中段
邮政编码　330001
电　　话　8443243

江西南翔化工集团公司
通讯地址　南昌县向塘镇
邮政编码　330200

江西文港文化用品集团公司
通讯地址　进贤县文港镇
邮政编码　331700

山东省

山东清河集团
通讯地址　济南市天桥区北园路
邮政编码　250033

山东甸柳集团总公司
通讯地址　济南市历城区洪家楼镇甸柳村
邮政编码　250100
电　　话　8934407　8936862

山东华园集团公司
通讯地址　济南市花园庄

山东济南青花岗石企业集团总公司
通讯地址　济南市历城区华山镇菜园村
邮政编码　250108
电　　话　8966076

山东长城集团
通讯地址　济南市洛口

山东大正实业集团有限公司
通讯地址　济南市历城区孙村镇

山东长城传动机械集团有限公司
通讯地址　胶州市

山东万通企业集团总公司
通讯地址　淄博市博山区岜山村
邮政编码　255200
电　　话　413808

山东淄博金海企业(集团)股份有限公司
通讯地址　淄博市张店区南定车站街
邮政编码　255064
电　　话　291531

山东淄博宝鼎化工装备集团总公司
通讯地址　淄博市张店区傅家

邮政编码　255060
电　　话　290709

山东双凤集团总公司
通讯地址　淄博市淄川区双沟镇
邮政编码　255185
电　　话　541403

山东华峰集团总公司
通讯地址　淄博市淄川区西河镇河北村
邮政编码　255161
电　　话　551081

山东锦川集团总公司
通讯地址　淄博市淄川区罗村镇罗村
邮政编码　255138
电　　话　566120

山东山川医用器材集团总公司
通讯地址　淄博市淄川区查王乡查王村
邮政编码　255100
电　　话　512856

山东淄博付山企业集团总公司
通讯地址　淄博市张店区卫固镇付山村
邮政编码　255084
电　　话　312931

山东华荣集团总公司
通讯地址　淄博市淄川区东平乡
邮政编码　255174
电　　话　551472

山东皇冠建材集团总公司
通讯地址　淄博市淄川区杨寨镇
邮政编码　255185
电　　话　541195

山东华岩集团总公司
通讯地址　淄博市淄川区磁村乡
邮政编码　255129
电　　话　555002

山东鲁净集团总公司
通讯地址　淄博市淄川区磁村乡
邮政编码　255129
电　　话　555088

山东淄博曙光塑料集团总公司
通讯地址　淄博市临淄区
邮政编码　254000

山东淄博中联化工集团总公司
通讯地址　淄博市临淄区敬仲镇
邮政编码　254000

山东宝沣集团股份有限公司
通讯地址　淄博市张店区
邮政编码　255071

山东巨龙集团总公司
通讯地址　淄博市淄川区龙泉镇台头村

山东发达集团总公司
通讯地址　淄博市淄川区

山东川南集团总公司
通讯地址　淄博市淄川区二里乡

山东华昆集团总公司
通讯地址　淄博市淄川区昆仑镇
邮政编码·255129

山东淄博鑫星集团总公司
通讯地址　淄博市淄川区岭子镇

山东昆鹏集团总公司
通讯地址　淄博市淄川区昆仑镇

山东淄博万沣国际集团实业公司
通讯地址　淄博市张店区沣水镇
邮政编码　255000
电　　话　201334

山东淄博三元集团总公司
通讯地址　淄博市周村区萌水镇

山东新牟国际集团公司
通讯地址　烟台市牟平区通海路250号
邮政编码　264100
电　　话　212812

山东方圆集团公司
通讯地址　海阳县海阳路243号
邮政编码　265100
电　　话　872915

山东黄海水产集团公司
通讯地址　海阳县道口

山东宏祥电器集团公司
通讯地址　莱州市神堂镇
邮政编码　261428
电　　话　712681

山东鲁庆橡胶集团公司
通讯地址　莱州市土山镇
邮政编码　261413
电　　话　331093

山东运兴集团公司
通讯地址　海阳县徐家店镇

山东华夏集团总公司
通讯地址　莱州市
邮政编码　261433
电　　话　361055

山东环日集团总公司
通讯地址　莱州市土山镇
邮政编码　261413
电　　话　331122

山东鹏洲机械制造集团总公司
通讯地址　莱州市
邮政编码　261423
电　　话　311207

山东宏大企业集团总公司
通讯地址 莱州市
邮政编码 261400
电 话 211935

山东丛林集团公司
通讯地址 龙口市诸由观镇
邮政编码 265700
电 话 519903

山东莱茵集团公司
通讯地址 龙口市石良镇

山东长恒集团公司
通讯地址 龙口市诸由观镇
邮政编码 265705
电 话 561302

山东龙磁集团公司
通讯地址 龙口市诸由观镇

山东众乐企业集团公司
通讯地址 龙口市呈高镇

山东四海企业集团公司
通讯地址 龙口市中村镇

山东复兴集团公司
通讯地址 龙口市遇家

山东新华印染集团公司
通讯地址 龙口市西台村
邮政编码 265705
电 话 519900

山东芝阳建材集团公司
通讯地址 龙口市羊岚镇

山东东方商联集团公司
通讯地址 莱阳市城厢街道办事处东关村

山东三乐食品集团公司
通讯地址 莱阳市古柳街道办事处

山东吉龙集团公司
通讯地址 莱阳市龙旺庄镇

山东鸿达建工集团公司
通讯地址 莱阳市城厢街道办事处

山东春辉集团公司
通讯地址 莱阳市平岚镇

山东汇源集团公司
通讯地址 莱阳市古柳街道办事处

山东蓬达钢铁工业集团总公司
通讯地址 蓬莱市大季家镇

山东蔚阳集团公司
通讯地址 蓬莱市北沟镇

山东龙福仁集团总公司
通讯地址 蓬莱市北沟镇

山东裕华集团总公司
通讯地址 蓬莱市登州镇长裕村

山东振兴集团总公司
通讯地址 蓬莱市登州镇司家庄

山东双龙企业集团公司
通讯地址 蓬莱市北沟镇
邮政编码 265601
电 话 643792

山东旋阁建筑陶瓷集团公司
通讯地址 栖霞县桃村
邮政编码 263000
电 话 781068

山东宝桥水泥集团公司
通讯地址 栖霞县
邮政编码 263000
电 话 571014

山东烟台华龙门窗集团公司
通讯地址 烟台市福山区福山镇

山东只楚集团总公司
通讯地址 烟台市芝罘区只楚镇

山东全盛建筑集团公司
通讯地址 海阳县留格庄村

山东众治集团公司
通讯地址 海阳县

山东大通集团公司
通讯地址 栖霞县山城一路6号
邮政编码 265300
电 话 212932

山东雪光滑石粉集团公司
通讯地址 栖霞县庙后乡
邮政编码 265300
电 话 611018

山东九顶集团公司
通讯地址 蓬莱市北沟镇刘家村

山东朝颖针织服装集团公司
通讯地址 栖霞县桃村镇

山东思达建筑集团公司
通讯地址 栖霞县栖霞镇

山东霞玉建材集团总公司
通讯地址 栖霞县人庄头乡

山东同力减震器集团总公司
通讯地址 莱州市

山东建设发展集团总公司
通讯地址 莱州市

山东通和建筑安装装饰集团总公司
通讯地址 莱州市

山东顺裕集团总公司
通讯地址 莱州市

山东莱东石材集团公司
通讯地址 莱州市

山东华证集团总公司
通讯地址 莱州市

山东宏兴集团总公司
通讯地址 莱州市

山东三洋绒布集团公司
通讯地址 莱州市

山东山发石材机械集团公司
通讯地址 莱州市西由镇

山鑫城集团总公司
通讯地址 莱州市苗家镇

山东双龙化工集团公司
通讯地址 龙口市

山东洁月集团公司
通讯地址 龙口市

山东华美集团公司
通讯地址 龙口市

山东新建企业集团公司
通讯地址 龙口市

山东信通集团公司
通讯地址 龙口市

山东宏达食品集团有限公司
通讯地址 莱阳市照旺庄镇

山东锦屏理石集团公司
通讯地址 龙口市吕格庄乡大野头村

山东建华集团公司
通讯地址 莱阳市大夼乡

山东兴华集团总公司
通讯地址 高密县南关村
邮政编码 261500
电　　话 323661

山东华旗集团总公司
通讯地址 青州市
邮政编码 262500
电　　话 221822

山东得利斯集团公司
通讯地址 诸城市
邮政编码 262216
电　　话 212915

山东长河集团总公司
通讯地址 寿光市侯镇
邮政编码 262724
电　　话 361521

山东华昌集团总公司
通讯地址 高密县西关
邮政编码 261500
电　　话 322477

山东华鸢集团总公司
通讯地址 潍坊市潍城区军埠口

山东泰昆集团总公司
通讯地址 潍坊市坊子区埠头镇
邮政编码 261200
电　　话 269043

山东齐鲁钢铁集团总公司
通讯地址 潍坊市潍城区

山东樱桃园集团总公司
通讯地址 潍坊市潍城区

山东环球制绒集团总公司
通讯地址 潍坊市潍城区

山东裕川集团总公司
通讯地址 潍坊市坊子区

山东环渤海集团公司
通讯地址 寿光市道口镇

山东泸河集团总公司
通讯地址 潍坊市诸城

山东耶莉娅集团总公司
通讯地址 潍坊市潍城区
邮政编码 261021
电　　话 327833

山东裕源集团总公司
通讯地址 寿光市大家洼
邮政编码 262737
电　　话 331179

山东登峰焊接集团总公司
通讯地址 安丘县
邮政编码 262127
电　　话 222921

山东金河纺织集团总公司
通讯地址 寿光市
邮政编码 262725
电　　话 391857

山东荣鑫绣品集团总公司
通讯地址 安丘县

山东现代集团总公司
通讯地址 寿光市

山东银象曲轴集团总公司
通讯地址 安丘县

山东华乐电力器材集团公司
通讯地址 安丘县

山东安城企业集团总公司
通讯地址 安丘县

山东昌大企业集团总公司
通讯地址 昌邑县

山东龙威水产集团公司
通讯地址 寿光市

山东太阳集团总公司
通讯地址 兖州市西关大街66号

山东菱花集团总公司
通讯地址 济宁市郊区柳行乡

山东至圣花岗石集团总公司
通讯地址 邹城市

山东天幕集团总公司
通讯地址 曲阜市林道路
电 话 415484

山东德昌集团总公司
通讯地址 济宁市任城区唐口镇
邮政编码 272161
电 话 304104

山东隆达集团总公司
通讯地址 嘉祥县黄岗镇

山东华仙集团总公司
通讯地址 济宁市任城区南张仙庄
邮政编码 272155
电 话 301289

山东祥鸟集团总公司
通讯地址 济宁市任城区唐口镇

山东大鹏集团总公司
通讯地址 济宁市

山东济兴医化集团总公司
通讯地址 济宁市任城区唐口镇
电 话 514249

山东东岳机床工具集团总公司
通讯地址 兖州市颜店镇
电 话 792235

山东亚龙基础工程集团公司
通讯地址 兖州市

山东鲁兴集团总公司
通讯地址 济宁市鱼台

山东建威集团总公司
通讯地址 荣成市俚岛镇

山东邱家水产集团总公司
通讯地址 荣成市

山东双丰集团总公司
通讯地址 荣成市

山东长江集团总公司
通讯地址 威海市

山东金泉集团总公司
通讯地址 威海市环翠区温泉镇

山东崖头集团总公司
通讯地址 荣成市崖头

山东山海连杆集团总公司
通讯地址 荣成市
邮政编码 264316
电 话 651127

山东威达机床工具集团公司
通讯地址 文登市苘山镇苘山村

山东双福绒编制品集团公司
通讯地址 荣成市泊于镇

山东骆驼集团股份有限公司
通讯地址 阳谷县骆驼巷
邮政编码 252323
电 话 61039

山东罗庄集团总公司
通讯地址、临沂市罗庄镇

山东银都实业集团总公司
通讯地址 临沂市银雀山办事处

山东金梅实业集团总公司
通讯地址 临沂市金雀山办事处

山东兰华集团总公司
通讯地址 临沂市兰山办事处

山东华盛集团总公司
通讯地址 临沂市罗庄镇申泉庄村

山东华罗利建陶集团总公司
通讯地址 临沂市罗庄镇

山东兰田集团总公司
通讯地址 临沂市兰山办事处

山东华宇企业集团公司
通讯地址 临沂市册山乡

山东亚太集团总公司
通讯地址 临沂市

山东齐鲁锻压集团总公司
通讯地址 临沭县

山东永昌集团总公司
通讯地址 临沂市沂州路南

山东国华实业集团公司
通讯地址 定陶县陈集乡
邮政编码 274108
电 话 341012

山东鑫源桐木集团总公司
通讯地址 曹县庄寨镇

湖北省

幸福集团
通讯地址 潜江市张金镇幸福村
邮政编码 433109
电 话 671391

湖北省三梅(集团)股份有限公司
通讯地址 黄梅县
邮政编码 436500
电 话 21380

武穴二里半企业集团
通讯地址 武穴市武穴办事处二里半村
邮政编码 436400
电 话 222724

浠水十月工贸集团
通讯地址 浠水县
邮政编码 436200

湖北康达皮件集团股份有限公司
通讯地址 随州市北郊
邮政编码 441300

湖北东方实业集团总公司
通讯地址 天门市
邮政编码 431700
电 话 225041

中江实业总公司
通讯地址 鄂州市泽林镇
邮政编码 436050
电 话 331213

鄂州新星金属制品集团公司
通讯地址 鄂州市五里墩村
邮政编码 436000

湖北三峡工贸实业总公司
通讯地址 枝城市松木坪镇
邮政编码 443314
电 话 23028

湖北金星集团公司
通讯地址 十堰市车城西路
邮政编码 442000

仙桃三福集团公司
通讯地址 仙桃市杨林尾镇
邮政编码 433021
电 话 682393

四川省

成都市双流联益集团公司
通讯地址 双流县东升镇

成都市三强重工集团公司
通讯地址 双流县东升镇

四川新兴集团公司
通讯地址 新都县新繁镇凡清路220号

成都市簇桥经济发展公司
通讯地址 成都市金牛区簇桥乡沈家桥村

成都八一家具实业公司
通讯地址 成都市金牛区簇桥乡

清水河企业集团有限公司
通讯地址 成都市成灌东路

成都市新都天元集团公司
通讯地址 新都县公园路

四川华隆集团公司
通讯地址 成都市三环路立交桥

郫县强力集团
通讯地址 郫县花园镇

四川元亨集团公司
通讯地址 成都市茶店子南街

威远县建业总公司
通讯地址 威远县严陵镇东街116号

乐山市长江工业集团公司
通讯地址 乐山市

绵阳市城郊房地产开发总公司
通讯地址 绵阳市临园中路82号

成都市银河工业(集团)有限公司
通讯地址 成都市西北桥

四川省宏达联合化工总厂
通讯地址 什邡县民主乡

四川龙虎集团总公司
通讯地址 新都县龙虎场

都马钢铁集团股份有限公司
通讯地址 都江堰市天马童子山

绵阳市城郊康达企业总公司
通讯地址 绵阳市临园西路

成都市筑海实业集团公司
通讯地址 成都市苏坡乡中坝村

顺达置业集团总公司
通讯地址 成都市红牌楼下场口

成都金牛农机企业集团公司
通讯地址 成都市茶店子

成都万达实业公司
通讯地址 成都市簇桥乡凉水井村

西昌市西溪(集团)股份公司
通讯地址 西昌市西溪乡西溪街

成都金星通信集团公司
通讯地址 成都市金牛乡郎家村

重庆市綦江古南建筑公司
通讯地址 綦江县古南镇

四川省东方建筑集团公司
通讯地址 梁平县梁山镇

四川绵竹龙蟒矿物质饲料集团公司
通讯地址 绵竹县高尊寺

四川利达集团公司
通讯地址 彭州市朝阳北路

重庆北碚宏大集团公司
通讯地址 重庆市北碚区澄江镇湖滩

成都金瑞通集团公司
通讯地址 成都市外西土桥

成都北斗企业集团公司
通讯地址 成都市三圣乡曾家坡村

都聚钢铁集团有限公司
通讯地址　都江堰市聚源镇

德阳恒达企业集团有限责任公司
通讯地址　中江县凯江镇西江北路

云阳县恒达建筑工程公司
通讯地址　云阳县县府街11号

四川省蜀东建筑总公司
通讯地址　开县汉丰镇

重庆市綦江南海汽配集团
通讯地址　綦江县古南镇

四川省川府企业集团
通讯地址　简阳市石桥镇

秀山县中和区集团公司
通讯地址　秀山县中和区工委

成都恒通实业公司
通讯地址　成都市簇桥三婆店街22号

四川华夏钙品公司
通讯地址　都江堰市青城桥张家弯

都江堰义发集团公司
通讯地址　都江堰市灌口镇华义村

四川南绵股份有限公司
通讯地址　绵竹县遵道镇

高宁企业集团总公司
通讯地址　新都县利济镇广济村

都崇企业集团公司
通讯地址　都江堰市崇义镇上街

四川金炜集团公司
通讯地址　外西土桥

成都市鹃兴实业公司
通讯地址　郫县北街三段

成都望帝润德有限公司
通讯地址　郫县南街三段

四川省清泉化建公司
通讯地址　什邡县民主乡

昌泉企业集团总公司
通讯地址　青龙场火车站

重庆南方企业总公司
通讯地址　重庆市九龙坡区南泉凉水沟

成都市簇桥建筑工程公司
通讯地址　成都市簇桥沈家桥村

东方企业(集团)有限公司
通讯地址　资中县成于上街

成都华耀股份实业(集团)公司
通讯地址　蒲江县天华新街

四川大鹏企业集团公司
通讯地址　凤鸣中路

成都通力电器集团公司
通讯地址　成都市三环路西三段

旺苍县兴发煤焦工业公司
通讯地址　旺苍县白水快活村

三台县万安丝绸集团股份公司
通讯地址　三台县万安镇

四川温江纺织印染公司
通讯地址　温江县万春镇踏水桥

内江市清溪冷冻公司
通讯地址　威远县新店新和村

都江堰市长源集团公司
通讯地址　都江堰市蒲阳镇

四川省阆中鑫河丝绸有限公司
通讯地址　阆中市河溪场

纳溪县五顶实业公司
通讯地址　纳溪县棉花坡

秀山县梅江矿产品公司
通讯地址　秀山县梅江巴中

四川省华玻集团公司
通讯地址　广安县前锋镇

秀山县溶漆区工贸集团公司
通讯地址　秀山县溶漆区

四川省宏昌建设集团公司
通讯地址　仪陇县二道镇

威远县镇西建材化工工业公司
通讯地址　威远县镇西肖兵村

内江市白马食品工业公司
通讯地址　内江市市中区白马关圣殿

井研县玉皇实业集团公司
通讯地址　井研县

绵阳市游仙区白马工业总公司
通讯地址　绵阳市石板镇白马村

涪陵市三兴集团公司
通讯地址　涪陵市巴都大厦

成都郫县新兴公司
通讯地址　郫县红光镇

秀山县石堤工贸集团公司
通讯地址　秀山县石堤乡

成都市双流集联工贸公司
通讯地址　双流县文星镇

成都神农集团总公司
通讯地址　新都县利济镇柳泉村

四川三台亚东集团公司
通讯地址　三台县潼川镇北泉路

四川省营山县飞达服装集团公司
通讯地址 营山县新北路

中国人民解放军 5719 贤达工贸公司
通讯地址 九龙镇建设路 96 号

秀山县龙凤区矿产品开发公司
通讯地址 秀山县清漆场镇

成都虹光机械电子工业公司
通讯地址 郫县南街

都江堰金磨集团公司
通讯地址 都江堰市灌口镇解放村

万县市江翼企业集团公司
通讯地址 万县市陈家坝

秀山县中和镇工业总公司
通讯地址 秀山县凤翔路

成都凡新集团公司
通讯地址 新都县新繁镇凡清路 141 号

秀山县石耶工贸集团总公司
通讯地址 秀山县石耶乡西大街

万源市白沙镇企业总公司
通讯地址 万源市白沙镇街道

蓬溪县刘氏肉食品加工厂
通讯地址 蓬溪县蓬南镇交通街

建设集团公司
通讯地址 都江堰市区蒲阳路

四川省康达企业集团
通讯地址 简阳市城牌坊沟

内江市交通建筑工程公司
通讯地址 内江市市中区邱家嘴

秀山县石莲集团总公司
通讯地址 秀山县平凯大桥头

西昌市月城企业集团公司
通讯地址 西昌市健康路

成都东方企业公司
通讯地址 郫县红光镇

自贡市大安建筑有限公司
通讯地址 自贡市鸿鹤坝

绵阳市深安建材有限公司
通讯地址 绵阳市瞧水镇

秀山县龙池原煤贸易总公司
通讯地址 秀山县龙池乡

秀山县洪安边贸公司
通讯地址 秀山县洪安乡

高发企业集团公司
通讯地址 都江堰市火车站工业区

四川三台云鑫公司
通讯地址 三台县潼川北坝办事处

四川三台天龙工业公司
通讯地址 三台县北坝经济开发区

旺苍县东河实业总公司
通讯地址 旺苍县东河白马村

重庆市璧山鹏飞集团公司
通讯地址 璧山县丁家凉风村

遂宁市地毯集团公司
通讯地址 遂宁市市中区仁里镇

都江堰市江源集团有限公司
通讯地址 都江堰市聚源镇场镇

童装集团公司
通讯地址 都江堰市蒲阳路

四川省新都神力畜牧食品总公司
通讯地址 新都县军屯镇

西昌市海南建材公司
通讯地址 西昌市海南乡古城村六组

旺苍县白马农工商公司
通讯地址 旺苍县东河白马村

长寿平滩电力公司
通讯地址 长寿县沙石平滩

南川市先锋建材工业总公司
通讯地址 南川市文凤镇马安山

四川省西充烟花爆竹集团公司
通讯地址 西充县晋城镇

四川省蜀南竹海长宁茶叶实业公司
通讯地址 长宁县双河镇犁头

四川省蜀南竹海竹制品开发公司
通讯地址 长宁县双河镇东门

市中区信达企业集团公司
通讯地址 乐山市青衣坝六组

万源市城宋矿产品公司
通讯地址 万源市城宋

成都市大邑县西岭聚财兴业公司
通讯地址 大邑县西岭镇

栏目主编名单

栏　　目	主　　编
发展综述	卢永军　胡永万
各地概况	戚惟凯　潘利兵
文献法规	李　慧
统计资料	王庆玲　吕振杰
经营管理	陈福桂　邹范鸣
质量管理	余俊武　姜　倩
深化改革	李建珠　陈剑光
科技教育	顾大智　李景涛
外经外贸	刘瑞琴　王德福
劳动卫生安全环保	郑宗道　张鲁江
东西合作	施友仙　李　侠
专题文章	杨先珍
先进县市	刘学勤　张纪新
明星乡镇	李峰红　聂新鹏
优秀企业	吕　兰　张国良
企 业 家	王　伟　刘建水
大 事 记	夏新禹　王剑波
附　　录	宛秀兰　张德君

主要编辑出版人员

总 编 辑　蔡盛林

副总编辑　陶岳嵩　舒代新

责任编辑　张德君

封面设计　卫水山

美术编辑　邵　伟

版式设计　川　水

出版印制　叶京标

特约编辑　（以姓氏笔画为序）

于美娟　王　珑　王乃昌　王叙元　王源民　包力革

仲生珍　刘滨寄　刘喜文　江新成　孙学群　孙利民

李　庆　李开信　李文美　李来顺　李新志　劳义海

苏本富　时思玉　何龙根　宋学铿　张　波　张　弛

张从军　张洪祥　张晓建　张富奎　陆　刚　陈　良

和开道　季金柄　赵华德　赵宝林　俞中青　袁正雄

徐田军　黄亚聪　梁祥利　葛天平　董其岳　鲁丕亮

尼玛次仁

图书在版编目(CIP)数据

中国乡镇企业年鉴 1995/《中国乡镇企业年鉴》编辑委员会编—北京:中国农业出版社,1995.10

ISBN7-109-04228-6

Ⅰ.中…

Ⅱ.中…

Ⅲ.乡镇企业-中国-1995-年鉴

Ⅳ.**F**276.3-54

中国农业出版社出版

(北京市朝阳区农展馆北路2号)

(邮政编码 100026)

出版人:蔡盛林

责任编辑:张德君

北京市密云县印刷厂印刷 新华书店北京发行所发行

1995年10月第1版 1995年10月北京第1次印刷

开本:787毫米×1092毫米 1/16 4插页 印张:29.75

字数:1028千字 印数:1—3 000册

国内定价:75.00元